Die enteignete Generation

Diese Studie wurde finanziert mit Mitteln des
Teilprojektes „Politische Teilhabe" des gesellschaftspolitischen
Beraterprogramms Naher/Mittlerer Osten und Nordafrika des
Bundesministeriums für wirtschaftliche Zusammenarbeit und Entwicklung.

Die enteignete Generation

Jugend im Nahen Osten und in Nordafrika

Herausgegeben für die Friedrich-Ebert-Stiftung von
Jörg Gertel, David Kreuer und Friederike Stolleis

Übersetzung aus dem Englischen:
Dr. Christine Hardung (Kapitel 7, 14 und „Methodik der Studie")

Bibliografische Information der Deutschen Bibliothek

Die Deutsche Bibliothek verzeichnet
diese Publikation in der Deutschen Nationalbibliografie;
detaillierte bibliografische Daten sind im Internet
unter *http://dnb.dnb.de* abrufbar.

ISBN 978-3-8012-0653-6

© 2023 by
Verlag J. H. W. Dietz Nachf. GmbH
Dreizehnmorgenweg 24, 53175 Bonn

Umschlaggestaltung: Ralf Schnarrenberger (Hamburg)

Umschlagbild: Junge Menschen auf einer Demonstration
in Bagdad (Irak) zu Beginn der Covid-19-Pandemie am 25. Februar 2020
[© picture alliance/REUTERS | Wissam al-Okaili]

Lektorat: Dr. Christian Jerger, ad litteras (Berlin)

Satz:
Kempken DTP-Service | Satztechnik · Druckvorstufe · Mediengestaltung (Marburg)

Tabellen · Diagramme · Grafiken:
Bergsee, blau (Berlin)
(nach Vorlagen der Autorinnen und Autoren)

Druck und Verarbeitung: Plump Druck & Medien GmbH (Rheinbreitbach)

Alle Rechte vorbehalten
Printed in Germany 2023

Besuchen Sie uns im Internet: *www.dietz-verlag.de*

INHALTSVERZEICHNIS

Vorwort
Elisabeth Braune 9

I Einleitung

Kapitel 1
Jugend im Nahen Osten und in Nordafrika
Jörg Gertel · David Kreuer · Friederike Stolleis 15

Kapitel 2
Die Länder der MENA-Region
Jörg Gertel · David Kreuer · Friederike Stolleis 37

Kapitel 3
Die Enteignung von Lebenschancen
Jörg Gertel · Katharina Grüneisl 51

II Multiple Krisen

Kapitel 4
Die Covid-19-Pandemie
Jörg Gertel · David Kreuer · Friederike Stolleis 85

Kapitel 5
Wirtschaft und Beschäftigung
Jörg Gertel 107

Kapitel 6
Hunger und Gewalt
Jörg Gertel 139

Kapitel 7
Migration und Vertreibung
Ann-Christin Zuntz 163

Kapitel 8
Umweltbewusstsein und Aktivismus
David Kreuer 189

III Persönliche Orientierungen

Kapitel 9
Lebensstile
Jörg Gertel 211

Kapitel 10
Familie, Bildung und Gender
Christoph H. Schwarz 233

Kapitel 11
Werte und Gruppenbildung
David Kreuer · Jörg Gertel 265

Kapitel 12
Religion
Lisa Maria Franke 285

IV Gesellschaftliches Handeln

Kapitel 13
Kommunikation
Carola Richter 307

Kapitel 14
Politik und Mobilisierung
Mathias Albert · Nadine Sika 333

Kapitel 15
Soziales Engagement
Friederike Stolleis 359

Kapitel 16
Hoffnungen und Erwartungen
David Kreuer 381

V   Anhang

Methodik der Studie
Thorsten Spengler · Friederike Stolleis · David Kreuer · Jörg Gertel 397

Fragebogen 408

Leitfaden für die qualitativen Interviews 451

Berechnung des Schichtenindex 453

Literaturverzeichnis 454

Zu den Autorinnen und Autoren 465

VORWORT

Elisabeth Braune

Die politischen Umbrüche in den Ländern des Nahen Ostens und Nordafrikas 2010/11 hatten bei vielen Menschen in der Region große Hoffnungen geweckt. Demokratie, Freiheit und die Wahrung von Menschenrechten, politische Stabilität und wirtschaftlicher Aufschwung schienen in greifbare Nähe gerückt. Seitdem hat die Region weitere Mobilisierungen und Protestaktionen erlebt, insbesondere 2018/19 in Ländern wie dem Sudan, Algerien und dem Libanon, in denen es 2011 keine nennenswerten Auseinandersetzungen mit den Regierungen gegeben hatte. In den wenigsten der betroffenen Länder hat sich die Situation nach den Umbrüchen allerdings positiv verändert. Heute, über zehn Jahre nach dem „Arabischen Frühling" und nach dem Ende der zweiten Protestwelle, ist die MENA-Region von wirtschaftlichen Krisen, hoher Jugendarbeitslosigkeit, politischen und militärischen Konflikten sowie zunehmend autoritär agierenden Regierungen geprägt. Die Auswirkungen der globalen Coronakrise sowie des Klimawandels haben die Situation zusätzlich erschwert.

In diesem Kontext von Enttäuschung, Resignation und Abstiegsängsten lebt in den Ländern des Nahen Ostens und Nordafrikas eine „enteignete Generation". Auf der Suche nach sozialer Gerechtigkeit fällt es diesen jungen Menschen nicht leicht, Visionen für eine bessere Zukunft zu entwerfen und umzusetzen. Dennoch beweist sich die Jugend immer wieder als Motor eines positiven Wandels und findet Wege, an lokalen wie globalen Herausforderungen zu partizipieren und Lösungen mitzugestalten. Die Lebenssituationen junger Menschen und ihren Ausblick auf die Welt besser zu verstehen, ist Ziel dieses Buches.

Die hier vorgestellten empirischen Befunde und Analysen sind Ergebnis der MENA-Jugendstudie, die die Friedrich-Ebert-Stiftung zum zweiten Mal durchführt. Dabei handelt es sich um eine große empirische Studie, die 2016/17 zum ersten Mal in acht Ländern der Region umgesetzt wurde. Mit einem weit gefächerten Fragenkatalog sollten Wissenslücken über die Jugend in der Region geschlossen werden. Partner bei der Erstellung der Studie waren die Universität Leipzig, Kantar Public sowie zahlreiche weitere Forschungszentren und Meinungsforschungsinstitute in Ländern des Nahen Ostens und Nordafrikas. Die Ergebnisse wurden unter dem Titel *Zwischen Ungewissheit und Zuversicht* veröffentlicht (Gertel/Hexel 2017).

Fünf Jahre später, 2021/22, führte die Friedrich-Ebert-Stiftung gemeinsam mit denselben Partnerinstitutionen eine vergleichbare Umfrage durch, sodass in diesem zweiten Buch zeitliche Veränderungen darstellbar werden. Insgesamt nahmen 12.000 junge Menschen im Alter von 16 bis 30 Jahren in elf Ländern an der Umfrage teil: Ägypten, Algerien, Irak, Jemen, Jordanien, Libanon, Libyen,

Marokko, Palästina, Sudan und Tunesien, außerdem syrische Geflüchtete im Libanon. Da sich nicht alle Aspekte von Alltagsleben, Wertvorstellungen und gesellschaftlichen Orientierungen in Zahlen erfassen lassen, wurden die quantitativen Ergebnisse im Sommer 2022 durch qualitative Interviews ergänzt.

Die vorliegende Studie möchte einen empirisch fundierten Beitrag zur Debatte über die Situation junger Menschen in der MENA-Region leisten und diese auf eine breitere Informationsgrundlage stellen. Ihre Ergebnisse stellen eine Einladung zur Auseinandersetzung dar, um bekannte Einsichten mit neu gewonnenen Erkenntnissen abzugleichen und Raum für weitere Diskussionen zu öffnen. Sozialwissenschaftliche Studien können eine Grundlage bilden, um die gesellschaftliche und politische Teilhabe junger Menschen in der MENA-Region zu fördern und zu unterstützen. Sie können das Bewusstsein für die Bedürfnisse junger Menschen schärfen und Entscheidungsträgerinnen und Entscheidungsträger dazu anregen, politische Maßnahmen zu ergreifen, die diese Bedürfnisse berücksichtigen. Darüber hinaus kann eine solche Forschung die Identifizierung von Strategien unterstützen, die darauf abzielen, junge Menschen zu befähigen, sich stärker in der Gesellschaft zu engagieren.

Im Namen der Friedrich-Ebert-Stiftung und des Herausgeberteams möchte ich allen Institutionen und Personen danken, die an der Erstellung der Studie mitgewirkt haben. Unter teilweise sehr schwierigen äußeren Bedingungen – die durch die Covid-19-Pandemie verschärft wurden – ist es erneut gelungen, mit Tausenden jungen Menschen in der MENA-Region ins Gespräch zu kommen, Interviews durchzuführen, entsprechende Daten zu erheben, auszuwerten und sie wissenschaftlich zu analysieren. Mitwirkende aus vielen Ländern haben gemeinsam eine Studie produziert, die einen maßgeblichen Beitrag zur Erforschung der Situation junger Menschen in der Region darstellt.

Besonders möchte ich den Herausgebern Prof. Dr. Jörg Gertel und Dr. David Kreuer von der Universität Leipzig sowie meiner Kollegin, Projektleiterin und Mitherausgeberin Dr. Friederike Stolleis danken, deren Wissen und Expertise die Grundlage für die wissenschaftliche Qualität der Studie bildeten. Danken möchte ich ebenso Thorsten Spengler, der sich für Kantar Public ein zweites Mal auf die Aufbereitung der Datengrundlage der FES MENA-Jugendstudie eingelassen und sie für uns zugänglich gemacht hat. Den Autorinnen und Autoren dieser Studie gilt ebenfalls mein herzlicher Dank. Sie haben die empirischen Befunde interpretiert und lesbar gemacht, sodass die Einblicke in die Situation junger Menschen in der MENA-Region nun einem breiten Publikum zugänglich sind.

Des Weiteren danke ich meinen Kolleginnen Svenja Bode und Almut Weiler, die in der Berliner Zentrale der Friedrich-Ebert-Stiftung die konzeptionellen und inhaltlichen Fragen begleitet und die Durchführung dieses komplexen Projekts koordiniert haben. Im Tunesien-Büro der Friedrich-Ebert-Stiftung koordinierte Henda Maarfi mit großem Engagement die verschiedenen Etappen der Umfragen in der Region, wofür ich ihr herzlich danke. Ein besonderer Dank kommt den Kolleginnen und Kollegen in den beteiligten Auslandsbüros der Friedrich-Ebert-Stiftung zu, die die quantitativen und qualitativen Umfragen zum Teil unter widrigen Umständen koordiniert haben. Ohne sie wäre die Erfassung der Daten nicht möglich gewesen. In den meisten der Länder beauftragten sie außerdem lokale wissenschaftliche Expertinnen und Experten mit der Analyse der länderspezifischen Ergebnisse und veröffentlichten entsprechende Länderstudien. Deren Ergebnisse konnten so bereits vor Ort diskutiert werden und sind in die übergeordnete Auswertung eingeflossen.

Schließlich und vor allem gebührt ein großer Dank allen Jugendlichen und jungen Erwachsenen, die sich bereit erklärt haben, an dieser Studie mitzuwirken und unsere Fragen zu beantworten. Ihre Stimmen bilden den Grundstock der empirischen Befunde.

Infolge der Umbrüche von 2011 ist das Interesse an jungen Menschen der MENA-Region, die oft als Protagonisten und Protagonistinnen der Aufstände gelten, neu erwacht. Zahlreiche Dokumentationen, nationale Befragungen und kleinteilige Analysen sind entstanden. Als systematische, länderübergreifende Untersuchung, die auf intensiven und vergleichbaren Einzelinterviews beruht, ist die vorliegende FES MENA-Jugendstudie bisher einzigartig. Da der Erkenntnisgewinn mit der Dauer des Untersuchungszeitraums zunimmt, bleibt zu hoffen, dass dieses spannende und ertragreiche Forschungsprojekt langfristig fortgeführt werden kann.

Berlin, im Dezember 2023

Elisabeth Braune
Leiterin des Referats Naher/Mittlerer Osten und Nordafrika
der Friedrich-Ebert-Stiftung

I

EINLEITUNG

KAPITEL 1

JUGEND IM NAHEN OSTEN UND IN NORDAFRIKA

Jörg Gertel · David Kreuer · Friederike Stolleis

Die vorliegende Studie beleuchtet die Situation von Jugendlichen und jungen Erwachsenen in Nordafrika und im Nahen Osten (MENA) und untersucht, wie sie sich im Kontext multipler Krisen – von Armut über Hunger und Krieg bis zur Pandemie – gestaltet und auf ihre Lebenschancen auswirkt. Die empirischen Befunde, auf denen die einzelnen Analysen beruhen, zeichnen dabei eine Momentaufnahme, die sich auf das zweite Jahr der Covid-19-Pandemie konzentriert. Zwei Rahmenbedingungen strukturieren die Analyse: Zum einen sind die aktuellen Dynamiken ohne die jüngeren historischen Entwicklungen in der Region – inklusive der jeweiligen globalen Bezüge – kaum zu verstehen, da sich einzelne Ereignisse selektiv miteinander verketten, Persistenz entfalten und gegenwärtige Chancen beeinflussen. Zum anderen ist die Lage zu Beginn der 2020er-Jahre durch das Zusammentreffen mehrerer Krisen geprägt, die unterschiedliche Temporalitäten aufweisen: Langfristige Prozesse, etwa der Verarmung, Prekarisierung und Umweltdegradation, kombinieren sich mit kurzfristigen Dynamiken, wie Gewaltausbrüchen und Pandemiegefahren; sie verstärken sich gegenseitig und sind oft kaum reversibel. Aus der Perspektive der jungen Generation führt dies dazu, dass sie um gleiche und angemessene Lebenschancen gebracht wird, solche, die ihr zustehen sollten. Wir argumentieren, dass das, „was ist", und das, „was möglich wäre", immer weiter auseinanderklafft (Kap. 3). Entsprechend bezeichnen wir die jungen Menschen in der MENA-Region als „enteignete Generation".

Dieser Generationenbegriff gilt nicht für jede Person und versteht sich auch nicht als absolute Kategorie, die Personen entweder als „enteignet" oder eben als „nicht enteignet" klassifiziert. Vielmehr handelt es sich um eine gedankliche Konstruktion, eine Referenz, die am konkreten Fall relationale Enteignungsprozesse, also ihr jeweiliges Ausmaß, in den Blick nimmt. In diesem Sinne sind, angesichts globaler Krisendynamiken, möglicherweise im zunehmenden Maße auch Jugendliche und junge Erwachsene jenseits der MENA-Region von Enteignungsvorgängen betroffen. Dennoch, so die Analyse der empirischen Befunde, tritt in Nordafrika und im Nahen Osten zum Zeitpunkt der vorliegenden Untersuchung eine räumliche Konzentration junger Menschen hervor, die vielfältigen und komplexen Enteignungsprozessen ausgesetzt sind.

Die Ausgangsbedingungen für ein gelingendes Leben sind für Jugendliche und junge Erwachsene vor Ort durch drei Ereignisse massiv verändert worden: durch die Anschläge des 11. September 2001, den Arabischen Frühling 2011 und die Covid-19-Pandemie ab 2020. Wir gehen davon aus, dass für Jugendliche und junge Erwachsene sowohl selbst erlebte Ereignisse als auch solche, über die ihnen – etwa von Familienmitgliedern, Freunden und Medien – berichtet wird, prägend für das Repertoire ihrer Erinnerungen, Erfahrungen und Lebensentwürfe sein können (vgl. Nikro/Hegasy 2018; Richter/Kozman 2021). Filme, Diskurse, Gespräche und Emotionen beziehen sich sowohl auf eher abgrenzende Gewalterfahrungen, Traumata und Feindbilder als auch auf eher integrierende Sehnsüchte, Wünsche und Imaginationen. Wie diese ambivalenten Erfahrungen individuell ausgehandelt werden, hängt von vielen Faktoren ab: von Sozialisationskontexten, dem Zugang zu Ressourcen und von Aspekten der Weltbindung (vgl. Kap. 3).

Die Anschläge des 11. September 2001 in den USA haben nicht nur zahlreiche Menschenleben gefordert, sondern gelten auch als mögliche Zäsur zwischen westlicher und arabischer Welt. Damals wurde innerhalb weniger Tage der NATO-Bündnisfall erklärt und der UN-Sicherheitsrat bestätigte den USA das Recht zur militärischen Selbstverteidigung. Dem vom US-amerikanischen Präsidenten George Bush ausgerufenen „Krieg gegen den Terror" folgten noch im Oktober 2001 Bombenangriffe auf vermeintliche Taliban-Stellungen in Afghanistan, und die „Selbstverteidigung" führte schließlich 2003 zur US-geleiteten militärischen Intervention der „Koalition der Willigen" im Irak, allerdings ohne UN-Mandat und ohne die Beteiligung Deutschlands und Frankreichs. Trotz gegenteiliger Rhetorik, als George Bush nach vielfachen Übergriffen in den Vereinigten Staaten den Islam vom Terror unterschied und zu Toleranz gegenüber muslimischen US-Bürgerinnen und -Bürgern aufrief, bestand eine der wesentlichen Konsequenzen darin, dass „der Islam" in der westlichen Welt zunehmend stereotyp wahrgenommen und oft pauschalisierend in Misskredit gebracht wurde. Zu weiteren kommunikativen Brüchen und Misstrauen hat im Nachgang der Intervention im Irak auch die Praxis beigetragen, vermeintlich Verdächtige in Lager außerhalb der USA zu bringen, sie dort, wie in Guantánamo Bay auf Kuba, jahrelang von der Außenwelt isoliert und ohne Anklage und Bekanntgabe ihrer Identität festzuhalten. Junge Erwachsene in der MENA-Region wachsen mit entsprechenden Filmen, Bildern und Erzählungen auf. Das prägt Identitäten.

Im Winter 2010/11 erfolgte eine Welle von Demonstrationen, Protesten und Unruhen – ein Auflehnen vor allem der Jugend gegen Armut, Ungerechtigkeit und autoritäre Regime. Die Aufstände nahmen in Tunesien ihren Anfang und kurz darauf sahen sich viele Regierungen in der Region mit Revolutionen und Umbrüchen konfrontiert, die im Westen häufig als „Arabischer Frühling" bezeichnet wurden (Jünemann/Zorob 2013; Gertel/Ouaissa 2014). Nach einer ersten Euphorie waren die erhofften Konsequenzen allerdings gemischt: In Tunesien und Ägypten stürzten zwar langjährige autoritäre Herrscher; Syrien, Libyen und der Jemen gerieten allerdings in anhaltende Bürgerkriege, während sich

Monarchien wie in Marokko, Jordanien und Bahrain als widerstandsfähiger erwiesen und an der Macht blieben. Dennoch bewirkten die Revolutionen und Umbrüche den größten Wandel im Nahen Osten und Nordafrika seit der Entkolonialisierung. Sie lösten gleichzeitig eine Reihe von Aktionen gegen Ungleichheit und Prekarität in Europa und anderswo aus. Die *Indignados*-Proteste in Spanien ab dem Frühjahr 2011 bezogen sich ausdrücklich auf die Vorfälle in der arabischen Welt und kurz darauf begannen auch in Griechenland Demonstrationen gegen Sparmaßnahmen. Wenig später ging aus Protesten an der Wall Street die globale *Occupy*-Bewegung gegen politische Bevormundung und wirtschaftliche Ungleichheit hervor. Sie identifizierte das globale Finanzsystem als einen verantwortlichen Verursacher von Unsicherheiten und Ungleichheiten großen Ausmaßes. Damit wurde ein paradigmatischer Wandel vollzogen: Lokale Proteste, vor allem außerhalb der Region, richteten sich nicht mehr allein gegen nationale Regierungen, sondern adressierten auch private Profiteure im internationalen Gefüge und damit oft die (Mit-)Verursacher global wirksamen ausbeuterischen Handelns (Gertel 2019; 2021).

In den nachfolgenden Jahren gelang es etlichen politischen Regimen in der Region, Differenzen zwischen den Demonstrierenden auszunutzen (etwa zwischen islamistischen und nicht islamistischen Gruppierungen) und die einen an den Verhandlungstisch zu bringen, während andere ausgeschlossen wurden (Sika 2017; Melliti/Moussa 2018; Aït Mous/Kadiri 2021). Dies führte zur Zersplitterung und Spaltung der Protestbewegungen (Sika 2021). Seither ist die Anwendung von Gewalt und Zwangsmaßnahmen durch den Staat gegen jugendliche Aktivisten und Aktivistinnen fast überall in der Region eskaliert. Dies wiederum veranlasste viele junge Menschen, den Widerstand auf der Straße zu minimieren und sich aus dem politischen Aktivismus zurückzuziehen. Doch 2019 haben sich erneut Protestbewegungen im Sudan und in Algerien formiert, die allerdings kurz darauf, während der Pandemie (Algerien), ausgebremst oder durch bewaffnete Konflikte (Sudan) zum Erliegen gebracht wurden. Die politische Rolle Europas, das nach den Revolutionen (2011) weiter auf autoritäre oder militärische Regime setzt, ist dabei eher unrühmlich (Gawhari 2020).

Die erste MENA-Jugendstudie der Friedrich-Ebert-Stiftung erschien 2017 unter dem Titel *Zwischen Ungewissheit und Zuversicht* und leuchtete fünf Jahre nach dem Arabischen Frühling das Zusammenspiel von Unsicherheiten und Ungewissheiten im Alltag junger Erwachsener aus. Ziel war es, die Verwundbarkeit junger Menschen in der MENA-Region landes- und gruppenspezifisch herauszuarbeiten. Während Unsicherheiten, so die Überlegung, sich auf die Gegenwart beziehen und maßgeblich aus dem mangelnden Zugang zu Ressourcen entstehen, beziehen sich Ungewissheiten auf die Zukunft. Die Strategien, mit denen Ungewissheiten eingehegt werden sollen, haben verschiedene Reichweiten, sie sind unterschiedlich glaubens- und wissensbasiert sowie in Verklammerung mit der Gegenwart ressourcenabhängig. Aufgrund der drastisch veränderten gesellschaftlichen Rahmenbedingungen greifen allerdings auch erprobte Strategien häufig nicht mehr: Unsicherheiten und Ungewissheiten expandieren (Gertel 2017c: 39). Die Zunahme der Verarmung, die als kumulative Deprivation verstanden wird, und der Entzug von Lebenschancen haben sich in den vergangenen fünf Jahren fortgesetzt; sie wurden nicht umgekehrt oder abgeschwächt, sondern sind im Gefüge von Umweltdegradation, Coronapandemie und Ukrainekrieg mit nachgelagerten Nahrungsunsicherheiten in Nordafrika (Gertel 2023) vielmehr verfestigt und vertieft worden. Die Situation von Jugendlichen und jungen Erwachsenen in Nordafrika und im Nahen Osten ist demnach seit Längerem angespannt. Infolge der Häufung krisenhafter Entwicklungen und ihres regionalen Zusammentreffens ist dies auch nicht mehr nur kurzfristig problematisch, sondern die jungen Erwachsenen sind von strukturellen Dynamiken der Enteignung betroffen. Ihre Chancen auf faire Lebensbedingungen haben in den vergangenen Jahren abgenommen.

Die Enteignungsdynamiken, die junge Erwachsene in der MENA-Region betreffen, können wir dank der vorliegenden Daten anhand von zwei Zeitschnitten – 2016/17 und 2021/22 – aufzeigen. Diese Periode wird durch rekonstruierende Fragen erweitert und beleuchtet dadurch teilweise die Zusammenhänge vor und nach den Ereignissen im Winter 2010/11. Der Untersuchungszeitraum wird damit auf bis zu zwölf Jahre ausgedehnt. Während wir 2016/17 junge Erwachsene aus neun Ländern befragen ließen (Marokko, Tunesien, Ägypten, Libanon, Jordanien, Palästina, Jemen, Bahrain und syrische Geflüchtete im Libanon), konnten wir die vorliegende Studie auf zwölf Länder ausweiten: Algerien, Libyen, der Irak und der Sudan sind zu den angeführten Ländern hinzugekommen, während Bahrain nicht mehr berücksichtigt wurde (vgl. Kap. 2).

Untersuchungsrahmen: Auswahl der Stichprobe

In Anbetracht der jüngeren politischen Umbrüche sowie der vielfach problematischen Sicherheitslage in den Ländern der MENA-Region stellte die zeitgleiche Durchführung von Tausenden über einstündigen Face-to-Face-Interviews nicht nur eine inhaltliche, sondern auch logistische Herausforderung dar (vgl. Anhang: Methodik der Studie). Dennoch konnten im Rahmen der vorliegenden Studie im Herbst 2021 über 12.000 Jugendliche und junge Erwachsene im Alter von 16 bis 30 Jahren innerhalb weniger Wochen befragt werden. Dabei handelt es sich um standardisierte, geschlossene Fragen, die in den einzelnen Ländern durch qualitative Interviews ergänzt und kontextualisiert werden (vgl. Anhang: Fragebogen). Drei Charakteristika kennzeichnen die Stichprobe:

1. Aufgrund der weiten Altersspanne der Stichprobe können Gruppen in unterschiedlichen Lebensphasen und Verantwortungsbereichen erfasst werden: einerseits diejenigen, die noch bei ihren Eltern wohnen (74 %), und andererseits

jene, die mit ihrem Partner oder ihrer Partnerin zusammenleben und teilweise bereits eigene Kinder haben (19 %). Personen, die noch bei den Eltern leben, verstehen sich mehrheitlich als Jugendliche (92 %), aber auch diejenigen mit eigenem Hausstand begreifen sich eher als jugendlich (79 %) und nur eine kleine Gruppe des gesamten Samples sieht sich bereits als erwachsene Personen (12 %). Das impliziert, dass viele Befragte oft sehr eng mit der Elterngeneration verwoben sind – sie wohnen zusammen, essen gemeinsam oder unterstützen sich finanziell. Auch zwischen jungen Erwachsenen mit eigenem Hausstand und ihren Herkunftsfamilien bestehen vielfältige ökonomische, soziale und emotionale Verflechtungen. Durch diese Stichprobenziehung wird somit das Spektrum gesellschaftlicher Transitionsprozesse, die die Übergänge von der Kindheit zur Erwachsenenwelt charakterisieren, der empirischen Untersuchung zugänglich. Hierzu zählen etwa der Übertritt von der Ausbildung zum Berufsleben, der Aufbau einer Partnerschaft und die Heirat, der Auszug aus dem Elternhaus sowie die Gründung einer Familie und die Geburt eigener Kinder. Bereits an diesen unterschiedlichen Lebensphasen wird deutlich, dass es „die" Jugend nicht geben kann.

2. Durch die Struktur der Stichprobenziehung – 1.000 Befragte pro Land – können die Befunde einzelner Länder miteinander in Beziehung gesetzt und verglichen werden (vgl. Kap. 2). Alle übergreifenden Angaben – etwa Durchschnittsangaben der 12.000 Befragten – beziehen sich entsprechend auf die zwölf Länder (beziehungsweise auf elf Staaten und die Gruppe der syrischen Geflüchteten im Libanon). Damit ist folgender Effekt verbunden: Es wird angenommen, jedes Land sei bei jedem zu untersuchenden Aspekt gleich wichtig. Demografisch beispielsweise wird damit der kleine Libanon dem einwohnerreichen Ägypten gleichgestellt (obwohl Ägypten etwa 20-mal so viele Einwohner hat), während bei der Wirtschaftsleistung die Länder wiederum unterschiedliche Eigenschaften aufweisen (Abb. 1.1). Die übergreifenden Angaben sind deshalb an keiner Stelle als repräsentativ für die gesamte MENA-Region oder die arabischen Länder zu verstehen. Sie repräsentieren zwölf Untersuchungsgruppen, wobei jedes Land (inklusive der syrischen Geflüchteten) mit gleicher Gewichtung in die Kalkulation eingeht. Gleichzeitig gilt, dass Binnendifferenzierungen innerhalb der Länder aufgrund der Stichprobengröße nur bedingt zu erfassen sind. Räumlich manifeste Unterschiede innerhalb der Länder sind sinnvoller aus verschiedenen Siedlungsgrößen abzuleiten und weniger auf die administrativen Differenzen zwischen Stadt und Land zu beziehen, die in den einzelnen Staaten uneinheitlich definiert sind.

3. Schließlich sind noch drei Gewichtungsfaktoren zu bedenken. So wird durch die Auswahl der Befragten und die anschließende Gewichtung sichergestellt, dass sowohl das Geschlechterverhältnis als auch die Altersverteilung jeweils landesspezifischen Bedingungen entsprechen. Auch die regionale Verteilung der Stichprobenziehung korrespondiert – bis auf wenige Ausnahmen – mit der Be-

Abb. 1.1
ENTWICKLUNGSINDIKATOREN VON LÄNDERN IN DER MENA-REGION

		BAHRAIN	ALGERIEN	TUNESIEN	ÄGYPTEN	JORDANIEN
Menschliche Entwicklung		Sehr hohe	Hohe			
HDI-Rang	2021	35	91	97	97	102
	2016	44	93	90	110	77
HDI-Index	2021	0,88	0,75	0,73	0,73	0,72
	2013	0,82	0,72	0,72	0,68	0,75
BIP ($)	2019	39.497	10.800	10.258	11.732	9.924
	2011–13	42.400	12.555	10.800	10.700	11.400
Bevölkerung (Mio.)	2022	1	46	12	113	11
Urbane Bev. (%)	2022	90	75	70	43	92
Alphabetisierung (%)	2015	96	80	81	76	98
Jugendarbeitslosigkeit (%)	2019	5	30	36	31	35

QUELLEN Arab Human Development Report (UNDP 2016; 2022); UNDP HDR (21-22) Statistical Annex HDI Tables; World Bank (2022); World Population Review (2023)

HINWEISE Die Angaben sind gerundet. In der Tabelle sind die Untersuchungsländer der FES MENA-Jugendstudien 2016/17 und 2021/22 aufgenommen; Syrien wurde dazugenommen, um die Situation vor den bewaffneten Konflikten im Jahr 2011 abzubilden und um als Referenz für die Geflüchtete im Libanon zu dienen. Der HDI-Rang (Human Development Index oder Index der menschlichen Entwicklung) gibt den Rang der Länder auf Grundlage des HDI-Index an (für Algerien, Libyen, den Irak und den Sudan ist das Referenzjahr 2014). Er basiert auf drei Indikatoren: Lebenserwartung, Bildung, Einkommen. BIP = Bruttoinlandsprodukt (pro Kopf in US-Dollar, berechnet auf Grundlage der Kaufkraftparität). Die Rate der Alphabetisierung ist als Anteil an der Gesamtbevölkerung angegeben, die 15 Jahre und älter ist (2015). Die Jugendarbeitslosigkeit bezieht sich auf die Altersgruppe von 15 bis 24 Jahren (2019). Zu beachten ist hierbei, dass es schwierig ist, Arbeitslosigkeit zu messen, da beispielsweise die Grenze zwischen Arbeit und Nicht-Arbeit sowie zwischen bezahlter Arbeit innerhalb und außerhalb des formellen Sektors – bei oft wechselnden Tätigkeiten, fluktuierenden Arbeitsperioden sowie schwankenden Bezahlungen im informellen Sektor – nur sehr schwer zu ziehen sind.

völkerungsverteilung entsprechend nationalen Verwaltungseinheiten (vgl. Anhang: Methodik der Studie). Das bedeutet, die einzelnen Fälle (Interviews) werden unterschiedlich gewichtet und gehen entsprechend mit unterschiedlicher Bedeutung etwa in die Errechnung von Durchschnitten ein. Zu bedenken ist ebenso, dass aufgrund des methodischen Zugangs einerseits die sehr Wohlhabenden, die oft abgeschottet leben, und andererseits die ganz Armen, die nicht immer einen festen oder registrierten Wohnsitz haben, in der Stichprobenziehung unterrepräsentiert bleiben.

LIBYEN	PALÄSTINA	LIBANON	IRAK	MAROKKO	SUDAN	JEMEN	SYRIEN
Hohe			Mittlere		Niedrige		
104	106	112	121	123	172	183	150
55	107	65	120	129	166	154	118
0,72	0,72	0,71	0,69	0,68	0,51	0,46	0,58
0,78	0,69	0,77	0,64	0,62	0,47	0,5	0,66
15.336	6.583	9.526	9.977	7.303	3.575	1.314	4.192
21.666	4.500	16.600	14.007	7.000	3.428	4.000	10.700
7	5	5	46	38	48	35	23
81	77	89	71	65	36	39	57
91	97	94	80	72	59	70	85
51	42	18	25	22	31	24	21

Durch die erste Wiederholung der Jugendstudie erlaubt die Fragebogenkonzeption nun erstmals Vergleiche zwischen den Daten von 2016 und denen von 2021 und damit die Analyse jüngerer historischer Entwicklungen. Der Großteil der untersuchten Aspekte und die entsprechenden Fragen wurden von 2016 übernommen: Etwa drei Viertel der Fragen sind für beide Zeitschnitte identisch. Neu hinzugekommene Aspekte beinhalten Fragen zur Coronapandemie, zur Umwelt und zu Lebensstilen. Daher wurden Kürzungen notwendig, um die Fragebogenlänge konstant zu halten. Für die Streichung einzelner Fragen waren zwei Überlegungen ausschlaggebend: Sie erzielten in der ersten Befragungsrunde kaum sinnvolle Ergebnisse oder in der Zeitspanne von fünf Jahren waren keine großen Veränderungen bei den Antworten zu erwarten. Dies betrifft etwa Fragen zu Sprachen, zur Landwirtschaft, zu Nebenjobs und religiösen Symbolen sowie zur sozialen Zugehörigkeit der jungen Leute oder zu ihren Ansprechpersonen bei Problemen.

Wie gestaltet sich vor diesem Hintergrund die Binnendifferenzierung der jungen Erwachsenen, wenn die Situation einzelner Länder in den Blick genommen wird? Während die Geschlechterverhältnisse und die Altersverteilung, infolge der Gewichtungen, ausgewogen sind, zeigt bereits ein erster Blick in die empirischen Befunde die große Spannweite der befragten Jugendlichen und jungen Erwachsenen (Abb. 1.2). 68 Prozent (in Palästina) bis 85 Prozent (in Tunesien) leben noch bei ihren Eltern. Bei den syrischen Geflüchteten im Libanon sind es allerdings nur 46 Prozent. Auch die Bildungssituation gestaltet sich unterschied-

Abb. 1.2
CHARAKTERISTIKA DER BEFRAGTEN JUGENDLICHEN UND JUNGEN ERWACHSENEN

	ALLE	ALG	TUN	EGY	JOR
Menschliche Entwicklung		Hohe			
Männer/Frauen	51/49	51/49	51/49	51/49	52/48
Alter (Ø)	23	23	23	23	23
Jugendlich (Selbstbezeichnung)	88	82	92	96	84
Wohnt bei Eltern	74	81	85	75	71
Bildung					
Niedrig	19	4	9	43	7
Mittel	25	27	47	18	30
Hoch	57	69	45	40	63
Tätigkeit					
Ausbildung	36	41	40	16	33
Berufstätig	31	39	30	36	22
Ohne Einkommen	33	20	31	48	45
Sicherheit (selbst)	5,9	6,1	5,5	7,6	6,3

FRAGEN 1, 3, 4, 9, 11, 14, 26, 58

HINWEISE Alle Angaben erfolgen in Prozent (bis auf „Alter": hier ist der Altersdurchschnitt angegeben; sowie „Sicherheit", siehe unten). „Jugendlich" (Selbstbezeichnung) bezieht sich auf die Frage, ob sich die Interviewten eher zu den Jugendlichen oder zu den Erwachsenen zählen. Bildung: Um unterschiedliche nationale Ausbildungssysteme vergleichen zu können, wird hier nur die Situation der ältesten Gruppe (26 bis 30 Jahre) betrachtet. „Niedrig" beinhaltet Analphabeten, diejenigen, die lesen und schreiben können, und alle, die über einen Grundschulabschluss verfügen; „Mittel" bezieht sich auf alle, die über einen mittleren Schulabschluss verfügen, und „Hoch" auf alle, die mindestens ein Abitur haben, inklusive aller Personen mit Hochschulabschluss. Die Angaben zur „Sicherheit" beziehen sich auf die Frage: „Unter Berücksichtigung deiner aktuellen persönlichen Situation in allen Aspekten (Schule/Arbeit, Familie, wirtschaftliche Lage, politischer Wandel, zukünftige Entwicklung etc.): Fühlst du dich eher sicher oder eher unsicher? Bitte bewerte deine Situation auf einer Skala von 1 (= überhaupt nicht sicher) bis 10 (= völlig sicher)."

lich: Je nach Land verfügen zwischen drei Prozent in Libyen und 59 Prozent bei den syrischen Geflüchteten nur über eine niedrige formale Bildung. Zudem bestehen auch in der Beschäftigungssituation deutliche Unterschiede: In Ägypten sind beispielsweise nur 16 Prozent der jungen Erwachsenen in Ausbildung, im Sudan hingegen 57 Prozent. Berufstätig sind zwischen 22 und 39 Prozent, allein von den syrischen Geflüchteten im Libanon gehen 42 Prozent einer bezahlten

LBY	PAL	LBN	IRQ	MAR	SDN	YEM	SYR*
Hohe			Mittlere		Niedrige		
51/49	51/49	48/52	51/49	51/49	51/49	51/49	50/50
23	23	23	23	23	22	23	22
93	94	84	79	90	95	95	76
80	68	76	74	76	83	69	46
3	9	22	37	14	11	19	59
11	30	23	18	25	12	23	27
85	60	56	45	61	77	58	15
48	31	40	36	49	57	32	10
30	30	33	34	26	26	27	42
22	39	27	30	25	18	41	48
7,0	5,8	4,1	6,2	7,2	5,4	5,2	3,7

Beschäftigung nach. Dementsprechend bestimmen landesspezifische Kontexte die jeweilige Situation junger Menschen in der MENA-Region.

Die statistischen Befunde wurden durch die Ergebnisse aus qualitativen Befragungen – mindestens 20 in jedem Land – ergänzt. Die entsprechenden Interviews wurden im Sommer 2022 durchgeführt. Aufgrund der Zeitversetzung von quantitativer und qualitativer Befragung war es möglich, die neuen empirischen Befunde und sich daraus ergebende Fragen bereits mit den Jugendlichen und jungen Erwachsenen zu besprechen.

Persönliche Perspektiven

Um das Spektrum von Ungleichheit und Enteignungsprozessen junger Erwachsener in der MENA-Region zu illustrieren, werden exemplarisch fünf persönliche Positionen für eine erste Annäherung an die Alltagspraxis vorgestellt.

Die 30-jährige Lila aus Sidi Yahia (Algerien) verurteilt die generationen- und geschlechterbezogenen Ausgrenzungen im Arbeitsmarkt:

Junge Menschen werden oft ausgegrenzt. Vor allem wenn sie sich selbstständig machen wollen, werden sie von den Älteren blockiert und verunglimpft.

Das Problem der Jugendarbeitslosigkeit hängt größtenteils mit diesen ungerechten Praktiken bei der Einstellung und dem Zugang zu Arbeitsplätzen zusammen, die nicht auf Kompetenzen basieren, sondern eher auf Beziehungen und Vetternwirtschaft. Zudem wollen Männer immer, dass Frauen eine niedrigere Position haben als sie selbst, aber glücklicherweise haben wir in Algerien die gleichen Gehälter wie die Männer, wenn wir den gleichen Arbeitsplatz haben. Dennoch, in den Augen der Männer sehen wir, dass sie möchten, dass Frauen keine gute soziale Stellung haben und der Platz der Frau sich auf den Haushalt beschränkt. Meiner Meinung nach sind die einzigen Kriterien für eine Wertschätzung allerdings Verdienste und Fähigkeiten und nicht das Geschlecht oder das Alter.

Fadi, 30 Jahre alt, unterstreicht die Bedeutung von Privateigentum für die Persistenz von Ungleichheiten. Er ist verheiratet und lebt im Westjordanland.

Zweifellos gibt es viele Unterschiede zwischen den sozialen Klassen, etwa soziale oder wirtschaftliche Unterschiede oder Unterschiede zwischen Männern und Frauen [...]. Das Erbe und seine Verteilung ist ein wichtiger Faktor bei der Verteilung des Reichtums. Einige Familien besitzen viel Land und sind reich; sie vererben alles an die Familienmitglieder, sodass der Reichtum sich in diesen Familien anhäuft. Was den wirtschaftlichen Reichtum betrifft, so gibt es bestimmte Gesellschaftsschichten, die über viel Kapital verfügen, während andere gar nichts besitzen. Das zeigt die große Kluft zwischen den sozialen Schichten. Seit 2007 sind in den Besitzverhältnissen keine wesentlichen Veränderungen zu erkennen. Vielleicht ist es jetzt noch schlimmer, denn eine Person, die früher viel Geld hatte, ist jetzt verschuldet. Das sieht man oft in den Schichten unserer Gesellschaft.

Der 20-jährige Hisham lebt im Libanon in der Bekaa-Ebene. Für ihn als Geflüchteten aus Syrien stellt sich Ungleichheit nochmals anders dar:

Da ich weiß, dass Gesetze, die auf dem Papier stehen, in der Praxis nicht gelten, bin ich offen gegen Regierungsinitiativen, die scheinbar Gerechtigkeit fördern. Ich bin ein Flüchtling im Libanon, und obwohl es uns nicht erlaubt ist, an lokalen Bewegungen teilzunehmen, höre ich die Kandidaten vor den Wahlen hier über Gerechtigkeit, Gleichheit und andere Ideale sprechen, und ich weiß sehr wohl, dass sie alle Lügner sind. Ich bin überzeugt, dass die Ungleichheit auf allen Ebenen zunimmt, wenn es keine Gerechtigkeit gibt. Gute Arbeit bekommt man hier nur, wenn man einer der traditionellen Parteien im Libanon angehört. Als syrischer Flüchtling erlebe ich keine Gleichheit: In den meisten Bereichen ist es uns verboten zu arbeiten. Sollte ich dennoch eine

Stelle bekomme, beziehe ich ein geringeres Gehalt und muss dafür mehr Stunden arbeiten. Ich bin gezwungen, einfache Jobs anzunehmen, da ich keine Alternativen finde.

Intisaar aus Chan Yunis im Gazastreifen ist 27 Jahre alt; sie spricht über die Konsequenzen ihrer körperlichen Einschränkungen:

Als junge Frau mit einer Behinderung erfahre ich keine soziale Gleichheit, weder im Hinblick auf Bildung oder Berufseinstieg noch auf die Gleichbehandlung behinderter Menschen. Selbst vor Gewalt kann uns die Regierung nicht schützen. Ich habe mich zum Beispiel für eine Stelle in einer Organisation beworben, aber noch bevor sie meine Fähigkeiten, meine Ausbildung oder meine Erfahrungen kannten, haben sie es aufgrund meiner Behinderung abgelehnt, mich zum Vorstellungsgespräch einzuladen. Der Direktor der Organisation sagte mir, und ich zitiere: „Es gibt niemanden, der besser qualifiziert ist als Sie", und erwähnte gleichzeitig meine Behinderung, was bedeutet, ich wurde nicht weiter berücksichtigt. Es existiert keine Gleichberechtigung bei der Einstellung von Behinderten. Darüber hinaus gibt es keine Gerechtigkeit, wenn es darum geht, uns einen einfachen Zugang zu Transportmitteln zu verschaffen. Es fühlt sich an, als ob wir dazu verurteilt wurden, zu Hause zu bleiben und niemals auszugehen.

Der 30-jährige Abdelrazaq aus Aden betont einen anderen Aspekt von Ungleichheit, und zwar einen, der mit der Wiedervereinigung des Jemen zusammenhängt:

Gegenwärtig ist die Ungleichheit die Ursache aller Krisen insofern, als die Revolution des Arabischen Frühlings und vorher die friedliche Bewegung im ehemaligen Südjemen durch Ungleichheit verursacht wurden. Im Jemen hatten wir politisch wie wirtschaftlich im Süden ein sozialistisches System, das auf der Gleichheit aller basierte. In den nördlichen Regionen gab es ein kapitalistisches System. Als die beiden Systeme zusammenkamen, lag der Hauptgrund des Scheiterns meines Erachtens darin, dass es keine klaren Vorstellungen gab, wie die beiden Systeme zusammengebracht werden konnten, also wie Probleme und Unterschiede zwischen Klassen und Gruppen sowie zwischen Männern und Frauen zu lösen wären. Dies produzierte weitere Ungleichheiten, die zum Krieg von 1994 und danach zu anderen Problemen führten, die sich ab 2007 und anderswo in den südlichen Regionen sowie im Arabischen Frühling 2011 und zuletzt im Krieg von 2015 weiter entfalteten. Als wir zu dem einen gemeinsamen Regierungssystem übergingen, gab es hier in Aden die Klasse der Anderen (des Nordens), die mit Kapital kam, während wir im Süden in allem vom Staat abhängig waren, bezüglich Einkommen, Nahrung und Kleidung. Die

Menschen, die von Grundstücken, Immobilien und landwirtschaftlichen Betrieben lebten, waren dann von den Krisen kaum betroffen, weil sie nicht in einem grundlegenden Maße vom Staat abhängig waren. Aber die Menschen, die im Wesentlichen vom Staat abhängig waren, waren total exponiert, und sogar Menschen aus der Mittelschicht stürzten in die Unterschicht ab.

Diese individuellen Aussagen machen exemplarisch deutlich, dass die Ausbildung von Ungleichheiten, die zur Entwicklungsdynamik beitragen, landesspezifisch unterschiedlich verlaufen und je nach Gruppe, Geschlecht, Behinderung oder Geflüchtetenstatus verschieden begründet sein kann. Während es für einige junge Menschen darum geht, das Leben zu genießen und sich Träume zu erfüllen, kann Jugend aber auch bedeuten, sich den Zugang zum Arbeitsmarkt trotz aller Widrigkeiten zu sichern, hart zu arbeiten und verantwortungsbewusst zu handeln. Zudem wird deutlich, dass die gegenwärtige Arbeitsmarktsituation nicht umstandslos mit der früherer Generationen vergleichbar ist und Arbeitsplätze sowie einzelne Positionen von denen, die sie innehaben, auch nicht immer ohne Weiteres freigegeben werden. Junge Erwachsene können aufgrund der wachsenden ökonomischen Probleme ihrer gesellschaftlichen Rolle kaum noch gerecht werden, obwohl sie durch den Zugang zu neuen Medien heute vielleicht besser denn je in der Lage sind, ihre eigene Situation im weltweiten Gefüge jugendlicher Lebenswelten einzuordnen.

Forschung zu Jugend in der MENA-Region

Zur Aufarbeitung des Forschungsstands gehören die Darstellung eigener Vorarbeiten und deren Positionierung in internationalen Veröffentlichungen, was im Folgenden geschehen soll. Die Friedrich-Ebert-Stiftung präsentierte und diskutierte die empirischen Befunde und Ergebnisse der ersten Jugendstudie von 2016 auf Veranstaltungen in Berlin, in Brüssel und anderen Büros in Deutschland. Nach der Veröffentlichung auf Deutsch durch den Verlag J. H. W. Dietz (Gertel/Hexel 2017) stieß die MENA-Jugendstudie auf großes Interesse, was sich auch im Presseecho widerspiegelte. Anfang 2018 erschien die Studie auf Englisch beim Londoner Verlag Saqi Books und wurde damit auch international zugänglich. Autoren und Autorinnen der Studie stellten das Buch dem wissenschaftlichen Fachpublikum auf dem World Congress for Middle Eastern Studies (WOCMES) noch im gleichen Jahr in Sevilla vor und diskutierten die Ergebnisse zudem mit politischen Entscheidungsträgerinnen und -trägern in deutschen Ministerien. Die arabische Übersetzung der Studie wurde schließlich 2019 vom Beiruter Verlag Dar al-Saqi publiziert und in den arabischen Buchhandel gebracht. Auch hier war das wissenschaftliche und mediale Interesse groß, da bisher keine vergleichbare regionale Studie vorlag und viele der regionalen Informationen nicht auf Arabisch zugänglich gewesen waren.

Auf weiteren öffentlichen Veranstaltungen wurde das Buch vor Ort in Beirut und in Tunis vorgestellt, jeweils im Beisein von Autorinnen und Autoren. Darüber hinaus haben die Landesbüros der Friedrich-Ebert-Stiftung in Marokko, Tunesien, Palästina, Jordanien, im Libanon und im Jemen gemeinsam mit lokalen Organisationen politische Handlungsempfehlungen, Konzepte und Strategien zur besseren Einbindung jugendlicher Interessen und Bedürfnisse erarbeitet. Diese wurden beispielsweise mit Vertretern und Vertreterinnen der tunesischen und marokkanischen Gewerkschaften sowie mit Regierungsangestellten in Jordanien, Palästina und im Jemen diskutiert und eine deutlichere Positionierung junger Menschen bei politischen Prozessen angeregt. Zudem wurde im Rahmen von Fortbildungsprogrammen wie dem *Young-Leaders*-Programm jungen Erwachsenen Raum gegeben, selbst entsprechende Handlungskonzepte zu erarbeiten und diese beispielsweise durch Blogartikel oder Informationskampagnen in die gesellschaftliche Diskussion einzubringen.

Neben diesen politischen Transfers innerhalb und außerhalb der Region wurden neue, im Zusammenhang mit Covid-19 entstandene Fragestellungen formuliert und getestet. Hierzu wurde unter den Teilnehmern und Teilnehmerinnen der *Young-Leaders*-Programme in der MENA-Region bereits 2020, im ersten Coronajahr, eine mehrstufige Online-Umfrage durchgeführt. Die Ergebnisse wurden auf Arabisch, Englisch und Französisch veröffentlicht (Gertel/Kreuer 2021) und im Rahmen der *Young-Leaders*-Fortbildungen mit den Befragten diskutiert. Die Befunde dieser Studie sind in das vorliegende Buch mit eingeflossen.

Unmittelbar nach Abschluss der Umfrage für die aktuelle MENA-Jugendstudie von 2021 konnte die Friedrich-Ebert-Stiftung renommierte Wissenschaftler und Wissenschaftlerinnen aus der Region für die Auswertung der landesspezifischen Daten gewinnen.[1] Diese Länderanalysen erschienen im Laufe der Jahre 2022 und 2023 und wurden in den jeweiligen Ländern auf öffentlichen Veranstaltungen, auch in Zusammenarbeit mit den Universitäten der lokalen Autorinnen und Autoren, vorgestellt und diskutiert. In vielen der beteiligten Länder wurde die Analyse der vorläufigen Ergebnisse zudem in die Fortbildungsprogramme der Friedrich-Ebert-Stiftung integriert. Die Länderanalysen selbst sowie die Rückmeldungen aus den Diskussionen vor Ort wurden von den Autorinnen und Autoren dieses Buches aufgegriffen und ergänzten die Analyse der empirischen Befunde und die Einordnung der Ergebnisse in den regionalen Kontext.

---

1   An den Länderanalysen beteiligten sich folgende Wissenschaftlerinnen und Wissenschaftler: Khadija Boussaïd (Algerien), Ahmed Qasem Meften (Irak), Kamal Naif Tamim (Jemen), Mohammad Aburumman und Walid Alkhatib (Jordanien), Michel Doueihy (Libanon), Asma Khalifa (Libyen), Fadma Aït Mous (Marokko), Ghassan Khatib (Palästina), Atta El-Battahani (Sudan), Jasmin Lilian Diab (syrische Geflüchtete im Libanon) und Imed Melliti (Tunesien).

Unabhängig von den FES-Jugendstudien und den vorliegenden Befunden wird die Situation der jungen Menschen in den Ländern der MENA-Region laufend weiter erforscht. Im Nachgang des Arabischen Frühlings haben besonders zwei größere Forschungszusammenschlüsse, die mit europäischen Geldern unterstützt werden, den Forschungsstand zu Jugendlichen in der MENA-Region deutlich erweitert, neue Einsichten generiert und wichtige Forschungsperspektiven aufgezeigt. Es handelt sich um das SAHWA-Projekt (2014 bis 2017) und das Power2Youth-Projekt (2015 bis 2017), die auch dazu beigetragen haben, dass zunehmend lokale Wissenschaftlerinnen und Wissenschaftler in die Wissensproduktion eingebunden und international sichtbar werden. Mehrere Sammelbände ergründen nun die Situation junger Erwachsener in der MENA-Region vor der Pandemie.

Imed Melliti und Hayet Moussa (2018) haben mit *Quand les jeunes parlent d'injustice* eine wichtige Studie zu Tunesien vorgelegt, die untersucht, was als ungerecht empfunden wird und wie Gerechtigkeit erlangt werden kann. Antworten auf diese Frage verweisen auf die Legitimität von Handlungen und Interventionen, die Grundlage des Zusammenlebens sind und gleichzeitig eine wichtige Voraussetzung für die Aufrechterhaltung gesellschaftlicher Übereinkünfte darstellen. Gefühle der Ungerechtigkeit kommen zum Ausdruck, so die Argumentation, wenn der Gesellschaftsvertrag als ungeeignet wahrgenommen wird, alle anzusprechen und mitzunehmen. Die Untersuchung von Diskursen und Emotionen hat daher zum Ziel, insbesondere jene Ausprägungen und Formen von Ungerechtigkeit zu identifizieren, die Empörung und Frustration hervorrufen. Es geht darum, Bezüge zur Normativität zu bestimmen, die gegenwärtig in Tunesien den Jugendlichen als Referenz dienen, um die Grenze zwischen „gerecht" und „ungerecht" zu konstruieren (vgl. Melliti 2022; Melliti/Abdessamad 2022).

Fadma Aït Mous und Zakaria Kadiri (2021) stellen mit *Les jeunes du Maroc* zentrale Ergebnisse der SAHWA-Studie für Marokko vor. Ihre Befunde beruhen auf einer Umfrage vor der Pandemie unter 2.000 marokkanischen Jugendlichen sowie Interviews mit jungen Unternehmerinnen und Unternehmern in Rabat, informellen Heimwerkern und Landarbeitern beiderlei Geschlechts. Im Mittelpunkt steht der Generationenvertrag, der anhand von vier Zugängen untersucht wird: zunächst im Hinblick auf Chancen in Bezug auf Bildung, Beschäftigung und Unternehmertum sowie die damit verbundenen Auswirkungen auf Inklusion und Informalisierung im Arbeitsmarkt. Dann geht es um die Situation junger Menschen im Hinblick auf soziale und politische Mobilisierung, Partizipation und die Nutzung sozialer Netzwerke sowie drittens um Jugendkulturen mit Blick auf kulturelle Praktiken und die Entwicklung eigener Werte. Schließlich werden die Gleichstellung der Geschlechter und Fragen der Ermächtigung sowie der Migration beleuchtet.

Elena Sánchez-Montijano und José Sánchez García (2019) beziehen sich mit dem Sammelband *Youth at the Margins* ebenfalls auf den Forschungszusammenschluss von SAHWA. Dieser Band ist als Querschnittsanalyse von fünf Ländern (Algerien, Ägypten, Libanon, Marokko und Tunesien) organisiert und untersucht die diversen Perspektiven und Formen sozioökonomischer, politischer und kultureller Marginalisierung junger Menschen. Ihr Ziel ist es, die Muster der Lebensbedingungen und die Handlungsfähigkeit junger Menschen zu ergründen, wobei der relationale Charakter der von ihnen selbst aktiv gestalteten Jugendwelten im Mittelpunkt steht.

Eine verwandte Thematik, die auch in der vorliegenden Studie von Interesse ist, behandelt der Sammelband von Sarah Anne Rennick (2022b) zu *Reassessing Activism and Engagement Among Arab Youth*. Auf der Grundlage von Gesprächen mit algerischen, tunesischen, libanesischen und syrischen Jugendaktivisten wird der Frage nachgegangen, welche politische Tragweite das verbreitete, explizit als „apolitisch" bezeichnete zivilgesellschaftliche Engagement junger Menschen hat. Inwiefern kann bürgerschaftliches Engagement in scheinbar „unpolitischen" Bereichen als eine Form des politischen Aktivismus verstanden werden? Und zeichnet sich dabei eher eine Abgrenzung oder eine Kontinuität zum Politischen ab? Zur Beantwortung dieser Fragen wird Jugend als eine generationenübergreifende Praxis rekonzeptualisiert, das heißt als eine „kompetente Darbietung" von gemeinsamem Wissen und Verständnis dessen aufgefasst, was Politik und das Politische ausmacht.

Fünf Monografien, alle von Frauen verfasst, analysieren zudem unterschiedliche Aspekte junger Erwachsener zum Zeitpunkt kurz vor der Pandemie. Sie sind besonders herauszustellen, da sie in empirisch aufwendig zu erforschenden Ländern – wie Algerien, dem Jemen und Ägypten – oft unter anspruchsvollen Rahmenbedingungen entstanden sind.

Amira Augustin (2021) untersucht in *South Yemen's Independence Struggle*, warum so viele junge Menschen, die nach 1990 geboren sind, für die Unabhängigkeit des Südjemen eintreten, sich in der großen sozialen Bewegung des Südens engagieren und sich für die Wiedereinrichtung eines Staates begeistern, den sie selbst nie erlebt haben. Auch hier steht somit die Frage der Mobilisierung im Mittelpunkt. Die jüngste Arbeit von Nadine Sika (2023) zu *Youth in Egypt* schließt hieran an. Sie erforscht die politische Welt junger Menschen in Ägypten und konzentriert sich dabei auf Erfahrungen mit dem Autoritarismus. Sika eröffnet damit eine jüngere historische Perspektive durch die Augen mehrerer Generationen junger Menschen, die aufeinanderfolgende Zeiten des politischen Umbruchs und der staatlichen Militarisierung erlebt haben. Basierend auf empirischen Befunden geht es auch hier um Engagement in Protestbewegungen, zivilgesellschaftlichen Organisationen und politischen Parteien und um Möglichkeiten der wirtschaftlichen und politischen Teilhabe: gegen oder auch für das Regime.

Britta Hecking (2021) hat mit *Jugend und Widerstand in Algier* eine der wenigen deutschsprachigen Arbeiten zur aktuellen Situation in Algerien vorgelegt. Im Mittelpunkt steht das alltägliche Navigieren junger Menschen – das Unterwegssein im städtischen Raum auf der Suche nach Möglichkeiten des Sich-Durchschlagens und Sich-Ermächtigens. Das Zusammenspiel von Stadtentwicklung und Jugendbewegungen rekonstruiert sie dabei vom antikolonialen Befreiungskampf über die Oktoberrevolte von 1988 bis zum Arabischen Frühling und dem Beginn der *Hirak*-Bewegung. Vor dem Hintergrund wachsender gesellschaftlicher Ungleichheit beleuchtet sie die Forderungen der Jugend nach dem „Recht auf die Stadt" und die Ausgestaltung ihrer Räume und Gegenorte, was sie als Teil des Widerstands gegen Ausgrenzung beurteilt.

Cristiana Strava (2023) verfolgt in *Precarious Modernities* ebenfalls einen raumbezogenen Ansatz und untersucht die urbane Peripherie von Casablanca. Das Buch konzentriert sich auf das alltägliche Leben und die Räume junger prekärer Gemeinschaften sowie ihre Interaktion mit Denkmalschützern, internationalen Entwicklungsplanern und technokratischen Planungsregimen. Die Entpolitisierung der städtischen Ränder im Zuge umstrittener „Modernisierungsprozesse" verfestige, so die Autorin, die Ungleichheiten, während gleichzeitig unerwartete Möglichkeiten des Engagements für Marginalisierte entstünden. Unvorhergesehene und neuartige Formen des politischen Engagements würden die Wiederbelebung und Neukonfiguration von Klassenvorstellungen signalisieren und kreative und alternative räumliche Möglichkeiten der Beteiligung eröffnen, und zwar in einer Zeit zunehmender Autoritarismen.

Rawan Asali Nuseibeh (2022) analysiert in *Urban Youth Unemployment, Marginalization and Politics in MENA* vergleichend vier Großstädte der Region (Amman, Jerusalem, Kairo und Tunis) und nimmt dabei die Lebenschancen und Narrative junger Menschen in den Blick. Der Fokus liegt auf intersektionalen Perspektiven der Marginalisierung. Hierbei geht es um Überschneidungslinien von Geschlecht, ethnischer Zugehörigkeit und sozialer Klasse. Die Autorin untersucht anhand von Erzählungen über Hoffnungen, Enttäuschungen und Lebensentscheidungen, wie das politische und wirtschaftliche Klima in jeder Stadt die Lebensperspektiven von Jugendlichen beeinflusst. Politische Institutionen und Arbeitsmärkte, ebenso wie Bildungseinrichtungen, seien, so ihre Forderung, mithilfe des Konzepts „Recht auf Stadt" neu zu bewerten.

Jüngst werden auch die Covid-19-Pandemie und ihre Auswirkungen für die Region zunehmend wissenschaftlich aufgearbeitet. Neben Berichten verschiedener internationaler Organisationen und etlichen Beiträgen in akademischen Zeitschriften sind inzwischen auch erste Sammelbände erschienen. Dabei wird meist ein politikwissenschaftlicher Ansatz verfolgt, doch die Themen Jugend und Pandemie werden noch nicht explizit zusammen analysiert.

Zeina Hobaika, Lena-Maria Möller und Jan Claudius Völkel (2022) betrachten ungleiche Auswirkungen der Pandemie. Ihr Fokus liegt auf Kommunikationsstrategien und Beziehungen zwischen politischen Figuren und Bevölkerungen.

Larbi Sadiki und Layla Saleh (2022) analysieren die vielschichtigen und ungleichen Auswirkungen der Pandemie durch die Beck'sche Perspektive der „Risikogesellschaft" und interessieren sich dabei auch für Fragen von Governance und Demokratie. Anis Ben Brik (2022) unternimmt eine vergleichende Untersuchung politischer Antworten auf die Pandemie in der Region; und Rita Stephan (2023) betrachtet die Covid-19-Krise aus einer Genderperspektive. Der Band identifiziert in der MENA-Region insbesondere Gründe für die überproportionale Betroffenheit von Frauen durch die Pandemie.

Vor diesem Hintergrund hat die vorliegende Studie zum Ziel, die Auswirkungen von Covid-19 und anderen Krisen zu beleuchten und dabei explizit die Konsequenzen für junge Erwachsene herauszuarbeiten.

Aufbau und Argumentation der Studie

Der vorliegende Sammelband ist in vier Teile gegliedert. Im Kontext der erweiterten Einleitung werden in Kapitel 2 die Länder vorgestellt, in denen die Umfrage für die FES MENA-Jugendstudie durchgeführt wurde. Diese Länder und Untersuchungsgruppen blicken auf eine wechselvolle Geschichte zurück und weisen neben etlichen Gemeinsamkeiten auch teilweise große Unterschiede in Naturressourcen, sozialen Gruppen, Wirtschaft und politischen Systemen auf. Daher werden sie individuell besprochen und die grundlegende Frage ihrer Vergleichbarkeit diskutiert.

Anschließend führen Jörg Gertel und Katharina Grüneisl in Kapitel 3 das Konzept der Enteignung junger Menschen in den Ländern der MENA-Region ein, das sich als roter Faden durch alle weiteren Kapitel dieses Buches zieht. Die Situation von Jugendlichen und jungen Erwachsenen in Nordafrika und im Nahen Osten ist seit Längerem angespannt. Doch nun ist sie infolge der Häufung krisenhafter Entwicklungen und ihres regionalen Zusammentreffens nicht mehr nur kurzfristig problematisch, sondern von strukturellen Dynamiken der Enteignung betroffen. Um diese Dynamiken besser zu verstehen, verwenden und erweitern Gertel und Grüneisl den *Capabilities-Aspirations*-Ansatz und kombinieren Ressourcenanalysen, bei denen es um Zugänge zu Kapital, Bildung und sozialen Netzwerken geht, mit Aspirationsanalysen, die das Zusammenspiel von Wünschen, Ambitionen und persönlichen Zielen mit Ängsten, Stress und Depressionen in den Blick nehmen. Empirisch werden zum einen die ökonomische Sicherheit und gesellschaftliche Schichtung der Befragten aufgearbeitet und zum anderen die subjektiven Positionen ihrer Lebensentwürfe untersucht: Lebenszufriedenheit, Work-Life-Balance und Zukunftsängste. Dabei werden grundlegende Ausprägungen der Enteignungsdynamiken deutlich, denen in den Beiträgen dieses Buches weiter nachgegangen wird.

Multiple Krisen

Im zweiten Teil des Buches werden die Auswirkungen der zahlreichen Krisen auf die Situation junger Menschen in der MENA-Region diskutiert. Diese reichen von den bereits 2016 virulenten Wirtschaftskrisen mit dem damit einhergehenden Problem der Beschäftigungslosigkeit junger Menschen bis zu den 2020 bis 2021 erstmals weltweit erlebten krisenhaften Einbrüchen durch die Covid-19-Pandemie. Hinzu treten Fragen nach dem Umgang mit den in den letzten Jahren zunehmenden Hunger- und Gewalterfahrungen sowie den immer häufigeren Umweltkrisen und den Fluchtdynamiken junger Menschen.

Das einleitende Kapitel 4 beleuchtet daher zunächst die unmittelbaren Auswirkungen der Covid-19-Pandemie auf die körperliche und seelische Gesundheit junger Menschen. Weiterhin rückt die gesellschaftliche Ebene in den Fokus: Der Alltag in der Pandemie wurde von temporären Einschränkungen und neuen strukturellen Ungleichheiten geprägt, die speziell die Allerschwächsten betreffen. Schließlich wird in diesem Kapitel der Frage nachgegangen, wie die jungen Erwachsenen selbst die Pandemie einordnen und welche Lehren sie für sich und die Gesellschaft aus ihr ziehen.

Jörg Gertel geht in Kapitel 5 der Frage nach, wie die wirtschaftliche Situation und die Beschäftigung junger Erwachsener durch die Pandemie und die aktuellen Krisen weiter unter Druck geraten sind. Dazu analysiert er zunächst die Selbsteinschätzung der ökonomischen Situation der Befragten. Anschließend arbeitet er ihren weiteren sozialen Reproduktionskontext im Hinblick auf die Elterngeneration auf, bevor er die ökonomische Einbindung und die Beschäftigungslage der jungen Erwachsenen genauer analysiert. Schließlich beleuchtet Gertel die generationenübergreifenden Verschiebungen der Arbeitsverhältnisse sowie die persönlichen Motivationen und Wünsche an den idealen Beruf. Er zeigt, wie sich problematische Entwicklungen seit 2016 verschärft haben und wie Enteignungsdynamiken wirken.

Im Anschluss daran beleuchtet Jörg Gertel in Kapitel 6 die Ausprägungen von Hunger und Gewalt im größeren regionalen Zusammenhang. Ausgehend von einer regionalen Analyse stellt er für vier Länder exemplarisch individuelle Perspektiven vor, bei denen die Wechselwirkungen zwischen Gewalt- und Hungererfahrungen beleuchtet werden. Gertel argumentiert, dass Nahrungsunsicherheit und Gewalt oft miteinander verknüpft sind und vor allem arme und schwache Bevölkerungsgruppen treffen. Der Einfluss der Coronapandemie in ihrem zweiten Jahr (2021) und des russischen Angriffskriegs gegen die Ukraine ab Februar 2022 auf die Nahrungssicherheit in der MENA-Region zeigt sich deutlich in den empirischen Befunden. Beide Phänomene haben drastische Folgen für die Betroffenen, die kaum reversibel sind und zu sozialen Brüchen sowie zum Verlust gesellschaftlicher Standards vor allem beim Zugang zu Grundnahrungsmitteln und sozialer Gerechtigkeit führen. Dies wertet Gertel als Ausdruck radikaler Enteignungsprozesse, die eine Selbstbestimmung für junge Erwachsene und gerechte Verwirklichungschancen kaum mehr realistisch erscheinen lassen.

Ann-Christin Zuntz erörtert in Kapitel 7 die Migrationsabsichten und -erfahrungen der jungen Generation in der MENA-Region. Um den Zusammenhang zwischen Enteignung, Migration und Flucht herauszuarbeiten, befasst sie sich mit verschiedenen Mobilitätsformen: legaler Bildungs- und Arbeitsmigration, irregulärer Migration über das Mittelmeer sowie den wenig beachteten Formen von Binnenmobilität und umweltbedingter Vertreibung. Indem sie die komplexen Gefühle und differenzierten Einschätzungen der Befragten zur Migration aufzeigt, widerlegt Zuntz die stereotype Annahme, die Mehrheit junger Erwachsener in der MENA-Region seien „Migrationsaspiranten". Ihre Analyse verdeutlicht, dass Mobilitätspläne nicht nur ein Hinweis auf wirtschaftliche Ausgrenzung, sondern als umfassendere Strategie zu verstehen sind, die ein menschenwürdiges Leben ermöglichen soll, das durch eine sichere Existenzgrundlage, ökologische Nachhaltigkeit, soziale Harmonie und eine gerechte Wohlstands- und Chancenverteilung definiert sein kann – ein Gegenentwurf zur Enteignungsdynamik.

David Kreuer geht in Kapitel 8 der Frage nach, wie groß das Bewusstsein der jungen Generation für die gegenwärtigen Umwelt- und Klimakrisen ist. Die Befragungen und insbesondere die qualitativen Interviews zeigen deutlich, dass das Problembewusstsein quer durch die Region wächst und immer dann besonders ausgeprägt ist, wenn eine direkte eigene Betroffenheit vorliegt. Die große Mehrheit der jungen Menschen erklärt, sich Sorgen um den Zustand der Umwelt zu machen, und viele sind prinzipiell bereit, sich aktiv für eine Verbesserung einzubringen. Allerdings sind die für Verschmutzung und Klimawandel Verantwortlichen oft schwer zu bestimmen – und verschiedenste Hindernisse lassen ein Engagement vor Ort für viele Befragte unrealistisch erscheinen, zumal sie oft andere, dringendere Sorgen haben. Die besten Erfolgsaussichten für Protest und Engagement sieht Kreuer dann als gegeben, wenn es den Akteuren gelinge, Umweltthemen mit sozioökonomischen Anliegen zu verbinden.

Persönliche Orientierungen

Der Blick auf die Welt und das Handeln junger Menschen wird von einer Vielzahl persönlicher Orientierungsmuster bestimmt, die miteinander in enger Beziehung stehen. Dies können die Verwirklichung eines bestimmten Lebensstils sein, die Bedeutung von Familie, von Bildung und von Genderrollen, die Übernahme oder die Infragestellung von Werten sowie die Rolle von Religion. Der dritte Teil dieses Buches ist den Verflechtungen dieser Orientierungen und ihrer Bedeutung für das Leben junger Menschen in der MENA-Region gewidmet.

Lebensstile erklärt Jörg Gertel in Kapitel 9 als das Zusammenspiel von Persönlichkeitsmerkmalen, sozialen Beziehungen und Lebensbedingungen, also die Summe von Handlungs- und Verhaltensmustern, die sich in Lebensentwürfen manifestieren. Er untersucht, welche Rolle der Zugang zu Ressourcen und die Verfügung darüber sowie die Vorstellungskraft und die Beziehungen des Einzelnen zur Welt und die daraus folgende biografische Offenheit beziehungsweise Geschlossenheit bei der Lebensführung junger Menschen in der MENA-Region spielen. Seine Analyse zeigt auf, dass die Befragten sowohl in den Kategorien mit hoher Offenheit als auch unter den ökonomisch Gesicherten kaum vertreten sind. Das steht für die Auswirkungen langfristiger Enteignungsdynamiken und spiegelt den Status ausgreifender Deprivation wider.

In Kapitel 10 geht Christoph H. Schwarz der Frage nach, wie junge Menschen in der Region ihre Geschlechterrollen gegenwärtig interpretieren und im Alltag praktizieren und welche Rolle Familie und Bildung dabei spielen. Trotz der Unterschiede konstatiert er, dass die Familie nach wie vor die wichtigste Institution und der zentrale Orientierungspunkt für junge Männer und Frauen bleibt. Allerdings stellt sich die Frage, inwieweit die Familie in einer Zeit multipler Krisen und wachsender Repression ihre Funktion als Stabilitätsgarant noch erfüllen kann. Die Emanzipationsbestrebungen der Frauen treffen immer häufiger auf Tendenzen der (Re-)Patriarchalisierung, die den allgemeinen Prozess der politischen und sozioökonomischen Enteignung junger Menschen geschlechtsspezifisch verstärken. Nichtsdestotrotz sind es besonders die jungen Frauen, die in dieser Situation neue Wertehaltungen ausbilden und mehr Handlungsfähigkeit anstreben.

David Kreuer und Jörg Gertel untersuchen in Kapitel 11 die Wertvorstellungen der „enteigneten Generation". Einzelne Aspekte stellen sich dabei über den Zeitverlauf und über die Länder hinweg als weitgehend stabil dar, wobei Glaube, Sicherheit und familiäre Werte besonders geschätzt werden. Zusammenfassend arbeiten die Autoren dann vier Wertedimensionen heraus, die sich mit etablierten Theorien verknüpfen lassen. Sie spiegeln widersprüchliche mögliche Orientierungen wider: Der Bewahrung des Bestehenden, oft von der Gesellschaft erwünscht, steht die Offenheit für Neues gegenüber, die für ein erfolgreiches Navigieren in der modernen Welt unabdingbar scheint. Ein weiteres Spannungsverhältnis besteht zwischen einer weithin hochangesehenen Gemeinschaftsorientierung und einer eher kontrovers diskutierten Tendenz zur Selbststärkung. Jeder junge Mensch versucht diese Ansprüche auf seine Art in Einklang miteinander zu bringen, wobei sich Unterschiede zwischen Stadt und Land, verschiedenen Lebensstilen und auch zwischen den Ländern feststellen lassen.

In Kapitel 12 behandelt Lisa Maria Franke die Bedeutung von Religion und individueller Religiosität für die Identitätskonstruktion von Jugendlichen und jungen Erwachsenen in der MENA-Region. Sie beschreibt, wie Religiosität als eine Form privat gelebter Ermächtigung, insbesondere für junge Familien, fungieren kann, um mit den wachsenden Unsicherheiten aufgrund von Enteignungsdynamiken umzugehen. Wie bereits 2016 betrachten sich junge Frauen im Schnitt als religiöser als junge Männer. Als weiteren Trend stellt Franke fest, dass die selbst eingeschätzte Religiosität der jungen Menschen mit dem Alter zunimmt. Weiterhin analysiert sie den empirischen Befund, dass die meisten Jugendlichen der Überzeugung sind, dass Religion eine größere Rolle im öffentlichen Leben spielen sollte. Abschließend hält Franke fest, dass viele der befragten Jugendlichen dabei sind, ihren spirituellen Glauben und ihre religiösen Praktiken umzugestalten und „den" Islam insbesondere im digitalen Kontext neu zu konzeptualisieren: Traditionelle religiöse Autoritäten werden aufgrund der Präsenz sozialer Medien zunehmend infrage gestellt – gleichzeitig werden die religiösen Identitäten der befragten Jugendlichen basierend auf einem neuen globalen Lifestyle neu imaginiert.

Gesellschaftliches Handeln

Der vierte Teil ist dem gesellschaftlichen Handeln junger Menschen in der MENA-Region gewidmet. Ausgehend von der Kommunikation, die Menschen miteinander in Kontakt bringt, geht es um das Verständnis und die Haltung zu Politik und politischer Mobilisierung, soziales Engagement sowie abschließend die Hoffnungen und Erwartungen, mit denen junge Männer und Frauen in die eigene sowie die Zukunft ihrer Gesellschaft blicken.

Als Einstieg untersucht Carola Richter in Kapitel 13 die Verfügbarkeit von Medien für die Kommunikation der befragten Jugendlichen im Kontext staatlicher Infrastrukturpolitiken der MENA-Länder. Die unterschiedlichen Funktionen, die insbesondere soziale Medien für Jugendliche erfüllen, analysiert sie anhand der spezifischen Nutzungsmuster. Dabei wird deutlich, dass Medien von jungen Menschen vor allem zu Unterhaltungs- und Netzwerkzwecken genutzt werden und nur in geringem Maße für politische Information oder gar Mobilisierung. Auch die häufig beschworene Funktion des Internets, Bildung und Arbeit zu revolutionieren, lässt sich nur bedingt nachweisen. Die politische Dimension der Digitalisierung bemerken die Jugendlichen nur dann, wenn es um die wachsenden Auswirkungen einer digitalen Kluft auf die sozialen und ökonomischen Verhältnisse geht und man befürchtet, ohne Internet und Smartphone den gesellschaftlichen Anschluss zu verlieren. Die Enteignung der MENA-Jugend, besonders der kaum spürbare, schleichende Abbau kollektiver Handlungsmöglichkeiten, wird dabei weitgehend hingenommen.

Mathias Albert und Nadine Sika gehen in Kapitel 14 zu Politik und Mobilisierung der Frage nach, wie sehr die sozioökonomischen und politischen Dynamiken des letzten Jahrzehnts und insbesondere die Folgen des „Arabischen Frühlings 2.0" die politischen Einstellungen und das Handeln junger Menschen beeinflussen. Dabei geht es vor allem um ihre politischen Überzeugungen und Mobilisierungsstrategien. Nicht nur die regionalen Entwicklungen, sondern vor allem auch globale Ereignisse haben das Leben junger Menschen in den letzten Jahren stark beeinflusst und sie politisch entmündigt. Sie sind nach wie vor wenig an Politik interessiert und vertrauen den meisten staatlichen Institutionen kaum. Demokratische Regierungsformen haben deutlich an Attraktivität verloren, stattdessen macht sich Ratlosigkeit breit. Die Präferenz für ein politisches System, das sich auf einen „starken Mann" stützt, ist Ausdruck der Erwartung, dass der Staat grundlegende soziale und wirtschaftliche Unterstützung leisten soll. Sollten die Staaten der Region dies nicht tun, scheint das derzeit noch ungenutzte Protest- und Mobilisierungspotenzial unter jungen Menschen groß genug, um weitreichende Veränderungen zu bewirken.

Friederike Stolleis untersucht in Kapitel 15 die Thematiken und Motivationen des sozialen Engagements junger Menschen sowie ihre institutionelle Anbindung und beleuchtet die Abgrenzung des gesellschaftlichen vom politischen Engagement. Ein besonderes Augenmerk legt sie auf die Frage, was sich im Vergleich zu den Befunden der FES MENA-Jugendstudie von 2016, also insbesondere mit der Covid-19-Pandemie, geändert hat und inwieweit diese Veränderungen von Dauer sind. Ihr Beitrag zeichnet ein Bild von einer Generation, die sich der wirtschaftlichen und politischen Ungewissheiten der MENA-Region bewusst ist und wenig Hoffnung auf staatliche Unterstützung hat. Dennoch investiert ein Großteil von ihnen Zeit und Energie in ehrenamtliche Tätigkeiten mit dem Ziel, das menschliche Miteinander und den Umgang mit der Umwelt zu verbessern.

In Kapitel 16 widmet sich David Kreuer schließlich der Frage, wie es angesichts der multiplen Krisen der Gegenwart um die Hoffnungen und Erwartungen der jungen Menschen in der MENA-Region bestellt ist. Trotz tiefer Enttäuschung über wirtschaftliche Entwicklungen konstatiert er dabei ein nahezu unerschöpfliches Reservoir an Optimismus, das jeder jungen Generation zu eigen scheint. Während durchaus Forderungen an die Politik und an die älteren Generationen artikuliert werden, sind die jungen Menschen zugleich auch bereit, Dinge selbst anzupacken. Hier erscheint dem Autor die spontan organisierte Solidarität zu Beginn der Covid-19-Pandemie als lehrreiches und Mut machendes Beispiel für die große Energie und das Potenzial dieser jungen Generation, die Enteignungsspirale zu durchbrechen und die Gesellschaften der Region gerechter und nachhaltiger zu gestalten.

Um den Prozess der Erhebung und der Analyse des empirischen Materials transparent und nachvollziehbar zu machen, wird im Anhang die Methodik der Studie erläutert. Außerdem finden sich dort sowohl der Fragebogen für die quantitative Umfrage als auch die Leitfragen für die qualitativen Interviews, die in diesem Buch zitiert werden.

KAPITEL 2

DIE LÄNDER DER MENA-REGION

Jörg Gertel · David Kreuer · Friederike Stolleis

MENA steht für „Middle East and North Africa" (Naher Osten und Nordafrika). Das Akronym bezeichnet im Allgemeinen die Region von Marokko bis zum Iran und umfasst unter anderem große Teile der arabischsprachigen Welt. Die MENA-Region hat etwa 380 Millionen Einwohner, dies entspricht rund sechs Prozent der Weltbevölkerung. Meist werden der Region folgende 18 Länder zugerechnet: *Ägypten*, *Algerien*, Bahrain, *Irak*, Iran, *Jemen*, *Jordanien*, Katar, Kuwait, *Libanon*, *Libyen*, *Marokko*, Oman, *Palästina*, Saudi-Arabien, *Syrien*, *Tunesien* und die Vereinigten Arabischen Emirate. Hinzu tritt in dieser Analyse der *Sudan* als wichtiges arabischsprachiges Land in Nordafrika.

Die vorliegende Studie resultiert aus Befragungen in den zwölf oben markierten Ländern – sechs in Nordafrika, sechs im Nahen Osten (mit der Besonderheit, dass jugendliche Syrerinnen und Syrer nicht in ihrem Heimatland, sondern im Libanon befragt wurden). Das sind gleichzeitig jene Länder, in denen die Friedrich-Ebert-Stiftung mit einem Büro und/oder Projektaktivitäten präsent ist. Die Zusammenarbeit mit den Stiftungsbüros vor Ort erleichterte zum einen die Durchführung der Umfragen und ermöglichte zum anderen eine genauere Analyse der Ergebnisse durch den Austausch mit lokalen Wissenschaftlerinnen und Wissenschaftlern.

Charakteristika der MENA-Region

Eingangs ist die Frage zu stellen, ob einzelne Länder überhaupt sinnvoll miteinander verglichen werden können. Seit mehreren Jahrzehnten wird kontrovers darüber nachgedacht, inwieweit es sinnvoll ist, sogenannte Entwicklungsstände von (nationalen) Staaten zu messen und miteinander zu vergleichen, wie für die hier untersuchten Länder in Abbildung 2.1. Eine Position geht davon aus, dass dadurch nicht vergleichbare Sachverhalte und häufig nicht messbare Eigenschaften durch eine willkürliche Auswahl von (numerischen) Indikatoren zwanghaft und fälschlicherweise miteinander in Beziehung gesetzt werden (Crush 1995; Esteva/Escobar 2017). Eine andere Position hebt demgegenüber hervor, dass erst durch aggregierte statistische Aussagen nicht beobachtbare Phänomene erkannt, benannt und untersucht werden können (vgl. Simon 2006). Schließlich bestehen weitere Überlegungen darin, dass Themen, unabhängig von der Methode, mit der sie lanciert werden, immer diskursiv geprägt sind, geprägt etwa dadurch, ob sie machtpolitisch erwünscht sind oder wie interessengeleitet ihre Setzung ist

(Pieterse 2010). Für postkoloniale Staaten wie die der arabischen Welt bestehe ein Ergebnis beispielsweise darin, dass durch unzulässige Vergleiche die scheinbare Unterlegenheit des einen oder anderen Landes fest- und fortgeschrieben werde (Sachs 1992; Ziai 2017). Diese Argumente gilt es zu bedenken, wenn die ausgewählten Untersuchungsländer wie folgt anhand statistischer Kriterien eingeordnet werden.

Der Entwicklungsstand wird seit einigen Jahren mit dem Human Development Index gemessen (Abb. 1.1). In der aktuellen Studie ist nun kein Land mehr mit einer „sehr hohen menschlichen Entwicklung" dabei – etwa einer oder mehrere der arabischen Golfstaaten. Jedoch sind mit Algerien und Libyen zwei erdölexportierende Länder hinzugekommen, die zur Kategorie der „hohen menschlichen Entwicklung" gezählt werden, was bedingt auch für den Irak in der mittleren Kategorie gilt und abgeschwächt auch für den Sudan in der niedrigsten Kategorie. Zudem haben im Zeitraum seit der letzten Studie teilweise tiefgreifende Veränderungen stattgefunden, die, wie beispielsweise im Libanon, neue Unsicherheiten hervorgebracht haben und sich im Entwicklungsstand niederschlagen. Insofern repräsentieren die Untersuchungsländer eine Momentaufnahme eines Spektrums von wohlhabenden bis hin zu sehr armen Ländern und damit unterschiedliche Lebenschancen, die sich als Rahmenbedingungen differenziert auf die jungen Menschen auswirken.

Die nationalen Einkommen, die als Durchschnittsangaben teilweise gravierende Unterschiede innerhalb der Länder verdecken, haben sich im Vergleich zur ersten Studie (Gertel/Hexel 2017) einander angenähert, bleiben jedoch ungleich: In Libyen erwirtschaften die Bewohner mehr als das vierfache Pro-Kopf-Einkommen der Sudanesen und etwa das zehnfache Durchschnittseinkommen der Jemeniten. In demografischer Hinsicht wiederum ist Ägypten mit über 113 Millionen Einwohnern das größte und Palästina mit fünf Millionen das kleinste Land. Jordanien ist ähnlich wie der Libanon hochgradig urbanisiert, während der ländliche Raum besonders im Sudan und im Jemen ausgeprägt ist und der Landwirtschaft dort eine wichtige Rolle zukommt. Die Länder der MENA-Region sind zudem unterschiedlich von Gastarbeiterüberweisungen, Tourismuseinnahmen und ausländischen Investitionen abhängig. In den letzten Jahren hat sich in der gesamten Region die wirtschaftliche Situation allerdings verschlechtert und die Jugendarbeitslosigkeit ist hoch. Krieg, bewaffnete Konflikte und Terroranschläge kennzeichnen darüber hinaus den Alltag vieler Menschen. Der Jemen ist von einem Mehrfrontenkrieg, dramatischen Hungerkrisen und der Ausbreitung von Krankheiten betroffen. In Syrien wurden Hunderttausende in Kriegshandlungen getötet und Millionen Menschen sind auf der Flucht. Syrische Geflüchtete leben als Binnengeflüchtete im eigenen Land oder in den angrenzenden Staaten wie in Jordanien, der Türkei oder im Libanon. Dies fügt sich in ein größeres Bild ein: Die Region stellt, wie deutlich wurde, etwa sechs Prozent der Weltbevölkerung,

Abb. 2.1
DIE LÄNDER DER FES MENA-JUGENDSTUDIEN (2016/2021)

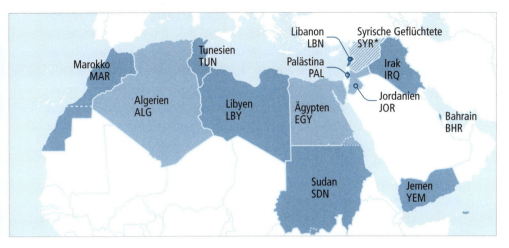

beherbergte jedoch 2018 etwa 45 Prozent aller Binnenvertriebenen und 58 Prozent der weltweiten Geflüchteten. Als zwölfte Referenzgruppe der Untersuchung wurden daher syrische Geflüchtete im Libanon befragt, die als extrem verwundbare Gruppe einen weiteren Ausschnitt aus der Alltagsrealität in der MENA-Region darstellen. Während die Konflikte in Libyen etwas zur Ruhe gekommen sind, ist im Frühjahr 2023 die Lage im Sudan militärisch eskaliert. In Palästina, wo die Alltagssituation durch die israelische Besatzung geprägt ist, verschärfte sich ab Oktober 2023 die Gewaltspirale dramatisch, ausgelöst durch Angriffe aus dem Gazastreifen. In vielen anderen Ländern ist die Sicherheitslage angespannt.

Im Folgenden werden die zwölf Länder in alphabetischer Reihenfolge kurz vorgestellt. Sie blicken alle auf eine lange, wechselvolle Geschichte zurück und weisen neben etlichen Gemeinsamkeiten auch große Unterschiede in Naturressourcen, Bevölkerungszusammensetzung, Wirtschaft und politischen Systemen auf.

Ägypten (EGY)

Ägypten ist mit 113 Millionen Menschen das bevölkerungsreichste Land der Region, verfügt aber gleichzeitig nur über sehr begrenzte landwirtschaftliche Gebiete (etwa 4 % der Landesfläche); sie befinden sich entlang des Nils und in seinem Delta. Gleichzeitig konzentriert sich dort die Bevölkerung: Allein im Großraum Kairo leben etwa 22 Millionen Menschen. Großbritannien besetzte das Land 1882 und machte es 1914 zum Protektorat. 1922 wurde Ägypten ein weitgehend autonomes Königreich und erhielt 1936 seine Souveränität zurück. 1952 stürzten die „Freien Offiziere" König Faruk. Lange bestimmte Oberst Gamal

Abdel Nasser danach die Geschicke der jungen Republik. Sein sozialistisches Regime unterhielt enge Beziehungen zur Sowjetunion und verstaatlichte 1956 die Suezkanal-Gesellschaft, was zur Suezkrise führte. Nach Nassers Tod 1970 wurde Anwar as-Sadat Staatspräsident und führte 1973 den Jom-Kippur-Krieg gegen Israel. Er setzte der wohlfahrtsökonomischen Ausrichtung der Wirtschaft eine marktliberale Öffnungspolitik entgegen. 1977 begann Sadat Friedensgespräche mit Israel, die 1979 zum Friedensvertrag und zum Abzug der israelischen Truppen vom Sinai führten. Er wurde 1981 Opfer eines Attentats. Sein Nachfolger Husni Mubarak war ab den 1980er-Jahren gezwungen, in Strukturanpassungsprogramme einzuwilligen, um trotz hoher Auslandsschulden weiterhin Kredite zu erhalten. Das zog eine weitere Marktöffnung, den Abbau von Subventionen, auch bei Nahrungsmitteln, und den Verkauf staatlicher Betriebe nach sich. Die schwankenden Einnahmen aus Tourismus, Gastarbeiterüberweisungen, Energie- und Agrarexporten konnten das nicht abfedern. Seither verstärkt sich die gesellschaftliche Polarisierung.

Im Verlauf des „Arabischen Frühlings" zwang eine Welle von Massenprotesten, vor allem auf dem Tahrir-Platz in Kairo, das autoritäre Regime von Mubarak im Frühjahr 2011 zum Rücktritt. Die Ägypterinnen und Ägypter erhofften sich von dem Wandel größere Freiheiten, politische und ökonomische Partizipation sowie ausgewogenere soziale Gerechtigkeit. Die folgenden Wahlen gewann die Muslimbruderschaft und Mohammed Mursi wurde Präsident, bis er 2013 vom Militär abgesetzt wurde, das seit Langem einen starken Einfluss auf die Wirtschaft des Landes ausübt. Im Anschluss übernahm Feldmarschall Abd al-Fattah as-Sisi die Macht und wurde 2014 Präsident. Unter seiner Herrschaft wird Ägypten weiter mit politischer Unterdrückung konfrontiert. Die Einkommensungleichheiten sind sehr ausgeprägt. Das reichste Prozent der Bevölkerung verfügte 2022 über 20 Prozent des Gesamteinkommens, die reichsten zehn Prozent der Gesellschaft über 50 Prozent, während die gesamte untere Hälfte der Bevölkerung knapp 15 Prozent des Gesamteinkommens erzielte. Im Jahr 2019 galten 30 Prozent der Bevölkerung offiziell als arm.

Algerien (ALG)

Algerien ist der größte Staat in Afrika und zählt mit 46 Millionen Einwohnern zu den bevölkerungsreichsten in dieser Studie. Neben dem algerischen Arabisch ist die Muttersprache von etwa 30 Prozent der Bevölkerung eine Berbersprache. Durch einen achtjährigen Krieg mit der Kolonialmacht Frankreich, die seit 1830 in Algerien war und rund eine Million französische Siedler ins Land gebracht hatte, erlangte Algerien im Jahr 1962 seine politische Unabhängigkeit. Nach einer Phase des arabischen Sozialismus erstarkten gegen Ende der 1980er-Jahre islamistische Bewegungen in Algerien, die zunächst auf regionaler Ebene und später im Jahr 1991 bei der Parlamentswahl Erfolge verbuchten. Die Anfechtung der

Wahlergebnisse durch die Regierung führte schließlich zu einem Bürgerkrieg, der bis 2002 dauerte und zwischen 60.000 und 200.000 Todesopfer sowie viele Hunderttausend Betroffene hinterließ. Mit der Verfassung von 1996 trat ein semipräsidentielles Regierungssystem in Kraft. Algerien ist eines der wenigen Länder der Region, in denen die Umbrüche von 2010/11 zunächst kaum zu spüren waren. Noch 2014 wurde bei der Präsidentschaftswahl der gesundheitlich schwer angeschlagene Präsident Abd al-Aziz Bouteflika wiedergewählt. Doch als er 2019 für eine fünfte Amtszeit antreten wollte, formierte sich in der Gesellschaft eine breite friedliche Widerstandsbewegung in Form des *hirak* (arabisch für „Bewegung"). Die Proteste führten zu einer Präsidentschaftswahl, die mit Abdelmadjid Tebboune wieder ein Vertreter des alten Regimes gewann. Durch die Coronapandemie wurden die Anliegen des *hirak* aus dem öffentlichen Raum gedrängt.

Die Wirtschaft Algeriens ist stark von Einnahmen aus dem Verkauf von Öl und Gas abhängig, die 98 Prozent der Gesamtexporte ausmachen. Das Land ist der viertgrößte Erdölproduzent Afrikas und der sechstgrößte Erdgasproduzent der Welt. Rund 90 Prozent des Rohöls und 69 Prozent seines Gases werden nach Westeuropa und in die USA exportiert. Im Juli 2022 hat die staatliche Sonatrach mit drei internationalen Konzernen eine neue Vereinbarung über die gemeinsame Nutzung der Gasvorkommen im Osten des Landes unterzeichnet. Auch China ist in Algerien präsent und realisiert milliardenschwere Bauvorhaben, bei denen meist chinesische Arbeitskräfte (circa 50.000) vor Ort eingesetzt werden. Die Einkommensungleichheit in der Gesellschaft ist auch hier groß. Das reichste Prozent der Bevölkerung verfügte 2022 über zehn Prozent des Gesamteinkommens, während die ganze untere Hälfte der Bevölkerung 19 Prozent des Gesamteinkommens bezog. Im Jahr der Erhebung 2021 galten 1,8 Millionen Personen offiziell als arm.

Irak (IRQ)

Das Land zählt zu den ressourcenreichsten Ländern der Welt und konnte zeitweise Wohlstand und im Ausland begehrte Arbeitsplätze generieren: Als Erdölexportland war es ein prominentes Ziel arabischer Arbeitsmigration. Der heutige Irak beheimatet verschiedene ethnische und religiöse Minderheiten und entstand 1920 als britisches Mandatsgebiet des Völkerbunds. Von 1921 bis 1958 hatte das Königreich Irak Bestand, dann wurde der König durch einen Militärputsch gestürzt und die Republik Irak ausgerufen, was mit dem Aufstieg der sozialistischen Baath-Partei einherging. Von 1979 bis 2003 wurde das Land von Saddam Hussein regiert. Er führte Kriege gegen die Nachbarstaaten Iran (1980 bis 1988) und Kuwait (1990 bis 1991). Das umstrittene Programm „Lebensmittel für Öl" (Food for Oil) wurde nach der irakischen Kuwait-Invasion und dem US-geführten Zweiten Golfkrieg (der Vertreibung der irakischen Armee aus den besetzten Gebieten) ausgehandelt und lief zwischen 1996 und 2003. In seinem Rahmen wurden bis zu 60 Prozent der von Sanktionen betroffenen und mangelernährten Bevölkerung mit Nahrungsmitteln versorgt, während mit dem verkauften Erdöl gleichzeitig über 53 Milliarden US-Dollar eingenommen wurden, deren Verrechnung auch andere Leistungen, unter anderem Reparationszahlungen, umfasste. Eine multinationale Allianz unter Führung der Vereinigten Staaten stürzte, allerdings ohne UN-Mandat, im Nachgang der Anschläge des 11. September 2001 im Jahr 2003 das Regime Saddam Husseins.

Während der anschließenden US-geführten Besetzung des Irak (2003 bis 2011) kam es zu bewaffneten Konflikten mit Tausenden von Terroranschlägen und Kriegshandlungen sowohl verschiedener irakischer Gruppen gegeneinander als auch gegen die westlichen Besatzungstruppen. Im Dezember 2013 begann der Krieg zwischen dem Irak und den Islamisten des ISIS (Islamischer Staat im Irak und Syrien), die Teile des Staatsgebiets eroberten; erst Ende 2017 konnte er beendet und die vollständige Kontrolle über das Land zurückgewonnen werden. Die politischen, gesellschaftlichen und ökonomischen Herausforderungen sind jedoch noch nicht bewältigt. Im Oktober 2019 brachen in Bagdad die größten Massenproteste der jüngeren irakischen Geschichte aus, die sich gegen Korruption, Arbeitslosigkeit, schlechte Regierungsführung und den externen Einfluss im Land richteten. Die Einkommensungleichheit ist im Irak deutlich ausgeprägt. Das reichste Prozent der Bevölkerung verfügte 2022 über 21 Prozent des Gesamteinkommens, während die gesamte untere Hälfte der Bevölkerung knapp 13 Prozent des Gesamteinkommens erzielte. Das Welternährungsprogramm klassifiziert 32 Prozent der Bevölkerung als arm.

Jemen (YEM)

Der Jemen ist ein landwirtschaftlich geprägtes Land, das zu den ärmsten der Welt zählt. Die Bevölkerung ist durch multiple Krisen massiv betroffen: Krieg, Hunger, Vertreibungen und Krankheiten bestimmen den Alltag. Die Spaltung des Jemen in einen nördlichen und einen südlichen Teil geht auf das 19. Jahrhundert zurück. Der Nordjemen beendete die Monarchie der Zaiditen 1962 mit der Ausrufung der Arabischen Republik Jemen. Der Südjemen wurde nach der Proklamation der Unabhängigkeit von Großbritannien 1967 eine sozialistische Republik. Die Vereinigung der beiden Staaten zu einer Republik mit der Hauptstadt Sanaa fand 1990 im gleichen Jahr wie die deutsche Wiedervereinigung statt. Neben der Landwirtschaft leben viele jemenitische Familien von Transfers von Verwandten, die in den Golfstaaten arbeiten.

Während des Arabischen Frühlings (2011) fanden auch im Jemen Massenproteste von überwiegend jungen Menschen statt, die schließlich die 33-jährige Amtszeit von Präsident Ali Abdullah Salih beendeten. Der darauffolgende politische Transitionsprozess scheiterte jedoch; im Jemen herrscht seit 2013 ein Bürgerkrieg. In diesem Konflikt gelang es den Huthi-Milizen aus dem Nordjemen (unterstützt vom Iran), die Hauptstadt Sanaa und große Teile des Landes zu erobern. Im März 2015 leitete Saudi-Arabien unter Mitwirkung acht weiterer Staaten eine militärische Intervention zur Unterstützung der Regierung unter Staatspräsident Abed Rabbo Mansur Hadi (2012 bis 2022) ein. Damit weitete sich der Konflikt massiv aus. Er wird seither als Stellvertreterkrieg zwischen Saudi-Arabien und dem Iran bewertet. Gleichzeitig intervenieren die USA seit Jahren mittels Drohnenangriffen gegen al-Qaida im Jemen. Aufgrund des Krieges sind im Jahr 2022 circa 4,3 Millionen Menschen im Land Binnengeflüchtete. 70 Prozent der Bevölkerung sind infolge der Nahrungsunsicherheit auf internationale Hilfe angewiesen. Das Bruttoinlandsprodukt ist extrem niedrig und liegt bei etwa 1.300 Euro pro Person und Jahr. Die Einkommensungleichheit ist im Jemen deutlich ausgeprägt. Das reichste Prozent der Bevölkerung verfügte 2022 über 25 Prozent des Gesamteinkommens, während die gesamte untere Hälfte der Bevölkerung gerade neun Prozent des Gesamteinkommens erzielte.

Jordanien (JOR)

Jordanien ist ein ressourcenarmes Land mit Nahrungsmitteldefizit, begrenzter landwirtschaftlicher Nutzfläche, ohne Erdölvorkommen, mit einer knappen Wasserversorgung und überwiegend urbaner Bevölkerung. Mit dem Ende der britischen Mandatszeit wurde 1946 das haschemitische Königreich Transjordanien gegründet. Nach der Verfassung von 1952 ist Jordanien eine konstitutionelle Monarchie. Besondere wirtschaftliche Verflechtungen bestehen traditionell mit Großbritannien, später mit den USA sowie mit den arabischen Golfstaaten. Zwischen palästinensischen Gruppen und jordanischen Sicherheitskräften kam es nach dem verlorenen Sechstagekrieg (1967) zu zahlreichen Auseinandersetzungen. Dies eskalierte im September 1970, als die Entführung von fünf Passagierflugzeugen durch eine marxistische Splittergruppe der PLO (Palästinensische Befreiungsorganisation) das Königshaus so sehr brüskierte, dass es weitreichende militärische Maßnahmen einleitete. Die Gefechte endeten 1971 mit der Vertreibung der palästinensischen Organisationen aus Jordanien. Als Konsequenz verlegte die PLO ihre Stützpunkte in den Libanon.

Seit 2011 vollzog Jordanien eine leichte politische Öffnung. Aufgrund der Destabilisierung insbesondere in unmittelbarer Nachbarschaft, in Syrien und im Irak, hat das Land in letzter Zeit seine Sicherheitsmaßnahmen verstärkt und Freiheitsrechte eingeschränkt. Jordanien sieht sich mit einer hohen Arbeitslosigkeit konfrontiert und beherbergt weltweit den zweithöchsten Anteil an Geflüchteten pro Kopf. Im Juli 2021 waren über 750.000 Geflüchtete registriert, die meisten von ihnen aus Syrien. Rund 83 Prozent der Geflüchteten leben in Städten, während 17 Prozent in den großen Flüchtlingslagern Zaatari und al-Azraq untergebracht sind. Die Einkommensungleichheit in der Gesellschaft ist sehr groß. Hier verfügte im Jahr 2022 das reichste Prozent der Bevölkerung über 18 Prozent des

Gesamteinkommens, die obersten zehn Prozent gar über 50 Prozent, während die gesamte untere Hälfte der Bevölkerung 14 Prozent des Gesamteinkommens erzielte. Gegenwärtig gelten 35 Prozent der Bevölkerung als arm.

Libanon (LBN)

Der Libanon ist ein kleines, jedoch konfessionell fragmentiertes Land mit circa fünf Millionen Einwohnern, das in den vergangenen Jahren einen großen Wohlstandseinbruch erlebt hat. Seine heutigen Grenzen entstanden ab 1920 unter französischem Mandat. Die offizielle Unabhängigkeit erfolgte 1943. In dieser Phase der staatlichen Etablierung erreichte es wirtschaftliche Stabilität und galt als „Schweiz des Orients". Der Libanon hat eine parlamentarische Demokratie; sein politisches System ist geprägt vom konfessionellen Proporz und dem daraus resultierenden Einfluss der Religionsgruppen. 1975 begann der libanesische Bürgerkrieg mit Gefechten zwischen christlichen, palästinensischen und muslimischen Milizen; er wurde 1990 mit dem Abkommen von Taif beigelegt. Syrische Truppen marschierten erstmals 1976 im Libanon ein, der Abzug erfolgte nach der Zedernrevolution 2005. Israel intervenierte 1978 im Südlibanon, besetzte ihn schließlich 1982 und zwang die PLO, den Libanon zu verlassen. Im Jahr 2000 zog sich Israel wieder aus dem Libanon zurück. Doch 2006 führte Israel dann einen Krieg gegen die Hisbollah im Libanon. Seit dem Ende der Kampfhandlungen ist der Süden des Libanon einer internationalen Friedenstruppe (UNIFIL) und der libanesischen Armee unterstellt.

Ab 2019 verschärften die Wirtschaftskrise und wachsende Korruption die politische Lage und führten zur sich ausweitenden Unzufriedenheit der Bevölkerung und landesweiten Protesten. Dazu trugen die drastische Abwertung der Währung, außer Kontrolle geratene Waldbrände sowie die Ankündigung von Steuererhöhungen bei. Die Regierung um Saad Hariri trat zurück. Nach einer verheerenden Explosion im Hafen von Beirut im August 2020 wurde auch die Nachfolgeregierung zum Rücktritt gezwungen. Seither befindet sich der Libanon in einer schweren wirtschaftlichen, politischen und sozialen Krise und steht für ein weitreichendes Staatsversagen. Der Libanon ist gegenwärtig mit einem Anteil von 25 Prozent Geflüchteten an der Gesamtbevölkerung das Land mit der weltweit höchsten Zahl von Geflüchteten pro Kopf. Allein 1,3 Millionen syrische Geflüchtete sind von schwerer oder mittelschwerer Ernährungsunsicherheit betroffen, während im Jahr 2022 circa 3,4 Millionen Menschen im Libanon humanitäre Hilfe benötigten. Die Einkommensungleichheit in der Gesellschaft ist sehr groß: Das reichste Prozent der Bevölkerung verfügt über 21 Prozent des Gesamteinkommens, die obersten zehn Prozent gar über 56 Prozent, während die untere Hälfte der Bevölkerung gerade einmal zehn Prozent des Gesamteinkommens zur Verfügung hat. Mehr als die Hälfte der Bevölkerung des Landes lebt derzeit an oder unter der Armutsgrenze und die Arbeitslosigkeit nimmt weiter zu.

Libyen (LBY)

Obwohl etwa viermal so groß wie Deutschland, zählt Libyen, das zum größten Teil aus Wüste besteht, mit sieben Millionen Einwohnern zu den bevölkerungsärmeren Ländern der Region. Aufgrund seiner fossilen Energievorkommen gilt es wirtschaftlich allerdings als potenziell reich. Hinzu kommt ein Standortvorteil: Das lokale, hochwertige Erdöl muss – wie auch in Algerien – im Fall der europäischen Nachfrage nicht durch den Suezkanal transportiert werden. In seinen heutigen Grenzen entstand Libyen 1934, als nach dem Zweiten Italienisch-Libyschen Krieg drei ehemalige osmanische Provinzen zur Kolonie Italienisch-Libyen zusammengefasst wurden. Im Jahr 1951 erklärte das Königreich Libyen seine Unabhängigkeit. 1969 wurde der König gestürzt und Muammar al-Gaddafi rief die Libysche Arabische Republik aus. Gaddafi wurde während der Aufstände von 2011 gestürzt und ermordet. Im Zuge der Demokratisierungsbemühungen wurden 2012 die ersten freien Wahlen in der Geschichte Libyens abgehalten. Von der Parlamentswahl 2014 bis zur Unterzeichnung des Waffenstillstands 2020 herrschte Bürgerkrieg und das Land zerbrach in einen Westteil (gewählte Regierung) und einen Ostteil (Chalifa Haftar). 2021 konnte eine Einheitsregierung gebildet und freie Wahlen in Aussicht gestellt werden. Der neuen, international anerkannten Regierung gelang es bislang jedoch nicht, hierfür die Zustimmung des Parlaments zu bekommen. Das Land bleibt gespalten und der Staat steht vor großen Herausforderungen.

Zahlreiche ausländische Akteure aus den USA, Russland, Europa und der Türkei sowie islamistische Milizen und syrische Söldner verfolgen vor Ort eigene Interessen. Libyen gilt gegenwärtig – besonders für afrikanische Geflüchtete – als einer der zentralen und zugleich menschenrechtlich problematischsten Drehpunkte der Flucht über das Mittelmeer. Die bewaffneten Konflikte in Libyen haben zu zivilen Opfern, Massenvertreibungen und der Zerstörung wichtiger Infrastrukturen geführt. Zusammen mit den Auswirkungen der Coronapandemie hat dies die gefährdeten Menschen in Libyen weiter belastet. Insgesamt haben sich die Hilfsansprüche gegenüber der internationalen Gemeinschaft jedoch von 2021 auf 2022 etwa halbiert. Wichtig für die sozioökonomische Stabilität ist, dass etwa 80 Prozent der berufstätigen Bevölkerung beim Staat oder in öffentlichen Einrichtungen beschäftigt sind; allerdings erreicht der Anteil der Arbeitslosen über 50 Prozent. Libyen kämpft daher nach wie vor mit Ernährungsunsicherheit, Unterernährung, multidimensionaler Armut, geringer landwirtschaftlicher Produktion und den Folgen des Klimawandels (zum Beispiel der Überschwemmungen mit über 10.000 Todesopfern im September 2023). Die Einkommensungleichheit der Gesellschaft ist ausgeprägt, im regionalen Vergleich allerdings eher moderat. Das reichste Prozent der Bevölkerung verfügt über 14 Prozent des Gesamteinkommens, während die untere Hälfte 16 Prozent des Gesamteinkommens bezieht.

Marokko (MAR)

Marokko zählt mit 38 Millionen Einwohnern zu den mittelgroßen Ländern der MENA-Region. Die Muttersprache etwa der Hälfte der Bevölkerung ist eine Berbersprache. Mit Europa bestehen sehr alte Verflechtungen. Im 20. Jahrhundert stand Marokko zeitweise unter französischem und spanischem Protektorat. Seit 1956 ist es unabhängig und gemäß Verfassung von 1992 eine konstitutionelle Monarchie, deren Staatsoberhaupt seit 1999 König Mohammed VI. ist. Er ist nicht nur weltliches, sondern auch geistliches Oberhaupt der marokkanischen Bevölkerung und Oberbefehlshaber der Streitkräfte. Marokko verfügt seit der Verfassungsreform von 1996 über ein parlamentarisches Zweikammersystem aus Nationalversammlung und Senat. Die vom Parlament verabschiedeten Gesetze bedürfen der Zustimmung des Monarchen. König Mohammed VI. setzte im April 2004 eine unabhängige nationale Kommission für Gleichheit und Versöhnung ein, die sich mit der Aufarbeitung von Menschenrechtsverletzungen aus der Regierungszeit seines Vaters, König Hassan II., befasste.

Wirtschaftlich stützt sich Marokko auf Landwirtschaft, Tourismus, Gastarbeiterüberweisungen, Phosphatbergbau und Fischfang sowie auf den Export von Textilien. Eines der größten Probleme sind die räumlichen Disparitäten und die noch immer niedrige Alphabetisierungsrate vor allem bei Frauen. Anfang 2011 kam es unter dem Eindruck der Aufstände von 2010/11 zu Protesten in mehreren Städten, bei denen eine demokratische Verfassung gefordert wurde. Die Staatsspitze reagierte darauf mit weiteren Verfassungsreformen. Die Befugnisse von Regierungschef, Parlament und Justiz wurden erweitert, der Monarch bleibt jedoch Oberbefehlshaber und Vorsitzender von wichtigen Gremien, das heißt zentrale Figur des politischen Systems. Die Einkommensungleichheit der Gesellschaft ist groß. Im Jahr 2022 verfügte das reichste Prozent der Bevölkerung über 15 Prozent des Gesamteinkommens, die obersten zehn Prozent gar über 49 Prozent, während die gesamte untere Hälfte der Bevölkerung gerade 14 Prozent des Gesamteinkommens erzielte. Ein Fünftel der Marokkanerinnen und Marokkaner lebt gegenwärtig an der Armutsgrenze. Das betrifft besonders Menschen in peripheren ländlichen Räumen.

Palästina (PAL)

Palästina ist räumlich gespalten in das Westjordanland und den Gazastreifen und hat mit fünf Millionen Einwohnern etwa die gleiche Bevölkerungsgröße wie der Libanon, allerdings auf einem kleineren Territorium. Nach dem Ersten Weltkrieg wurde Palästina dem britischen Mandat des Völkerbunds zugeteilt. Mit der Gründung des Staates Israel 1948 und dem sich anschließenden Krieg fiel der größte Teil des historischen Gebiets Palästinas unter die Kontrolle Israels, was zur Flucht und Vertreibung von 700.000 arabischen Palästinenserinnen und Palästinensern aus und innerhalb des ehemaligen Mandatsgebiets führte. Jordanien annektierte das Westjordanland, und Ägypten sicherte sich die Kontrolle über den Gazastreifen. Die Friedensverhandlungen zwischen Israel und der PLO seit Beginn der 1990er-Jahre weckten Hoffnungen auf eine friedliche Lösung des Konflikts. Jedoch bestimmt auch drei Jahrzehnte nach Beginn des Oslo-Friedensprozesses die israelische Besatzung maßgeblich die Situation in Palästina. Angesichts des fortgesetzten israelischen Siedlungsbaus im Westjordanland, der die Palästinensischen Autonomiegebiete immer stärker fragmentiert, und der anhaltenden Spaltung zwischen Fatah und Hamas sowie der territorialen Trennung zwischen Westjordanland und Gaza scheint eine Zwei-Staaten-Lösung zunehmend unrealistisch. Noch hält die palästinensische Führung an dem Ziel der Errichtung eines unabhängigen, lebensfähigen palästinensischen Staates fest und setzt darauf, die internationale Gemeinschaft intensiver einzubeziehen. Die 2021 abgesagten Wahlen und die anschließende erneute Gewalteskalation haben die Führung der Palästinensischen Autonomiebehörde in eine schwere Legitimationskrise gestürzt. Jugendliche befinden sich oft in einem Dilemma zwischen der moralischen Verpflichtung zum Widerstand gegen die Besatzung und dem Wunsch, sich persönliche Zukunftsperspektiven aufzubauen.

Die anhaltenden sicherheitspolitischen, politischen und wirtschaftlichen Unruhen im Westjordanland und die seit 15 Jahren bestehende See-, Land- und Luftblockade des Gazastreifens haben zu wirtschaftlicher Stagnation, Landverlust, eingeschränktem Handel und Ressourcenzugang sowie hoher Arbeitslosigkeit und Armut geführt. Die Kaufkraft der palästinensischen Bevölkerung ist angesichts der weltweiten Nahrungsmittelkrise seit dem Krieg in der Ukraine erheblich gesunken. Mit dem ausgesprochen brutalen Angriff der Hamas aus dem Gazastreifen auf den Süden Israels im Oktober 2023 und der nachfolgenden militärischen Gegenoffensive Israels hat sich die Situation dramatisch zugespitzt und eine furchtbare Gewalteskalation hervorgebracht. Nahezu ein Drittel der Bevölkerung war bereits vor der aktuellen Eskalation von Ernährungsunsicherheit betroffen. Die Einkommensungleichheit der Gesellschaft ist sehr deutlich. Im Jahr 2022 verfügte das reichste Prozent der Bevölkerung über 18 Prozent des Gesamteinkommens, die obersten zehn Prozent gar über 51 Prozent, während die gesamte untere Hälfte der Bevölkerung gerade zwölf Prozent des Gesamteinkommens erzielte. Im Gazastreifen galten bereits vor dem aktuellen Konflikt 59 Prozent der Bevölkerung als arm.

Sudan (SDN)

Der Sudan ist mit knapp 50 Millionen Einwohnern das zweitgrößte Land in dieser Studie. Er ist in seiner Geschichte durch multiple Krisen geprägt: Kriege, Dürren, Hunger und Vertreibungen fanden immer wieder statt. Flucht und Binnenmigration haben die komplexe ethnische und konfessionelle Gesellschaftsstruktur territorial fragmentiert und verschoben. Das überwiegend ländliche und landwirtschaftlich genutzte Land wird durch den Nil und im Süden durch Sommerregen geprägt. Seit 1956 ist der Sudan politisch unabhängig von der britisch-ägyptischen Kondominiumsregierung. Dennoch spielten landwirtschaftliche Exporte, vor allem von Baumwolle, noch in der Folge eine zentrale ökonomische Rolle. Nach langen Bürgerkriegsjahren (1955 bis 1972) und einer kurzen demokratischen Phase in den 1980er-Jahren kam 1989 Umar al-Baschir durch einen Militärputsch an die Macht und regierte autoritär und unter Einsatz repressiver Mittel, gestützt durch ein Regime aus Militärs und Islamisten. Der 1983 neu ausgebrochene Bürgerkrieg zog sich über 21 Jahre bis 2005 hin. Zwischenzeitlich wurde die rohstoffbasierte Extraktionsökonomie mit der Suche nach Gold und der Förderung von Erdöl weiter ausgebaut. Wechselnde Interessen aus den USA und China spielten dabei eine zentrale Rolle. Die territoriale Fragmentierung, die bereits in der Kolonialzeit angelegt wurde, manifestierte sich in dem Referendum von 2011: Seither ist der Südsudan politisch unabhängig.

Im April 2019 wurde al-Baschir nach 30-jähriger Amtszeit abgesetzt und vor Gericht gestellt. Militärführung und zivile Opposition, in der junge Erwachsene eine wichtige Rolle spielen, einigten sich auf eine Übergangsregierung, die das Land innerhalb von fünf Jahren demokratisieren sollte, was aber kaum stattfand. Am 15. April 2023 brachen Kämpfe zwischen den sudanesischen Streitkräften und den Rapid Support Forces aus. Seither eskalieren die bewaffneten Auseinandersetzungen. Die Sudanesen und Sudanesinnen haben eines der niedrigsten Bruttosozialprodukte der Welt, nämlich etwa 3.400 Euro pro Person und Jahr. Die Einkommensungleichheit der Gesellschaft tritt dabei deutlich hervor. Das reichste Prozent der Bevölkerung verfügte 2022 über 15 Prozent des Gesamteinkommens, die obersten zehn Prozent über 45 Prozent, während die gesamte untere Hälfte der Bevölkerung 16 Prozent des Gesamteinkommens bezog. In Anbetracht der aktuellen Situation leiden über 42 Prozent der sudanesischen Bevölkerung – mehr als 20 Millionen Menschen – an Hunger. Dies ist die höchste Zahl, die jemals im Sudan verzeichnet wurde.

Syrien/Syrische Geflüchtete im Libanon (SYR*)

Mit Ende des Ersten Weltkriegs kam das bis dahin osmanisch verwaltete Syrien unter französische Mandatsherrschaft; die Landesgrenzen wurden ohne syrische Mitbestimmung festgelegt. Nach der politischen Unabhängigkeit 1946 bestimmten zahlreiche Militärputsche das politische Geschehen, bis in den 1960er-Jahren ein Flügel der nationalistischen Baath-Partei dominant wurde. Von 1970 bis 2000 regierte der Parteiführer, der alawitische Luftwaffengeneral Hafiz al-Assad, das Land als Präsident autoritär. Nach seinem Tod trat sein Sohn Baschar die Nachfolge an. Infolge gesellschaftlicher und politischer Umbrüche begannen im März 2011 auch in Syrien Menschen für Freiheit und Demokratie auf die Straße zu gehen. Das syrische Regime begegnete den Demonstrierenden von

Anfang an mit brutaler Waffengewalt und massenhaften Festnahmen. Ab dem Herbst 2011 verwandelte sich der über Monate mit friedlichen Mitteln betriebene Aufstand in einen zunehmend militarisierten Kampf gegen das Machtgefüge des Präsidenten Baschar al-Assad. Die Spirale der Gewalt in Syrien, in deren Verlauf Russland seinen Einfluss ausbaute, zog nicht nur Tod und Zerstörung nach sich, sondern bot auch einen Nährboden für radikal-islamistische Gruppierungen und drohte, die heterogene Gesellschaft Syriens entlang konfessioneller Linien zu spalten.

Viele Syrer und Syrerinnen sahen sich seither gezwungen, aus ihrem Heimatland zu fliehen, was vor allem die Nachbarländer Jordanien, Türkei und Libanon an den Rand ihrer Aufnahmekapazitäten bringt. Im Libanon, dem Aufnahmeland, das hier im Fokus steht, leben etwa 1,5 Millionen aus Syrien Geflüchtete, das entspricht einem Viertel der Bevölkerung des Libanon. Alle Aufnahmeländer stehen unter erhöhtem finanziellem Druck, insbesondere angesichts der verheerenden Auswirkungen der Covid-19-Pandemie. Besonders problematisch ist die Lage jedoch im Libanon, wo mehr als 90 Prozent der Syrerinnen und Syrer in extremer Armut leben, ebenso wie eine wachsende Zahl von Menschen in den Aufnahmegemeinden. Kinder brechen die Schule ab, um zu arbeiten, und frühe Eheschließungen nehmen zu, insbesondere in den ärmsten Familien. Zehn Jahre nach Beginn der Fluchtbewegungen aus Syrien haben viele Syrerinnen und Syrer den Libanon wieder verlassen, um in andere Länder zu emigrieren. Geblieben sind neben denen, die im Libanon ein Auskommen gefunden haben, vor allem die ärmsten und am stärksten benachteiligten Segmente der syrischen Geflüchteten.

Tunesien (TUN)

Die tunesische Bevölkerung hat im Winter 2010/11 den „Arabischen Frühling" und damit zahlreiche politische Umbrüche angestoßen. Tunesien ist das nördlichste Land Afrikas und nur etwa 140 Kilometer von Sizilien und Lampedusa entfernt. Mit zwölf Millionen Einwohnern zählt Tunesien zu den kleineren Ländern der Region. Tunesien wurde 1881 als Protektorat dem französischen Kolonialreich eingegliedert. Nach dem Ersten Weltkrieg entstand eine nationale Protestbewegung, die sich in den 1930er-Jahren radikalisierte. Unter der Führung Habib Bourguibas konnte Tunesien 1956 die politische Unabhängigkeit erlangen. Während seiner Präsidentschaft (1959 bis 1987) wie auch unter der seines Nachfolgers Zine el-Abidine Ben Ali (1987 bis 2011) wurde das Land durchgängig autoritär von der Einheitspartei Néo-Destour/RCD regiert.

Als Ausgangspunkt der gesellschaftlichen und politischen Umbruchprozesse in der Region galt Tunesien über Jahre im Westen als demokratisches Hoffnungsprojekt. Doch massive ökonomische Probleme, europäisches Desinteresse und leere politische Versprechungen bei raschen Regierungswechseln haben die

Hoffnungen vieler enttäuscht und mittlerweile eine fremdenfeindliche Regierung hervorgebracht, während die Schaffung sozialer Gerechtigkeit in weite Ferne gerückt ist. Die Arbeitslosigkeit, besonders unter Jugendlichen, ist hoch und weite Regionen des Landes sind wirtschaftlich marginalisiert. Junge Erwachsene sind desillusioniert und sehen ihre Zukunft kaum mehr in Tunesien. Die Einkommensungleichheit der Gesellschaft ist groß, auch wenn sie noch vergleichsweise moderat in der Region ausfällt. Im Jahr 2022 verfügte das reichste Prozent der Bevölkerung über elf Prozent des Gesamteinkommens, die obersten zehn Prozent über 41 Prozent, während die gesamte ärmere Hälfte der Bevölkerung 17 Prozent des Gesamteinkommens erzielte. 21 Prozent der Tunesierinnen und Tunesier leben unterhalb der Armutsgrenze.

KAPITEL 3

DIE ENTEIGNUNG VON LEBENSCHANCEN

Jörg Gertel · Katharina Grüneisl

Früher konnte man die Ungleichheiten nur erahnen, man erzählte sich von den anderen, dass sie vielleicht dieses oder jenes haben. Heute werden die Ungleichheiten in den sozialen Netzwerken zur Schau gestellt: Es gibt keine Gleichheit und man kann sich kaum mehr nicht vergleichen.

(Salma, 25, Tunesien)

Die neue Generation von Frauen, die 25 Jahre und jünger ist, kann sehr gut zwischen Gleichheit und Gerechtigkeit unterscheiden. Sie möchte Gleichheit nicht vor Gerechtigkeit erreichen, sondern fordert vielmehr Gerechtigkeit. Diese Frauen sagen: „Wir wollen nicht unbedingt mit den Männern gleichgestellt sein, sondern wir wollen Chancengerechtigkeit."

(Maysoon, 30, Irak)

Die Situation von Jugendlichen und jungen Erwachsenen in Nordafrika und im Nahen Osten ist seit Längerem angespannt. Doch nun ist sie infolge der Häufung krisenhafter Entwicklungen und ihres regionalen Zusammentreffens nicht mehr nur kurzfristig problematisch, sondern von strukturellen Dynamiken der Enteignung betroffen. Die Chancen junger Menschen auf faire Lebensbedingungen haben in den vergangenen Jahrzehnten dramatisch abgenommen: Die Möglichkeit, ein erfülltes, selbstbestimmtes Leben zu führen, sowie der Zugang zu einer guten Ausbildung und zu einem bildungsäquivalenten Arbeitsplatz haben sich seit den 1980er-Jahren durch die Neoliberalisierungs- und Privatisierungspolitik dauerhaft verschlechtert. Der Alltag der jungen Erwachsenen ist nach den Massenprotesten von 2011, die diese Verluste anprangerten, vielfach durch die Zunahme von Ungleichheit, Restriktionen, bewaffneten Konflikten und Gewalt geprägt. Diese belastende, durch Unsicherheiten und Ungewissheiten geprägte Situation ist infolge der globalen Pandemie und Immobilisierungen sowie durch verschärfte Umweltkrisen und neue Ernährungsunsicherheiten vielfach bedrohlicher geworden. Die jungen Menschen der Region leben heute – wie wir zeigen werden – in bisher nicht gekanntem Ausmaß marginalisiert und prekarisiert. Dies mündete in den vergangenen Jahren für viele in die systematische Enteignung von Lebenschancen. Die Kluft zwischen dem, „was ist", und dem, „was hätte sein können", hat massiv zugenommen – das Ausmaß der strukturellen Gewalt (im Sinne von Johan Galtung 1971) vergrößert sich, und dies meist ohne größere Einflussmöglichkeiten von Jugendlichen und jungen Erwachsenen. So wächst eine „enteignete Generation" heran.

Um diese Kluft zu erklären, liegen zwei prinzipielle Ansätze vor: politisch-ökonomische und damit ressourcenorientierte Konzepte, die Armut und Ungleichheit erklären, sowie Konzepte zu Lebensentwürfen, die von gerechten Chancen und persönlichen Ängsten beziehungsweise Wünschen ausgehen.

Eine erste mögliche Erklärung gesellschaftlicher Ungleichheit legte David Harvey (2003) mit dem Mechanismus von „Akkumulation durch Enteignung" vor. Damit beschreibt er die Konzentration von Reichtum und Macht in den Händen einiger weniger durch die Ausdehnung des kapitalistischen Systems in Bereiche, die vorher nicht in gewinnorientiertes Handeln einbezogen waren. Maßgeblich seien dabei Prozesse wie Privatisierung und Finanzialisierung, sodass „der Markt" mehr Einfluss bekomme als „der Staat" und die Gewinnerzielung zunehmend allein über den Einsatz von Kapital und weniger über Handel und Warenproduktion erfolge (vgl. Krippner 2012). Dem stellt Raju Das (2017) Überlegungen zur „Akkumulation durch Ausbeutung" gegenüber. Hiermit gelangt die Perspektive des Globalen Südens in den Fokus. Komplementär hierzu zeigt Branko Milanović (2016) in seiner Analyse der globalen Ungleichheit die räumliche Verschiebung des globalen Wohlstands weg von Europa sowie die Formierung neuer asiatischer Mittel- und Oberklassen für die Hochphase der Globalisierung (1988 bis 2008) auf. Dies übersetzt sich vor Ort in unterschiedliche Strategien der Existenzsicherung, die versuchen Unsicherheiten abzufedern. Wiewohl grundlegend für das Verständnis des Verlusts von Zugang zu lebensnotwendigen Ressourcen bleiben diese Analysen jedoch kapitalorientiert, ökonomisch-materialistisch ausgerichtet und weder wird Chancengleichheit thematisiert noch die Gruppe der jungen Erwachsenen der MENA-Region gesondert untersucht.

Eine zweite Forschungsrichtung, der *Capabilities-Aspirations*-Ansatz, beschäftigt sich mit dem Zusammenhang von Verwirklichungschancen (*capabilities*) mit menschlichen Wünschen und Ambitionen (*aspirations*) (De Haas 2021; Gertel/Grüneisl 2024). Dieser Ansatz ermöglicht, individuelle Positionen der Teilhabe an der Welt, jenseits einer reinen Ressourcendeterminiertheit, in die Analyse von Enteignungsdynamiken einzubinden. Da die Ausbildung von Ideen, die Entwicklung von Sehnsüchten und die Verwirklichung von Wünschen von gesellschaftlichen Institutionen nicht immer nur gefördert, sondern eingeschränkt, blockiert oder sogar komplett verhindert werden können, sind Überlegungen zu Freiheit, sozialer Gerechtigkeit und Verwirklichungschancen eine bedeutsame Ausgangsposition (Nussbaum/Sen 1993). Sen versteht den Kern des *Capabilities*-Ansatzes als die Möglichkeiten von Menschen, ein Leben zu führen, für das sie sich aus guten Gründen entscheiden konnten und das die Grundlagen der

Selbstachtung nicht infrage stellt (Sen 2000: 29). Im Rückgriff auf frühere Arbeiten (Sen 1981) sehen wir Verfügungsrechte (*entitlements*) und damit „Ansprüche" an die Gesellschaft als einen Schwerpunkt der Analyse. Wer, welche Personen und Gruppen, hat welche gerechtfertigten gesellschaftlichen Ansprüche (Boltanski/Thevenot 2007), und wer entscheidet über Fragen von moralischer Ökonomie, Gewohnheitsrechten und des formalen Rechtssystems? Wie kann also bestimmt werden, was Menschen an Freiheiten sowie an materiellen und kulturellen Ressourcen benötigen, um persönliche Lebensentwürfe zu entwickeln, und wie kann man sie dazu befähigen, diese auch praktisch umzusetzen (Altgeld/Bittlingmayer 2017)? Im Folgenden werden wir dazu empirische Situationen besprechen.

Der zweite Teil des *Capabilities-Aspirations*-Ansatzes zielt auf menschliches Streben, die Entwicklung von Wünschen und die Ausbildung von Ambitionen: kurz, auf Aspirationen. Wir haben an anderer Stelle drei Dynamiken identifiziert, die in ihrem Zusammenwirken die Formierung von Wünschen und Ambitionen erklären können (Gertel/Grüneisl 2024). Dazu zählen erstens die Aushandlung von Identität, die als prozesshafte Konstruktion des Selbst und gleichzeitige Dezentrierung des Subjekts verstanden wird (Hall 1992); zweitens die Neupositionierung der Imagination als eine soziale Kraft gesellschaftlicher Formierung und Mobilisierung (Appadurai 1996); sowie drittens die Beschäftigung mit der Weltbindung von Individuen, die als „Resonanz" konzeptualisiert wird (Rosa 2017). Resonanz ist eine Form der Weltbeziehung – gebildet durch Affekte, Emotionen, Interessen und Erwartungen der Selbstwirksamkeit, in der Subjekt und Welt miteinander in Kontakt stehen und sich gegenseitig modifizieren.

Das Vermögen zu handeln, so unsere Schlussfolgerung, hängt somit einerseits vom Zugang zu Ressourcen ab, der durch Regeln determiniert wird (Giddens 1984), und andererseits von Verwirklichungschancen und den individuellen Dispositionen, die gesellschaftlich geprägte subjektive Konstruktionen menschlicher Aspirationen darstellen. Das Zusammenspiel von Wünschen, Ambitionen und Zielen mit Ängsten, Stress und Depressionen prägt individuelle Enteignungsvorgänge (Kap. 9, 11). Diese entfalten sich im Gefüge mit unzureichenden Ressourcenzugängen mehrdimensional, in unterschiedlichen Zeitabschnitten und vielfältigen räumlichen Manifestationen.

Wie also werden in Nordafrika und im Nahen Osten Enteignungsdynamiken sichtbar und inwieweit sind junge Erwachsene betroffen? In den vergangenen drei Jahrzehnten haben neoliberale Umwälzungen die arabischen Wohlfahrtsstaaten demontiert und dazu geführt, dass diese Staaten soziale Schutzmechanismen durch radikale Marktöffnung und massive Sparmaßnahmen abgebaut haben. Dadurch haben sie auch dazu beigetragen, die sozialen Unsicherheiten zu vergrößern (Alvaredo et al. 2018). Prekarität, die sich als Abstiegsangst und -erfahrung manifestiert, durchdringt inzwischen alle sozialen Schichten (Gertel 2017c). Sie kann keineswegs ausschließlich mit Armut in Verbindung gebracht werden, und sie lässt sich nicht einfach auf das Ergebnis landesinterner Unfähigkeit oder lokaler Ineffizienz reduzieren. Im Gegenteil: Investitionen in Energie, Tourismus und Agrarland sind auch in der Region zunehmend mit transnationalen Unternehmen und internationalen Finanzmärkten verbunden (Gertel et al. 2014); die Zirkulation von Arbeitskräften ist global organisiert und hochgradig flexibel (Gertel/Sippel 2017), während die Preise für Waren, inklusive Grundnahrungsmittel, kaum mehr innerhalb der nationalen Grenzen entschieden werden, sondern durch Kriegsereignisse wie in der Ukraine und von Warenterminbörsen in New York oder London (Gertel 2023). In *Repression und Rebellion* spricht Karim El-Gawhary (2020) diagnostisch vom unseligen Dreigespann der Armut, Ungleichheit und Machtlosigkeit, das die jungen Erwachsenen der Region besonders hart trifft.

Im Mittelpunkt der Machtlosigkeit stehen, so viel ist offensichtlich, vor allem die extrem hohe Jugendarbeitslosigkeit und die miserablen Perspektiven des Arbeitsmarktes für junge Erwachsene in der MENA-Region. Die Jugendgeneration ist mit einem anderen, sehr viel unsichereren Arbeitsmarkt konfrontiert als ihre Eltern. Der Verlust sicherer Arbeitsplätze im öffentlichen Sektor, der in den 1980er-Jahren einsetzte, wurde durch die neoliberale Politik, also die Privatisierung von Staatsbetrieben und den Abbau öffentlicher Unterstützungen und Subventionen, weiter beschleunigt. Die prekären Arbeitsverhältnisse haben sich trotz einer Zunahme von Hochschulabschlüssen ausgedehnt. Die wachsende Studierendenzahl geht seit Jahren auf Kosten der Qualität: Das Erlernte war und ist trotz teuren Privatunterrichts meist nutzlos. Der jüngste *Arab Human Development Report* hält zu dieser Problematik fest: „Die Region der arabischen Staaten hat den weltweit höchsten Anteil an jungen Menschen (15 bis 24 Jahre), die nicht in Ausbildung, Beschäftigung oder Training (NEET) sind, mit 29,5 Prozent im Jahr 2019" (AHDR 2022: 67). Diese Perspektiven sind während der Pandemie nicht besser geworden. Die hier vorgestellten Befunde von 2021 zeigen, dass 19 Prozent der jungen Menschen in der MENA-Region temporär und 14 Prozent dauerhaft nicht beschäftigt sind. Das heißt, dass ein Drittel der jungen Erwachsenen weder in Ausbildung noch berufstätig ist (Kap. 5). Junge Erwachsene werden weiter ausgebremst, zudem durch die erzwungene Abhängigkeit von den Eltern entmündigt und dauerhaft eingehegt; es bleibt ihnen wenig Kontrolle darüber, wie sich ihr Leben entwickelt. Perspektivlose, hohe Jugendarbeitslosigkeit ist ein Aspekt von Enteignung.

Das Ganze findet in einem Gefüge der Ungerechtigkeit statt. Die Einkommensungleichheit in der Region ist eine der größten der Welt (ESCWA 2020). Im Jahr 2019 erwirtschafteten die sechs Länder des Golf-Kooperationsrats mit nur 14 Prozent der Bevölkerung aller arabischer Staaten rund 60 Prozent des Bruttoinlandsprodukts (BIP) der Region. Während 2021 in Nordafrika und im Nahen

Osten die obersten zehn Prozent der Bevölkerung 58 Prozent des Einkommens erzielten, konnte die ganze untere Hälfte der Bevölkerung nur neun Prozent des Einkommens erwirtschaften (AHDR 2022: 37). Das hat Auswirkungen auf die Gesellschaftsformation und die Persistenz von Armut. Noch vor der Pandemie stellten die Vereinten Nationen fest: „Legt man die nationalen Armutsgrenzen zugrunde, so liegt der Anteil der Armen in Algerien bei 5,5 Prozent, in Jordanien bei 14,4 Prozent, in Ägypten und im Libanon bei etwa 27 Prozent und in einigen der am wenigsten entwickelten Länder bei über 40 Prozent, wobei er im Sudan 46,5 Prozent und im Jemen, vor dem dortigen Konflikt, bereits 48,6 Prozent betrug" (ESCWA 2020: 14). In der Region besteht dabei eine auffällige Diskrepanz zwischen Wirtschaftswachstum und schleppendem Anstieg der Haushaltseinkommen, was deutlich macht, dass Wachstum eher dazu beiträgt, Wohlstand in wenigen Händen zu konzentrieren und nicht die Ungleichheit zu verringern (El-Gawhary 2020). Persistente Einkommens- und Wohlstandsasymmetrien sind dementsprechend eine weitere Facette der Enteignung.

Die Rolle des Staates und der Politik ist hierbei von entscheidender Bedeutung. Beiden wird großes Misstrauen entgegengebracht. Die 25-jährige Salwa aus Bagdad (Irak) unterstreicht:

Der Staat funktioniert nach dem System von Bestechung und Vetternwirtschaft. Und es gibt keine Instanz, die das verhindert. Was die Gesetzgebung betrifft: Von Zeit zu Zeit erleben wir, dass der Staat angeblich darauf bedacht ist, Gesetze zu verabschieden, um vermeintlich die Gleichstellung von Frauen, Kindern, Männern oder anderen Gruppen zu verbessern. Aber wir erleben dann das Gegenteil. Die Menschen vor Ort oder in den sozialen Medien müssen ein großes Getöse veranstalten, damit ihre Stimme überhaupt gehört wird; doch meist werden sie nicht gehört, weil die betreffende Sache eben nicht thematisiert werden soll. Der Staat wird nichts tun, was wirklich zur sozialen Gerechtigkeit beiträgt.

Da in den neoliberalisierten Staaten der MENA-Region öffentliche Unterstützung kaum vorhanden ist, hat die Bedeutung der Familie als soziales und wirtschaftliches Sicherungssystem immer weiter zugenommen. Damit ging und geht eine neue Abhängigkeit junger Erwachsener von ihren Eltern einher. Weil sie sich ökonomisch kaum von ihnen lösen können, werden sie versorgungsabhängig. Die Diagnose der empirischen Befunde von 2016 lautete, es handele sich um eine „eingehegte Jugend" (*contained youth*; Gertel 2017b), die oft irreführend als Phase des Wartens (*waithood*) klassifiziert wird. Gerade der jüngere Teil der Jugendlichen, also diejenigen, die noch bei den Eltern wohnen, lebt in einer Situation der geliehenen ökonomischen Sicherheit. Doch frustrierende Perspektivlosigkeit, die nichts mit Warten auf bessere Zeiten zu tun hat, hindert sie oft daran, ihre Persönlichkeit zu entwickeln. Sie müssen sich vielmehr mit den Werten ihrer Eltern arrangieren, die nicht immer geeignet sind, um die Anforderungen einer globalisierten Welt zu meistern. Ein Bruch mit der Familie ist für diese Generation dennoch fast undenkbar, da kaum andere gesellschaftliche Institutionen existieren, die Unsicherheiten abfedern könnten. Während die Schwierigkeiten der Existenzsicherung gerade junge Familien bedrohen, garantieren auch bisherige Routinen und Strategien keinen Erfolg mehr (Gertel 2017c). Eine ganze Generation gerät so, wie wir zeigen werden, in die soziale Marginalisierung. Vor fünf Jahren war bereits abzusehen, dass die Mittelschicht in Segmente mit unterschiedlichem Grad an Unsicherheit zerfiel und weiter zersplittern würde (Gertel/Ouaissa 2017). Der gesellschaftliche Bruch begann damals im Zentrum der Mittelschicht und setzte sich bis zu den armen Schichten fort. Der gesellschaftliche Prozess der Verunsicherung war dabei, zum Dauerzustand zu werden (Bauman/Mauro 2016).

Der strukturelle Entzug potenzieller Lebenschancen hat daher eine zeitliche Dimension. Langfristig sind mit dem Abbau des Wohlfahrtsstaats und dem Verlust sicherer öffentlicher Arbeitsplätze grundlegende ökonomische Sicherheiten verloren gegangen. Mittelfristig sind seit den arabischen Revolutionen durch die Globalisierung nationaler Finanzsysteme, durch rückläufige ausländische Direktinvestitionen sowie infolge von Tourismuseinbrüchen und ausbleibenden Gastarbeiterüberweisungen sowie bewaffneten Konflikten und der Ausweitung direkter Gewalt die sozialen Sicherheiten weiter untergraben worden. Hinzu kommen das Zusammentreffen der Coronapandemie mit den sich verstärkenden Umweltkrisen (Kap. 8) und der Krieg in der Ukraine mit seinen Auswirkungen auf die getreideabhängige Nahrungssicherheit (Gertel 2023). Unsere empirischen Befunde zeigen: Der Glaube an die Demokratie ist seit der letzten Studie 2016 rückläufig. Nur noch 22 Prozent betrachten die Demokratie gegenwärtig als politisches System der Zukunft (Kap. 14). Getrieben durch das Politikversagen, das sehr häufig mit ökonomischen Problemlagen einhergeht, sehen nun deutlich mehr junge Menschen – nämlich über 40 Prozent – ihre einzige Option in der Abwanderung und Flucht (Kap. 7). Der dabei akzeptierte Verlust von Heimat steht für eine zutiefst traurige Form multidimensionaler Enteignungen.

Vor diesem Hintergrund beschäftigt sich der vorliegende Beitrag – eine Dekade nach dem Beginn der Umbrüche – mit den Ursachen und Ausprägungen der tiefgreifenden Enteignungsdynamiken in der MENA-Region. Kennzeichnend ist, dass sowohl Unsicherheiten, die die Gegenwart und den (unzureichenden) Ressourcenzugang betreffen, als auch Ungewissheiten, die sich auf die Zukunft beziehen und durch eingeschränkte Reichweiten von Wissen und Glauben geprägt sind, gerade für Jugendliche und junge Erwachsene weiter zugenommen haben. Die Zugänge zu Ressourcen wurden knapper, allen voran die Möglichkeiten auf dem Arbeitsmarkt. Gleichzeitig haben sich trotz teilweise dramatischer

Fluchtbewegungen die Mobilitätsoptionen, verstärkt durch die Pandemie, verkleinert, während sich der Zugang zu und die Verfügung über Wissensressourcen zwischen Eliten und Mehrheitsgesellschaft polarisierten. Werte, Wünsche und Erwartungen werden neu ausgehandelt. Die folgende Argumentation umfasst vier Schritte: die Analyse der Pandemiefolgen; die der individuellen Lebenszufriedenheit und der über Jahre gewachsenen Verarmung; die Betrachtung der Konsequenzen dieser Entwicklungen für die gesellschaftliche Schichtung; und schließlich die Beleuchtung der Zusammenhänge zwischen Schichtung, Work-Life-Balance und individuellen Ängsten. Damit wird die Enteignung von Lebenschancen sowohl aus einer ausstattungsorientierten Ressourcenperspektive als auch aus einer am Lebensentwurf orientierten Aspirationsperspektive adressiert.

Auswirkungen der Pandemie

Einen Einblick in die Situation der MENA-Region im ersten Jahr der Pandemie liefert eine Umfrage unter Teilnehmern und Teilnehmerinnen des *Young-Leaders*-Programms der Friedrich-Ebert-Stiftung (Gertel/Kreuer 2021). Dies ist ein Fortbildungsprogramm zur Stärkung der zivilgesellschaftlichen und politischen Fähigkeiten junger Leute und zur Förderung demokratischer Werte. *Young Leaders* sind in der Regel Frauen und Männer im Alter zwischen 20 und 30 Jahren, die in politischen Parteien oder zivilgesellschaftlichen Organisationen aktiv sind. Das Programm richtet sich an Studierende oder Hochschulabsolventinnen und -absolventen. Je nach Land sind englische oder französische Sprachkenntnisse eine Voraussetzung für die Teilnahme. Entsprechend repräsentiert diese geschlechterparitätisch besetzte Gruppe ein aufstiegsorientiertes und gehobenes gesellschaftliches Segment junger Erwachsener. Das Programm besteht seit über zehn Jahren und umfasst dieselben zwölf Länder der Region, die Gegenstand der vorliegenden Studie sind. Online befragt wurde, teilweise während des Lockdowns, in fünf Intervallen im Jahr 2020 die Gesamtheit der *Young Leaders* (n = 1.293) – dabei nahmen 569 Personen an mindestens einer Befragung teil.

Zwar war die Covid-19-Pandemie nicht die einzige und auch keineswegs immer die schwerwiegendste Krise, die das Leben junger Menschen im Jahr 2020 beeinträchtigte, aber die negativen Auswirkungen waren dennoch immens. Die Krankheit bedrohte besonders das Leben älterer Familienangehöriger, manchmal auch von Freunden, und kostete einige das Leben. Indirekt zerstörten die Maßnahmen zur Eindämmung der Pandemie oft die Sicherheit des Arbeitsplatzes, unterbrachen Bildungswege und forderten die psychische Stabilität vieler junger Menschen heraus. Unsere Studie zeigt, dass auch der Tagesablauf tiefgreifend verändert wurde, da Familienmitglieder zeitweise über Wochen zu Hause bleiben mussten. Die Prioritäten bei den Ausgaben verlagerten sich bei den jungen Erwachsenen von Freizeitaktivitäten auf Grundbedürfnisse. Zwei Entwicklungen sind besonders herauszustellen, da sie Aufschluss über die Auswirkungen fortschreitender Marginalisierungen geben: Selbst bei den *Young Leaders*, die verglichen mit der Gesamtgesellschaft als eher abgesichert gelten können (Kap. 9), kam es durch die Pandemie zu ökonomischen Einbrüchen (Gertel/Kreuer 2021). Zudem zeigt der Zusammenhang zwischen der Lebenszufriedenheit und dem wirtschaftlichen Status ambivalente Ausprägungen: Zwar schätzten alle Befragten, mit Ausnahme der wirtschaftlich Unsichersten, ihre eigene Zufriedenheit höher ein als die der Gesellschaft im Allgemeinen, doch die durchschnittliche Lebenszufriedenheit der *Young Leaders* war mit 4,5 von maximal möglichen 10 Punkten, entsprechend ihrer Selbsteinschätzung, bemerkenswert niedrig. Es liegt nahe, dass die Konsequenzen der geschilderten Entwicklungen für benachteiligte Gesellschaftsschichten im ersten Jahr der Coronapandemie 2020 weitaus einschneidender und gravierender gewesen sein müssen.

Die mittelfristigen Folgen selbst für erfolgreiche Jungunternehmer werden an den Ausführungen von Aziz deutlich. Er ist 29 Jahre alt und lebt in Nabeul (Tunesien). Aziz berichtet:

Ich bin Inhaber einer kleinen Firma und versuche, meine wirtschaftlichen Verhältnisse zu verbessern. Als die Pandemie kam, sind mir leider viele Aufträge entgangen. Ich war nicht in der Lage, die Gehälter der Angestellten zu bezahlen, da ich drei Monate ohne Arbeit war! Dennoch musste ich die Miete und andere laufende Kosten aufbringen. Ein Unternehmen aufzubauen ist nicht einfach und erfordert jahrelange, kontinuierliche Arbeit, und als die Pandemie kam, war ich gezwungen, von vorne zu beginnen. Keiner von denen, die ein festes Monatsgehalt beziehen oder im öffentlichen Sektor tätig und sozialversichert sind oder Rente bekommen, war so betroffen, wie ich es war. Darin liegt der Unterschied! Arbeitnehmer, Angestellte des öffentlichen Sektors oder Rentner geraten nicht in gleicher Weise wie Firmeninhaber in Schwierigkeiten, weil der Arbeitnehmer einen festen Lohn bekommt oder Rente bezieht. Auch große Unternehmen konnten die Pandemie abfedern, während andere, auch aufstrebende und mittelständische Unternehmen, sie nicht überstehen konnten.

Im zweiten Jahr der Coronapandemie, im Jahr 2021, waren deren Auswirkungen für die jungen Erwachsenen nur eines von mehreren alltäglichen Problemfeldern (vgl. Kap. 4). Die Konsequenzen der multiplen Krisen haben die meisten Befragten anders hierarchisiert. Die Antworten auf die Aussage „Ich fühle mich sicher/unsicher in folgenden Bereichen: Bitte bewerte deine Lage auf einer Skala von 1 (= überhaupt nicht sicher) bis 10 (= völlig sicher)" zeigen, dass bewaffnete Konflikte (5,5 Punkte) ebenso wie die wirtschaftliche Lage (5,5 Punkte) das größere Unbehagen verursachten, während die eigene gesundheitliche Situation

(7,6 Punkte) als am sichersten von allen acht abgefragten Aspekten (Items) eingeschätzt wurde (Abb. 14.10). Doch auf den zweiten Blick treten zwei komplementäre Aussagen hervor, zum einen: „Durch die Pandemie haben sich meine beruflichen Aussichten deutlich verschlechtert." Hier stimmen 27 Prozent eher und 42 Prozent völlig zu, was bedeutet, dass insgesamt mehr als zwei Drittel sich durch die Pandemie in ihren weiteren Karrieremöglichkeiten eingeschränkt sehen – obwohl sie als junge Menschen oft nicht von Krankheitssymptomen betroffen waren. Zum anderen wurde zur Aussage „Meine Familie ist durch die Pandemie enger zusammengerückt" ein genauso klares Votum abgegeben: 32 Prozent stimmen eher und 40 Prozent völlig zu. Die Familie, ohnehin bereits der Ankerpunkt der lokalen Gesellschaften, wurde nochmals wichtiger im Verlauf der Pandemie – sowohl in ökonomischer als auch in psychosozialer Hinsicht (Kap. 4).

Als Zwischenfazit stellten die Vereinten Nationen 2022 fest, dass die Pandemie in vielen Fällen mehrere Jahre hart erkämpfter Fortschritte der menschlichen Entwicklung zunichtegemacht habe. So verzeichnete die Region insgesamt einen elfprozentigen Verlust an Arbeitseinkommen, was noch mehr Menschen in die Armut trieb. Die UN unterstreichen, dass die Auswirkungen der Pandemie die bestehenden Ungleichheiten weiter verschärften: Beschäftigte in kleinen oder informellen Unternehmen waren dabei stärker betroffen als Beschäftigte im öffentlichen Sektor, und Frauen schieden eher aus dem Arbeitsmarkt aus als Männer (AHDR 2022: II). Die Pandemie ist daher als einschneidende Kontexterfahrung prägend: einerseits, indem sie besonders bei den jungen Erwachsenen 2022 vielfach als überwunden galt und bereits ein Jahr zuvor viele von ihnen anspornte, das Verpasste nachzuholen; andererseits, indem sie ihre Möglichkeitsräume de facto verkleinerte, etwa die zur Ausbildung und Mobilität. Zudem nahmen gerade autoritäre Regierungen die Pandemie oft als Vorwand, um unliebsame Maßnahmen, etwa der öffentlichen Überwachung, durchzusetzen. Das Vertrauen der jungen Erwachsenen in den Staat hat in den Jahren der Coronapandemie daher weiter abgenommen.

Lebenszufriedenheit und kumulative Deprivation

Zur Beurteilung der wirtschaftlichen Lage in den frühen 2020er-Jahren und der Auswirkungen der über Jahre gewachsenen Verarmung, der kumulativen Deprivation von jungen Erwachsenen und ihren Familien werden im Folgenden drei Perspektiven diskutiert. Erstens wird ihre persönliche Lebenszufriedenheit in den Blick genommen, und zwar indem die eigene Position mit derjenigen der Gesellschaft verglichen wird. Zweitens wird die wirtschaftliche Situation der Familie als zentraler Institution der sozialen Sicherheit beleuchtet, und zwar in Kombination mit den haushaltsinternen ökonomischen Puffermöglichkeiten. Drittens wird die gesellschaftliche Schichtung thematisiert.

Die Zufriedenheit der jungen Erwachsenen in der Gesellschaft und die Positionen, die sie dabei einnehmen, werden mit folgenden Fragen ausgeleuchtet: „Wie würdest du die Lebenszufriedenheit der Menschen in deinem Land einschätzen – auf einer Skala von 1 (= geringste Zufriedenheit) bis 10 (= höchste Zufriedenheit)?" und „Und wie würdest du gegenwärtig deine eigene Lebenszufriedenheit einschätzen?". Die durchschnittliche länderspezifische Lebenszufriedenheit rangiert im zweiten Jahr der Pandemie 2021 zwischen 3,6 und 7,8 Punkten (Abb. 3.1) – was eine große Spanne zwischen der geringsten und der höchsten Zufriedenheit aufzeigt. Auffällig sind die beiden Extremwerte: zum einen Ägypten, das als Land mit hohen Armutsraten widersprüchlich den höchsten positiven Wert erzielt, in dem junge Erwachsene eine höhere Lebenszufriedenheit äußern, als dies Gleichaltrige in reicheren, erdölexportierenden Ländern wie Algerien oder Irak tun. Auf der anderen Seite des Spektrums ist der dramatische Einbruch der libanesischen Ökonomie sichtbar. Die negative Einschätzung der jungen Libanesen und Libanesinnen übertrifft dabei sogar die der syrischen Geflüchteten im Libanon, die sich in einer äußerst kritischen Lage befinden. Jenseits dieser Positionen zeigen sich Marokko als positiver Spitzenreiter und der Sudan – bereits vor dem aktuellen Bürgerkrieg (2023) – als Schlusslicht. Insgesamt liegen die Werte in vier Ländern, in Ägypten, Marokko, dem Irak und Libyen, über dem Durchschnitt (von 5,1) und in acht Ländern darunter.

Die persönliche Lebenszufriedenheit wird demgegenüber durchschnittlich etwas höher angegeben als die Lebenszufriedenheit der Landesbewohner insgesamt. Junge Menschen beurteilen demnach ihre eigene Situation etwas besser als die ihrer Mitbürger und Mitbürgerinnen (Abb. 3.1). Nur im Libanon, bei den syrischen Geflüchteten und in Marokko sehen die Befragten sich in einer schlechteren Lage als die übrige Bevölkerung. Insgesamt lassen sich die jungen Erwachsenen der zwölf Länder in drei Gruppen mit ähnlichen Werten einteilen: Ägypten, Marokko, Libyen und Irak (7,9 bis 6,1 Punkte); Algerien, Tunesien, Palästina und Jordanien (5,2 bis 4,9 Punkte); und Sudan, Jemen, Libanon und die syrischen Geflüchteten im Libanon (4,4 bis 3,4 Punkte). Auffällig ist, dass sich hierbei reichere, erdölexportierende Staaten mit ärmeren Ländern mischen. Die individuelle Lebenszufriedenheit hängt daher offensichtlich nicht unmittelbar mit makroökonomischen Bilanzen zusammen.

Wird die persönliche Lebenszufriedenheit in Abhängigkeit von der ökonomischen Situation der Familie betrachtet, treten zwei Gruppen hervor (Abb. 3.2). Zum einen diejenigen, die die wirtschaftliche Situation als „eher gut" oder „sehr gut" bezeichnen, hier liegt die eigene Lebenszufriedenheit immer über der des Landes – mit einer Ausnahme: Marokko. Zum anderen diejenigen, die sie als „eher schlecht" oder „sehr schlecht" bezeichnen: Ihre persönliche Lebenszufriedenheit liegt hier immer unterhalb der des Landesdurchschnitts. Hieran wird die Bedeutung der ökonomischen Sicherheit für das Wohlbefinden und die Zufrie-

Abb. 3.1
LEBENSZUFRIEDENHEIT

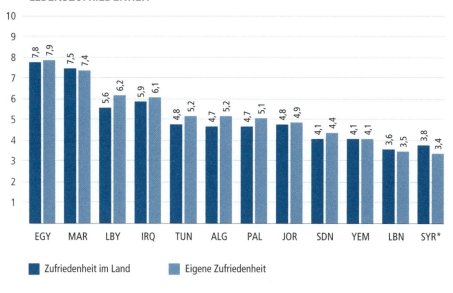

■ Zufriedenheit im Land   ■ Eigene Zufriedenheit

FRAGEN 97, 98
Wie würdest du die Lebenszufriedenheit der Menschen in deinem Land einschätzen – auf einer Skala von 1 (= geringste Zufriedenheit) bis 10 (= höchste Zufriedenheit)?; Und wie würdest du gegenwärtig deine eigene Lebenszufriedenheit einschätzen?

HINWEISE Angegeben sind die Mittelwerte.

denheit der Jugendlichen und jungen Erwachsenen evident. Dabei existieren Unterschiede zwischen und innerhalb der Länder – Letztere sind besonders groß in Marokko, Palästina und bei den syrischen Geflüchteten.

Zur Kommentierung der Differenz zwischen ihrer individuellen und nationalen Einschätzung aufgefordert, bewerten die Befragten die vier vorgegebenen Statements wie folgt: Diejenigen, die feststellen: „Ich bin privilegiert", sind Personen, die die höchste durchschnittliche Lebenszufriedenheit (7,3 Punkte) angeben. Mit der Aussage „Ich habe Glück" stimmen Personen überein, die ihre Lebenszufriedenheit als eher hoch mit durchschnittlich 7,0 Punkten bewerten. Danach folgt ein Bewertungssprung: Diejenigen, die unterstreichen: „Ich habe Pech", geben durchschnittlich 4,6 Punkte an, ihre Bewertungen sind also deutlich schlechter. Am Ende des Spektrums positionieren sich jene, die für sich feststellen: „Ich fühle mich enteignet (arabisch *mahrum* = beraubt)." Sie geben ihre Lebenszufriedenheit durchschnittlich mit 4,0 Punkten als gering an. Diese Aussagen zur Lebenszufriedenheit zeigen somit zwar einerseits deutliche Bezüge zur Ressourcenausstattung der Familien, andererseits repräsentieren sie jedoch auch Aspekte der individuellen Weltbindung. Durch die Zuordnung zu den Statements werden individuelle Positionen zur Gesamtgesellschaft hergestellt. Diejenigen, die sich ihrer Lebenschancen „beraubt" fühlen, kennzeichnen dies als Enteignungserfahrung. Sie machen 18 Prozent der Befragten aus, wobei die Frage nur denjenigen gestellt wurde, bei denen die Einschätzung der gesellschaftlichen und die der eigenen Zufriedenheit auseinandergingen.

Um vor diesem Hintergrund die wirtschaftliche Lage der jungen Erwachsenen in der MENA-Region realistisch beurteilen zu können, erscheint es sinnvoll, zwei Aussagen miteinander zu kombinieren: nämlich einerseits die Frage zur Situation der Familie zu stellen („Wie bewertest du die aktuelle wirtschaftliche Lage deiner Familie?"), die vier Antwortoptionen („sehr gut", „eher gut", „eher schlecht", „sehr schlecht") beinhaltet und auf subjektiven Einschätzungen beruht (Gertel 2017a); andererseits eine Frage zu stellen, die eine bekannte Bezugsgröße, eine reale Referenz aus dem Alltagsleben enthält, wie die, ob die Familie es sich leisten könnte, beim plötzlichen Ausfall eines wichtigen Haushaltsgeräts dieses sofort zu ersetzen („Deine Waschmaschine – oder ein anderes wichtiges Haushaltsgerät – geht plötzlich kaputt. Wärst du in der Lage, sie sofort durch ein anderes Gerät zu ersetzen?"). Bei dieser Frage sind zwei Antwortoptionen (ja/nein) vorgesehen. Beide Fragen werden zueinander ins Verhältnis gesetzt. Diejenigen, die angeben, die ökonomische Situation ihrer Familie sei sehr gut oder eher gut, sich aber gleichzeitig keinen Ersatz für den Ausfall einer Waschmaschine leisten können – also kaum über wirtschaftliche Puffer verfügen – werden nun der Kategorie „eher schlecht" zugeteilt. Analog dazu werden diejenigen, die angeben, die ökonomische Situation ihrer Familie sei sehr schlecht oder eher schlecht, sich aber gleichzeitig einen Ersatz für den Ausfall einer Waschmaschine leisten könnten – sprich über diese Puffermöglichkeit verfügen –, der Kategorie „eher gut" zugerechnet. Das ergibt ein neues Bild wirtschaftlicher Unsicherheit. Die empirischen Befunde zeigen die Unterschiede: Wird nur die erste Frage berücksichtigt (ökonomische Situation der Familie), antworten zehn Prozent mit „sehr gut", 55 Prozent mit „eher gut", 24 Prozent mit „eher schlecht" und elf Prozent mit „sehr schlecht". Das bedeutet, dass mehr als ein Drittel der jungen Erwachsenen die wirtschaftliche Situation der Familie als schlecht beurteilt. Eine dramatische Einschätzung, wenn die soziale Lage mitbedacht wird, die sich aus dem Schutz der Familie ergibt, da die Jugendlichen und jungen Erwachsenen des Samples ganz überwiegend noch bei ihren Eltern und in deren Versorgungsobhut leben (Kap. 5).

Wird diese Frage nun in Kombination mit der Frage nach den aktuellen wirtschaftlichen Puffermöglichkeiten gestellt und ausgewertet, so fällt die Beurteilung deutlich gravierender aus (Abb. 3.3). Jetzt zeigt sich, dass nur noch sechs Prozent ihre Lage als „sehr gut", 18 Prozent sie als „eher gut" bezeichnen können, während sogar 65 Prozent sie als „eher schlecht" und die gleichen elf Prozent sie als „sehr schlecht" beurteilen. Das Bild der ökonomischen Sicherheit hat sich

Abb. 3.2
EIGENE LEBENSZUFRIEDENHEIT NACH WIRTSCHAFTLICHER LAGE

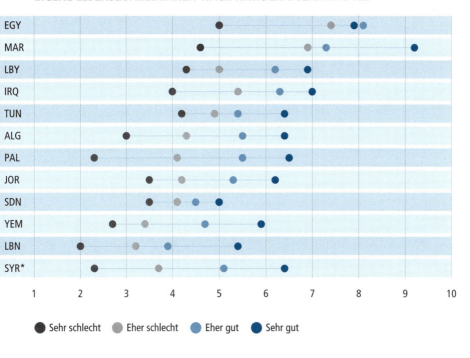

● Sehr schlecht ● Eher schlecht ● Eher gut ● Sehr gut

FRAGEN 21, 98
Wie bewertest du die aktuelle wirtschaftliche Lage deiner Familie?
Und wie würdest du gegenwärtig deine eigene Lebenszufriedenheit einschätzen – auf einer Skala von 1 (= geringste Zufriedenheit) bis 10 (= höchste Zufriedenheit)?

HINWEISE Angegeben sind die Mittelwerte.

für diese Familien damit vollständig verändert: Aus dem einen Drittel (35 %), das diese als problematisch (eher schlecht oder sehr schlecht) beurteilt hat, sind nun drei Viertel (76 %) geworden. Hieran wird die ökonomische Dimension der massiven Enteignung von Lebenschancen junger Erwachsener in vollem Umfang sichtbar.

Dies korrespondiert mit den Erfahrungen der jungen Erwachsenen. Der 20 Jahre alte Adam aus Tunesien stellt fest:

Das Leben war für die Generationen vor uns besser, die Lebenshaltungskosten für meine Generation sind stark gestiegen. Der Lohn, den ich als Arbeiter erhalte, garantiert mir kein menschenwürdiges Leben, da er angesichts der steigenden Ausgaben verpufft.

Aziz, 29 Jahre alt, ebenfalls aus Tunesien, ergänzt:

> *Eigentlich gibt es auch keine Strategien mehr, man lebt mit dem, was verfügbar ist, manchmal reicht das monatliche Einkommen aus, und manchmal lebt man mit dem Rest des Einkommens aus dem Vormonat. In Tunesien leben wir mit dem, was uns zur Verfügung steht, sodass wir unsere Zukunft nicht mehr planen können. Wir können auch kein Geld mehr sparen.*

Und Salma, 27 Jahre alt, geflüchtet aus Syrien, betont:

> *Darüber hinaus zeigt sich die Ungleichheit in den Löhnen, denn Frauen werden schlechter bezahlt als Männer, weil behauptet wird, dass sie nur für sich selbst verantwortlich seien, was überhaupt nicht stimmt, denn die Frau ist heute genauso für die Familie verantwortlich wie der Mann, wenn nicht sogar noch mehr.*

In den einzelnen Ländern sind die jungen Erwachsenen offensichtlich unterschiedlich von wirtschaftlichen Unsicherheiten betroffen (vgl. Abb. 3.3): Das Ausmaß der ökonomischen Verwundbarkeit („eher" und „sehr schlechte" ökonomische Situation hinsichtlich der Puffermöglichkeiten) rangiert zwischen 60 und 97 Prozent. Die sicherste Position hält Marokko, während die unsicherste die syrischen Geflüchteten im Libanon innehaben. Letztere sind von einer doppelten Enteignung betroffen: von Verlusten durch die kriegsbedingte Flucht aus Syrien und vom Kollaps des ökonomischen Systems im Aufnahmeland Libanon. Gleichzeitig ergibt sich durch diese Betrachtung eine neue Hierarchie der Länder, die im Wesentlichen mit der Lebenszufriedenheit übereinstimmt. Die augenfälligste Veränderung ist, dass Ägypten trotz sehr hoher Werte bei der Lebenszufriedenheit und des damit verbundenen ersten Rangs nun Rang 7 einnimmt und sich zwischen Palästina und dem Sudan positioniert. Das scheint einer deutlich realistischeren Repräsentation der ägyptischen Alltagserfahrung zu entsprechen, wenn vergleichend Aussagen etwa zur Gewaltexposition und Nahrungsunsicherheit herangezogen werden (Kap. 6).

Insgesamt bedeutet dies, dass sich im zweiten Jahr der Coronapandemie die Lebenszufriedenheit der jungen Erwachsenen, relativ gesehen, verbessert hat; sie liegt über den Werten, die im Jahr 2020 für eine privilegiertere Gruppe, für die *Young Leaders* (4,5), ermittelt wurden. Dennoch liegen die Durchschnittswerte noch immer unterhalb der mittleren Position (5,5 Punkte) der vorgegebenen Antwortskala – das arithmetische Mittel beträgt 5,1 Punkte im Durchschnitt für die wahrgenommene Zufriedenheit der jeweiligen Gesellschaft und 5,3 Punkte für die jungen Erwachsenen selbst. Da besteht großes Verbesserungspotenzial, wie an den Angaben der marokkanischen Gruppe der Abgesicherten mit 9,2 Punkten sichtbar wird, während die Gruppe der Ungesicherten ihre Lebenszufriedenheit, über alle Länder hinweg, als sehr niedrig angibt (3,5 Punkte). Die

Abb. 3.3
ÖKONOMISCHE SITUATION MIT PUFFERMÖGLICHKEITEN

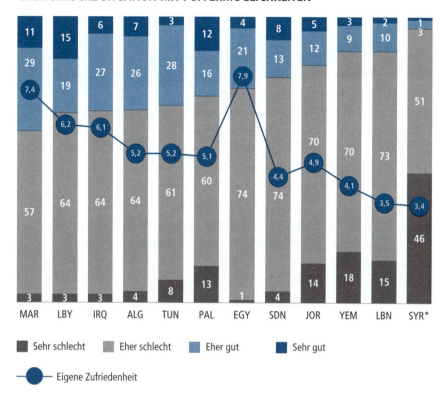

FRAGEN 21, 98

HINWEISE Angaben in Prozent beziehungsweise als Mittelwert auf der zehnstufigen Skala (eigene Zufriedenheit)

wirtschaftliche Situation der Familien wird dementsprechend zu einem wichtigen Dreh- und Angelpunkt der Lebenszufriedenheit. Bei der Analyse, die die wirtschaftlichen Puffermöglichkeiten der Haushalte mit einbezieht, tritt das volle Ausmaß der kumulativen Deprivation zutage: Drei Viertel der Haushalte, in denen die jungen Erwachsenen leben, sind als arm und verwundbar zu bezeichnen. Sie sind im zweiten Jahr der Coronakrise nicht mehr in der Lage, kleinere ökonomische Ressourcen zu mobilisieren, die Puffer sind aufgebraucht und viele leben von der Hand in den Mund. Zu fragen ist somit, inwieweit sich diese Verlustdynamik bereits in der gesellschaftlichen Schichtung niederschlägt und damit verstetigt.

Gesellschaftliche Schichtung: Abstiegsdynamiken

Nach dem Ende des Zweiten Weltkriegs und der Erlangung der politischen Unabhängigkeit formierten sich in den jungen Nationalstaaten der MENA-Region neue Mittelschichten. Sie stellten jahrzehntelang eine wichtige ökonomische wie symbolische Größe dar, insbesondere in Gesellschaften mit mittlerem und niedrigem Einkommen. Während soziale Auf- oder Abstiege gesellschaftliche Gefüge vor Ort veränderten, galt die Lage der Mittelschicht als Indikator für gesellschaftliche Stabilität. Die Ausdehnung der Prekarität geht seit Mitte der 1980er-Jahre mit schrumpfenden Mittelschichten und größeren wirtschaftlichen Unsicherheiten einher. In der FES MENA-Jugendstudie von 2016 konnten wir zeigen, dass junge Erwachsene weiterhin zwar bestimmte Klassenpositionen wahrnehmen und erleben, doch die lokalen Gesellschaften wurden gleichzeitig durch eine Reihe von Rissen fragmentiert (Gertel/Ouaissa 2017). Wie stabil, so ist zu fragen, stellt sich also die Situation der Mittelschicht zehn Jahre nach den politischen Umbrüchen im Kontext multipler Krisen dar?

Für die Beurteilung der Ausgangslage konnten in der letzten Studie drei Merkmale gesellschaftlicher Schichtung herausgestellt werden (Gertel/Ouaissa 2017): Die Klassenposition der jungen Erwachsenen hängt mit dem formellen Bildungsstand der Eltern zusammen. Je niedriger dieser ist, desto häufiger ordnen junge Leute ihre Familien den unteren gesellschaftlichen Schichten zu. Dies korreliert mit der Einkommenssicherheit im elterlichen Haushalt: Auf Monatsbasis entlohnte Väter – oft die Hauptverdiener der Familien – sind häufiger in den höheren Klassen anzutreffen. Entsprechende Muster haben zudem länderspezifische Ausprägungen. In Abhängigkeit von den betrachteten Kriterien ist die Mittelschicht entweder größer oder kleiner. Laut den Ergebnissen von 2016 haben die Befragten Bahrain, den Libanon und Tunesien als die wohlhabendsten Länder wahrgenommen; als die Ärmsten sahen sich die syrischen Geflüchteten im Libanon sowie junge Menschen im Jemen, in Palästina und Marokko.

Im Jahr 2021 fällt die Selbsteinschätzung der jungen Erwachsenen aus den zwölf Ländern hinsichtlich der Klassenzugehörigkeit ihrer Familien so aus, dass ein Prozent sich zu den Wohlhabenden zählt, 22 Prozent zur Oberen Mittelklasse, die überwiegende Mehrheit, nämlich 54 Prozent, sich der unteren Mittelklasse zuordnet, während 20 Prozent ihre Familien als arm einschätzen und vier Prozent sie als sehr arm beurteilen (Abb. 3.4). Zwischen den einzelnen Ländern bestehen dabei teilweise große Unterschiede in der Größe der Oberen und Unteren Mittelklasse sowie bei den Armen. Am häufigsten wurde die obere Mittelklasse in Algerien (45 %) angegeben, die Untere Mittelklasse in Ägypten (64 %) und die Armen und Sehr Armen wurden von den syrischen Geflüchteten am häufigsten genannt. Die jungen Erwachsenen beurteilen die Situation der Mittelschicht insgesamt als gefährdet. Die 30-jährige Randa aus Tripolis (Libyen) unterstreicht:

Abb. 3.4
KLASSENZUGEHÖRIGKEIT

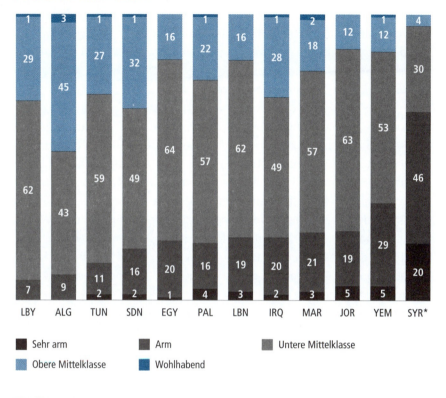

FRAGE 44
Klasseneinordnung deiner Familie: Wie würdest du deine Familie einordnen?

HINWEISE Angaben in Prozent

Die Mittelschicht konnte eine Art Gleichgewicht in der Gesellschaft aufrechterhalten, aber in der Mitte gibt es immer weniger.

Der 30-jährige Fabrikarbeiter Slim aus Tunesien bestätigt:

Die Mittelschicht existiert in Tunesien nicht mehr! Die tunesische Mittelschicht bestand aus Angestellten des öffentlichen Sektors und Bankangestellten, aber jetzt ist diese Gruppe der Gesellschaft nicht mehr in der Lage, die täglichen Bedürfnisse ihrer Familien zu decken. Beispielsweise arbeitet ein Lehrer jetzt nebenbei auch im privaten Sektor. Das liegt daran, dass sein Einkommen aus der Arbeit im öffentlichen Sektor nicht mehr ausreicht, um seine täglichen Ausgaben zu decken, wie es in früheren Jahren der Fall war.

Salma, 25 Jahre alt und Studentin aus Tunis, bekräftigt das:

Heutzutage gibt es die Reichen und die, die hinterherlaufen, um zu überleben. Es gibt keine Mittelschicht mehr. Die Reichen werden immer reicher, sie profitieren auf unsere Kosten, denn wir gehören nicht mehr zur Mittelschicht, wir sinken immer tiefer. Ich glaube nicht, dass der Staat gewinnt; wenn die Mittelschicht wegfällt, verliert der Staat.

Um vor diesem Hintergrund einen genaueren Einblick in die Struktur der Mittelschicht und ihre ökonomische Binnendifferenzierung zu erhalten, wird die Eigenzuschreibung der Klassenzugehörigkeit mit dem errechneten Schichtenindex kombiniert. Der Schichtenindex setzt sich seinerseits aus fünf Gruppen von (annähernd) identischer Größe zusammen und basiert auf vier Variablen: dem Bildungsgrad des Vaters, einem Wohlstandsranking, der Verfügung über Wohneigentum und der wirtschaftlichen Selbsteinschätzung von Familien (vgl. Anhang: Berechnung des Schichtenindex). Die Hauptindikatoren des Schichtenindex zeigen eine ausgewogene Geschlechterverteilung in den fünf Gruppen, auch die Altersstruktur ist weitgehend homogen, mit etwas mehr jungen Personen in den gehobenen Schichten. Mit Blick auf den alltäglichen Lebenszusammenhang lässt sich jedoch feststellen, dass diejenigen, die noch bei den Eltern leben, überwiegend den oberen Gesellschaftsschichten zuzuordnen sind, während diejenigen, die bereits eine eigene Familie gegründet haben, häufiger zu den unteren Schichten gehören. Auch beim Schichtenindex ist eine systematische Abstufung der Lebenszufriedenheit von der obersten Schicht (6,1 Punkte) bis zur untersten Schicht (4,1 Punkte) gut zu erkennen (Abb. 3.5). Schichtenposition und persönliche Zufriedenheit hängen zusammen. In der weiteren Analyse zeigt sich, dass die Verteilung der (berechneten) Schichten maßgeblich der der (persönlichen) subjektiven Klassenzuordnung entspricht: Die oberste Schicht findet sich vor allem bei den Wohlhabenden (75 %) und der Oberen Mittelklasse (36 %), während die unterste Schicht vor allem aus den Sehr Armen (71 %) und den Armen (49 %) besteht. Die Untere Mittelklasse, die größte Gruppe, steht, was die Verteilung der Schichten betrifft, in der Mitte und hat erwartungsgemäß die geringsten Häufigkeiten an ihren Extremen, das heißt in der untersten und obersten Schicht.

Doch wie hat sich die Klassenzugehörigkeit von 2016 bis 2021 entwickelt? Um diese Frage zu beantworten, müssen die acht Länder (beziehungsweise Gruppen) verglichen werden, die in beiden Studien 2016/17 und 2021/22 befragt wurden. Das sind Marokko, Tunesien, Ägypten, Jordanien, Palästina, Libanon, Jemen und syrische Geflüchtete im Libanon. Hierbei zeigen sich zwei grundsätzliche Entwicklungen: Erstens hat der Umfang der Oberen Mittelklasse in diesen acht Ländern in den fünf Jahren dramatisch abgenommen. Ihr Anteil ist von 27 auf 16 Prozent gesunken und hat sich damit fast halbiert (vgl. Abb. 3.6 und 3.7).

Abb. 3.5
KLASSENZUGEHÖRIGKEIT GEMÄSS SCHICHTENINDEX (12 LÄNDER 2021)

	Wohlhabend (1 %)	Obere Mittelklasse (22 %)	Untere Mittelklasse (54 %)	Arm (20 %)	Sehr arm (4 %)	Eigene Zufriedenheit
Oberste Schicht (15 %)	75	36	11	1	0	6,1
Obere Mittelschicht (23 %)	14	35	27	4	2	5,7
Mittlere Schicht (25 %)	7	22	31	17	5	5,4
Untere Mittelschicht (20 %)	4	6	22	29	21	5,1
Unterste Schicht (18 %)	0	1	9	49	71	4,1

FRAGEN 44, 98, Schichtenindex

HINWEISE Angaben in Prozent je Klasse beziehungsweise für Lebenszufriedenheit Mittelwert auf der zehnstufigen Skala

Gewachsen sind die anderen drei Gruppen: die Untere Mittelklasse, die Armen und die Sehr Armen, und zwar um sechs, vier und zwei Prozentpunkte. Das jüngste Zusammentreffen kumulativer Entwicklungen mit krisenhaften Ereignissen schlägt sich in der Neuschichtung der lokalen Gesellschaften nieder: Sie sind in der Wahrnehmung der Jugendlichen deutlich ärmer geworden.

Die zweite Entwicklung kann als Konsequenz der ersten gewertet werden: Durch den sozialen Abstieg aus der Oberen Mittelklasse hat sich die Binnenstruktur auch der anderen Schichten verändert: Die obersten Schichten konnten sich behaupten und haben relativ gesehen zugenommen. In der Oberen Mittelklasse hatten die beiden obersten Schichten 2016 zusammen 52 Prozent ausgemacht, 2021 erzielten sie 61 Prozent – in einer insgesamt nun deutlich kleineren Oberen Mittelklasse (ihr Anteil ist ja insgesamt von 27 % auf 16 % gesunken). Analog dazu, wenn auch in geringerem Umfang, fällt die Entwicklung in der Unteren Mittelklasse aus (die insgesamt zugenommen hat). Hier hatten die beiden obersten Schichten 2016 zusammen 24 Prozent der Familien umfasst, 2021 waren es 28 Prozent. Gleichzeitig sind jedoch die Gruppen der untersten Schichten bei den Armen und Sehr Armen (die beide ebenfalls insgesamt zugenommen haben) nicht mehr so häufig vertreten. Die massive klassenbezogene Abstiegsdynamik (Entwicklung 1) hat gleichzeitig dazu geführt, dass durch den Abstieg zahlreicher Personen (zwischen 2016 und 2021) in die jeweils nachgeordneten Klassen eine interne Nivellierung der gesellschaftlichen Situation stattgefunden hat (Entwicklung 2). Diese beiden Entwicklungen wirken somit zusammen. Übergeordnet gibt es eine deutliche Klassenverschiebung nach unten, gleichzeitig kommt es in den ärmeren Klassen zur moderaten Nivellierung zwischen armen und reichen Schichten. Dieser massive soziale Abstieg unterstreicht die Dynamik der strukturellen Enteignung der Gesellschaften in der MENA-Region und macht gleichzeitig die komplexe Restrukturierung gesellschaftlicher Schichtungen sichtbar.

Im Folgenden geht es darum, die gesellschaftlichen Bruchzonen, auch im jüngeren historischen Verlauf, genauer zu lokalisieren. Dazu sind zwei Grundüberlegungen notwendig. Zum einen gilt es, die Binnenstruktur der Mittelschichten – der beiden größten Gruppen der gesellschaftlichen Schichtung – rechenbar zu machen, sie also in sinnvolle, möglichst gleich große Gruppen einzuteilen. Zum anderen müssen für eine historische Analyse nicht nur die beiden Zeitschnitte (2016, 2021) in vergleichbaren Einheiten, sprich den gleichen Ländern, durchgeführt werden, sondern die Geschichte und Konstruktion der Daten für 2010 bedacht werden. Die Informationen hierzu wurden 2016 erhoben, als die jüngste Gruppe (2016 mit 16 Jahren) im Jahr 2010 gerade einmal zehn Jahre alt war, während die ältesten Befragten (2016) mit 30 Jahren damals (2010) 24 Jahre alt waren. Dennoch beschränken wir die Daten nicht auf die älteren Altersgruppen, da auch das subjektive Empfinden der damaligen Kinder ein Gespür für die ökonomische Situation der eigenen Familie widerspiegelt.

Die zehn Untergruppen der beiden Mittelklassen werden für den besseren Überblick vereinfachend in sechs etwa gleich große Untergruppen zusammengefasst (Abb. 3.7, vgl. Gertel/Ouaissa 2017, Abb. 8.2). Wenn das monatliche Durchschnittseinkommen des Vaters für die sechs Mittelklassegruppen als Grundlage für ein Ranking verwendet wird (hier für das Jahr 2016 als mittlere Position; vgl. Abb. 3.8), so geht daraus eine Neuordnung der Untergruppen hervor, welche die bisherige Eingruppierung in eine Obere und Untere Mittelklasse durchbricht und eine neue Unterteilung nahelegt. Eine Gruppe, aus der Unteren Mittelklasse mit dem höchstbewerteten Einkommen, wird nun neu positioniert: Die höchste und damit wohlhabendste Teilgruppe der Unteren Mittelklasse ordnet sich in die Obere Mittelklasse ein.

Ausgehend von dieser internen Differenzierung ergibt sich, wenn im Mittelpunkt der Analyse die Einschätzung der ökonomischen Situation der Familie steht (Abb. 3.9), zunächst folgender eher banale Befund: Den oberen Schichten geht es gut, den unteren schlecht. Im Einzelnen ist der Gradient für drei der vier Antwortoptionen zur wirtschaftlichen Situation, nämlich für „sehr gut", „eher schlecht" und „sehr schlecht", über die zwölf Jahre (2010 bis 2021) hinweg deutlich ausgeprägt: Für „sehr gut" sinkt die Häufigkeit von der obersten zur untersten Schicht (in Abb. 3.9 von links nach rechts), umgekehrt steigt die Häufigkeit bei den beiden Einschätzungen „eher schlecht" und „sehr schlecht" jeweils von der obersten zur untersten Schicht. Den oberen Schichten geht es somit

Abb. 3.6
KLASSENZUGEHÖRIGKEIT GEMÄSS SCHICHTENINDEX (8 LÄNDER 2016)

	Wohlhabend (1 %)	Obere Mittelklasse (27 %)	Untere Mittelklasse (50 %)	Arm (19 %)	Sehr arm (3 %)
Oberste Schicht (8 %)	49	20	5	0	0
Obere Mittelschicht (19 %)	22	32	19	1	0
Mittlere Schicht (26 %)	16	30	32	9	3
Untere Mittelschicht (23 %)	9	14	29	22	10
Unterste Schicht (24 %)	4	3	15	68	87

FRAGE 47 (2016), Schichtenindex

HINWEISE Angaben in Prozent je Klasse

Abb. 3.7
KLASSENZUGEHÖRIGKEIT GEMÄSS SCHICHTENINDEX (8 LÄNDER 2021)

	Wohlhabend (1 %)	Obere Mittelklasse (16 %)	Untere Mittelklasse (56 %)	Arm (23 %)	Sehr arm (5 %)
Oberste Schicht (8 %)	70	OMO 24	UMO 6	0	0
Obere Mittelschicht (19 %)	12	OMM 37	22	3	2
Mittlere Schicht (28 %)	12	28	UMM 34	16	6
Untere Mittelschicht (24 %)	6	OMU 10	UMU 26	28	22
Unterste Schicht (22 %)	0	2	12	52	71

FRAGE 44, Schichtenindex

HINWEISE Angaben in Prozent je Klasse. Fette Umrandungen fassen die Untergruppen der beiden Mittelklassen in sechs verschiedene Teilgruppen zusammen: OMO = Obere Mittelklasse + oberste Schicht; OMM = Obere Mittelklasse + obere Mittelschicht; OMU = Obere Mittelklasse + mittlere, untere Mittel- und unterste Schicht; UMO = Untere Mittelklasse + oberste und obere Mittelschicht; UMM = Untere Mittelklasse + mittlere Schicht; UMU = Untere Mittelklasse + untere Mittel- und unterste Schicht.

Abb. 3.8
SEGMENTE DER MITTELSCHICHT (2016)

Selbsteinschätzung – Klasse	Obere MK	Obere MK	Untere MK	Obere MK	Untere MK	Untere MK
Berechneter Schichtenindex	OMO	OMM	UMO	OMU	UMM	UMU
Rang	1	2	3	4	5	6
Einkommen Vater 2016	795	640	582	557	476	384
Einkommen Befragter 2016	526	551	481	407	420	261
2021 – persönliche Lebenszufriedenheit	6,2	6,0	5,7	5,7	5,4	5,3

FRAGEN 35d, 47, 75d, 98, Schichtenindex

HINWEISE Angegeben sind die Mittelwerte. Die Tabelle repräsentiert nur die beiden Mittelklassen (MK) – die Wohlhabenden, Armen und Sehr Armen sind hier nicht berücksichtigt. Die Segmentierung der Mittelklasse basiert auf dem Schichtenindex. Die Spaltenfolge richtet sich nach dem durchschnittlichen Monatseinkommen von Vätern und Befragten (männlich). Dementsprechend erwirtschaften die Gruppen auf Rang 1 das höchste Monatseinkommen in Euro (Obere Mittelklasse + oberste Schicht) und die Gruppen auf Rang 6 das niedrigste Einkommen (Untere Mittelklasse + untere mittlere und unterste Schichten). Als Referenz für die weitere Argumentation wird hier auch die Lebenszufriedenheit dieser Gruppen für 2021 angegeben.

häufiger wirtschaftlich gut und den unteren Schichten häufiger ökonomisch schlecht.

Doch welche Dynamiken lassen sich über den Zeitraum von zwölf Jahren beobachten? Die grundsätzliche gesellschaftliche Polarisierungsdynamik wird am Wachstum der beiden Randpositionen sichtbar: Einerseits wächst über die Jahre 2010 bis 2021 die Gruppe aus der obersten Mittelschicht, die ihre ökonomische Situation als sehr gut beschreibt, an. Gleichzeitig wachsen andererseits die beiden untersten Gruppe der unteren Mittelschicht, die ihre ökonomische Situation als „eher schlecht" und „sehr schlecht" beschreiben, an, und zwar zeitversetzt von 2010 bis 2016 vor allem im Bereich „eher schlecht" und von 2016 bis 2021 im Segment „sehr schlecht". Unser Befund von 2016 lautete: „Die massiven sozialen Verwerfungen scheinen sich vor allem im sozialen Abstieg vieler Angehöriger der unteren Mittelschicht in die Armut zu manifestieren. […] Diese gesellschaftliche Bruchlinie setzt im Herzen der Mittelschicht an und zieht sich durch die armen Bevölkerungsschichten" (Gertel/Ouaissa 2017: 209). Genau diese wirtschaftliche Situation hat sich, wie nun an den Daten ersichtlich wird, in den fünf Jahren von 2016 bis 2021 weiter verschärft. Wo also verlaufen die historischen Bruchlinien?

Abb. 3.9
WIRTSCHAFTLICHE SITUATION VON MITTELKLASSE-FAMILIEN (2010 – 2021)

Klassenzugehörigkeit (Selbsteinschätzung)		Obere MK	Obere MK	Untere MK	Obere MK	Untere MK	Untere MK
Mittelschichtsgruppen		OMO	OMM	UMO	OMU	UMM	UMU
		Oberste ←					→ Unterste
Wirtschaftliche Situation							
2010	Sehr gut	40	21	20	22	15	15
2016		47	14	13	8	5	3
2021		57	22	16	7	6	2
2010	Eher gut	54	70	63	71	64	60
2016		51	84	74	87	80	61
2021		41	76	73	79	73	52
2010	Eher schlecht	6	7	15	7	18	21
2016		2	2	12	4	15	32
2021		2	2	11	12	19	35
2010	Sehr schlecht	1	1	2	1	3	4
2016		0	0	0	1	1	5
2021		0	0	0	2	3	11

FRAGEN 20, 21, 47, Schichtenindex

HINWEISE Angaben in Prozent. Die Befunde beziehen sich auf acht Länder/Gruppen, die 2016 und 2021 befragt wurden. Die Angaben zu 2010 resultieren aus der Einschätzung der Befragten von 2016. Dunkelblau markierte Felder verweisen auf gestiegene Häufigkeiten im Zeitverlauf von 2010 bis 2021 (mindestens drei Prozentpunkte Unterschied). In mittlerem Blau markierte Felder verweisen auf gesunkene Häufigkeiten im Zeitverlauf von 2010 bis 2021 (mindestens drei Prozentpunkte Unterschied).

Bei der vierten Kategorie, derjenigen mit der Einschätzung der ökonomischen Situation der Familien als „eher gut", also der größten Gruppe, zeigt sich, dass sie sich von 2010 bis 2016 vor allem in den mittleren Segmenten deutlich ausgedehnt hat, während sie danach, von 2016 bis 2021, fast durchgängig eingebrochen ist. Ein Teil des Zuwachses erfolgte, wie aus Abbildung 3.9 ersichtlich wird, bei den oberen Schichten, die ihre ökonomische Situation als „sehr gut" bezeichnen, und der andere Teil erfolgte bei den unteren Schichten, die ihre wirtschaftliche Situation als „eher schlecht" oder „sehr schlecht" beurteilen. Die Deprivationsdynamiken, die sich in der Schichtung der lokalen Gesellschaften manifestieren, verlaufen demnach zeitversetzt; die Phasen sind über eine De-

Abb. 3.10
WORK-LIFE-BALANCE (WLB) UND LEBENSZUFRIEDENHEIT

			Lebenszufriedenheit
Dauerhaft gestresst und krank	Überfordert 19 %	4 %	3,5
Dauerhaft gestresst	↑	5 %	4,2
Gestresst		10 %	4,9
Gute WLB	Mitte	32 %	5,5
Ich nutze nicht mein volles Potenzial.		20 %	5,5
Dauerhaft unterfordert	↓	13 %	5,4
Dauerhaft unterfordert und krank	Unterfordert 38 %	5 %	5,1

FRAGEN 80, 98
Bist du in deinem Studium, bei deiner Arbeit oder in deinem Alltag bereits an der Grenze deiner Leistungsfähigkeit angelangt? Was beschreibt deine Situation am besten?; Und wie würdest du gegenwärtig deine eigene Lebenszufriedenheit einschätzen – auf einer Skala von 1 (= geringste Zufriedenheit) bis 10 (= höchste Zufriedenheit)?

HINWEISE Angegeben ist der Mittelwert für die Lebenszufriedenheit; n = 10.596 (12 % fehlende Antworten). Die Antwortoptionen zu Frage 80 lauten: „Ich nutze dauerhaft mein volles Potenzial nicht aus und fühle mich krank"; „Ich nutze dauerhaft mein volles Potenzial nicht aus"; „Ich nutze mein volles Potenzial nicht aus"; „Ich lebe eine gute Balance zwischen Arbeit und Freizeit"; „Ich bin gestresst"; „Ich bin dauerhaft gestresst"; „Ich bin dauerhaft gestresst und fühle mich krank".

kade hinweg zwischen 2010 und 2021 nachzuvollziehen. Soziale Aufstiege sind nicht unmöglich, doch sie erfolgen seltener und sind schwieriger geworden. Wer einen gesellschaftlichen Abstieg erlebt, betrachtet seine Chancen auf ein erfülltes Leben mit größerer Wahrscheinlichkeit als unbeständig; dies gilt auch für politische Situationen, das Vertrauen zu Freunden und das Vertrauen auf die eigenen Fähigkeiten. Unsicherheit wird omnipräsent und prägt den Alltag.

Subjektive Positionen der Enteignung: Work-Life-Balance und Ängste

Ausgehend von der lang andauernden ökonomischen Abwärtsspirale, die sich für viele Jugendliche und junge Erwachsene durch die Coronapandemie nochmals verstärkte, wurde deutlich, dass diese etwa drei Viertel der Haushalte mit einer sehr geringen ökonomischen Puffermöglichkeit zurückließ und sich in einer gesellschaftlichen Ordnung mit neuer Schichtung niederschlug, die in der vergangenen Dekade tiefgreifende Langzeitwirkungen ausbildete. Eine der zentra-

Abb. 3.11
LÄNDER UND WORK-LIFE-BALANCE (WLB)

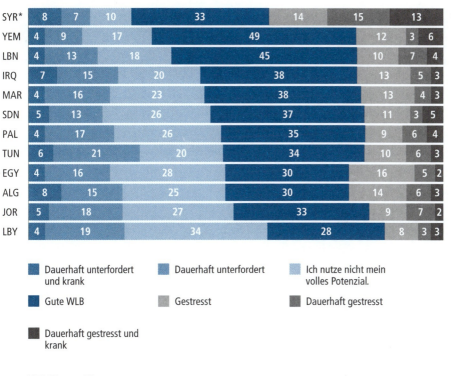

- Dauerhaft unterfordert und krank
- Dauerhaft unterfordert
- Ich nutze nicht mein volles Potenzial.
- Gute WLB
- Gestresst
- Dauerhaft gestresst
- Dauerhaft gestresst und krank

FRAGE 80

HINWEISE Angaben in Prozent

len Problemlagen ist dabei die Fragmentierung und weitere Auflösung der Mittelschicht. Im Folgenden wird es darum gehen, von der gesellschaftlichen Ebene auf die individuelle Betrachtungsebene zu wechseln, um die Auswirkungen dieser Enteignungsdynamiken zu betrachten. Drei Aspekte werden dabei beleuchtet: die Work-Life-Balance, ihr Zusammenwirken mit der Lebenszufriedenheit und die Bedeutung von Zukunftsängsten.

Wie sieht die Work-Life-Balance der jungen Erwachsenen aus? Im Fragebogen ist die Beantwortung dieser Frage in zwei inhaltliche Richtungen möglich, die sich gegenseitig ausschließen: Unterforderung und Überforderung. Das ist in der Praxis allerdings nicht immer der Fall, wenn wie hier mit Überforderung nur Stress verbunden wird. Auch Unterforderung kann in der Praxis Stress generieren. Wir gehen allerdings davon aus, dass vielfältige Ursachen auch bei der Unterforderung den Einzelnen krank machen können. Diese körperlich eingeschriebene Belastung ist bei beiden Antwortrichtungen impliziert. Insofern halten wir die Aufteilung auf zwei Antwortrichtungen für sinnvoll. Was zeigt sich nun an den Befunden?

Abb. 3.12
KLASSEN: WORK-LIFE-BALANCE (WLB) UND LEBENSZUFRIEDENHEIT (LZ)

		Wohlhabend		OMO		OMM	
		%	LZ	%	LZ	%	LZ
Dauerhaft gestresst und krank	Überfordert			1	4,3	2	5,5
Dauerhaft gestresst	↑			2	5,4	3	4,5
Gestresst				8	5,7	9	5,3
Gute WLB	Mitte	51	8,0	45	6,5	42	6,0
Ich nutze nicht mein volles Potenzial.				25	6,1	21	6,3
Dauerhaft unterfordert	↓			15	6,1	16	6,0
Dauerhaft unterfordert und krank	Unterfordert			3	6,3	6	6,0

FRAGEN 80, 98, Schichtenindex

HINWEISE Für die Kategorie „Wohlhabend" liegen zu wenige Antworten vor, um sinnvolle Durchschnitte anzugeben.

Ein Drittel (32 %) der Befragten sagt von sich: „Ich lebe eine gute Balance zwischen Arbeit und Freizeit" (Abb. 3.10). Das sind diejenigen, die sich weder unterfordert noch überfordert fühlen und somit weitgehend mit sich selbst im Reinen sind. Ein weiteres gutes Drittel (38 %) gibt an, unterfordert zu sein, bis hin zu dem Ausmaß, dass sie ihr volles Potenzial nicht ausnutzen und sich krank fühlen. Hier liegt somit nicht nur ein großes gesellschaftliches Potenzial brach, wenn die Jugend – die Zukunft eines Landes – nicht adäquat beruflich oder zivilgesellschaftlich eingebunden ist. Durch die passive Ausgrenzung fühlen sich etliche (5 %) sogar krank und verursachen im schlechtesten Fall gar zusätzliche Kosten für die Gesellschaft. Demgegenüber fühlt sich eine dritte Gruppe überfordert. Sie ist gerade halb so groß wie die der Unterforderten (19 %). Sie gibt an, in unterschiedlichen Ausmaßen gestresst zu sein, auch hier bis hin zur Krankheit (4 %). Work-Life-Balance und Lebenszufriedenheit müssen nicht übereinstimmen, dennoch gibt es Zusammenhänge: Bei einer ausgewogenen Work-Life-Balance liegt die Lebenszufriedenheit im Sample genau in der Mitte zwischen 1 und 10 Punkten – bei 5,5 Punkten. Ein ausgeglichenes Leben ohne Unter- oder Überforderung entspricht somit noch keineswegs einer maximalen Lebenszufriedenheit.

Weiterhin zeigen die Befunde (Abb. 3.10), dass die Unterschiede, die hinsichtlich der Lebenszufriedenheit in Richtung Unterforderung sichtbar werden,

OMU		UMO		UMM		UMU		Arm		Mittellos	
%	LZ	%	LZ	%	LZ	%	LZ	%	LZ	%	LZ
3	4,4	2	4,1	3	4,1	4	4,1	8	3,2	20	2,4
6	5,4	3	4,4	4	5,0	7	4,4	9	3,5	14	2,8
11	5,4	9	5,1	12	5,2	12	4,9	16	4,5	13	3,4
40	5,7	40	5,8	37	5,5	34	5,2	27	4,4	21	2,5
21	5,8	28	5,8	22	5,5	23	5,6	20	4,3	15	4,6
15	5,6	14	5,6	18	5,5	14	5,4	14	4,5	11	4,3
5	5,5	4	5,5	5	5,2	6	5,2	6	4,0	8	3,9

eher klein sind. Die Lebenszufriedenheit sinkt von 5,5 auf 5,1 Punkte, während sie in Richtung Überforderung deutlich gravierender abfällt. Hier fällt der Gradient von 5,5 Punkten auf 3,5 Punkte ab. Unterforderung hat demnach nicht so große Auswirkungen auf die Lebenszufriedenheit wie Stress, besonders wenn dieser dauerhaft auftritt oder sogar Krankheiten generiert. Lebenszufriedenheit ist dann bei einigen kaum noch vorhanden.

Wird die Lebenszufriedenheit in Abhängigkeit von der Work-Life-Balance für einzelne Länder betrachtet (Abb. 3.11), so ordnet sich das Tableau der Länder neu. Eine gute Work-Life-Balance findet sich am häufigsten im Jemen und im Libanon, in zwei krisengeschüttelten Staaten, und am geringsten kommt eine ausgewogene Work-Life-Balance in Ägypten, Algerien und Libyen vor – immerhin zwei erdölexportierende Länder und mit Ägypten ein Land, dessen Bewohner angeben, über die höchste Lebenszufriedenheit zu verfügen. Auf Landesebene ist das Verhältnis von Unter- und Überforderung besonders interessant. Das häufigste Vorkommen und das höchste Ausmaß der Überforderung mit dauerhaftem krank machendem Stress finden sich unter den syrischen Geflüchteten im Libanon (42 %); das häufigste Vorkommen der Unterforderung in Libyen (57 %). Dauerhaft unterfordert fühlen sich zudem junge Menschen in Tunesien, während die größte krank machende Belastung der Unterforderung von jungen Menschen in Algerien, aus Syrien und dem Irak angegeben wird. Wird bei dieser Analyse die Genderperspektive mit einbezogen, so fallen vor allem zwei Länder auf, in denen die Abweichungen vom Durchschnitt, der in Abbildung 3.11 wiedergegeben wird, mehr als drei Prozentpunkte ausmachen: der Jemen und der Irak. Im Jemen erreicht die Zahl der dauerhaft gestressten Frauen, die sich zudem krank fühlen, zehn Prozent; und im Irak fühlen sich 20 Prozent der Frauen dauerhaft unterfordert und weitere elf Prozent sogar so, dass sie sich krank fühlen.

Wird bei der Work-Life-Balance die individuelle Klassen- beziehungsweise Schichtposition mitbedacht (Abb. 3.12), stechen drei Befunde hervor. Gesellschaftliche Schichtung und Work-Life-Balance hängen zusammen: Die Häufigkeit einer guten Work-Life-Balance nimmt mit den Klassenpositionen von oben (wohlhabend) nach unten (mittellos) ab (51 % ➞ 21 %). Analog dazu nimmt auch die Lebenszufriedenheit mit sinkender Klassenposition ab (8,0 Punkte ➞ 2,5 Punkte). Ein Großteil der jungen Menschen (etwa 40 % und mehr) fühlt sich unterfordert. Diese Größenordnung bleibt über die Klassen hinweg weitgehend konstant. Nur bei den ganz Armen, den Mittellosen, zeigt sich ein anderes Bild. Hier nimmt der Anteil der Unterforderten deutlich ab (34 %). Bei den Überforderten wächst demgegenüber der Anteil mit sinkender Klasse von elf auf 47 Prozent an. Gerade für die Mittellosen stellt der Stress ein Problem dar, nämlich für fast die Hälfte dieser Gruppe. Die anderen Gruppen fühlen sich deutlich seltener überfordert (11 bis 23 %). Allein die Gruppe der Armen (33 %) befindet sich hierbei in einer mittleren Position. Parallel dazu nimmt die Lebenszufriedenheit mit wachsender Stressbelastung ab. Das bedeutet, dass sowohl mit sinkender Klassenposition als auch mit wachsender Stressintensität die Lebenszufriedenheit deutlich sinkt. Die emotionalen Belastungen der ökonomischen Unsicherheit schlagen im Alltag durch.

Um die emotionale Erwartungshaltung der jungen Menschen weiter auszuloten, werden ihre Zukunftsängste betrachtet (vgl. Abb. 3.13). Aus dem Spektrum von 13 unterschiedlichen Items im Fragebogen wurden sechs ausgewählt, die die Bandbreite gesellschaftlicher Institutionen und Dynamiken abdecken: Ökonomie (Angst zu verarmen); soziales Kapital (Angst, keine Freunde zu haben); Familie (Angst, sich mit den Eltern dauerhaft zu überwerfen); Mobilität (Angst, aus wirtschaftlichen Gründen auswandern zu müssen); Erwartungshaltung (Angst, nicht so erfolgreich im Leben zu sein wie gewünscht) und Gesundheit (Angst, schwer zu erkranken). Aus den Durchschnittswerten wurde ein Index gebildet, der dann in vier (annähernd) gleich große Gruppen (Quartile) aufgeteilt wurde, die ein unterschiedliches Ausmaß von Ängsten wiedergeben: sehr große Angst, ziemliche Angst, wenig Angst und keine Angst.

Im ersten Schritt wird die Ausprägung der Zukunftsängste für die zwölf Untersuchungsländer beleuchtet (Abb. 13.3). Libyen ist dabei das Land, in dem die jungen Erwachsenen am seltensten (20 %) unter ausgeprägten Zukunftsängsten leiden, während im Libanon und dort besonders bei den syrischen Geflüchteten über drei Viertel angeben, ziemlich große oder sogar sehr große Zukunftsängste zu haben. Im zweiten Schritt wurde dies dann im Zusammenhang mit der ökonomischen Situation der Familien (inklusive wirtschaftlicher

Abb. 3.13
ZUKUNFTSÄNGSTE

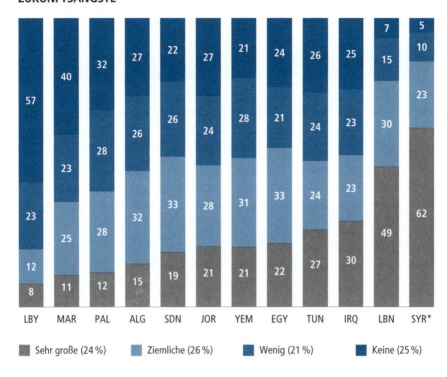

| | LBY | MAR | PAL | ALG | SDN | JOR | YEM | EGY | TUN | IRQ | LBN | SYR* |

■ Sehr große (24 %)   ■ Ziemliche (26 %)   ■ Wenig (21 %)   ■ Keine (25 %)

FRAGE 125
Sprechen wir über deine Zukunftsängste. Was macht dir Angst?

HINWEISE Angaben in Prozent. Bei Frage 125 wurde ein Index aus den Durchschnittswerten von sechs Items (Ängsten) gebildet: „Zu verarmen"; „Schwer zu erkranken"; „Keine Freunde zu haben"; „Mich mit den Eltern dauerhaft zu überwerfen"; „Aus wirtschaftlichen Gründen auswandern zu müssen"; „Nicht so erfolgreich im Leben zu sein wie gewünscht". Daraus sind vier möglichst gleich große Gruppen (Quartile) berechnet worden (1–1,80 = sehr große; 1,81–2,60 = ziemliche; 2,62–3,33 = wenig; 3,34–5 = keine).

Puffermöglichkeiten) betrachtet. Dabei zeigte sich eine starke ressourcenabhängige Prägung der Zukunftsängste. Je sicherer die ökonomische Situation ist, desto weniger häufig kommen große Ängste auf. Von denjenigen, denen es wirtschaftlich sehr gut geht, haben 44 Prozent keinerlei Angst, während von denjenigen, denen es wirtschaftlich sehr schlecht geht, nur elf Prozent keine Zukunftsängste haben. Umgekehrt haben jedoch in dieser armen Gruppe 47 Prozent große Zukunftsängste, während dies bei den ökonomisch Gesicherten nur 14 Prozent sind. Werden weiterhin die Zukunftsängste in Abhängigkeit von der Work-Life-Balance betrachtet (Abb. 3.14), so wird deutlich, dass mit zunehmender Überforderung und Stress auch die Häufigkeit und Intensität der Zukunftsängste zunehmen. Gleiches, wenn auch etwas abgeschwächter, gilt für die

Unterforderung. Subjektive Angst und Prekaritätserfahrungen haben verschiedene Ausprägungen – sie können, wie sich zeigt, dennoch durchaus zusammenfallen.

Schlussfolgerungen

Die Entwicklungen, die sich in der MENA-Region niederschlagen, haben in den vergangenen Jahrzehnten die jungen Erwachsenen der Generation „Arabischer Frühling" fairer Lebens- und Zukunftschancen beraubt. Obwohl sich diese Gruppe mobilisierte und seit zehn Jahren immer wieder Proteste angeschoben und Widerstand geleistet hat, waren und sind diese kaum erfolgreich: Politisch sind vor Ort vielfach autoritäre Kräfte – oft Militärs – an der Macht, während Marginalisierung und Enteignung voranschreiten. Gleichzeitig existieren immer auch einige wenige Gewinner dieser Entwicklungen – meist aus einer anderen Generation, sowohl innerhalb als auch außerhalb der Region. Für viele junge Menschen hingegen ist das, „was möglich gewesen wäre", in weite Ferne gerückt. Soziale Mobilität scheint überwiegend nur noch in eine Richtung zu funktionieren: nach unten. Sicherheit wird kaum mehr mit staatlichen Institutionen verbunden, und ausländische Bildungsangebote und Arbeitsplätze werden für die allermeisten unzugänglich. Die Prekarität unter jungen Erwachsenen hat massiv zugenommen, gleichzeitig sind es die Marginalisierten, die ökonomischen Krisen und Krankheiten gegenüber besonders exponiert sind. Wenn Ressourcen zu knapp werden, um die Gegenwart zu meistern, nimmt nicht nur die Unsicherheit zu, auch die Ungewissheit der Zukunft wird anders eingehegt: Wissen und Glauben stehen auf dem Prüfstand und Ambitionen verändern sich. In diesem Sinne umfassen die Vorgänge der Enteignung einerseits Ressourcen, also ökonomisches Kapital, aber auch Wissen sowie soziale Beziehungen und andererseits wertebasierte Aspirationen, die sich beispielsweise in der subjektiven Lebenszufriedenheit, in der Work-Life-Balance sowie in Zukunftsängsten niederschlagen. Kumulative Prozesse, die in den vergangenen Dekaden zu Prekarisierung, Abstiegsangst, Jugendarbeitslosigkeit und Ungerechtigkeiten, inklusive Korruption und Vertrauensmissbrauch, geführt haben, verbinden sich mit dem Entzug der ökologischen Lebensgrundlagen, Umweltdegradation und Klimawandel, deren Effekten kaum zu entkommen ist (vgl. Kap. 8). Aufgrund des Versagens der Staatsführungen, der Gängelung von Nichtregierungsorganisationen und Zivilgesellschaften wird die Rolle der Familie als Sicherungssystem absolut zentral im Alltag der jungen Erwachsenen. Die ökonomische Situation der Familien ist der Dreh- und Angelpunkt der Lebenszufriedenheit. Dies hat sich während der Pandemie für viele verstärkt.

Die Analyse hat entsprechend zwei Ausgangspunkte: zum einen die Ressourcenanalyse der Reproduktionseinheit Familie und hierbei die ökonomische Sicherheit und gesellschaftliche Schichtung und zum anderen die subjektiven Positio-

Abb. 3.14
WORK-LIFE-BALANCE (WLB) UND ZUKUNFTSÄNGSTE

		ZUKUNFTSÄNGSTE			
		Sehr große	Ziemliche	Wenig	Keine
Dauerhaft gestresst und krank	Überfordert 19 %	4	35	31	21	13
Dauerhaft gestresst	↑	5	34	30	19	17
Gestresst		10	25	29	25	21
Gute WLB	Mitte	32	25	26	21	28
Ich nutze nicht mein volles Potenzial		20	20	28	24	28
Dauerhaft unterfordert	↓	13	24	27	22	27
Dauerhaft unterfordert und krank	Unterfordert 38 %	5	30	31	22	17

FRAGEN 80, 125

HINWEISE Angaben in Prozent je Kategorie. Fünf Prozent sind fehlende Angaben (n = 10.596).

nen der Lebensentwürfe, inklusive der Lebenszufriedenheit, der Work-Life-Balance und der Zukunftsängste der Befragten. Bei den Ängsten und Aspirationen stehen die Ungewissheiten der Zukunft im Mittelpunkt. Die Befunde zeigen, dass die ökonomische Sicherheit auf Haushaltsebene umfassend gefährdet ist: 35 Prozent beurteilen ihre Situation als eher schlecht oder sehr schlecht. Wenn ein objektiver standardisierter ökonomischer Puffer mitgedacht wird, der etwas über die Fähigkeit aussagt, mit weiteren Krisen umzugehen, dann sind 76 Prozent der Haushalte dazu nicht in der Lage. Die ökonomische Dimension der Enteignung von Lebenschancen junger Erwachsener ist massiv. Die Dauer der Unsicherheitserfahrungen hat sich zudem bereits in die gesellschaftliche Schichtung übersetzt. So hat die Größe der (selbst wahrgenommenen) Oberen Mittelklasse in den fünf Jahren von 2016 bis 2021 dramatisch abgenommen: Ihr Anteil ist von 27 auf 16 Prozent gesunken und hat sich damit fast halbiert. Angewachsen sind die Untere Mittelklasse sowie die Gruppen der Armen und Sehr Armen. Die langfristigere Polarisierungsdynamik erfolgt zwischen einzelnen Segmenten der Mittelschicht und entfaltet sich zeitversetzt; sie begann an den Rändern der Schichten und zog ab 2016 zusehends in die Mitte der Gesellschaft. Das Zusammentreffen mittelfristig wirksamer kumulativer Entwicklungen mit den jüngeren krisenhaften Ereignissen hat nicht nur zur Enteignung ökonomischer Ressourcen geführt, es verändert bereits die Selbsteinschätzung der jungen Erwachsenen – sie ist damit im Habitus, in der Erwartungshaltung der Jugend persistent geworden. Dies wird an der Lebenszufriedenheit, der Work-Life-Balance und den Zukunftsängsten sichtbar.

Die Befunde zur Lebenszufriedenheit junger Menschen zeigen, dass sie zwar fast durchgängig höher ist, als sie dies bei ihren Mitbürgern und Mitbürgerinnen vermuten. Dennoch wird sie eindeutig von der ökonomischen Position der Befragten mitbestimmt und klafft zwischen Wohlhabenden und Armen weit auseinander. Entsprechend fühlen sich junge Menschen mit der geringsten Lebenszufriedenheit ihrer Lebenschancen „beraubt". Da die durchschnittliche Lebenszufriedenheit, trotz jugendlichem Optimismus, erstaunlich niedrig ist, steht dies für die Differenz zwischen dem, „was ist", und dem, „was sein könnte". Gleichzeitig hängen gesellschaftliche Schichtung und Work-Life-Balance zusammen: Die Häufigkeit einer guten Work-Life-Balance nimmt mit den Klassenpositionen von den Wohlhabenden zu den Mittellosen ab. Unterforderung entfaltet dabei nicht so große Auswirkungen auf die Lebenszufriedenheit wie Überforderung und Stress, besonders wenn dieser dauerhaft auftritt oder sogar Krankheiten generiert. Das bedeutet, dass sowohl mit sinkender Klassenposition als auch mit wachsender Stressintensität die Lebenszufriedenheit deutlich sinkt. Mit zunehmender Überforderung und Stress steigen zudem die Häufigkeit und Intensität der Zukunftsängste. Die Erwartungshaltungen von jungen Erwachsenen sind sowohl strukturell geprägt wie auch dynamisch. Wie in den beiden Eingangszitaten deutlich wird, kann in dem Gefüge von Ungleichheit, Armut und Machtlosigkeit die Sichtbar-Werdung der eigenen gesellschaftlichen Position durch die sozialen Medien ebenso eine Rolle spielen wie im Feld patriarchaler Unterdrückung die Forderung nach Chancen- und Geschlechtergerechtigkeit. Enteignungsdynamiken haben demnach komplexe Ausprägungen, denen wir in den folgenden Beiträgen dieses Buches immer genauer auf die Spur kommen möchten.

II

Multiple Krisen

KAPITEL 4

DIE COVID-19-PANDEMIE

Jörg Gertel · David Kreuer · Friederike Stolleis

Die Covid-19-Pandemie hat bis Juni 2022 in der MENA-Region circa 13 Millionen Personen unterschiedlich schwer erkranken und 170.000 Menschen frühzeitig sterben lassen (UNDP 2022: 2). Obwohl das Virus nicht zwischen Arm und Reich unterscheidet und zunächst alle betroffen sind, differenzieren sich die Risiken, schwer zu erkranken, nach dem individuellen Zugang zu Ressourcen, dem Wohnumfeld sowie entsprechend den staatlichen Gesundheitssystemen und verschiedenen Maßnahmen aus. Hinzu kommt eine unterschiedliche Exposition von Jung und Alt: Jugendliche und junge Erwachsene haben kaum tödliche Krankheitsverläufe zu erwarten, wiewohl andere Konsequenzen, wie beispielsweise Long Covid, durchaus auch junge Menschen treffen. Die gesamte Problemlage wandelte sich in der Region bereits im ersten Pandemiejahr (2020) innerhalb weniger Monate von einer Gesundheitskrise zu einer sozialen und ökonomischen Krise und verband sich mit anderen gesellschaftlichen Herausforderungen. Die Phasen der Covid-19-Pandemie sind auf Länderebene daher keineswegs deckungsgleich. In diesem Kapitel gehen wir den vielfältigen Auswirkungen, die die Pandemie auf junge Menschen in der Region hatte und die zur Enteignung von Lebenschancen führten, nach.

Ein konzeptueller Ausgangspunkt ist, dass die Weltgesundheitsorganisation (WHO) bereits 1946 Gesundheit deutlich umfassender als die reine Abwesenheit von Krankheit verstanden und sie als körperliches, seelisches und soziales Wohlbefinden definiert hat (WHO [1946] 2010: 1). Auch die Agenda 2030 stellt im Rahmen der Nachhaltigkeitsziele die Sicherstellung eines gesunden Lebens und die Förderung des Wohlbefindens für alle Menschen sowie die Verringerung von Ungleichheiten innerhalb und zwischen den Ländern heraus (UN 2015). Im Mittelpunkt steht somit Gesundheitsgerechtigkeit, die sich maßgeblich auf Chancengleichheit und die Wahlmöglichkeiten bezieht, die Menschen haben, um an ihren Lebensbedingungen etwas zu ändern (vgl. Höffe 2023). Die Covid-19-Pandemie hat, so unsere These, die bestehenden Asymmetrien der Gesundheitsgerechtigkeit in der MENA-Region deutlich zutage gefördert. Hinsichtlich der Auswirkungen bestehen allerdings zwischen dem ersten Covid-Jahr 2020 und dem Erhebungsjahr 2021 große Unterschiede. Als wichtige Vorarbeit für die Einordnung der vorliegenden Befunde ist die *Young-Leaders*-Studie der Friedrich-Ebert-Stiftung im Nahen Osten und Nordafrika zu werten, die 2020 als mehrphasige Online-Befragung durchgeführt wurde (vgl. Kap. 3, S. 57).

Diese zeigte, dass sich auf dem Höhepunkt des Pandemiegeschehens überall die Alltagsroutinen junger Menschen drastisch veränderten; die meisten Familienmitglieder mussten zumindest phasenweise zu Hause bleiben. Zudem verlagerten sich die Prioritäten bei den Ausgaben deutlich weg von Freizeitaktivitäten und hin zu Grundbedürfnissen wie Nahrungsmitteln (Gertel/Kreuer 2021: 20). Mehrere Fragen der vorliegenden Studie lehnen sich unmittelbar an die *Young-Leaders*-Erhebung an und ermöglichen so eine Einschätzung, inwiefern sich ein Jahr später (im Herbst 2021) die Lage normalisiert hat und welche dauerhaften Spuren die Pandemie hinterlassen hat.

Das Kapitel ist in drei Abschnitte gegliedert. Zunächst beleuchten wir die unmittelbaren Auswirkungen der Covid-19-Pandemie auf die körperliche und seelische Gesundheit junger Menschen. Dann geht es um den Alltag in der Pandemie, um temporäre Einschränkungen und strukturelle Ungleichheiten, die besonders die „enteignete Generation" betreffen. Abschließend stellt sich die Frage, wie die jungen Erwachsenen selbst die Pandemie einordnen und welche Lehren sie für sich und die Gesellschaft daraus ziehen.

Auswirkungen auf die Gesundheit

Junge Menschen und ihre Familien waren in der MENA-Region ab Februar 2020 dem Virus ausgesetzt, so etwa in Ägypten, im Libanon und im Irak, und leicht verzögert ab März in Tunesien, Marokko, Algerien, Libyen und im Sudan. Bezogen auf die Gesamtbevölkerung zählte Tunesien mit etwa 30.000 Todesopfern neben dem Libanon zu den am stärksten betroffenen Ländern. Familien mit Jugendlichen und jungen Erwachsenen unterscheiden sich dabei von der Gesamtbevölkerung, denn ihre Situation stellt sich durch das spezielle Generationengefüge etwas anders dar. Sie alle sind Kinder von jemand und aufgrund ihres jungen Alters leben ihre Eltern vielfach noch. Dadurch spielen Familienverbände für ihren Alltag – auch während der Pandemie – häufig eine zentrale Rolle. Von den jungen Erwachsenen, die für diese Studie in der Region befragt wurden, war rund ein Viertel (24 %) durch einen leichten Verlauf und acht Prozent durch einen schweren Verlauf selbst betroffen. In ihren Familien erlebten 32 Prozent einen leichten und 16 Prozent einen schweren Krankheitsverlauf, während sieben Prozent Todesfälle zu beklagen hatten. Letzteres betraf am häufigsten Algerien (17 %), Libyen (12 %) und Marokko (11 %). Ähnliche Werte gelten für Freundinnen und Freunde der Befragten: 35 Prozent berichten von mindestens einem leichten und 17 Prozent von einem schweren Krankheitsverlauf im Freundeskreis, und fünf Prozent vermelden tödliche Verläufe. Die häufigsten Todesfälle traten erneut in Libyen (10 %) und Algerien (9 %) auf sowie in Tunesien, Marokko und Ägypten mit je sieben Prozent. Alles in allem reicht der Anteil der zum Zeitpunkt der Befragung direkt oder indirekt Betroffenen von einem Drittel unter den syrischen Geflüchteten im Libanon bis hin zu fünf Sechsteln in Alge-

Abb. 4.1
COVID-19-INZIDENZ IM EIGENEN UMFELD

	SYR*	SDN	YEM	EGY	MAR	TUN	PAL	JOR	LBY	LBN	IRQ	ALG
Selbst	12	12	15	28	37	38	26	25	44	31	53	50
Selbst oder Familie	23	31	29	42	59	56	52	55	65	58	69	79
Selbst, Familie oder Freunde	34	40	41	45	67	67	69	72	76	77	78	84

FRAGE 153
Hast du oder hat jemand in deinem Umfeld eine Covid-19-Infektion durchgemacht?

HINWEISE Angaben in Prozent „Selbst", „Familie" oder „Freunde" mindestens „mit mildem Verlauf" betroffen

rien (Abb. 4.1). Allerdings sind bei diesen Daten die hohe Dunkelziffer und die Testmöglichkeiten im jeweiligen Kontext zu bedenken, denn sonst wäre kaum zu erklären, dass die Betroffenheit junger Libanesinnen und Libanesen mehr als doppelt so hoch zu sein scheint wie die syrischer Geflüchteter im gleichen Land. Zum Zeitpunkt der Befragung, im Herbst 2021, hatte somit rund ein Drittel der Jugendlichen bereits selbst eine Infektion durchgemacht. Jemand anderes in der Familie war zudem bei der Hälfte der Befragten infiziert gewesen und Fälle im Freundeskreis meldete ebenfalls rund die Hälfte der Befragten. Zusammengenommen zeigt sich, dass 62 Prozent der Stichprobe mindestens einen Fall im eigenen Umfeld hatten.

Eine zentrale Frage ist, ob bestimmte Personenkategorien besonders betroffen waren. Im Hinblick auf Geschlecht und Altersgruppe treten zunächst keine nennenswerten Differenzen hervor. Bezieht man die hauptsächliche Tätigkeit in die Betrachtung mit ein, finden sich hingegen deutliche Unterschiede: Über zwei Drittel der Studierenden (71 %) und 62 Prozent der Berufstätigen hatten Infektionen erlebt, aber nur knapp über die Hälfte derjenigen ohne Lohneinkommen (56 %). Dies ist womöglich ein Hinweis auf die Häufigkeit und Vielfalt sozialer Kontakte und damit potenzieller Ansteckungswege. Zudem unterscheidet sich die wahrgenommene Betroffenheit sehr deutlich je nach Schicht: Während die unterste Schicht die geringsten Infektionszahlen aufweist (45 %), vermeldet die oberste Schicht die höchsten Inzidenzen (79 %). Auch hier steht die Frage nach der individuellen Selbstwahrnehmung, den Diagnose- und Testmöglichkeiten ungeklärt im Raum. Ein klarer Zusammenhang zeigt sich zudem zwischen Infektionswahrscheinlichkeit und Siedlungsgröße, der Covid-19 im Nahen Osten und Nordafrika als eher städtisches Phänomen erscheinen lässt. So liegen die Inzidenzen in Großstädten mit über 100.000 Einwohnern (67 %) deutlich über denen der ländlichen Gebiete (53 %). Je ländlicher die Befragten wohnen, desto geringer scheint das Infektionsrisiko zu sein – ein Leben mit frischer Luft hat in diesem Kontext Vorteile.

Wie stellen sich der Verlauf der Pandemie und die Reaktionen dar? Als die Pandemie ausbrach, herrschte – wie auch in anderen Teilen der Welt – allerorts große Ungewissheit. Der 29-jährige Samir, der in Aïn el Aouda im Hinterland von Rabat (Marokko) als Lehrer arbeitet, erinnert sich an die erste Phase:

> *Persönlich war ich sehr beunruhigt. Das liegt an den Schreckensvisionen, die in den Medien über die Pandemie verbreitet wurden; so hieß es, dass man von einem Virus umgeben ist, das von allen Seiten durch die Luft übertragen wird. Daher glaubt man, dass man sich beim Einatmen mit der Krankheit anstecken könnte, was nicht nur meiner Gesundheit, sondern auch der Gesundheit geliebter und nahestehender Menschen schaden würde. Das hat bei mir große Ängste ausgelöst, sodass man von der Angst besessen ist, sich anzustecken und unvermittelt von einem Krankenhaus zum anderen ziehen zu müssen, auf der Suche nach Sauerstoff, und Angst, das Virus vielleicht unter den Familienmitgliedern und nahestehenden Personen zu verbreiten, was sogar zum Tod führen kann. Tatsächlich ging diese Angst vom Einzelnen auf die Familie über, da wir mit der Möglichkeit rechnen mussten, dass die Familie durch Ansteckungen jeden Moment zusammenbricht, wenn sich nur ein Mitglied infiziert, Gott bewahre!*

Was in diesem Bericht neben Ungewissheit und verbreiteter Angst bereits anklingt, ist die mangelhafte Ausstattung der Krankenhäuser. In vielen Regionen waren die öffentlichen Gesundheitssysteme tatsächlich schnell überfordert. Entsprechend stimmen zwei von drei Befragten der Aussage (eher) zu, die öffentliche Gesundheitsversorgung im eigenen Land sei nutzlos (Abb. 4.9). Im Irak, Algerien und dem Libanon schließen sich sogar drei Viertel diesem harschen Urteil an, nur in Jordanien liegt die Zustimmung knapp unter 50 Prozent. Dabei sind die Bedingungen wiederum von Land zu Land unterschiedlich: Die Frage, ob die jungen Menschen Zugang zu kostenloser Gesundheitsversorgung hätten, bejaht die Mehrheit von ihnen in vier Ländern: Libyen (74 %), Algerien (62 %), Palästina (58 %) und Jordanien (54 %). In vier anderen Ländern liegt der Zugang unter 25 Prozent: Jemen (24 %), Ägypten (22 %), Libanon (19 % sowohl unter einheimischen als auch unter syrischen Befragten) und Marokko (18 %).

Wie sehr Zugang und Qualität der medizinischen Versorgung in der MENA-Region auseinanderklaffen, wird beispielsweise an diesem scheinbaren Widerspruch deutlich: Algerien hat zwar fast die höchste Quote des Zugangs zu kostenloser Versorgung, doch die Qualität des Gesundheitssystems schätzen 75 Prozent der jungen Algerierinnen und Algerier als „nutzlos" ein. Dies ist deutlich häufiger als im Sudan oder im Jemen, deren öffentliche Gesundheitssysteme praktisch nicht mehr existieren. Hier gehen sicherlich nicht alle Interviewten von einem gleichen Standard aus, und die Pandemie hat Missstände schonungslos offengelegt. Vielerorts gibt es zwar private und damit kostenpflichtige Alternativen, die jedoch den bedürftigsten Gruppen kaum zugänglich sind. Aus Libyen, dem Land mit fast universellem Zugang zu kostenloser Versorgung, berichtet Fatma (17), Gymnasiastin aus Tripolis, dementsprechend:

Menschen, die nicht genug Geld haben, haben keinen Zugang zu bestimmten Dingen, zum Beispiel zu Gesundheitsleistungen. Nicht jeder kann sich private Krankenhäuser leisten, und die öffentlichen Krankenhäuser funktionieren aufgrund des Mangels an Personal und medizinischem Material nicht richtig.

Die Folge ist eine große Ungleichheit, die sich auf existenzielle Weise auch körperlich auswirken kann. Adam, ein 20-jähriger Landwirt aus Nabeul (Tunesien), erzählt:

Es kommt auf deine finanziellen Möglichkeiten an. Meinem Vater drohte im öffentlichen Krankenhaus eine Beinamputation, aber als wir ihn in die Privatklinik verlegten, konnten wir eine Amputation verhindern und ihn retten.

Diese strukturellen Unterschiede tragen dazu bei, dass junge Leute die Pandemie trotz der geteilten Erfahrungen ganz unterschiedlich bewerten. Hejer, 19, die ihr Abitur gemacht hat und mit ihren Eltern in der tunesischen Hauptstadt lebt, stellt heraus:

Meine Mutter hat durch Covid fünf Familienmitglieder verloren, sie rief ständig an, Hygiene wurde für sie zur Obsession, sie putzte ständig. Papa bekam sein Gehalt und blieb trotzdem lange zu Hause. Jeder bewertet die Pandemie nach seinem eigenen Vorteil oder Nachteil: Schüler mit einem schlanken Lehrplan fühlen sich freier; sie können lange in ihrem Zimmer bleiben, Zeit mit der Familie verbringen, es ist eine Gelegenheit, näher beieinander zu sein. Aber andere haben die Pandemie schlimmer erlebt, sie haben Angehörige verloren oder sind krank geworden; auch die Nebenwirkungen und Folgen waren hart, etliche sind gesundheitlich anfälliger geworden.

Neben dem körperlichen Befinden und der Angst um Angehörige hatten und haben viele junge Menschen auch in der MENA-Region mit negativen Gefühlen zu kämpfen. Ungeachtet einiger positiver Auswirkungen der Lockdowns, des digitalen Unterrichts etc. belasteten die Pandemieerfahrungen die psychische Gesundheit junger Menschen schwer. Die Liste der negativen Emotionen, die

Abb. 4.2
NEGATIVE GEFÜHLE WÄHREND DER PANDEMIE NACH GESCHLECHT

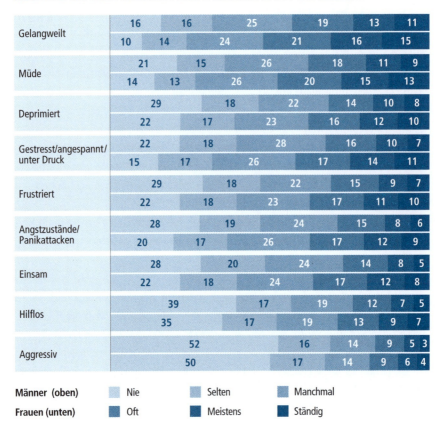

Männer (oben) — Nie, Selten, Manchmal
Frauen (unten) — Oft, Meistens, Ständig

FRAGE 154
Viele junge Menschen nennen die folgenden Emotionen im Zusammenhang mit der Pandemie. Wie oft hast du dich in den letzten Monaten so gefühlt?

HINWEISE Angaben in Prozent

bereits in der *Young-Leaders*-Studie genannt wurden (Gertel/Kreuer 2021: 15), reicht von Stress und Anspannung über Gefühle des Alleinseins, der Langeweile, Angst und Panik bis zu Frustration, Depression, Müdigkeit und Hilflosigkeit (Abb. 4.2). Die 28-jährige Meriem aus Dar El Beïda in Algerien fasst ihre Emotionen wie folgt zusammen:

Ich persönlich habe Covid gehasst. Wir haben uns von den Menschen isoliert. Wir haben Menschen sterben sehen, Angehörige sind gestorben. Wir konnten unsere Verwandten nicht mehr besuchen, wir waren zu Hause. Andere konnten kein Essen mehr auftreiben. Die Welt wurde unheimlich, ich konnte meinen Vater nicht mehr umarmen, meine Mutter auch nicht, und immer wieder kamen traurige Todesnachrichten. Dieses Virus hat uns enorm viel Angst gemacht.

Angst vor der Ungewissheit war die vielleicht am meisten verbreitete Reaktion. Ausgehend von der oben genannten Liste negativer Emotionen im Zusammenhang mit der Pandemie bildeten wir drei Gruppen, je nachdem, wie häufig die Befragten solche Emotionen im Schnitt empfanden. Es zeigt sich, dass Frauen systematisch häufiger unter negativen pandemiebedingten Gefühlen litten – oder diese zumindest eher zugeben. Fasst man alle Emotionen zusammen, fühlten sich Frauen zu 35 Prozent oft, meistens oder immer betroffen, Männer hingegen nur zu 26 Prozent. Im Einzelnen fühlten sich Frauen oft, meistens oder immer gelangweilt (52 %), müde (48 %) oder gestresst (42 %). Das trifft auch auf Männer zu; sie fühlten sich auf etwas niedrigerem Niveau ebenfalls häufig gelangweilt (43 %), müde (38 %) oder gestresst (33 %). Besonders gewichtig erscheint, dass immerhin 38 Prozent der Frauen und 32 Prozent der Männer – also insgesamt über ein Drittel aller Befragten – in diesem Zusammenhang „Depression" als einen üblichen Gefühlszustand nennen. Eine Online-Studie in sechs Ländern der Region identifizierte Depression sogar bei über der Hälfte sowie Angstzustände und Stress bei rund 40 Prozent der befragten Jugendlichen als unmittelbare Pandemiefolge. Auch hier traten sie bei Frauen signifikant häufiger auf (Al Omari et al. 2020: 3). Ein Erklärungsansatz ist, dass angesichts fehlender staatlicher Hilfen die zusätzlich anfallende Care-Arbeit während der Pandemie (Pflege und Betreuung von Kindern, alten oder kranken Angehörigen) meist auf den Schultern der Frauen lastete (Stephan 2023).

Die Erhebungsdaten zeigen weiterhin, dass, wer selbst oder in seinem Umfeld Infektionen erlebt hat, wahrscheinlicher häufiger negative Gefühle hegt (Abb. 4.3). Religiosität hingegen scheint beim Umgang mit den Schwierigkeiten etwas zu helfen. Bezogen auf den Schichtenindex wiederum fällt auf, dass Angehörige der unteren Schichten öfter von negativen Emotionen betroffen sind. Bezieht man den Beschäftigungsstatus in die Betrachtung mit ein, erweisen sich schließlich die vermehrten sozialen Kontakte durch Schule oder Arbeit hier offenbar als Vorteil – das heißt, sie erhöhen zwar einerseits die Gefahr einer Ansteckung, wie oben gezeigt, helfen aber andererseits beim Umgang mit den psychischen Folgen der Pandemie.

Auswirkungen auf den Alltag

Abgesehen von gesundheitlichen Folgen prägten umfassende pandemiebedingte Veränderungen den Alltag der jungen Menschen. Sie verschärften insgesamt die gesellschaftliche Polarisierung und schränkten die Chancen auf ein selbstbestimmtes und erfülltes Leben asymmetrisch ein. Der *Arab Human Development*

Abb. 4.3
HÄUFIGKEIT NEGATIVER GEFÜHLE NACH KATEGORIE

	Nie / Selten	Manchmal	Oft / Meistens / Ständig
Vom Virus betroffen?			
Ja (selbst, Familie oder Freunde)	33	34	34
Nein	47	28	24
Religiosität			
Wenig religiös	31	33	36
Etwas religiös	33	34	34
Stärker religiös	36	33	32
Sehr religiös	42	29	29
Schichtenindex			
Unterste Schicht	34	29	36
Untere Mittelschicht	38	33	30
Mittlere Schicht	36	33	31
Obere Mittelschicht	40	32	28
Oberste Schicht	44	30	26
Tätigkeit			
Schüler/-in	41	31	27
Student/-in	35	35	29
Erwerbstätig	41	31	29
Temporär nicht Erwerbstätige	36	31	33
Dauerhaft nicht Erwerbstätige	36	30	34

FRAGEN 58, 109, 153, 154, Schichtenindex

HINWEISE Angaben in Prozent

Report von 2022 stellt heraus, dass die Pandemie mehrere Jahre vormaliger Erfolge der menschlichen Entwicklung zunichtegemacht habe (UNDP 2022: 2). Die Vergrößerung der Ungleichheit und ihre strukturelle gesellschaftliche Verfestigung charakterisieren demnach die „enteignete Generation".

Die Auswirkungen auf den Alltag umfassen zunächst unmittelbare Reaktionen, wie Rückzug aus dem öffentlichen Leben, Lockdown, Isolation und das Tragen von Masken. Der 24-jährige Student Nassim aus Beirut (Libanon) stellt fest:

Mit dem Lockdown verbrachte ich auf einmal die meiste Zeit zu Hause. Anfangs fühlte ich mich wohl, aber das hielt nicht länger als eine Woche an, dann begann es sich negativ auf meine psychische Gesundheit auszuwirken, weil ich mich zeitweise leer fühlte, vor allem, nachdem die Bekleidungsfirma und die Restaurants, in denen ich früher gearbeitet hatte, geschlossen und mir gekündigt hatten. Ich fühlte mich wie ein Gefangener zu Hause.

Ähnlich erlebte Issam, ein 29-jähriger Lehrer aus Marokko, diese Phase der extremen Einschränkungen:

Der Lockdown wurde zum Gefängnis, als ob man zu Hausarrest verurteilt worden wäre. Man durfte das Haus nicht verlassen, und wir brauchten eine schriftliche Genehmigung, um rauszugehen.

Die erzwungene wie auch die freiwillige Isolation war nicht immer konfliktfrei, besonders, wenn Jüngere die Schutzbedürfnisse von Älteren mitzudenken hatten. Die 18-jährige Schülerin Amira aus Bengasi (Libyen) unterstreicht:

Ich hörte mit der Schule auf und verließ sechs Monate lang das Haus nicht. Ich bin nicht krank geworden und hatte nicht das Gefühl, dass sich meine Situation verändert hat, da mein Leben normal war, im Gegensatz zu anderen, die wegen des Lockdowns deprimiert und traurig waren. Was mir Angst machte, war, die ganze Zeit am selben Ort zu bleiben, wo ich das Gefühl hatte, mein Gehirn sei eingefroren, weil ich meine Zeit mit Telefonieren und Fernsehen verbrachte und es nichts zu tun gab. Ich hatte auch Angst, rauszugehen, weil meine Mutter ein sehr schwaches Immunsystem hat. Ich hatte ständig Streit mit meinen jüngeren Brüdern, die zum Spielen auf die Straße gingen, und mit meinem anderen Bruder, der wieder in einem Lebensmittelgeschäft arbeitete und weder vorsichtig war noch eine Maske trug.

Im Gegensatz dazu beschreibt Bassam, 29 Jahre alt, aus Beirut die positiven Aspekte, die für ihn und seine Familie mit der Pandemie verbunden waren:

Wir haben uns mit Corona und den Konsequenzen auseinandergesetzt und erkannt, dass es sich um eine neue Realität handelte, an die wir uns nur durch eine Änderung unseres Lebensstils anpassen konnten. Die Rückkehr in unser Dorf hat uns während dieser Zeit sehr geholfen, denn sie gab uns die Möglichkeit und die Freiheit, das Haus für einen Spaziergang zu verlassen, im Gegensatz zu Beirut, wo wir wie Gefangene im Haus waren.

Den Rückzug aus der Stadt erwähnt auch die 17-jährige Fatma aus Tripolis (Libyen) als Strategie der Anfangszeit:

Während der Coronapandemie lebten wir auf unserem Bauernhof, nicht in der Stadt. Meine Familie und ich hatten große Angst, uns mit dem Corona-

virus anzustecken, und wir begannen, alle Mittel zur Vorbeugung einzusetzen, wie zum Beispiel Masken. In den ersten sieben Monaten lebten wir isoliert bei uns zu Hause, um eine Ansteckung zu vermeiden, und zu dieser Zeit gab es eine allgemeine Ausgangssperre. Wir wurden nicht infiziert. Mit der Zeit und dem Rückgang der Infektionszahlen hatten wir keine Angst mehr.

Zu den gravierenderen Alltagsfolgen der Pandemiebekämpfung zählte, dass die Mobilität vieler junger Menschen zeitweise eingeschränkt wurde, was Auswirkungen auf berufliche Tätigkeiten und besonders auf Ausbildungsmöglichkeiten hatte. Exemplarisch erläutert dies Lila, 30 Jahre alt und Englischlehrerin aus Sidi Yahia (Algerien):

Vor der Gesundheitskrise hatten wir viele Pläne gemacht; nach Beginn der Pandemie konnten wir nichts mehr umsetzen. Zum Beispiel waren die Flughäfen geschlossen, was uns am Reisen hinderte; wir hatten Seminare geplant, die wegen der Pandemie abgesagt wurden.

Zudem mussten wichtige Vorhaben verschoben, ausgesetzt oder ganz aufgegeben werden. Hierzu gehören Hochzeiten, aber auch Studienabschlüsse, Berufseinstiege oder Firmengründungen. So bei Karim, einem 25-jährigen Sicherheitsbeamten aus Algier (Algerien):

Ich hatte viele [persönliche Pläne, die ich aufgeben musste], darunter meine Hochzeit, die ich schon vorbereitet hatte und die wegen Corona dann mehr als dreimal verschoben wurde.

Durch den Lockdown, die Einstellung des Flugverkehrs und die Kappung von anderen Transportwegen wurden außerdem zahlreiche Lieferketten unterbrochen und es kam zu Versorgungsengpässen. Daher waren viele Familien in der MENA-Region gezwungen, ihr Konsumverhalten zu ändern. Neue Ausgaben für Tests, Medikamente und Arztbesuche bei gleichzeitig höheren Aufwendungen für Nahrungsmittel forderten teilweise gravierende Einschränkungen im Konsum und bei den Essgewohnheiten (vgl. Kap. 5). Chaima, 25, aus Kasserine (Tunesien) erklärt ihre Situation:

Ich war arbeitslos, ich habe mich angesteckt, ich wurde krank. Ich musste Medikamente kaufen und ich habe den Test bezahlt, der eigentlich kostenlos sein sollte. Ich habe nichts umsonst bekommen. Eigentlich muss eine kranke Person gut essen, um die Krankheit zu überstehen, aber wir hatten nichts, um gut zu essen. Es ist ein Wunder, dass wir noch am Leben sind. Die Leute sind arbeitslos. Entweder du kaufst etwas zu essen oder du bezahlst die Behandlung,

Abb. 4.4
AUSSAGEN ZUR PANDEMIE NACH SCHICHTENINDEX

	Unterste Schicht	Untere Mittelschicht	Mittlere Schicht	Obere Mittelschicht	Oberste Schicht
Durch die Pandemie haben sich meine beruflichen Aussichten deutlich verschlechtert.	3,2	3,0	2,9	2,8	2,6
Die Pandemie hat mich gezwungen, mein Konsumverhalten grundlegend zu ändern.	3,2	3,0	3,0	2,9	2,6
Durch die Pandemie sind meine Schulden gewachsen.	2,9	2,6	2,3	2,0	1,7
Durch die Pandemie hat die Intensität meiner Freundschaften deutlich abgenommen.	3,0	2,8	2,7	2,6	2,4
Die Belange der jungen Leute wurden während der Pandemie angemessen berücksichtigt.	2,8	2,7	2,6	2,6	2,4

FRAGE 155
Stimmst du den folgenden Aussagen eher zu oder nicht zu?

HINWEISE Angegeben sind die Mittelwerte auf einer Skala von 1 = „Stimme überhaupt nicht zu" bis 4 = „Stimme völlig zu".

aber beides geht nicht. […] Viele wurden aus ihren Häusern geworfen, weil sie die Miete nicht bezahlen konnten. Normalerweise hätte der Staat uns finanziell unterstützen müssen!

Die Auswirkungen von Covid-19, das sei erneut betont, trafen nicht alle jungen Menschen im gleichen Ausmaß. Wie Abbildung 4.4 zeigt, hatte die Pandemie offenbar schichtspezifische Effekte. Für die unteren Schichten haben sich die eigenen beruflichen Aussichten deutlicher verschlechtert, ihre Schulden stiegen eher an, sie waren häufiger gezwungen, ihr Konsumverhalten zu ändern, und die Beziehungen zu ihren Freunden wurden tendenziell höher belastet, als dies in den oberen Schichten der Fall war. Die Aussage, Karrierechancen seien geschwunden, trifft dabei insgesamt auf eine hohe Zustimmung unter allen Befragten, und zwar in Ländern des Nahen Ostens tendenziell noch mehr als in Nordafrika. Eine weitere Studie über die Region stellt ebenfalls fest, dass die Pandemie Jugendliche stärker als andere Gruppen wirtschaftlich negativ getroffen habe: Junge Menschen „haben ein größeres Risiko, entlassen zu werden, und schlechtere Chancen, eingestellt zu werden" (Hlasny/Al Azzawi 2022: 235).

Auch in Fällen, in denen der Arbeitsplatz nicht verloren ging, brachte die Einführung des Homeoffice große Herausforderungen mit sich, wie die Geschichte von Intissar, 27, aus Chan Yunis (Palästina/Gazastreifen) illustriert:

> *Während des Lockdowns war ich in Dschenin (Westjordanland) im Haus der Familie meines Mannes, und ich musste vier Monate in einem Zimmer bei ihnen verbringen. Das Leben im Haus der Familie war hart. Es gab keine Privatsphäre, und außerdem war ich während des Lockdowns psychisch sehr belastet. Mein Mann stand unter großem Druck, weil er von zu Hause aus arbeiten musste und keine gute Internetverbindung hatte. Der Ort war für ihn ungünstig, da so viele Familienmitglieder im selben Haus wohnten. Er musste entweder im Schlafzimmer oder am Esstisch arbeiten, was seine Arbeit sehr beeinträchtigte. Wir hatten daher viele Probleme miteinander.*

Wie an vielen anderen Stellen wird jedoch auch beim Thema des Online-Arbeitens der zutiefst ambivalente Charakter der Einschlusserfahrung (Latour 2021) deutlich. So stellt Amine, 26 Jahre alt und verheiratet, aus Nabeul (Tunesien) fest:

> *Die Auswirkungen der Pandemie waren aus beruflicher Sicht negativ. Ich habe alle meine Ersparnisse ausgegeben, gleichzeitig hatte ich weniger Arbeitsmöglichkeiten. Sogar die Fahrt zur Arbeit ist teurer geworden, weil es weniger Fahrgäste gab. Meine wirtschaftliche Situation ist schlechter geworden, auch die meiner Familie und Freunde. Meiner Meinung nach haben wir dennoch viel gelernt: Wir haben die Kultur der Krankheits- und Virusprävention erlernt. Wir haben auch die Vorteile der Telearbeit kennengelernt sowie die Minimierung von Arbeitswegen und damit die Reduzierung von CO_2-Emissionen.*

Als zusammenfassender Aspekt, der aufzeigen kann, wie sich alltägliche Routinen unter dem Druck der Maßnahmen änderten, ist das Zeitmanagement junger Menschen anzuführen. Die Frage, wo und mit welchen Aktivitäten sie üblicherweise ihre Zeit verbringen, ist an sich aufschlussreich. Sie wurde für den Befragungszeitpunkt gestellt und auch rückblickend für die Zeit vor dem Ausbruch der Pandemie. Dabei zeigt sich insgesamt, dass kaum Unterschiede zwischen beiden Zeitpunkten bestehen – Ende 2021 wirkte sich die Pandemie in den Ländern der MENA-Region bei Weitem nicht mehr so drastisch auf den Alltag aus, wie dies zu Zeiten der Lockdowns der Fall gewesen war und wie es beispielsweise die *Young-Leaders*-Studie offenbart hatte (Gertel/Kreuer 2021). Auch hinsichtlich des Geschlechts, der sozialen Schicht, Tätigkeitsgruppe oder des Wohnorts lassen sich auf dieser Ebene keine klaren Unterschiede zur Vor-Co-

Abb. 4.5
ZEITBUDGET VOR UND NACH DER PANDEMIE

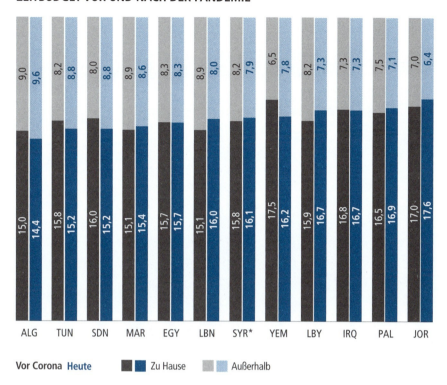

FRAGE	150
	Um mögliche Veränderungen in deinem Leben durch die Pandemie zu verstehen, rekonstruiere bitte dein Zeitbudget für einen durchschnittlichen Werktag.
HINWEISE	Angegeben sind die Mittelwerte in Stunden. „Heute" bezieht sich auf den Befragungszeitraum (Herbst 2021).

rona-Zeit erkennen. Insgesamt fand also eine Normalisierung statt, womöglich auch ein Nachholeffekt, sodass die Jugendlichen nach der Lockerung der Maßnahmen besonders viel außerhalb der eigenen vier Wände unterwegs waren.

Am ehesten lassen sich Unterschiede im Vorher und Nachher noch auf Länderebene festmachen. In Abbildung 4.5 werden die einzelnen Aktivitäten der jungen Menschen (Studium, Berufstätigkeit, Haushalt, Freizeit, Schlaf etc.) zusammengefasst in solche, die zu Hause stattfinden, und solche außerhalb. Während die libanesischen, jordanischen und libyschen Jugendlichen nun im Schnitt mehr Zeit zu Hause verbringen als vor der Pandemie, sind die tunesischen, jemenitischen, algerischen und sudanesischen Befragten deutlich mehr außer Haus aktiv. Nahezu unverändert sind die Zahlen bei den syrischen Geflüchteten, im Irak, Ägypten, Palästina und Marokko.

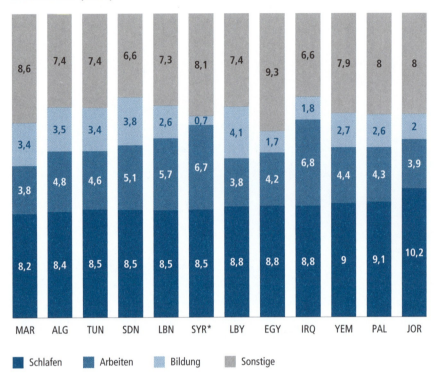

Abb. 4.6
ZEITBUDGET (2021)

FRAGE 150

HINWEISE Angegeben sind die Mittelwerte in Stunden.

In den meisten Ländern sind die Zeiten für Schule und Studium zurückgegangen, am deutlichsten wiederum im Libanon, in Jordanien und Libyen. Studienabbrüche aufgrund der Krisen mögen hier einen Erklärungsgehalt haben. Die durchschnittliche Arbeitsdauer pro Tag hat sich hingegen kaum verändert. Dafür haben sich die sonstigen Zeiten (Freizeit und Care-Arbeiten) fast überall verlängert, besonders in Palästina und Jordanien (um jeweils fast eine Stunde pro Tag). Eine naheliegende Schlussfolgerung untermauert die These von der „enteigneten Generation": Viele junge Menschen können einerseits nicht mehr studieren, finden andererseits aber auch keine Arbeit.

Länderspezifisch differenziert fällt auf, dass die durchschnittliche Schlafdauer zum Befragungszeitpunkt im Herbst 2021 zwischen gut acht Stunden in Marokko und über zehn Stunden in Jordanien liegt und grob gesehen von Westen nach Osten ansteigt (Abb. 4.6) – allerdings bieten die verfügbaren Daten keine Erklärung für dieses Muster. Darüber hinaus scheinen junge Menschen in Marokko und Li-

Abb. 4.7
ZEITBUDGET NACH TÄTIGKEIT

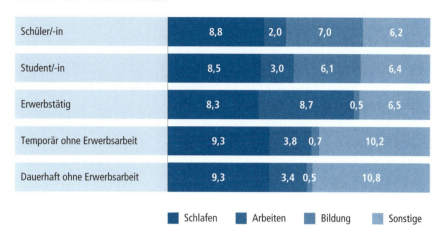

FRAGEN 58, 150

HINWEISE Angegeben sind die Mittelwerte in Stunden.

byen vergleichsweise wenig Zeit mit Arbeit zu verbringen, nämlich knapp vier Stunden an einem durchschnittlichen Werktag; bei den syrischen Geflüchteten und im Irak sind es dagegen fast sieben Stunden. Entsprechend wenig Zeit bleibt den syrischen Geflüchteten im Libanon für Bildung (weniger als eine Stunde), wohingegen die Befragten in Libyen hier mit über vier Stunden vorn liegen. Und die sonstige Zeit für Entspannung, Haushalt, Betreuungs- und Freizeitaktivitäten scheint im Irak und im Sudan am knappsten zu sein (sechseinhalb Stunden im Schnitt), in Ägypten hingegen mit mehr als neun Stunden am höchsten.

Unabhängig vom Pandemiebezug finden sich einige klare Unterschiede zwischen gesellschaftlichen Gruppen, und das über die Länder hinweg. So verbringen zum Befragungszeitpunkt junge Menschen, die arbeiten, im Schnitt nur 13,5 Stunden am Tag zu Hause; bei den Schülerinnen und Schülern sowie Studierenden sind es über 16 Stunden, bei den temporär Beschäftigungslosen 17,4 und bei den dauerhaft nicht erwerbstätigen jungen Menschen gar über 19 Stunden. Womit sie diese Zeit verbringen, ist in Abbildung 4.7 aufgeschlüsselt. Es fällt auf, dass junge Menschen ohne Erwerbsarbeit jede Nacht eine Stunde länger schlafen als die, die entlohnten Beschäftigungen nachgehen. Gleichwohl wird in allen Kategorien gearbeitet, auch die Erwerbslosen arbeiten – mit „Arbeit" ist somit nicht zwangsläufig bezahlte Arbeit gemeint. Ein weiteres feststellbares Muster ist, dass junge Frauen deutlich mehr Zeit in den eigenen vier Wänden verbringen (17,8 Stunden) als ihre männlichen Altersgenossen (14,2 Stunden) – die Männer arbeiten passend dazu im Schnitt länger (5,9 Stunden gegenüber 3,7 bei den Frauen).

Abb. 4.8
ZEITBUDGET NACH SCHICHTENINDEX

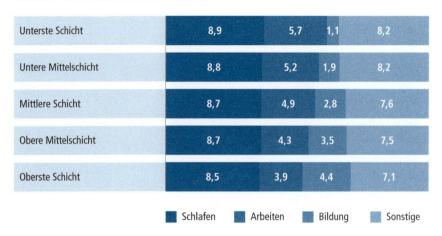

FRAGE 150

HINWEISE Angegeben sind die Mittelwerte in Stunden.

Andere Faktoren wie die Schichtzugehörigkeit spiegeln sich auf den ersten Blick nicht im Zeitbudget wider: Obere, mittlere und untere Schichten sind gleichermaßen im Schnitt 16 Stunden zu Hause und acht Stunden außer Haus aktiv. Allerdings verschiebt sich dabei der Anteil der Tätigkeit systematisch: Je höher die Schicht, desto mehr Zeit wird in Bildung investiert; je niedriger die Schicht, desto mehr wird gearbeitet, aber auch der Anteil der Freizeit beziehungsweise Care-Arbeit (die in der Frage nicht unterschieden wurden) ist um eine Stunde größer (Abb. 4.8). Bildung, so zeigt sich, muss man sich erst einmal leisten können; gleichzeitig trägt sie als kulturelles Kapital im Bourdieu'schen Sinne auch wieder zur Aufrechterhaltung der sozialen Ungleichheiten bei (Bourdieu 1983).

Lehren aus der Pandemie

Die Mehrdeutigkeit der Coronaerfahrung von Jugendlichen und jungen Erwachsenen spiegelt sich zuletzt auch darin wider, dass sowohl negative als auch positive Aussagen von der Mehrheit der Befragten über die Region hinweg bejaht werden (Abb. 4.9). So mussten einerseits zwei von drei Befragten ihr Ausgabeverhalten einschränken oder umorientieren, andererseits berichtet ein ebenso großer Anteil von gestärkten Familienbindungen. In diesem Abschnitt wird zusammengefasst, welche Lehren sich aus Sicht der jungen Generation in der MENA-Region aus der Krise ziehen lassen. Dabei ist zu bedenken, dass zum Zeitpunkt der Befragung der Höhepunkt der Pandemie überschritten schien, obwohl das Virus durchaus weiterhin im Umlauf war.

Abb. 4.9
AUSSAGEN ZUR PANDEMIE

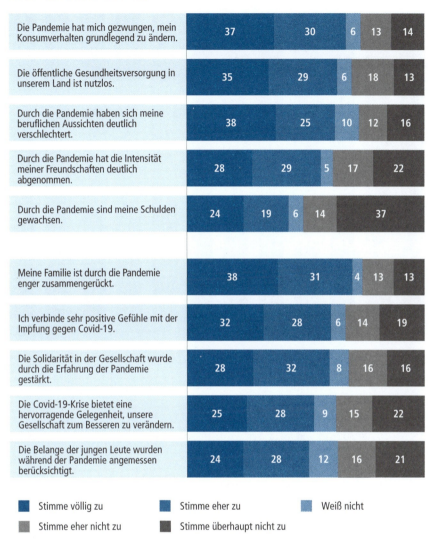

FRAGE 155

HINWEISE Angaben in Prozent

Bei der Bewertung des politischen Umgangs mit der Krise stellt sich heraus, dass die Meinungen der jungen Menschen sehr auseinandergehen (Abb. 4.10). Eine ausgeprägte Unzufriedenheit gibt es in Algerien, aber auch in Tunesien und dem Irak – Länder, in denen die Regierungen ohnehin aus verschiedenen Gründen in Legitimationskrisen stecken. Recht zufrieden mit der nationalen Coronapoli-

Abb. 4.10
UMGANG MIT DER PANDEMIE

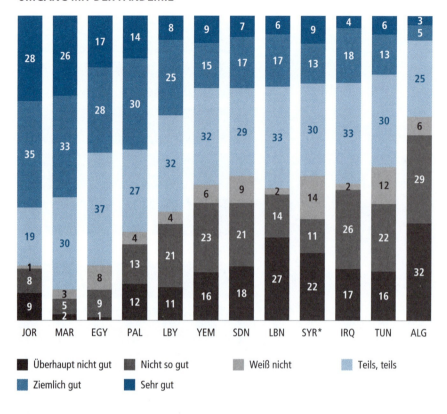

| ■ Überhaupt nicht gut | ■ Nicht so gut | ■ Weiß nicht | ■ Teils, teils |
| ■ Ziemlich gut | ■ Sehr gut | | |

FRAGE 156
Verglichen mit anderen Ländern, wie gut ist dein Land deiner Meinung nach mit der Coronakrise umgegangen?

HINWEISE Angaben in Prozent

tik geben sich die Befragten hingegen in den Monarchien Jordanien und Marokko, und auch im repressiv regierten Ägypten werden kaum Gegenstimmen laut.

Zu beachten ist allerdings, dass die Wahrnehmung der Pandemie und des staatlichen Umgangs mit ihr durch andere, gleichzeitig bestehende Krisen mitbestimmt wird. Um dieses Zusammenspiel genauer in den Blick zu nehmen, wurden die Jugendlichen gefragt, wie wichtig die Covid-19-Pandemie im Vergleich zu anderen Krisen in ihrem Alltag sei (Abb. 4.11). Bei sechs der zwölf Erhebungsgruppen steht Covid-19 an erster Stelle, teilweise gleichauf mit anderen Krisen; bei den anderen sechs werden andere Problemlagen oft als noch dringender und schwerwiegender angesehen. Dies sind meist die Versorgungs-

Abb. 4.11
EINSCHÄTZUNG VERSCHIEDENER KRISEN

	MAR	ALG	TUN	LBY	SDN	EGY	PAL	JOR	LBN	SYR*	IRQ	YEM
Covid-19-Pandemie und ihre Folgen	3,9	4,1	3,9	4,0	3,7	4,1	3,9	4,2	4,3	4,2	4,0	3,8
Versorgungsengpässe, Unsicherheit, Hunger	3,9	3,7	3,9	3,6	4,2	4,0	3,9	4,0	4,5	4,4	4,0	4,5
Nationale Wirtschaftskrise	3,8	3,9	3,8	3,5	4,3	4,1	3,9	3,9	4,4	4,1	4,1	4,3
Misswirtschaft in öffentlichen Einrichtungen	3,8	4,3	3,9	3,7	4,0		3,5	3,7	4,2	3,9	3,8	4,0
Bewaffnete Auseinandersetzungen	3,3		3,5	3,4	3,7		3,1	2,7	3,8	3,7	3,8	4,0
Umweltkrise	3,8	4,1	3,9	3,4	3,9	3,9	3,5	3,6	4,0	3,8	3,6	3,8
Beschränkungen der Menschenrechte	3,8	3,9	3,8	3,4	3,7	3,9	3,7	3,8	4,2	4,2	3,5	3,7
Andere Themen	3,9	4,0	3,8	3,0	3,6	3,9	3,3	3,3	3,6	3,6	3,5	3,2

FRAGE 157
Wie wichtig sind die folgenden Probleme/Krisen in deinem Alltag? Bitte gib an, wie du deine eigene Betroffenheit bei diesen Themen einschätzt.

HINWEISE Angegeben sind die Mittelwerte auf einer Skala von 1 = „Überhaupt nicht wichtig" bis 5 = „Sehr wichtig".

situation (siehe Kap. 6), besonders im Jemen und im Libanon, sowie die jeweilige Wirtschaftskrise, die die jungen Menschen im Libanon, im Sudan und wiederum im Jemen als besonders belastend empfinden.

Differenziert nach länderübergreifenden Schichten ergibt sich folgendes Bild (Abb. 4.12): Die Pandemie wird im Schnitt von Angehörigen aller Schichten als gleich wichtig eingestuft, ähnlich wie die Misswirtschaft in öffentlichen Institutionen und die Umweltkrise. Bei vielen anderen Themen nimmt die Dringlichkeit hingegen zu, je niedriger die Schicht ist, der die Befragten angehören. Es erscheint genauso plausibel wie tragisch, dass verwundbare Gruppen von vielen Krisen unverhältnismäßig hart getroffen werden. Es bedeutet, dass junge Menschen in den unteren Schichten stärker unter anderen Krisen leiden, die Coronapandemie also relativ gesehen für sie weniger ins Gewicht zu fallen scheint – absolut gesehen ist ihre Brisanz jedoch genauso hoch wie für die bessergestellten Gesellschaftsschichten.

Abb. 4.12
EINSCHÄTZUNG VERSCHIEDENER KRISEN NACH SCHICHTENINDEX

	Unterste Schicht	Untere Mittelschicht	Mittlere Schicht	Obere Mittelschicht	Oberste Schicht
Covid-19-Pandemie und ihre Folgen	4,0	4,0	4,0	4,0	4,0
Nationale Wirtschaftskrise	4,1	4,1	4,0	3,9	3,8
Versorgungsengpässe, Unsicherheit, Hunger	4,2	4,2	4,1	4,0	3,8
Beschränkungen der Menschenrechte	3,9	3,8	3,8	3,7	3,7
Bewaffnete Auseinandersetzungen	3,7	3,6	3,5	3,4	3,5
Misswirtschaft in öffentlichen Einrichtungen	3,9	3,9	3,9	3,9	4,0
Umweltkrise	3,8	3,8	3,8	3,7	3,7

FRAGE 157

HINWEISE Angegeben sind die Mittelwerte auf einer Skala von 1 = „Überhaupt nicht wichtig" bis 5 = „Sehr wichtig".

Wie aus Abbildung 4.9 hervorgeht, bietet die Erfahrung der Pandemie aus Sicht vieler junger Menschen in der MENA-Region aber tatsächlich auch Chancen und Lichtblicke. So seien viele Familien enger zusammengerückt, die Solidarität in der Gesellschaft sei gestiegen und womöglich bilde die Krise auch einen guten Anlass, Dinge in Zukunft besser zu machen. Diese Zuversicht drückt etwa die 19-jährige Studentin Aya aus Tripolis (Libyen) aus:

Die Pandemie hat mein Leben positiv beeinflusst. Während der Quarantäne hatte ich Gelegenheit, viele Dinge zu entdecken, die ich vorher nicht kannte.

Von den Vorteilen des Online-Studiums überzeugt sind die Jordanierin Batool und die Marokkanerin Lobna, auch wenn ihnen wenige Sätze später sofort wieder negative Aspekte einfallen – Corona bleibt auch für die optimistischsten Jugendlichen ein zweischneidiges Schwert:

Die Pandemie hat sich positiv auf mein Leben ausgewirkt, denn ich bin gleichzeitig Studentin und Angestellte, und das Fernstudium hat es mir ermöglicht, meinen Beruf als Kellnerin in einem Restaurant problemlos auszuüben. Die Pandemie hat mir zudem die Möglichkeit gegeben, meine Familie öfter zu sehen.

Doch auf familiärer Ebene waren wir negativ betroffen, da mein Bruder, der die Familie finanziell unterstützte, während der Pandemie entlassen wurde. Danach haben meine Schwestern und ich zum Einkommen der Familie beigetragen.

(Batool, 24, Jordanien)

Viele haben sich über die Pandemiezeit beschwert, aber mir hat sie sehr gut gefallen. Alle waren zu Hause und es gab keinen Lärm. Ich bin jemand, der gerne zu Hause ist und nicht oft ausgeht. In dieser Phase hatte ich viel Zeit, vor allem, was den Online-Unterricht angeht. Ich bevorzuge digitales Lernen, weil es mir ermöglicht, mich unter verschiedenen Aspekten weiterzuentwickeln und zusätzlich die Zeit zu gewinnen, die wir sonst mit dem Pendeln verbringen. Im Großen und Ganzen hat die Pandemie meine Entscheidungen nicht beeinflusst, abgesehen von der obligatorischen Impfung. Ich war wirklich dagegen, aber ich war gezwungen, mich impfen zu lassen.

(Lobna, 22, Marokko)

Die vielleicht größte positive Überraschung während der ersten Pandemiezeit war jedoch das große, spontane, vielfach selbst organisierte, solidarische soziale Engagement großer Teile der Jugend (siehe auch Kap. 15 und 16). Viele engagierten sich bei Aufklärungskampagnen wie die 26-jährige Jemenitin Bushra:

Als die Pandemie ausbrach, führten wir Aufklärungskampagnen sowie Gesundheits- und Gemeinschaftsschulungen durch, und zwar mit unseren eigenen Mitteln. Wir gingen in die Haushalte, sensibilisierten sie und gaben ihnen Hinweise, wie sie sich vor der Pandemie schützen können. Wir sagten ihnen, wie wichtig es ist, eine Maske zu tragen oder zu Hause zu bleiben und nur in äußersten Notfällen rauszugehen.

Ein weiterer Schwerpunkt war die Versorgung bedürftiger Menschen im jeweiligen Umfeld, die in vielen Interviews erwähnt wird – etwa von Sami aus Marokko, Wafa aus Palästina, Ali, einem syrischen Geflüchteten aus dem Libanon, oder Slim aus Tunesien. Im weiteren Verlauf der Pandemie kamen Bildungsinitiativen und Selbsthilfegruppen hinzu:

Wir haben in unserem Umfeld eine beeindruckende Mobilisierung erlebt, nicht so sehr in der ersten Zeit, aber danach haben wir gesehen, dass viele Leute online etwas unternommen haben. Ich persönlich habe zusammen mit der Tamazigh-Frauenbewegung drei oder vier Online-Sitzungen koordiniert, von denen eine den humanitären Bereich betraf, die andere die psychische Gesundheit und den Einsatz von Kunst als Ausdrucksmittel während des Lockdowns.

(Ines, 24, Libyen)

Wir haben eine Selbsthilfegruppe für psychologische und soziale Unterstützung gegründet. Über Hotlines, die misshandelte Frauen anrufen konnten, wollte dieses Callcenter Frauen, die Opfer von Gewalt geworden waren, Kindern mit speziellen Bedürfnissen und Menschen mit Problemen im Allgemeinen zuhören. Es gelang uns, vielen dieser Frauen, Männer und Kinder zu helfen.

(Nahla, 26, Marokko)

In vielen Interviews klingt an, dass das Engagement auch nach dem Ende der Covid-19-Pandemie fortgesetzt werden soll, so etwa bei Wafa, einer 30-jährigen Angestellten aus Majdal Bani Fadil im Westjordanland (Palästina):

Natürlich wird dieses Engagement fortgesetzt, und es wird auch nach der Pandemie mehr Kommunikation geben. Die Pandemie hat gezeigt, dass viele Menschen Hilfe brauchen. Bisher haben wir Brot an die Bevölkerung verteilt, Förderkurse für Schüler angeboten, älteren Menschen geholfen, sie unterhalten und ihre Stimmung aufgehellt, indem wir uns mit ihnen zusammengesetzt und gesprochen haben.

Ähnliches berichtet der 26-jährige Sami aus Syrien, der ehrenamtlich für eine Nichtregierungsorganisation in der Bekaa-Ebene im Libanon arbeitet und sich statt Gesundheitsthemen inzwischen mit Rechtsberatung für syrische Geflüchtete befasst, etwa um „Eheschließungen, Scheidungen und Geburten amtlich zu registrieren". Sein Landsmann Ali, der in Aley (Libanon) einen Masterstudiengang belegt, ist sich ebenfalls sicher: „Mein soziales Engagement wird weitergehen."

Abschließend lässt sich festhalten: Für junge Menschen im Nahen Osten und Nordafrika war die Covid-19-Pandemie eine einschneidende und zutiefst ambivalente Erfahrung. Schwere, gar tödliche Krankheitsverläufe paarten sich mit Maßnahmen zur Eindämmung, die die Alltagsabläufe fast aller Befragten drastisch veränderten und teilweise ihre Lebensgrundlagen, noch viel häufiger aber ihre psychische Gesundheit aufs Spiel setzten. Dabei waren Frauen überdurchschnittlich stark betroffen. Im Zusammenspiel mit den zahlreichen anderen Krisen, die die Länder der Region prägen, erwies sich Covid-19 so vielfach als Beschleuniger der Enteignung junger Menschen, deren Bildungs- und Karrierewege zudem vielfach unterbrochen wurden. Andererseits wurde der Zusammenhalt der Familien oft gestärkt und es entfalteten sich ungeahnte Initiativen zur gegenseitigen Hilfe und Solidarität in der Bevölkerung, bei denen sich insbesondere junge Menschen mit viel Energie einbrachten. Einigen gelang es, diese positive Energie in die Zeit nach der Pandemie zu überführen.

KAPITEL 5

WIRTSCHAFT UND BESCHÄFTIGUNG

Jörg Gertel

Die wirtschaftliche Situation und die Beschäftigung junger Erwachsener in der MENA-Region sind durch die Pandemie und die aktuellen Krisen weiter unter Druck geraten. Daher erscheint es sinnvoll, bei der Analyse der gegenwärtigen Situation zunächst in die Ausgangslage vor der Pandemie zurückzublenden, um die aktuellen Dynamiken zu verstehen. In der zurückliegenden Jugendstudie von 2016 wurden drei Befunde herausgestellt, vor deren Hintergrund die aktuellen Entwicklungen zu betrachten sind:

1. Junge Erwachsene sind in ökonomischer Hinsicht nicht allein und isoliert zu betrachten, sondern als Mitglieder einer Familie zu begreifen – als Teil ihrer Herkunftsfamilie oder ihrer neu gegründeten eigenen Familie. Analytisch gesprochen sind sie damit Mitglieder einer Reproduktionseinheit, meist eines Haushalts, in der Ressourcen und Risiken bis zu einem gewissen Umfang umverteilt werden, etwa zwischen arbeitsfähigen Personen sowie zwischen Jungen und Alten, die noch nicht oder nicht mehr arbeiten können. Bezogen auf die aktuelle Erhebung wohnt die überwiegende Zahl der jungen Erwachsenen – etwa drei Viertel (74 %) – noch zusammen mit ihren Eltern; sie werden von ihnen versorgt und haben bisher kaum eigene ökonomische Verantwortung. Demgegenüber hat nur ein deutlich kleinerer Teil der Befragten, ein knappes Fünftel (19 %), bereits eine eigene Familie gegründet und ist für diese verantwortlich. Diese Gruppe der jungen Familien konstituiert sich, bezogen auf das Sample, vor allem aus Frauen (72 %), da sie in der Region meist früher heiraten als Männer. Viele dieser jungen Familien haben bereits eigene Kinder (81 %). Es handelt sich damit um zwei verschiedene Lebenssituationen: Jugendliche in Herkunftsfamilien und junge Erwachsene mit eigener Familie, die in ihrem jeweiligen Kontext betrachtet werden müssen, soll ihre wirtschaftliche Situation beurteilt werden.

2. Zwischen der Eltern- und der Jugendgeneration zeichnete sich bereits 2016 eine wachsende Kluft ab. Der größte Teil der abgesicherten staatlichen Arbeitsplätze, häufig Verwaltungsstellen, zu denen die Eltern teilweise noch Zugang hatten, ist in der Zeit nach den Strukturanpassungsmaßnahmen ab den 1980er-Jahren verschwunden. Die wirtschaftlichen Verschlechterungen und die soziale Abstiegsmobilität haben sich im Laufe von Jahrzehnten fortgesetzt und trafen bereits vor fünf Jahren auch die oberen Gesellschaftsschichten (Gertel/Ouaissa 2017), eine breite gesellschaftliche Prekarisierung wurde sichtbar (Gertel 2019).

3. Dies kombiniert sich mit dem Auslaufen des Bildungsversprechens aus der Zeit nach der Erlangung der politischen Unabhängigkeit. So ist die junge Generation zwar formell besser ausgebildet als ihre Eltern, aber die Bedingungen, zu denen sie ins Berufsleben einsteigen, sind eben in zunehmendem Maße prekär. Das bedeutet auch, dass formelle Bildungsabschlüsse, wie oftmals in früheren Dekaden, keine Garantie mehr für sichere Beschäftigung beim Staat und sozialen Aufstieg darstellen. Im Gegenteil: Teure (private) Bildung erhöht möglicherweise sogar die Schulden einer Familie, ohne dass hierdurch bessere Einkommenschancen entstehen. Das Wegfallen sozialer Mobilität durch Bildung, abnehmende öffentliche Fürsorge sowie die Streichung staatlicher Leistungen wie Energie- oder Nahrungsmittelsubventionen vergrößern die Ungewissheit und machen die Zukunftsplanung für die junge Generation schwieriger.

Gerade junge Menschen, die jüngst eine eigene Familie gegründet haben, spüren daher ökonomische Unsicherheit und Abhängigkeiten in ihrer vollen Wucht und durchleben oft Phasen der Entmutigung und Resignation, was ihre Arbeitsbedingungen, ihre Existenzsicherung und ihre Zukunft betrifft. Gleichzeitig ist für viele junge Erwachsene ein Bruch mit der Familie beinahe undenkbar, denn es gibt wenige andere Institutionen, die wirtschaftliche Ungewissheiten abfedern könnten. Dies ist umso gravierender, weil es kaum staatliche Unterstützung gibt. Die Bedeutung der Familie als soziales und wirtschaftliches Sicherungssystem ist entsprechend groß (Gertel 2017a). Doch je länger junge Menschen von Eltern und Verwandtschaftsnetzwerken abhängig sind, desto häufiger werden sie unselbstständig und vom Arbeitsmarkt abgekoppelt; nicht wenige sind frustriert. Die strukturell erzwungenen ökonomischen und sozialen Bindungen an die Eltern hindern sie an der Entfaltung ihrer Persönlichkeit – sie müssen sich vielmehr notgedrungen mit Werten der Elterngeneration arrangieren, die nicht immer geeignet sind, die aktuellen Anforderungen einer globalisierten Welt zu meistern. Daher bezeichne ich sie als „eingehegte Jugend" (*contained youth*) (Gertel 2017b: 26), was einen Gegenentwurf zur sogenannten *waithood* darstellt, die eine scheinbar konsequenzlose Phase des Wartens suggeriert. Für die große Gruppe der jüngeren Jugendlichen, die noch bei den Eltern wohnt, bedeutet dies, dass sie in einer Situation „geborgter Sicherheit" lebt. Vor fünf Jahren lautete der Befund: „Noch sind sie Teil ihrer Herkunftsfamilien und fühlen sich überwiegend sicher, doch die Potenzialität großer Ungewissheiten wartet" (Gertel 2017a: 193). Da kaum adäquate Arbeitsplätze oder soziale Absicherung für sie existieren, bewegt sich „eine komplette Generation zeitverzögert und für den Moment eher unsichtbar weiter ins gesellschaftliche Abseits".

Wie hat sich diese wirtschaftliche Problemsituation mit dem Zusammentreffen der Coronapandemie ab 2020 und mit den jüngsten Krisen verändert? Die Argumentation zur Aufarbeitung dieser Frage erfolgt in mehreren Schritten: Beginnend mit der Selbsteinschätzung der wirtschaftlichen Situation geht es zunächst um die aktuellen Tätigkeiten der Befragten. Anschließend wird ihr weiterer sozialer Reproduktionskontext exemplarisch anhand des Bildungsstands und der Beschäftigung der Eltern aufgearbeitet, bevor die ökonomische Einbindung und die Beschäftigungslage der jungen Erwachsenen genauer analysiert werden. Schließlich werden die generationenübergreifenden Verschiebungen der Arbeitsverhältnisse sowie die persönlichen Motivationen und Wünsche an den idealen Beruf beleuchtet.

Wirtschaftliche Positionierung der Jugend

Die strukturelle Enteignung von Lebenschancen der jungen Generation hat in Nordafrika und im Nahen Osten nicht erst mit dem Scheitern bei der Aushandlung neuer gesellschaftlicher Bedingungen im Nachgang politischer Mobilisierungen in der zurückliegenden Dekade begonnen. Sie hat eine längere Geschichte und ist keineswegs allein auf regionale Gegebenheiten zurückzuführen; vielfältige historisch gewachsene und neue Verflechtungen, die weit über die Region hinausreichen, verzahnen unterschiedliche und konkurrierende Interessenlagen.

Am deutlichsten tritt die Enteignung von Lebenschancen zunächst unmittelbar in der Selbsteinschätzung der jungen Erwachsenen zur ökonomischen Situation der Familien zutage. Hierzu wird gefragt: „Wie bewertest du die aktuelle wirtschaftliche Lage deiner Familie?" Vorgegeben sind bei den Formulierungen der Frage vier Antwortoptionen: „sehr gut", „eher gut", „eher schlecht", „sehr schlecht". Eine Mittelposition ist nicht vorgesehen. Daher müssen sich die Befragten für eine Seite, für gut oder für schlecht, entscheiden. Gleichzeitig ist zu bedenken, dass es unter normalen Umständen in der Region als unhöflich gilt, einem Unbekannten auf die Frage, wie es einem selbst geht, eine negative Antwort zu geben. Antworten mit „eher schlecht" oder „sehr schlecht" kennzeichnen daher Situationen, die ohne Zweifel problematisch sind (vgl. Gertel 2017a: 167).

Korrespondierend hierzu gilt für das gesamte Sample von 2021, dass zwei Drittel (66 %) die ökonomische Situation ihrer Familien als „sehr gut" oder „eher gut" bewerten und ein Drittel (34 %) sie als „eher schlecht" oder „sehr schlecht" bezeichnet. Damit scheint die Gesamtsituation der Region zwar etwas angespannt, aber nicht grundlegend problematisch charakterisiert zu sein. Die Bewertung fällt allerdings differenzierter aus, wenn die Lebenssituation der Befragten mit einbezogen wird. Alle diejenigen, die noch bei den Eltern und unmittelbar unter deren ökonomischem Schutz leben, die große Mehrheit der Befragten also, sehen die ökonomische Situation der Familie in noch etwas weniger Fällen (31 %) als problematisch an, während diejenigen jungen Erwachsenen, die bereits getrennt von den Eltern wohnen und einen Partner oder eine Partnerin sowie meist auch eigene Kinder haben, deutlich häufiger, nämlich in 42 Prozent der Fälle, ihre ökonomische Situation als „eher schlecht" oder „sehr schlecht" beurteilen.

Diese negative Einschätzung fällt nochmals deutlicher aus, wenn für die gleiche Gruppe die unterschiedliche Einschätzung der Geschlechter mit einbezogen wird. Da zwischen Männern und Frauen in der Region eine segregierte Arbeitsteilung vorherrscht – Männer arbeiten meist für Geld, Frauen eher unentgeltlich im reproduktiven Bereich (siehe unten) –, zeigt sich bei den neu gegründeten Haushalten, dass Frauen die Situation etwas positiver bewerten (38 % beurteilen die ökonomische Situation als schlecht). Männer hingegen bewerten in mehr als der Hälfte der Fälle (52 %) die ökonomische Situation ihrer Familie als schlecht. Damit wird deutlich, dass diejenigen, die in direkter ökonomischer Verantwortung stehen und von denen anzunehmen ist, dass sie ein realistischeres Bild von den wirtschaftlichen Möglichkeiten und Zwängen des Arbeitsalltags haben, trotz aller Konventionen, die vorgeben, in alltäglichen Begegnungen ein positives Bild von sich zu zeichnen, dennoch in mehr als der Hälfte der Fälle Außenstehenden gegenüber herausstellen: Es geht ihnen und ihrer Familie nicht gut, eher schlecht oder sogar sehr schlecht. Diese Befragten sprechen aufgrund eigener Arbeitserfahrungen für sich selbst; sie stehen nicht mehr unmittelbar unter dem Schutz der Herkunftsfamilie, sondern tragen die Auswirkungen von Enteignungsdynamiken persönlich. Dieses Bild verschärft sich sogar noch, wenn die mangelnden ökonomischen Puffermöglichkeiten auf Haushaltsebene mitberücksichtigt werden (Abb. 3.3).

Wie sieht dies im Ländervergleich aus und wie aus einer mittelfristigen Perspektive? Im Vergleich zur Befragung von 2016 wird deutlich, dass 2021, im zweiten Jahr der Coronapandemie, etwas mehr Befragte noch bei den Eltern im Haushalt leben – nämlich statt 69 nun 71 Prozent – und weniger eine eigene Familie gegründet haben: statt 25 nur 22 Prozent. Dies mag bereits ein Indikator dafür sein, dass einige junge Menschen in verschärften Krisenzeiten die Sicherheit des elterlichen Haushalts suchen – einen Auszug oder eine Heirat verschieben, was in den Pandemiejahren durchaus vorkam. Wenn also die Einschätzung der ökonomischen Situation der Familie schlechter ausfällt als in den vorangegangenen Jahren, so kann nicht deutlich genug herausgestellt werden, dass diese Einschätzung noch positiv gewichtet ist, da sie von einem größeren Anteil optimistisch eingestellter junger Erwachsener stammt, die im elterlichen Haushaltsverbund wohnen und leben.

Für acht Untersuchungsländer/-gruppen liegen nun Daten für die Spanne von zwölf Jahren vor (Abb. 5.1). Mit der Ausnahme von Palästina hat sich die Wahrnehmung der ökonomischen Situation der Familien in allen Ländern von 2010 bis 2021 verschlechtert. In drei Ländern – unter syrischen Geflüchteten im Libanon, im Jemen und im Libanon – beträgt die Häufigkeit der Einschätzung, dass die ökonomische Situation der Familie „eher schlecht" oder „sehr schlecht" sei, nun mindestens etwa 50 Prozent; in zwei der drei Länder, im Libanon und Syrien, hat dieser Anteil sich dabei mehr als verdoppelt. Ebenso ist dies der Fall in Tune-

Abb. 5.1
SELBSTEINSCHÄTZUNG: ÖKONOMISCHE SITUATION DER FAMILIE „SCHLECHT"
(2010 – 2021)

FRAGE 21 (2016: 20, 21)
Wie bewertest du die aktuelle wirtschaftliche Lage deiner Familie?; Wie bewertest du rückblickend die wirtschaftliche Lage deiner Familie im Jahr 2010?

HINWEISE Angaben in Prozent „Eher schlecht" und „Sehr schlecht". Alle Fragen beruhen auf Einschätzungen der jungen Erwachsenen. Die Einschätzungen zu 2010, also zur Situation vor dem Arabischen Frühling (Revolutionen), beruhen zudem auf Erinnerungen, die zum Zeitpunkt der Befragung (2016) mehrere Jahre zurücklagen. Die jüngsten Personen, die 2016 gerade eben 16 Jahre alt waren, waren somit aufgefordert, sich an eine Situation zu erinnern, als sie zehn oder elf Jahre alt waren; die damals (2016) 30-Jährigen waren entsprechend zwischen 24 und 25 Jahre alt. Die jüngste Altersgruppe (16 bis 20 Jahre) ist daher für die Rekonstruktion der 2010er-Situation ausgeschlossen worden. Die Unterschiede zwischen den drei beziehungsweise zwei Altersgruppen machen im Libanon drei Prozentpunkte aus, fallen ansonsten mit ein bis zwei Prozentpunkten jedoch kaum ins Gewicht. Für die 2021 bei der Befragung neu hinzugekommenen vier Länder (Algerien, Irak, Libyen und Sudan) lautet die Frage: „Wie bewertest du rückblickend die wirtschaftliche Lage deiner Familie vor fünf Jahren?"

sien, wo die jungen Menschen die gleiche negative Einschätzung teilen: Dort hat der Anteil von 15 auf 32 Prozent zugenommen und sich damit auch mehr als verdoppelt. Dabei ist zu bedenken, dass diese Befunde im zweiten Jahr der Coronapandemie erhoben wurden, als sich die wirtschaftliche Situation für viele bereits als existenzbedrohend darstellte, jedoch der Krieg in der Ukraine mit seinen dramatischen Auswirkungen auf die Versorgungslage noch nicht begonnen hatte.

Im Vergleich der acht Untersuchungsländer zeigen sich die Unterschiede der Existenzsicherung in Abhängigkeit von den Lebenssituationen besonders pointiert: 2016 beurteilte etwa ein Viertel der Befragten – 27 Prozent der Männer und 23 Prozent der Frauen –, die noch bei den Eltern lebten, die familiäre ökonomische Situation als eher schlecht oder sehr schlecht. Bis 2021 stiegen die Zahlen sehr deutlich um elf Prozentpunkte auf 37 Prozent (Männer) respektive auf 34 Prozent (Frauen) an. Analog dazu verschlechterte sich die ohnehin dramatische Situation der jungen Erwachsenen, die bereits eine Familie gegründet hatten, noch weiter, wenn auch mit einem geringeren Anstieg. 2016 hatten in den acht Ländern bereits 54 Prozent der jungen Männer und 42 Prozent der jungen Frauen die familiäre ökonomische Situation als eher schlecht oder sehr schlecht beurteilt. 2021 waren es 56 respektive 45 Prozent bei Männern und Frauen. Hieraus lassen sich zwei Schlüsse ziehen. Die wirtschaftliche Situation für junge Familien ist für die Hälfte aller Befragten dramatisch. Die größte Dynamik der Verschlechterung ist allerdings in den Haushalten zu verzeichnen, in denen die überwiegende Mehrheit der jungen Menschen lebt, nämlich bei den Eltern – ihre ökonomische Versorgungsleistung ist in den fünf Jahren deutlich weggebrochen, was sich unmittelbar auf die Jugendlichen und jungen Erwachsenen auswirkt.

Um die Entwicklung auch in den vier neu hinzugetretenen Ländern einordnen zu können, ist es wichtig, sich zu vergegenwärtigen, dass in der MENA-Region zwischen 2010 und 2021 mehrere bewaffnete Konflikte ausgetragen wurden, die teilweise noch anhalten, aber sich in ihrer Intensität verändern. Das hat Konsequenzen für die wirtschaftliche und berufliche Situation der jungen Erwachsenen. Bewaffnete Auseinandersetzungen fanden und finden nicht nur in den neuen Untersuchungsländern statt, also im Irak, Libyen, dem Sudan und partiell auch in Algerien, sondern zudem in Syrien, im Jemen, in Palästina und zeitweise auch in Ägypten und im Libanon. In Algerien startete Anfang 2019 eine zivile Massenbewegung (*hirak*) für demokratische Erneuerung und gegen eine weitere (fünfte) Amtszeit des Präsidenten Abd al-Aziz Bouteflika, die erst mit dem Ausbruch der Pandemie zum Erliegen kam – den Repressalien im Ölförderstaat aber kein Ende setzen konnte. Im April 2023 sind militärische Auseinandersetzungen im Sudan dazugekommen, nachdem dort 2019 der langjährige Machthaber Umar al-Baschir gestürzt worden war und zwischenzeitlich zivilgesellschaftliche Gruppen – besonders junge Erwachsene – die militärische Übergangsregierung angefochten hatten. Jüngst ist im Oktober 2023 mit dem brutalen Angriff aus Gaza und dem nachfolgenden Militäreinsatz aus Israel der Nahostkonflikt mit unfassbarer Gewalt neu entbrannt.

Abb. 5.2
BERUFLICHE SITUATION: JUNGE ERWACHSENE (16–30 JAHRE)

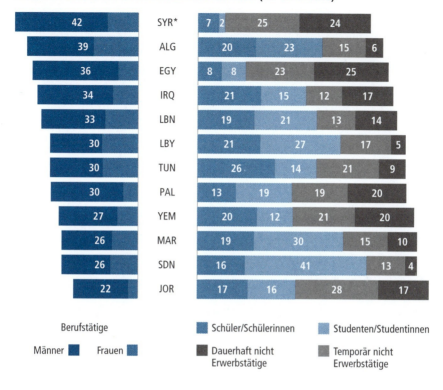

FRAGEN 1, 3, 58
Welche der folgenden Optionen beschreibt deine derzeitige Situation am besten?

HINWEISE Angaben in Prozent. Die Unterscheidung zwischen Männern und Frauen bezieht sich jeweils auf den Ausgangswert: Bei den syrischen Geflüchteten arbeiten beispielsweise 42 Prozent der Befragten, davon sind 75 Prozent Männer und 25 Prozent Frauen.

Tätigkeitsprofile

Welche Tätigkeiten üben die jungen Personen aus, die hier zu Wort kommen? Dieser Abschnitt liefert einen Überblick über ihre Binnendifferenzierung und unterscheidet drei Gruppen von Personen: die in Ausbildung, die Nichtbeschäftigten und die Berufstätigen (Abb. 5.2). Zum einen sind dies Schüler und Schülerinnen sowie Studierende, die alle noch in Ausbildung sind (36 %). Zum anderen gibt es zwei Segmente junger Erwachsener, die nicht erwerbsbezogen arbeiten, das heißt keine Arbeitseinkommen erzielen (33 %): solche, die vorübergehend ohne Beschäftigung sind, sowie solche, die dauerhaft nicht für Geld arbeiten. Viele von ihnen gehen verschiedenen nicht entlohnten Tätigkeiten nach, etwa bei der Kinderbetreuung und -erziehung, bei der Versorgung von Kranken und Alten, oder Tätigkeiten in der Landwirtschaft sowie in Familienunternehmen.

Berufstätige arbeiten hingegen für Lohn oder sind selbstständig und erwirtschaften Geldeinkommen (31 %). Auch Personen in Berufsausbildungen, die eigenes Einkommen generieren, zählen zu dieser Gruppe.

1. Schüler und Schülerinnen (17 %): Die Geschlechterverteilung ist bei ihnen fast ausgeglichen: 52 Prozent sind männlich und 48 Prozent weiblich. Die große Mehrheit (89 %) ist zwischen 16 und 20 Jahre alt. Fast alle sind unverheiratet (96 %) und leben bei ihren Eltern (96 %). Beinahe zwei Drittel (63 %) schätzen ihre persönliche ökonomische Situation als gut oder sehr gut ein. Ein Viertel (24 %) verfügt über ein eigenes Budget. Ganz überwiegend (98 %) erhalten sie dies in Höhe von durchschnittlich 61 Euro pro Monat als Transfereinkommen von ihren Eltern.

2. Studierende (19 %): Auch hier ist die Geschlechterverteilung fast ausgeglichen – doch sie dreht sich im Vergleich zu Schülern und Schülerinnen um: 53 Prozent sind weiblich und 47 Prozent männlich. Über die Hälfte (51 %) sind zwischen 21 und 25 Jahre alt, ein weiteres gutes Drittel (39 %) weist die Altersspanne von 16 bis 20 Jahren auf. Die große Mehrheit (89 %) ist unverheiratet und lebt bei den Eltern (89 %). Analog zu den Schülern schätzen zwei Drittel (64 %) ihre persönliche ökonomische Situation als gut oder sehr gut ein. Ein Drittel von ihnen (33 %) besitzt ein eigenes Budget: Ganz überwiegend (94 %) handelt es sich dabei um Transfers von den Eltern in Höhe von durchschnittlich 112 Euro im Monat, doch 15 Prozent derjenigen, die ein Budget haben, sind zudem berufstätig und erwirtschaften aus eigener Arbeit im Durchschnitt 204 Euro monatlich.

3. Temporär nicht Beschäftigte (19 %): Diese Gruppe weist ebenfalls ein fast ausgewogenes Geschlechterverhältnis (47 % Männer) auf, konzentriert sich aber auf die älteste Altersgruppe, die der 26- bis 30-Jährigen (42 %), während die Jüngsten, die 16- bis 20-Jährigen, hier nur noch halb so häufig (21 %) vertreten sind. Gut zwei Drittel (71 %) sind unverheiratet und ein Viertel verheiratet (27 %). Analog dazu wohnt die Mehrzahl bei den Eltern (72 %). Ökonomisch ist ihre Lage prekär: 62 Prozent schätzen ihre persönliche ökonomische Situation als schlecht oder sehr schlecht ein. Nur 13 Prozent verfügen über ein persönliches Budget von monatlich durchschnittlich 100 Euro, die sie als Transfer erhalten. Einkommen aus eigener Arbeit existiert nicht.

4. Dauerhaft nicht Beschäftigte (14 %): Die überwiegende Mehrheit sind Frauen (85 %); meist (41 %) gehören sie zur ältesten Gruppe (26 bis 30 Jahre) – nur ein Viertel (25 %) zählt zur jüngsten Altersgruppe. Über die Hälfte ist verheiratet (53 %), etwas weniger unverheiratet (44 %); entsprechend findet sich hier die größte Gruppe, die bereits eine Familie gegründet hat (48 %), während knapp die Hälfte (46 %) noch bei den Eltern wohnt. Hier schätzen 52 Prozent ihre persönliche ökonomische Situation als schlecht oder sehr schlecht ein. Auch in dieser Gruppe verfügen nur 13 Prozent über ein persönliches Budget von

monatlich im Schnitt 94 Euro, das vollständig auf Transfereinkommen zurückgeht.

5. Berufstätige (31 %): Deutlich über zwei Drittel sind männlich (70 %) und zählen überwiegend zur ältesten Gruppe der Befragten: Über die Hälfte (52 %) ist zwischen 26 und 30 Jahre alt, obwohl selbst die Jüngsten, die 16- bis 20-Jährigen, teilweise arbeiten (15 %) und Geld verdienen. 60 Prozent sind unverheiratet, 30 Prozent verheiratet und sieben Prozent verlobt. Dennoch leben zwei Drittel (65 %) noch bei den Eltern oder wohnen im selben Haus (6 %). Ein Fünftel (22 %) hat bereits eine eigene Familie gegründet und wohnt getrennt von der Herkunftsfamilie. Etwas mehr als die Hälfte (57 %) beurteilen ihre persönliche ökonomische Situation als gut oder sehr gut. 41 Prozent verfügen über ein persönliches Budget. Das bedeutet umgekehrt, dass 59 Prozent von ihnen kein Geld übrig bleibt, obwohl sie arbeiten.

Betrachtet man die Tätigkeitsprofile länderspezifisch, ergibt sich eine weitere Differenzierung bezüglich Berufstätigkeit, Ausbildung und Beschäftigungslosigkeit (Abb. 5.5). Die meisten Berufstätigen finden sich unter den syrischen Geflüchteten (42 %), in Algerien, Ägypten, dem Irak und dem Libanon. Hier machen sie mindestens ein Drittel der Befragten aus, wobei der Anteil der Männer zwischen 60 und 81 Prozent rangiert. Doch Berufstätigkeit bedeutet nicht zwangsläufig ökonomische Sicherheit, wie bereits deutlich wurde. Die größten Gruppen von Menschen in Ausbildung, also von Schülern und Schülerinnen beziehungsweise Studenten und Studentinnen, finden sich im Sudan, in Marokko, Tunesien und Libyen, wobei Tunesien die meisten Schüler und Schülerinnen aufweist und der Sudan mit Abstand die meisten Studierenden stellt. Doch auch im Libanon und in Algerien sind 40 Prozent und mehr der Befragten noch in Ausbildung. Dagegen sind unter den syrischen Geflüchteten kaum Schüler und Schülerinnen (7 %) und noch weniger Studierende (2 %) zu finden. Auch in Ägypten bleiben die Personen in Ausbildung unter 20 Prozent. Die dritte Gruppe (Personen, die temporär oder dauerhaft keiner Erwerbsarbeit nachgehen) steht hierzu komplementär. In vier Ländern sind die Zahlen sehr hoch, zwischen 40 und 50 Prozent: in Ägypten, Jordanien, im Jemen und bei den syrischen Geflüchteten im Libanon. In diesen Ländern beläuft sich der Anteil der nicht erwerbstätigen Frauen auf über 60 Prozent. Allerdings zeigt sich im Sudan, Tunesien und Libyen eine etwas andere geschlechtsspezifische Gewichtung: Hier liegt der Frauenanteil im Segment der nicht erwerbstätig Beschäftigten deutlich unter einem Drittel.

Um vor diesem Hintergrund ein detailliertes Bild der wirtschaftlichen Situation der jungen Erwachsenen zu bekommen, die häufig in größere Reproduktionszusammenhänge ihrer Herkunftsfamilie eingebunden sind, wird im Folgenden ihr familiärer Kontext genauer in den Blick genommen.

Abb. 5.3
BESCHÄFTIGUNGSSITUATION IN DER ELTERNGENERATION: VATER

	Häufigkeit n = 10.743 (%)	Kontin. Arbeit	Stabiles Einkommen	Bildung gering (%)	Monatliche Bezahlung (%)
Öffentlicher Dienst	25	X	X	28	94
Angestellter	8	X	X	8	93
Im Ruhestand	11	n.z.	(X)	24	93
Selbstständig: höhere Bildung	3	(X)	(X)	1	47
Arbeiter (kontin. Beschäftigung)	5	X	(X)	18	60
Selbstständig: Familienbetrieb	2	(X)	(X)	6	31
Selbstständig: qualifizierte Tätigkeit	14	(X)		45	17
Selbstständig: Dienstleistungen	8	(X)		27	30
Selbstständig: Landwirtschaft	9			64	12
Tagelöhner	14			72	20

FRAGEN 30 bis 34

HINWEISE Die Angaben zur Beschäftigungssituation erfolgen für zwölf Länder. Zu den zehn Kategorien von Beschäftigungen kommen vier weitere hinzu, die hier nicht wiedergegeben werden: „Ohne Arbeit" (n = 801); „Weiß nicht" (n = 198); „Andere" (n = 118) und „Arbeit ohne Einkommen" (n = 90). X = trifft zu; (X) = trifft teilweise zu; n.z. = nicht zutreffend. „Bildung gering" umfasst Analphabeten, Personen, die lesen und schreiben können, und diejenigen, die nur über einen Grundschulabschluss verfügen – insgesamt macht dies bei den Vätern 40 Prozent aus. Die Berechnungen des Einkommens basieren nicht auf einer umfassenden konsumbezogenen Ausgabenprüfung und keinem Kaufkraftausgleich; die errechneten Monatseinkommen stellen entsprechend nur Schätzungen dar, insbesondere da die Angaben zum elterlichen Einkommen auf den Informationen der Kinder beruhen. Die Angabe zum Monatseinkommen bezieht sich zudem nur auf monatlich Bezahlte (n = 4.888); in 4.247 Fällen konnten die Befragten die Höhe des Monatseinkommens ihres Vaters schätzen. Die drei höchsten Ausreißer (>15.000 Euro) wurden aus der Berechnung herausgenommen. Zu bedenken ist, dass nicht alle Personen im Ruhestand auch Transferzahlungen erhalten. Landeswährungen wurden für 2021 monatsgenau in Euro umgerechnet.

Wirtschaftliche Situation der Familien

Um den Reproduktionskontext der jungen Erwachsenen aufzuzeigen, die ja überwiegend noch zu Hause bei den Eltern leben, beleuchtet der folgende Abschnitt Alter, Bildungsstand, Beschäftigungslage und Einkommensverhältnisse der Eltern. Ein erster Blick auf die Altersstruktur der Elterngeneration liefert folgende Informationen: Das Durchschnittsalter der Väter liegt bei 57 Jahren (je nach Land zwischen 54 und 60 Jahren) und das der Mütter bei 51 Jahren (je nach Land zwischen 49 und 52 Jahren). Das bedeutet, dass sie zwischen der Mitte der

Monats-einkommen (€)	Lohnfort-zahlung Krankheit (%)	Renten-ansprüche (%)
396	62	92
602	70	84
324	55	n.z.
843	43	61
533	18	24
443	15	19
581	13	17
490	12	14
395	5	6
417	4	10

1960er- und der Mitte der 1970er-Jahre geboren wurden und in den 1980er-Jahren selbst Jugendliche waren. Ihre Bildung, Berufstätigkeit und ihr Einkommen korrelieren oft in hohem Maße.

Väter: 14 Prozent der Väter der Befragten sind Analphabeten, acht Prozent können lediglich lesen und schreiben, weitere 19 Prozent haben nur eine Grundschulbildung genossen (vgl. Abb. 10.7). Folglich verfügt fast die Hälfte (41 %) der Väter nur über eine minimale oder gar keine formale Bildung. Demgegenüber haben 20 Prozent der Väter eine weiterführende Schule besucht, 15 Prozent haben Abitur gemacht, fünf Prozent verfügen über ein technisches oder berufsbezogenes Diplom, 14 Prozent über einen Universitätsabschluss und ein Prozent sogar über einen Doktortitel (5 % der Befragten kennen den Bildungsabschluss ihres Vaters nicht). Zwischen den einzelnen Ländern existieren jedoch deutliche Unterschiede: Die Gruppe der gar nicht oder nur wenig formal Ausgebildeten macht bei den syrischen Geflüchteten im Libanon 74 Prozent aus, im Libanon 59 Prozent und in Tunesien 49 Prozent – wobei allerdings in den beiden zuletzt genannten Ländern eine sehr große Gruppe der Väter (34 % beziehungsweise 32 %) immerhin die Grundschule absolviert hat. Auch im Jemen ist der Anteil der nicht oder kaum ausgebildeten Väter hoch (53 %) und das Land zeichnet sich, nach den Syrern, vor allem durch den zweithöchsten Anteil an Analphabeten aus. Niedrigere Zahlen der formal wenig Ausgebildeten finden sich in Libyen (12 %), Algerien (17 %), Jordanien (25 %) und Palästina (30 %). Es folgen der Sudan (35 %), Marokko (40 %), der Irak (45 %) und Ägypten (47 %). Doch in Ägypten sind wiederum 36 Prozent der Väter Analphabeten oder können bestenfalls lesen und schreiben – womit dort eine weit höhere Zahl in der Bildung benachteiligt ist, als dies auf den ersten Blick zu vermuten war.

Mütter: Hier spiegelt sich das Bild: 24 Prozent sind Analphabetinnen, sieben Prozent können lediglich lesen und schreiben, und weitere 20 Prozent haben nur eine Grundschulbildung. So hat etwas mehr als die Hälfte aller Mütter (51 %) nur eine minimale oder gar keine formale Bildung erhalten. Jedoch besuchten 20 Prozent eine weiterführende Schule und 14 Prozent verfügen über einen

Abb. 5.4
BESCHÄFTIGUNGSSTRUKTUR: VATER DES/DER BEFRAGTEN

	LBY	ALG	JOR	IRQ	EGY	SDN	TUN	YEM	MAR	LBN	PAL	SYR*	GESAMT
Öffentlicher Dienst	61	27	22	33	32	23	12	26	13	13	15	7	24
Angestellter	4	22	7	3	4	8	7	2	13	11	5	3	7
Im Ruhestand	15	18	30	15	11	3	14	4	5	5	7	1	11
Eher sicher Σ	80	67	59	51	47	34	33	32	31	29	27	11	42
Selbstständig: höhere Bildung	2	8	1	1	3	7	2	2	3	2	1	1	3
Selbstständig: Familienbetrieb	1	1	1	2	3	0	1	2	4	2	3	2	2
Arbeiter (kontin. Beschäftigung)	3	2	4	1	5	2	7	4	5	6	4	11	5
Selbstständig: qualifizierte Tätigkeit	7	10	9	7	10	28	15	9	20	23	15	10	14
Teils, teils Σ	13	21	15	11	21	37	25	17	32	33	23	24	23
Selbstständig: Dienstleistungen	3	3	10	6	9	8	6	7	10	8	10	6	7
Selbstständig: Landwirtschaft	2	3	2	4	6	13	7	24	10	9	7	17	9
Tagelöhner	1	5	8	13	16	4	20	17	11	16	15	29	13
Arbeit ohne Lohn	0	0	1	1	1	0	0	1	2	1	1	1	1
Keine Arbeit	1	1	7	15	3	3	8	3	5	5	17	14	7
Eher unsicher Σ	7	12	28	39	35	28	41	52	38	39	50	67	36
Summe	100	100	100	100	100	100	100	100	100	100	100	100	100
Monatseinkommen													
Vater (%)	84	72	68	66	71	45	57	42	51	46	46	32	57
Betrag (€)	199	437	328	382	278	137	360	253	458	1.256	766	569	452

FRAGEN 1, 31, 32

HINWEISE Hier wird die Beschäftigungsstruktur der Väter der Befragten (in Prozent) wiedergegeben. Die fett dargestellten Zahlen sind Zwischensummen und weisen unterschiedliche Felder der Beschäftigungssicherheit aus. Hier wurde die Kategorie „Im Ruhestand" zu den sicheren Beschäftigungen gezählt. Die Angaben zum Monatseinkommen des Vaters beruhen nicht auf einer umfassenden konsumbezogenen Ausgabenprüfung, sie beziehen sich allein auf die Väter, die monatlich entlohnt werden, und sind Schätzungen, gerade da die Angaben zum elterlichen Einkommen auf den Informationen der befragten jungen Erwachsenen (der Kinder) beruhen. Die drei höchsten Ausreißer (>15.000 Euro) wurden aus der Berechnung herausgenommen. Monatlich Bezahlte (n = 4.888) stellen die größte Gruppe (57 %); in 4.295 Fällen können die Befragten die Höhe des Monatseinkommens ihres Vaters schätzen. Nach den Vätern mit Monatseinkommen folgen in der Häufigkeit diejenigen, die pro Tätigkeit bezahlt werden (17 %), pro Tag (12 %), pro Woche (5 %), pro Saison (5 %), alle 14 Tage (4 %). Bei den Durchschnittswerten der letzten Spalte handelt es sich um das arithmetische Mittel der zwölf länderspezifischen Angaben.

höheren Schulabschluss (Abitur) – was in etwa den Zahlen der Väter entspricht (vgl. Abb. 10.7). Allerdings erhielten nur zwei Prozent eine technische oder andere Berufsausbildung mit Diplomabschluss, doch elf Prozent verfügen über einen Universitätsabschluss und ein Prozent führt einen Doktortitel. Dieses Bildungsprofil zeigt sich fast analog zu den Vätern auch in der länderspezifischen Betrachtung. Gleichzeitig wird eine wichtige strukturelle Voraussetzung für den Arbeitsmarkt deutlich. Denn regelmäßig ist der Vater als Haushaltsvorstand auch der wichtigste Einkommensbezieher. Im vorliegenden Sample arbeiten fast ausnahmslos alle Väter gegen Bezahlung. Bei den Müttern trifft das Gegenteil zu: Bei der Frage nach der wichtigsten beruflichen Tätigkeit geben 81 Prozent der jungen Erwachsenen an, dass ihre Mütter keiner entlohnten Beschäftigung nachgingen, als Hausfrau tätig seien oder in wenigen Fällen bereits verrentet seien. Die Berufsgruppen der Mütter mit den häufigsten Tätigkeiten sind der Staatsdienst (9 %) und Angestelltenberufe (3 %). Alle anderen Berufsgruppen machen jeweils nur etwa ein Prozent aus.

Prozesse der Enteignung werden daran sichtbar, welche Sicherheiten das Arbeitseinkommen bietet und was für den Einsatz der Arbeitskraft bezahlt wird. Aufgrund der Bedeutung des Arbeitseinkommens der Männer für die Absicherung der Familien, inklusive der Jugendlichen und jungen Erwachsenen, besonders derer, die noch im Haushalt leben, werden im Folgenden die beruflichen Aktivitäten der Väter genauer untersucht. Die Abbildungen 5.3 und 5.4 unterscheiden zehn Berufsgruppen, in denen die Väter der Befragten in ihrem Erwerbsleben tätig waren oder es noch sind. Die einzelnen Gruppen zeichnen sich durch ein unterschiedliches Maß an Sicherheiten aus, definiert durch Beschäftigungskontinuität, Lohnstabilität und Einkommenshöhe, Lohnfortzahlung bei Krankheit sowie Sozialleistungen und Rentenansprüche. Dabei werden auch Bezüge zu den Bildungsvoraussetzungen deutlich. Wie sind die empirischen

Ergebnisse zur Beschäftigungssituation zu interpretieren? Vier Aspekte sind entscheidend:

1. Formelle und informelle Tätigkeiten lassen sich, entgegen häufigen Behauptungen, leider nicht ohne Weiteres unterscheiden; die Grenzen zwischen beiden sind fließend und allein auf die Besteuerung durch den Staat zu verweisen greift zu kurz. Ich gehe zunächst davon aus, dass die Art der Beschäftigung und der Modus der Bezahlung zusammenhängen (Abb. 5.3): Tageweise Bezahlung deutet oft auf Arbeitsplatzunsicherheit hin (zum Beispiel Gelegenheitsarbeit als Tagelöhner) und signalisiert schwankende Einnahmen und unbeständige Beschäftigung. Dagegen steht eine monatliche Vergütung im Allgemeinen für ein regelmäßiges Einkommen (zum Beispiel Angestellte im öffentlichen Dienst), auch wenn die Einkommenshöhe etwa bei Tätigkeiten im Privatsektor schwanken kann. Von den meisten Vätern (97 %) kennen wir die berufliche Tätigkeit oder Nichttätigkeit und von knapp drei Vierteln die Art der Bezahlung: Überwiegend werden sie monatlich (57 %) entlohnt, andere werden abhängig vom Arbeitseinsatz (17 %) bezahlt oder täglich (12 %), wöchentlich (5 %), pro Saison (5 %) oder auch zweiwöchentlich (4 %) entlohnt. Einige – vor allem sehr alte Väter – arbeiten ohne Vergütung. Der größte Anteil der tageweise bezahlten Väter – also derjenigen in unsicherer Position – findet sich im Libanon (19 %), gefolgt von Vätern der befragten syrischen Geflüchteten (18 %) und denen aus dem Sudan (17 %). In Libyen sind dies nur drei Prozent und in Ägypten acht Prozent der Väter; ansonsten liegen die Häufigkeiten zwischen zehn und 14 Prozent. Demgegenüber finden sich die Väter mit monatlicher Bezahlung, die am besten abgesicherten, vor allem in Libyen, Algerien und Ägypten sowie in Jordanien und im Irak. Die Einkommenshöhe von Vätern, die eine monatliche Bezahlung erhalten, ist, über alle zwölf Länder hinweg gemittelt, unterschiedlich: Das höchste Einkommen erwirtschaften Selbstständige mit hohen Bildungsabschlüssen wie Ärzte oder Juristen. Das Muster unterschiedlicher ökonomischer Sicherheiten, die sich aus der Beschäftigungssituation ableiten, zeigt sich auch bei der Lohnfortzahlung im Krankheitsfall und bei Rentenansprüchen. Insgesamt betrachtet genießt nur ein Drittel der Väter, die einer Lohnarbeit nachgehen, diese Sozialleistung. Dies bezieht sich beinahe ausschließlich (bis zu 90 %) auf monatlich bezahlte Arbeit, gilt also besonders für Angestellte, Personen im öffentlichen Dienst sowie etwa die Hälfte der Selbstständigen mit hohen Bildungsabschlüssen.

Infolge der bewaffneten Konflikte können auch junge Menschen zu Versorgungsfällen werden. Der Zugang zu den staatlichen Behörden und das Aushandeln von Ansprüchen gestalten sich nicht immer einfach, wie die 28-jährige Sara aus dem Irak hervorhebt:

Vor einiger Zeit war ich in der Rentenbehörde: Rentner sind alt und chronisch krank, aber die Behörde hat nicht einmal einen Aufzug, und das Gebäude hat vier Stockwerke! Eine ältere Person, die ihr Leben im Staatsdienst verbracht hat, geht zur Behörde und findet dort nicht einmal einen Aufzug und auch niemanden, der helfen könnte. Die Regierung kümmert sich am wenigsten um diese Bürger, daher kann von sozialer Gerechtigkeit keine Rede sein. Ich weiß nicht, wie es soziale Gerechtigkeit in einem Land geben soll, das nicht einmal die grundlegenden Regeln für den Umgang mit seinen Bürgern als normale menschliche Wesen kennt.

2. Im arabischen Raum suchen viele Erwerbslose und temporär nicht Beschäftigte, vor allem arbeitsfähige Männer, gelegentlich oder kontinuierlich nach Arbeit. Eine scheinbare temporäre Nichttätigkeit ist daher nicht ohne Weiteres gleichzusetzen mit Arbeitslosigkeit, da selbst Gespräche und Kontaktpflege neue Möglichkeiten eröffnen könnten. Informationen einzuholen erfordert Zeit, teilweise Geld und ist Arbeit. Hinzu kommt die Bedeutung sozialer Netzwerke – auch für die gegenwärtige Generation. Randa aus Libyen und Zaid aus dem Jemen beschreiben ihre Eindrücke:

In Libyen hängt vieles von Beziehungen ab, und deshalb haben Menschen, die bessere persönliche Beziehungen haben als andere, mehr Chancen auf einen Job und damit auf ein besseres Einkommen. [....] Die Chancen sind also nicht gleich, weil sie immer irgendwie mit dem sozialen Status zusammenhängen, damit, woher eine Person kommt und welche Leute sie kennt, denn es gibt diese sozialen Aspekte, die letztendlich über das Einkommensniveau einer Person entscheiden. Das führt zu Ungleichheit und fehlender Chancengleichheit beim Einkommen und in anderen Bereichen.

(Randa, 30, Libyen)

Im Studium oder an der Universität oder bei der Jobsuche werden die bevorzugt, die Beziehungen haben. Die, die keine Beziehungen haben oder zur Unterschicht gehören, können keine staatliche Universität mit der von ihnen gewünschten Spezialisierung besuchen oder einen Arbeitsplatz finden. Das gilt für junge Männer und Frauen; gleiche Chancen haben sie nur, wenn sie Beziehungen haben oder zu angesehenen Familien gehören.

(Zaid, 28, Jemen)

Sowohl fluktuierende Beschäftigungsmöglichkeiten als auch die Bedeutung sozialer Netzwerke zeigen die Grenzen der Erklärungsmöglichkeiten des europäischen Konzepts der Arbeitslosigkeit für die MENA-Region auf. Das herkömmliche westliche Konzept wäre nur sinnvoll zu übertragen, wenn im Fall vorhergehender offizieller Arbeitsleistungen (einschließlich der Zahlungen von Sozialabgaben und Steuern) Transferleistungen des Staates diejenigen erhielten, die erwerbslos sind. Da Transferzahlungen – wie im Fall der arabischen Golfstaaten – oft nicht an den Arbeitsstatus, sondern an die Staatsbürgerschaft gebunden sind und in anderen arabischen Ländern kaum staatliche Arbeitslosenhilfen existieren, ist das europäische Konzept der Arbeitslosenhilfe daher kaum sinnvoll übertrag- und anwendbar.

3. Aus der Beschäftigung des Vaters können Schlüsse auf die wirtschaftliche Stabilität einer Familie gezogen werden. Abbildung 5.3 zeigt, dass sich drei Felder der Beschäftigungssicherheit unterscheiden lassen (vgl. auch Abb. 5.4):

(a) Die Mehrzahl (44 %) der Väter ist im ersten und sichersten Feld der Beschäftigung tätig. Sie arbeiten entweder als Angestellte oder in staatlichen Unternehmen beziehungsweise sind bereits im Ruhestand und beziehen daraus feste monatliche Einkommen, die kaum schwanken. Auch wenn die durchschnittliche Vergütung für Staatsangestellte oft eher bescheiden ausfällt, so verkörpern diese Väter den stabilen wirtschaftlichen Kern ihrer Familien, denn das regelmäßige und kaum fluktuierende Einkommen erlaubt es, die lebensnotwendigsten Ausgaben zu planen und zu decken.

(b) Das zweite Feld, das der mittleren Sicherheit, konstituiert sich aus vier Berufsgruppen, die ein Viertel (24 %) des Samples ausmachen; es umfasst Arbeiter in kontinuierlicher Beschäftigung, Arbeitskräfte in Familienbetrieben und Selbstständige, die zwar nicht zwingend eine hohe formale Ausbildung, aber besondere Qualifikationen für ihre Arbeit benötigen. Hinzu kommen Selbstständige mit hohem Bildungsabschluss, etwa Ärzte oder Juristen. Selbst wenn deren Einkommen fluktuieren und nicht sicher ist, dass immer ausreichend Arbeit vorhanden ist, sind die durchschnittlichen monatlichen Einkommen deutlich höher als die der Berufstätigen im ersten Feld – teilweise zwei- bis dreimal so hoch.

(c) Das dritte Feld, in dem die unsichersten Beschäftigungen verortet werden, umfasst ein Drittel der Arbeitskräfte (31 %) und setzt sich zusammen aus Selbstständigen in der Landwirtschaft, aus Kräften im Dienstleistungsbereich und Tagelöhnern. Gewöhnlich erhalten sie ihre Bezahlung täglich oder für einen bestimmten Arbeitseinsatz, selten jedoch monatlich. Diese Gruppen sind oft Armut und Ungewissheiten ausgesetzt. Sie müssen mit niedrigen und fluktuierenden Einkommen planen und ihre Kinder sind nicht selten gezwungen, unter prekären Bedingungen ihre Ausbildung zu absolvieren und ihren Lebensunterhalt zu bestreiten. Diese Struktur spiegelt sich, wie oben angesprochen, auch darin wider, dass sie selten Lohnfortzahlungen im Krankheitsfall erhalten oder gar Rentenansprüche erwerben.

4. Länderbezogen zeigt sich bei der Beschäftigungsstruktur der Elterngeneration, dass mindestens die Hälfte der Väter in Libyen, Algerien, Jordanien und im Irak über sichere Einkommen verfügen – meist sind sie im öffentlichen Dienst tätig (Abb. 5.4). Die Situation in Libyen und Algerien, zwei Ölförderstaaten, ist zudem durch geringe prekäre Beschäftigungen charakterisiert. Auch im Sudan

und in Jordanien erscheint die Beschäftigungssituation des männlichen Elternteils auf den ersten Blick relativ gesichert. Doch ist zu beachten, dass in Jordanien ein großer Teil bereits im Ruhestand ist und damit die ökonomische Stabilität für diese Familien nicht von Dauer ist, da hier absehbar ein Generationswechsel ansteht. Im Sudan liegt der Anteil der Selbstständigen mit höherer Bildung, generell ein sehr produktives Segment der lokalen Wirtschaft, über dem Durchschnitt. Doch die Gesamtsituation im Sudan hat sich durch den Ausbruch bewaffneter Konflikte im April 2023 erneut destabilisiert. Viele der anderen Länder zeichnen sich vor allem durch unsichere Beschäftigungen aus. Besonders hervorzuheben sind die Väter der syrischen Geflüchteten, der Jemeniten und der Palästinenser; mehr als die Hälfte müssen hier unter unsicheren Verhältnissen der Existenzsicherung navigieren (siehe Abb. 5.4). Auch in Tunesien, dem Libanon, Marokko und Ägypten sind es noch deutlich über ein Drittel der Väter, die unsicheren Beschäftigungen nachgehen, sodass in diesen Ländern häufig eine gesellschaftliche Polarisierung sichtbar wird: Gruppen mit sicheren Beschäftigungen stehen solchen mit prekären gegenüber.

Diese Struktur der wirtschaftlichen Ungleichheit wird nochmals herausgestellt, wenn die Bedeutung des Monatseinkommens für die einzelnen Tätigkeiten und Beschäftigungsfelder vergleichend beleuchtet wird. Mehr als zwei Drittel (68 %) des finanziellen Gesamtvolumens der monatlichen Einkünfte[1] werden im ersten Feld verdient – davon entfallen allein 35 Prozent auf Beschäftigungen im öffentlichen Sektor –, was seine immense Bedeutung für die Absicherung der Haushalte bestätigt. Im mittleren Bereich werden demgegenüber 19 Prozent und im dritten, dem unsichersten Bereich werden nur zwölf Prozent des finanziellen Gesamtvolumens monatlich entlohnter Beschäftigungen erwirtschaftet. Die erzwungene Flexibilität, inklusive der Planungsschwierigkeiten, und der dauerhafte Mangel an finanziellen Ressourcen spiegeln sich hierin wider. Aus der Gesamtheit dieser Befunde wird deutlich, dass die Ungleichheit der Einkommenssicherheit auf Haushaltsebene in der Elterngeneration gravierend ist, selbst wenn nationale Kaufkraftunterschiede mitgedacht werden. Die Existenzsicherung und das tägliche Leben der Jugendlichen und jungen Erwachsenen, die in der MENA-Region aufwachsen, sind daher durch asymmetrische wirtschaftliche Bedingungen geprägt (Abb. 5.5).

---

1 Die Berechnung erfolgt in vier Schritten: Es wird pro Beschäftigungstyp das Produkt aus dem Anteil derjenigen, die monatliche Bezüge erhalten, und dem durchschnittlichen Monatseinkommen ermittelt. Dieses wird mit der Bedeutung (Wert) des jeweiligen Typs der Beschäftigung (Beamte, Angestellte etc.) multipliziert. Dann wird die Summe aus den zehn Produkten ermittelt. Anschließend wird der Anteil am Gesamteinkommen berechnet.

Abb. 5.5
WIRTSCHAFTLICHE EINBINDUNG JUNGER MENSCHEN IN DER MENA-REGION

		ALG	LBY	SDN	LBN	TUN
Eigenes Budget	„Ja" (%)	48	42	35	33	32
Berufstätige	„Ja" (%)	39	30	26	33	30
Monatseinkommen (n = Fälle)	Nur eigene Arbeit (€)	(200) 309	(223) 183	(60) 77	(96) 836	(77) 374
Transfereinkommen (n = Fälle)	Keine eigene Arbeit (€)	(127) 74	(113) 89	(139) 35	(127) 482	(100) 69
Bankkonto	„Ja" (%)	59	33	27	5	21
Kreditkarte	„Ja" (%)	29	8	11	6	9
Mobiltelefon	„Ja" (%)	51	51	33	50	67
Sparen	„Ja" (%)	26	18	29	14	17
Sparen	Betrag (€)	154	73	33	125	81
Schulden	„Ja" (%)	11	10	16	24	14
Schulden	„Hoch" (%)	23	22	12	27	20

FRAGEN 1, 59 bis 62, 66, 81 bis 82, 84 bis 85

HINWEISE Frage 59 lautet: „Hast du selbst Geld zur Verfügung (Arbeitseinkommen, Zuwendungen deiner Familie oder aus anderen Quellen)?" Dieses eigene Budget kann demnach auf eigene Arbeit und verschiedene Formen von Transfereinkommen zurückgehen. Die Berechnung des Monatseinkommens durch eigene Arbeit bezieht sich allein auf Personen, die regelmäßig jeden Monat Geld erhalten; sie basiert nicht auf einer umfassenden konsumbezogenen Ausgabenprüfung und stellt nur Schätzungen dar. Die Zahlen in Klammern stehen für die Fallzahl gemessen an 1.000 Fällen pro Land. Die Bezahlung per Mobiltelefon umfasst alle Häufigkeiten des Einsatzes: täglich, mehrfach die Woche, einmal die Woche, monatlich und gelegentlich. Die Angaben der letzten Zeile (Schulden „Hoch") bedeuten, dass die Person Schulden hat, die das Sechsfache ihres monatlichen Budgets übersteigen. Diese Prozentangabe bezieht sich nur auf diejenigen, die Schulden haben. Die Durchschnittsangaben der letzten Spalte basieren auf den zwölf Angaben (eine pro Land) in jeder Spalte.
[a] Kleine Stichprobe (n = 20, davon ein Ausreißer mit 3.394 Euro Einkommen pro Monat)

Arbeitsmarkt: Motive, Wünsche, Dynamiken

Der Zugang zum Arbeitsmarkt ist für junge Menschen eines der zentralen Probleme. Die Möglichkeit der Berufstätigkeit hängt von mehreren Faktoren ab. Für viele Eltern stellt sich die Frage, ob sie den Besuch einer staatlichen oder privaten Bildungseinrichtung akzeptieren oder finanzieren können – nicht immer ist klar,

IRQ	YEM	PAL	SYR*	MAR	JOR	EGY	∅
29	24	23	19	18	18	17	27
34	27	30	42	26	22	36	28
(95) 361	(53) 369	(81) 824	(20) [a]587	(67) 415	(51) 291	(65) 265	408
(60) 86	(133) 85	(91) 197	(28) 108	(66) 99	(90) 62	(27) 97	124
3	9	21	1	28	19	9	20
7	6	10	1	21	17	10	11
77	12	26	56	52	31	48	46
19	13	18	4	11	11	10	16
92	82	272	117	91	85	125	111
17	40	24	54	7	28	5	21
30	17	30	46	14	34	15	24

was sich als Bildungsinvestition mittelfristig rechnet (vgl. Kap. 10). Dies gilt vor allem für eine Anstellung im Privatsektor. Doch auch für eine Stelle im Staatsdienst scheinen mittlerweile die Aussichten besser zu sein, wenn ein Studium an einer privaten Universität vorweisbar ist. Diese Erfahrung hat die 25-jährige Salwa aus Bagdad (Irak) gemacht:

> *Ist es gerecht, dass Absolventen privater Universitäten Stellen bekommen, wir Absolventen öffentlicher Universitäten aber nicht? Vor einiger Zeit hieß es zum Beispiel, es gebe seit 2022 ein Formular für die Berufung in den Staatsdienst. Ich habe das Formular geöffnet und meinen Namen eingetragen, musste aber feststellen, dass meine Universität, die eine öffentliche Universität ist, nicht aufgeführt war, hingegen aber viele private Universitäten oben auf der Liste standen.*

Während für die Generation ihrer Eltern ein abgeschlossenes Studium eine Einstellung im Staatsdienst garantierte, ist dieser Weg heute schwierig geworden. Trotzdem ist eine Stelle beim Staat mit der dazugehörigen Krankenversicherung und der Aussicht auf eine Altersrente für viele nach wie vor die erste Wahl. Wie

Abb. 5.6
BESCHÄFTIGUNGSSITUATION DER ERWERBSTÄTIGEN BEFRAGTEN

	Alle n = 1.756	(M) n = 1.237	Kontinuierliche Arbeit	Stabiles Einkommen	Monatseinkommen	(M)
	%	%			€	
Öffentlicher Dienst	17	13	X	X	311	356
Angestellter	12	10	X	X	ᵃ482	469
Im Ruhestand	/	/		X	/	/
Selbstständig: höhere Bildung	6	ᵇ6	(X)	(X)	411	470
Arbeiter (kontin. Beschäftigung)	12	11	X	(X)	344	396
Selbstständig: Familienbetrieb	6	ᵇ6	(X)	(X)	307	355
Selbstständig: qualifizierte Tätigkeit	14	17	(X)		438	476
Selbstständig: Dienstleistungen	12	14	(X)		304	320
Selbstständig: Landwirtschaft	ᵇ4	ᵇ6			444	444
Tagelöhner	17	18			345	406

FRAGEN 3, 73, 75, 76

HINWEISE Die Angaben gelten für alle Arbeitenden (Alle), Männer wie Frauen – und jeweils pro Aspekt in der zweiten Spalte für Männer (M). X = trifft zu; (X) = trifft teilweise zu. Die drei Felder (dick umrandet) bilden die Beschäftigungssicherung ab (oben = „Eher sicher"; Mitte = „Teils, teils"; unten = „Eher unsicher"). Die Berechnung des Monatseinkommens bezieht sich allein auf diejenigen, die monatlich entlohnt werden (n = 1.089); diese Berechnung basiert nicht auf einer umfassenden konsumbezogenen Ausgabenprüfung und stellt bezüglich des Monatseinkommens nur Schätzungen dar.
ᵃ In diese Durchschnittsangabe ist ein Ausreißer in Höhe von 5.656 Euro eingegangen, von einem Angestellten im Libanon.
ᵇ Hierbei handelt es sich um kleine Fallzahlen, sodass die Durchschnittsangaben nur eingeschränkten Informationsgehalt haben. Landeswährungen wurden monatsgenau in Euro umgerechnet, basierend auf den entsprechenden Durchschnittswerten von 2021.

bereits deutlich wurde, berichten die Befragten allerdings, dass eine solche Stelle oft nur über Beziehungen zu bekommen sei. Dies sei keineswegs sozial gerecht. Sulaiman, ein 30-jähriger Friseur aus Marokko, stellt fest:

> *Der Zugang zu öffentlichen Ämtern [...] ist für einen normalen Bürger schwierig geworden, weil es in diesem Sektor notorisch zu Vetternwirtschaft und Klüngelei kommt.*

Der 30-jährige Muhammad aus dem Irak unterstreicht:

Schriftlicher Vertrag	(M)	Krankenkasse	(M)	Lohnfortzahlung Krankheit	(M)	Rentenanspruch	(M)
%		%		%		%	
80	75	48	51	62	63	86	88
86	87	79	80	64	64	72	69
/	/	/	/	/	/	/	/
41	40	39	36	26	27	30	34
25	20	22	24	18	18	10	10
10	10	13	11	22	22	10	7
6	6	29	29	16	15	11	10
19	17	25	22	16	18	11	11
3	3	21	21	4	4	0	0
9	7	22	20	8	9	6	6

In erster Linie ist die Regierung für soziale Gerechtigkeit zuständig, aber diese schwindet meiner Meinung nach allmählich – es gibt keine soziale Gerechtigkeit. Das zeigt sich vor allem in den ungleichen Arbeitschancen; staatliche Stellen werden zwischen politischen Parteien und sogar Stämmen aufgeteilt. Um eine Stelle zu bekommen, muss man einer bestimmten Konfession angehören oder Parteimitglied sein.

Und der 30-jährige Yasin aus dem Gazastreifen bestätigt:

Es gibt im ganzen Land keine Gerechtigkeit, weder in der Arbeitswelt noch in den staatlichen Einrichtungen, wo man das Gefühl hat, dass die Macht von einigen Leuten monopolisiert oder vererbt wird. [...] Die staatlichen Institutionen unterstützen und schützen nur ihre eigenen Leute.

Nicht nur Bildungsqualifikationen und Nachfrage, sondern auch die Verfügbarkeit sozialer Netzwerke und Vetternwirtschaft sowie intransparente staatliche Regulierungen bestimmen den Zugang zum Arbeitsmarkt.

Wenn junge Männer und Frauen dann in Arbeit sind, ist zunächst festzuhalten, dass etwa knapp der Hälfte der arbeitenden Befragten (47 %) ihre Arbeit „sehr" beziehungsweise sogar „absolut" gefällt. Die Zustimmungswerte sind bei den Frauen (52 %) etwas höher als bei den Männern (44 %) und bei den

Abb. 5.7
BERUFSTÄTIGE – MOTIVATIONEN

	Alle	Geschlecht		Alter			Schicht	Arbeit
		Männlich	Weiblich	16–20	21–25	26–30	Unterste u. oberste	Zufrieden „Sehr" u. „Absolut"
	n = 1.835	n = 1.279	n = 556	n = 282	n = 612	n = 941		
Warum hast du diese Arbeit angenommen? (Antwort = „Stimmt")								
Die Arbeit genießt gesellschaftliches Ansehen.	62	61	65	63	61	63	52–72	74
Es ist eine sichere Stelle.	60	57	67	59	58	62	48–65	72
Ich kann viel lernen.	58	56	63	67	58	56	33–69	73
Ich kann mit Freunden und Kollegen zusammen sein.	54	52	58	63	52	52	32–62	63
Ich kann Karriere machen.	52	50	56	56	51	51	30–64	66
Ich hatte keine Wahl.	47	50	41	48	49	47	72–35	39
Die Bezahlung ist gut.	36	38	32	42	37	34	21–50	48
Es ist die einzige Arbeit, die ich kann.	27	26	30	24	24	29	38–26	32
Mein Chef kommt aus der gleichen Gegend wie ich.	27	23	27	43	27	23	29–35	30
Das Unternehmen gehört meiner Familie.	20	23	12	31	19	17	32–21	24
Gefällt dir deine Arbeit?	**47**	**44**	**52**	**42**	**46**	**48**	**21–72**	**47**

FRAGEN 3, 4, 70, 71

HINWEISE Angaben in Prozent der erwerbstätigen Befragten. Die Frage 70 zur Arbeitsaufnahme hat drei Antwortoptionen: „Stimmt", „Stimmt teilweise", „Stimmt nicht". Die Frage 71 „Gefällt dir deine Arbeit?" hat fünf Antwortoptionen: „Überhaupt nicht", „Etwas", „Teils, teils", „Sehr", „Absolut". Die „Zufriedenen" beziehen sich auf die Frage 71 und geben die Häufigkeiten der beiden Optionen „Sehr" und „Absolut" wieder. Die Angaben zur „Schicht" unterteilen sich in fünf Werte, wiedergegeben werden immer nur der für die unterste Schicht (an erster Stelle) und der für die oberste Schicht (an zweiter Stelle).

Älteren etwas höher als bei den Jüngeren. Berücksichtigt man bei der Betrachtung die unterschiedlichen Schichten, zeigt sich ein klarer Trend: Diejenigen aus der untersten Schicht finden deutlich seltener Gefallen an ihrer Arbeit (18 %), während den jungen Erwachsenen der obersten Schicht in der Mehrzahl (58 %) ihre Arbeit „sehr" oder „absolut" gefällt.

Abb. 5.8
WÜNSCHE AN EINE ARBEITSSTELLE/TÄTIGKEIT

	Berufstätige	Schüler/ Schülerinnen	Studenten/ Studentinnen	Temporär nicht Erwerbstätige	Dauerhaft nicht Erwerbstätige
Sicherer Arbeitsplatz	74	74	73	73	57
Gutes Einkommen	70	70	66	67	54
Karrierechancen	65	63	63	62	47
Etwas Sinnvolles tun	65	65	65	63	51
Das Gefühl, etwas zu erreichen	65	63	63	63	50
Etwas Nützliches für die Gesellschaft tun	61	59	59	59	48
Die Möglichkeit, eigene Ideen zu realisieren	61	63	61	61	50
Die Möglichkeit, anderen zu helfen	61	60	58	60	50
Das Gefühl, akzeptiert zu werden	56	54	50	55	46
Ein Job, der mir genug Freizeit lässt	55	55	50	54	46
Kontakte zu vielen Menschen	52	49	46	47	38

FRAGEN 58, 78
Wie sähe eine befriedigende Arbeitssituation/Tätigkeit für dich aus? Wie wichtig ist dir …?

HINWEISE Angaben in Prozent „Sehr wichtig"

Vor diesem Hintergrund ist die Motivlage der jungen berufstätigen Erwachsenen zu betrachten. Welche Elemente charakterisieren die Wahl des bestehenden Beschäftigungsverhältnisses? Gefragt nach der Motivation für einen bestimmten Berufsweg, heben die Berufstätigen besonders häufig drei Gründe hervor: die gesellschaftliche Akzeptanz der Arbeit, die Tatsache, einen sicheren Arbeitsplatz zu haben, und die Möglichkeit, viel zu lernen (Abb. 5.7). Mit etwas Abstand folgen weitere Begründungen, etwa die, dass man in dem jeweiligen Beruf mit Freunden und Kollegen interagieren könne oder dass es Aufstiegsmöglichkeiten gebe. Zwei Aspekte fallen aus den anderen Begründungen heraus; sie gelten nur für eine Minderheit, da hier persönliche Netzwerkstrukturen abgefragt wurden: Der Betrieb beziehungsweise das Geschäft gehört der Familie (20 %) oder der Chef kommt aus der gleichen Gegend (27 %). Die zweitniedrigsten Zustimmungswerte erzielten die Aussagen „Es ist die einzige Arbeit, die ich kann" und „Die Bezahlung ist gut". An drittunterster Stelle folgt „Ich hatte keine Wahl" (bei der Aufnahme der Arbeit). Bei der Befragung von 2016 war diese Antwort noch insgesamt die häufigste (Gertel 2017a: 188). Dies hat sich verändert, was als positives Zeichen zu werten ist.

Während für Männer 2021 die gesellschaftliche Akzeptanz der Arbeit das wichtigste Motiv darstellt, ist es für Frauen die Sicherheit des Arbeitsplatzes. Bei Letzterem besteht zwischen Männern und Frauen auch der größte Unterschied, nämlich zehn Prozentpunkte. Allerdings zeigen sich bei den Motiven auch große Unterschiede zwischen den fünf Schichten. Bei zwei Aspekten erzielt die unterste Schicht die größte Häufigkeit: 72 Prozent betonen, dass die Wahl ihres Berufs alternativlos gewesen sei, und 38 Prozent stellen heraus, dass die aktuelle Arbeit die einzige sei, die sie beherrschen. Im Vergleich dazu sind dies in der obersten Schicht 35 Prozent (keine Wahl) respektive 26 Prozent (kein Wissen). Bei den anderen sechs Aspekten (ohne die Fragen nach den persönlichen Netzwerken) dreht sich 2021 die Häufigkeitsverteilung um: Die untere Schicht zeichnet sich durch geringere Zustimmungswerte aus. Allein die beiden Aspekte, die den Zugang zur Arbeit unmittelbar mit sozialen Netzwerken verknüpfen (Familie und Ursprungsort), zeigen keine schichtspezifischen Ausprägungen.

Es stellt sich daher die Frage, wie die ideale berufliche Situation aussehen sollte. Dazu wurden alle jungen Menschen, also das ganze Sample, befragt (Abb. 5.8). Unabhängig von der gegenwärtigen beruflichen Situation – Schüler oder Studentin, arbeitend oder nicht arbeitend – haben alle vor allem zwei Wünsche: einen sicheren Arbeitsplatz und ein hohes Einkommen. Drei weitere Aspekte sind ihnen ebenfalls wichtig: Sie wollen die Möglichkeit haben, sich beruflich weiterzuentwickeln, die Tätigkeit sollte sinnvoll sein, und schließlich möchten sie auch etwas erreichen. Die größten Unterschiede ergeben sich bei einem Vergleich zwischen den Beschäftigten in einem festen Arbeitsverhältnis und der Gruppe, die niemals gegen Bezahlung arbeitet, wobei hierbei auch geschlechtsspezifische Unterschiede abgebildet werden. Die erste Gruppe besteht zu zwei Dritteln aus Männern, dagegen konstituiert sich die zweite Gruppe überwiegend aus Frauen. Von Generation zu Generation betrachtet bleiben die Ausgangsbedingungen für den Eintritt in den Arbeitsmarkt jedoch ungleich, und die Jugendlichen sind sich der veränderten Lage sehr bewusst.

Was passiert, wenn aus Jugendlichen in ökonomischer Hinsicht Erwachsene werden? Die Einbeziehung von Familienstand und Geschlecht bei der Betrachtung der wirtschaftlichen Situation junger Erwachsener in nahöstlichen und nordafrikanischen Ländern liefert die folgenden Befunde: Von den drei Vierteln der Befragten (74 %), die noch zu Hause bei ihren Eltern leben, ist der größere Anteil männlich und der kleinere Anteil weiblich, was teilweise daran liegt, dass Frauen bei ihrer Eheschließung durchschnittlich jünger sind (Abb. 5.9). Dieses Bild wird ergänzt durch die Gruppe der jungen Erwachsenen, die schon ihren eigenen Haushalt (18 %) gegründet haben: Sie zählt mehr Frauen als Männer. Das Durchschnittsalter der noch bei den Eltern lebenden, überwiegend ledigen Männer und Frauen beträgt hier 22 Jahre, wohingegen diejenigen mit eigenem Haushalt im Schnitt zwischen 26 und 27 Jahre alt und überwiegend verheiratet sind.

Abb. 5.9
UNTERSCHIEDLICHE LEBENSGRUNDLAGEN UND WIRTSCHAFTSSYSTEME

	Leben im elterlichen Haushalt		Leben im eigenen Haushalt	
	Männlich	Weiblich	Männlich	Weiblich
Häufigkeit (92 %)	41	33	5	13
Alter (ø)	22	22	27	26
Verheiratet (%)	4	2	96	98
Anzahl von Personen/HH (ø)	6	6	4	5
Anzahl von Personen/HH, arbeitsfähiges Alter (ø)	5	5	2	3
Wirtschaftliche Selbsteinschätzung 2021: Familie „eher schlecht" und „sehr schlecht"	33	30	52	39
Berufliche Stellung: arbeitend (%)	37	17	79	21
Monatseinkommen Befragte (%)	54	79	63	84
Betrag (€)	366	334	577	296
Transfereinkommen von Eltern (∑ = 13 %)				
Betrag (€)	121	82	/	103
Unterstützung an Eltern – unregelmäßig (%)	31	14		
Unterstützung an Eltern – regelmäßig (%)	14	4	14	3
Betrag (€)	252	150	157	154

FRAGEN 3, 4, 13, 14, 17, 18, 21, 58, 66

HINWEISE Angaben in Prozent. Nicht alle Lebenssituationen sind abgebildet – nur 92 Prozent. HH = Haushalt. Die Frage nach der gegenwärtigen Lebenssituation beinhaltet sechs Antwortoptionen: „Mit den Eltern zusammen im gleichen Haushalt leben" (74 %); „Mit den Eltern im gleichen Haus leben, aber einen eigenen Haushalt führen" (4 %); „Ohne die Eltern mit dem eigenen Partner und gegebenenfalls den eigenen Kindern zusammenleben" (18 %); „Alleine leben" (2 %); „In einer Wohngemeinschaft leben" (1 %) sowie „Andere" (1 %).

Mit der Begründung eines eigenen Haushalts beginnt ein neuer Reproduktionszyklus: Ein Paar zieht zusammen, und in der Regel bekommt es nach einer bestimmten Zeit eigene Kinder. Damit ändert sich oft das Verhältnis zwischen reproduktiver Tätigkeit und bezahlter Arbeit im neuen Haushalt. Dies spiegelt sich in den Befunden wider: Die jungen Haushalte sind kleiner und die Anzahl der Menschen, die altersbedingt arbeiten könnten, ist deutlich geringer. Arbeitskraft wird für Kinderbetreuung und andere daran gekoppelte Haushaltsaktivitäten benötigt.

Ein Blick auf die Situation junger arbeitender Menschen zeigt, dass von denjenigen, die bei ihren Eltern leben, nur etwa ein Sechstel der Frauen und ein gutes Drittel der Männer einer Lohnarbeit nachgehen. Von den jungen Erwachsenen mit eigenem Haushalt arbeiten dagegen zur Einkommenserzielung ein Fünftel der Frauen und über drei Viertel der Männer. Weit über die Hälfte von ihnen bezieht ein festes Monatsgehalt, und dies in sehr unterschiedlicher Höhe. Die jungen Männer, die für den eigenen Haushalt ökonomisch verantwortlich sind, erzielen das höchste Einkommen – dennoch, daran sei erinnert, beurteilt über die Hälfte von ihnen die wirtschaftliche Situation der eigenen jungen Familie als schlecht oder sehr schlecht. Mit den jungen Familien entstehen neue Reproduktionseinheiten und eine neue Generation, die Verantwortung für dritte Personen übernimmt. Die ökonomischen Wechselbeziehungen erstrecken sich dabei über den eigenen Haushalt hinaus. Verschiedene wirtschaftliche Abhängigkeiten bestehen fort oder können nach vorübergehender Beendigung auch wieder aufgenommen werden. Wirtschaftlich betrachtet ist daher die Vorstellung, dass die Jugendzeit mit der Gründung einer eigenen Familie vollständig abgeschlossen sei, eher unscharf. Ökonomische Abhängigkeiten, Verpflichtungen und Hilfestellungen können weiterlaufen und lassen sich kaum sinnvoll auf demografische Übergänge beschränken.

Geschlechtsspezifische Teilhabe

Arbeitsbiografien von Männern und immer häufiger auch von Frauen werden dynamischer und die Menschen üben im Laufe ihres Berufslebens mehrere Tätigkeiten aus. Die veränderte berufliche Praxis spiegelt gesellschaftliche Transformationen und Umbrüche wider und zeigt sich an den empirischen Befunden: Die heutigen arabischen Jugendlichen sind zwar formal besser ausgebildet als ihre Eltern, drängen entsprechend auf einen anderen Arbeitsmarkt und sollten eigentlich Innovationen im wirtschaftlichen und sozialen Bereich generieren. Doch in Anbetracht mangelnder qualifizierter Beschäftigungsmöglichkeiten werden sie – und besonders Frauen – regelmäßig unterhalb ihrer Qualifikationen eingestellt, was zu Frustrationen und Abhängigkeiten von Arbeitgebern und Eltern sowie zu Protesten und Widerstand führt.

Frauen: Erwerbsarbeit und reproduktive Tätigkeiten

In den vorausgegangenen Abschnitten ist bereits deutlich geworden, dass das gesellschaftliche Profil der arbeitenden jungen Bevölkerung durch zwei Merkmale charakterisiert ist: Deutlich über zwei Drittel sind männlich und sie zählen häufig zur ältesten Gruppe der Befragten. Wird vor diesem Hintergrund die nachgeordnete Rolle von Frauen bei der erwerbsbezogenen Beschäftigung betrachtet, fallen mehrere Befunde auf. Die Generationsdynamik bei der Berufstätigkeit von Frauen ist generell positiv. Etwa 20 Prozent der Frauen aus der Elterngeneration erzielen Lohneinkommen und von den jungen Frauen, die 2021 befragt wurden, sind es bereits 30 Prozent. Werden nur die beiden Gruppen junger Frauen von 2016 und 2021 miteinander verglichen, so waren 24 Prozent und fünf Jahre später 27 Prozent von ihnen berufstätig (im Durchschnitt der acht Länder/Gruppen, für die Daten vorliegen). Darüber hinaus gibt es weitere Unterschiede in Abhängigkeit von der Lebenssituation: Von den jungen Frauen, die noch bei ihren Eltern leben, gehen 2021 nur 17 Prozent einer bezahlten Arbeit nach. Von denen, die bereits ihren eigenen Haushalt gegründet haben, arbeiten immerhin 21 Prozent. Berufstätige Frauen sind überwiegend in sicheren Positionen beim Staat oder als Angestellte tätig. Hinzu kommt allerdings, dass 2021 die Lohndifferenz zwischen erwerbstätigen, monatlich bezahlten Männern und Frauen bei über 20 Prozent lag (441 Euro bei Männern; 320 Euro bei Frauen). Frauen werden daher – wie auch in Deutschland –, was die Wertschätzung der Arbeitskraft betrifft, strukturell benachteiligt. Die 30-jährige Maysoon aus dem Irak betont:

Die Beamten haben Angst, einer Frau Verantwortung zu übertragen. Sie denken: „Sie wird bestimmt heiraten, Mutterschaftsurlaub nehmen und Kinder bekommen. Und jeden Tag wird sie Entschuldigungen für ihr Fernbleiben vorbringen, unter dem Vorwand, dass ihre Kinder krank sind." Ich fühlte mich also auch diskriminiert, denn diese persönlichen Verantwortlichkeiten, die eigentlich zwischen mir und meinem Mann aufgeteilt werden sollten, werden mir auferlegt und das verletzt mich, und man nimmt sie zum Anlass, meine Privilegien zu schmälern und sie dem Mann zu übertragen! Sie vergeben beispielsweise die Position des „Abteilungsleiters" dann nicht an eine Frau, sondern an einen Mann.

Nicht nur die strukturelle Benachteiligung von Frauen in bezahlten Beschäftigungsverhältnissen stellt ein Problem dar, auch die zwar stabilen, aber durch Inflation und Preissteigerungen entlohnten Tätigkeiten als staatliche Angestellte oder Beamte reichen nicht mehr aus, um ein auskömmliches Leben zu führen. Die 28-jährige Ines, Lehrerin in Tunesien, unterstreicht:

Die Beamten gehören heutzutage nicht zur Mittelschicht, das wird am Beispiel meiner Geschwister deutlich, sie leben von Krediten und gehören zur Schicht der Armen. Schau dir an, wie sie leben: Die Frauen, die morgens zur Arbeit gehen, haben keine Möglichkeit, sich um ihre Kinder zu kümmern. Das ist die arbeitende Schicht, die kaum überleben kann, [...] selbst die Beamten gehören nicht zur Mittelschicht, sie haben nur das Nötigste!

Die Grenze staatlicher Versorgungsleistungen tritt hiermit deutlich hervor. Parallel zur Lohnarbeit engagieren sich sehr viele junge Frauen in unbezahlter Hausarbeit. Sie kümmern sich um die Versorgung und Erziehung der Kinder oder gehen anderen reproduktiven Tätigkeiten nach. Ihre beruflichen Aktivitäten werden durch ihren Ressourcenzugang (Schicht; vgl. Abb. 10.12), ihren Familienstand und ihren Lebensentwurf geprägt. Allerdings ist eine Dynamik zu beobachten, die die Frauen aufgrund ihrer Qualifikationen perspektivisch auch in bessere Lohnpositionen bringen mag: Die Digitalisierung in der Welt der bezahlten Arbeit nutzen eher die Frauen. Die Berufstätigen wurden gefragt: „Benötigst du einen Computer oder ein Smartphone für deine Arbeit?", und 46 Prozent haben diese Frage bejaht (40 % der arbeitenden Männer, 60 % der arbeitenden Frauen). Ferner haben wir gefragt: „Bekommst du Arbeitsaufträge über Internetplattformen oder Apps?" Immerhin 23 Prozent der Berufstätigen haben auch diese Frage bejaht (20 % der Männer, 30 % der Frauen) und weitere 32 Prozent gaben an, persönlich Menschen zu kennen, auf die das zutreffe – während ein Viertel (26 %) herausstellte, dass niemand aus der Familie oder von den Freunden eine solche Arbeit verrichte. Diese Plattformarbeit ist – in absoluten Zahlen betrachtet – in Algerien, Libyen und im Sudan besonders häufig zu beobachten, also genau in den Ländern, in denen die meisten jungen Erwachsenen auch am häufigsten über ein eigenes Budget verfügen; Frauen haben hier bereits überdurchschnittlich Anteil am Arbeitseinkommen (vgl. Kap. 13). Inwieweit digitale Arbeit und Plattformökonomien wünschenswerte Arbeitsbedingungen hervorbringen, ist eine andere Frage.

Männer: Beschäftigungsmuster und ihre generationsabhängigen Verschiebungen

Wie gestaltet sich die Beschäftigungssituation für junge Männer, auch im Hinblick auf die Beschäftigungssicherheit im Vergleich zur Generation der Väter? Eingangs ist zunächst festzuhalten, dass die Beschäftigungsstrukturen von Vätern und Söhnen weitgehend miteinander korrespondieren (Abb. 5.3 und 5.6). Zwar sind die Personen im Alter von 16 bis 30 Jahren selbstredend noch nicht im Ruhestand, doch im öffentlichen Dienst und bei den Angestellten finden sich die meisten Personen mit schriftlichen Verträgen, was ebenso gilt für die Mitgliedschaft in einer Krankenkasse, die Lohnfortzahlung im Krankheitsfall, die Rentenansprüche und die Regelmäßigkeit der monatlichen Entlohnung. Das erste Feld ist demnach auch hier als das sicherste zu klassifizieren. Die Unterschiede zwischen dem zweiten und dritten Feld sind allerdings eher durch fließende Übergänge gekennzeichnet – anders als das noch bei der Elterngeneration der Fall war. Dennoch verfügen die Personen im dritten Feld kaum jemals über schriftliche Arbeitsverträge; nicht einmal ein Fünftel hat Anspruch auf Lohnfortzahlungen im Krankheitsfall oder erwirbt gar Rentenansprüche durch seine Tätigkeit. Betrachtet man allerdings das Einkommen der jungen Männer, das monatlich ausgezahlt wird, nivellieren sich die Differenzen zwischen den Berufsgruppen: Das niedrigste durchschnittliche Monatseinkommen wird im Sektor der ungelernten Dienstleistungen generiert, das höchste fast identisch in drei Gruppen: bei den Selbstständigen mit qualifizierten Tätigkeiten, den Selbstständigen mit höherer Bildung und den Angestellten (Abb. 5.6). Doch auch diese gelangen, wie deutlich wurde, in die Problemlage von Inflation und Kostensteigerungen. Der 30-jährige Hamza macht dies für den Libanon deutlich:

> *Offen gesagt gibt es viele Menschen, die von der Krise stark betroffen sind, vor allem Angestellte wie Lehrer, Soldaten und Rentner, deren Monatsgehälter nach der Krise von durchschnittlich 1.000 Dollar auf heute umgerechnet 50 Dollar gesunken sind. Sie sind nun nicht mehr in der Lage, die grundlegenden Lebenshaltungskosten zu stemmen. Einige von ihnen besitzen Land und sind jetzt darauf angewiesen, es zu bewirtschaften, um ihren Bedarf zu decken, andere sind auf die Unterstützung von Hilfsorganisationen angewiesen, aber ihre Situation ist sehr unterschiedlich.*

Wird die Berufstätigkeit von Vätern und Söhnen gegenübergestellt, zeigt sich allerdings, dass es in der Struktur des ersten Tätigkeitsfelds, desjenigen der abgesicherten Beschäftigungen, eine grundlegende Verschiebung gegeben hat: Knapp die Hälfte der Väter (44 %) ist wirtschaftlich abgesichert, aber nur ein knappes Viertel (23 %) der Söhne. Im Detail fällt auf, dass 2021 von den männlichen Befragten, im Vergleich zu ihren Vätern (25 %), nur etwa halb so viele beamtet sind (13 %), was sich selbstredend im Verlauf der Karriere noch ändern kann. Bei den Angestellten ist hingegen bereits ein leichter Anstieg von acht auf zehn Prozent zu verzeichnen. Während keine jungen Menschen im Ruhestand sind, macht diese Gruppe in der Elterngeneration immerhin elf Prozent aus. Ein generationsbezogener Bruch der Beschäftigungsstruktur, der bereits 2016 sichtbar wurde, hat sich daher bis 2021 verfestigt (vgl. Gertel 2017a: 184). Im mittleren Bereich, demjenigen mit partieller Beschäftigungssicherheit, fällt auf, dass hier in der aktuellen Generation mehr Männer (40 %) tätig sind als in der Elterngeneration (24 %). Deutlich ist der Unterschied bei den Arbeitern, aber auch bei den Selbstständigen, die sich im Familienbetrieb engagieren. Hierzu passt, dass auch der dritte, der unsicherste Bereich, der besonders einkommensschwache Gruppen vereint, deutliche Unterschiede zwischen den Generationen aufweist: 31 Prozent der Väter in der Elterngeneration und 38 Prozent bei den befragten Männern sind hier beschäftigt. Einfache Dienstleistungen haben deutlich zugenommen (sie sind von 8 % auf 14 % angestiegen) und auch Tagelöhner sind nun häufiger vertreten (ihre Zahl ist von 14 % auf 18 % angewachsen). Allein die landwirtschaftlichen Aktivitäten haben etwas abgenommen; sie sind von neun Prozent auf sechs Prozent gesunken.

Wie gestaltet sich die Bedeutung des Monatseinkommens vergleichend für einzelne Beschäftigungsfelder? Während die Väter mehr als zwei Drittel (68 %) des finanziellen Gesamtvolumens der monatlichen Einkünfte im ersten Feld verdienen, macht dies bei den Söhnen nur noch 41 Prozent aus – was mit geringerer Absicherung der Haushalte einhergeht. Im mittleren Bereich erwirtschaften demgegenüber die Väter 19 Prozent und ihre Söhne 37 Prozent des Gesamtvolumens monatlicher Einkünfte, während im dritten, dem unsichersten Bereich statt zwölf Prozent (Väter) nun 22 Prozent (Söhne) des Gesamteinkommens aus monatlich entlohnter Beschäftigung generiert werden. Somit wird insgesamt eine wachsende ökonomische Polarisierung deutlich, sichere Arbeitsplätze verschwinden, unsichere Arbeitsbedingungen setzen sich durch. Prekarität weitet sich aus, obwohl die junge Generation besser denn je ausgebildet ist. Dieses Muster wachsender Unsicherheit spiegelt die Umstrukturierung der Arbeitsgesellschaft seit den 1980er-Jahren wider, die als Folge der Strukturanpassungsprogramme, des Abbaus sozialer Sicherung, der Privatisierung staatlicher Unternehmen inklusive Massenentlassungen einsetzte. Die Elterngeneration hatte bei ihrem Eintritt in den Arbeitsmarkt noch einen leichteren Zugang zu sicheren Arbeitsplätzen. Mit dem Abbau der früheren arabischen Wohlfahrtssysteme haben sich seitdem die Arbeitsbedingungen deutlich verschlechtert. Zwar sind die Befragten Berufseinsteiger, denen in den ersten Berufsjahren im Allgemeinen schlechtere Arbeitsbedingungen angeboten werden. Trotzdem sind die negativen Verschiebungen offensichtlich.

Fazit

Was sind die Auswirkungen der Coronapandemie und der jüngsten Krisen auf die wirtschaftliche Situation und die Arbeitsbedingungen der jungen Erwachsenen in der MENA-Region? Welche Prozesse der Enteignung hinterlassen Spuren und materialisieren sich in ihrem Alltag, ihrer Existenzsicherung und ihren Perspektiven? In den letzten drei Jahrzehnten führten neoliberale Transformationen mit radikalen Marktöffnungen und massiven staatlichen Sparmaßnahmen nicht nur zum Abbau arabischer Wohlfahrtssysteme und reduzierten soziale Schutzmechanismen, sondern als Folge bewaffneter Konflikte, Terroranschläge und repressiver Politik nach dem „Arabischen Frühling" kam es zum Rückgang von Investitionen beziehungsweise zu neuen, auch aus Asien diktierten Investitionsbedingungen, es folgten zudem massive Tourismuseinbrüche und ein großer Teil der Gastarbeiterüberweisungen blieb aus. Mit der Coronapandemie verschärften sich die ökonomischen Probleme und Immobilisierungen folgten, was die Arbeits-, Studien- und Freizeitmöglichkeiten radikal einschränkte und besonders die jungen Erwachsenen betrifft. Parallel dazu spitzten sich die Umwelt- und die Klimakrise zu, sodass angesichts dieser Entwicklungen die existenziellen Sicherheiten vieler junger Erwachsener bedroht sind.

Vier Entwicklungen sind besonders deutlich geworden: 2021 leben mehr Personen im elterlichen Haushalt als zuvor, nämlich über drei Viertel der Befragten. Dadurch geraten sie in eine ambivalente Situation: Sie erfahren wirtschaftlichen wie emotionalen Schutz von der wichtigsten sozialen Institution – ihrer

Familie. Aber gleichzeitig machen sie sich abhängig von der elterlichen Versorgung und den Werten einer anderen Generation, die ihre Arbeitserfahrungen zu einem früheren Zeitpunkt unter anderen Rahmenbedingungen gemacht hat. Ein selbstbestimmtes Leben wird für die jungen Erwachsenen hierdurch schwieriger.

In den fünf Jahren zwischen 2016 und 2021 hat sich zweitens die ökonomische Situation fast aller Familien verschlechtert. In sieben von acht Ländern wird dies deutlich sichtbar. Diese Deprivation betrifft sowohl Jugendliche, die noch bei den Eltern leben, als auch junge Erwachsene, die bereits ihren eigenen Hausstand gegründet haben. Besonders die erste Gruppe ist auch ökonomisch mit den Eltern eng verwoben – selbst wenn Jugendliche berufstätig sind, geben sie Geld an die Familie ab. Doch der überwiegende Teil von ihnen ist in Ausbildung oder arbeitet temporär beziehungsweise dauerhaft nicht für Lohn. Sie alle sind ökonomisch überwiegend von den Transferzahlungen ihrer Eltern abhängig. Aber sie beurteilen die ökonomische Lage ihrer Familien häufiger als 2016 als schlecht oder sehr schlecht. Die Verunsicherung hat zugenommen. Die zweite Gruppe, die der jungen Erwachsenen, die bereits einen eigenen Hausstand gegründet haben, erlebt die Krise mit voller Wucht, insbesondere die Männer. Über die Hälfte beurteilt die ökonomische Situation ihrer jungen Familie als schlecht oder sogar sehr schlecht. Sie werden nicht mehr direkt von der Herkunftsfamilie protegiert, sondern tragen die Auswirkungen von Enteignungsdynamiken persönlich.

Drittens, in der Elterngeneration arbeiten vor allem die Väter für Geld, während die Mütter überwiegend reproduktive Tätigkeiten übernehmen. An der Beschäftigungssituation der Väter zeigt sich, dass über zwei Drittel des regulären monatlichen Geldeinkommens in abgesicherten Berufsgruppen erwirtschaftet werden: im öffentlichen Dienst, in angestellten Positionen und im bezahlten Ruhestand. Doch mehrere Dynamiken schränken die zukünftigen finanziellen Leistungen ein: Die heutigen Renten- und Ruhegehaltsbezieher werden ihren Familien aufgrund ihres Alters nur noch eine befristete Zeit zur Verfügung stehen – wer diese finanzielle Lücke in den betroffenen Haushalten schließen wird, ist unklar. Vor allem die Tätigkeiten für den Staat stellten lange die wichtigste ökonomische Säule von Familien dar. Genau diese Stellen wurden zwischenzeitlich massiv abgebaut. Die junge Generation muss sich neue, oft weniger abgesicherte Tätigkeiten suchen. Zudem ist bereits ein gutes Drittel der Väter in unsicheren Berufsfeldern tätig, etwa als Tagelöhner oder als unausgebildete Dienstleister. Trotz der weiten Verbreitung erwirtschaften sie dabei nur zwölf Prozent des finanziellen Gesamtvolumens monatlich bezahlter Tätigkeiten. Der Arbeitsmarkt, in dem die Väter tätig sind, ist daher im Übergang begriffen. Aufgrund der Ausweitung von Unsicherheiten wird die Flexibilisierung eigenen Handelns zur unvermeidlichen Grundvoraussetzung und erschwert die Lebensplanung.

Viertens, die Teilhabe der jungen Erwachsenen an der Wirtschaft erfolgt über ihre Berufstätigkeit und ihren Konsum, der wiederum maßgeblich von ihrem verfügbaren Budget abhängt. Das Ausmaß temporärer und permanenter Arbeitslosigkeit ist dramatisch: Es betrifft ein Drittel aller jungen Erwachsenen. Besonders die unteren Schichten geben sehr häufig an, dass sie zudem bei der Berufswahl keine andere Option gehabt hätten. Während dieser Zwang einerseits abnimmt, ist andererseits die gesellschaftliche Akzeptanz der Arbeit ein häufigeres Motiv für die Arbeitsaufnahme geworden. Im Zusammenhang mit dem schwierigen Arbeitsumfeld und den problematischen Arbeitsmarktbedingungen hat allerdings die Verfügbarkeit eines persönlichen Budgets für die jungen Erwachsenen in den vergangenen sechs Jahren drastisch abgenommen; sie hat sich halbiert – eine weitere Auswirkung des Zusammentreffens der Krisendynamiken. Gleichzeitig hat sich die Digitalisierung ausgeweitet, bei Zahlungsmethoden sowie als Anforderung in bezahlten Arbeitszusammenhängen. Doch auch diese ist ambivalent. Das digitale Zahlungssystem stellt eine dezentrale Alternative zum klassischen Bankensystem dar, fördert aber gleichzeitig das Auslesen von Daten, die (ungewollte) Transparenz von Kunden, eine ausgelagerte Wertschöpfung (Datenverkauf) und weiteren Missbrauch. In der Arbeitswelt stellt die Plattformarbeit zwar eine neue, dezentrale Einkommensmöglichkeit dar; sie bleibt aber weitgehend in der Hand global agierender Konzerne, staatlich kaum sanktioniert und oft ohne jegliche Gewerkschaftsvertretung. Dennoch hat sie in der Region das Potenzial, als eine Achse der Selbstermächtigung weiblicher Arbeitskräfte zu fungieren.

Die angesprochenen Unsicherheiten haben schwerwiegende Folgen und wirken tief in die Gesellschaft hinein. Dabei zeigt sich, dass sich problematische Entwicklungen von 2016 verschärft haben – Enteignungsdynamiken wirken: Zwar stellen Familien das wichtigste soziale Sicherungssystem dar, doch deren Leistungsgrenze ist überschritten – immer mehr junge Erwachsene sind sich, auch wenn sie noch bei den Eltern wohnen, der immensen Belastungen bewusst. Ihr Stress nimmt zu. Zumal auch Bildung schon lange kaum noch soziale Mobilität garantiert und der Zugang zu sicheren Arbeitsplätzen sich trotz der wachsenden Zahl formeller Bildungsabschlüsse weiter verknappt: Die Prekarisierung weitet sich aus. Das kann nicht darauf reduziert werden, ein Ergebnis landesinterner Unfähigkeit oder Ineffizienz zu sein. Der Arbeitsmarkt ist global verflochten und äußerst mobil. Investitionen sind mit transnationalen Unternehmen und internationalen Finanzmärkten verknüpft – unabhängig davon, ob es um Tourismus, den Energiesektor, die Textilindustrie oder die Landwirtschaft geht. Auch Preise für Nahrungsmittel wie Getreide werden nicht mehr allein innerhalb von Landesgrenzen bestimmt, sondern etwa durch den Krieg in der Ukraine sowie von Banken, die in New York oder London ansässig sind.

KAPITEL 6

HUNGER UND GEWALT

Jörg Gertel

Eine der drängendsten Problemlagen in Nordafrika und im Nahen Osten ist das Zusammenwirken von Hunger und Gewalt. Dieses Problemfeld ist nicht nur Ausdruck radikaler Enteignungsprozesse, die eine Selbstbestimmung für die Betroffenen kaum mehr realistisch erscheinen lassen; Ursachen wie Folgen sind tief in die Sozialstrukturen eingeschrieben. Zudem werden Gewalt und Hunger häufig durch Kräfte und Dynamiken jenseits der MENA-Region mitverursacht, aber kaum verantwortet. Darüber hinaus zeigt sich, dass beide Phänomene territorial binnendifferenziert, kleinräumig ausgeprägt auftreten und unterschiedlichen zeitlichen Dynamiken unterliegen können: Beispielsweise erfolgen Wachstum und Ernte von Getreide in saisonalen Zyklen, bewaffnete Konflikte können sich über Jahre hinziehen, strukturelle Gewalt zwischen Männern und Frauen ist teilweise über Generationen wirksam, während Preisbildungsprozesse von Lebensmitteln in Sekundenbruchteilen stattfinden können. Dies alles kann in einem Moment und an einem Ort für einzelne Personen oder mehrere Gruppen zusammentreffen, sich überlagern und verstärken oder abschwächen.

Diese Dynamiken spiegeln sich in den empirischen Befunden wider, die im Folgenden als Grundlage der Analyse dienen. Während die standardisierten Befragungen im zweiten Jahr der Coronapandemie (2021) durchgeführt wurden und vor allem die Auswirkungen gesellschaftlicher Polarisierung und Immobilisierungen ans Licht bringen (Kap. 3), begann der russische Angriffskrieg in der Ukraine im Februar 2022 und entfaltet seither einen weiteren schwerwiegenden Einfluss auf die Nahrungssicherheit in der Region, was in den qualitativen Interviews mit den jungen Erwachsenen hervortritt.

Für das Verständnis von Nahrungsunsicherheit sind vor allem zwei Ansätze bedeutsam. Zum einen sind dies historische Untersuchungen, die die wirtschaftlichen Prinzipien und Regulierungen von Staaten und anderen Verbünden, sogenannte Nahrungsregime, beleuchten und analysieren und die der Frage nachgehen, wie Gewinne und Verluste verteilt sind und Akkumulation stattfindet. Dies beinhaltet die Analyse von Warenketten bei Nahrungsmitteln, also des Zusammenwirkens von Produktion, Vermarktung und Konsum (Burch/Lawrence 2009; McMichael 2016). Zum anderen geht es um die unmittelbaren Ursachen von Nahrungs- und Hungerkrisen, wobei Probleme bei der Produktion von Nahrungsmitteln, beim Zugang und bei Interventionen in Krisenkontexten betrachtet werden. Alle drei Bereiche können von direkter Gewalt betroffen sein, also durch bewaffnete Konflikte und Krieg wie in der Ukraine, im Jemen, im Sudan, Libyen oder Syrien, oder durch strukturelle Gewalt, die in Form von Ungleichheiten ins Sozialsystem eingeschrieben ist (Galtung 1971). In Fortsetzung unserer Ausführungen (Gertel/Wyrtki 2017) argumentiere ich, dass Nahrungsunsicherheit und Gewalt oft Hand in Hand gehen und vor allem die armen und schwachen Bevölkerungsgruppen treffen. Beide haben drastische Folgen, sie sind kaum reversibel und führen zu sozialen Brüchen sowie zum Verlust sozialer Standards. Durch Nahrungskrisen kann es zum kompletten Zusammenbruch des sozialen Systems kommen, was auch beinhaltet, dass Personen sterben (Gertel 2010a). Entsprechend ist der menschliche Körper als finaler Ort sozialer Auseinandersetzungen zu verstehen. Bei der Analyse der Ursachen und Risiken von Nahrungskrisen werden drei Kausalitäten unterschieden:

1. Produktionsprobleme (*production failure*): Hunger entsteht durch Produktionsversagen. Bewaffnete Konflikte und Kriege können hierzu beitragen. Lange wurde dies aus malthusianischer Perspektive allerdings als allein demografisch verursacht (wachsende Personenzahl pro Landwirtschaftsfläche), territorial beschränkt und ohne Wirtschaftsdynamik gedacht. Doch in weltweit verflochtenen und gesellschaftlich eingebetteten Nahrungssystemen können lokale Fehlernten potenziell ausgeglichen und demografisches Wachstum durch Ertragssteigerungen kompensiert werden. Dennoch zeigt sich, dass Produktionseinbrüche und daraus resultierende Preissteigerungen auch gegenwärtig über weite Distanzen an Konsumenten weitergereicht werden: Mangelnde Produktion beziehungsweise Lieferung in und aus der Ukraine koppelt sich so mit Konsumproblemen in Ägypten oder Tunesien.

2. Markt- und Zugangsprobleme (*entitlement failure*; Sen 1991): Zentrale Gelenkstelle der Überlegungen sind hier die asymmetrische Preisbildung und Volatilität von Nahrungspreisen innerhalb weltweiter Marktbeziehungen. Selbst bei lokal vorhandenen Nahrungsmitteln kann es mangels ausreichender Ressourcen und Armut immer wieder zu Nahrungsunsicherheit und Hunger kommen, da einzelne Personen und Gruppen infolge mangelnder Kaufkraft nicht die Nahrungsmittel kaufen können, die vorhanden sind. Dies ist insbesondere ein Problem für die wachsende Zahl der Armen, Vertriebenen und von bewaffneten Konflikten und Krieg Betroffenen. Die Gefährdung durch Nahrungsunsicherheit hängt somit oft von der Nichtverfügbarkeit ausreichender Ressourcen ab, von Zugangsproblemen wie fehlenden Einkommen oder verweigerten Rechten sowie vom Versagen bei der Übernahme von Verantwortung und vom Versäumnis, in kritischen Situationen zu intervenieren und sie abzuschwächen.

3. Verantwortungsprobleme und Interventionsversagen (*response failure*; Devereux 2007): Sie stehen für „neue" Hungerkrisen, solche unter Globalisierungsbedingungen. Trotz Möglichkeiten, einzuschreiten und zu helfen, resultieren sie aus unzulänglichen oder ausbleibenden Interventionen. Interventionsver-

sagen erfolgt oft in Zusammenhang mit restriktiven politischen Regimen und Kriegsereignissen. Besonders in Situationen mit bewaffneten Konflikten sind Hunger und Gewalt direkt gekoppelt: Hunger ist dann auch explizit als „Waffe" zu verstehen. In komplexen Notlagen werden Autoritäten oft gewaltsam infrage gestellt und es kommt zur Auflösung staatlicher Strukturen sowie zum Zerfall der Gesellschaft und dem Zusammenbruch von Solidaritätsbeziehungen. Nahrungskrisen in Kriegen oder komplexen Notsituationen können Ergebnis davon sein, dass ein Nahrungssystem in verschiedenen Segmenten brüchig geworden ist: auf der Ebene der Produktion ebenso wie auf der Ebene der Vermarktung oder des Transfers. Hungersnöte geschehen dann nicht einfach, sie werden bewusst gemacht. Sie sind dementsprechend nicht als Scheitern der sozialen oder ökonomischen Ordnung zu verstehen, sondern vielmehr als deren Produkt. Entsprechend müssen nicht nur lokale Ursachen von Unsicherheit analysiert werden, sondern auch externe, insbesondere von Hunger und Gewalt profitierende Kräfte sollten in den Blick genommen werden.

Im Folgenden werde ich zunächst die Ausprägungen von Nahrungsunsicherheit, Hunger und Gewalt im größeren regionalen Zusammenhang beleuchten, bevor ich für vier Länder exemplarisch individuelle Perspektiven vorstelle. Diese geben kontextspezifische Einblicke und dienen dazu, die Wechselwirkungen zwischen Gewalt- und Hungererfahrungen herauszuarbeiten.

Hunger

Die Hauptproblematik für viele Haushalte in der MENA-Region ist der Zugang zu Grundnahrungsmitteln, allen voran die Versorgung mit Getreide. Gegenwärtig greift eine Vielzahl wenig bekannter Akteure in das Geschehen und die Preisbildung von Getreide und Brot ein: Dazu zählen Getreidelogistiker wie Cargill, Investmentbanken wie Goldman Sachs sowie Hochfrequenzhändler wie Virtu Financial und deren Algorithmen, die den digitalen Handel mit Agrarrohstoffen, einen Hochgeschwindigkeitshandel im Nanosekundenbereich, dominieren. An anderer Stelle zeige ich, wie die Verzahnung marktliberaler Praktiken mit digitalisierter Technik neue gesellschaftliche Unsicherheiten entstehen lässt – ich nenne dies Technoliberalisierung (Gertel 2023). Große Handelsfirmen, allen voran Cargill, erwirtschaften als Getreidelogistiker in Krisensituationen oft hohe privatwirtschaftliche Gewinne. Gleichzeitig trägt der Handel mit Agrarrohstoffen wie Getreide seit Langem zur Formierung eines globalen Finanzmarktes bei. Das Wetten auf zukünftige Preisbewegungen bei Getreide bindet weit mehr Kapital als die De-facto-Lieferung des Grundnahrungsmittels. Warentermingeschäfte, die zunächst als Absicherung der Produzenten gegen zukünftige Preisrisiken entwickelt wurden, haben sich verselbstständigt und wurden zum eigenständigen Geschäftsmodell. Fiktive Preise, die auf Wetten basieren, beeinflussen dabei die realen Getreidepreise, nicht umgekehrt. Diese Wetten, in der Regel mit fremdem

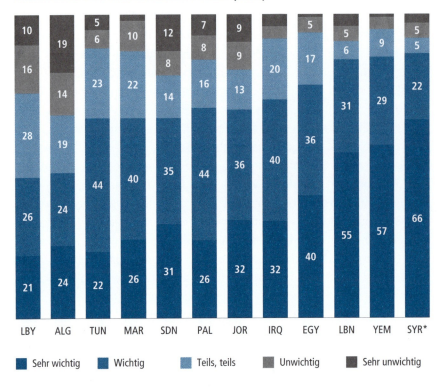

Abb. 6.1
BEDEUTUNG VON NAHRUNGSKNAPPHEIT (2021)

FRAGE 126
Welche Veränderungen gab es in den letzten fünf Jahren in deinem Leben? Wie wichtig waren diese Veränderungen? [...] Lebensmittelknappheit

HINWEISE Angaben in Prozent

Kapital, entfalten auch in der MENA-Region Wirkungen. Schwankende und steigende Nahrungsmittelpreise beeinflussen die Existenzsicherung, die Nahrungssicherheit und damit das körperliche Wohlbefinden. Marktakteure, die an der Preisbildung beteiligt sind, haben allerdings meist kein soziales Anliegen. Die Auswirkungen der Preisentwicklung von Grundnahrungsmitteln auf die Gesellschaft werden systematisch ausgeblendet; soziale Überlegungen werden gar als geschäftsschädigend wahrgenommen; es geht um Gewinnzielung und Profite. Vielfach bleiben diese Ursachen den Betroffenen verborgen, doch sie spüren die Auswirkungen.

Auf die Frage nach den wichtigsten Veränderungen in den vergangenen fünf Jahren rangieren bei den jungen Erwachsenen Nahrungsprobleme im Jahr 2021 ganz oben. Als „wichtig" und „sehr wichtig" bewertet, zeichnet sich von neun Aspekten bei der Frage folgende Hierarchie ab: zunehmende Abschottung von

Abb. 6.2
BEDEUTUNG VON NAHRUNGSKNAPPHEIT (2016 / 2021)

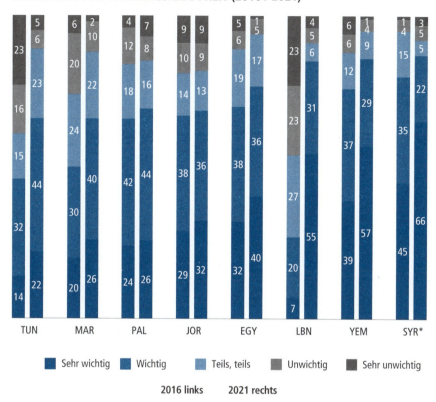

FRAGE 126

HINWEISE Angaben in Prozent

der Außenwelt (56 %), Klimawandel (59 %), wachsende Gewalt (64 %), soziale Instabilität (65 %), Veränderungen in der Familie (66 %), Gefahren durch die Covid-19-Pandemie (69 %), gleichrangig mit dem Verlust von Arbeitsplätzen (69 %), und schließlich Nahrungsknappheit (70 %). Über zwei Drittel der Befragten sehen die Nahrungsknappheit somit an erster Stelle und beurteilen sie als wichtig oder sogar sehr wichtig in ihrem Leben. Die Exposition unterscheidet sich von Land zu Land (Abb. 6.1). In Libyen und Algerien, zwei Erdölexportländern, liegt der Anteil von Personen, die 2021 Nahrungsknappheit als wichtig oder sehr wichtig einschätzen, unter 50 Prozent. In sechs Ländern liegt der Anteil zwischen 50 und 75 Prozent; und in vier Ländern, nämlich in Ägypten, im Libanon, im Jemen und bei den syrischen Geflüchteten, sind es über drei Viertel der Befragten. Die Dynamik zwischen 2016 und 2021 lässt sich für acht Länder nachzeichnen (vgl. Abb. 6.2): Überall ist die Bedeutung der Nahrungsmittelversorgung in

Abb. 6.3
AUSGABENPROFILE: VERTEILUNG DER VIER HÖCHSTEN AUSGABEN

	∅	LBY	ALG	TUN	YEM	LBN	JOR	PAL	MAR	SDN	EGY	IRQ	SYR*
Weizen und Brot	25	8	13	14	16	22	24	29	27	30	30	31	50
Snacks	26	22	29	22	36	32	22	31	16	31	27	18	21
Mit Freunden ausgehen	28	16	34	29	15	37	28	33	31	36	45	22	14
Lebensmittel (Öl, Zucker etc.)	32	18	23	40	16	29	36	42	28	33	30	37	52
Mobiltelefon	32	48	29	27	38	57	32	12	30	20	37	19	41
Internet	38	68	32	40	24	33	28	34	49	52	42	27	23
Kleidung	49	72	48	50	61	55	51	51	42	33	37	57	36

FRAGE 89
Bitte nenne die vier Dinge, für die du am meisten Geld ausgibst.

HINWEISE Angaben in Prozent. Wiedergegeben sind die sieben meistgenannten der 20 abgefragten Positionen.

der Einschätzung der jungen Menschen gestiegen. Die größten Zuwächse fanden im Libanon (+59 Prozentpunkte), Tunesien (+20), Marokko (+16) und im Jemen (+10) statt. Jordanien, Palästina, Ägypten und auch die syrischen Geflüchteten verzeichneten nur einstellige Zuwächse.

Die jungen Erwachsenen wurden zudem gebeten, die vier bedeutendsten Ausgabenpositionen im Alltag für sich und ihre Familien anzugeben. Die sieben meistgenannten Positionen werden in Abbildung 6.3 aufgeführt. Mit Abstand am häufigsten (49 %) werden die Ausgaben für Kleidung genannt, vor allem in Libyen, dem Sudan und dem Irak – dass dies kein Widerspruch zu Erfahrungen von Nahrungsunsicherheit sein muss, hat bereits Gerd Spittler (1982) in seinem Beitrag „Kleidung statt Essen" deutlich gemacht. Wie fast zu erwarten, rangieren Internet und Mobiltelefon direkt danach. Dann folgen die Ausgaben für Grundnahrungsmittel (32 %), die besonders häufig in Palästina und Tunesien und von syrischen Geflüchteten genannt werden. In der weiteren Ausgabenhierarchie erscheinen dann die beiden Positionen „Mit Freunden ausgehen" und die „Snacks". Diese beiden Positionen repräsentieren, zumindest teilweise, ein typisches Freizeitverhalten junger Erwachsener. Dann, an siebter Stelle, folgen die Ausgaben für Brot und Weizen (25 %), mit hohen Prozentwerten bei den syrischen Geflüchteten, im Irak, in Ägypten und im Sudan. Addiert man die

Abb. 6.4
BEDEUTUNG VON BILLIGEM BROT

	ALG	TUN	IRQ	MAR	PAL	EGY	SDN	LBN	LBY	JOR	SYR*	YEM
Brot: sehr große Bedeutung 2021	39	55	55	58	65	70	70	74	75	76	88	90
Brot: sehr große Bedeutung 2016	/	64	/	40	63	65	/	43	/	72	87	83
Lebensmittelkarte verfügbar 2021	3	3	91	3	19	76	10	3	8	0	16	33
Lebensmittelkarte verfügbar 2016	/	2	/	1	4	71	/	1	/	4	46	0
Bedeutung Lebensmittelkarte 2021	K. F.	K. F.	68	K. F.	91	89	43	K. F.	73	0	86	91
Bedeutung Lebensmittelkarte 2016	/	K. F.	/	K. F.	K. F.	80	/	K. F.	/	K. F.	86	0

FRAGEN 91 (2016: 98), 92 (2016: 104), 93 (2016: 105)
Wie wichtig ist dir und deiner Familie billiges Brot?; Besitzt du eine Karte (Bezugsschein, Gutschein etc.), um Lebensmittel zu kaufen oder zu erhalten?; Wie wichtig ist die Lebensmittelkarte für dich und deine Familie?

HINWEISE Angaben in Prozent „Sehr wichtig" (Fragen 91 und 93) beziehungsweise „Ja" (Frage 92). K. F. = kleine Fallzahl.

beiden Häufigkeiten der Nennung von Grundnahrungsmitteln und Brot (was nur illustrativ ist, aber keinen numerischen Sinn ergibt, da es sich um Mehrfachnennungen handelt), wird deutlich, dass die syrischen Geflüchteten, gefolgt von den Palästinensern und den Irakern, hohe Werte erzielen und demnach einen großen Teil ihres Budgets für Nahrungsmittel ausgeben.

Das Bild wird noch realistischer, wenn die unterschiedlichen Lebenssituationen der Befragten hierbei zugrunde gelegt werden: Leben sie noch bei ihren Eltern, oder führen sie einen eigenständigen Haushalt? Ein Fünftel derjenigen (19 %), die noch bei den Eltern wohnen, gibt an, für Brot und Getreide viel Geld auszugeben. Für ein Viertel der gleichen Gruppe (25 %) rangieren die Aufwendungen für Grundnahrungsmittel unter den vier höchsten Konsumausgaben. Das liegt jeweils unter dem Durchschnittswert. Demgegenüber tätigen 43 Prozent der jungen Erwachsenen mit eigener Familie hohe Ausgaben für Brot und 53 Prozent für Grundnahrungsmittel. Das ist mehr als doppelt so viel wie in der ersten Gruppe. Die Bedeutung von Brot und Grundnahrungsmitteln ist demnach gruppenabhängig sehr unterschiedlich. Betrachtet man die einzelnen Länder, nennen vor allem junge Familien im Sudan (68 %), unter syrischen Geflüchteten (61 %) sowie in Ägypten und Marokko (je 54 %) Ausgaben für Brot am häufigsten. Dies gilt fast analog für die Aufwendungen für Grundnahrungsmittel: 74 Prozent im

Sudan und je 63 Prozent in Jordanien und in Palästina. Die Bedeutung einer kritischen Ernährungssituation tritt für diese Gruppen somit deutlich hervor.

Diese Exposition wird nochmals unterstrichen, wenn direkt nach der Bedeutung von preiswertem Brot gefragt wird (Abb. 6.4). Zwei Drittel (68 %) aller Befragten geben an, dass billiges Brot für sie und ihre Familie sehr wichtig sei, und für ein weiteres Viertel (25 %) ist es immerhin noch wichtig. Die drei Länder, in denen die Bedeutung von Brot am häufigsten sehr wichtig ist, sind der Jemen (90 %), die syrischen Geflüchteten im Libanon (88 %) und Jordanien. Im Vergleich zu den Angaben, die für 2016 vorliegen, zeichnen sich 2021, mit Ausnahme von Tunesien, durchgängig größere Häufigkeiten ab. In den fünf Jahren hat die ohnehin sehr große Bedeutung von Brot für die Existenzsicherung breiter Bevölkerungsschichten folglich weiter zugenommen. Als besonders abhängig vom Zugang zu billigem Brot erweisen sich erneut die jungen Familien, also diejenigen, die bereits aus dem Elternhaus ausgezogen sind. Hier beurteilen drei Viertel (75 %) die Bedeutung von billigem Brot als sehr wichtig. Negative Spitzenreiter sind auch hier die jungen Familien im Jemen und unter den syrischen Geflüchteten im Libanon. Diese Befunde zu den einzelnen Ländern, deren junge Erwachsene besonders exponiert sind, stimmen mit denen zur Enteignung überein: Es sind Ägypten, der Sudan, Jordanien, der Jemen, der Libanon und die syrischen Geflüchteten im Libanon, wo mindestens drei Viertel der Haushalte ihre ökonomische Situation inklusive der Puffermöglichkeiten als eher schlecht und sehr schlecht beurteilen (vgl. Kap. 3, Abb. 3.3). Das impliziert, dass ein Großteil des verfügbaren Einkommens für Grundnahrungsmittel, allen voran für Brot, aufgewendet werden muss. Die gefährdete Ernährungssicherheit steht entsprechend für eine Enteignung von Lebenschancen.

In einigen Ländern interveniert der Staat, aber auch internationale Hilfsorganisationen, allen voran das World Food Programme (WFP), und unterstützt die Bevölkerung beziehungsweise Geflüchtete durch Nahrungsmittelsubventionen. Eine Form ist die Ausgabe von Rationskarten (Abb. 6.4). In Ägypten verfügen über drei Viertel der Bevölkerung über eine Lebensmittelkarte; sie ist dort von großer und wachsender Bedeutung (Gertel 2023). Auch im Irak und in Palästina ist eine Lebensmittelkarte für fast alle verfügbar, doch ebenso im Jemen sowie für einige Gruppen in anderen Ländern spielt die staatliche oder internationale Unterstützung eine entscheidende Rolle. Allerdings sind die Situationen der Ernährungssicherung dynamisch und können sich jederzeit ändern, wie dies auch durch den russischen Angriffskrieg in der Ukraine geschehen ist. Nahrungsunsicherheit ist nicht nur einfach ein Zeichen der Enteignung von Lebenschancen, sie steht für eine Abhängigkeit von internationalen Handlungsketten, für das Interventionsversagen nationaler Regierungen und die mangelnde Verantwortung der internationalen Gemeinschaft in Konfliktlagen, für den Einsatz von Hunger als Waffe, oft für den Vorrang kommerzieller Interessen gegenüber dem Gemeinwohl, immer jedoch für Rücksichtslosigkeit und verschiedene Formen von Gewalt.

Gewalt

Bei der Analyse der empirischen Befunde zu Gewalt sind drei Aspekte zu bedenken: Zum einen ist die Befragungssituation im Blick zu behalten. In persönlichen Interviews sollen die befragten Personen Fremden gegenüber Dinge preisgeben, die sie unter Umständen als intim empfinden, beispielsweise wenn es um häusliche oder sexualisierte Gewalt geht (vgl. Kisa et al. 2023). Die Bereitschaft, in diesem Kontext umfassend zu antworten, sollte daher nicht vorausgesetzt werden. Auch bei anderen Fragen kann dies, abhängig von den Personen, mehr oder weniger problematisch sein. Zum anderen bestehen Unterschiede zwischen generellen Einschätzungen und persönlichen Erfahrungen. Hierbei wirkt die Differenz zwischen dem, was allgemein in der sozialen Umgebung besprochen und verhandelt wird (Diskurse), und dem, was de facto persönlich erlebt ist und reflektiert wird (Reflexion), auf die Repräsentation der Ereignisse ein (Matthies-Boon 2017; Nikro/Hegasy 2018). Drittens verschieben sich, abhängig von kollektiven Erfahrungen, oft länderspezifisch die Referenzen und Standards bei den Antworten. Beispielsweise zeigt sich, dass die Befragten in Algerien hohe Häufigkeiten bei Gewalterfahrungen angeben (Abb. 6.5); das hat möglicherweise mit zurückliegenden Kriegsereignissen und der jüngsten Widerstandsbewegung (*hirak*) gegen das etablierte politische System zu tun, an der viele junge Menschen teilnahmen. Kollektive Erfahrungen können jedoch auch bewusst reflektiert und das Sprechen darüber als politische Handlung, als Offenlegung von Ungerechtigkeiten verstanden werden. Insgesamt bedeutet dies, dass die im Folgenden präsentierten Befunde weniger numerisch auszuwerten als kontextspezifisch zu interpretieren sind.

Etwa zwei Drittel der jungen Erwachsenen beurteilen die Bedeutung wachsender Gewalt als „wichtige" oder „sehr wichtige" Veränderung in ihrem Leben der letzten fünf Jahre. Länderspezifisch scheint dies mit 50 Prozent in Libyen am wenigsten der Fall zu sein, während im Libanon mit 75 Prozent der Befragten die meisten dieser Überzeugung sind (Abb. 6.5). Über zwei Drittel der Jugendlichen im Jemen, in Ägypten und bei den syrischen Geflüchteten finden dies ebenso. Nicht überraschend zeigen sich die größten Zuwächse zwischen 2016 und 2021 im Libanon, wo aufgrund der Kopplung von Finanz-, Staats- und Flüchtlingskrisen deutlich häufigere Gewalterfahrungen berichtet werden (+31 Prozentpunkte). Zugenommen haben die Gewalterfahrungen zudem in Marokko (+16), in Ägypten (+9) sowie in Palästina (+4). Rückläufig sind sie in Jordanien (−12), bei den syrischen Geflüchteten (−9) und im Jemen (−3). Gerade die syrischen Geflüchteten konnten sich, wenn auch auf sehr niedrigem Niveau, etwas konsolidieren und sich zwischenzeitlich im Libanon einrichten (Abb. 6.6). Die Bedeutung wachsender Gewalt zeigt im Schichtenindex zwar einen steigenden

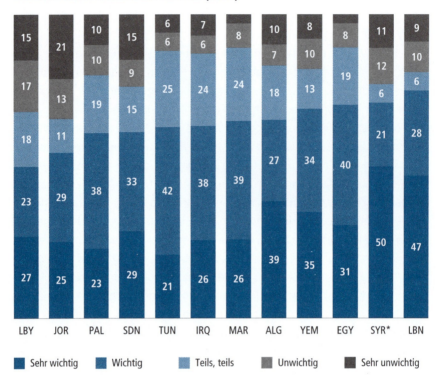

Abb. 6.5
BEDEUTUNG WACHSENDER GEWALT (2021)

FRAGE 126
Welche Veränderungen gab es in den letzten fünf Jahren in deinem Leben? Wie wichtig waren die Veränderungen? [...] Wachsende Gewalt

HINWEISE Angaben in Prozent

Gradienten der Anzahl an Personen, die diese Erfahrung als wichtig oder sehr wichtig beurteilen (von 61 % bei der obersten Schicht zu 68 % bei der untersten Schicht). Doch dies spiegelt eher die Größe der Gruppen (hier der unteren Schichten) wider, die sich häufiger in Ländern mit gewaltsamen Konflikten befinden, als dass diese Aussage per se schichtspezifisch wäre. Auch geschlechtsspezifisch zeigen sich keine Unterschiede. Weitere Aufschlüsse zu Gewalterfahrungen liefern allerdings die persönlichen Befunde.

Zwei von uns abgefragte Aussagen zur persönlichen Gewalteinstellung treten hervor: „Angesichts all der Gewalt, über die die Medien berichten, werde ich traurig und deprimiert" und „Ich hasse Gewalt. Ich ertrage nicht, wenn Menschen unter Gewalt leiden". Über drei Viertel der Befragten, insgesamt 81 beziehungsweise 80 Prozent, stimmen diesen Aussagen (sehr) zu. Gefolgt werden sie von den beiden Statements „Die Lage im öffentlichen Raum ist zunehmend ange-

Abb. 6.6
BEDEUTUNG WACHSENDER GEWALT (2016 / 2021)

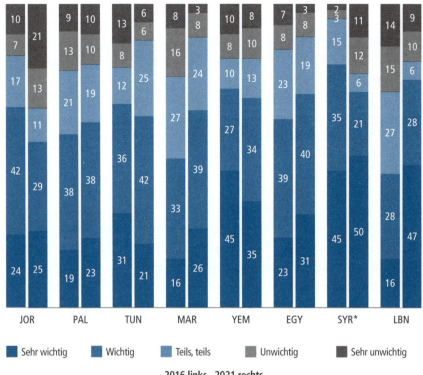

FRAGE 126
HINWEISE Angaben in Prozent

spannt" und „Ich glaube, dass der Rückgriff auf Gewalt weitere Gewalt schürt". In beiden Fällen liegt die Zustimmung bei 76 Prozent. Während bei den ersten beiden Aussagen die Frauen durchschnittlich etwa fünf Prozent häufiger zustimmen, fällt die Beantwortung der beiden letzten Aussagen bei Männern und Frauen gleich aus. Abbildung 6.7 zeigt das Spektrum der Gewalterfahrungen. Es reicht von „Zeuge von Gewalthandlungen gewesen zu sein" (38 %) bis hin zu „Folter erlebt zu haben" (6 %). Die drei häufigsten Erfahrungen sind neben derjenigen, Zeuge von Gewalt geworden zu sein, psychische Gewalt (23 %) und die persönlich erlebte Gewalt (18 %). Aber auch Vertreibungen, die Zerstörung von Eigentum, Hungererfahrungen, sexuelle Übergriffe, familiäre Gewalt und Schläge kommen bei über zehn Prozent der befragten jungen Erwachsenen vor – wohlgemerkt, immer eine wahrscheinlich hohe Dunkelziffer vorausgesetzt. Hungererfahrungen liegen besonders in vier Ländern vor: bei den Geflüchteten aus Syrien, im Sudan, in Algerien sowie im Jemen – was deckungsgleich ist mit den bisherigen Befunden. Länderspezifisch werden auch bei anderen Gewalterfahrungen die bisherigen Muster deutlich (Abb. 6.7): Im Jemen, bei den syrischen Geflüchteten, im Sudan und in Algerien liegt die Häufigkeit von mindestens vier Gewalterfahrungen über dem Durchschnitt des Samples. Algerien sticht, wie bereits herausgestellt wurde, deutlich heraus und wird, wie auch der Sudan und der Jemen, ebenso wie die syrischen Geflüchteten im Libanon und die Libanesen in den folgenden Fallstudien genauer aus individueller Perspektive ausgeleuchtet. Die schwerwiegende Bedeutung häuslicher und sexueller Gewalt in Kombination mit dem sozialen Status wird an den Schilderungen der 17-jährigen, geschiedenen Hoda im Jemen deutlich:

Ich gehöre zu den Mädchen, die direkt diskriminiert wurden. Ich wurde im Alter von 13 Jahren mit einem Mann verheiratet, der 27 Jahre älter war als ich. Er hatte bereits zwei Frauen geheiratet und ich war die dritte Frau. Ich war ein Kind, meine Eltern und meine älteren Brüder, mein Onkel und mein Großvater schlugen mich, damit ich der Heirat zustimmte, und ich weigerte mich bis zum Zeitpunkt des Vertrags, den einer meiner Onkel an meiner Stelle unterschrieb, da ich minderjährig war und keinen Ausweis hatte. Ich bin immer noch minderjährig, denn ich bin jetzt 17 Jahre alt, geschieden und Mutter von zwei Kindern. Ich spiele mit meinen Freundinnen und plötzlich erfahre ich, dass ich verheiratet werde. Es war eine brutale Nacht, in der mein Mann gewalttätig wurde und mich schlug, bis ich ohnmächtig wurde, ohne etwas zu fühlen. Bei meiner ersten Geburt wäre ich fast gestorben, denn ich war erst 14 und ein halbes Jahr alt und habe stark geblutet. Aber meine Eltern machten mir Vorwürfe und jedes Mal, wenn ich mich bei ihnen über die Bosheit meines Mannes und seine Schläge beschwerte, sagten sie, ich müsse geduldig sein. Sie glaubten mir nicht einmal, dass er mich vor fünf Monaten schlug, als ich mit meinem zweiten Kind im siebten Monat schwanger war, bis ich fast starb, und dann ließ er sich von mir scheiden und warf mich und meine Kinder raus. Meine Familie sagt mir, dass ich ein Mädchen bin und mein Platz nur in der Küche und im Dienst der Männer ist. Diese Phrasen werden von Generation zu Generation weitergegeben. Nach der Scheidung habe ich nicht mal genug Geld für ein Stück Brot, denn mein Vater und meine Brüder sagen mir, sie seien nicht verpflichtet, etwas für meine Kinder auszugeben, und ich wiederum kann meine Kinder nicht meinem geschiedenen Mann überlassen. Also versuche ich, selbst für Essen und Trinken zu sorgen. Manchmal habe ich kein Einkommen und kann ihnen nichts gegeben.

Vor dem Hintergrund dieser verstörenden Erfahrung von Hoda bleibt festzuhalten, dass die allermeisten jungen Erwachsenen Gewalt ganz und gar nicht

Abb. 6.7
GEWALTERFAHRUNGEN

	Ø	SYR*	LBN	LBY	MAR	IRQ	TUN	YEM	PAL	JOR	SDN	ALG
Zeuge von Gewalt geworden	38	25	26	31	31	31	39	40	44	45	52	77
Psychische Gewalt erfahren	23	40	16	17	16	23	12	18	16	14	42	52
Gewalt selbst erfahren	18	13	8	11	15	14	13	18	10	8	36	61
Vertreibung erlebt	14	7	5	18	5	13	4	20	5	4	13	11
Zerstörung von Eigentum erlebt	13	55	7	13	6	13	7	8	12	8	15	11
Hunger gelitten	12	46	7	5	5	9	4	13	7	8	17	15
Sexuelle Belästigung erlebt	12	10	6	5	16	9	9	8	3	6	27	44
Häusliche Gewalt erfahren	11	10	5	5	10	9	7	13	8	6	19	31
Mehrfach zusammengeschlagen worden	11	16	6	7	9	9	7	9	9	7	24	26
Folter erlitten	6	19	4	3	3	7	3	3	6	4	10	/

FRAGE 159
Hast/bist du jemals …?

HINWEISE Angaben in Prozent

wünschen. Dennoch ist sie Teil ihres Alltags: Zwei Drittel von ihnen beurteilen wachsende Gewalt als wichtige oder sogar sehr wichtige Veränderung ihres Lebens der vergangenen fünf Jahre (bezogen auf 2021). Die größten Zuwächse erfolgten im Libanon, Marokko und Ägypten, während die syrischen Geflüchteten im Libanon und die Jemeniten sich mit den jeweiligen Konfliktlagen „arrangiert" haben, allerdings auf sehr exponiertem Niveau. Dabei wirkt ein großes Spektrum an Gewalterfahrungen teilweise gleichzeitig. Dennoch gilt: Diese Feststellungen sind generalisierend, wie an den Fallbeispielen deutlich wird.

Erdölexportierende Länder: Libyen und Sudan

Aus den bisherigen Befunden wird deutlich, dass die jungen Erwachsenen in einzelnen Ländern unterschiedlich gegenüber Gewalt und Nahrungsunsicherheit exponiert sind. Zu Ägypten (Gertel 2023) und Jordanien (Martinez 2022) liegen einschlägige Studien aus jüngster Zeit vor. Im Folgenden werden vier Länder genauer in den Blick genommen: Zunächst zwei Länder (Libyen und Sudan), die in dieser Studie neu hinzugekommen sind, dann der Jemen und der Libanon, da hier die Verschränkungen von Gewalterfahrungen und bewaffneten Konflikten deutlich hervortreten und die Zukunft der jungen Erwachsenen maßgeblich prägen. Die Fallstudien zu den neu in die Analyse aufgenommenen Ländern sind aus zwei weiteren Gründen interessant: Zum einen handelt es sich um erdölexportierende Länder, sodass davon auszugehen wäre, dass die Bevölkerung an den Einkommen aus den Erdölexporten partizipiert und damit weniger von den Preisschwankungen des Getreides auf dem Weltmarkt und den Versorgungseinbrüchen infolge des Kriegs in der Ukraine seit 2022 betroffen ist. Zum anderen haben junge Erwachsene in diesen Ländern verschiedene Formen von Gewalterfahrungen gemacht, sodass die Lebensrealität vor Ort sich unterschiedlich darstellt (Abb. 6.7).

Libyen war über Dekaden hinweg ein reiches, erdölexportierendes Land und zog viele arabische Arbeitsmigranten, etwa aus Ägypten, an. Seit über einem Jahrzehnt hat das Land allerdings mit komplexen Problemlagen und Schocks zu kämpfen, darunter mit politischer Instabilität, wirtschaftlichem Niedergang und institutioneller Fragmentierung, was durch die Covid-19-Pandemie und den Krieg in der Ukraine noch verschärft wird. Nachdem Libyen 1951 von Italien unabhängig geworden war, kam 1969 Muammar al-Gaddafi an die Macht. Seine Herrschaft endete nach über 40 Jahren im blutigen Umbruch von 2011. Zahlreiche ausländische Akteure aus den USA, Russland, Europa und der Türkei sowie islamistische Milizen und syrische Söldner verfolgen vor Ort seither eigene Interessen. Von der Parlamentswahl 2014 bis zur Unterzeichnung des Waffenstillstands 2020 herrschte Bürgerkrieg und das Land zerbrach in einen West- und einen Ostteil. 2021 konnte eine Einheitsregierung gebildet und freie Wahlen in Aussicht gestellt werden. Libyen wird in Europa gegenwärtig vor allem als Transitland Hunderttausender afrikanischer Geflüchteter, Migrantinnen und Migranten wahrgenommen, die vielfachen Verbrechen ausgesetzt sind. Für die Nahrungssicherung ist Libyen in hohem Maße von Getreideimporten aus Russland und der Ukraine abhängigig. Die hohen Preise für Nahrungsmittel haben besonders bedürftige Haushalte betroffen und sie den Risiken der Ernährungsunsicherheit ausgesetzt. Die Vereinten Nationen sehen jüngst eine deutliche Verbesserung der humanitären Gesamtsituation und stellen heraus, dass die Zahl der Menschen, die Hilfe benötigen, von 1,5 Millionen im Jahr 2021 auf 803.000 im Jahr 2022 zurückging. Das WFP unterstützte im Jahr 2022 schätzungsweise 230.000 bedürftige Personen (WFP 2022a: 8).

Für die jungen Erwachsenen in Libyen stellt sich, je nach persönlicher Situation, die Gesamtlage im Frühjahr 2022 sehr unterschiedlich dar. Die 30-jährige Randa lebt bei ihren Eltern. Sie ist ledig, verfügt über einen Universitätsabschluss und arbeitet bei einer internationalen Nichtregierungsorganisation in Tripolis. Hinsichtlich der Auswirkungen des Ukrainekriegs stellt sie fest:

Wir mussten uns nicht umstellen, zum Beispiel den Konsum bestimmter Nahrungsmittel einschränken oder ganz darauf verzichten, wir sind auf dem gleichen Niveau geblieben wie immer.

Amira, eine 18-jährige Schülerin aus Bengasi, zeichnet hingegen ein völlig anderes Bild:

Der Krieg in der Ukraine hat so viel verändert, dass die Versorgung mit Lebensmitteln für die, die zur selben sozialen Schicht wie wir gehören, und besonders für diejenigen, die noch weniger Geld zur Verfügung haben, so schlecht ist, dass sie keine gesunden Lebensmittel kaufen können und manchmal auch gar kein Essen haben. Für sie ist es ein Wunder, einen Sack Zucker oder Reis oder gar gutes Öl zu kaufen. Nach dem Krieg begann die Unterernährung, und auch Krankheiten haben sich ausgebreitet, zumal wir im Osten Produkte aus Ägypten konsumieren, die überhaupt nicht gesund sind. Das führte zur Ausbeutung in Libyen durch den Import von ägyptischen Produkten minderer Qualität, zu deren Kauf Angehörige fast aller Schichten gezwungen sind. Die einzige Ausnahme ist die wohlhabende Schicht, die gesunde Lebensmittel konsumiert. Die meisten Menschen sind deprimiert und denken, dass es an der politischen Situation liegt, während ihnen die Mängel in ihrer Ernährung nicht bewusst sind, wie zum Beispiel Vitamin-D-Mangel, der Depressionen verursacht, oder Vitamin-B-Mangel, der zu Kopfschmerzen und Lethargie führt. Viele haben aufgrund von Unterernährung und Armut nicht einmal die Kraft aufzustehen. In den Krankenhäusern können sie die Mängel nicht einmal mit Medikamenten ausgleichen. Die hohen Preise und die Unterernährung haben die gesamte Bevölkerung kaputt gemacht. Eltern denken ständig darüber nach, wie sie ihre Kinder gesund ernähren oder überhaupt mit Nahrung versorgen können. Für mich persönlich ist das Essen zu einer tragischen Sache geworden.

Zwar lebt Amira wie Randa auch noch bei den Eltern, sie bezeichnet die wirtschaftliche Situation ihrer Familie aber als „eher gut". Ihr Vater ist arbeitslos und ihr älterer Bruder hatte während der Pandemie zeitweise seine Arbeit verloren, während die beiden jüngeren Brüder noch zur Schule gehen. Allen ist bewusst: Anderen im Land geht es weitaus schlechter. Dennoch waren 2021 und 2022 gute Jahre, die Sicherheitssituation hat sich etwas konsolidiert. Nichtsdestotrotz bestimmt der kaufkraftbedingte Zugang zu Grundnahrungsmitteln die Ernährungssicherheit und somit die Existenzsicherung.

Der Sudan ist seit 1956 politisch unabhängig von seiner vormaligen europäischen Kolonialmacht, dem Vereinigten Königreich. Nach langen Bürgerkriegsjahren (1955 bis 1972) und einer kurzen demokratischen Phase in den 1980er-

Jahren kam 1989 Umar al-Baschir durch einen Militärputsch an die Macht. 1983 brach der Bürgerkrieg neu aus und dauerte bis 2005. Die nachkoloniale Extraktionsökonomie wurde vor allem mit der Erdölerschließung und deren Exporten nach China fortgesetzt. Politisch ist der Südsudan vom Sudan durch ein Referendum im Juli 2011 unabhängig geworden und die Auseinandersetzung um Ressourcen wie Agrar- und Weideland sowie Gold und fossile Rohstoffe ist in eine neue Phase eingetreten (Gertel et al. 2014). Im April 2019 wurde al-Baschir nach 30-jähriger Amtszeit durch einen weiteren Militärputsch abgesetzt. Militärführung und zivile Opposition einigten sich auf eine Übergangsregierung, die das Land innerhalb von fünf Jahren demokratisieren sollte, was aber kaum stattfand. Jahrzehntelange bewaffnete Konflikte, politische Instabilität, extreme Wetterereignisse und schlechte wirtschaftliche Bedingungen sowie ausländische Interessen haben zu weitverbreiteter Ernährungsunsicherheit, Unterernährung und mangelnder Grundversorgung beigetragen, was zu Millionen von Vertriebenen im Sudan führte. Der Sudan ist heute das Land mit den meisten Binnengeflüchteten weltweit. Am 15. April 2023 brachen Kämpfe zwischen den sudanesischen Streitkräften unter Führung von General Abdel Fattah Burhan und den Rapid Support Forces (RSF) unter General Mohammed Hamdan Daglo (bekannt als „Hemeti") aus. Die RSF haben ihre Wurzeln in der Dschandschawid-Miliz, die in Darfur über Jahre hinweg ethnische Säuberungen durchführte. Seither eskalieren die bewaffneten Auseinandersetzungen. Das Welternährungsprogramm (WFP) warnte im Mai 2023 davor, dass in den kommenden Monaten weitere 2 bis 2,5 Millionen Menschen im Sudan aufgrund der anhaltenden Gewalt durch Hunger bedroht sind, der damit auf ein Rekordniveau ansteigen würde. Mehr als 19 Millionen Menschen, zwei Fünftel der Bevölkerung, wären dann betroffen (WFP 2023). Bis Dezember 2023 hat der Krieg zu 5,9 Millionen Binnenvertriebenen geführt. Tausende von Toten sind unter der Zivilbevölkerung zu beklagen, die sexuelle Gewalt hat zugenommen, und Gesundheits- und Hungerkrisen prägen den Alltag.

Die folgenden Aussagen wurden zu einem Zeitpunkt getroffen, als zwar der Ukrainekonflikt gerade begonnen hatte, aber viele im Sudan noch der Hoffnung waren, die zivilgesellschaftlichen Kräfte könnten im Zusammenwirken mit den Militärs zu einer sicheren Zukunft beitragen. Der 30-jährige, verheiratete Mahir, der in al-Faschir im Westsudan an der Universität als wissenschaftlicher Angestellter tätig ist, unterstreicht:

Ich bin der Meinung, dass der Krieg in der Ukraine die Ernährungssicherheit in der ganzen Welt beeinträchtigt hat. Und er kann in einigen Ländern zu politischen Unruhen führen. Es gibt Lebensmittel, die ich hier wegen dieser Krise nicht bekommen kann, wie zum Beispiel australisches Mehl, sodass wir uns in der Familie auf Hirse verlegt haben. Allerdings haben sich die Preise für

Hirse aufgrund der gestiegenen Nachfrage vervierfacht, sodass einige Leute die Unterstützung des Welternährungsprogramms in Anspruch genommen haben. Das Einkommen meiner Familie reicht nicht mehr aus [...] und ich muss mehr Stunden arbeiten.

Bashir, der 27 Jahre alt ist und als Angestellter in Gedaref, 400 Kilometer südwestlich von Khartum, arbeitet, stellt fest:

Da der Sudan einer der wichtigsten Importeure von ukrainischem und russischem Weizen ist, wurden wir durch den Krieg in der Ukraine sehr in Mitleidenschaft gezogen. Derzeit sind die Auswirkungen auf die Weizenlieferungen aus den beiden Ländern deutlich spürbar. Es kommen keine Hochseeschiffe mehr an, was zu einem Anstieg des Brotpreises und einem Rückgang der Brotmenge geführt hat, was sich wiederum auf den Preis vieler Lebensmittel ausgewirkt hat. Wir verwenden keine Alternativen zu Brot, denn trotz der Teuerung ist es immer noch günstiger als Mais. Die Inflation hat ein Ungleichgewicht bei den Ausgaben geschaffen. Alle in der Familie müssen nun arbeiten, wir arbeiten nun länger und an unterschiedlichen Orten. Ebenso wie die Händler, die zu einem stark erhöhten Preis verkaufen, sind auch die Schwarzhändler, Makler und Zwischenhändler der Grund für die Verknappung von Nahrungsmitteln und für den Anstieg von Preisen, sie müssten überwacht und zur Verantwortung gezogen werden.

Dem Krieg in der Ukraine, der durch die Blockaden der Getreideausfuhr und die nachgelagerten Preissteigerungen seine Spuren in der lokalen Nahrungssituation hinterlassen hat, ist der erneute Bürgerkrieg im Frühjahr 2023 gefolgt. Das hat die Unsicherheit dramatisch erhöht. Wie an den Interviews deutlich wird, waren die verwundbaren Gruppen allerdings bereits im Vorfeld gezwungen, die Unterstützung externer Akteure, wie die des Welternährungsprogramms, in Anspruch zu nehmen und durch Mehrarbeit die Preissteigerungen bei Grundnahrungsmitteln zumindest teilweise abzufedern. Dennoch beurteilen die Betroffenen die Nahrungsunsicherheit nicht einfach als von außen verursacht, sondern fordern staatliche Regulierungen und die Verantwortungsübernahme durch lokale Händler und Preistreiber. Der Umgang mit existenziellen Krisen gehört für die Mehrheit der jungen Erwachsenen im Sudan leider zum Alltag, denn die jüngere Geschichte des Landes ist durch Nahrungsunsicherheit, Hunger, bewaffnete Konflikte und Vertreibungen geprägt. Die Enteignung von Lebenschancen nimmt systemische Dimensionen an.

Krisenländer: Jemen und Libanon

Die beiden Länder Libanon und Jemen stehen für unterschiedliche Erfahrungen: Während im Libanon zwischen der ersten Jugendstudie 2016/17 und der aktuellen Studie von 2021/22 sich die Alltagssituation dramatisch verschlechtert hat, ein wirtschaftlicher Abstieg und Ernährungsunsicherheit für viele zur neuen Realität werden, ist die desolate Lage im Jemen in diesem Zeitraum nicht besser geworden. Gewalt und Unsicherheit sind allgegenwärtig. Die jungen Erwachsenen waren gezwungen, sich damit zu arrangieren. Das spiegelt sich in den allgemeinen Einschätzungen wider; doch diese Prädispositionen werden durch die individuellen Stimmen teilweise infrage gestellt.

Libanon: Ab 1920 entstanden die heutigen Grenzen des Landes unter französischem Mandat des Völkerbunds. Die offizielle Unabhängigkeit erlangte das multikonfessionelle Land 1943. Nach dem jordanischen Bürgerkrieg (1970/71, „Schwarzer September") musste die Palästinensische Befreiungsorganisation (PLO) ihr Hauptquartier von Jordanien in den Libanon verlegen, sodass auch der Libanon zum Schauplatz des Nahostkonflikts wurde. Zwischen 1975 und 1990 fand der libanesische Bürgerkrieg statt. Syrische Truppen marschierten erstmals 1976 im Libanon ein, der Abzug erfolgte nach der Zedernrevolution 2005. Israel intervenierte 1978 im Südlibanon, besetzte ihn 1982 und zwang die PLO, den Libanon zu verlassen. Im Jahr 2000 zog sich Israel aus dem Libanon zurück. Doch 2006 führte Israel dann einen weiteren Krieg gegen die Hisbollah im Libanon. Ab 2019 beschleunigte sich der Demokratieabbau im Libanon. Die Wirtschaftskrise und wachsende Korruption verschärften die politische Lage und führten zu wachsender Unzufriedenheit der Bevölkerung und landesweiten Protesten 2019/20. Nach einer immensen Explosion, die große Teile des Hafens von Beirut im August 2020 zerstörte, wurde die Regierung zum Rücktritt gezwungen. Ab 2011 hat der Zustrom von Geflüchteten aus dem syrischen Bürgerkrieg die Bevölkerungsstruktur stark verändert: Das Land nahm circa 1,5 Millionen Syrer, ein Viertel der Bevölkerung des Libanon, auf. Der Libanon befand sich 2022 zum Zeitpunkt der qualitativen Befragungen im vierten Jahr einer schweren wirtschaftlichen, politischen und sozialen Krise und beherbergt gleichzeitig die größte Anzahl von Geflüchteten pro Kopf der Bevölkerung weltweit. Im September 2022 waren 1,3 Millionen Libanesen und 700.000 syrische Geflüchtete von akuter Ernährungsunsicherheit betroffen, mit steigender Tendenz. Etwa 90 Prozent der syrischen Familien benötigten humanitäre Hilfe zum Überleben (WFP 2022b).

Neben den unmittelbaren Auswirkungen der bewaffneten Konflikte sind verschiedene Formen von Ungleichheiten wirksam. Um einen Eindruck von den geschlechtsspezifischen Spannungen zu vermitteln, die sich aus den unterschiedlichen Lebenswelten zwischen Stadt und Land auch im Libanon noch immer ergeben, wird exemplarisch die Schilderung der 30-jährigen Rasha aus Nabatiyeh zitiert:

Ich bin geschieden und habe zwei Kinder. Als ich mich von meinem Mann trennte, beschloss ich, ins Dorf zu ziehen. Ich bestand darauf, in der Landwirtschaft zu arbeiten, und begann, landwirtschaftliche Methoden zu erlernen. Um die Gemeinschaft herauszufordern, beschloss ich, eine Säge (zum Zerkleinern von Brennholz) und eine kleine Axt (zum Schneiden von Pflanzen) zu kaufen, um in der Landwirtschaft arbeiten zu können. Es gibt ein Sprichwort im Koran, das besagt, dass jeder Mann vor zwei Frauen steht, was bedeutet, dass der Mann den größten Teil des Erbes bekommt! Ich kann befolgen, was in der Religion gesagt wird, aber wenn ich nicht davon überzeugt bin, werde ich es nicht ertragen. Ich habe Land von meiner Mutter und meinem Vater geerbt, natürlich werde ich das Erbe nicht ungleich unter meinen Kindern aufteilen, und das ist auch nicht logisch. Ich bin finanziell unabhängig und überzeugt, es muss Gleichberechtigung zwischen Männern und Frauen geben. Mein Vater sagte mir eines Tages, dass das Haus meinen Brüdern gehört, die jünger sind als ich, obwohl ich diejenige war, die bei unserer Mutter lebte und sich um unser Land kümmerte und es bewirtschaftete. In unserem Dorf wurden Mädchen bei der Geburt getötet, weil sie Mädchen waren, und die jungen Männer wurden zur Schule geschickt und die Frauen zur Arbeit in der Landwirtschaft! Meine Mutter und meine Tante waren Analphabetinnen, aber meine Mutter hatte einen Alphabetisierungskurs besucht, um lesen und schreiben zu lernen, und meine Tante hat mir erzählt, dass ihre Familie ihr nicht erlaubt hatte, zu lernen, und dass sie daher auch nicht lernen wollte. Die Frauen aus dem Dorf, die zu meiner Generation gehören, sagen mir noch heute, dass sie nicht den Mut haben, in der Landwirtschaft zu arbeiten, wie ich es getan habe, obwohl ich in Beirut gelebt und gearbeitet habe, aber ich liebe die Landwirtschaft!

Rashas Geschichte zeigt grundlegende Dimensionen struktureller Gewalt innerhalb von Familien auf: Gleichberechtigung bei Arbeit, Erbe und Besitz sind umkämpft. Das betrifft auch den Zugang zu Brot und Grundnahrungsmitteln. Im Folgenden werden an den Ausführungen von Elham und Hiba exemplarisch die Auswirkungen des Ukrainekriegs auf die Nahrungssicherung gezeigt und mit den Erfahrungen von Hisham und Fadl kontrastiert, die im Libanon leben, doch ursprünglich aus Syrien stammen. Dabei tritt eine andere gesellschaftliche Dimension von Ungleichheit hervor, eine Zweiklassengesellschaft, die sich im Zugang zu Brot manifestiert. Elham, 20 Jahre alt, Studentin aus Beirut:

Früher hätten wir mehr Lebensmittel kaufen können als heute, wo ich mir nicht alles kaufen kann, was ich will. Die Grundausstattung des Haushalts können wir uns nicht mehr leisten. Was die Lebensmittel angeht, so ist es sehr selten, dass wir uns mit allem Notwendigen versorgen können. Zu Beginn der

Coronapandemie lebten wir auf dem Dorf, dann zogen wir in die Stadt, weil ich mich an der Universität einschrieb. Wir versuchten, uns mit Brot zu versorgen, aber es war nicht ausreichend verfügbar.

Hiba, eine 29-jährige ledige Lehrerin aus Beirut, berichtet:

Wenn die Wirtschaftskrise anhält und der Dollarkurs weiter steigt, werden mein Einkommen und das meiner Familie nicht ausreichen, um genügend Geld für Lebensmittel aufzubringen, und wir werden eiweißhaltige Lebensmittel wie rotes Fleisch oder Geflügel immer mehr durch Getreide sowie Linsen und Gemüse ersetzen müssen. Wir hatten bereits Schwierigkeiten, Brot zu bekommen, und sind auf eine andere Brotsorte umgestiegen.

Der 20-jährige Hisham, der als syrischer Geflüchteter in der Bekaa-Ebene lebt, berichtet:

Der Libanese geht in die Bäckerei und kauft die Menge Brot, die er benötigt. Wir Syrer hingegen müssen in der Schlange warten und können nur eine einzige Packung kaufen. Weil die Krise anhält, legen wir einen bestimmten Betrag für Lebensmittel beiseite, den wir dann auf die Tage des Monats aufteilen. Gelegentlich leihen wir uns auch Geld von dem Besitzer der Werkstatt, in der mein Bruder, ein Schreiner, arbeitet, wenn wir es dringend brauchen. Ich sollte auch erwähnen, dass unser Vermieter die Miete mehrmals erhöht hat [...]. Infolgedessen mussten wir unseren Nahrungskonsum reduzieren, um Geld für die Miete zu sparen.

Fadi kommt ebenfalls aus Syrien und lebt mit seinen Eltern im selben Haus, doch in seiner eigenen Wohnung. Er ist 30 Jahre alt und arbeitet als Buchhalter.

Vor zwei Tagen wurde die Inflationsrate in den USA bekannt gegeben, die um fünf Punkte höher als erwartet war. Folglich ist der Preisanstieg global und betrifft alle Länder, was mit der russischen Invasion in der Ukraine zu einer globalen Inflation führt. Hier im Libanon erodieren Moral und Prinzipien, vor allem wenn es einen Konflikt um Lebensmittel gibt, und in der Gesellschaft herrscht das Gesetz des Dschungels. Die Inflation ist immens, und die Menschen nutzen sich gegenseitig aus. Ich kann seit drei Monaten kaum noch Brot kaufen. All dies hängt mit der weltweiten Inflation, dem Krieg und der Krise im Libanon zusammen sowie damit, dass soziale Werte und Grundsätze in der Gesellschaft fehlen. Auch ich lebe jetzt von Tag zu Tag, mein Einkommen deckt meine Ausgaben nicht.

Im Libanon zeigen sich komplexe Problemlagen, die sich mit kurzfristig veränderten Ressourcenzugängen einstellen. Während die Ungerechtigkeit zwischen Männern und Frauen eine lange Geschichte hat und noch gegenwärtig als strukturelle Gewalt in die Sozialstruktur eingeschrieben ist, zeigen sich die Zweiklassengesellschaft und ein (latenter) Rassismus gegenüber syrischen Geflüchteten am beschränkten Zugang zum Grundnahrungsmittel Brot, der in der aktuellen Krisensituation umkämpft ist und ökonomische wie moralische Taktiken auf den Plan ruft.

Im Jemen herrscht seit 2013 ein Bürgerkrieg. In diesem Konflikt gelang es den Huthi-Milizen (unterstützt vom Iran) aus dem ehemaligen Nordjemen, die Hauptstadt Sanaa und große Teile des Landes zu erobern. Im März 2015 leitete Saudi-Arabien unter Mitwirkung acht weiterer Staaten eine militärische Intervention zur Unterstützung der Regierung unter Staatspräsident Hadi ein. Damit weitete sich der Konflikt massiv aus und wird als Stellvertreterkrieg zwischen Saudi-Arabien und dem Iran bewertet. Aufgrund des Krieges sind bis zum Jahr 2022 circa 4,3 Millionen Menschen im Land zu Binnengeflüchteten geworden. 70 Prozent der Bevölkerung sind auf internationale Hilfe zum Überleben angewiesen. Wir stellten 2017 für die jungen Erwachsenen den Kollaps grundlegender Sicherheiten und den Zusammenbruch von Solidargefügen fest (Gertel/Wyrtki 2017: 232). Zur Nahrungsunsicherheit tragen bis heute viele Faktoren bei: Diese beginnen mit den kriegsbedingten Einbußen der landwirtschaftlichen Produktion, reichen über die Zerstörung von Handelsrouten und die Blockade von Importen bis hin zu einer andauernden Treibstoffkrise (Augustin 2021: 46 ff.). Durch die Vernichtung der landwirtschaftlichen Infrastruktur schädigt der Krieg daher seit Langem nicht nur die (Subsistenz-)Produktion, sondern lässt ganze Familien ohne Existenzgrundlage und ohne Zugang zu Nahrungsmitteln zurück. Je nach Zeitpunkt, Ort oder Gesamtlage mangelt es an Lebensmitteln oder an der Kaufkraft für die verfügbaren Lebensmittel. Das geht einher mit dem Versagen der internationalen Gemeinschaft, die kaum einschreitet und sich ihrer Verantwortung entzieht. Die Verfügbarkeit von Nahrungsmitteln ist durch den Ukrainekrieg erneut gefährdet, da der Jemen 90 Prozent seines Getreides importiert, wovon etwa die Hälfte aus Russland und der Ukraine stammt. Eine Hungersnot konnte 2022 im Jemen zwar auch durch die Intervention des Welternährungsprogramms abgewendet werden, doch die Ernährungsunsicherheit ist extrem hoch. Unterschiedliche Formen von Gewalt und Nahrungsunsicherheit greifen ineinander. Der 28-jährige Zaid unterstreicht:

Im Jemen sind wir von der Krise in der Ukraine stark betroffen. Wir leben in einer landwirtschaftlich geprägten Region, aber wir haben keine staatliche Hilfe für die Landwirtschaft erhalten. Die Preise waren schon vorher wegen der Unruhen, der Kriege und der instabilen Landeswährung hoch, und nach dem Krieg hat sich das Leiden durch die Verdoppelung der Preise noch verschlimmert. So hat sich mit dem Kriegsausbruch in der Ukraine auch der Preis für Mehl verdoppelt. Der Staat erklärte, dass er Weizen aus Indien importieren würde. Es stimmt, dass er eine Alternative geschaffen hat, aber die Ukraine bleibt einer der Hauptlieferanten von Weizen für den Jemen.

Ibtisam ist 23 Jahre alt, bereits verwitwet; sie betont:

Meine Familie besteht aus zwei Kindern, mir und meinen Eltern sowie meiner Schwester und meinem Bruder. Ich und meine Kinder haben nach dem Tod meines Mannes keinen Ernährer mehr. Ich esse, was es gibt, und ich musste mein Kind stillen, während ich hungrig war, und es weinte ständig, weil es keine Nahrung für mich gab, um es zu sättigen. Unsere Lage hat mich dazu gebracht, als Putzfrau zu arbeiten, um den Lebensunterhalt für mich und meine Kinder zu sichern, denn mein Vater hat kein festes Einkommen. Die Lebensmittelpreise haben uns gezwungen, bei allem zu sparen. Wir essen zum Beispiel zwei Mahlzeiten, manchmal nur eine, und manchmal essen wir gar nichts. Das Wichtigste ist, dass ich meine Kinder ernähre, und ich trinke Wasser. Trotzdem bekommen meine Kinder wenig zu essen. Mein älteres Kind leidet an chronischer Unterernährung, weil es zu wenig Vitamine bekommt.

Fatima, 19 Jahre, geschieden, stellt fest:

Unsere Familie besteht aus 16 Personen, und es gibt niemanden außer mir und meiner Schwester, der sie unterstützt, und das ist eine große Belastung, denn in meiner Familie gibt es ein behindertes Kind mit besonderen Bedürfnissen, ein Bruder ist kriegsversehrt, mein Vater und meine Mutter sind chronisch krank. Außerdem sind da noch meine Großmutter und mein Großvater väterlicherseits sowie meine andere Großmutter. Sie alle brauchen besondere Betreuung, Medikamente, Spezialnahrung, und sie haben ihre besonderen Bedürfnisse, wie Hygiene- und Sanitärartikel. All das ist sehr teuer, aber Strategien existieren überhaupt nicht. Die Inflation und der Anstieg der Lebensmittelpreise haben uns vorsichtig werden lassen beim Einkauf von Lebensmitteln, denn es kann ein ganzer Tag vergehen, an dem wir nur eine Mahlzeit haben, die aus Brot besteht, und manchmal sind die Lebensbedingungen noch schlimmer. Selbst Brot können wir dann kaum beschaffen, und das soll was heißen, denn früher konnten wir uns leichter mit Lebensmitteln versorgen. Alle Lebensmittelpreise sind in den letzten zwei Jahren um mehr als 100 Prozent gestiegen. Meistens essen wir eine oder zwei Mahlzeiten pro Tag, und an den meisten Tagen besteht unsere Hauptnahrung aus Brot mit Bohnen oder Käse und einer Tasse Tee.

Fazit

Ich argumentiere, dass Nahrungsunsicherheit und Gewalt in Nordafrika und im Nahen Osten oft Hand in Hand gehen und vor allem die armen und schwachen Bevölkerungsgruppen treffen. Beides hat drastische Folgen für die Betroffenen, ist kaum reversibel und führt zu sozialen Brüchen sowie zum Verlust gesellschaftlicher Standards vor allem beim Zugang zu Grundnahrungsmitteln und sozialer Gerechtigkeit. Dies werte ich als Ausdruck radikaler Enteignungsprozesse, die eine Selbstbestimmung für junge Erwachsene und gerechte Verwirklichungschancen kaum mehr realistisch erscheinen lassen. An den Fallstudien wird deutlich, dass Gewalt und Hunger territorial oft binnendifferenziert, also kleinräumig ausgeprägt auftreten und unterschiedlichen zeitlichen Dynamiken unterliegen. Entwicklungen können zusammentreffen, sich überlagern, abschwächen oder sich verstärken. Zwei übergeordnete Ereignisse sind aus den empirischen Befunden ablesbar: die Auswirkungen der Coronapandemie in ihrem zweiten Jahr (2021) und die des russischen Angriffskriegs gegen die Ukraine seit Februar 2022. Beide nehmen Einfluss auf die Nahrungssicherheit in der Region. Während die Auswirkungen von gewalttätigen Konflikten, Vertreibung und Armut – inklusive des Ukrainekriegs – für alle offensichtlich sind, bleiben Mechanismen wie die Konzentration von Marktmacht in internationalen Handelshäusern oder global tätigen Einzelhandelsketten ebenso wie die ökonomischen Strategien von Banken oder Staatsfonds sowie die Finanzspekulation mit Nahrungsmitteln und die Investmentstrategien von Konsortien privater Kapitalanleger schwer verortbar, kaum durchschaubar und werden teilweise verschleiert (Gertel/Herzog 2023).

Drei empirische Befunde sind zentral: Erstens, als wichtigste Veränderung in ihrem Leben in den vergangenen fünf Jahren (Referenz 2021) geben die meisten jungen Erwachsenen „Nahrungsknappheit" an; in Ägypten, im Libanon, im Jemen und bei den syrischen Geflüchteten sind dies über drei Viertel der Befragten. Hierbei spielt die Coronapandemie mit den Lockdowns und Versorgungsengpässen vor allem im Jahr 2020 eine wichtige Rolle. Die größten mittelfristigen Zuwächse (im Vergleich zu 2016) fanden im Libanon und im Jemen sowie in Tunesien und Marokko statt. Die syrischen Geflüchteten waren bereits 2016 extrem verwundbar und doch verzeichnen sie erneut Zuwächse. Als besonders betroffen von hohen Ausgaben für Ernährung erweist sich zweitens die Gruppe der jungen Familien, die unabhängig von ihren Eltern und Herkunftsfamilien wirtschaften müssen: Gefragt nach den vier höchsten Ausgabenposten ihres Budgets, geben 53 Prozent Grundnahrungsmittel und 43 Prozent Brot und Getreide an. Drittens, nach der Bedeutung von „billigem Brot" gefragt, sind es erneut die jungen Familien im Jemen und unter den syrischen Geflüchteten im Libanon, die das zu fast 90 Prozent als sehr wichtig beurteilen. Insgesamt korrespondieren diese Befunde mit denen, die zur ökonomischen Enteignung vorliegen: Dort sind es Ägypten, der Sudan, Jordanien, der Jemen, der Libanon und die syrischen Geflüchteten im Libanon, wo mindestens drei Viertel der Haushalte ihre ökonomische Situation inklusive der Puffermöglichkeiten als eher schlecht oder sehr schlecht bezeichnen (Abb. 3.3). Hieraus ergibt sich, dass ein Großteil des verfügbaren Einkommens für Grundnahrungsmittel, allen voran für Brot, aufgewendet werden muss.

Anhand der empirisch hochauflösenden Fallstudien zeigt sich, dass Gewalt sich in verschiedenen Ausprägungen als direkte und strukturelle Gewalt in Form von bewaffneten Konflikten, Tod, Verwundungen und Vertreibungen, als Gewalt gegen Frauen sowie als Hunger vielfach im Alltag der jungen Erwachsenen manifestiert, ihre körperliche Unversehrtheit gefährdet und teilweise absichtlich angreift. Einzelne Dynamiken wie asymmetrische Geschlechterrollen entfalten dabei nach wie vor persistente Züge. Am Beispiel des Ukrainekriegs wird zudem die externe Abhängigkeit der Existenz- und Nahrungssicherung deutlich. Gleichzeitig sind externe Interventionen wie die des Welternährungsprogramms oder des Hochkommissariats der Vereinten Nationen für Flüchtlinge für Hunderttausende junge Erwachsene in der Region ein letzter Rettungsanker. Aktuell, im Januar 2024, stellt das Welternährungsprogramm fest: „Die drastische Eskalation des Konflikts im Gazastreifen hat dazu geführt, dass sich die gesamte Bevölkerung von 2,2 Millionen Menschen in einer Krise oder einem noch schlimmeren Stadium akuter Ernährungsunsicherheit befindet. Jeder vierte Haushalt im Gazastreifen, das heißt mehr als eine halbe Million Menschen, ist von einer katastrophalen Hungersituation betroffen" (WFP 2024: 1). Doch ausbleibende und unzureichende Interventionen sind Realität und schreiben die Unsicherheiten fort. Die Situationen in erdölexportierenden Ländern wie Algerien, Libyen, Sudan und Irak machen deutlich, dass es trotz weltmarktorientierter Extraktionsökonomie fossiler Rohstoffe nicht zu einer nationalen Umverteilung entsprechender Einkommen kommt, die Nahrungsunsicherheit vor Ort verhindern würde – ganz zu schweigen davon, neue Verantwortungs- und Haftungsmechanismen bei den multinationalen Rohstoffhändlern zu etablieren. Die Gegenüberstellung der Lage im Libanon und der im Jemen zeigt zudem, dass ein erneuter dramatischer Abstieg wie im Libanon und ein Einrichten in Situationen existenzieller Unsicherheiten wie im Jemen die Beurteilungen der jungen Erwachsenen prägen. Doch trotz unterschiedlicher Repräsentationen ist eindeutig: Die Enteignung dieser Generation wird auf Jahre die Zukunft des jeweiligen Landes prägen.

KAPITEL 7

MIGRATION UND VERTREIBUNG

Ann-Christin Zuntz

In der MENA-Jugendstudie der Friedrich-Ebert-Stiftung von 2016 stellten wir zu Beginn unserer Auseinandersetzung mit Migration in der MENA-Region die vielfältigen Aktivitäten junger Menschen in einem „Zeitalter der [ungleichen] Mobilitäten" (Urry 2000; Gertel/Wagner 2017) heraus. Ungeachtet der wachsenden Frustration über den Ausgang des „Arabischen Frühlings" und der Bürgerkriege in Libyen und Syrien waren damals nur wenige der Befragten – Frauen noch weniger als Männer – fest zur Migration entschlossen. Ziel der Arbeitsmigration waren in der Regel andere MENA-Staaten, während der Wunsch der jungen Generation, nach Europa zu gehen, sich entgegen der landläufigen Meinung in Grenzen hielt. Jugendliche und junge Erwachsene, die in prekären Verhältnissen lebten, waren hin- und hergerissen zwischen der Idee, auszuwandern, und ihrer engen emotionalen Bindung an ihre Familien und Heimatländer. Es waren das Fernweh und nicht allein die wirtschaftliche Notwendigkeit, die viele junge Menschen von Mobilität träumen ließen.

Ein halbes Jahrzehnt später sieht es so aus, als seien wir von einem „Zeitalter der Mobilitäten" zu einem „Zeitalter der Grenzschließungen" übergegangen. Weil die Grenzen der Europäischen Union immer undurchlässiger werden, ist zum einen die Migration nach Europa noch gefährlicher und kostspieliger geworden (Crawley et al. 2017). Dabei gehört es zu den Besonderheiten der EU-Externalisierungspolitik, dass inzwischen zahlreiche nationale und sogar humanitäre Akteure an der Überwachung, Zurückdrängung und Rettung von Migrantinnen und Migranten und Geflüchteten beteiligt sind (vgl. Garelli et al. 2018; Pallister-Wilkins 2022). Auf politischer Ebene hat das ungeheure Ausmaß der Syrienkrise zu neuen Formen der internationalen Verpflichtung zu globaler Solidarität und Flüchtlingsschutz geführt, unter anderem durch die New Yorker Erklärung der UN-Vollversammlung zu Flüchtlingen und Migranten (New York Declaration for Refugees and Migrants, 2016) und den Globalen Pakt für Flüchtlinge (Global Compact on Refugees, 2018). Doch auch wenn weltweit die Einsicht wächst, dass es Alternativen zum Asyl geben muss, sind die Chancen auf sichere und legale Migration noch begrenzter als zuvor (Crisp 2021). Zum anderen haben die mit der Coronapandemie einhergehenden Grenzschließungen den Reiseverkehr in weiten Teilen der MENA-Region zum Erliegen gebracht (Woertz 2020). Für viele der für die Studie befragten Jugendlichen und jungen Erwachsenen bedeutete dies, dass sie von Familienmitgliedern getrennt wurden und

Migrationsvorhaben vorerst aufgeben mussten. Mariem, eine 21-jährige Studentin aus Tripolis (Libyen), sah sich beispielsweise gezwungen, ihre Ausbildung zu unterbrechen:

> *Mein Bruder, der beruflich viel unterwegs ist, konnte nicht reisen und verließ Italien in letzter Minute, um von zu Hause aus zu arbeiten und zu studieren. Ich habe auch versucht, alle notwendigen Schritte zu unternehmen, um mein Studium im Ausland abzuschließen, aber das ist mir nicht mehr gelungen.*

Doch nicht alle konnten es sich leisten, zu Hause zu bleiben, und auch während der Coronapandemie blieb die Mobilität von Tagelöhnern, Geflüchteten und Migrantinnen und Migranten prekär. In der Türkei zum Beispiel zogen aus Syrien Vertriebene, darunter viele Kinder und Jugendliche, trotz fehlender Gesundheitsvorkehrungen und Coronatests von einem landwirtschaftlichen Betrieb zum nächsten (Zuntz et al. 2022). Noch alarmierender ist: Mehrere Länder der MENA-Region sind heute von sich gegenseitig bedingenden Krisen betroffen. Dazu zählen der durch die Pandemie verursachte wirtschaftliche Einbruch, Umweltkatastrophen, anhaltende konfliktbedingte Vertreibungen im Inland und über Landesgrenzen hinweg und die geringere Ernährungssicherheit durch die Auswirkungen des Krieges zwischen Russland und der Ukraine auf die Agrarimporte (Kap. 6; vgl. Salem 2023). Die Jugend in der MENA-Region sieht sich heute mit einer Welt konfrontiert, in der Migration womöglich der einzige Ausweg aus Armut, Gewalt und Ungerechtigkeit ist und gleichzeitig unerreichbar wird.

In diesem Kapitel stütze ich mich auf die Erhebungsdaten aus dem Jahr 2021, um die Thematik der Enteignung unter dem Aspekt der Migration zu behandeln. Indem ich die komplexen Gefühle und differenzierten Einschätzungen der Befragten zur Migration aufzeige, kann ich die Beziehung zwischen Enteignung und Migration genauer beleuchten und die stereotype Behauptung widerlegen, alle Jugendlichen und jungen Erwachsenen in der MENA-Region seien „Migrationsaspiranten". Mobilitätspläne sind nicht bloß ein Hinweis auf wirtschaftliche Enteignung, sie können auch Ausdruck von Privilegien sein. Welche Form von Mobilität jungen Menschen möglich ist, hängt davon ab, welchen Zugang sie zu Finanz-, Bildungs- und Sozialkapital haben. Ihre räumliche Mobilität lässt sich nicht losgelöst von der sozialen Mobilität betrachten: Einige sehen in der Auswanderung eine Chance zum sozialen Aufstieg, während andere die Kehrseite der Migration – die Immobilität – als eine Form der Abwärtsmobilität oder gar als „Vertreibung an Ort und Stelle" (*displacement in situ*) beklagen. Umgekehrt verfügen nur wenige über ausreichende Ressourcen, die ihnen den Verbleib in ihrem Heimatland ermöglichen. Diese Erfahrungen haben eine intergenerationelle Dimension, da viele Befragte auf die Mobilitätschancen früherer Generationen und die Perspektiven ihrer (zukünftigen) Kinder verweisen. Diese generationsbezogene Perspektive bringt ein Identitätsbewusstsein hervor, das deutlich vom Faktor Zeit geprägt ist. Angesichts drohender (weiterer) Enteignung befinden sich viele junge Menschen an einem Scheideweg: Sollen sie bleiben oder sollen sie gehen?

Um den Zusammenhang zwischen Enteignung und Migration herauszuarbeiten, betrachte ich verschiedene Mobilitätsformen: legale Bildungs- und Arbeitsmigration, irreguläre Migration über das Mittelmeer sowie die wenig beachteten Formen von Binnenmobilität und umweltbedingter Vertreibung. Ich richte das Augenmerk auf Länder wie Tunesien und den Libanon, in denen wegen fehlender Beschäftigungsperspektiven und des wegbrechenden Wohlfahrtsstaats die Emigration zu einem akzeptierten und mitunter erwarteten Lebensentwurf geworden ist. Yassine, ein 26-jähriger Student aus Sfax (Tunesien), formuliert es kurz und bündig so:

> Ich sehe hier keinerlei Lösungen, deshalb will ich das Land verlassen.

Hervorzuheben ist allerdings auch, dass die Auswanderungsperspektive einige junge Menschen veranlasst, sich nicht weniger, sondern mehr mit den Problemen ihrer Heimatländer zu befassen, und sie sich bewusst dafür entscheiden, zu bleiben. So meint der 25-jährige Salem aus dem Jemen:

> [Die Verschmutzung der Luft und des Meeres beunruhigt] mich sehr – und zwar als jemanden, der nicht daran denkt, auszuwandern oder das Land zu verlassen, denn ich möchte mein Leben und das meiner Kinder in dieser Gesellschaft aufbauen.

Dieses Kapitel befasst sich mit den Einstellungen zur Migration, den Plänen und Erfahrungen noch nicht ausgewanderter junger Menschen. Es geht also um Migrationsabsichten und nicht um die Verhaltensmuster und Ansichten derjenigen, die sich tatsächlich auf den Weg machen. Wo dies angebracht ist, vergleiche ich die Ergebnisse der acht Erhebungsgruppen aus den Jahren 2016 und 2021, um aktuelle Entwicklungen aufzuzeigen. Dort, wo in diesem Kapitel ausschließlich Datenmaterial aus der Erhebung von 2021 herangezogen wird, wurde es in allen elf in die Studie einbezogenen Ländern sowie bei syrischen Geflüchteten im Libanon erhoben. Anders als in der Studie von 2016 wurden 2021 in den qualitativen Interviews keine direkten Fragen zum Thema Migration gestellt. Auszugsweise werden diese Interviews aber dennoch mit einbezogen, weil die Befragten in vielen anderen Zusammenhängen auf das Migrationsthema zu sprechen kamen, wenn sie sich zum Beispiel über Umwelt, soziale Gerechtigkeit und zunehmende Ungleichheit äußerten. Da Migration zu einem so wichtigen übergreifenden Thema geworden ist, sollten unbedingt neue Formen von Migration in den Blick genommen werden, die alle Bereiche des gesellschaftlichen Lebens betreffen. Migration ist eben nicht nur eine Reaktion auf wirtschaftliche Enteignung, sondern ist als umfassendere Strategie zu verstehen, die ein menschenwürdiges Leben ermöglichen soll – und dies beinhaltet eine sichere Existenzgrundlage, ökologische Nachhaltigkeit, soziale Harmonie und eine gerechte Wohlstands- und Chancenverteilung.

Zusammenfassend lässt sich bei den jungen Befragten eine verstärkte Migrationsneigung feststellen. Ein Vergleich der acht Erhebungsgruppen aus den beiden Umfragen von 2016 und 2021 zeigt, dass 2016 etwa ein Drittel der Jugendlichen und jungen Erwachsenen sich mit Auswanderungsgedanken trug oder sogar fest zur Migration entschlossen war; heute beträgt dieser Anteil 43 Prozent. Zugleich sind sich 45 Prozent der Befragten sicher, dass sie nicht auswandern werden; 2016 galt dies noch für 58 Prozent. Ein genauerer Blick auf die einzelnen Länder dieser Studie macht nationale Unterschiede sichtbar. In fast allen Ländern hat sich der Anteil derjenigen, die sich sicher sind, auszuwandern, seit 2016 nicht verändert. Eine Ausnahme bildet Jordanien, wo 2021 im Vergleich zur vorigen Studie nur etwa ein Fünftel der Befragten eine Emigration fest ins Auge fasst (Abb. 7.1). Im Gegensatz dazu geben bedeutend weniger Jugendliche und junge Menschen vor allem in Marokko, Tunesien, dem Libanon und unter syrischen Geflüchteten an, sicher nicht auswandern zu wollen. Diese Ergebnisse legen nahe, dass gerade in Ländern, die zur Zeit von schweren Wirtschaftskrisen betroffen sind, mehr Befragte mit dem Gedanken einer Auswanderung spielen, selbst wenn sie noch keine konkreten Pläne geschmiedet haben. Die regionalen Unterschiede zwischen den Migrationsabsichten junger Menschen zeigen zudem, wie wichtig es ist, Migrationsdynamiken in ihrem jeweiligen Kontext zu begreifen; bei Jugendlichen und jungen Erwachsenen aus Palästina zum Beispiel ist der Auswanderungswunsch nicht stärker ausgeprägt als 2016. Die nach wie vor große Bedeutung des palästinensischen Unabhängigkeitskampfes und die jüngsten aufsehenerregenden Fälle, in denen palästinensischen Aktivisten im Ausland das Aufenthaltsrecht entzogen wurde (vgl. France 24 2022), haben junge Palästinenserinnen und Palästinenser möglicherweise dazu bewogen, in ihrem Heimatland zu bleiben. Ebenso schließt 2021 ein überraschend hoher Anteil von 80 Prozent der jungen Befragten aus Libyen eine Auswanderung aus – vor dem Hintergrund einer wachsenden Antimigrationsstimmung und sich häufender Angriffe auf Aktivistinnen und Aktivisten, die eine liberale Einstellung zum Thema Migration haben (Khalifa 2022). Wie schon in der Studie von 2016 können sich 2021 die Männer und die jüngeren Befragten eher vorstellen, auszuwandern. Auch haben sie öfter als Frauen und die Älteren unter den jungen Erwachsenen konkrete Ausreisepläne. Vor allem bei Frauen könnte dies auf geschlechtsspezifische Beschränkungen der Bewegungsfreiheit in konservativen Milieus zurückzuführen sein.

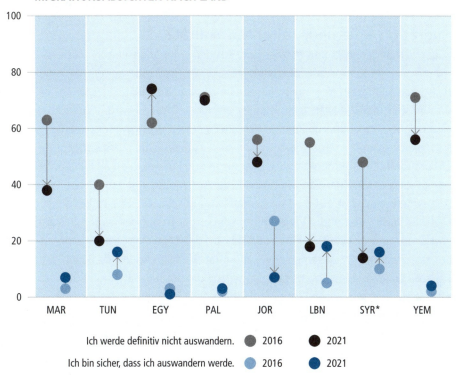

Abb. 7.1
MIGRATIONSABSICHTEN NACH LAND

FRAGE 167
HINWEISE Angaben in Prozent

Im Folgenden analysiere ich diese Ergebnisse mit Blick auf Faktoren, welche die Migrationswünsche von jungen Männern und Frauen beeinflussen, und gehe im zweiten Abschnitt der Frage nach, inwieweit in der MENA-Region tatsächlich von „Migrationskulturen" gesprochen werden kann. Dabei gehe ich darauf ein, wie prägend generationenübergreifende Migrationserfahrungen sind, und erörtere, inwieweit sich frühere Mobilitätserfahrungen von Jugendlichen und ihren Angehörigen auf die Einstellung der Befragten zur Migration auswirken. Es zeigt sich deutlich, dass Migration keineswegs ein unkritisch befolgter „Fahrplan" ist, sondern ambivalente Gefühle hervorruft. Im dritten Abschnitt wird dem Verhältnis zwischen Prekarität und Mobilitätsabsichten nachgegangen. Migrationspläne sollten im Kontext der vorhandenen Ressourcen, aber auch der Gefühle und Zukunftsvorstellungen junger Menschen verstanden werden. Im vierten Abschnitt wird das Verständnis von Vertreibung erweitert und auf verschiedene Formen der Enteignung ausgeweitet, von denen die junge Generation in der gesamten Region betroffen ist. Dazu gehören Formen der Binnenmigration und lokale Erfahrungen mit umweltbedingter Vertreibung, die die internationale humanitäre Gemeinschaft oft nicht wahrnimmt.

Migration – die neue (alte) Normalität?

In den vergangenen Jahren hat das Konzept der „Migrationskultur" (für einen Überblick siehe Kumpikaite-Valiuniene et al. 2021) die Frage in den Fokus gerückt, wie Migration in einigen Gesellschaften zur Normalität geworden ist. Warum sind manche Menschen mobiler als andere? Wann wird Migration zu einem generationenübergreifenden Verhaltensmuster, und inwiefern definieren sich manche Gesellschaften über ihre Migrationsgeschichte? Das Konzept der „Migrationskultur" ermöglicht uns, über Push- und Pull-Faktoren als Erklärungsansatz für menschliche Wanderungsbewegungen hinauszugehen: Es lenkt das Augenmerk nicht nur auf die Lebenschancen und sozialen Netzwerke, die zur Mobilität motivieren und sie erleichtern, sondern auch auf gemeinsame Werte und Einstellungen, Wünsche und Praktiken, die den Mobilitäts- und Migrationsentscheidungen von Einzelpersonen und ihren Familien zugrunde liegen (vgl. *Capabilities-Aspirations*-Ansatz; Kap. 3). Anhand der Umfragedaten von 2021 lässt sich die Haltung von Jugendlichen und jungen Erwachsenen zur Normalisierung der Migration in der arabischen Welt überprüfen – einer Region, in der hohe Mobilität eine lange Tradition hat (Vignal 2018). Die Ergebnisse geben Aufschluss über die Beziehungen der Befragten zu emigrierten Familienmitgliedern und darüber, wie wichtig persönliche und generationenübergreifende Migrationserfahrungen für ihre eigenen Pläne sind. Vor allem zeigen die Daten sehr deutlich, dass Migration keine Einbahnstraße ist und dass junge Männer und Frauen in der MENA-Region die mit Migration verbundenen Vorteile und Verluste durchaus differenziert wahrnehmen.

Sieht man von den Antworten der syrischen Geflüchteten im Libanon ab, hat die überwältigende Mehrheit der Befragten in den Umfragen 2016 und 2021 keine persönliche Migrationserfahrung (Abb. 7.2). Syrische Geflüchtete im Libanon bilden hier eine Ausnahme: 2016 gaben lediglich 21 Prozent frühere Migrationserfahrungen an, fünf Jahre später waren es 90 Prozent. Dies deutet darauf hin, dass deutlich mehr junge Syrerinnen und Syrer ihren Aufenthalt im Libanon inzwischen als dauerhaft und damit als „Migration" verstehen. 2021 haben mehr als zwei Drittel der Befragten, die sich de facto im Ausland aufgehalten haben, in anderen MENA-Ländern außerhalb der Golfregion gelebt (Abb. 7.3); das gilt insbesondere für Jugendliche und junge Erwachsene aus Palästina, dem Irak und Libyen. Die Angaben zu früheren Migrationserfahrungen junger Menschen lassen auf die Bedeutung der räumlichen Nähe, aber auch auf etablierte Migrationskorridore schließen. So lebte beispielsweise mehr als die Hälfte der jungen jemenitischen, jordanischen, ägyptischen und sudanesischen Migrantinnen und Migranten früher in den Golfstaaten (vgl. Tamim 2022 über jemenitische Mig-

Abb. 7.2
PERSÖNLICHE MIGRATIONSERFAHRUNG

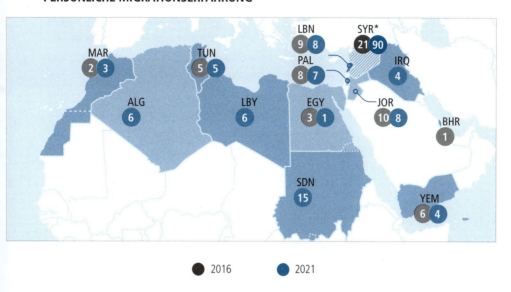

FRAGE 161
Hast du je im Ausland gelebt?

HINWEISE Angaben in Prozent „Ja"

Abb. 7.3
HAUPTZIELE VON BEFRAGTEN MIT PERSÖNLICHER MIGRATIONSERFAHRUNG

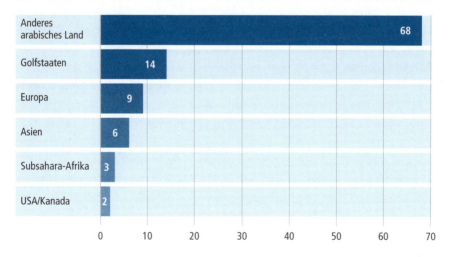

FRAGE 162
Wo hast du gelebt?

HINWEISE Angaben in Prozent der Befragten mit persönlicher Migrationserfahrung (Mehrfachantworten möglich) ranten in den Golfstaaten). Im Maghreb hingegen ist der Anteil der jungen Menschen, die in Europa gelebt haben, höher, was auf die alten kolonialen Beziehungen zurückzuführen ist. Die Tatsache, dass 20 Prozent der libanesischen Jugendlichen und jungen Erwachsenen mit Migrationserfahrung zuvor in Subsahara-Afrika gelebt haben, ist möglicherweise auf die langjährige Präsenz libanesischer Händlergemeinschaften im frankophonen Westafrika zurückzuführen (Arsan 2014). Darüber hinaus belegen Einzelfälle aus den Umfragedaten von jungen Ägypterinnen und Ägyptern, die in Nordamerika gelebt haben, oder Irakerinnen und Irakern, die in Asien gelebt haben, dass einige junge Menschen weltweit vernetzt sind. Für diejenigen, die über Migrationserfahrung verfügen, sind die eigenen Auslandsaufenthalte ein Anlass, Vergleiche zwischen ihren Heimatländern und der Fremde anzustellen. So berichtet die 28-jährige Irakerin Sara, die für eine Nichtregierungsorganisation in Nadschaf arbeitet, dass sie sich im Ausland über Behinderteneinrichtungen informiert habe:

Mir ist die [öffentliche Daseinsvorsorge] aufgefallen auf meinen Reisen nach Europa und Japan. Für uns sind diese Länder sehr fortschrittlich, zum Beispiel sieht man in Bahnhöfen und auf öffentlichen Plätzen diese Hilfseinrichtungen für behinderte Menschen [...]. [In anderen Ländern] kümmert man sich um diese Personengruppe, aber wenn ich das mit dem vergleiche, was wir hier haben, kümmern wir uns nicht einmal um ganz normale Menschen.

Früher schon einmal selbst ausgewandert zu sein, wirkt sich positiv auf künftige Reisepläne aus. Abgesehen von den jungen syrischen Geflüchteten im Libanon erwägen mehr als die Hälfte der Befragten mit eigener Migrationserfahrung, aber nur ein Drittel der Befragten ohne Migrationserfahrung, erneut auszuwandern, oder haben dies bereits fest vor. Insgesamt überwiegen also die positiven Erinnerungen an frühere Reisen etwaige Bedenken. Junge Menschen mit Migrationserfahrung in den Golfstaaten und in Subsahara-Afrika spielen besonders häufig mit dem Gedanken, in Zukunft (wieder) auszuwandern. Demgegenüber sind Jugendliche und junge Erwachsene, die in andere arabische Länder und nach Australien sowie – wenn auch seltener – nach Europa gereist sind, weniger daran interessiert, erneut zu emigrieren. Die Gründe hierfür kennen wir nicht, aber es lässt sich vermuten, dass sich in den Antworten der Befragten Klassendynamiken und Rassismuserfahrungen widerspiegeln. So sind zum Beispiel diejenigen, die in die Golfstaaten emigriert sind, häufig Angestellte, während es in Subsahara-Afrika eine gewachsene arabische Handelsdiaspora gibt. In diesem Teil der Welt haben junge Migrantinnen und Migranten aus der MENA-Region und ihre Familien möglicherweise zu den lokalen Eliten gehört und ein vergleichsweise privilegiertes Leben geführt, was sie dazu motivieren könnte, erneut zu reisen.

Die meisten jungen Menschen sind jedoch noch nie ins Ausland gezogen – wie auch ihre Familienangehörigen: In den acht Erhebungsgruppen der Jahre 2016 und 2021 hat nur ein Fünftel der Befragten Verwandte, die ausgewandert sind (Abb. 7.4). Auf nationaler Ebene können diese Angaben sich im Laufe der Zeit allerdings ändern: Bei marokkanischen Jugendlichen und jungen Erwachsenen zum Beispiel hält sich jetzt viel öfter ein Familienmitglied im Ausland auf (14 % 2016 gegenüber 36 % 2021). Hingegen gibt es heute in den Familien junger Menschen aus dem Libanon, Ägypten und Tunesien weniger häufig jemanden mit Migrationserfahrung (Libanon: 41 % gegenüber 30 %; Ägypten: 12 % gegenüber 4 %; Tunesien: 41 % gegenüber 29 %). Die letztgenannten Zahlen sind möglicherweise ein Indiz für die seit 2016 schwindenden Migrationsmöglichkeiten für die Verwandten der Jugendlichen und jungen Erwachsenen. Denkbar wäre auch, dass seit 2016 mehr junge Menschen mit Familienangehörigen im Ausland selbst ausgewandert sind und daher nicht in die Stichprobe von 2021 einbezogen waren. Für einen Zeitraum von nur fünf Jahren sind diese Schwankungen doch erheblich. Es ist schwer zu beurteilen, ob sie auf die unterschiedlichen Stichproben in den Jahren 2016 und 2021 oder auf grundlegendere Veränderungen in der regionalen Migrationslandschaft zurückzuführen sind. Jedenfalls lassen diese Zahlen darauf schließen, dass im Vergleich zu 2016 für junge Befragte zumindest in einigen Ländern generationenübergreifende Migrationserfahrungen möglicherweise unterschiedliche Bedeutung haben.

Im Unterschied zu den jungen Befragten, deren Migrationserfahrungen sich zumeist auf die arabischen Nachbarländer beschränken, gingen die meisten der Familienangehörigen 2021 nach Europa (54 %, wobei die Zahlen in den Maghreb-Ländern mit ihren kolonialen Beziehungen zu Frankreich deutlich höher liegen), in die Golfregion (24 %, insbesondere aus dem Jemen) und nach Nordamerika (20 %) (Abb. 7.5). Alle diese Länder sind für die jüngste Generation der Migrantinnen und Migranten aus der MENA-Region zunehmend unerreichbar geworden. Die Diskrepanzen in Bezug auf die Zielländer und die Zahl der Menschen, die emigrieren, sind ein Hinweis auf die Folgen der verstärkten Abschottung des Globalen Nordens. In den qualitativen Interviews reflektieren die Befragten die Migrationschancen für sich selbst und die vorherige Generation. Nassim, ein 24-jähriger Student in Beirut (Libanon), klagt zum Beispiel:

> *Das Sektierertum nimmt im Nahen Osten in jüngster Zeit zu und hindert mich daran, in arabische Länder auszuwandern, um dort zu arbeiten. Denn ich gehöre einer Religionsgemeinschaft an, die dort nicht willkommen ist. Für die Generation vor mir war diese Form von Migration noch möglich.*

Abb. 7.4
MIGRATIONSERFAHRUNG IN DER FAMILIE

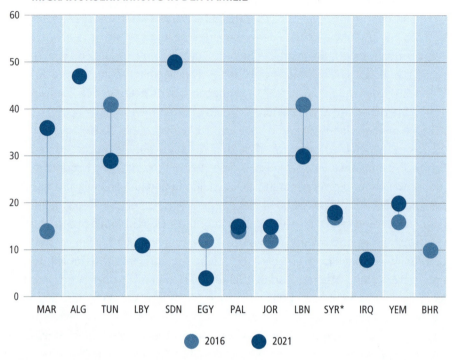

FRAGE 163
Ist jemand aus deiner Familie ausgewandert?

HINWEISE Angaben in Prozent „Ja"

In ähnlicher Weise beschreibt Randa, die als Bereichsleiterin in einer internationalen Nichtregierungsorganisation in Tripolis (Libyen) arbeitet, dass Migration kein Weg zu sozialer Mobilität mehr ist:

> [Mein Vater, der in den 1950er-Jahren geboren wurde,] wuchs in einer kleinen Stadt auf, in der es nicht viele Ausbildungsmöglichkeiten gab, aber er hatte immerhin die Chance, im Ausland zu studieren, von wo aus er sich seine Zukunft aufbauen konnte, und deshalb sind wir jetzt da, wo wir sind. Diese Möglichkeiten gibt es heute in Libyen nicht mehr, […] selbst […] auf Stipendien kann man sich nicht verlassen.

Eines ist allerdings nicht zu vergessen: Das Reisen ist nicht gänzlich zum Erliegen gekommen, und manche junge Erwachsene – zumal aus der Mittel- und Oberschicht – nutzen Studien- und Arbeitsmöglichkeiten im Ausland. Die 19-jährige

Abb. 7.5
MIGRATIONSZIELE VON FAMILIENMITGLIEDERN

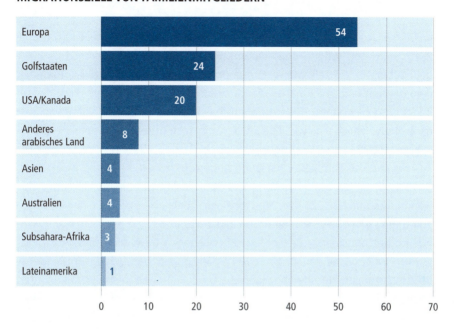

FRAGE 164

HINWEISE Angaben in Prozent der Befragten mit Migrationserfahrung in der Familie (Mehrfachantworten möglich)

Yara aus Chan Yunis/Gaza (Palästina) weist zum Beispiel auf neue geschlechtsspezifische Wege der Migration hin:

> *Die Bildungssituation hat sich verbessert, da Mädchen jetzt ins Ausland reisen können, um an der Uni zu studieren. Die Gesellschaft hat sich weiterentwickelt.*

Andere denken darüber nach, wie die Reisemöglichkeiten in den vom Wechsel zwischen Frieden und Gewalt geprägten Jahren im Nahen Osten zu- und abgenommen haben. Hamza, ein 30-jähriger Ingenieur aus Nabatiyeh (Libanon), schätzt seine Situation besser ein als die früherer Generationen:

> *Ich denke, wir haben heute mehr Möglichkeiten als die vorige Generation, vor allem, weil sie während des Bürgerkriegs [1975 bis 1990] und der Währungskrise und unter der israelischen Besatzung gelebt hat, was für meine Familie der Anlass war, nach Beirut zu gehen, wo mein Vater als einziger Ernährer der Familie für sechs Personen zu sorgen hatte. Was mich und meine Brüder betrifft, so ist unsere Situation heute ziemlich gut. Zwei meiner Brüder*

arbeiten im Ausland und der andere hier, und wir sind auch in der Lage, uns gegenseitig zu unterstützen.

Im Vergleich zu 2016 hatte die Auswanderung von Familienmitgliedern für die 2021 befragten Jugendlichen einen etwas höheren Stellenwert (53 % 2021 gegenüber 48 % 2016); vor allem für junge Menschen aus Marokko, Tunesien, dem Libanon und Syrien haben die Migrationserfahrungen anderer Personen an Bedeutung gewonnen. Gelebte Migrationserfahrungen in der Familie spielen ganz offensichtlich eine wichtige Rolle, wenn auch oftmals auf komplexe Weise. In allen zwölf Untersuchungsgruppen von 2021 sind 45 Prozent derjenigen, die ausgewanderte Familienangehörige haben, motiviert, selbst zu emigrieren; 34 Prozent geben außerdem an, dass sie von den Überweisungen ihrer Verwandten profitieren. Aus den Interviews geht hervor, dass Heimatüberweisungen im Kontext sich überlagernder Krisen in der MENA-Region zu einem noch wichtigeren Rettungsanker für die Zurückgebliebenen geworden sind. Allerdings räumen Jugendliche und junge Erwachsene ein, dass der Zugang zu Geldtransfers und stabilen Fremdwährungen die Ungleichheiten in schwierigen Zeiten noch verstärkt. Im Libanon, wo das libanesische Pfund um 90 Prozent abgewertet wurde und Bargeldabhebungen in US-Dollar limitiert sind (Al Jazeera 2023), beschreibt der 16-jährige Mohamad, der in Beirut zur Schule geht, die Auswirkungen des Gebrauchs zweier Parallelwährungen:

Natürlich gibt es Leute, die in dieser wirtschaftlichen Situation ärmer werden, und andere, die reicher werden. Zum Beispiel haben diejenigen, die ihr Gehalt noch in Dollar beziehen, und diejenigen, die ihr Geld bei Banken außerhalb des Libanon deponiert haben, von dieser Situation und der Wechselkursdifferenz profitiert. Wer ein Konto bei einer libanesischen Bank hat, kann nur bis zu einem bestimmten Höchstbetrag Geld abheben.

Wie wichtig verwandtschaftliche Bindungen für den Zugang zu Ressourcen sind, ist in der MENA-Region gut dokumentiert (vgl. Joseph 1994; 1996). Nach unseren Daten stehen Familienbindung und Migration in einem komplexen Verhältnis zueinander. Trotz der wirtschaftlichen Vorteile, die es mit sich bringt, wenn Familienmitglieder im Ausland leben, idealisieren die Befragten die Migration keineswegs: 2021 geben 45 Prozent der Jugendlichen und jungen Erwachsenen an, sie seien wegen der Auswanderung von Familienmitgliedern von der Vorstellung fasziniert, in einem fremden Land zu leben, und ihre Reiselust habe zugenommen. Weitere 25 Prozent der Jugendlichen und jungen Erwachsenen mit emigrierten Familienangehörigen haben allerdings bei dem Gedanken, ins Ausland zu gehen, gemischte Gefühle, und 16 Prozent kommen zu dem Schluss, Auswanderung komme für sie nicht infrage. Interessanterweise sind diese Zah-

Abb. 7.6
MIGRATIONSABSICHTEN NACH LEBENSSTIL

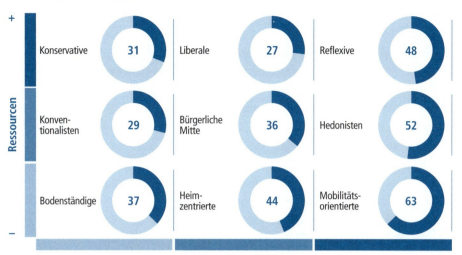

○ Ich würde gerne auswandern. / Ich bin sicher, dass ich auswandern werde.

FRAGE 167
Was beschreibt am ehesten deine Situation?

HINWEISE Angaben in Prozent

len im Irak um einiges höher (48 %) und in den Maghreb-Ländern, Jordanien und Ägypten niedriger als im Durchschnitt. Grund dafür könnten die unterschiedlichen zeitlichen Verläufe der Migration sein: Ältere irakische Migrantinnen und Migranten haben ihr Heimatland aufgrund des jahrzehntelangen Konflikts und der Sanktionen möglicherweise dauerhaft verlassen, während Auswanderer aus anderen Ländern zirkuläre Formen der Migration praktiziert haben könnten. Daher kann es sein, dass junge Menschen aus den letztgenannten Regionen die Abwesenheit von Verwandten nicht als Dauerzustand wahrgenommen haben.

Wie man sich seine eigene zukünftige Familie vorstellt, beeinflusst ebenfalls die Migrationsbestrebungen. Eine starke familiäre Bindung ist zwar ein Beweggrund für Geldüberweisungen in die Heimat, kann aber auch von der Migration abhalten. 2021 träumen junge Menschen, die eine eigene Familie gründen wollen, weniger davon oder haben seltener die Absicht, ins Ausland zu gehen, als diejenigen, die davon ausgehen, dass ein glückliches Leben auch als Single oder unverheiratet möglich ist (39 % gegenüber 55 %). In ähnlicher Weise sind traditionelle Lebensstile ein Grund zum Bleiben. Diejenigen, die planen, ihre Kinder genauso zu erziehen, wie sie von ihren Eltern erzogen wurden, lehnen die Idee der Migration fast doppelt so häufig ab wie jene, die sich eine gänzlich andere Erziehung für ihre Kinder wünschen (55 % gegenüber 29 %). Die Bedeutung generationenübergreifender Kontinuität als Hinderungsgrund für Migration deckt sich mit der Auswertung der Mobilitätsabsichten von Jugendlichen und jungen Erwachsenen in Bezug auf die biografische Offenheit: Befragte mit einem traditionellen Weltbild äußern seltener Migrationsabsichten als solche mit einer eher individualistischen Einstellung (Abb. 7.6). Wie sich biografische Offenheit auf Migrationsabsichten auswirkt, hängt mit dem Zugang zu Ressourcen zusammen: Fehlt es an finanziellen Mitteln, erwägen Jugendliche und junge Erwachsene mit einer konservativen Einstellung eher, ins Ausland zu gehen. Demnach ziehen selbst diejenigen, die eigentlich bleiben wollen, eine Abwanderung in Betracht, wenn sie meinen, nicht über die notwendigen Ressourcen zu verfügen, um sich ein Leben im Heimatland aufbauen zu können. Verlobte oder verheiratete junge Erwachsene spielen fast ebenso häufig mit dem Gedanken zu emigrieren oder sind sich ebenso häufig sicher, dass sie auswandern werden (41 beziehungsweise 33 %), wie diejenigen, die nicht in einer Beziehung leben (44 %). Eine eigene Familie zu haben, ist offenbar für junge Menschen keine Motivation, um zu bleiben oder auszuwandern; allerdings könnte das junge Alter der Befragten auch nahelegen, dass viele Jugendliche und junge Erwachsene ihre ideale Familie erst später und nicht schon jetzt gründen wollen.

Abgesehen von den Heimatüberweisungen kann die Migration jungen Menschen noch ganz andere Möglichkeiten eröffnen, wenn auch nicht immer im Einverständnis mit den Älteren, sondern gegen deren Willen. Nisreen aus Syrien, die in Tripoli (Libanon) studiert, nutzte die pandemiebedingten Grenzschließungen, um die Rückkehr in ihr Heimatland aufzuschieben und neue Bildungsangebote ausfindig zu machen:

Nach der Pandemie waren die Grenzen zwischen Syrien und dem Libanon für lange Zeit geschlossen, sodass ich im Libanon bleiben musste, um dem Druck meiner Familie [in Syrien zu heiraten] zu entgehen. Ich habe für mich herausgefunden, was ich möchte und was nicht und wie ich mit meinen Gefühlen und Problemen umgehen kann. Außerdem habe ich an verschiedenen Online-Dialogen und an vielen Kursen zu den unterschiedlichsten Themen teilgenommen. Es war eine anstrengende Zeit, aber ich habe viel gelernt.

Insgesamt sind sich die Befragten im Klaren darüber, dass die Emigration oft der gesamten Familie zugutekommt, allerdings auch emotionale Folgen haben und manchmal auch ein Ausweg aus erdrückenden Verwandtschaftsstrukturen sein kann.

Nicht zuletzt spiegeln die Wunschziele der Jugendlichen und jungen Erwachsenen eher die Erfahrungen ihrer Angehörigen wider als ihre eigenen aus der Zeit, in der sie selbst in andere arabische Länder ausgewandert waren. Europa bleibt für 46 Prozent der Befragten das bevorzugte Ziel, insbesondere für die junge Generation aus dem Maghreb und für syrische Geflüchtete im Libanon, gefolgt von Nordamerika (16 %) und den Golfstaaten (14 %). Dass dies die Wunschdestinationen sind, erklärt sich aus den engen (post-)kolonialen Bindungen zwischen dem Maghreb und Europa, insbesondere Frankreich, und aus der wachsenden Anzahl syrischer Geflüchteter in Europa. Mehr als eine Million Menschen aus Syrien leben mittlerweile in Europa, vor allem in Deutschland und Schweden (UNHCR 2021). Aus ähnlichen Gründen fühlt die Jugend aus Ägypten, dem Jemen und dem Sudan sich von den Golfstaaten besonders angezogen, in denen es bereits große Diasporagemeinschaften aus ihren Heimatländern gibt. Ein wichtiger Migrationsgrund ist der Zugang zu Bildung: 44 Prozent der Befragten wären bereit, ihre Familie zu verlassen, um eine gute Berufsausbildung zu erhalten. Dies gilt insbesondere für die junge Generation aus dem Libanon, dem Maghreb und dem Sudan. Ein Fünftel der auswanderungswilligen Jugendlichen und jungen Erwachsenen ist bereit, ihr Leben aufs Spiel zu setzen; wenig überraschend ist, dass dies vor allem für diejenigen gilt, die wie etwa die Menschen in Tunesien und die syrischen Geflüchteten im Libanon in Ländern mit schweren Wirtschaftskrisen leben. „Junge Leute gehen ins Ausland und geben sich freiwillig als Fischfutter her", so eine junge Frau aus Tunesien. Auf die wachsende Verzweiflung deutet auch die Bereitschaft junger Menschen hin, gering qualifizierte Stellen im Ausland anzunehmen: 39 Prozent wären bereit, in einer ländlichen Region in einem arabischen Land zu arbeiten, und noch mehr (44 %) in einer ländlichen Region Europas.

Diese Ergebnisse eröffnen neue Perspektiven auf das Konzept der „Migrationskultur". Während junge Menschen mit persönlichen Migrationserfahrungen oder Familienangehörigen im Ausland immer noch eine kleine Minderheit bilden, stellt die Emigration zumindest für einige von ihnen ein generationenübergreifendes Phänomen dar. Insbesondere in Ländern wie dem Libanon hat die Auswanderung in der nächsten Generation neue Mobilitätspläne angestoßen. Hamza aus dem Libanon beschreibt den Zusammenhang zwischen früheren und heutigen Migrationsbewegungen so:

> *Wir können ins Ausland reisen und dort arbeiten. Es gibt keine libanesische Familie, in der nicht mindestens ein Mitglied im Ausland lebt und bei Bedarf die Familie in der Heimat unterstützt.*

Gleichzeitig zeigen die ambivalenten Gefühle der Jugendlichen und jungen Erwachsenen in Bezug auf die Auslandsaufenthalte ihrer Familienangehörigen, dass ihr Verständnis von Migration über eine rationale Kosten-Nutzen-Abwägung hinausgeht und sie nuancierter einschätzen, welche emotionalen Folgen die Migration für die Daheimgebliebenen hat. Migration ist keineswegs die neue

Abb. 7.7
MIGRATIONSABSICHTEN NACH WIRTSCHAFTLICHER LAGE DER FAMILIE

	Sehr gut	Eher gut	Eher schlecht	Sehr schlecht
Ich werde definitiv nicht auswandern. (43 %)	55	46	37	34
Ich spiele manchmal mit dem Gedanken, auszuwandern. (12 %)	13	13	12	8
Ich würde gern auswandern. (30 %)	20	28	36	41
Ich bin sicher, dass ich auswandern werde. (9 %)	9	8	10	13

FRAGEN 21, 167

HINWEISE Angaben in Prozent

Normalität, sondern nach wie vor eine Strategie zur Sicherung des Lebensunterhalts, der junge Menschen in der MENA-Region zurückhaltend begegnen. Aus einer generationenübergreifenden Perspektive zeigt sich deutlich, dass Auswanderung von Familienmitgliedern nach wie vor eine große Bedeutung hat, die vor allem in Form von Heimatüberweisungen als Sicherheitsnetz in Zeiten sich überlagernder Krisen zum Tragen kommt. Es zeigt sich aber auch ein wachsendes Gefühl der Enteignung in Form von *Immobilisierung*: Den meisten jungen Menschen bieten sich aufgrund schwindender Chancen im Globalen Norden und in jüngster Zeit aufgrund der pandemiebedingten Bewegungseinschränkungen kaum noch Migrationsmöglichkeiten.

Migration als Ausweg aus der Prekarität

Während es im vorigen Abschnitt um den Zusammenhang zwischen früherer und heutiger Auswanderung junger Menschen und ihrer Familien aus den MENA-Ländern ging, befasse ich mich im Folgenden mit den Auswirkungen prekärer Lebensverhältnisse auf die Migrationsabsichten der Befragten. Ein maßgeblicher Faktor für Migrationspläne ist zweifellos die wirtschaftliche Situation des Familienhaushalts (Abb. 7.7). 2021 schließen Jugendliche und junge Erwachsene, die die Situation ihrer Familie als „sehr schlecht" einschätzen, eine Emigration am seltensten aus (34 % gegenüber 55 % der Jugendlichen, die die ökonomische Situation ihrer Familie als „sehr gut" einstufen). Sie hängen auch am intensivsten Migrationsträumen nach oder fassen konkrete Auswanderungspläne (insgesamt 54 % gegenüber 29 % der Jugendlichen, die die Situation ihrer Familie als „sehr gut" einstufen). Ähnlich verhält es sich bei Jugendlichen und jungen Erwachsenen, die sich gefährdet fühlen: Sie haben eher den Wunsch auszuwandern oder sind sich sicherer, dass sie dies tun werden, als ihre Altersgenossen, die sich selbst

Abb. 7.8
MIGRATIONSABSICHTEN NACH KARRIEREZUVERSICHT

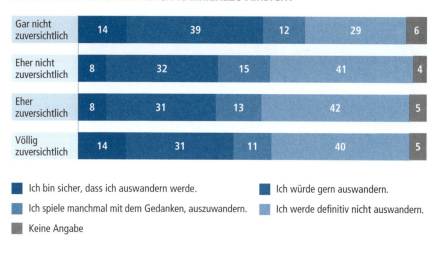

■ Ich bin sicher, dass ich auswandern werde.
■ Ich spiele manchmal mit dem Gedanken, auszuwandern.
■ Keine Angabe
■ Ich würde gern auswandern.
■ Ich werde definitiv nicht auswandern.

FRAGEN 79, 167
Wie zuversichtlich bist du, dass deine Wünsche hinsichtlich deiner Arbeit in Erfüllung gehen?

HINWEISE Angaben in Prozent der Befragten, für die Arbeit eine Rolle spielt

als resilient wahrnehmen (50 % gegenüber 31 %). Ebenso ist bei den pessimistischen jungen Menschen die Zahl derjenigen, die ein verstärktes Interesse an einer Auswanderung haben oder bereits konkrete Migrationspläne schmieden, höher als bei den optimistischeren Befragten (48 % gegenüber 34 %). Welche Zukunftsvorstellungen verbindet die junge Generation mit räumlicher Mobilität? Hier spielen die beruflichen Perspektiven eine wichtige Rolle (Abb. 7.8): Wer nicht damit rechnet, dass sein oder ihr Arbeitswunsch im Heimatland in Erfüllung geht, schließt eine Auswanderung seltener aus (29 % gegenüber 40 % der Befragten, die fest davon ausgehen, dass sie ihren Traumjob bekommen werden), erwägt eher die Auswanderung oder unternimmt konkrete Schritte in diese Richtung (53 % gegenüber 45 % derjenigen, die sich absolut sicher sind, ihren Traumberuf ausüben zu können). Viele junge Menschen entscheiden sich bewusst für eine berufliche Laufbahn, die es ihnen ermöglicht, zu reisen. Der 29-jährige Bassam aus Beirut (Libanon) zum Beispiel wechselte für sein Postgraduiertenstudium von Rechtswissenschaften zur Informatik:

Bekanntlich gibt es im IT-Bereich einen größeren Arbeitsmarkt, der nicht geografisch begrenzt ist oder sich auf den Libanon beschränkt. Also versuche ich, neben meiner Grundausbildung noch etwas anderes zu studieren.

Abb. 7.9
MIGRATIONSABSICHTEN NACH SCHICHTENINDEX

	Unterste Schicht	Untere Mittelschicht	Mittlere Schicht	Obere Mittelschicht	Oberste Schicht
Ich werde definitiv nicht auswandern.	34	44	45	46	45
Ich spiele manchmal mit dem Gedanken, auszuwandern.	10	11	11	13	16
Ich würde gerne auswandern.	38	30	31	27	25
Ich bin sicher, dass ich auswandern werde.	11	9	7	9	10

FRAGE 167, Schichtenindex

HINWEISE Angaben in Prozent

Nicht nur die eigene, sondern auch die familiäre wirtschaftliche Not ist somit ein Hauptgrund für Migration. Doch auch die persönliche Sicherheit spielt eine wichtige Rolle. Junge Menschen ohne Gewalterfahrungen lehnen es fast doppelt so häufig ab, auszuwandern, wie diejenigen, die unmittelbarer Gewalt ausgesetzt waren (26 % gegenüber 48 %), und mehr als die Hälfte der Befragten mit Gewalterfahrungen erwägen, ins Ausland zu gehen (55 % gegenüber 36 % der Befragten ohne Gewalterfahrungen).

Ein zentrales Thema dieses Sammelbands ist die wahrgenommene Ausdünnung der Mittelschicht in der gesamten MENA-Region, eine weitverbreitete Ausprägung der sozialen Abwärtsmobilität durch den Verlust von Einkommen, sozialen Netzwerken und Chancen selbst für sehr gut ausgebildete junge Erwachsene (Kap. 3). Bei einigen jungen Menschen kann dies ein Indiz für ein umfassenderes Gefühl der Enteignung sein, das von räumlicher Bewegung abgekoppelt ist, eine „Vertreibung an Ort und Stelle". Lubkemann (2008) warnt davor, Vertreibung mit physischer Ortsveränderung gleichzusetzen. In seiner Studie über Mosambik während des Krieges stellte er fest, dass einige Menschen, die Opfer des Konflikts wurden, zur Immobilität gezwungen waren, was zur Zerstörung ihrer Lebensgrundlagen führte, wie sie typischerweise mit Vertreibung einhergeht. Andere, die während des Krieges mobil blieben, zogen wirtschaftliche und soziale Vorteile daraus. In ähnlicher Weise erleben einige der Befragten, die in krisengeschüttelten Gesellschaften aufgewachsen sind, die Tatsache, dass sie nicht weggehen können, als eine Form der Vertreibung. Die 25-jährige Bioanalytikerin Esraa aus Bagdad (Irak) beschreibt das Gefühl, „zu Hause vertrieben"

Abb. 7.10
MIGRATIONSABSICHTEN NACH TÄTIGKEITSSTATUS

	Schüler/-in	Student/-in	Arbeitend	Temporär nicht Erwerbstätige	Dauerhaft nicht Erwerbstätige
Ich werde definitiv nicht auswandern.	42	35	41	44	62
Ich spiele manchmal mit dem Gedanken, auszuwandern.	12	15	13	12	7
Ich würde gerne auswandern.	29	35	31	31	22
Ich bin sicher, dass ich auswandern werde.	11	10	9	9	5

FRAGEN 58, 167

HINWEISE Angaben in Prozent

zu sein, sehr treffend, indem sie ihre Situation mit der eines bessergestellten Gleichaltrigen vergleicht:

Ich sehe, dass er mit allem möglichen Komfort lebt und dass alles in seinem Leben so beständig ist, als ob er nicht im Irak leben würde.

Bei einigen hat der Verlust des sozialen Status seine Ursache tatsächlich in der erzwungenen Migration. Wessam, eine 26-jährige syrische Studentin in Tripoli (Libanon), schildert die Doppelbelastung ihrer Familie durch die konfliktbedingte Vertreibung und die damit verbundene Verschlechterung ihrer wirtschaftlichen Lage:

[In Syrien] waren wir eine Familie der oberen Mittelschicht. […] Als wir in den Libanon kamen, war die Situation in den ersten zwei Jahren schrecklich, denn wir mussten ganz von vorne anfangen, und unser Leben hat sich völlig verändert, vor allem wirtschaftlich. Wir konnten nicht mehr auf dem gleichen Niveau leben wie in Syrien […]. Im vergangenen Jahr ist es etwas besser geworden, weil mein Bruder und mein Vater eine neue Arbeit gefunden haben. Wir sind noch immer keine Mittelschichtfamilie, aber zumindest haben wir genug zu essen, wir haben von allem das Nötigste.

Tatsächlich sind junge Menschen aus der untersten Schicht mehr an Migration interessiert: 49 Prozent würden gerne auswandern oder sind sich sicher, dass sie auswandern werden, gegenüber 38 Prozent aus der Mittelschicht und 34 Prozent der Jugendlichen und jungen Erwachsenen aus der Oberschicht (Abb. 7.9). Diese Ergebnisse scheinen in Widerspruch zu stehen zu den Antworten der Befragten auf eine andere Frage (Abb. 7.10), aus denen hervorgeht, dass Hochschulstudierende – die eher aus der Mittel- und Oberschicht stammen – mehr an Migration interessiert sind (45 % würden gerne auswandern oder sind sich sicher, dass sie auswandern werden) als unfreiwillig arbeitslose und erwerbstätige Jugendliche und junge Erwachsene (jeweils 40 %). Wie ist dieser scheinbare Widerspruch zu verstehen? In den qualitativen Interviews beklagen viele Befragte, dass ein Auslandsaufenthalt finanzielles und bildungsbezogenes Kapital wie zum Beispiel den Zugang zu Stipendien und Fremdsprachenunterricht voraussetze. Zeina, eine 19-jährige Studentin aus Nabatiyeh (Libanon), stellt fest:

> *Wer es geschafft hat, Kapital anzuhäufen, kann reisen und ein neues Leben beginnen, im Gegensatz zur Mittelschicht und zu den Armen.*

Insgesamt deuten die Umfrage- und Interviewdaten darauf hin, dass es für bessergestellte junge Menschen leichter ist, auf regulärem Wege auszuwandern, und auch leichter, in ihren Heimatländern zu bleiben und sich dort ein Leben aufzubauen.

Die Frage, ob junge Menschen ins Ausland gehen wollen, wird von subjektiven Wahrnehmungen beeinflusst: Sind die Befragten der Meinung, dass sie im Leben eine Chance bekommen? Bei den Jugendlichen und jungen Erwachsenen, die sich benachteiligt fühlen, ist die Zahl derer, die davon träumen oder planen zu emigrieren (43 %), höher als bei denjenigen, die sich selbst als vom Glück begünstigt (30 %) oder sogar als privilegiert bezeichnen (37 %). Insofern kann Migration als Möglichkeit verstanden werden, etwas gegen die empfundene Ungerechtigkeit zu unternehmen, am falschen Ort und zur falschen Zeit geboren worden zu sein. Umgekehrt wirkt sich die aktuelle Verfügbarkeit von Ressourcen insofern auf die Migrationsabsichten aus, als fehlende finanzielle Mittel deren Verwirklichung im Weg stehen können. Junge Menschen ohne eigene Ersparnisse – sei es aus eigener Arbeit oder durch familiäre Unterstützung – lehnen den Migrationsgedanken etwas häufiger ab (45 % gegenüber 39 % der Befragten mit eigenen Mitteln). Mit dem Gedanken, ins Ausland zu gehen, spielen jedoch ebenso viele junge Menschen mit finanziellen Rücklagen wie junge Menschen ohne sie.

Der Libanon ist ein Paradebeispiel für die komplexen Überlagerungen von schichtspezifischen Ungleichheiten, Rechtsunsicherheit und anderen sozialen Dynamiken. Erkenntnisse aus zwei aktuellen FES-Länderstudien mit jungen Libanesinnen und Libanesen (Doueihy 2022) und jungen syrischen Geflüchteten (Diab 2022) sowie die Erhebungsdaten aus dem Jahr 2021 zeigen, dass in Zeiten von politischem Stillstand, rasanter Inflation, steigender Arbeitslosigkeit und zusätzlichen Krisen wie der Explosion im Beiruter Hafen 2020 die Abwanderung offenbar zur einzigen Ausstiegsstrategie wird. Wie bereits in der Studie von 2016 erörtert, ist der Libanon in der MENA-Region insofern ein Sonderfall, als er die weltweit höchste Flüchtlingsdichte pro Einwohner aufweist. 90 Prozent der syrischen Flüchtlingsfamilien sind derzeit auf humanitäre Hilfe angewiesen (UNHCR 2022). Ein zentrales Problem der libanesischen Flüchtlingspolitik ist die ausufernde Vielfalt der aufenthaltsrechtlichen Status, die für Syrerinnen und Syrer zu verwirrenden Varianten der Illegalität führt und außerdem dazu, dass viele Geflüchtete als Wirtschaftsmigranten und nicht als schutzbedürftige Menschen behandelt werden (Janmyr/Mourad 2018). Dies hat über 80 Prozent der syrischen Bevölkerung im Libanon in die Illegalität gedrängt (Inter-Agency Coordination Lebanon et al. 2021). In den qualitativen Interviews, die für die Studie 2022 geführt wurden, wird deutlich, wie bei jungen syrischen Geflüchteten im Libanon rechtliche Unklarheit, prekäre Lebensverhältnisse und ausbeuterische Arbeitsverhältnisse sich gegenseitig bedingen. Hisham, ein 20-jähriger syrischer Geflüchteter und Student im Libanon, meint:

Ich glaube, wenn es keine Gerechtigkeit gibt, nimmt die Ungleichheit in allen Bereichen zu. [...] Erstens dürfen [syrische Geflüchtete] im Libanon in den meisten Wirtschaftszweigen nicht arbeiten. Zweitens [...] bekomme ich ein geringeres Gehalt und muss mehr Stunden arbeiten, weil ich Syrer bin. Als sich mir zum Beispiel die Gelegenheit bot, in einem Restaurant zu arbeiten, habe ich weniger verdient als meine libanesischen Kollegen, nur weil ich Syrer bin, und das musste ich akzeptieren, weil ich keine Alternative hatte.

Die rechtliche Diskriminierung von Geflüchteten wird durch andere – zum Beispiel geschlechtsspezifische – Formen der Ausgrenzung noch verschärft. Nora, eine 29-jährige syrische Studentin in Saida (Libanon), sieht einen Zusammenhang zwischen ihrer Erfahrung als Geflüchtete und als Frau:

Als syrische Geflüchtete, die im Libanon und in einer patriarchalischen Gesellschaft lebt, in der es keine Gleichberechtigung von Männern und Frauen auf dem Arbeitsmarkt gibt, leide ich unter Ausbeutung in vielen Lebensbereichen – bei der Arbeit, den Gesetzen, den Löhnen und so weiter.

Infolgedessen ist der Anteil der jungen syrischen Geflüchteten, die hoffen, den Libanon wieder verlassen zu können, seit 2016 um die Hälfte gestiegen (von 48 auf 72 %; vgl. Diab 2022 und Abb. 7.1). Darüber hinaus träumen viele Einheimische ebenso wie die Geflüchteten davon, auszuwandern. Im Jahr 2016 schloss die Mehrheit der von der FES befragten jungen Libanesen eine Auswanderung aus; fünf Jahre später plant oder erwägt die Mehrheit, ins Ausland zu gehen. In der Zwischenzeit hat die Wirtschaftskrise des Landes denjenigen, die auswandern wollen, neue Steine in den Weg gelegt. Aufgrund der Finanzkrise im Libanon haben junge Männer und Frauen, die an ausländischen Universitäten angenommen werden, Probleme, den Nachweis über ausreichende Bankguthaben zu erbringen, der die Voraussetzung für die Erteilung eines Studentenvisums ist (Doueihy 2022). Bei einer Reise in den Libanon im Februar 2023 habe ich mit jungen Libanesinnen und Libanesen aus verschiedenen Schichten gesprochen und erfahren, dass fast alle den Wunsch haben, auszuwandern. Während hoch qualifizierte Universitätsstudierende in Beirut ihr Diplom von in den USA akkreditierten Privatuniversitäten nutzten, um für ein Postgraduiertenstudium legal zu emigrieren, begaben sich gering qualifizierte und geflüchtete Jugendliche und junge Erwachsene weiter nördlich in Tripoli auf gefährliche Mittelmeerüberfahrten – mit einer steigenden Zahl von Todesopfern (vgl. Sinjab 2022). Junge Menschen, die sich aufgrund von Schichtzugehörigkeit, Geschlecht und rechtlichem Status in unterschiedlichen Positionen befinden, sehen in der Migration den einzigen Ausweg aus den sich überlagernden Krisen. Daher sollte die Migrationsforschung, wie im abschließenden Abschnitt angesprochen, Vertreibung jenseits konfliktbedingter grenzüberschreitender Mobilität nicht mehr als Ausnahme betrachten, sondern vermehrt in den Blick nehmen, wie junge Menschen Mobilität nutzen, um mit verschiedenen Formen der Enteignung umzugehen.

Mehrfache Vertreibungen

Im letzten Abschnitt werden zunächst drei Formen von Mobilität in den Mittelpunkt gerückt, die von der internationalen Gemeinschaft oft übersehen werden, weil es sich um (lokale) Phänomene innerhalb eines Landes handelt. Alle drei wurden jedoch in den qualitativen Interviews wiederholt genannt und verdeutlichen die Komplexität der Mobilitätserfahrungen von Jugendlichen und jungen Erwachsenen.

Erstens sind viele junge Menschen in der MENA-Region nicht nur mit erzwungener Emigration über Landesgrenzen hinweg konfrontiert, sondern auch mit Binnenvertreibung, weil sie vertriebenen Bevölkerungsgruppen oder Aufnahmegemeinschaften angehören. Dies gilt insbesondere für Jugendliche und junge Erwachsene im Jemen, in Libyen und im Sudan. Die 24-jährige Ines zum Beispiel, die als Forscherin für eine internationale Nichtregierungsorganisation in Tripolis (Libyen) arbeitet, lenkt das Gespräch von der internationalen Migration auf die Binnenvertreibung:

Wir haben Binnenvertriebene, und ich weiß nicht, ob ich über Migranten sprechen soll, aber ich kann über Binnenvertriebene sprechen und darüber, wie sie von dem Konflikt betroffen waren. Die Bewohnerinnen und Bewohner von Tawurga und Sirte zum Beispiel hatten [...] in den Gegenden, in die sie geflohen waren, mit Diskriminierung zu kämpfen. Das alles sind Variablen, die ihre Ursache in dem Konflikt haben.

Zweitens sagen viele Jugendliche und junge Erwachsene aus den für die Studie herangezogenen Ländern, die Land-Stadt-Migration sei eine Folge des wirtschaftlichen und ökologischen Drucks. Hassan, ein 29-jähriger Lehrer in Bagdad (Irak), reflektiert die Auswirkungen der Landflucht auf die Ernährungssicherheit:

Die Abwanderung von Bauern in die Stadt wird wegen des sinkenden Grundwasserspiegels und weiterer Probleme zunehmen. Das gilt als besorgniserregend, denn diese Abwanderung der Bauern wird nicht nur zu hoher Arbeitslosigkeit führen, sondern sich auch auf die Landwirtschaft auswirken und insgesamt nicht folgenlos für die Bürger bleiben.

Viele der Befragten haben eigene Erfahrungen mit der Land-Stadt-Migration und mit der Diskriminierung, der Neuankömmlinge in größeren Städten ausgesetzt sein können. Ahlem, eine 26-jährige Verkäuferin in einer Bäckerei in Matmata (Tunesien), spricht über ihre Erfahrungen nach der Übersiedelung in die Hauptstadt:

Schon der kleinste Streit provoziert Kommentare wie: Kommst du aus dem Landesinneren? Und wenn schon! Wir kommen aus dem Landesinneren, wir lassen unser Leben auf dem Land hinter uns, weil es im Süden und im Nordwesten keine Arbeit gibt. Die Leute ziehen nach Tunis auf der Suche nach Arbeit, damit sie ihre Familien ernähren können, sie haben keine andere Wahl.

Auf der anderen Seite kehrten aufgrund der Coronapandemie Menschen auch aufs Land zurück. Einige Jugendliche berichten, dass sie in ihre angestammten Dörfer zurückziehen mussten, als ihre Eltern ihre Arbeit verloren und sich keine Mietwohnung in der Stadt mehr leisten konnten. Für manche junge Erwachsene waren die mit der Pandemie verbundenen Bewegungseinschränkungen der Auslöser für einen alternativen, naturverbundeneren Lebensstil. Die 30-jährige Rasha tauschte das kosmopolitische Leben in der Stadt gegen die Landwirtschaft in Nabatiyeh (Libanon) und stellte damit traditionelle Geschlechterrollen infrage:

Ich bin geschieden und habe zwei Kinder. Als ich mich von meinem Mann getrennt habe, beschloss ich, ins Dorf zu ziehen. Ich bekam die Ungleichheit in der Gesellschaft zu spüren, auf dem Land, wo die Leute denken, dass Frauen nicht in der Landwirtschaft arbeiten können. Ich habe darauf bestanden, in der Landwirtschaft zu arbeiten, und angefangen, Landwirtschaft zu erlernen, obwohl der Bauer mir nicht zugetraut hat, dass ich die Felder be-

wirtschaften kann. [...] Einige Leute waren überrascht, als ich mir landwirtschaftliche Geräte angeschafft habe, und es war mir egal, wie sie darauf reagierten.

Für einige der befragten Jugendlichen und jungen Erwachsenen hängen Migrationspläne und Umweltbelange zusammen, wie im Fall von Hisham, einem syrischen Geflüchteten im Libanon:

Ich komme aus Ost-Ghuta, einer sehr schönen Gegend in Syrien. Ich glaube, dass ich, wenn ich in mein Land zurückkehre, zum Aufbau einer lokalen Umweltbewegung beitragen kann, die sich dafür einsetzt, dass es in Ost-Ghuta keine Umweltverschmutzung mehr gibt, vor allem nach der ganzen Verschmutzung durch den Krieg.

Drittens sind junge Menschen in der MENA-Region auch zunehmend von umweltbedingter Vertreibung betroffen, insbesondere in ressourcenarmen Kontexten im Jemen und im Sudan. Für viele – wie zum Beispiel für die 25-jährige Studentin Rowaida in Khartum (Sudan) – ist dies kein einmaliges Ereignis, sondern kommt relativ regelmäßig vor:

Wir im Sudan sind vom Klimawandel und von Umweltveränderungen betroffen, vor allem im Herbst – zum Beispiel von Überschwemmungen, die zu Vertreibungen führen und Menschen in Not bringen. Wegen der Überschwemmungen wurden die Universitäten geschlossen.

Solche lokal begrenzten Ereignisse werden vielleicht nicht von internationalen Hilfsorganisationen wahrgenommen oder tauchen nicht in Migrationsstatistiken auf, aber sie können einen kumulativen Effekt haben. Im Moment scheinen sich Umweltängste jedoch nicht auf Migrationspläne auszuwirken: Junge Menschen, die „voll und ganz zustimmen" oder „überhaupt nicht zustimmen", dass sie sich Sorgen um die Umwelt machen, spielen fast genauso oft mit dem Gedanken auszuwandern oder unternehmen hierfür sogar konkrete Schritte (vgl. Kap. 8).

Fazit

In diesem Kapitel habe ich die Migrationsabsichten und -erfahrungen der jungen Generation in der MENA-Region erörtert. Hierbei habe ich mich auf Daten aus der Erhebung von 2021 sowie auf Interviews gestützt und neue Entwicklungen seit 2016 aufgezeigt. Vor dem Hintergrund einer restriktiveren EU-Außenpolitik und der Folgen von Bewegungseinschränkungen im Zusammenhang mit der Coronapandemie schwinden die Chancen auf Emigration in den Globalen Norden. Jugendliche und junge Erwachsene aus der MENA-Region, die ins Ausland gehen wollen, sind immer noch in der Minderheit, aber ihre Zahl steigt. Denn in einer Region, die von ineinandergreifenden Krisen betroffen ist, wird Auswanderung zunehmend zur Ausstiegsstrategie. Ebenso wie in früheren Jahren haben nur wenige der Befragten und ihrer Familienangehörigen persönliche Migrationserfahrungen, aber Geldüberweisungen von Verwandten im Ausland werden in der derzeitigen Wirtschaftskrise, von der ein Großteil der Region erfasst ist, zu einem Rettungsanker. Viele junge Menschen sehen Auswanderung als Ausweg aus einer prekären Lebenssituation. Doch die Dynamik der sozialen Schichtung hat komplexe Folgen. Während armen Jugendlichen und jungen Erwachsenen unter Umständen die Mittel fehlen, um ins Ausland zu gehen, erleichtert der Zugang zu Finanz- und Bildungskapital möglicherweise den bessergestellten jungen Menschen den Aufenthalt oder die Auswanderung. Schließlich verdeutlichen die qualitativen Interviews, dass junge Männer und Frauen nicht nur grenzüberschreitende, sondern auch innerstaatliche und lokal begrenzte Migrationserfahrungen machen, zu denen die Land-Stadt-Migration (in geringerem Maße auch die Stadt-Land-Migration) und die umweltbedingte Vertreibung zählen.

Kürzlich regte Georgina Ramsay (2021) an, unser Verständnis von Vertreibung über die erzwungene Mobilität hinaus auszuweiten und einschneidende, weltweit verbreitete Erfahrungen mit einzubeziehen. Bei vergleichenden Untersuchungen mit Geflüchteten in Uganda und Obdachlosen in den USA fand Ramsay ähnliche Muster von Marginalisierung und ausbeuterischen Arbeitsbedingungen. Damit soll das subjektive Erleben von Obdachlosigkeit und Flüchtlingsdasein nicht gleichgesetzt werden. Vielmehr weisen die Parallelen auf einen umfassenderen Zustand der Vertreibung hin, den Ramsay als *„the erosion in liveable lifeworlds"* bezeichnet (Cabot/Ramsay 2021: 286). Damit ist gemeint: Die eigene Zukunft ist so trostlos, dass es nichts mehr zu hoffen gibt. Diese tiefgreifenden Enteignungserfahrungen, die gesellschaftliche Entwurzelungen nach sich ziehen, hängen eng mit dem globalen Kapitalismus und damit zusammen, dass unterschiedliche Gruppen von Menschen sich bemühen, ihr Menschsein auf die einzige Art und Weise zu verwirklichen, die heute anerkannt ist: als Wirtschaftsakteure, die an den globalen Märkten beteiligt sind. Wenn wir Ramsay folgen, deutet der Wunsch junger Menschen in der MENA-Region, auszuwandern oder an Ort und Stelle zu bleiben, nicht nur auf ihre Vertreibung aus ihrer Heimat und ihren Heimatländern hin, sondern auch darauf, dass sie sich nicht sinnvoll in die Gesellschaft integrieren können. Die Erforschung der Migrationsbewegungen in der MENA-Region wirft daher umfassendere Fragen nach dem Verhältnis zwischen der Bewegungsfreiheit in einer immer mehr auf Abschottung setzenden Welt und der Chance auf menschenwürdige Arbeit im Heimatland und im Ausland auf. Für diese „enteignete Generation" mag der Wunsch nach Auswanderung eine Reaktion auf die selbst unter den Hochqualifizierten wachsende Frustration in ihrem wirtschaftlichen, sozialen und ökologischen Alltag sein. Enteignung ist jedoch nicht einfach gleichbedeutend mit einem Mangel an Ressourcen, die es jungen Menschen ermöglichen würden, wegzugehen. Enteignung bedeutet vielmehr auch, dass Jugendliche und junge Erwachsene nicht wählen können, wo sie sich ein eigenes Leben aufbauen wollen.

KAPITEL 8

UMWELTBEWUSSTSEIN UND AKTIVISMUS

David Kreuer

Die Symptome der globalen Klimakrise, darunter Dürren, Hitzewellen, Waldbrände und Starkregen, treffen immer mehr Menschen im Nahen Osten und Nordafrika. Dazu kommen lokal umgrenzte Umweltprobleme, die sich oft gegenseitig verstärken. Die Enteignung junger Menschen durch den Verlust von Umweltressourcen wie auch von Klimastabilität hat längst begonnen und kann in Zukunft existenzbedrohende Ausmaße annehmen. Ohne ihr Zutun ist die heutige junge Generation in die Pflicht geraten, global umzusteuern, um die negativen Folgen des Klimawandels zumindest abzumildern und das Überschreiten kritischer planetarer Kipppunkte zu verhindern. Wie dies in der MENA-Region aussehen könnte, ist bislang unklar.

In diesem Kapitel gehe ich drei übergreifenden Fragen nach, die jeweils zwei zusammenhängende Aspekte beinhalten:
1. Wie groß ist das Problembewusstsein der jungen Erwachsenen in der Region und wer ist jetzt schon betroffen von Umwelt- und Klimawandel?
2. Wen sehen die Jugendlichen in der Verantwortung und welche Formen des Engagements ergreifen sie?
3. Welche Lösungsansätze existieren und wie können diese unterstützt werden?

Methodisch beruht die Auswertung neben quantitativen Daten aus der standardisierten Erhebung auch auf einer systematischen qualitativen Inhaltsanalyse der Leitfadeninterviews in elf Ländern, in denen die Umwelt- und Klimathematik gezielt angesprochen wurde.

Zieht man die Literatur zurate, lässt sich für die gesamte MENA-Region einleitend feststellen, dass die Mobilisierung der Gesellschaft für Umweltthemen stetig zunimmt (Sowers 2018: 50). Dieses verstärkte Engagement und der staatliche Umgang damit werden als potenzielle Herausforderung für die Stabilität von Machtstrukturen gesehen, da die wiederkehrenden „Wellen des sozialen Protests und der Wut über politische Korruption und Misswirtschaft, die sich mit Umweltsorgen vermischen", als explosive Mischung gelten (Zumbrägel 2020: 4). Ein abschreckendes Beispiel aus jüngerer Zeit ist die These, dass mehrjährige Dürreperioden entscheidend zu den Protesten in Syrien im Jahr 2011 beigetragen hätten, die dann in den Bürgerkrieg mündeten (Kelley et al. 2015). Auf der anderen Seite versuchen Regierungen, Debatten über erneuerbare Energien und grünes Wachstum positiv zu besetzen, mit entsprechenden Projekten ihre Glaubwürdigkeit zu erhöhen und so Stabilität nach innen wie außen aufrechtzuerhalten, was insbesondere Marokko und Tunesien zu weithin anerkannten regionalen „Musterbeispielen des nachhaltigen Wandels" (Zumbrägel 2020: 22) hat werden lassen.

Der allgemeine Wissensstand hinkt diesen dynamischen Entwicklungen hinterher, da Forschung und öffentliche Debatten meist andere Schwerpunkte setzen. Umweltfragen in der Region werden außerdem oft isoliert betrachtet – zu Unrecht, denn „die Erforschung von Umweltveränderungen und dem Umgang mit natürlichen Ressourcen im Nahen Osten ist wesentlich für ein Verständnis der zahllosen politischen und sozioökonomischen Hoffnungen, Illusionen und Probleme der Bevölkerung, sowohl in ihren Erscheinungsformen vor Ort als auch in ihrer Verflechtung mit größeren globalen Systemen" (Verhoeven 2018: 3). Obwohl in diesem Kapitel nicht von einer lokalen Fallstudie ausgegangen wird, wie die meisten Arbeiten in der politischen Ökologie es tun (Gray/Moseley 2005: 15), soll es doch einen kleinen Beitrag zu dieser ganzheitlicheren Sichtweise liefern – mit besonderem Augenmerk auf der Perspektive der 16- bis 30-Jährigen.

Vor diesem Hintergrund zeigt sich anhand der vorliegenden Daten zunächst, dass über die Hälfte der Befragten die Rolle des Klimawandels für das eigene Leben in den letzten fünf Jahren als wichtig oder sehr wichtig einschätzen. Auch die gegenwärtige Bedeutung der allgemeinen „Umweltkrise" stufen drei von fünf Befragten (59 %) als hoch oder sehr hoch ein. Hierbei ist das Zusammenspiel mit anderen Krisen interessant: Die Umweltproblematik befindet sich hinter der Covid-19-Pandemie und ihren Folgen (70 %) sowie der jeweiligen nationalen Wirtschaftskrise (69 %) im Mittelfeld unter den acht vorgeschlagenen Krisen, auf gleichem Niveau wie Versorgungsengpässe, Unsicherheit und Hunger (61 %) sowie Menschenrechtseinschränkungen (60 %). Für die MENA-Region als Ganzes war in der Literatur schon vor der Covid-19-Pandemie von einem „Zusammenfließen" mehrerer großer Krisen die Rede, etwa in den Bereichen Klimawandel, Wasserknappheit und Sicherheit (Schaar 2019) – die Metapher soll dabei ausdrücken, dass diese Probleme nicht unabhängig voneinander betrachtet, verstanden oder gar gelöst werden können.

Bewusstsein und Betroffenheit

Einen großen Einfluss hat bei der Wahrnehmung einer Umweltkrise die Situation im jeweiligen Land. Hier reicht die Spannbreite in der vorliegenden Erhebung von etwa zwei Fünfteln (42 %) der jungen Erwachsenen in Libyen, die die Umweltkrise als (sehr) wichtig erachten, bis hin zu knapp drei Vierteln (73 %) der Befragten im Libanon. Es gibt kein einheitliches regionales Muster; in manchen Ländern existieren jedoch typische zeitgenössische Diskurse, die von den jungen Leuten aufgegriffen werden. So erwähnen im Libanon viele der Befragten die Tatsache, dass mangels Alternativen industriell verschmutztes Wasser in der Landwirtschaft verwendet werde und die Sorge um die Genießbarkeit des erhältlichen Gemüses groß sei. Im Irak wird hingegen eine Häufung von Staub-

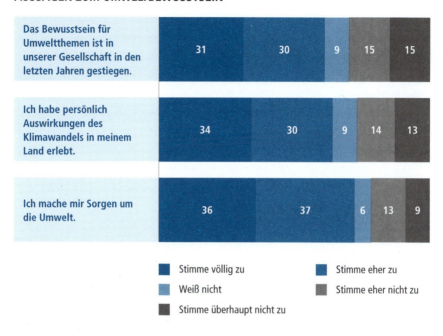

Abb. 8.1
AUSSAGEN ZUM UMWELTBEWUSSTSEIN

FRAGE 130

HINWEISE Angaben in Prozent

stürmen mit zahlreichen Fällen von Asthma in Verbindung gebracht und die Notwendigkeit umfassender Aufforstung als Maßnahme gegen Staub- und Wüstenbildung herausgestellt.

Drei Aussagen, die den jungen Menschen in der Befragung vorgelegt wurden, verdeutlichen das Ausmaß des Umweltbewusstseins (persönlich sowie in der Gesamtgesellschaft) und der Betroffenheit durch den Klimawandel (Abb. 8.1).

Knapp zwei Drittel (64 %) der Befragten geben an, selbst schon Auswirkungen des Klimawandels im eigenen Land beobachtet zu haben. Ein ähnlicher Anteil konstatiert, das Umweltbewusstsein im Land sei in den letzten Jahren gestiegen, auch wenn es vielleicht nach wie vor mangelhaft sei. So mokiert sich Yassine, ein 26-jähriger Student aus Sfax (Tunesien):

> [Es gibt überhaupt kein Bewusstsein,] das ist nebensächlich für uns. Solange es keine spürbaren Auswirkungen auf unser Leben gibt, ist uns das völlig egal.

Doch diese Einschätzung, die mit einer allgemeinen Frustration aufgrund der unerfüllten Hoffnungen der Revolution zusammenhängen mag, ist nicht verallgemeinerbar. Fast drei Viertel (72 %) der jungen Generation jedenfalls machen sich Sorgen um die Umwelt.

Die eigenen Befürchtungen, oft von einem globalen Problembewusstsein getragen, werden dabei immer wieder mit Vorfällen im lokalen Alltag in Verbindung gebracht, wie folgende Anekdote der 19-jährigen Studentin Zahraa aus dem Irak zeigt:

Ein Nachbar von uns hat einen Baum in der Nähe seines Hauses, der ist sehr schön und spendet ausreichend Schatten. Aber andere Nachbarn wollen ihn fällen, weil er sie angeblich daran hindert, ihre Autos auf der Straße zu parken! Es ist nur ein Baum, er trägt zu einer angenehmen Atmosphäre bei und schützt vor den Sonnenstrahlen. Er hat viele Vorteile, aber sie versuchen ihn trotzdem zu fällen.

Auch unabhängig von der eigenen Betroffenheit hat es für zwei von fünf jungen Menschen in der Stichprobe (43 %) die höchste Bedeutung, „unter allen Umständen umweltbewusst zu handeln". Im Schnitt erhält diese Aussage, die die Wertvorstellungen der Befragten sichtbar machen soll, 8,3 Punkte auf der Skala von 1 („absolut unwichtig") bis 10 („absolut wichtig") und liegt damit im Mittelfeld der 28 abgefragten Aussagen. Während gesellschaftliche Werte sich in der Regel nur sehr langsam verändern (siehe Kap. 11), zeigt ein Vergleich mit der Befragung von 2016 für diesen Aspekt immerhin einen leichten Anstieg von 8,3 auf 8,5 in den acht Ländern, die beide Male befragt wurden. Am stärksten ist der Anstieg in Jordanien (um 0,8 Punkte); außerdem gab es in Ägypten einen deutlichen Anstieg um 0,7 und in Tunesien einen klaren Rückgang um ebenfalls 0,7 Punkte, was in diesen beiden Ländern allerdings viele unterschiedliche Items in ähnlicher Weise betrifft und womöglich eher eine drastisch veränderte Gesamtstimmung widerspiegelt als einen tiefgreifenden Wertewandel.

Besonders wichtig ist umweltbewusstes Handeln demnach jungen Menschen in Jordanien (8,9) und syrischen Geflüchteten im Libanon (8,9). In der Selbstwahrnehmung sehr religiöse Jugendliche (8,6) finden dies zudem im Schnitt wichtiger als wenig religiöse (8,0). Weitere gesellschaftliche Kategorien (Schichten, Lebensstile, Altersgruppen, Bildungsniveaus, Einkommensstatus, Geschlecht) scheinen bei dieser Wertefrage hingegen keine nennenswerte Rolle zu spielen. Wer angibt, selbst schon den Klimawandel beobachtet zu haben, sieht bewusstes Handeln allerdings im Schnitt als deutlich wichtiger an (8,8) als die übrigen Befragten (8,0).

Das konstatierte gestiegene Umweltbewusstsein in der Gesamtgesellschaft hängt zum einen mit weithin spürbaren Ereignissen zusammen, wie etwa den wiederkehrenden Staubstürmen im Irak – in der Tat sind die Zustimmungswerte für diese Aussage in Ägypten, Marokko und dem Irak am höchsten. Die größere Aufmerksamkeit wird zum anderen aber auch damit begründet, dass Informationen leichter verfügbar sind, selbst wenn diese noch nicht unbedingt zum Handeln veranlassen, erklärt die 19-jährige Studentin Hejer aus Tunis (Tunesien):

Ich glaube schon, dass [die jungen Leute ein Bewusstsein dafür] haben, genau wie ich, denn all diese Themen kann man bei Facebook sehen, in den sozialen Netzwerken – aber wir schauen und beobachten nur.

Wer sich weiter informiert, etwa über Prognosen zukünftiger Wasserknappheit, droht dabei leicht in Pessimismus zu verfallen – „je mehr ich mich informiere, desto mehr merke ich, dass das Problem viel schlimmer ist" (Salma, 25, Tunesien) – und hinterfragt zum Teil sogar den eigenen „Wunsch, Kinder in diese Welt zu setzen: Ist es möglich, dass mein Kind in 30 Jahren eine Gasmaske tragen müsste, nur um auf die Straße gehen zu können? Ich glaube ja" (Wessam, 25, syrische Geflüchtete im Libanon). Dieses Muster deckt sich mit Erkenntnissen aus der psychologischen Forschung, dass ein erhöhtes Bewusstsein für den Klimawandel zu Angst, Resignation, Hilflosigkeit, Frust oder Wut führen kann – oder aber zu Leugnung und Verdrängung (Fritze et al. 2008: 6).

So gibt es auf der anderen Seite diverse Gründe für ein fehlendes Umweltbewusstsein unter den Jugendlichen in der MENA-Region, angefangen auf individueller Ebene mit dem Glauben, „die Folgen werden erst weit in der Zukunft spürbar sein" (Rowaida, 20, Sudan) oder dass wir Menschen „uns an all diese Veränderungen anpassen" werden (Mohamed, 19, syrischer Geflüchteter im Libanon). Oft liegt fehlendes Interesse, aus Sicht der politischen Ökologie nicht überraschend, auch darin begründet, dass gerade benachteiligte gesellschaftliche Gruppen „viele andere Sorgen" haben (Aseel, 25, syrische Geflüchtete im Libanon). So bezeichnen einige Befragte das Nachdenken über Umweltzerstörung als „Luxus" (Kadhim, 30, Irak), und eine Beteiligung an den Protesten der Jugendlichen gegen die Abfallkrise im Libanon (Khalil 2017) war teilweise undenkbar, wie Nassim, ein 24-jähriger Student aus Beirut, beschreibt:

Ganz ehrlich, diese Probleme haben mich nicht beschäftigt aus den genannten Gründen. Ich hatte mit meinen eigenen Problemen zu tun und die Müllkrise hat mich nicht beschäftigt, weil sich zu der Zeit alles wie Müll anfühlte. Unter diesen Bedingungen gibt es viel wichtigere Dinge, um die man sich kümmern muss.

Fehlendes Bewusstsein wird aber wie gesagt auch der Mehrheitsgesellschaft attestiert, deren Haltung trotz tagtäglich bemerkbarer Anzeichen für Umwelt- und Klimawandel „achtlos" (Lina, 30, Libanon) und naiv sei. So erklärt die 24-jährige Ines, die in Tripolis (Libyen) lebt:

Meistens ist die Wasserversorgung unterbrochen. Wir sehen definitiv bedrohliche Zeichen, aber das Erschreckendste ist, dass die Menschen das nicht mitbekommen. Sie merken nicht, dass unsere Ressourcen eines Tages erschöpft sein werden, denn sie denken, wir haben die und es wird immer so bleiben.

Nun soll dem zweiten Aspekt der ersten Forschungsfrage nachgegangen werden, nämlich welche jungen Menschen in der Region jetzt schon von Umwelt- und Klimaveränderungen betroffen sind oder dies für die Zukunft befürchten. Für rund ein Drittel der Befragten trifft die Aussage „Ich habe persönlich Auswirkungen des Klimawandels in meinem Land erlebt" voll und ganz zu. Um diese Jugendlichen zu charakterisieren, lässt sich zunächst feststellen, dass sie vor allem im Libanon, in Jordanien und Algerien leben, wo Themen wie Wassermangel und Waldbrände auf der Tagesordnung stehen (Abb. 8.2). Am geringsten scheint die Betroffenheit derzeit in Libyen, im Irak, in Palästina und im Jemen zu sein, wo möglicherweise die jeweils vorherrschenden gewaltsamen Konflikte auch bei Ressourcenfragen als bedeutsamer wahrgenommen werden als der Klimawandel. Dennoch liegt auch hier die „volle" Zustimmung bei fast 30 Prozent, und wenn man diejenigen hinzunimmt, die „eher" zustimmen, so fühlt sich in allen zwölf Ländern mehr als die Hälfte der jungen Menschen direkt vom Klimawandel betroffen (von 51 % bei den syrischen Geflüchteten bis hin zu 72 % in Jordanien und Algerien).

Bezieht man die Lebensstile (siehe Kap. 9) in die Betrachtung mit ein, lässt sich feststellen, dass die Wahrnehmung eigener Betroffenheit (das heißt die volle Zustimmung zur Aussage, selbst Folgen des Klimawandels erlebt zu haben) sowohl mit der Ressourcenausstattung als auch mit der „biografischen Offenheit" der jungen Erwachsenen leicht ansteigt, was zum einen die Beobachtung stützt, für die ärmsten Schichten seien dies Luxusprobleme, und zum anderen nahelegt, dass allgemein eher interessierte und weltoffene Jugendliche auch im Bereich „Umwelt und Klimawandel" einen Wissensvorsprung haben. Ein ebenso klarer Zusammenhang besteht zwischen der Wahrnehmung eigener Betroffenheit und der Bereitschaft, grundsätzlich politisch aktiv zu werden (gemäß dem „politischen Aktionsindex", siehe Kap. 14): Während in der nicht aktiven Gruppe 28 Prozent bestätigen, den Klimawandel selbst erlebt zu haben, sind es 35 Prozent beim moderat aktiven und 36 Prozent beim aktivsten Teil der Jugendlichen. Analog verhält es sich beim Politikinteresse: Die kleine Gruppe der „sehr interessierten" jungen Menschen erlebt die eigene Betroffenheit durch den Klimawandel viel deutlicher (49 % völlige Zustimmung) als die breite Masse der „nicht interessierten" Befragten (32 %). Eine Kausalität ist zwar nicht auszumachen, doch die deutliche Korrelation bietet vielleicht Ansatzpunkte für weitere Forschung zum Thema.

Abb. 8.2
WAHRNEHMUNG DES KLIMAWANDELS UND ENGAGEMENT FÜR DIE UMWELT

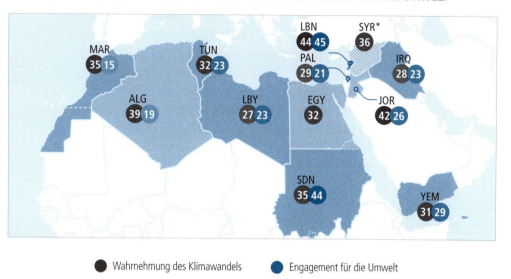

● Wahrnehmung des Klimawandels   ● Engagement für die Umwelt

FRAGEN 130, 146

HINWEISE Angaben in Prozent „Stimme völlig zu" beziehungsweise „häufiges" Engagement

Im Folgenden werden die häufigsten Formen der Betroffenheit vorgestellt, die sich aus der qualitativen Inhaltsanalyse der Interviews ergeben. Zunächst taucht wiederholt die Beobachtung auf, der Ablauf der Jahreszeiten sei gestört, etwa in Algerien, wo „der Sommer zum Winter und der Winter zum Sommer" werde (Idriss, 29, Algerien): „Im Sommer regnet es und im Winter ist es warm" (Zohra, 22, Algerien). Auch im Libanon nehmen junge Menschen wie die 24-jährige Diana diese Veränderung deutlich wahr:

> *Es beeinflusst mich psychisch! Wir hatten früher vier Jahreszeiten, aber jetzt habe ich das Gefühl, dass es nur noch zwei Jahreszeiten gibt, Sommer und Winter. Ich bin ein Mensch, der den Sommer hasst und sich dann schlapp fühlt; im Winter bin ich voller Energie.*

Ein sehr präsentes Thema ist Wasserknappheit, wie erwähnt auch ein Schwerpunkt in der internationalen Debatte über Umweltkrisen in der überwiegend ariden Region. Dies manifestiert sich beispielsweise in der Beobachtung, dass Quellen und Flüsse zusehends austrocknen (Rachid, 20, Algerien), oder in folgendem Fall von Ernteeinbußen beim landwirtschaftlichen Betrieb der Familie der 28-jährigen Asma aus Libyen:

> *Wir haben einen Betrieb, der Olivenöl produziert, und wir haben immer bestimmte Mengen ernten können. Aber seit fünf oder sechs Jahren nimmt die Produktion ab und wird unregelmäßiger insofern, als wir in manchen Jahren ernten können und in manchen gar nicht. Das liegt am Niederschlagsmangel, denn der Anbau hängt fast komplett vom Regen ab.*

Entsprechend groß sind die Befürchtungen für die Zukunft, sollte sich der Wassermangel verschärfen: Trinkwasserversorgung (Lila, 30, Algerien) und Ernährungssicherheit (Kamal, 22, Jemen) könnten für ganze Gesellschaften auf dem Spiel stehen.

Die Verschmutzung von Grund- und Oberflächenwasser in Quellen, Flüssen und Seen beschäftigt ebenfalls viele junge Menschen quer durch die Region und hat unmittelbare Auswirkungen auf ihren Alltag. So hat die 20-jährige Farah inzwischen Angst, das Leitungswasser in ihrem Ort Aley in den libanesischen Bergen zu trinken, was früher unbedenklich war. Ali, ein 30-jähriger Krankenpfleger aus demselben Land, weist auf die enge Verknüpfung von Industrie und Landwirtschaft, Umweltzerstörung und menschlicher Gesundheit hin und erzählt über die Bekaa-Ebene:

> *Wir haben zwei Flüsse in der Gegend, und beide sind unbeschreiblich verschmutzt durch Fabrikabfälle, obwohl sie beide zur Bewässerung in der Landwirtschaft benutzt werden. Wir wissen also nicht, wie gesundheitsschädlich unser Gemüse und Obst ist und ob es langfristig Krankheiten und Krebs verursachen wird.*

Auch die Meere und deren Küsten (über die alle Staaten der Region verfügen) sind regelmäßig von Verschmutzung betroffen, etwa im Jemen, wie der 25-jährige Salem aus Aden beschreibt:

> *Vor ein paar Tagen war ich am Meer. Leider war es fast schwarz wegen der ölartigen Substanzen darin. Darum konnte ich nicht schwimmen gehen, was eigentlich mein Hobby ist. Es war nicht sauber.*

Luftverschmutzung ist ein weiteres häufig genanntes Problem und hat oft mit Müllverbrennung oder mit unzureichend gefilterten Industrieabgasen zu tun. Darüber klagt eine junge Mutter aus Ramallah, die sich Sorgen um ihre unter Asthma leidenden Kinder macht (Tala, 25, Palästina), genauso wie eine Studentin aus der libyschen Hauptstadt Tripolis, die vermutet, eine Allergie entwickelt zu haben, „denn sobald ich aus dem Haus gehe, muss ich niesen" (Mariem, 22, Libyen). Auch der beim Müllverbrennen entstehende Gestank belastet manchmal so sehr, dass man nachts nicht schlafen kann (Yara, 23, Libanon). Mahdi, ein junger Marokkaner, ordnet die dramatische Luftverschmutzung in seiner Heimatstadt in größere Zusammenhänge ein:

> *In Kénitra, wo ich seit elf Jahren lebe, habe ich bemerkt, dass viele Grünflächen in Wohngebiete umgewandelt wurden. Das hat Kénitra zu einer Industriestadt gemacht. Die Vernichtung der Wälder und der schwarze Staub sind der Grund für die Atemwegserkrankungen, für die Kénitra heute berüchtigt ist.*

Neben solchen eher schleichenden, alltäglichen Formen der Umweltzerstörung sind Extremereignisse wie Staubstürme, Dürren und Hitzewellen eng mit dem Klimawandel verbunden, denn ihre Häufigkeit und Intensität haben bereits zugenommen und werden dies wohl weiter tun (Zittis et al. 2022). Dabei sind bereits benachteiligte Bevölkerungsgruppen oft überdurchschnittlich von Naturkatastrophen bedroht (Fritze et al. 2008). Im Jemen etwa kam es im Frühjahr und Sommer 2020 zu starken Regenfällen. Etliche labile, informell errichtete Häuser wurden durch Sturzfluten zerstört, sodass Zehntausende obdachlos wurden und Dutzende starben. Nicht nur die jungen Menschen leben seither „in großer Angst" vor der nächsten Katastrophe, wie die 27-jährige Mayyada aus Aden berichtet. Die psychische Belastung durch solche Extremereignisse und ihre Folgen ist oft für Kinder besonders groß (Fritze et al. 2008: 3), aber auch für Heranwachsende nicht zu unterschätzen. Die lähmende Wirkung der Staubstürme stellt etwa dieses Zitat der 24-jährigen Zeinab aus Bagdad (Irak) heraus:

> *Heute früh bin ich aufgewacht, habe gesehen, dass die Luft staubig war, und hatte keine Lust, irgendetwas zu unternehmen. Ich kann nicht zur Arbeit gehen. Man kann nicht über seine Arbeit oder sein Zuhause nachdenken, sondern ist nur beschäftigt mit den negativen Folgen des Wetters.*

Zum Schluss folgt ein Beispiel größtmöglicher persönlicher Betroffenheit von Manal, einer 25-jährigen Studentin aus dem nördlichen Sudan:

> *Meine Erfahrung mit dem Klimawandel ist bitter. Mein Vater ist verstorben, nachdem er im August der brennenden Sommersonne ausgesetzt war. Die Sommer werden heißer.*

Es lässt sich zusammenfassend festhalten, dass die jungen Menschen in der Region durch Umweltprobleme und Klimawandel sehr vielfältig betroffen sind und die Betroffenheit von kleinen Belästigungen im Alltag über ernste Sorgen um die eigene Gesundheit bis hin zu existenziellen Schocks reicht. Daran schließen sich zwei Fragen an: Wer wird dafür verantwortlich gemacht und inwiefern führt die Betroffenheit zu eigenem Engagement, um die Lage zu ändern?

Verantwortlichkeit und Engagement

Im standardisierten Fragebogen wurden den jungen Menschen in den zwölf Ländern zwei Aussagen zu Verantwortlichkeit und Engagement vorgelegt (Abb. 8.3). Dabei stimmte zum einen über die Hälfte der Befragten (eher) zu, dass sie als Individuen nicht die Macht haben, irgendetwas gegen den Klimawandel zu tun. Zum anderen gaben knapp 40 Prozent der Jugendlichen an, sie könnten sich vorstellen, an Klimaprotesten wie „Fridays for Future", die in den letzten Jahren in fast allen Ländern der Region zumindest sporadisch stattfanden, teilzunehmen. Hier besteht offenbar ein Zwiespalt: Ein größerer Teil fühlt sich machtlos; zudem erfordern die anderen andauernden Krisen oft ganz unmittelbar mehr Kraft und Ressourcen. Demgegenüber signalisiert aber immerhin mehr als ein Drittel der jungen Erwachsenen die Bereitschaft, sich aktiv für das Klima zu engagieren.

In der Zusammenschau der qualitativen Befragungen stellt sich heraus, dass Umweltzerstörung und Klimawandel in der Einschätzung der jungen Menschen offenbar viele verschiedene Ebenen involvieren. So betonen einige die Verantwortung jeder Bürgerin und jedes Bürgers, zum Beispiel der 26-jährige Sami aus Syrien, der ehrenamtlich für eine Nichtregierungsorganisation in der Bekaa-Ebene arbeitet:

Bei der Umweltzerstörung sind alle schuldig. Es gibt den sogenannten Schmetterlingseffekt, demnach trägt jede Handlung, wie banal sie auch sein mag, zur Verschmutzung bei.

Mehrfach wird den Kommunen und örtlichen Behörden die größte Verantwortung zugesprochen: Sie seien für die Planung und Umsetzung wirksamer Umweltschutzmaßnahmen zuständig, zeigten aber mangelndes beziehungsweise nur sehr selektives Interesse. Ähnliches gilt für die nationalen Regierungen, die Gesetze und Richtlinien erlassen und bei Nichtbeachtung Sanktionen verhängen sollten, beides aber in den Augen der jungen Menschen oft vernachlässigen. Sie seien nicht offen dafür, umweltfreundliche Innovationen wie Elektroautos oder erneuerbare Energien zu fördern, und würden es gleichzeitig versäumen, umweltschädliches Verhalten zu unterbinden, etwa indem sie nicht die „Emissionen aus Fabriken begrenzen und alte Filter durch neue ersetzen" ließen (Kareem, 25, Palästina). Es fehle sowohl an Visionen als auch an Pragmatismus, erklärt Rayan aus der marokkanischen Stadt Salé:

Vom Umweltministerium höre ich nur Parolen. Es gibt keine soliden Strategien zum Umweltmanagement.

Abseits formeller politischer Strukturen werden auch die Reichen und Mächtigen als Hauptschuldige ausgemacht. Dies gilt für Investoren und Unternehmerinnen

Abb. 8.3
AUSSAGEN ZU VERANTWORTUNG UND ENGAGEMENT

FRAGE 130
HINWEISE Angaben in Prozent

im eigenen Land, deren Fabriken „Industrieabwässer in die Umwelt einleiten" (Mahmoud, 19, syrischer Geflüchteter im Libanon). Die Profitgier kleiner Eliten auf Kosten der breiten Bevölkerung und der natürlichen Lebensgrundlagen trage in diesem Kontext explizit zu einem Gefühl der Enteignung bei, sagt Issam, Lehrer an einer Privatschule in Aïn el Aouda (Marokko):

Als junger Mann am Anfang meines Lebens sehe ich, dass einige mir das Recht zu leben wegnehmen, um ihre wirtschaftlichen Interessen zu verfolgen.

Jenseits der nationalen Ebene sehen viele Jugendliche den Großteil der Verantwortung für Klimawandel und Umweltschädigung auch bei den Industrieländern im Globalen Norden. Deshalb seien individuelle Verhaltensänderungen, „eine Idee, die oft von zivilgesellschaftlichen Organisationen verbreitet wird", auch nur ein Tropfen auf den heißen Stein und keinesfalls ausreichend (Bassam, 29, Libanon). Teils lagern die reichen Industrieländer ihr klimaschädliches Verhalten auch in Länder der MENA-Region aus, wie der 30-jährige Mahdi aus Marokko beschreibt:

Das kann auch mit der Ungleichheit zwischen Ländern zu tun haben, in dem Sinne, dass Firmen, die zum Investieren nach Marokko kommen, dieses Land als Müllkippe ansehen, wo man Dinge tun kann, die nicht umweltfreundlich sind. Wir dürfen nicht vergessen, dass Marokko in drei Fällen Müll aus Italien und Deutschland importiert hat, was eine Form der Ungleichheit zwischen Staaten und auch zwischen Regionen darstellt.

Neben solchen neokolonialen Handlungsweisen sei vor allem das global dominante Wirtschaftssystem mit seinem Fokus auf Konsum und Wachstum die Grundursache für die Umwelt- und Klimakrise, meint Mohamed, der als Fahrer in der marokkanischen Stadt Skhirat arbeitet:

Der Kapitalismus ist es, der die Mittelschicht dazu bringt, mehr als ein Auto haben zu wollen, zwei oder mehr Wohnungen, Gold und Möbel. Nach meiner Einschätzung ist es die Ausbeutung von Bodenschätzen, die sich auf die Umwelt, Emissionen, Wasserressourcen und viele andere Dinge auswirkt.

Noch eine Stufe abstrakter ist die Analyse etlicher junger Menschen, die den Klimawandel als „natürliches Phänomen" oder höhere Gewalt einordnen (Meriem, 28, Algerien), teils auch moralisch beladen als „eine Art göttlichen Zorn, der mit dem Fehlverhalten von Jugendlichen zu tun hat, vor allem mit Ausschweifungen" (Nadia, 21, Algerien). Gegen dieses Narrativ der höheren Gewalt wendet sich der 17-jährige Schüler Zakaria aus der algerischen Hauptstadt Algier mit Vehemenz:

Es gibt viele, die keine Meinung zu dem Thema haben. Sie wissen es nicht. Sie sagen: Das wird von Gott bestimmt. Natürlich, Gott lenkt das Universum, aber wir haben einen Einfluss. Wir sind der Grund. Wir sind der Grund, doch wir geben anderen Dingen die Schuld.

Zusammengenommen haben die jungen Menschen also ein sehr realistisches Bild von der Verantwortung für Klimawandel und Umweltprobleme, die diffus, verteilt und oft schwer greifbar ist. Das macht es auch so herausfordernd, diese komplexen Probleme zu lösen, und führt teilweise zu Frust und Resignation vor der Übermacht der Aufgabe. Gleichzeitig heißt es aber, dass alle etwas tun können und es viele Ansatzpunkte gibt. Junge Menschen könnten in ihren Rollen als Konsumenten, Familienmenschen, Wählerinnen oder Mitglieder der Zivilgesellschaft durchaus auf unterschiedlichen Ebenen Druck ausüben, um Veränderungen zu bewirken. Inwiefern das in den untersuchten Ländern bereits stattfindet, wird im Folgenden beleuchtet.

In der MENA-Region lassen sich drei typische Arten umweltbezogener Mobilisierung unterscheiden: erstens spontane lokale Protestaktionen wie etwa Blockaden, zweitens formelle Lobbyarbeit durch Vereine und Institutionen und drittens von breiten Bevölkerungsgruppen getragene Kampagnen des populären

Widerstands (Sowers 2018). Oft haben dabei Umweltthemen, die „in direktem Bezug zu Anliegen der öffentlichen Gesundheit und der wirtschaftlichen Existenzgrundlagen" stehen, das größte Mobilisierungspotenzial (Sowers 2018: 30).

Bei den Jugendlichen in der vorliegenden Stichprobe scheinen Umweltproteste ein eher marginales Phänomen zu sein, dabei ist die prinzipielle Bereitschaft, an ihnen teilzunehmen, durchaus vorhanden – zumindest bei etwa vier von zehn Befragten, wie oben gezeigt. Wird die Skala zum Statement in Zahlen übersetzt (von 1 = „Stimme überhaupt nicht zu" bis 4 = „Stimme völlig zu"), so zeigt sich eine deutliche länderspezifische Differenzierung. Die Bereitschaft zu Protesten für das Klima erscheint derzeit am höchsten im Sudan (2,8 im Schnitt), in Marokko (2,7) und Ägypten (2,6), während sie unter syrischen Geflüchteten im Libanon (1,8) sowie unter jungen Erwachsenen in Jordanien (1,9) und Palästina (1,9) besonders gering ist – dies entspricht nicht unbedingt dem Bild der allgemeinen Protestfreudigkeit in diesen Ländern. Zudem steigt die Bereitschaft mit der sozialen Schicht leicht an und ist in Großstädten (2,4) ausgeprägter als in kleinstädtischen und ländlichen Kontexten (je 2,2) oder in Flüchtlingslagern (1,7), was dazu passt, dass sich die Zentren der Macht, die angesprochen werden sollen, in den Großstädten befinden.

Beispiele aus den qualitativen Interviews illustrieren verschiedene Formen dieses lokalen, anlassspezifischen Engagements für Umweltthemen, das junge Menschen mit realistischer Hoffnung auf Veränderung betreiben. Mohamed aus Skhirat (Marokko) erzählt von einer erfolgreichen Kampagne gegen das Abladen von Industrieabfällen und aus Palästina berichtet die 21-jährige Mona, Landwirtin aus dem Gazastreifen, ebenfalls von einem lokalen Vorfall:

Ich war Teil einer Protestbewegung im Dorf gegen das Problem mit dem Müll, der sich im Dorf einen ganzen Monat lang ansammelte und nicht abgeholt wurde und uns alle beeinträchtigt hat. Daraufhin wurde ein Facebook-Eintrag über den Fall verfasst und in einer Gruppe von Leuten geteilt, und drei Tage später wurde das Problem gelöst.

Weitere Ideen der jungen Menschen wie eine breit angelegte Aufforstungskampagne oder ein Theaterprojekt zur Klimathematik, das aufgrund der Pandemie abgesagt werden musste, warten auf geeignete Umstände für ihre Umsetzung. Die Befragten weisen auch darauf hin, dass nicht nur große Protestaktionen eine positive Umweltwirkung haben können, sondern kleine Alltagsbemühungen genauso wertvoll seien – etwa Lila, Englischlehrerin in Sidi Yahia (Algerien):

Was das Engagement angeht, finde ich diese Art von Aktionen wichtig, es muss aber nicht die Teilnahme an einer Protestbewegung sein. Meiner Meinung nach müssen alle auf ihrem Niveau handeln, im Stadtteil zum Beispiel, und die un-

mittelbare Umwelt schützen, das Bewusstsein erhöhen, kommunizieren ... Man muss im Kleinen anfangen, um die Dinge im Großen in Ordnung zu bringen.

Die zweite Hauptform des Engagements scheint vielen Jugendlichen eher unbekannt zu sein: lokale Organisationen und Interessengruppen mit konstanter Lobbyarbeit, denen man sich anschließen könnte. Vor allem aus nordafrikanischen Ländern berichten Jugendliche über fehlende Gelegenheiten, für die Umwelt oder den Planeten aktiv zu werden. Der Wille sei aber da und man warte nur darauf, dass jemand die Initiative ergreife, lautet der Tenor. Aziz, ein 29-jähriger Werkstattinhaber in Nabeul (Tunesien), fasst es so zusammen:

Ich würde [mich] gern [engagieren], aber es gibt in meiner Region keine Bewegungen oder Vereine. Außerdem kann ich selbst keine Initiative gründen oder mich ihr anschließen wegen meiner beruflichen Verpflichtungen.

Manchmal, so berichten die jungen Menschen in den Interviews, gebe es allerdings Möglichkeiten zum Engagement in Schulen oder bei den Pfadfindern, etwa bei Aktionstagen, an denen Müll gesammelt oder Bäume gepflanzt werden. So zeigt sich in den erhobenen Daten, dass sich etwa ein Drittel der Befragten zumindest gelegentlich „für eine bessere und sauberere Umwelt" zivilgesellschaftlich engagiert, ein Fünftel sogar „häufig". Dieses Verhalten ist wiederum stark nach Ländern differenziert – beim häufigen Engagement liegt nun der Libanon ganz vorn und Marokko weist die niedrigsten Werte auf (Abb. 8.3). Die Unterscheidung zwischen sporadischen Protestkampagnen und institutionalisiertem Engagement ist also durchaus sinnvoll und sagt viel über das zivilgesellschaftliche Potenzial in den Ländern aus.

Die Gruppe der Studierenden zeigt sich im Schnitt öfter „häufig" engagiert (32 %) als die der dauerhaft nicht erwerbstätigen Jugendlichen und jungen Erwachsenen (21 %); die anderen Kategorien liegen dazwischen. Das Engagement steigt zudem mit der Ressourcenausstattung der in dieser Studie entwickelten Lebensstiltypologie (siehe Kap. 9) an, hat hingegen nichts mit der „biografischen Offenheit" zu tun.

Es gibt jedoch auch eine ganze Reihe demotivierender Faktoren, die ein Engagement für Umweltbelange oder gegen den Klimawandel sinnlos erscheinen lassen. Zum einen fehlt das Vertrauen in die Wirksamkeit von Protesten und die Nachhaltigkeit etwaiger Maßnahmen. Im ländlichen Raum etwa ziehe sich die lokale Politik regelmäßig aus der Verantwortung, sagt die 25-jährige Chaima aus Kasserine (Tunesien):

Man wartet den ganzen Vormittag vor dem Büro des Abgeordneten, er ist nie da. Demonstrationen führen nur zu leeren Versprechungen.

Auch mangelndes Vertrauen in die Arbeitsweise der zivilgesellschaftlichen Organisationen kann zu einer Entscheidung gegen ein Engagement führen, wie Mohamed aus Marokko berichtet:

Es gibt Umweltvereine, aber was tun die? Sie beschäftigen sich mit den Betrieben, die Druck auf sie ausüben, gehen also – ohne zu sehr verallgemeinern zu wollen – nach persönlichen Interessen. Sie mögen eine kurze Zeit lang protestieren und Druck ausüben, um sich einige persönliche Vorteile zu sichern, aber sobald sie die bekommen, verstummt aller Protest und sie lassen die Unternehmer [weiter] das Land ausbeuten.

Zum anderen gibt es auf persönlicher und zivilgesellschaftlicher Ebene andere Auseinandersetzungen, die derzeit im Vordergrund stehen und einen Einsatz für die Umwelt als müßig oder zu kostspielig erscheinen lassen. Denn immerhin erfordert ein Engagement den Einsatz von „Zeit, Mühe und Geld. Darum ist es schwer für junge Menschen aus der Mittelschicht, diese Dinge zu opfern" (Driss, 27, Marokko). Ramzi, 25, aus dem Libanon ergänzt:

Noch wichtiger ist, dass es viel Frust und kollektive Verzweiflung gibt. Wie kannst du dich voller Begeisterung bei dieser Art von Gruppenarbeit engagieren, wenn du dich nicht einmal freust, morgens aufzustehen?

Passend zur Beobachtung der fragmentierten und schwer greifbaren Verantwortung für viele Umweltprobleme ist jungen Menschen manchmal die Zuständigkeit unklar und es fehlt den Protesten an konkreten Zielen. Ali, ein 25-jähriger Jordanier, formuliert es so:

Ich hatte in der Vergangenheit vor, an Protesten teilzunehmen, um die Aufmerksamkeit auf den Klimawandel in Jordanien zu lenken. Aber das Unwissen mancher Personen über das Thema und die Tatsache, dass es nicht in der Verantwortung einer bestimmten Person liegt, haben mich davon abgehalten.

In manchen Kontexten verhindert auch schlicht die Sorge um die eigene Unversehrtheit die Teilnahme an Protesten, etwa in konservativen Milieus („mein Mann erlaubt mir das nicht", Mariam, 29, Jordanien) oder in Staaten mit repressivem Sicherheitsapparat:

Es gibt kein Interesse und keine Stelle, die diese Anliegen fördert; man kann auch nicht bei irgendeiner Protestbewegung mitmachen – aus Angst, die eigene Sicherheit zu gefährden. Wenn du dich einer Gruppe anschließt, sei es klimabezogen oder anderweitig, bist du im Visier. Es heißt dann: Diese Person ist aktiv, und wenn sie jetzt für das Klima mobilisiert, kann sie in Zukunft auch zu politischen und Machtfragen mobilisieren und so weiter ...

(Adel, 25, Jemen)

Außerdem werden Proteste gewaltsam unterbunden und sind darum nicht hilfreich. Protest führt nämlich zu mehr Unterdrückung und es wird keine positive Reaktion vonseiten der Regierung geben.

(Abbas, 25, Irak)

Für die Einordnung der Formen von Klima- und Umweltaktivismus unter jungen Menschen in Nordafrika und Nahost sind solche Erwägungen wichtig. Welche Formen von Engagement einerseits erstrebenswert scheinen und andererseits umsetzbar sind, hängt somit immer auch von äußeren Faktoren ab.

Auswege und Chancen

Angesichts der vielschichtigen Umweltprobleme, der unklaren Verantwortung und der konstatierten Nutzlosigkeit von Protest und Engagement stellt sich die Frage, welche Auswege die jungen Leute sehen. Etwas egoistisch gesehen wäre ein Umzug in andere Weltregionen eine denkbare Reaktion. Und tatsächlich korreliert der Auswanderungswille der befragten jungen Menschen offenbar leicht mit ihrer Wahrnehmung, Folgen des Klimawandels bereits selbst erlebt zu haben: Die „volle Zustimmung" zu dieser Aussage (Frage 130) steigt von 31 Prozent bei denen, die „definitiv nicht" auswandern wollen, über 33 Prozent und 37 Prozent bei den mittleren Kategorien bis hin zu 41 Prozent unter denjenigen, die „definitiv" woanders hinziehen wollen. Somit lässt sich feststellen, dass die Wahrnehmung des Klimawandels zu den Migrationswünschen junger Menschen in der MENA-Region beitragen kann, auch wenn andere Faktoren eine viel entscheidendere Rolle spielen (siehe Kap. 7).

In den qualitativen Interviews ist die Stimme der 20-jährigen Afaf, Studentin an der Universität der irakischen Hauptstadt Bagdad, die einen direkten Zusammenhang zwischen Klimawandel und Emigrationsplänen aufmacht, zwar eher ein Einzelfall, sie ordnet jedoch die Umweltkrise klar in die allgemeine Verzweiflung der „enteigneten Generation" ein:

Diese Probleme bringen mich dazu, über Auswanderung nachzudenken, denn ich sehe keine Entwicklung, sondern Verschlechterung und Rückschritte bei den einfachsten Dingen. [...] Es gibt keine sichere Umwelt. Selbst wenn ich zu Hause sitze, fühle ich mich unsicher. Ich habe nicht das Gefühl, dass es Leute gibt, die sich kümmern und Dinge verbessern wollen. Stattdessen verschlimmert sich die Lage. Wenn man sich selbst in den eigenen vier Wänden unwohl fühlt, erzeugt das natürlich Ängste und Sorgen. Wie soll man unter solchen Bedingungen eine bessere Zukunft für sich oder seine Kinder hinbekommen?

Dazu kommt bei einigen Jugendlichen die Vermutung, dass die fortschreitende Umweltzerstörung zu Binnenmigration führen werde, etwa „von heißen in kühlere Gegenden" innerhalb des Irak (Jassem, 26, Irak), mit gravierenden sozialen und ökonomischen Folgeproblemen. Die Verschärfung des Klimawandels wird diese Thematik in den nächsten Jahrzehnten immer dringlicher werden lassen und macht die Suche nach wirksamen und praktikablen Lösungen wichtiger denn je.

Analog zur Verortung von Verantwortung auf verschiedenen Skalen schlagen die jungen Befragten ganz unterschiedliche Lösungsansätze vor. Sie beginnen beim Alltagsverhalten der Menschen, wo besonders das achtlose Wegwerfen von Abfall als Mentalitätsproblem und auch als eine Frage der Erziehung benannt wird, das zudem im Widerspruch zu Grundsätzen des (islamischen) Glaubens stehe. Auch als Konsumenten und Konsumentinnen sollten alle Menschen darauf achten, biologisch abbaubare Materialien zu bevorzugen und ihren Wasser- und Stromverbrauch zu senken. Manche jungen Menschen, wie die 28-jährige Jihan, die nach ihrer Flucht aus Syrien als Studentin und Journalistin in Beirut lebt, bemühen sich offensichtlich im Rahmen ihrer Möglichkeiten bereits um einen nachhaltigeren Lebensstil:

> *Ich persönlich versuche, weniger Plastiktüten zu benutzen, weniger Fleisch und Geflügel zu essen und Wasser zu sparen.*

Auf der nächsten Ebene wird politisches Engagement als Lösungsansatz benannt, wobei langfristiges, ganzheitliches Denken und ein Systemwandel statt schneller, aber vorübergehender Problembehebungen wichtig seien. Die Behörden seien konkret in der Pflicht, mehr Abfallbehälter aufzustellen und den Müll auch zu trennen und wiederzuverwerten, anstatt ihn einfach zu verbrennen. Plastiktüten müssten überall verboten werden; bessere Abgasfilter sollten vorgeschrieben werden und die Raumplanung müsse sicherstellen, keine Industrie neben Wohngebieten anzusiedeln. Um die Desertifikation etwa im Irak und in Libyen zu stoppen, werden Aufforstungskampagnen gefordert, und zwar mit Laubbäumen statt Palmen. Vor allem aber solle der Staat jegliche Verstöße gegen Umweltauflagen konsequent bestrafen, denn anders funktioniere es nicht in diesen Gesellschaften, meinen viele Befragte. Dabei werden „die derzeitigen politischen Regime" (Jihan, 28, syrische Geflüchtete im Libanon) allerdings als grundlegendes Hindernis gesehen – etwa in der Fischerei, beschreibt der 26-jährige Amine, Angestellter in einem Schiffbauunternehmen in Nabeul (Tunesien):

> *Man müsste [die Fischerei besser] überwachen und Aufklärungskampagnen durchführen. Allerdings gibt es in den Institutionen, die für die Umwelt zuständig sind, sehr viel Korruption.*

Etliche Interviewte äußern, dass Kampagnen in den sozialen Medien, etwa unter Einbindung bekannter Persönlichkeiten, das Bewusstsein bei jungen Leuten enorm steigern könnten. Mit zeitgemäßer Kommunikation ließen sich verschiedene Zielgruppen, je nach Lebensstil, viel besser erreichen, als das bisher der Fall sei, sagt Salma, eine 25-jährige Studentin aus Tunis:

> *Die Aufklärungskampagnen in Tunesien sind, meiner Meinung nach, eine Katastrophe. Man muss andere, kreativere Wege finden, um die Bürgerinnen und Bürger zu überzeugen. Wenn man ihnen einen abgedroschenen Slogan in klassischem Arabisch vorsetzt, hat das keine Wirkung.*

Neben der Politik müsse allerdings auch der Privatsektor „die Initiative ergreifen und in umweltfreundliche Bereiche investieren" (Yassine, 26, Tunesien).

Die Lösungsvorschläge aus der qualitativen Befragung greifen viele der regional typischen Themen auf (Sowers 2018) und lassen sich häufig in der Nähe des „liberalen Institutionalismus" einordnen, der weder Marktmechanismen noch technokratischer Expertise allein die Lösung von Umweltproblemen zutraut, sondern die Notwendigkeit internationaler Zusammenarbeit und strenger staatlicher Regulierung betont (Verhoeven 2018: 9). Strukturell richtet sich der Fokus dabei eher auf netzwerkartig verteilte „Governance" statt des herkömmlichen (zentralisierten, hierarchischen) „Government" (Verhoeven 2018: 9). Es sind bei den jungen Erwachsenen aber auch kritische Töne zu hören, die eher den Überlegungen der politischen Ökologie entsprechen, denn Naturkatastrophen sind immer auch politisch und haben mit Macht und Ungleichheit zu tun – spätestens im Umgang mit ihren Auswirkungen, wenn nicht gar schon bei ihrer Entstehung.

Zusammengenommen liegt die große Aufgabe angesichts der klimatischen und umweltpolitischen Krisenlage darin, breite Bündnisse zu schmieden, die nicht nur Sektoren und Länder übergreifen müssen, sondern auch soziale Klassen, so wie es einzelne erfolgreiche Kampagnen in der Vergangenheit geschafft haben (Sowers 2018). Abschließend möchte ich einen Befund dieser Studie erwähnen, der trotz der Größe der Herausforderung ein wenig Mut machen kann. Die Frage wurde bereits in der Vorgängerstudie gestellt und betrifft die Wichtigkeit verschiedener Veränderungen im Leben der jungen Menschen. Den Klimawandel haben 41 Prozent der Befragten (in den acht Ländern, die im Zeitverlauf verglichen werden können) im Jahr 2016 als wichtig oder sehr wichtig eingestuft. Fünf Jahre später ist dieser Anteil auf 56 Prozent gestiegen und hat dabei in jedem einzelnen der acht Länder zugenommen. Zumindest das Bewusstsein der jungen Erwachsenen in der MENA-Region ist also innerhalb weniger Jahre deutlich gestiegen, eine wichtige Voraussetzung für entschlosseneres Handeln in der Zukunft.

III

Persönliche Orientierungen

KAPITEL 9

LEBENSSTILE

Jörg Gertel

In der Schule, im Unterricht, wenn ich etwas sagen oder schreiben will, begegne ich oft den religiösen Autoritäten, Haram und Halal [Verbotenes und Erlaubtes], die sich mir entgegenstellen. Der Lehrer sagt zu mir: Du bist noch jung! Ja, sie gehören einer anderen Generation an, sie versuchen, uns zu unterwerfen, damit wir von ihnen abhängig bleiben, sie wehren sich dagegen, dass wir neue Ideen, einen neuen Lebensstil annehmen; sie wollen, dass wir nach ihrem alten Lebensstil leben.

(Hejer, 19, Tunesien)

Ich bin Mutter von einer Tochter und einem Sohn. Ich habe sie gleichberechtigt großgezogen, während die Gesellschaft sie unterschiedlich behandelt. Hier liegt die größte Herausforderung: Wie kann ich ein Gleichgewicht zwischen den Geschlechtern im eigenen Haus herstellen, wenn es dieses Gleichgewicht außerhalb nicht gibt? Mein Sohn zum Beispiel protestiert. Er erlebt, dass die Gesellschaft ihm Autorität verleiht, während wir zu Hause ihm diese Macht nicht zugestehen, da ich meine beiden Kinder gleichbehandle. Er wendet also ein: „Warum gibt mir die Gesellschaft Autorität, aber ihr zwingt mir hier andere Gesetze auf?" Er nennt das feministische Bevormundung: „Ihr zwingt mir eure weiblichen Ansichten auf." Diskriminierung ist also immer und überall im täglichen Leben präsent.

(Maysoon, 30, Irak)

Wenn die Frage gestellt wird: „Wie ticken junge Erwachsene in Nordafrika und im Nahen Osten?", geht es darum, sinnvolle Antworten für unterschiedliche Gruppen zu finden. Doch für welche Gruppen und wie können diese identifiziert werden? Eine Möglichkeit besteht darin, Personen mit ähnlichen Lebensstilen zu bestimmen. Lebensstile bezeichnen das Zusammenspiel von Persönlichkeitsmerkmalen, sozialen Beziehungen und Lebensbedingungen und lassen sich vorläufig als die Summe von Handlungs- und Verhaltensmustern beschreiben, die sich in Lebensentwürfen manifestieren. Die Beschäftigung mit Lebensstilen geht maßgeblich auf die richtungsweisenden Überlegungen von Pierre Bourdieu zurück, der sich mit drei zentralen Aspekten des Alltags beschäftigt: der Ausdifferenzierung des Kapitalverständnisses in ökonomisches, soziales und kulturelles Kapital

(1983); mit der Denkfigur des Habitus, die als körperbezogene Inkorporation der sozialen Ordnung gesellschaftliche Strukturdispositionen beschreibt; und mit den „feinen Unterschieden" (1987), die die gruppenbezogene Ausbildung von Geschmack und Konsum in der Gesellschaft erklären. Dadurch wird eine neue Darstellung gesellschaftlicher Differenzierung in unterschiedliche Gruppen möglich, die einerseits materielle Ausstattungsmerkmale (ökonomisches Kapital) zugrunde legt und andererseits eher immaterielle kulturelle Aneignungen und soziale Netzwerke (kulturelles/soziales Kapital) berücksichtigt. Da hierbei, so die Kritik, noch immer überwiegend ressourcenbezogene Dispositionen betrachtet werden, erscheint es für das Verständnis von Lebensentwürfen sinnvoll, auch imaginative, diskursive und reflexive Aspekte in die Überlegungen zu biografischen Dispositionen mit einzubeziehen (vgl. Kap. 3). Hierbei stehen die Arbeiten von Appadurai zu Imagination und von Rosa zur Resonanz im Zentrum. Appadurai (1996) betont, dass Imagination ein Raum der Aneignung und Anfechtung sei, in dem Individuen und Gruppen versuchen, das Globale in ihre eigenen Praktiken der Moderne einzubinden. Die Vorstellungskraft könne zum Treibstoff des Handelns werden. Sie sei es, die in ihren kollektiven Formen Vorstellungen von Nachbarschaft und Nation, von moralischen Ökonomien und ungerechter Herrschaft schaffe. Rosa (2017) schließt sich hier an. Er versteht Resonanz als einen Beziehungsmodus, eine durch Selbstwirksamkeitserwartung gebildete Form der Weltbeziehung, bei der sich Subjekt und Welt berühren (2017: 298). Beide Autoren betonen damit die aus der Vorstellungskraft geborene Subjektbeziehung zu einer Welt jenseits des Selbst und schreiben ihr gesellschaftliche Wirkmächtigkeit zu.

Einteilungen in Gruppierungen, die die gesamte Lebensführung zu erfassen versuchen, werden seither auf vielfache Weise vorgenommen, beispielsweise in soziale Milieus – in der Marketingpraxis etwa in Sinus-Milieus (Barth et al. 2018; vgl. auch World Values Survey). Je nachdem, in welchem sozialen Umfeld oder Viertel jemand aufwächst, ob auf dem Land oder in der Stadt, so die Argumentation, eignet er oder sie sich bestimmte Einstellungen, Verhaltensweisen und Vorlieben an. Diese materialisieren sich und drücken sich im Alltag aus, etwa im Kleidungsstil, der Wohnungseinrichtung und den Ernährungsgewohnheiten sowie im Freizeitverhalten und Konsumorientierungen. Die gesellschaftswissenschaftliche Lebensstilforschung in der MENA-Region ist allerdings bisher kaum existent. Wenn über Gesellschaft nachgedacht wird, dann geschieht dies meist aus politisch-ökonomischer Perspektive, wobei die Verfügung über Ressourcen im Mittelpunkt der Analysen steht. Eine Vielzahl an Studien zur Armut und Existenzsicherung, zur Ungleichheit und Mobilität hat sich – oft in Erweiterung von Bourdieus Überlegungen – hierauf gestützt. Doch seit einigen Jahren kommen Untersuchungen zur politischen Mobilisierung, zu strategischen Interessen, Wünschen und Werten in der Beschäftigung mit gesellschaftlicher Formierung hinzu. Neben Jugendstudien (Hegasy/Kaschl 2013; Bonnefoy/Catusse 2013; Sika

Abb. 9.1
TYPOLOGIE DER LEBENSSTILE NACH OTTE

I Ressourcen +			
	Konservative	Liberale	Reflexive
	Konventionalisten	Bürgerliche Mitte	Hedonisten
	Bodenständige	Heimzentrierte	Mobilitätsorientierte
–		Biografische Offenheit	+

QUELLEN Otte (2005; 2019)

2017; 2023; Gertel/Ouaissa 2014; Honwana 2013; Gertel/Hexel 2017) werden zudem spezielle Gruppierungen im Sport wie „Bewegungskünste" (Hecking 2021) oder in der Musikszene mit unterschiedlichen Präferenzen wie etwa Metal (Hecker 2012) sowie Rai oder Rap (Swedenburg 2015), aber auch konfessionelle Verbindungen (Herrera/Bayat 2010) und politischer Aktivismus (Augustin 2021) sowie Subkulturen und Szenen untersucht.

Einen der ersten Ansätze, die sich binnendifferenziert mit Lebensstilen beschäftigten, haben Gertel und Kreuer (2021) zur Situation der sogenannten *Young Leaders* der MENA-Region vorgelegt. Diese Gruppe umfasst Frauen und Männer im Alter zwischen 20 und 30 Jahren, die in politischen Parteien oder Organisationen der Zivilgesellschaft aktiv sind. Sie repräsentiert ein bestimmtes Segment der lokalen Gesellschaften: Menschen beiderlei Geschlechts mit akademischem Hintergrund, sehr guten englischen oder französischen Sprachkenntnissen, die sich für eine demokratische Gesellschaft einsetzen. Für die Analyse ihrer Lebensstile bilden die Arbeiten von Gunnar Otte (2005; 2019) die zentrale Referenz. Die Herausforderung bestand und besteht darin, diesen Ansatz, der für die deutsche Bevölkerung entwickelt wurde, sinnvoll auf die MENA-Region zu übertragen, für mehrere Länder handhabbar zu machen und ihn gleichzeitig an die Situation junger Erwachsener anzupassen.

Die Typologie der Lebensstile von Otte (2005) verbindet Erkenntnisse der Lebensstilforschung mit Bourdieus (1982) Konzept eines mehrdimensionalen sozialen Raums. In Anlehnung an Bourdieu betrachtet Otte die Akteure als eingebettet in eine Struktur ungleich verteilter Ressourcen und Restriktionen, also in je spezifische soziale Situationen, die die Materialisierung des persönlichen Lebensmanagements mitprägen. Er thematisiert zum einen die biografische Offenheit einer Person und ihre persönliche Orientierung an „Modernität", zum anderen die Verfügbarkeit von Kapital, Vermögen und Ausstattung und die persönliche Ressourcenperspektive. Während die biografische Perspektive kohorten- und lebenszyklusspezifische Aspekte widerspiegelt, repräsentiert die Kapitalebene eher indirekt den Zugang und die Nutzung von Ressourcen; es geht Otte hier um die angeeigneten Objekte und Werteorientierungen (2005: 452).

Empirischer Hintergrund: Otte untergliedert die deutsche Bevölkerung in neun Arten der Lebensführung, die als Lebensstile gefasst werden (vgl. Otte 2005; 2019). In Ottes Modell (2019) werden – wie ausgeführt – zwei Hauptdimensionen unterschieden: die biografische Offenheit der Lebensführung (Achse 1) sowie das Ausstattungs- beziehungsweise Ressourcenniveau (Achse 2; vgl. Abb. 9.1). Dem Modell liegt die Annahme zugrunde, dass Personen alltäglich und fortwährend Ressourcen in ihre Lebensführung einspeisen. Diese „Investitionen" lassen sich hierarchisieren:

- Achse 1 (Biografie): Die Lebensführung hat Zeitbezüge, und hier unterscheidet Otte zwei Aspekte. Zum einen hängt die Lebensführung von den historisch gewachsenen lokalen Kontexten und Alltagspraktiken ab; sie kann entsprechend (etwa auf dem Land) „traditioneller" oder (etwa in der Stadt) „moderner" sein, je nachdem, wie prägend gesellschaftliche Werte, Normen und Moden waren oder sind. Zum anderen können Personen mehr oder weniger festgelegt sein und eine eher offene oder geschlossene biografische Perspektive leben. Viele Menschen legen sich erst mit der Zeit auf ihre Werte und Lebensstile fest, wenn bestimmte Handlungen bindend werden. Gerade Ausnahmesituationen, persönliche wie gesellschaftliche – beispielsweise das Erleben bewaffneter Konflikte oder Hunger in der MENA-Region – können Änderungen und Brüche herbeiführen.
- Achse 2 (Ressourcen): Auch hier werden zwei Aspekte unterschieden: Der Lebensstandard hängt, in Anlehnung an Bourdieus Überlegungen, zum einen vom ökonomischen Kapital ab und zum anderen von der Aneignung kulturell legitimen Wissens. Entsprechend sollte das Ausstattungsniveau einer Person daher mit dem Einkommens- und dem (formalen) Bildungsniveau zunehmen. Allerdings sei dies, so Otte, nicht deterministisch zu verstehen, da letztlich individuelle Eigenschaften über Handlungen entscheiden.

Diese beiden Hauptdimensionen, das Ressourcenniveau sowie die biografische Offenheit, mit ihren jeweiligen Subdimensionen lassen sich nach Otte als Kontinua begreifen, die für Zwecke der Typenbildung in je drei Segmente unterteilt und miteinander kombiniert werden (Abb. 9.1).

Deutschland und MENA: Anpassungen der Lebensstilforschung

Um die für Deutschland etablierten und die neueren Items (Otte 2015; 2019) auf ihre Eignung für die MENA-Region zu testen, wurden zunächst im Rahmen der FES-*Young-Leaders*-Studie (2020) die Aussagenbatterie überarbeitet und vier Aussagen/Fragen verändert (Abb. 9.2), die schließlich in der FES MENA-Jugendstudie (2021) umgesetzt wurden. Gestrichen und modifiziert wurden folgende ursprünglichen Statements und Fragen (Otte 2005: 456): „Ich gehe viel aus" (Biografie); „Wie häufig lesen Sie folgende Arten von Tageszeitungen (z. B. FAZ)?" (Ressourcen); „Wenn Sie einmal in ein Restaurant richtig gut essen gehen, wie viel (Währung) geben Sie dann maximal pro Person – inklusive Getränken – aus?" (Ressourcen); „Bitte sagen Sie mir, wie häufig Sie Kunstausstellungen oder Galerien besuchen" (Ressourcen). Diese Items sind weder sinnvoll für die Region anwendbar noch geeignet für junge Erwachsene: „Ausgehen" würde den Land-Stadt-Unterschied verstärken, da dies auf dem Land, etwa im Sudan oder in Ägypten, kaum möglich ist; Tageszeitungen spielen für junge Erwachsene keine Rolle mehr; zum guten Essen in ein Restaurant zu gehen ist nicht geeignet, um den Zugang zu monetären Ressourcen zu erfassen; und Kunstausstellungen oder Galerien gibt es vor allem in den Hauptstädten und sie sind auch nur für eine sehr kleine Bevölkerungsgruppe interessant. Modifiziert wurde die Frage nach den Tageszeitungen, indem sie medial geöffnet wurde: „Eine unverzichtbare tägliche Routine ist es, dich über die wichtigsten politischen und wirtschaftlichen Ereignisse der Welt zu informieren" (Ressourcen). Neu dazugekommen sind die zwei auf junge Erwachsene bezogenen Statements, die im Anschluss noch detaillierter vorgestellt werden – „Ohne Internetzugang kannst du kaum existieren" (Biografie) und „Modische Kleidung ist für dich wichtiger als drei Mahlzeiten am Tag – dafür gibst du viel Geld aus" (Ressourcen) – sowie eine auf den weiteren Reproduktionskontext bezogene Frage: „Wie bewertest du die aktuelle wirtschaftliche Lage deiner Familie?" (Ressourcen). Denn junge Erwachsene leben in der MENA-Region sehr häufig länger in ihren Herkunftsfamilien als in Deutschland (Albert/Gertel 2017).

Box 1: Berechnung der Lebensstiltypen

Die beiden Dimensionen (Verfügung über Ressourcen, biografische Offenheit) werden numerisch durch zwei Indizes dargestellt (Abb. 9.2): Jeder Index besteht aus fünf Items (Statements/Fragen), die jeweils auf einer vierstufigen Antwortskala basieren. Um den Index zu bilden, werden die Werte der Antworten (1 bis 4) der fünf Items additiv verknüpft (Summation: mit Werten zwischen 4 und 20; 4, da ein fehlender Wert akzeptiert wird). Sie sind so gepolt, dass hohe Werte eine offene biografische Perspektive (und eine „Modernitätsorientierung") beziehungsweise ein hohes Maß an verfügbarem Kapital (Ressourcenperspektive) anzeigen. Diese Indexwerte werden dann durch die Anzahl der Items geteilt (in der Regel fünf). Der resultierende Quotient liegt zwischen 1,0 und 4,0. Die Differenzierung der Typen, das heißt die Einteilung der Indexwerte in drei Segmente, basiert auf den Antwortskalen mit ihren verbalen Ankern im Fragebogen: Für den Kapitalindex werden Werte bis einschließlich 2,0 als „niedrig" definiert, Werte größer als 2,0 und kleiner als 3,0 als „mittel" und Werte von 3,0 und

> mehr als „hoch". Dasselbe gilt sinngemäß für den Index der biografischen Offenheit. Inhaltlich bedeutet dies, dass Personen, die die Items im Durchschnitt vollständig ablehnen oder eher ablehnen, der niedrigsten Indexkategorie zugeordnet werden, diejenigen, die zwischen Ablehnung und Zustimmung schwanken, der mittleren Kategorie zugeordnet werden, und diejenigen, die eher oder vollständig zustimmen, der höchsten Kategorie zugeordnet werden. Die Kombination der beiden Indexwerte ergibt die Zuordnung jedes Befragten zu genau einem Lebensstiltyp (vgl. Otte 2005: 457).

Soziale Profile der Lebensstile

Die Leitgedanken bei der Auswahl von Statements (Items) in einem Fragenkomplex (Item-Batterie) sind, dass die Antworten jeweils die gleiche Anzahl von Antwortmöglichkeiten vorsehen und verschiedene Aussagen inhaltlich komplementär zueinander wirken. Das übersetzt sich in die beiden Achsen des Lebensstilkonzepts. Pro Achse werden jeweils fünf Items vorgestellt und besprochen, die zum einen die biografische Offenheit beziehungsweise Geschlossenheit herausarbeiten und die zum anderen die Verfügung über Ressourcen und damit die materielle Ausstattung und soziale Lage der jungen Erwachsenen porträtieren. Wie herausgestellt wurde, sind pro Statement jeweils vier abgestufte Antwortoptionen vorgesehen, wie „völlig einverstanden", „eher einverstanden", „eher nicht einverstanden", „überhaupt nicht einverstanden". Daraus wird die individuelle Position zum jeweiligen Statement ermittelt. In dem Zusammenwirken der immateriellen und materiellen Achsen, mit je fünf Items, ergeben sich, wie ausgeführt, neun verschiedene Lebensstile (vgl. Box 1).

Bei den Lebensstilen handelt es sich um konstruierte (Ideal-)Typen, denen reale Fälle zugeordnet werden – was bedeutet, dass aus Gründen der Vereinfachung und Übersichtlichkeit die komplexe Alltagspraxis, die sich immer wieder ändert und widersprüchlich ist, nun sehr vereinfacht und quasi fixiert wiedergegeben wird. Einerseits repräsentieren die neun Lebensstile daher für eine einzelne Person eine individuelle Momentaufnahme. Andererseits werden durch die große Zahl der Befragten auch länderübergreifende gesellschaftliche Strukturen sichtbar, die das Bild im Jahr der Befragung, dem zweiten Jahr der Coronapandemie (2021), prägen.

Achse 1 – biografische Offenheit oder Geschlossenheit: Sie wird mittels zweier komplementärer Item-Paare untersucht (A/B), die in territorialer Hinsicht typische Aspekte der MENA-Region und in temporaler Hinsicht typische Aspekte des Lebensabschnitts von Jugendlichen und jungen Erwachsenen thematisieren (Abb. 9.2).

Abb. 9.2
LEBENSSTILE – STATEMENTS UND ANTWORTEN

	Völlig einverstanden/ Häufig	Eher einverstanden/ Gelegentlich	Eher nicht einverstanden/ Selten	Überhaupt nicht einverstanden/ Nie	Weiß nicht
Biografische Perspektive	49%		51%		
A. Du hältst an den alten Traditionen deiner Familie fest. (Rekod.)	55	27	10	6	1
A. Du lebst nach religiösen Prinzipien. (Rekod.)	54	29	10	6	1
B. Du genießt das Leben in vollen Zügen.	44	35	13	7	1
B. Dein Leben gefällt dir dann besonders gut, wenn ständig etwas los ist.	37	30	18	11	4
N. Ohne Internetzugang kannst du kaum existieren.	38	24	20	17	1
Ressourcenperspektive	43%		57%		
N. Modische Kleidung ist für dich wichtiger als drei Mahlzeiten am Tag – dafür gibst du viel Geld aus.	13	16	20	48	3
C. (N.) Eine unverzichtbare tägliche Routine ist es, dich über die wichtigsten politischen und wirtschaftlichen Ereignisse der Welt zu informieren.	15	20	21	39	5
C. Du liest Bücher.	10	26	24	38	2
D. Du lebst und repräsentierst einen gehobenen Lebensstandard.	16	29	29	25	2
D. (N.) Wie bewertest du die aktuelle wirtschaftliche Lage deiner Familie?	10	55	24	11	0

FRAGE 20, 21

HINWEISE Angaben in Prozent. A bis D geben die inhaltlichen Ausrichtungen der Items wieder, die zunächst deduktiv abgeleitet wurden. (N) = neues Item; (Rekod.) steht für Umpolung und nachgelagerte Rekodierung. Die Angaben ab der zweiten Spalte geben die Prozentwerte an, die Zustimmung oder Ablehnung der beiden Lebensstilperspektiven deutlich machen. Bei den biografischen Items beantworteten 94 Prozent alle fünf Fragen und fünf Prozent ließen nur eine Antwort aus. Diese wurden bei der Kalkulation der Lebensstile noch mitberücksichtigt (fehlend = 1 %). Bei den ressourcenbezogenen Items beantworteten 92 Prozent alle fünf Fragen und sechs Prozent ließen nur eine Antwort aus. Diese wurden ebenfalls bei der Kalkulation der Lebensstile noch mitberücksichtigt (fehlend = 2 %).

Das erste Item-Paar (A) beleuchtet mit dem Statement „Du hältst an den alten Traditionen deiner Familie fest" die Bedeutung der Familie und ihrer Werteprinzipien und bezieht damit die mit Abstand wichtigste soziale Institution in der MENA-Region in die Analyse ein (Gertel 2017d; Gertel/Kreuer 2017). Implizit werden hiermit auch die je spezifischen Konnotationen von Familie im lokalen Kontext entweder „traditioneller" Ausrichtung (etwa verbunden mit der Landwirtschaft oder wertkonservativen Milieus) oder „moderner" Orientierung abgefragt und bewertet. Unzweifelhaft sind die Begriffe von Tradition und Moderne, die Otte (2005) eingeführt hat, für sich selbst und als Dualismus problematisch. Sie sollten inhaltlich aufgelöst und sinnvoller als Platzhalter verstanden werden etwa für die Gegensätze von Fixierung und Flexibilität, vom Glauben an Bewährtes versus Innovationsoffenheit oder der starken Routinisierung von Abläufen versus kontinuierliches Lernen und für daraus abgeleitete Veränderungsdynamiken. Der zweite Teil des ersten Item-Paares (A) adressiert mit dem Statement „Du lebst nach religiösen Prinzipien" die Bedeutung religiöser Grundsätze für die Befragten. Mit Religion und Glauben sowie in der Konsequenz mit dem Glauben an Gott ist der mit Abstand wichtigste individuelle Wert in der Region angesprochen (vgl. Kap. 11). Für eine Mehrheit, aber keineswegs ausschließlich, bedeutet dies eine Auseinandersetzung mit dem Islam in seiner engeren orthodoxen oder volksislamisch-synkretistischen Auslegung. Für andere sind mit dieser Frage christliche, jüdische, aber auch säkulare Ordnungsvorstellungen verbunden, die hier abgerufen, reflektiert und bewertet werden.

Das zweite Item-Paar (B) ist ein Gegenentwurf hierzu. Es spricht mit dem Statement „Du genießt das Leben in vollen Zügen" die Unmittelbarkeit und die aktuelle Präsenz des Sich-Einlassens auf das jeweilige Jetzt an, und zwar aus Sicht der Protagonisten, ohne angenommene oder ausgesprochene Fremdansprüche von dritter Seite umzusetzen, wie sie beispielsweise von Eltern oder Geschwistern formuliert werden. Die eigene moralische Orientierung steht nicht zur Disposition, zumindest nicht in diesem Moment. Diese Position stimmt eng mit der Aussage „Das Leben genießen, so sehr es geht" überein (Frage 117), die bei den Werteclustern bei Männern und Frauen gleichermaßen sehr hohe Zustimmungen erzielt. Damit sind Orientierungen an der Tradition, sprich an Werten der Familie und an religiösen Prinzipien, irrelevant, zumindest werden sie für das Jetzt relativiert. Mit dem zweiten Statement wird der Blick von der individuellen hedonistischen Einstellung zum kollektiven Erlebnis des Zusammenseins mit Familie oder Freunden bis hin zum „Feiern" mit Bekannten hin verändert und betont: „Dein Leben gefällt dir dann besonders gut, wenn ständig etwas los ist." Hier sind dann die Extrovertiertheit und Außenorientierung der jungen Erwachsenen Voraussetzung – und stehen damit einem selbstbezogenen, nach innen gerichteten und eher auf Abschottung zielenden Lebensentwurf gegenüber.

Hinzu kommt ein fünftes (neues) Item, das mit dem Statement „Ohne Internetzugang kannst du kaum existieren" einen zentralen situativen Kontext des Jungseins thematisiert: die digitale Vernetzung und die kommunikative Dimension und Außenorientierung (vgl. Kap. 13). Es geht im Netz und seiner Nutzung neben der Aufrechterhaltung von familiären Banden und Freundschaften auch darum, den engeren Sozialisationsrahmen von Familie und Nachbarschaft zu verlassen und andere Referenzsysteme kennenzulernen, was virtuell, gerade bei den vielen exogenen Zwängen, eine innere Migration und das Öffnen für neue Erfahrungswelten ermöglicht. Zwänge entstehen beispielsweise durch räumliche Immobilisierungen, etwa infolge von Einreiseverboten europäischer (und anderer) Länder, aufgrund des Mangels an finanziellen Mitteln für eine Auslandsreise und auch durch pandemiebedingte Bewegungseinschränkungen (vgl. Kap. 4 und 7).

Achse 2 – ressourcenabhängige Ausstattung: Diese wird ebenfalls mittels zweier komplementärer Item-Paare untersucht (C/D): einerseits hinsichtlich der Ausstattung mit kulturellem Kapital (Wissen) und andererseits bezüglich der Bedeutung von ökonomischem Kapital (Geld). Als freies Item wird mit der Bedeutung von Kleidung ein weiterer sehr typischer Aspekt des Lebensabschnitts von Jugendlichen und jungen Erwachsenen thematisiert (Abb. 9.3).

Das erste Item-Paar (C) beleuchtet mit dem Statement „Du liest Bücher" die Auseinandersetzung von Jugendlichen und jungen Erwachsenen mit Texten, die als Bücher vorliegen, und erfasst damit eine zutiefst individuelle Tätigkeit, die sich auf die Aneignung von persönlichem Wissen bezieht. Wissen gilt dabei als kulturelles Kapital. Dieses Wissen kann beispielsweise religiöser oder wissenschaftlicher Provenienz sein oder aus dem Bereich der Literatur sowie aus dem Unterhaltungssegment stammen. Das zweite (neu formulierte) Statement, das im deutschen Kontext auf Zeitungslektüre abstellte, lautet nun „Eine unverzichtbare tägliche Routine ist es, dich über die wichtigsten politischen und wirtschaftlichen Ereignisse der Welt zu informieren" und bezieht sich somit zwar ebenfalls auf die Bedeutung von Wissen, doch hierbei stehen der Außenbezug zur Welt und die utilitaristische Verwendung der Informationen im Mittelpunkt. Die konkreten politischen und wirtschaftlichen Entwicklungen jenseits des eigenen Landes sind für die Positionierung des eigenen Lebensentwurfs von zentralem Interesse. Wissen ist hier eine Ressource, die Handlungen nach sich zieht.

Das zweite Item-Paar (D) funktioniert komplementär hierzu: Es geht um ökonomisches Kapital. Es spricht mit dem Statement „Du lebst und repräsentierst einen gehobenen Lebensstandard" wiederum zunächst die persönliche Situation an, und zwar mittels einer selbst definierten Abgrenzung zu anderen Gruppen: Distinktion steht im Mittelpunkt. Über das engere ökonomische Feld hinaus sind – bei vollständiger Zustimmung – aber auch weiter gehende gesellschaftliche Bezüge impliziert. Sie umfassen Aspekte des Habitus, was bedeutet, auch das

Abb. 9.3
LEBENSSTILE: BEZIEHUNGEN ZU DEN STATEMENTS (ITEMS)

	Familie	Religion	Leben genießen	Was los sein	Internet nutzen	Kleidung kaufen	Info einholen	Bücher lesen	Lebensstandard	Ökonom. Situation
Bodenständige	75	72	18	6	7	1	3	2	3	2
Konventionalisten	**76**	75	23	7	5	8	13	16	12	10
Konservative	73	**83**	31	9	9	36	49	**38**	41	**34**
Heimzentrierte	55	53	45	36	38	2	4	2	4	2
Bürgerliche Mitte	56	54	43	37	39	12	16	11	18	12
Liberale	73	69	59	58	55	49	**54**	26	**53**	30
Mobilitätsorientierte	16	20	72	72	73	4	4	5	5	3
Hedonisten	14	19	73	72	73	22	14	17	13	12
Reflexive	18	23	**78**	**81**	**81**	57	45	33	49	33

FRAGEN 20, 21, Lebensstilgruppen

HINWEISE Die vollständigen Fragen sind in Abbildung 9.2 wiedergegeben. Die beiden ersten Fragen wurden bei der Berechnung der Lebensstilgruppen rekodiert. Wiedergegeben ist hier pro Statement nur einer von vier Werten (in Prozent), und zwar für „Vollständig einverstanden"/„Häufig" (Bücher)/„Sehr gut" (ökonomische Situation). In jeder Spalte ist die häufigste Angabe fett markiert. Hellblau unterlegt sind die beiden Lebensstile, die am häufigsten vorkommen: Sie machen zusammen 55 Prozent des Samples aus.

zu repräsentieren und gegebenenfalls zu zeigen, was man oder frau besitzt. Demgegenüber stellt die Beurteilung mit dem neuen Item „Wie bewertest du die aktuelle wirtschaftliche Lage deiner Familie?" die Referenz zum wirtschaftlichen Reproduktionskontext her. Jugendliche und junge Erwachsene werden in ökonomischer Hinsicht nicht isoliert betrachtet, sondern im sozialen Gefüge der Familie, da hier produktive Tätigkeiten und Arbeit für Lohn mit reproduktiven Tätigkeiten wie Kinderbetreuung und Haushaltsführung verzahnt sind und Tätigkeiten wie Risiken – in einem gewissen Umfang – zwischen unterschiedlichen Mitgliedern eines Haushalts verteilt werden.

Hinzu kommt auch hier ein fünftes (neues) Item, das mit dem Statement „Modische Kleidung ist für dich wichtiger als drei Mahlzeiten am Tag – dafür gibst du viel Geld aus" einen weiteren situativen Kontext des Jungseins thematisiert (vgl. Abb. 13.3): Es geht mit der Kleidung darum, für sich selbst Identitäten auszuprobieren, nach außen zu wirken und diese Wirkung zu testen. Dabei spielt das Markenbewusstsein (Branding) eine zentrale Rolle. Neue, modische Kleidung, Schuhe und Schmuck können äußerst wichtig werden, ebenso wie der komplette Verzicht darauf, weil sie Anerkennung in den jeweiligen Peer-Kontexten versprechen (vgl. Box 2).

> **Box 2: Validierung der zehn Aussagen zur Lebensstilermittlung**
>
> Die vier in dieser Studie neu entwickelten Aussagen (Items) wurden in ihrem Zusammenwirken mit den sechs etablierten Items (Otte 2019) durch Faktoranalysen getestet. Dabei zeigt sich erstens, dass (bei der Berechnung von nur zwei Komponenten) sich die beiden Perspektiven der Lebensstile – die biografische und die ausstattungsbezogene – deutlich voneinander trennen. Sie wirken also in der Tat komplementär zueinander. Zweitens wird durch die Berechnung von vier Komponenten deutlich, dass bei der biografischen Perspektive, wie deduktiv vorüberlegt, jeweils die beiden Item-Paare A und B korrelieren und das ausgetauschte, neue fünfte Item (N) (Internet) deutlich mit dem Item-Paar B zusammenhängt. Diese Grundstruktur ist bei den zwölf untersuchten Ländern sehr stabil. Demgegenüber sind die Beziehungen der Items, die die Ressourcenausstattung repräsentieren, untereinander komplexer, was auf Unterschiede in der Kapitalzusammensetzung (monetäres/wissensbezogenes Kapital) zwischen den einzelnen Ländern zurückgeht. In der zusammenfassenden Berechnung für alle zwölf Länder zeigt sich, dass die Bedeutung von Kleidung (N) (neues Item) sowohl mit dem individuellen Informationsbedarf (C) als auch mit einem gehobenen Lebensstandard (D) zusammenhängt. Darüber hinaus besteht ein deutlicher Zusammenhang zwischen der ökonomischen Situation der Familien (D) und dem Lesen von Büchern (C) – auch hier verbinden sich somit zwei unterschiedliche Kapitalformen.

Lebensstilgruppen der MENA-Region

Vor diesem Hintergrund werden nun die weiteren Eigenschaften der Lebensstile beschrieben. Hierzu werden zum einen intern die Beziehungen der einzelnen Lebensstilgruppen zu den zehn Statements (Items) beleuchtet. Abbildung 9.3 zeigt entsprechend, dass die Achse der biografischen Offenheit (links in Abb. 9.3) für alle neun Gruppen in einem Lesezusammenhang wiedergegeben ist: Die Werte steigen oder fallen fast kontinuierlich. Demgegenüber gibt die Achse der Ressourcenausstattung (rechts in Abb. 9.3) den Zusammenhang entsprechend den Staffelungen der drei Ausstattungsstufen wieder. Zum anderen werden die externen Aspekte der Lebensstilgruppen betrachtet und für die neuen Gruppen

Abb. 9.4
LEBENSSTILE: EIGENSCHAFTEN IN BEZUG AUF DAS SAMPLE

	Anteile	Männer	Jung	Alt	Leben mit Eltern	Berufs-tätig	Beschäf-tigungs-los	Netz-werke[1]	Ver-wundbar	Resi-lient	Gestress u. krank[2]
	%	1 aus 2	2 aus 3		1 aus 2	2 aus 3		1 aus 5	2 aus 5		1 aus 3
Boden-ständige	13	52	30	**39**	62	33	**27**	41	**47**	9	**29**
Konventio-nalisten	6	47	34	33	70	28	21	62	19	21	18
Konservative	1	51	37	24	76	27	13	70	11	47	11
Heim-zentrierte	24	52	32	34	70	34	24	54	37	14	26
Bürgerliche Mitte	31	49	36	31	77	30	20	65	16	30	19
Liberale	11	50	38	30	79	28	18	68	10	39	13
Mobilitäts-orientierte	5	**57**	38	29	77	**37**	18	63	33	18	23
Hedonisten	7	54	**39**	26	83	28	19	76	9	38	19
Reflexive	3	46	36	28	**85**	29	14	**77**	7	**48**	13
	100	51	35	32	74	31	21	60	25	25	21

FRAGEN 3, 4, 14, 58, 80, 114, Schichtenindex, Sicherheitsindex

HINWEISE In der zweiten Zeile steht die Anzahl der wiedergegebenen Kategorien in Bezug auf übergeordnete Ordnungssysteme. Beispielsweise bedeutet „1 aus 2" bei der Kategorie „Männer", dass diese eine von zwei Kategorien (Männer/Frauen) aus dem übergeordneten Ordnungssystem „Geschlecht" (100 %) darstellt. Bei den Kategorien „Jung" und „Alt" („2 aus 3") fehlt „Mittel", um die drei Altersgruppen des Samples komplett (100 %) abzubilden. 1 = Netzwerke (Clique und Internet), 2 = Work-Life-Balance = (gestresst und krank)

diskutiert (Abb. 9.4). Hierzu zählen jeweils die Verteilung von Männern und Frauen, die Altersgruppenzusammensetzung, der berufliche Status (in Ausbildung, ohne Arbeit, Geldeinkommen), die Haushaltsunabhängigkeit (Leben im elterlichen Haushalt), die Bedeutung sozialer Netzwerke (online und offline), die Verwundbarkeit/Resilienz, religiöse Prinzipien sowie die Ausgestaltung der Work-Life-Balance. Hinzu kommen Einblicke in die Flexibilität junger Erwachsener (vgl. Gertel/Wagner 2017: Tab. 10.1), also die Bereitschaft, vertraute Positionen für eigene Projekte zu ändern. Auch die mittelfristigen Lebensziele wie gute Heirat, Job, Freundschaften oder Familienbeziehungen werden in die Analyse mit einbezogen (Abb. 9.5).

Abb. 9.5
PRIORITÄTEN NACH LEBENSSTILGRUPPEN

FRAGE 113
Was ist dir für deine Zukunft am wichtigsten?

HINWEISE Angaben in Prozent

Die Eigenschaften der neun Lebensstilgruppen (Abb. 9.6) werden im Folgenden zusammengefasst:

Bodenständig – ungesichert (13 %): Häufig arbeitslos, ländlich geprägt, sozial eher isoliert, arm, oft krank und exponiert. Die Suche nach Sicherheit, besonders die Existenzsicherung, steht im Vordergrund, wobei Tradition und Religion zentrale Anker in den Lebensentwürfen darstellen.

Im Detail: Diejenigen, die zu dieser Gruppe zählen, stammen überwiegend aus der älteren Kohorte der jungen Erwachsenen. Im Vergleich zu anderen ist in dieser Gruppe der Anteil derjenigen, die noch bei den Eltern wohnen, am geringsten. Etwa 40 Prozent stammen aus dörflichen Situationen mit weniger als 20.000 Einwohnern. Weitere 14 Prozent leben in Kleinstädten mit bis zu 100.000 Einwohnern. Knapp ein Fünftel der Väter (19 %) geht hauptberuflich einer landwirtschaftlichen Tätigkeit nach, was im Vergleich zu allen anderen Gruppen den größten Anteil darstellt. Ebenso viele sind als Tagelöhner tätig. Es ist zudem die Lebensstilgruppe mit dem größten Anteil von Personen ohne entlohnte Arbeit, also solchen, die nicht in Ausbildung oder berufstätig sind. Nicht von ungefähr halten es zwei Drittel der Männer für ihre persönliche Zukunft am wichtigsten, eine gute Arbeit zu finden (jedoch nur ein Viertel der Frauen). Die Frauen dieser Lebensstilgruppe sehen für sich überwiegend eine gute Heirat (42 %) als wichtigstes Zukunftsziel und ein Drittel (30 %) gibt gute Beziehungen zur Familie an. Neben Fernsehen sind der Besuch von Nachbarn und „etwas mit der Familie zu unternehmen" die häufigsten Freizeitaktivitäten. Mit Abstand verfügt diese Lebensstilgruppe über die geringste Zahl von sozialen Kontakten in Form von Freundeskreisen oder Online-Netzwerken. Sie zeigt eher eine geringe soziale Flexibilität. Der Glaube an Gott ist für knapp 80 Prozent absolut wichtig und die Prinzipien von Ehre und Schande für zwei Drittel der Befragten. Knapp die Hälfte (47 %) bezeichnet sich als arm oder sehr arm. Sie weisen korrespondierend hierzu die höchste Zahl von Verwundbaren auf und die geringste Zahl der Resilienten. Dementsprechend fühlen sie sich auch am häufigsten von allen gestresst und krank, ihre Work-Life-Balance ist also am schlechtesten.

Konventionalisten – teilemanzipiert (6 %): Tradition des ländlich geprägten Kleinbürgertums, Werte von Ehre und Schande, eher unflexibel mit konservativ-religiöser Moral, aber beruflicher Emanzipation der Frauen.

Im Detail: Diese Gruppe besteht anteilig aus mehr Frauen als Männern, das Altersspektrum beider Geschlechter ist allerdings gleich. Der Anteil von Befragten, der bei den Eltern wohnt, ist vergleichsweise klein, obwohl er noch bei über zwei Dritteln liegt. Etwa 40 Prozent stammen aus dörflichen Situationen mit weniger als 20.000 Einwohnern. Weitere 16 Prozent kommen aus Kleinstädten mit bis zu 100.000 Einwohnern. Über ein Drittel der Väter sind Staatsbedienstete und die zweitgrößte Gruppe geht qualifizierten Tätigkeiten ohne Hochschulabschluss nach. Von den Befragten sind mehr als ein Drittel ohne Arbeit, ein Drittel ist in Ausbildung und ein knappes Drittel berufstätig. Für ihre persönliche Zukunft ist es mehr als der Hälfte der Männer wichtig, eine gute Arbeit zu finden, ein Viertel möchte gut heiraten und von allen Männern der MENA-Region findet sich hier der größte Anteil, etwa ein Fünftel, derjenigen, die gute Familienbeziehungen pflegen wollen. Bei den Frauen hat sich die Hierarchie im Vergleich zu den Bodenständigen umgekehrt: Die meisten möchten vor allem einen guten Job finden, erst dann folgen eine gute Heirat und schließlich, mit einem Viertel, „gute Beziehungen zur Familie" als wichtigstes Zukunftsziel. Drei Viertel glauben an die überlieferten Traditionen der Familie und gleichermaßen an die religiösen Prinzipien. Diese Lebensstilgruppe verfügt zu knapp zwei Dritteln über einen festen Freundeskreis, zeigt aber eher geringe soziale Flexibilität. Doch nach ihrer Selbsteinschätzung ist nur ein kleiner Teil, etwa ein Sechstel, arm oder sehr arm. Korrespondierend hierzu liegt der Anteil der Verwundbaren unter 20 Prozent, was auch mit der Einschätzung zur Work-Life-Balance-korrespondiert: Gestresst und krank fühlen sich ebenfalls knapp 20 Prozent.

Abb. 9.6
MENA-REGION: LEBENSSTILE JUNGER ERWACHSENER (2021)

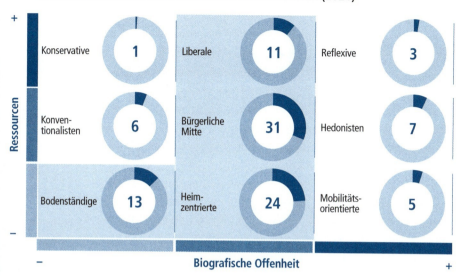

HINWEISE Die vier hellblau unterlegten Felder ergeben zusammen 79 Prozent der Lebensstile junger Erwachsener.

Konservativ – gesichert (1 %): Tradition des besitzenden Bürgertums, Bedeutung der Familie, Konservatismus und Religiosität, gepaart mit neuen Genderrollen in Bezug auf Arbeit, Exklusivität im Lebensstandard, Leistungs- und Führungsbereitschaft.

Im Detail: Dies ist die kleinste Gruppe des Samples. Männer und Frauen sind gleich verteilt, doch die älteste Kohorte ist insgesamt weniger häufig vertreten. Drei Viertel der jungen Erwachsenen wohnen noch bei den Eltern. Ein Drittel lebt in Kleinstädten und über die Hälfte in urbanen Zentren mit mehr als 100.000 Einwohnern. Die Väter sind zu einem Drittel Staatsbedienstete und knapp 20 Prozent arbeiten als Selbstständige ohne Hochschulabschluss in qualifizierten Tätigkeiten. Über die Hälfte der Lebensstilgruppe sind noch in Ausbildung und nur 20 Prozent ohne Arbeit, während knapp ein Viertel berufstätig ist. Mit knapp einem Viertel findet sich hier der höchste Anteil der Männer, die für ihren eigenen Lebensentwurf als wichtigstes Ziel eine gute Heirat angeben, doch immer noch 60 Prozent sehen dies in einem guten Job. Bei den Frauen sieht das Bild etwas anders aus: Immerhin 43 Prozent sehen einen guten Job für sich als wichtigstes Ziel, 30 Prozent geben gute Beziehungen zur Familie als Wunsch an, doch nur noch 23 Prozent – also weniger als die Männer – verfolgen das Ziel einer guten Heirat. Sie sind überdurchschnittlich gut vernetzt – analog wie digital. Bücher zu lesen ist hier eine sehr verbreitete Freizeitbeschäftigung. Nur elf Prozent bezeichnen sich als arm oder sehr arm. Diese Gruppe zeigt die häufigste Zustimmung zur besonderen Bedeutung religiöser Prinzipien und eine Mehrzahl bekennt sich zu den etablierten Traditionen der Familie. Werte wie Ehre und Schande spielen für zwei Drittel eine herausragende Rolle und ebenso viele empfinden den Glauben an Gott für sich als absolut wichtig. Hier zeigt sich eine Ambivalenz: Einerseits ist diese Gruppe durch die geringste Flexibilität hinsichtlich ihrer Lebensentwürfe gekennzeichnet, andererseits hat sie den geringsten Anteil an Personen, die sich gestresst oder krank fühlen.

Heimzentriert – abgehängt (24 %): Geschlechtsspezifische Arbeitssegregation, Familien- und Heimorientierung, begrenzte Ressourcen, arm und exponiert, traditionelle Werte und Konsum moderner Massenkultur wie Fernsehen und Internet.

Im Detail: Es handelt sich um die zweitgrößte Gruppe. Sie konstituiert sich aus etwas mehr Männern als Frauen, und die höchste Altersgruppe ist etwas stärker vertreten. Etwas mehr als zwei Drittel (70 %) leben noch bei den Eltern. Mit 21 Prozent findet sich hier die größte Gruppe der Väter, die als Tagelöhner arbeiten, und zehn Prozent sind in der Landwirtschaft tätig. Nur ein Drittel der Haushalte besitzt ein Fahrzeug. Was den Beschäftigungsstatus betrifft, ist diese Gruppe zweigeteilt: Einerseits stellt sie mit 34 Prozent den höchsten Anteil der Berufstätigen, andererseits findet sich hier die zweitgrößte Personengruppe (38 %), die nicht arbeitet. Der Gender Gap ist besonders auffällig: 46 Prozent der Männer arbeiten für Geld, aber nur 20 Prozent der Frauen. Korrespondierend hierzu halten knapp zwei Drittel der Männer (61 %) es für ihre persönliche Zukunft am wichtigsten, eine gute Arbeit zu finden, während Frauen seltener (39 %) diesen Wunsch äußern. Die Frauen dieser Lebensstilgruppe sehen für sich eine gute Heirat (35 %) noch vergleichsweise häufig als wichtigstes Zukunftsziel und immerhin noch ein knappes Viertel (23 %) gibt gute Beziehungen zur Familie an. Allerdings spielen Familie und Religion nur noch für die Hälfte der Gruppe eine herausragende Rolle. Ein Großteil sieht fern, ebenso viele sind im Netz unterwegs, doch eine Gruppe (ein Sechstel) „hängt einfach ab". Über ein Drittel (36 %) der Lebensstilgruppe bezeichnen sich als arm oder sogar sehr arm. Der Anteil der Verwundbaren liegt bei über einem Drittel (37 %), was auch mit der Einschätzung zur Work-Life-Balance korrespondiert: Gestresst und krank fühlen sich hier mehr als ein Viertel, was dem zweithöchsten Wert entspricht.

Bürgerliche Mitte – aufstiegsorientiert (31 %): Berufliche Karriere und Familie sind am Mainstream orientiert, ebenso wie Freizeitkultur, Mittelmaß und Heterogenität den Typ bestimmen.

Im Detail: Es handelt sich um die größte Gruppe im Sample. Geschlechter und Alterszusammensetzung sind ausgewogen. Drei Viertel (77 %) leben noch bei ihren Eltern. Von den Vätern ist ein gutes Viertel (28 %) beim Staat beschäftigt, während die zweitgrößte Gruppe qualifizierten Tätigkeiten ohne Hochschulausbildung nachgeht. Zwei Drittel dieser Lebensstilgruppe verfügen über soziale Netzwerke, also eine eigene Clique oder Online-Bekanntschaften. Der größte Teil der jungen Erwachsenen (40 %) befindet sich in Ausbildung und je 30 Prozent haben Lohneinkommen oder gehen keiner Erwerbsarbeit nach. Auch hier ist es weit über der Hälfte der jungen Männer (60 %) wichtig, eine gute Arbeit zu finden, und ein Fünftel möchte gut heiraten. Junge Frauen möchten ebenso vor allem einen guten Job finden (44 %), erst dann folgt als wichtigstes Zukunftsziel eine gute Heirat (31 %) und schließlich der Wunsch, gute Beziehungen zur Familie zu pflegen (22 %). Familie und Religion spielen dennoch nur noch für die Hälfte der Gruppe eine herausragende Rolle. Unter den Freizeitaktivitäten ist das Surfen im Internet für zwei Drittel wichtig – nur etwa die Hälfte sieht noch fern. Knapp die Hälfte der Familien (46 %) verfügt über ein eigenes Fahrzeug. Der Anteil der Ungesicherten ist eher gering: Knapp ein Fünftel fühlt sich gestresst oder krank und ein Sechstel (14 %) bezeichnet sich als arm oder sehr arm, was weitgehend mit dem Anteil der Verwundbaren übereinstimmt. Die soziale Flexibilität ist vergleichsweise gering. Ein gutes Drittel ist dennoch bereit auszuwandern: Neun Prozent sind sich sicher und 29 Prozent würden gern.

Liberal – gesichert (11 %): Tradition des Bildungsbürgertums, Liberalität, berufliche Selbstverwirklichung, hoher Lebens- und Konsumstandard, informationelle Weltorientierung.

Im Detail: Männer und Frauen sind in dieser Gruppe ausgewogen vertreten, doch im Altersspektrum überwiegt die jüngste Kohorte. Deutlich über drei Viertel (79 %) leben noch bei den Eltern. Knapp die Hälfte (45 %) sind noch in Ausbildung und jeweils ein gutes Viertel geht keiner entlohnten Arbeit nach oder ist berufstätig. Die Väter arbeiten zu einem knappen Drittel als Staatsbedienstete und zu einem Fünftel gehen sie als größte Gruppe des Samples qualifizierten Tätigkeiten ohne Hochschulabschluss nach. Über die Hälfte (55 %) der Männer streben einen guten Job an, während dies für knapp die Hälfte (46 %) der Frauen zutrifft. Der Wunsch nach einer guten Heirat kommt bei Frauen (28 %) etwas häufiger vor als bei Männern (21 %), während jeweils an dritter Stelle gute Beziehungen zur Familie stehen. Die Personen dieser Gruppe sind gut vernetzt: Zwei Drittel verfügen über Online-Kontakte oder eigene Freundschaftsnetzwerke. Ein Viertel liest häufig Bücher. Sehr viele informieren sich ausführlich über das Weltgeschehen. Shopping ist eine beliebte Freizeitaktivität. Weniger als zehn Prozent bezeichnen sich als arm, was mit der Verwundbarkeit korrespondiert. Die Gruppe zeigt die geringste Mobilitätsbereitschaft: Nur acht Prozent sind sich sicher, dass sie auswandern werden, während weitere 21 Prozent das gern möchten.

Mobilitätsorientiert – exponiert (5 %): Extrovertiertheit, Auswanderungswünsche, Armut, drohender sozialer Abstieg und Angst vor Arbeitsplatzverlust.

Im Detail: Diese Gruppe ist am stärksten durch junge Männer geprägt (57 %). Die Hälfte hat zwölf Jahre in der Schule verbracht. Drei Viertel wohnen bei ihren Eltern, häufig in der Stadt. Das Berufsbild der Väter ist sehr heterogen: Knapp ein Fünftel ist beim Staat angestellt, dann folgen entsprechend der Häufigkeit Tagelöhner, Personen, die qualifizierten Tätigkeiten nachgehen, und selbstständige Dienstleister. Die meisten jungen Erwachsenen dieser Lebensstilgruppe sind berufstätig (37 %) und genauso viele in Ausbildung. Zwei Drittel der Männer (64 %) und über die Hälfte der Frauen (56 %) geben als wichtigstes Lebensziel einen guten Job an. Nur noch ein Viertel der Frauen strebt als wichtigstes Lebensziel eine gute Heirat an. Bei den Männern sind es weniger als ein Sechstel (15 %). Diese Lebensstilgruppe weist die höchste Flexibilität auf, konventionelle Erwartungshaltungen nicht zu erfüllen. Familientraditionen und Religiosität spielen nachgeordnete Rollen. Zudem sind sie räumlich mobil: Zwei Drittel möchten ihr Land verlassen: Knapp die Hälfte (47 %) möchte gern auswandern und ein knappes Fünftel (18 %) ist sich sicher, dies zu tun. In der Freizeit ist es ihnen wichtig, Leute zu treffen; zwei Drittel sind im Internet unterwegs und einige – immerhin die meisten von allen Gruppen – „hängen einfach ab" (18 %). Ökonomisch ist diese Gruppe allerdings exponiert: Ein Drittel ist verwundbar und ein knappes Drittel (29 %) bezeichnet sich selbst als arm oder sehr arm. Bei der Work-Life-Balance findet sich hier die drittschlechteste Position. Es ist die Gruppe, die sich während der Coronapandemie am meisten allein, gestresst und unproduktiv gefühlt hat.

Hedonisten – flexibel (7 %): Jugendkultureller Stilprotest durch Musik und Mode, Innovationsfreude, zeitgenössische Genuss- und Konsumorientierung, Extroversion und urbanes Spektakel.

Im Detail: Eine überwiegende Mehrheit (83 %) lebt bei den Eltern. Die Väter sind überwiegend Beamte, viele gehen qualifizierten Tätigkeiten nach oder sind Angestellte. Zu zwei Dritteln lebt diese Gruppe in urbanen Agglomerationen über 100.000 Einwohnern. Über drei Viertel (76 %) verfügen über soziale Netzwerkbeziehungen. Zwei Drittel der jungen Männer (69 %) und über die Hälfte der jungen Frauen (53 %) geben als wichtigstes Lebensziel einen guten Job an. Deutlich mehr als die Hälfte (60 %) der Familien verfügen über ein eigenes Fahrzeug. Zwei Drittel haben hohe Schulabschlüsse mit mehr als zwölf Jahren formaler Bildung. Familientraditionen und religiöse Prinzipien spielen hier eine nachgeordnete Rolle. Ihr Freizeitverhalten ist dadurch geprägt, dass sie im Internet surfen, Musik hören, Filme streamen und sich in einem Projekt engagieren – von allen Gruppen zeigen sie hierbei jeweils die größte Häufigkeit. Kaum jemand ist arm oder verwundbar. Sie weisen die zweithöchste Flexibilität bezüglich der Überwindung überkommener sozialer Grenzen auf (39 %). Deutlich über die Hälfte ist bereit oder sogar fest entschlossen auszuwandern: Sie möchten gern (40 %) oder sind sich sicher (16 %) zu emigrieren.

Reflexiv – resilient (3 %): Kulturelle, akademische Avantgarde, Reflexivität, Kreativität und Experimentierfreudigkeit, Suche nach eigenständiger Selbstentfaltung, globales Lebensgefühl.

Im Detail: Es handelt sich um die zweitkleinste Gruppe. Sie setzt sich mehrheitlich aus Frauen zusammen und eher aus der jüngeren Alterskohorte. Die überwiegende Mehrheit (85 %) lebt bei den Eltern. Die Eltern sind vor allem Beamte und Angestellte und hier findet sich der größte Anteil an Selbstständigen mit Hochschulabschluss wie Medizinern und Juristen. Der größte Anteil der jungen Erwachsenen ist noch in Ausbildung (55 %), eine kleinere Gruppe ist berufstätig (27 %) und die kleinste Gruppe des Samples (17 %) ist nicht erwerbstätig. Mehr als die Hälfte zählt sich zur Oberen Mittelklasse oder zu den Wohlhabenden. Mit der sozialen Position ändern sich die Lebensentwürfe: Zwei Drittel der Männer (69 %) sowie der Frauen (66 %) geben als wichtigstes Lebensziel einen guten Job an. Gute Beziehungen zur Familie spielen hier keine große Rolle – sie werden schlicht vorausgesetzt. Eine gute Heirat ist nur noch für ein Fünftel der Frauen (22 %) und noch seltener für die Männer (16 %) von Bedeutung. Über drei Viertel (77 %) verfügen über Netzwerkbeziehungen in Form einer Clique oder von Online-Kontakten. Sie sind fast alle im Netz aktiv, genießen das Leben und finden es gut, wenn etwas los ist. Mehr als die Hälfte gibt gern Geld für Kleidung aus. Ein Drittel liest häufig Bücher. Hier finden sich daher nicht von ungefähr die häufigsten Abschlüsse mit hoher Bildung (68 %) und mit knapp 50 Prozent der größte Anteil der Resilienten und gleichzeitig die geringste Zahl der Armen.

Vorkommen der Lebensstile in der MENA-Region

Die Analyse der Lebensstile junger Erwachsener in der MENA-Region zeigt, dass über die Hälfte der Befragten (55 %) sich auf zwei Gruppen konzentrieren: auf diejenigen der aufstiegsorientierten bürgerlichen Mitte sowie die abgehängten Heimzentrierten. Werden entsprechend der Häufigkeit zwei weitere Gruppen dazugenommen – diejenigen, die als Bodenständige und als Liberale bezeichnet werden –, dann sind hierdurch mehr als drei Viertel (79 %) der Lebensstile junger Erwachsener in der MENA-Region beschrieben. Hinsichtlich der Verteilung biografischer Offenheit fällt auf, dass in den drei konservativen Segmenten (linke Spalte) ein Fünftel (20 %), jedoch in den drei Segmenten der „Liberalen" zwei Drittel (66 %) und in den drei Segmenten der Reflexiven (rechte Spalte), also den biografisch offensten Gruppen, nur ein Sechstel (15 %) vertreten ist. Daraus lässt sich ableiten, dass weder die Konservativen noch die Innovativen – und diese am wenigsten – zahlenmäßig einen starken Einfluss auf die Lebensstilgruppen haben. Ebenso schwach fällt die ressourcenstärkste Gruppe aus, die sich aus Konservativen, Liberalen und Reflexiven zusammensetzt.

Im Kontrast zu diesen Befunden kommen bei der Gruppe der *Young Leaders*, der potenziellen politischen Nachwuchskräfte, die die Friedrich-Ebert-Stiftung in Nordafrika und im Nahen Osten für ihr Ausbildungsprogramm rekrutiert, nur vier Lebensstiltypen häufig vor: Sie machen 94 Prozent aus (Abb. 9.7). Sie sind alle in der mittleren und gehobenen Kategorie der Ressourcenausstattung sowie in der

Abb. 9.7
YOUNG LEADERS: LEBENSSTILE (2020)

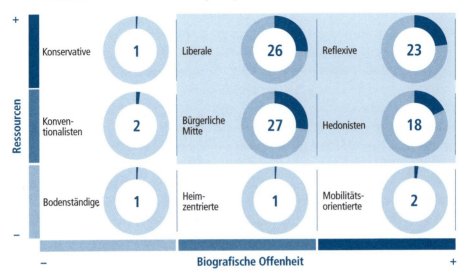

HINWEISE Quelle: Gertel/Kreuer (2021), Bezeichnungen angepasst. Die vier hellblau unterlegten Felder ergeben zusammen 94 Prozent der Lebensstile junger Erwachsener.

mittleren und gehobenen Kategorie der biografischen Offenheit angesiedelt. Die fünf verbleibenden Kategorien der Lebensstilgruppen machen zusammen nur sieben Prozent aus. Die Kategorien der unteren Positionen sind im Allgemeinen alle unbedeutend. Die am häufigsten vertretene Gruppe, die der Mitte (27 %), ist auf die Aufwärtsmobilität ausgerichtet. Es ist die Gruppe, die die mittlere Position aller Lebensstiltypen einnimmt. Fast mit der gleichen Häufigkeit, aber mit einer anderen Struktur folgt der Typus der Liberalen (26 %), die ökonomisch als etabliert angesehen werden. Die beiden anderen Gruppen setzen sich aus den Innovativen (Reflexiven) und den Hedonisten zusammen. Die Innovativen (23 %) werden als Avantgarde beschrieben. Sie streben nach unabhängiger Selbstentfaltung und haben eine kosmopolitische Lebenseinstellung. Die Hedonisten (18 %) zeichnen sich durch Außenorientierung aus. Bei der internen Gruppenzusammensetzung zeigt sich eine unterschiedliche Geschlechterstruktur: Während die unteren Positionen bezüglich der Ressourcenverfügbarkeit häufiger von Männern besetzt sind (40 bis 51 %), finden sich Frauen häufiger in den oberen Positionen (42 bis 54 %). Es wird deutlich, dass es sich hierbei um ein ganz spezifisches gesellschaftliches Segment handelt, das von der Stiftung angesprochen und rekrutiert wird.

Bei den jungen Erwachsenen aus den zwölf Ländern, die hier analysiert wurden (Abb. 9.8), lassen sich auf aggregierter Ebene zwei Gruppen unterscheiden: zum einen die jungen Erwachsenen aus Ländern, die dem Muster der zusammen-

Abb. 9.8
LEBENSSTILE NACH LÄNDERN (2021)

− Ressourcen +

Konservative	Liberale	Reflexive
Konventionalisten	Bürgerliche Mitte	Hedonisten
Bodenständige	Heimzentrierte	Mobilitätsorientierte

− **Biografische Offenheit** +

ÄGYPTEN
0	24	2
8	37	3
12	14	1
=> 87 %

TUNESIEN
1	11	4
3	34	6
9	29	3
=> 83 %

JORDANIEN
1	7	2
5	33	6
12	29	6
=> 81 %

IRAK
2	12	4
6	36	7
11	21	2
=> 80 %

PALÄSTINA
2	12	2
8	33	6
12	23	3
=> 80 %

JEMEN
2	4	0
14	19	1
40	19	1
=> 92 %

LIBYEN
2	9	1
11	41	5
10	21	1
=> 83 %

LIBANON
0	6	3
5	26	10
7	30	12
=> 78 %

ALGERIEN
0	9	5
4	28	17
8	21	9
=> 75 %

MAROKKO
0	21	3
2	34	8
5	23	4
=> 86 %

SUDAN
2	11	3
8	36	10
9	17	4
=> 74 %

SYRISCHE GEFLÜCHTETE
0	4	0
2	17	3
21	44	9
=> 91 %

HINWEIS Angaben in Prozent

fassenden Befunde entsprechen. Das sind fünf Länder, in denen die vier häufigsten Lebensstilgruppen – bürgerliche Mitte, Heimzentrierte, Bodenständige und Liberale – zwischen 80 und 87 Prozent ausmachen. Dazu zählen Ägypten, Tunesien, Jordanien, der Irak und Palästina, also Länder, die auf den ersten Blick wenig gemeinsam zu haben scheinen. Zum anderen sind da die jungen Erwachsenen aus den sieben Ländern, die andere Verteilungen der Lebensstiltypen aufweisen. Hierbei sind wiederum verschiedene Muster zu identifizieren: einerseits Länder, in denen die vier häufigsten Typen nicht das höchste Ausstattungsniveau erreichen, sondern die sich vor allem hinsichtlich der biografischen Offenheit unterscheiden: Libyen und der Jemen zeigen vergleichbare Muster sowie Algerien und der Libanon – allein bei Letzteren ist die biografische Offenheit größer. Dazu passen die syrischen Geflüchteten, die hier eine Mittelposition einnehmen. Die beiden letzten Länder, die vergleichbare Strukturen bei den Lebensstilgruppen aufweisen, sind der Sudan und Marokko; auch bei ihnen steht die biografische Offenheit im Vordergrund. Demnach wird deutlich, dass hinsichtlich der Verbreitung der Lebensstile Ölförderstaaten ähnliche Strukturen aufweisen können wie sehr arme und in bewaffneten Konflikten befindliche Länder. Lebensstile hängen eben nicht allein von der Ressourcenausstattung ab und sie haben eine gewisse Persistenz in den lokalen Gesellschaften.

Fazit

Lebensstile erfassen das Zusammenspiel von Persönlichkeitsmerkmalen, sozialen Beziehungen und Lebensbedingungen; sie sind die Summe von Handlungs- und Verhaltensmustern, die sich in Lebensentwürfen manifestieren. Neben dem Zugang und der Verfügung über Ressourcen spielen die Vorstellungskraft und die Beziehungen der oder des Einzelnen zur Welt und die daraus folgende biografische Offenheit beziehungsweise Geschlossenheit eine wichtige Rolle bei der Lebensführung. Zwei zentrale Erkenntnisse lassen sich aus der Analyse für die Situation der Jugendlichen und jungen Erwachsenen der MENA-Region ableiten: Sowohl die Ressourcenausstattung als auch die biografische Offenheit zeigen, dass die jungen Menschen jeweils im oberen Drittel – dem der hohen Reflexivität (biografische Achse) und dem der ökonomisch Gesicherten (Ausstattungsachse) – kaum vertreten sind. Das steht für die Auswirkungen langfristiger Enteignungsdynamiken und spiegelt den Status der ausgreifenden Deprivation wider. Was die Ausstattung angeht, so sind 42 Prozent im untersten und 44 Prozent im mittleren Drittel verortet. Insgesamt sind also weit mehr als drei Viertel des Samples nur knapp oder mittelmäßig mit Ressourcen ausgestattet. Ebenfalls über drei Viertel, jedoch anders verteilt (20 % und 66 %), sind im unteren und mittleren Bereich der biografischen Offenheit verortet. Innovatives, auf die Zukunft ausgerichtetes Handeln, das aufgrund einer guten Ressourcenausstattung auch nachgehalten werden kann, ist so von dieser Generation junger Menschen eher weniger zu erwarten.

KAPITEL 10

FAMILIE, BILDUNG UND GENDER

Christoph H. Schwarz

Katar im Winter 2022: Fußballweltmeisterschaft der Männer. Mit der marokkanischen Mannschaft erreicht zum ersten Mal in der Geschichte ein afrikanisches Team das Halbfinale einer Weltmeisterschaft. Die Aufsteiger kommen nicht allein: Viele der Fußballer haben ihre Mütter mitgebracht, mit denen sie sich nach erfolgreichen Spielen in den Armen liegen oder auf dem Feld kleine Freudentänze vollführen. Die Weltöffentlichkeit reagiert zumeist mit amüsierter Sympathie und Rührung. Einige Presseartikel liefern von Bewunderung getragene Porträts dieser Frauen in Hidschab und Dschellaba, von denen viele in Europa in prekären und schlecht bezahlten Jobs gearbeitet und ihre Kinder allein großgezogen haben. Doch auch Kommentare des Verdachts sind zu vernehmen. Der Berliner Publizist Ahmad Mansour (2022a) fordert etwa auf Twitter: „Bei aller Liebe zu den Müttern weltweit: Diese Verehrung, man kann es schon als Unterwerfung bezeichnen, gegenüber den Müttern der marokkanischen Spieler ist Ausdruck patriarchalischen Denkens und Erziehungsmethoden und muss psychologisch kritisch betrachtet werden." Nach Kritik löscht er diesen Tweet, stellt jedoch tags darauf die Frage: „Würde eine traditionelle Mutter auch eine Tochter so umarmen, die im Frauenfußball Triumphe feiern kann?" (Mansour 2022b). Eine niederländische Journalistin kritisiert, hier würden Frauen auf die Mütterrolle reduziert, und verweist darauf, dass Marokko eine der niedrigsten Frauen-Beschäftigungsquoten der Welt habe – und die Kehrseite der Mutterverehrung sei, dass es zu Straßenschlägereien komme, wenn jemandes Mutter beleidigt werde (Hertzberger 2022).

Die Tatsache, dass Wangenküsschen und Umarmungen zwischen maghrebinischen Fußballern und ihren Müttern in der westlichen Öffentlichkeit solch erhitzte Debatten auslösten, macht deutlich, wie schnell bestimmte Stereotype aktiviert werden, sobald es um die Themen Geschlecht und Familie in Nordafrika und im Nahen Osten geht. Der westliche Blick auf die dortigen Gesellschaften ist oftmals stark gegendert, in dem Sinne, dass (soziale) Unterschiede zwischen den Geschlechtern in der Wahrnehmung besonders hervorgehoben werden. Menschen aus der Region werden nach wie vor bestimmte Klischees bezüglich ihrer Geschlechterrolle und der damit verbundenen Handlungsfähigkeit zugeschrieben – gerade, wenn es um Jugend geht: Es sind junge Männer, die aus dieser Sicht als besonders bedrohlich, fanatisiert und gewaltbereit wahrgenommen werden; es sind junge Frauen, die als besonders unterdrückt und schutzbedürftig eingeschätzt werden (Abu-Lughod 2013). Die Klischees von „wütenden jungen Männern, verschleierten jungen Frauen" (Hendrixson 2004) sind dabei keine Konstante, sondern folgen gewissen Konjunkturen: Sie waren seit 9/11 und dem folgenden *war on terror* allgegenwärtig in westlichen Medien, schienen dann eine Dekade später, nicht zuletzt aufgrund der starken Präsenz junger Frauen bei vielen Protesten des „Arabischen Frühlings", an Deutungsmacht zu verlieren, um dann mit den Anschlägen des Islamischen Staates in Europa und dem Aufkommen eines neuen Rechtspopulismus im Westen wieder verstärkt aufgerufen zu werden.

Mit dieser einleitenden Kontextualisierung soll lediglich umrissen werden, welche Probleme und Aufgaben sich einer Forschung zu Jugend, Gender und Familie in der MENA-Region stellen, wenn sie diese Stereotype nicht verfestigen will. Die Situation von Frauen – auch von jungen Frauen – in der Region ist ein vergleichsweise etabliertes Forschungsthema, zu dem in den letzten Jahrzehnten ein umfangreicher Literaturkorpus entstanden ist, etwa wenn es um Frauenrechte oder *citizenship* geht (Joseph/Slyomovics 2001; Berriane 2015; Khalil 2015; Munajed 2020), um Frauenbewegungen und Debatten über feministische Methodologie und Theoriebildung (Abu-Lughod 1998; Kandiyoti 1991). Es existiert zudem eine eigene internationale wissenschaftliche Fachgesellschaft, die Association for Middle East Women's Studies mit ihrem viel rezipierten *Journal of Middle East Women's Studies*. Hingegen wurde Männlichkeit in der Forschung zur MENA-Region zwar lange als unhinterfragte Norm angenommen – *„an unrecognized and unacknowledged category viewed in essentialist terms and perceived as natural, and self-evident"* (Aghacy 2004: 11) – seit einigen Jahren hat sich jedoch ein kritischer Diskurs über diesen Gegenstand entwickelt (Ghannam 2022; Inhorn/Isidoros 2022; Amar 2011; Lachenal 2021; Suerbaum 2021). Die Forschung zu anderen Geschlechtern und nicht heterosexuellen Orientierungen, zur Lebenswelt von (jungen) queeren oder Transpersonen in der Region, steht eher noch am Anfang, erlebt jedoch einen Aufschwung, zumal es in vielen Ländern aktive LGBTIQ-Szenen gibt, die die vorherrschende Zweigeschlechtlichkeit infrage stellen und anfechten (Zengin 2022).

Die Familie, das hat nicht zuletzt die FES MENA-Jugendstudie von 2016 bestätigt, spielt zweifellos eine entscheidende Rolle für junge Menschen in der Region, insbesondere weil verlässliche andere Institutionen fehlen (Gertel 2017c; Schwarz 2017). Umso erstaunlicher ist es, dass die wissenschaftliche Diskussion über Familie als eigenes Untersuchungsobjekt, über veränderte Familienstrukturen, die Rolle der Familie für das Individuum und schließlich die Frage, was überhaupt als Familie gelten kann, bis auf wenige Ausnahmen (Singerman/Hoodfar 1996; Joseph 1999; Doumani 2003; Hopkins 2003; Dwairy et al. 2006; El-Harras 2007; Yount/Rashad 2008; Hasso 2010) lange Zeit fast zum Erliegen gekommen war (Joseph 2008). Erst in den letzten Jahren nehmen einige Veröffentlichungen diese Diskussionsfäden wieder auf, um sie zu den jüngeren Entwicklungen in der

Region ins Verhältnis zu setzen (Joseph 2018a; Dennerlein/Kreil 2018; Barsoum 2019; Dennerlein 2021; 2022). Suad Joseph, die in den letzten Jahrzehnten die Diskussion über Familie maßgeblich mitgeprägt hat, betont in ihren Studien, dass die Gesellschaften und Institutionen in der Region das Individuum oftmals sehr viel stärker über Verwandtschaftsverhältnisse (*kinship*) definieren als im Westen (Joseph 2008). Sie stellt jedoch gleichzeitig klar, dass „Familie" je nach Wohnumfeld und Klassenzugehörigkeit etwas sehr Unterschiedliches bedeuten kann und in vielen Fällen im Alltag nur schwer analytisch abgrenzbar ist. Es bedürfe daher zunächst umfassender ethnografischer Forschung auf der Mikroebene, um verschiedene Familienmodelle und ihre *kinship practices* zu klären sowie deren Bedeutung für Gesellschaft und Staat zu analysieren (Joseph 2018b).

In diesem Sinne und im Anschluss an Ines Braunes Analyse des Themas Gender in der Erstauflage der FES MENA-Jugendstudie (Braune 2017) geht dieser Beitrag davon aus, dass man wenig Neues über Geschlechterverhältnisse erfährt, wenn Geschlecht als natürliche und isolierte Variable betrachtet wird, die nicht durch andere Kategorien wie Klasse, *race*[1] oder auch Wohnumfeld co-konstituiert wäre. Aus einer solchen intersektionalen Perspektive wird deutlich: Als Mann oder Frau wahrgenommen zu werden hat unterschiedliche soziale, ökonomische und auch juristische Konsequenzen für eine Person, die beispielsweise als Mitglied der Oberschicht gelesen wird, oder für eine Person, die sich in ihrem Habitus, ihrem Soziolekt oder ihrer Art, sich zu kleiden, als Angehörige einer ärmeren Schicht „verrät" oder eine ländliche Herkunft vermuten lässt. Entsprechend diesen sozialen Differenzen interpretieren und praktizieren auch die Befragten selbst ihre Geschlechterrollen im Alltag oftmals sehr unterschiedlich.

Wie haben sich aus dieser Perspektive die Geschlechterverhältnisse für junge Menschen in der Region seit 2016 entwickelt? Anhand der vorliegenden empirischen Befunde gehe ich der Frage nach, wie junge Menschen in der Region ihre Geschlechterrollen gegenwärtig interpretieren und im Alltag praktizieren und welche Rolle die Familie dabei spielt. Familie wird hier einerseits als Herkunftsfamilie, andererseits als bereits faktisch gegründete oder prospektiv zu gründende eigene Familie gefasst. Dabei gehe ich insbesondere auf Unterschiede hinsichtlich Schicht und Wohnumfeld ein. Bei nennenswerten Differenzen zur Vorläuferstudie von 2016 ziehe ich diese als Kontrastfolie heran.

---

1 Im Folgenden spielt *race*, eine klassische Kategorie des intersektionalen Ansatzes, keine Rolle als Analysekategorie, da die entsprechende Selbstwahrnehmung in der Datenerhebung nicht abgefragt wurde. Stattdessen wird mehr auf das Wohnumfeld eingegangen, insbesondere den Gegensatz von Stadt und Land, der in vielen Ländern der Region die sozialen Verhältnisse prägt. Allerdings spielt die Kategorie Ethnizität in manchen Ländern eine nicht zu unterschätzende Rolle, wenngleich die Sprache der wichtigste Marker zu sein scheint, wie etwa in Marokko, wo ein großer Teil der Bevölkerung als Muttersprache nicht Arabisch, sondern eine Berbersprache, etwa Tamazight, spricht oder im Nordirak mit seiner überwiegend kurdischsprachigen Bevölkerung.

Um an die zentralen Befunde dieser Studie anzuschließen, wird die intersektionale Perspektive um die soziale Kategorie Generation erweitert. Zur „enteigneten Generation" (vgl. Kap. 3) in der MENA-Region zu gehören bedeutet für junge Männer und Frauen etwas sehr Unterschiedliches, wobei die Vorstellungen von Geschlechterrollen und Familienmodellen sich zudem je nach Schichtzugehörigkeit und sozialer Position unterscheiden. Die folgende Argumentation folgt dabei in weiten Teilen den Überlegungen Suad Josephs (2018b) und nimmt die Familie als Ausgangspunkt der Diskussion.

Familie, Ehe, Elternschaft

Für ein Verständnis der alltagspraktischen Bedeutung von „Familie" kann der Blick auf die Größe des Haushalts einen ersten Eindruck vermitteln. In den Haushalten der Befragten leben im regionalen Schnitt 5,7 Personen, von denen durchschnittlich 4,3 zwischen 16 und 65 Jahre alt sind. Die größten Haushalte finden sich im Jemen (7,9), dem Sudan (7,0) und dem Irak (6,6). In über zwei Dritteln der Fälle wird der Vater als Haushaltsvorstand (*head of household*) genannt (mehrere Antworten möglich), in 15 Prozent sind es die Befragten selbst, ihr Ehemann oder ihre Ehefrau (14 %). Nur vier Prozent nennen „jemand anderen" als Haushaltsvorstand, womit entweder die Mütter oder Angehörige der Großelterngeneration gemeint sein können. In einigen der Länder mit großen Haushalten sind dies jedoch bis zu zwölf (Sudan) oder acht Prozent (Jemen). Unter den Befragten leben fast drei Viertel (74 %) mit den eigenen Eltern in einem Haushalt. Dies ist ein ähnlicher Wert wie in der Erhebung von 2016 und unterstreicht die weiterhin zentrale Rolle der Familie. Nur jeweils zwei Prozent leben allein oder in Wohngemeinschaften, und 20 Prozent leben bereits verheiratet in einem separaten Haushalt.

Wahrnehmungen der Familie

Ähnlich wie 2016 wird auch bei der vorliegenden Folgeerhebung die überragende Bedeutung der Familie für die Befragten deutlich: 87 Prozent sind überzeugt, dass „man nur in einer Familie ein glückliches Leben führen kann", wobei sich kaum Differenzen hinsichtlich der Schichtzugehörigkeit ergeben. Lediglich acht Prozent sind der Ansicht, man könne auch allein glücklich sein – wobei Befragte aus der untersten Schicht etwas weniger zustimmen (6 %) als solche aus der oberen Mittelschicht (9 %) oder der obersten Schicht (10 %).

Allerdings lässt sich im Vergleich mit der Erhebung von 2016 eine leicht sinkende Relevanz der Familie konstatieren, wenn man die Durchschnittswerte in den acht vergleichbaren – da in beiden Erhebungswellen vertretenen – Ländern betrachtet. Auch der in Abbildung 10.1 dargestellte Gesamtdurchschnitt 2021, mit zwölf Ländern insgesamt, weist niedrigere Werte auf: 2016 betonten noch 93 Prozent die Notwendigkeit des Familienlebens, und lediglich fünf Prozent

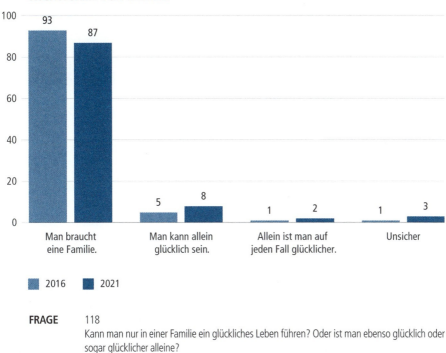

Abb. 10.1
WICHTIGKEIT VON FAMILIE

FRAGE 118
Kann man nur in einer Familie ein glückliches Leben führen? Oder ist man ebenso glücklich oder sogar glücklicher alleine?

HINWEISE Angaben in Prozent

waren der Ansicht, zum Glücklichsein keine Familie zu brauchen. Dabei weist das neu hinzugekommene algerische Sample die niedrigsten Werte auf: Hier sind „nur" 68 Prozent der Ansicht, man brauche eine Familie, und immerhin 20 Prozent antworten, man könne auch allein glücklich sein. Ein weiterer abweichender Wert findet sich bei Frauen (75 %) und Männern (81 %), die sich selbst als wohlhabend bezeichnen; es kann vermutet werden, dass in dieser Gruppe Prozesse der Individuation und Ablösung von der Familie stattgefunden haben, die weniger begüterten Personen so nicht möglich sind. Neben der eigenen Arbeit (57 %, siehe unten) ist im regionalen Durchschnitt die Familie für 48 Prozent der Befragten die wichtigste Quelle für ein eigenes Budget.

Allgemein ergeben sich hinsichtlich der Frage nach der Wichtigkeit von Familie keine großen Unterschiede zwischen den Geschlechtern, mit der Ausnahme der syrischen Geflüchteten, unter denen 92 Prozent der Frauen und „lediglich" 83 Prozent der Männer die Wichtigkeit der Familie betonen. Eine naheliegende Erklärung wäre, dass aufgrund ihrer prekären Lage viele der jungen Männer sich nicht in der Lage sehen, eine Familie entsprechend den vorherrschenden sozialen Erwartungen an Familienväter zu versorgen. Die Bedeutung der Familie und die enge Bindung an Eltern und Großeltern zeigen sich auch in anderen Antworten. Über zwei Drittel der Befragten (69 %) bezeichnen die Generationenbeziehungen in der Familie als „harmonisch"; sehr viel weniger Befragte sagen dasselbe über die Nachbarschaft (47 %) oder die Nation (36 %). Während die Jugendlichen im Jemen (88 %) und in Libyen (86 %) überdurchschnittlich viel Harmonie in familialen Generationenbeziehungen verspüren, zeigt erneut Algerien mit 54 Prozent die deutlichste Abweichung (für mehr Informationen siehe die FES-Länderstudie zu Algerien, Boussaïd 2023). Dies mag damit zusammenhängen, dass im algerischen Sample fast ein Drittel der Befragten (30 %) angeben, Gewalt in der Familie erfahren zu haben, wohingegen der regionale Durchschnitt bei zehn Prozent liegt; dabei sind kaum Unterschiede zwischen männlichen und weiblichen Befragten messbar. Die niedrigsten Werte (je 5 %) finden sich diesbezüglich in Ägypten, dem Libanon und Libyen.

Zudem geben etwa 83 Prozent der Befragten in ihrer Selbstbeschreibung an, dass sie die „etablierten Traditionen ihrer Familie weiterführen". Nach dem elterlichen Erziehungsstil gefragt betonen zwei Drittel, sie würden ihre Kinder entweder „ganz genauso" (39 %) oder „in sehr ähnlicher Weise" (28 %) erziehen. In den qualitativen Interviews betonen einige Befragte jedoch auch Veränderungen in den Ansichten und dem Erziehungsstil der älteren Generation, insbesondere was die Gleichbehandlung der Geschlechter angeht. So etwa Maissah, eine 20-jährige Studentin aus Mohammadia (Algerien):

Ich war einmal bei meinen Großeltern und wir hatten Besuch von meinem Cousin. Beim Essen hat meine Großmutter meinem Cousin das beste Stück serviert. Ich habe sie gefragt, warum, und sie hat geantwortet, dass das normal sei, weil er ein Mann ist. Aber mein Großvater hat seinen Anteil an mich abgetreten und meiner Großmutter gesagt, dass sie das nicht mehr tun soll, weil er sich heute viel mehr auf seine Töchter verlassen könne, die seien wirklich für ihn da. Solche Erfahrungen machen mir klar, dass sich die Dinge geändert haben, sogar in meiner Familie, denn mein Großvater hatte die Jungen immer bevorzugt, aber mit der Zeit hat er verstanden, dass auch Mädchen wertvoll sind. [Das zeigt sich auch darin,] dass er seine Töchter noch aus der Schule genommen hatte, während er bei seinen Enkelinnen auf der Schulbildung bestand, womit er eine gewisse Reue zeigt.

Die 28-jährige Meriem, ebenfalls aus Algerien, arbeitet als Angestellte bei der Stadtverwaltung von Dar El Beïda. Sie unterstreicht die Rolle der familiären Erziehung als Grundlage für ein Verständnis von Geschlechtergerechtigkeit und für eine Reflexion männlicher Privilegien:

Meiner Meinung nach muss Gerechtigkeit in der Familie beginnen. Wenn es keine Diskriminierung zwischen Jungen und Mädchen gibt, ist das eine gute Grundlage für die Erziehung zu sozialer Gerechtigkeit. Ich bin der Meinung, dass man zuerst zu Hause für Gerechtigkeit sorgen muss, um Gerechtigkeit und Gleichheit in der Gesellschaft zu akzeptieren, sodass der Staat leichter für tatsächliche Gerechtigkeit sorgen kann. Wie kann man für Gerechtigkeit für alle sorgen, wenn in vielen Fällen Männer alles bekommen und Frauen viel weniger? Daher ist es für einen Mann, der sich daran gewöhnt hat, besser als die Frauen behandelt zu werden, schwierig zu verstehen, wie der Staat soziale Gerechtigkeit definiert.

Es stellt sich die Frage, inwieweit, insbesondere in instabilen Kontexten, die patriarchalisch geprägten Erziehungsstile der älteren Generation fortwirken. Zumindest finden sich die höchsten Werte für die Aussage, die eigenen Kinder „ganz genauso" erziehen zu wollen, wie man selbst erzogen wurde, unter syrischen Geflüchteten (55 %), in Palästina und in Libyen (beide 52 %). Doch wie im Folgenden deutlich wird, ist auch in anderen Kontexten die Familie für die Befragten der wichtigste soziale Pol der Stabilität.

Auf die Frage, welche Bereiche ihres Lebens (eher) stabil seien, wird die Familie an erster Stelle genannt (85 %). Sie stellt somit subjektiv den wichtigsten Stabilitätsfaktor für die jungen Befragten dar. Tunesien liefert dabei mit 69 Prozent den niedrigsten Wert – obwohl hier im Jahr 2016 noch 95 Prozent die Stabilität der Beziehungen zur eigenen Familie betonten. Auf ihre Zukunftsängste angesprochen liegt die Angst, „ernsthaft mit den Eltern zu brechen", mit 41 Prozent im Mittelfeld – daneben wurden zwölf andere Ängste (mit der Möglichkeit von Mehrfachnennungen) abgefragt, wie etwa die Angst, ernsthaft krank (59 %) oder drogenabhängig zu werden (27 %). Auch hier ergeben sich sehr große Unterschiede zwischen den Ländern und relevante Differenzen zu der vorherigen Erhebungswelle: Im krisengeschüttelten Libanon und unter syrischen Geflüchteten äußern inzwischen jeweils 63 Prozent die Angst vor einem ernsthaften Bruch mit den Eltern, das sind 41 beziehungsweise 29 Prozentpunkte mehr als 2016. Die geringsten Werte finden sich hierzu im Sudan (14 %), in Marokko und Palästina (je 31 %). Auffallend ist, dass Befragte in Flüchtlingscamps oder in eher ländlichen Gegenden die Angst vor einem Bruch mit den Eltern sehr viel stärker betonen als jene, die in urbanen Milieus leben.

Heirat und Ehe

Die empirischen Befunde zeigen große Unterschiede zwischen den Ländern, was den Familienstand betrifft (siehe Abb. 10.2). Dabei lässt sich für Verheiratete eine geradezu lineare Schichtabhängigkeit feststellen: In den unteren Schichten sind prozentual mehr Befragte bereits verheiratet, wenngleich die Anteile bei den

Abb. 10.2
FAMILIENSTAND (MÄNNER UND FRAUEN)

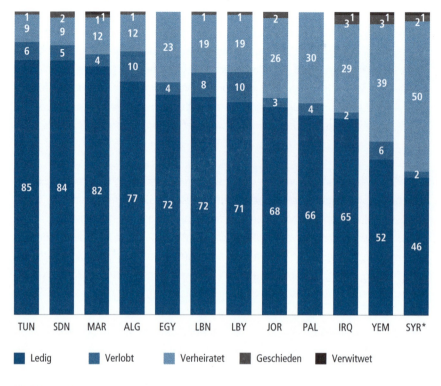

FRAGE 13

HINWEISE Angaben in Prozent

Männern immer sehr viel geringer sind (siehe Abb. 10.3). Unter den Nichtverheirateten teilen 36 Prozent der Frauen und 41 Prozent der Männer „sehr stark" oder „ziemlich" die Angst, „unverheiratet und alleinstehend zu bleiben". Auch hier bestehen deutliche Unterschiede zwischen den Ländern. Am höchsten ist der Wert bei jenen Männern, die von bewaffneten Konflikten betroffen sind, das heißt männlichen syrischen Geflüchteten, von denen über zwei Drittel die Angst bestätigen (54 % „sehr stark" und 14 % „ziemlich"), und bei jemenitischen Männern (47 % und 27 %). Außerdem sind Veränderungen seit 2016 zu verzeichnen: In Ägypten bejahen 25 Prozent mehr als in der letzten Erhebung die Frage (47 %), im krisengeschüttelten Libanon mehr als doppelt so viele Befragte (41 %). Auch ist die Art des Wohnorts entscheidend: In den Flüchtlingscamps und in eher ländlichen Gegenden scheint diese Angst stärker verbreitet zu sein als in urbanen Räumen (siehe Abb. 10.4).

Abb. 10.3
VERHEIRATETE NACH SCHICHT

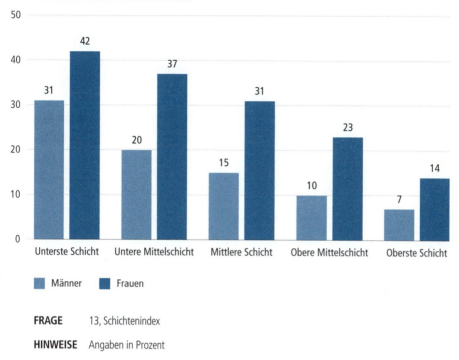

FRAGE 13, Schichtenindex

HINWEISE Angaben in Prozent

In Entsprechung zu diesen Ängsten finden 57 Prozent der Männer und 59 Prozent der Frauen im Gesamtdurchschnitt, dass es schwieriger geworden sei, einen Partner zu finden. Zwischen den Geschlechtern zeigen sich dabei kaum nennenswerte Unterschiede. Allerdings findet sich die höchste Zustimmung bei beiden Geschlechtern in der Mittelschicht (61 %). Doch auch in der untersten Schicht und der obersten Schicht stimmt die Mehrheit von 54 beziehungsweise 55 Prozent zu. Bezieht man das Wohnumfeld in die Betrachtung mit ein, findet sich die größte Zustimmung bei beiden Geschlechtern in den Flüchtlingscamps (69 %) und mittelgroßen Städten (61 %), gefolgt vom ländlichen Raum (59 %) und den Großstädten (55 %). Diejenigen Männer, die Schwierigkeiten bei der Partnerinnensuche konstatieren, sehen den wichtigsten Grund darin, dass „Frauen eine höhere finanzielle Sicherheit fordern" (47 %), gefolgt von der Ansicht, sie seien allgemein „zu fordernd geworden" (46 %). In inhaltlicher Entsprechung dazu nennen die Frauen am häufigsten als Grund, dass Männer „immer häufiger arm sind und keine Verantwortung für eine Familie übernehmen können" (49 %), gefolgt von der Ansicht, dass „die moralischen Standards der Männer verfallen" (40 %), sowie „mangelndem Vertrauen" (38 %). Dabei ist klar ersichtlich, dass vor allem Frauen aus den unteren Schichten ökonomische Gründe angeben,

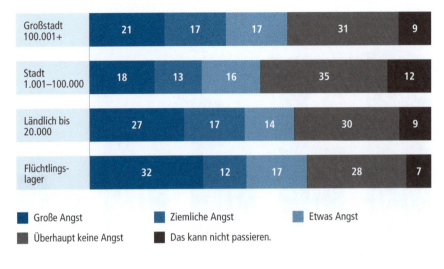

Abb. 10.4
ANGST, UNVERHEIRATET ZU BLEIBEN

FRAGE 125
Sprechen wir über deine Zukunftsängste. Was macht dir Angst?

HINWEISE Angaben in Prozent der nicht Verlobten und Verheirateten für die Aussage „Unverheiratet und alleinstehend zu bleiben"

wohingegen in den oberen Schichten eher moralisch argumentiert wird und es häufiger an Vertrauen mangelt (siehe Abb. 10.5).

Das Phänomen, dass junge Menschen eigentlich heiraten und eine Familie gründen wollen, dieses Vorhaben jedoch aufgrund ihrer sozioökonomischen Lage ständig verschieben müssen, wird seit einigen Jahren vor allem unter dem Begriff *waithood* (Singerman 2007) beziehungsweise *contained youth* (Gertel 2017b) diskutiert. Die hier dokumentierten Befürchtungen junger Männer und Frauen, keinen Partner zu finden beziehungsweise den Ansprüchen nicht zu genügen, zeigen, dass dieses Thema weiterhin virulent ist, zumal vor allem ökonomische Gründe genannt werden.

Gleichzeitig werden in Wissenschafts- und *Policy*-Debatten auch sehr frühe Eheschließungen, etwa Minderjähriger, problematisiert. Insbesondere bei Mädchen wird eine frühe Heirat als Hemmschuh für weitere Bildungsprozesse und eine spätere relative ökonomische Autonomie durch auskömmlich entlohnte eigene Arbeit gesehen. Die Gründe für Minderjährigen-Ehen sind komplex, doch Mädchen unter 18 Jahren werden insbesondere dann verheiratet, wenn Eltern ihre Töchter kaum noch versorgen können und die Hoffnung besteht, dass der zukünftige Schwiegersohn und seine Familie für finanzielle Sicherheit sorgen. Generell finden sich Ehen Minderjähriger häufiger in Kontexten, die von politischer Instabilität

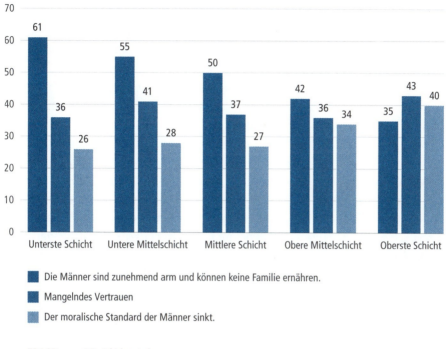

Abb. 10.5
VON FRAUEN GENANNTE GRÜNDE FÜR ZUNEHMENDE SCHWIERIGKEITEN BEI DER PARTNERSUCHE

■ Die Männer sind zunehmend arm und können keine Familie ernähren.
■ Mangelndes Vertrauen
■ Der moralische Standard der Männer sinkt.

FRAGE 122, Schichtenindex
HINWEISE Angaben in Prozent

und Prekarität geprägt sind (Olmsted 2022). Die vorliegenden Befunde bestätigen diese Tendenz eines Zusammenhangs zwischen sozialer Instabilität und einer frühen Heirat: Während im gesamten Sample weniger als ein Viertel (23 %) der Frauen verheiratet ist, ist es unter syrischen Geflüchteten im Libanon die Hälfte (50 %). Auch im Jemen, in dem seit Jahren Bürgerkrieg herrscht, sind 39 Prozent der Frauen bereits verheiratet, gefolgt von Palästina (30 %) und dem Irak (29 %). Allerdings ist die Anzahl der Verheirateten im Vergleich mit dem Sample von 2016 zurückgegangen, bei den syrischen Geflüchteten etwa um sechs Prozentpunkte, im Jemen um vier Prozentpunkte. Zudem erweisen sich die Ehen Minderjähriger als ein sehr marginales Phänomen, wenngleich zu bedenken ist, dass für diese Stichprobe keine Personen unter 16 Jahren befragt wurden und noch jüngere Verheiratete damit nicht repräsentiert sind. Unter den rund 6.000 hier befragten Frauen finden sich lediglich 32 Verheiratete, die zum Zeitpunkt der Befragung jünger waren als 18 Jahre. Fast die Hälfte von ihnen (15) sind syrische Geflüchtete, gefolgt von Jemenitinnen (sechs) und Irakerinnen (vier).

Obwohl die Definition als Minderjähriger für Personen unter 18 Jahren weltweit gebräuchlich ist, handelt es sich aus Perspektive der Jugendforschung um eine recht willkürliche Definition, aus der sich wenig über die tatsächliche soziale Situation und Handlungsfähigkeit der Person herauslesen lässt. Weitet man den Fokus, indem man etwa die jüngste Altersgruppe im Sample anschaut, die über das Alter von 16 bis 20 Jahren definiert wurde, so fällt auf, dass die Heirat in einem so jungen Alter am häufigsten bei Frauen der untersten Schicht (16 %), der unteren Mittelschicht (11 %), jedoch auch der Oberschicht (13 %) vorkommt. In der Mittelschicht und oberen Mittelschicht ist hingegen nur rund jede 20. Befragte (6 %) dieser Altersgruppe verheiratet.

Hinsichtlich des Alters der Verheirateten sind zudem signifikante Unterschiede zwischen Stadt und Land zu bemerken: Diejenigen verheirateten Frauen, die in Flüchtlingslagern leben, sind im Durchschnitt 24 Jahre alt; hier ist bereits jede dritte Befragte zwischen 16 und 20 verheiratet. Dahingegen sind die Verheirateten in Großstädten mit über 500.000 Einwohnerinnen und Einwohnern durchschnittlich bereits 27 Jahre alt; hier sind nur fünf Prozent der 16- bis 20-Jährigen verheiratet.

Eine klare Mehrheit von 96 Prozent der verheirateten Frauen und 80 Prozent der verheirateten Männer wohnt nicht mehr bei den eigenen Eltern. Der Unterschied zwischen diesen Prozentzahlen macht deutlich, dass es in der Regel Männer sind, die nach der Heirat bei ihren Eltern wohnen bleiben; man kann davon ausgehen, dass die Ehefrauen eher in den Haushalt der Schwiegereltern umziehen.

Eigene Elternschaft

Rund 80 Prozent der Befragten stimmen der Aussage zu, dass man „eigene Kinder [braucht], um ein glückliches Leben führen zu können". Dabei lassen sich im Gesamtdurchschnitt kaum Unterschiede zwischen Männern und Frauen feststellen. Die größten Unterschiede hinsichtlich des Kinderwunsches finden sich bei Frauen der unteren Schicht, von denen nur sieben Prozent der Aussage zustimmen, man könne „auch ohne Kinder glücklich sein", und den beiden oberen Schichten (15 % Zustimmung). Bezogen auf das Wohnumfeld gilt: je ländlicher, desto größer der Kinderwunsch bei beiden abgefragten Geschlechtern, wobei die größte Differenz zwischen Frauen in der Großstadt (78 %) und in den Flüchtlingslagern (89 %) existiert.

In Erweiterung des Fragebogens von 2016 wurde bei der nun vorliegenden Erhebung auch die Frage gestellt, ob man selbst schon Kinder habe. In allen Gesellschaften weltweit markiert die eigene Elternschaft einen wichtigen sozialen Statuswechsel. In manchen Kontexten der MENA-Region wird dieser Statuswechsel auch durch den Wechsel des Rufnamens sichtbar und hörbar, indem man ab dem Zeitpunkt der Geburt des ersten Kindes nicht mehr mit eigenem

Abb. 10.6
ELTERNSCHAFT IN DEN VERSCHIEDENEN SCHICHTEN

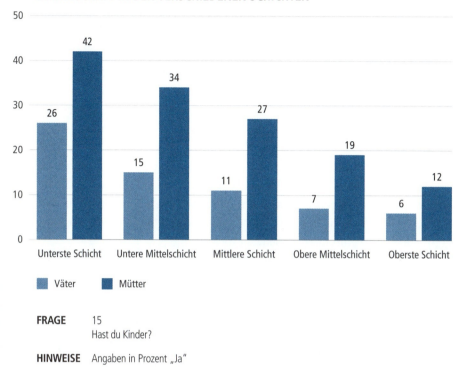

FRAGE 15
Hast du Kinder?

HINWEISE Angaben in Prozent „Ja"

Vornamen genannt, sondern bevorzugt als „Mutter von" oder „Vater von", gefolgt vom Namen des ersten Kindes, angesprochen wird (Gregg 2005: 296). In psychosozialer Hinsicht kennzeichnet die eigene Elternschaft oftmals das Ende der eigenen Jugend, da in der Regel nun die Übernahme von Verantwortung für die eigenen Kinder im Vordergrund steht – eine Aufgabe, die weiterhin vor allem Frauen zugewiesen wird, womit sie tendenziell weniger adoleszente Möglichkeitsräume haben als junge Männer (King 2013). Klare Geschlechterunterschiede gibt es auch beim Zeitpunkt der Elternschaft: Während nur 13 Prozent der männlichen Befragten bereits Kinder haben, sind mehr als doppelt so viele der jungen Frauen bereits Mütter (27 %). Der Familienzyklus beginnt für junge Frauen und Männer damit unterschiedlich.

Doch inwiefern stellen Gesellschaft und Familie den jungen Paaren ausreichende Ressourcen, Unterstützung und Entwicklungsspielräume zur Verfügung, um die Elternrolle auszufüllen? Diese Frage ist insbesondere deswegen von Brisanz, weil die Geburtenraten unter jungen Menschen weltweit gerade in jenen sozialen Kontexten hoch sind, in denen wenige sozioökonomische Ressourcen zur Verfügung stehen. So auch hier. Der Schichtenindex zeigt klare Unterschiede: Bei den Frauen ergibt sich das Bild einer fast linearen Abnahme des Anteils von

Müttern, je höher die Schichtposition (siehe Abb. 10. 6); bei den jungen Vätern besteht eine ähnliche Tendenz, allerdings bei niedrigerer Fallzahl.

Auf nationaler Ebene finden sich, in Entsprechung zum weiter unten diskutierten Anteil der Verheirateten, die höchsten Anteile junger Eltern bei den syrischen Geflüchteten (46 %) und im Jemen (35 %). Differenziert man die Befragten noch nach ihrem Wohnort, so wird ein klares Stadt-Land-Lager-Gefälle deutlich: Flüchtlingscamps erweisen sich als diejenigen Orte, in denen junge Frauen zwischen 16 und 30 Jahren am ehesten Mütter werden – unter den Befragten stellen sie sogar die Mehrheit (55 %); das entspricht mehr als dem Doppelten des regionalen Durchschnitts von 27 Prozent.

Zusammenfassend lässt sich zum Themenkomplex „Familie, Ehe, Elternschaft" feststellen, dass hier nicht nur deutliche Unterschiede zwischen den Geschlechtern bestehen, sondern dass diese auch sehr von der Schichtzugehörigkeit wie auch dem Wohnumfeld abhängen. Ähnliches lässt sich für den Aspekt Bildung konstatieren, wie im Folgenden deutlich wird.

Zugang zu Bildung

Der Zugang zu kostenloser Bildung ist zentraler Aspekt von Chancengerechtigkeit. Unterschiede im Zugang zu Bildung in Kindheit und Jugend gelten allgemein als zentraler Faktor sozialer Exklusion und sozioökonomischer Ungleichheit zwischen gesellschaftlichen Schichten, jedoch auch zwischen den Geschlechtern. In allen Ländern der Studie existiert ein kostenfreies Bildungssystem, das sich jedoch zunehmend im Zusammenbruch befindet. Die Privatisierung der Bildung schreitet parallel zum Qualitätsverlust der öffentlichen Bildung voran.

Die Bildungssysteme der hier untersuchten Länder sind teilweise sehr unterschiedlich, zumal sie sich unter dem Einfluss konkurrierender Kolonialmächte und deren jeweiliger Bildungspolitiken entwickelten (Mirshak 2021). Zusätzlich zu diesen Differenzen illustriert der Fall der syrischen Geflüchteten im Libanon die Probleme beim Zugang zu Bildung nach Flucht und Vertreibung. Während die Älteren noch in Syrien zur Schule gehen konnten, sind die Jüngeren von Beginn ihrer Ausbildung an auf die Angebote des Aufnahmelands und internationaler Organisationen angewiesen (Hamadeh 2019). Aufgrund dieser Heterogenität in der Stichprobe fällt eine vergleichende Analyse von Bildungsverläufen, ihrer Qualität und ihren Auswirkungen auf den Lebenslauf schwer. Dennoch wird der folgende Abschnitt auf drei Aspekte eingehen, die einen ersten Eindruck vermitteln: Erstens werden die Bildungsniveaus der Befragten mit denen ihrer Eltern verglichen. Zweitens werden die geschlechtsspezifischen Unterschiede des Schulbesuchs beleuchtet, ein Faktor, bei dem große Differenzen zwischen den Ländern auszumachen sind. Schließlich wird versucht, mehr über die Qualität der angebotenen Bildung zu erfahren.

Abb. 10.7
SCHULBILDUNG DER ELTERN

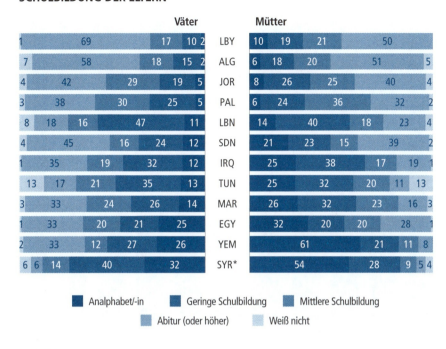

FRAGEN 29, 37
Was ist/war das Bildungsniveau deines Vaters (höchster Abschluss)?; Was ist/war das Bildungsniveau deiner Mutter (höchster Abschluss)?

HINWEISE Angaben in Prozent

Bildungsunterschiede zwischen den Generationen

Junge Menschen in der MENA-Region haben heute eine höhere Schulbildung als ihre Eltern. Besonders eindrücklich lässt sich das an den Analphabetismusraten der Elterngeneration festmachen, die sowohl Unterschiede zwischen den einzelnen Ländern wie auch geschlechtsspezifische Differenzen aufweisen (vgl. Abb. 10.7). Die höchsten Analphabetismusraten zeigen sich in der Elterngeneration im Jemen und unter syrischen Geflüchteten (Abb. 10.7). Hier können laut Aussagen der Befragten 26 respektive 34 Prozent der Väter nicht lesen und schreiben. Zudem sind die Mütter noch sehr viel stärker von Analphabetismus betroffen und stellen mit 61 Prozent im Jemen und 56 Prozent unter den syrischen Geflüchteten in beiden Gruppen sogar die absolute Mehrheit. Die Ergebnisse der syrischen Geflüchteten betreffen jedoch nur jene, die derzeit noch im Libanon leben, also die ärmsten und am meisten benachteiligten Teile der syrischen Geflüchteten. Viele der geflüchteten Familien mit einem höheren Bildungsstand sind emigriert und haben den Libanon bereits verlassen.

Abb. 10.8
SCHULBILDUNG DER BEFRAGTEN

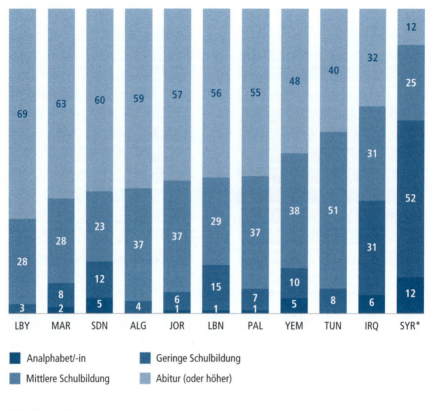

- Analphabet/-in
- Geringe Schulbildung
- Mittlere Schulbildung
- Abitur (oder höher)

FRAGE 26
Höchster erreichter Abschluss

HINWEISE Angaben in Prozent

Am besten ist die (formelle) Schulbildung der Eltern in den beiden erdölexportierenden Ländern Algerien und Libyen. Die vergleichsweise guten Werte für den Sudan überraschen hier etwas, auch weil die Weltbank für 2018 noch von einer Analphabetenquote von fast 40 Prozent ausging (World Bank 2018). Dies kann an einem erschwerten Zugang zu bestimmten Regionen bei der Datenerhebung gelegen haben. Die übrigen Daten sind überwiegend kohärent mit anderen Erhebungen.

Im Vergleich zur Generation ihrer Eltern haben junge Menschen in der MENA-Region heute deutlich besseren Zugang zu Schulen und anderen Bildungsmöglichkeiten. Im Durchschnitt sind die Befragten 10,5 Jahre zur Schule gegangen, 48 Prozent haben einen höheren Schulabschluss, der sie berechtigt, an einer Hochschule zu studieren, 32 Prozent haben einen mittleren Schulabschluss. Le-

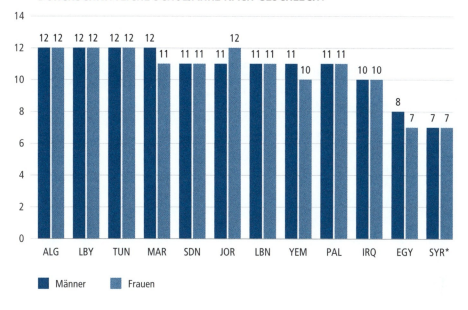

Abb. 10.9
DURCHSCHNITTLICHE SCHULJAHRE NACH GESCHLECHT

FRAGE 25
Wie viele Jahre bist du zur Schule gegangen (ohne Vorschule, Berufsschule und Universität)?

HINWEISE Angegeben sind die Mittelwerte.

diglich vier Prozent der Männer und sechs Prozent der Frauen geben an, nicht lesen und schreiben zu können (Abb. 10.8).

Grundsätzlich können diese Unterschiede zwischen den Generationen als Indikator für positive Entwicklungen der jeweiligen Bildungssysteme gelesen werden, die Schulbildung in den letzten Jahrzehnten für immer mehr Menschen zugänglich gemacht haben. Die höchste Analphabetismusrate (12 %) weisen die syrischen Geflüchteten auf, deren Zugang zu Bildung im Aufnahmeland auch zehn Jahre nach Beginn des Bürgerkriegs ein drängendes Problem bleibt.

Bildungsunterschiede zwischen den Geschlechtern
Die Weltbank attestierte der MENA-Region vor einigen Jahren einen im weltweiten Vergleich niedrigen Gender Education Gap (World Bank 2011) – eine Annahme, die der vorliegende Datensatz bestätigt, wenn man zu Vergleichszwecken lediglich die Länge des Schulbesuchs zugrunde legt. So lassen sich hinsichtlich der Anzahl der Schuljahre nur wenige Unterschiede zwischen den Geschlechtern feststellen: Jungen gehen im regionalen Durchschnitt 10,5 Jahre in die Schule, Mädchen 10,4 Jahre (Abb. 10.9). Die größten Geschlechterdifferenzen gibt es in Ägypten, wo Mädchen ein ganzes Jahr weniger zur Schule

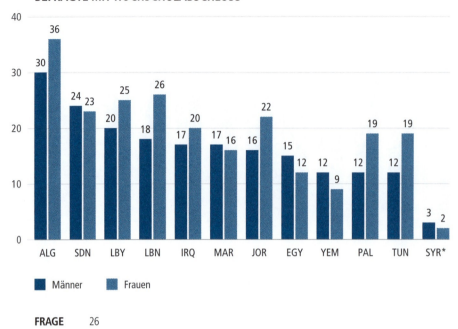

Abb. 10.10
BEFRAGTE MIT HOCHSCHULABSCHLUSS

FRAGE 26

HINWEISE Angaben in Prozent „Universitätsabschluss, akademischer Grad (M.A., B.A.)"

gehen (7,8 Schuljahre für Jungen, 6,8 für Mädchen) und dem Jemen (10,7 versus 9,5). Allerdings gehen in einigen Ländern wie Tunesien, Jordanien, Palästina oder dem Libanon die jungen Frauen auch länger zur Schule als die Männer. Allgemein fallen die nationalen Unterschiede hier stärker ins Gewicht als Unterschiede zwischen den Geschlechtern, wobei die syrischen Geflüchteten mit nur 6,6 respektive 6,5 Schuljahren am häufigsten benachteiligt sind, gefolgt von Ägypten.

Fragt man stattdessen nach dem höchsten erreichten Bildungsabschluss, so fallen die Werte eher zugunsten der Frauen aus, insbesondere wenn es um Universitätsabschlüsse geht (Abb. 10.10). In allen Ländern außer Ägypten und dem Jemen verfügt ein annähernd gleicher oder sogar deutlich höherer Anteil von Frauen über einen Hochschulabschluss. Bei einem Blick auf die Anteile junger Frauen und Männer unter den Studierenden zeigen sich relevante Unterschiede zwischen den Ländern und den Geschlechtern, die erneut teilweise zugunsten der jungen Frauen ausfallen: So studieren derzeit in Tunesien, Palästina, dem Libanon, Algerien und insbesondere dem Sudan mehr weibliche als männliche Befragte an der Universität (Abb. 10.11). Die steigende Anzahl junger Frauen an den Universitäten wird auch von den Befragten selbst wahrgenommen und zum Teil kontrovers beurteilt, so zum Beispiel in Marokko:

Abb. 10.11
BEFRAGTE IN AUSBILDUNG

	MAR	ALG	TUN	LBY	SDN	EGY	PAL	JOR	LBN	SYR*	IRQ	YEM
Schule												
Männer	8	9	10	11	11	5	8	8	7	2	13	11
Frauen	6	9	13	11	6	4	6	6	8	4	9	9
Universität												
Männer	14	11	5	14	16	4	8	8	9	1	8	8
Frauen	14	11	8	14	26	4	11	8	11	1	8	3
Berufsausbildung												
Männer	3	1	2	1	1	0	0	0	5	1	0	2
Frauen	3	3	2	0	0	0	0	0	5	1	1	0
Unterbrochen (Geflüchtete etc.)												
Männer	1	1	0	0	0	0	0	0	1	1	0	0
Frauen	0	0	0	1	1	0	0	0	1	1	0	1

FRAGE 24

HINWEISE Angaben in Prozent aller Befragten pro Land

In der Vergangenheit brachen Mädchen die Schule ab, sobald sie die Grundschule beendet hatten. Heutzutage promovieren junge Frauen, und wir sehen immer mehr Ärztinnen und Professorinnen in unserer Gesellschaft. Das bedeutet, dass ein Studium nicht mehr ausschließlich für Männer möglich ist.
(Samira, 20, Marokko)

Ich beobachte ein seltsames Phänomen: Wir hören vom „Gender-Ansatz" und vielen anderen Begriffen, aber tatsächlich stellen wir fest, dass Frauen oder Mädchen alles an sich reißen, sowohl auf der Ebene der Arbeitsplätze als auch beim Zugang zur Bildung. In dem Institut, an dem ich studiert habe, sind zum Beispiel 70 Prozent der Studierenden Frauen, das ist doch nicht normal.
(Rayan, 30, Marokko)

Dass Männer und Frauen rechtlich und formal einen gleichberechtigten Zugang zum Studium haben, wird von vielen der hier Befragten anerkannt und gutgeheißen. Die Universität gilt oft als der einzige Ort, an dem beide Geschlechter gleichberechtigt behandelt werden.

> *In der Gesellschaft insgesamt gibt es keine Geschlechtergerechtigkeit, aber [...] an der Universität haben männliche und weibliche Studierende gleiche Rechte in Bezug auf Behandlung, Ausbildung, Labornutzung und Noten.*
>
> (Mina, 22, Palästina)

Eingeschränkt wird der Zugang zum Studium hingegen durch gesellschaftliche Normen, aufgrund derer manche Familien ihren Töchtern nicht erlauben, ihre Ausbildung nach dem Schulabschluss fortzusetzen.

> *Was das Studium betrifft, so gibt es keinen Unterschied zwischen Mann und Frau in Bezug auf Wissen und Lernen, wir sind gesetzlich gleichgestellt und haben alle das Recht auf Wissen. Aber in der Realität verweigert die Gesellschaft den Mädchen das Lernen, obwohl sie es wollen. [...] Die Normen der Gesellschaft setzen sich gegen die Gerechtigkeit der Politik durch, die Gesellschaft hat meiner Meinung nach mehr Macht als der Staat.*
>
> (Khadidja, 23, Algerien)

> *In manchen Familien können Frauen nicht einmal über ihr Studienfach entscheiden, und in einigen Fällen können sie ihr Studium nicht fortsetzen, weil ihre Familien der Heirat Vorrang einräumen. Männer hingegen haben die Freiheit, ihr Studium zu wählen und ihre eigenen Prioritäten im Leben zu setzen.*
>
> (Amani, 26, Palästina)

> *In meiner Heimatgemeinde gibt es geschlechtsspezifische Unterschiede, die mit kulturellen Aspekten der Gesellschaft zusammenhängen. Es ist eine konservative Gesellschaft. [...] Wenn ein Mädchen eine bestimmte Bildungsstufe erreicht, nämlich die Sekundarstufe, endet ihre Ausbildung. Der Grund dafür ist, dass die Gesellschaft davon ausgeht, dass sie eine Hausfrau werden sollte.*
>
> (Mahir, 30, Sudan)

Qualität öffentlicher Bildung

Insgesamt hat sich der Zugang zu Bildung für Männer wie Frauen zwar innerhalb einer Generation enorm verbessert. Im Gegensatz zur Masse der formellen Bildungs- und Studienabschlüsse ist die Qualität der angebotenen Schul- und Hochschulbildung jedoch überwiegend gesunken. Ihre geringe Qualität macht die öffentliche Bildung immer unattraktiver, da die vermittelten Fähigkeiten kaum mehr zum Arbeitsmarkt passen (vgl. Kap. 5). Mit nur wenigen Ausnahmen, wie zum Beispiel Algerien, hat das Angebot an internationalen und privaten Bildungseinrichtungen in den letzten Jahrzehnten enorm zugenommen.

Die Gesamtzahl der Schüler und Schülerinnen, die an internationalen Privatschulen angemeldet werden, ist in der MENA-Region zwischen 2015 und 2021 um rund 20 Prozent gestiegen (Farhat/Mansur 2023). In Staaten mit hohem Einkommen wie den Golfstaaten macht der nicht staatliche Bildungssektor inzwischen 40 Prozent oder mehr des gesamten Bildungssektors aus (Al Qasimi Foundation 2021). In Staaten mit niedrigem und mittlerem Einkommen sind zwei weitere Trends zu beobachten, nämlich erstens, dass mindestens 40 Prozent aller Bildungseinrichtungen nicht staatlich sind, wie in Ägypten, im Libanon und in Jordanien, und zweitens, dass die nicht staatliche Bildung gemeinnützige Organisationen übernommen haben, wie im Irak, im Jemen, in Syrien, Libyen, Palästina und im Sudan (Al Qasimi Foundation 2021). In den letztgenannten Ländern haben humanitäre Krisen zu einem verstärkten Engagement in Form von Programmen und Behelfsschulen geführt, die internationale Hilfsorganisationen zur Unterstützung von Geflüchteten und Binnenvertriebenen eingerichtet haben. Zu den bekanntesten Akteuren gehören die Vereinten Nationen und ihre Sonder- oder Hilfsorganisationen wie das Hilfswerk der Vereinten Nationen für Palästina-Flüchtlinge im Nahen Osten (UNRWA).

Doch selbst in von Konflikten geprägten Staaten wie Syrien führen die geringe Qualifikation und die Unterversorgung der öffentlichen Schulen dazu, dass Eltern mit besseren finanziellen Mitteln ihre Kinder in Privatschulen anmelden (Al-Khateb 2021). Das Wachstum privater Bildungseinrichtungen sowohl in Staaten mit hohem Einkommen als auch in Staaten mit niedrigem und mittlerem Einkommen lässt sich vor allem auf die als geringer wahrgenommene Qualität der von staatlichen Bildungseinrichtungen angebotenen Bildung zurückführen.

Zwar wurden in verschiedenen arabischen Staaten einige preisgünstige Privatschulen gegründet (Al Qasimi Foundation 2021), doch die meisten dieser Einrichtungen wollen und können aufgrund der großen Nachfrage in all diesen Ländern einen Gewinn erwirtschaften. Daher sind gewinnorientierte Schulen und Universitäten oft nur für die Mittel- oder Oberschicht zugänglich, sodass viele Studierende aus unterprivilegierten sozioökonomischen Verhältnissen keinen Zugang zu einigen der hochwertigen Bildungseinrichtungen in der Region haben.

Daher teilt sich das Bildungssystem in vielen der hier untersuchten Länder oft schon ab dem Kindergarten in zwei Kategorien: in das für alle zugängliche, kostenfreie staatliche Bildungssystem und das teure international ausgerichtete System der privaten Schulen und Universitäten, die zusätzliche Qualifikationen bieten.

Ich gehöre zur Mittelschicht und sehe, dass dies meine Aussicht auf ein besseres Leben einschränkt. Zum Beispiel in Bezug auf den Lehrplan: Die Kinder bessergestellter Gesellschaftsschichten gehen auf Privatschulen, sie lernen dort sehr früh Fremdsprachen, was bei den Kindern, die öffentliche Schulen besuchen, nicht der Fall ist.

(Hejer, 19, Tunesien)

An internationalen Schulen machen die Schüler Erfahrungen, die ihre Fähigkeiten verbessern, die sie an staatlichen Schulen nicht erwerben können.

(Hazem, 28, Jordanien)

Wir sind mehr und mehr vom Privatsektor abhängig, auch an den Universitäten. Wenn die Studenten ihre Kurse an der öffentlichen Universität nicht verstehen, werden sie aufgefordert, sich an einem privaten Institut einzuschreiben und dafür eine Summe zu zahlen, die sich die Mittelschicht nicht leisten kann. Das ist sehr frustrierend.

(Amira, 18, Libyen)

Da die Zukunftsaussichten nach Abschluss des einen oder des anderen Systems sehr unterschiedlich sind, bemühen sich viele Eltern mittlerer Gesellschaftsschichten, ihren Kindern eine Ausbildung im privaten Bildungssystem zu ermöglichen, auch wenn sie sich dafür auf Jahre verschulden müssen. Die Kinder derjenigen Familien, die sich dies nicht leisten können, sind sich der Tatsache bewusst, dass sie nicht mit den gleichen Möglichkeiten in das Berufsleben starten wie die Kinder wohlhabenderer Familien.

Die Wohlhabenden besuchen eine Privatschule, während diejenigen, die das Geld nicht aufbringen können, gezwungen sind, an staatlichen Schulen zu studieren. Die Qualität der Ausbildung an Privatschulen ist besser als die an staatlichen Schulen, weshalb die Absolventen von Privatschulen die größten Chancen haben, von Unternehmen angestellt zu werden.

(Aziz, 29, Tunesien)

Auch auf das zu erwartende Gehalt hat die Wahl des Bildungssystems einen großen Einfluss, wie Farah (20) aus dem Libanon beschreibt:

Es besteht eine Kluft zwischen dem öffentlichen und dem privaten Sektor, sodass Studenten der Lebanese University [einer öffentlichen Universität] später nicht die Möglichkeit haben, ebenso viel zu verdienen wie die, die an privaten Universitäten eingeschrieben waren.

Nordafrika und der Nahe Osten sind seit mehreren Jahrzehnten die Region mit der weltweit höchsten Jugendarbeitslosigkeit (vgl. Kap. 5) und die Entwicklungen seit dem „Arabischen Frühling" geben diesbezüglich wenig Anlass zur Hoffnung

(Kabbani 2019; Islam et al. 2022: 9). Die Tatsache, dass Frauen nun verstärkt und mit tendenziell höheren Bildungsabschlüssen auf dem Arbeitsmarkt präsent sind, hat Folgen für Geschlechterverhältnisse und entsprechende Rollenvorstellungen, wie im folgenden Abschnitt deutlich wird.

Rollenverteilung in Arbeitswelt, Familie und Öffentlichkeit

Wenn der Übergang in den Arbeitsmarkt für junge Menschen ohnehin schwierig ist, so lässt sich schließen, dass dies für Frauen in besonderem Maße gilt, zumal von ihnen in der Regel erwartet wird, zusätzlich zur Erwerbsarbeit den Großteil der Arbeit in Haushalt und Familie zu leisten. Doch auch hier lassen sich – über einen Vergleich zwischen den Generationen – in gewissem Umfang neue Rollenmuster erkennen.

Arbeit und eigenes Einkommen

Hinsichtlich der Berufsausübung bestehen in der Elterngeneration deutliche Unterschiede zwischen den Geschlechtern: 77 Prozent der Befragten geben an, dass ihre Mütter nicht arbeiten, wobei die höchsten Werte im Jemen (94 %) und in Palästina (89 %) zu finden sind, die niedrigsten in Algerien (50 %) und Libyen (51 %). Unter den Vätern hingegen arbeiten im Gesamtdurchschnitt nur sieben Prozent nicht. In der Generation der Befragten selbst besteht diese Rollenverteilung durchaus weiter, die Differenzen haben sich allerdings verringert: So geben 39 Prozent jener Frauen, die über ein eigenes Budget verfügen, eigene Arbeit als eine Einkommensquelle an, gegenüber 70 Prozent bei den Männern. Dabei zeigen sich deutliche Schichtunterschiede, wenngleich die Vermutung, dass Frauen aus den unteren Schichten häufiger arbeiteten – etwa, um aus ökonomischer Notwendigkeit zusätzlich zum Haushaltseinkommen beizutragen –, nicht zutrifft. Während in der unteren Schicht 38 Prozent beziehungsweise in der unteren Mittelschicht 35 Prozent der Frauen arbeiten, sind es in der oberen Mittelschicht 39 und in der oberen Schicht 43 Prozent. Unter den befragten Männern hingegen nimmt die Nennung eigener Arbeit als Einkommensquelle mit aufsteigender Schichtzugehörigkeit ab und gleicht sich zunehmend an die der Frauen an (siehe Abb. 10.12).

Die Diskriminierung von Frauen auf dem Arbeitsmarkt hat eine strukturelle Dimension. So kommentiert Yasmeen, eine 20-jährige Studentin aus Jordanien:

> *Ich glaube, dass es in wirtschaftlicher Hinsicht sehr große Ungleichheiten gibt, insbesondere in Bezug auf das Geschlecht. Zum Beispiel hat die Regierung einen Mindestlohn von 260 Dinar beschlossen, aber man sieht deutlich, dass viele private Arbeitgeber wie Kindergärten und Schulen sich nicht daran halten, sie bieten Arbeitnehmerinnen etwa 150 Dinar.*

Abb. 10.12
EINKOMMEN AUS EIGENER ARBEIT

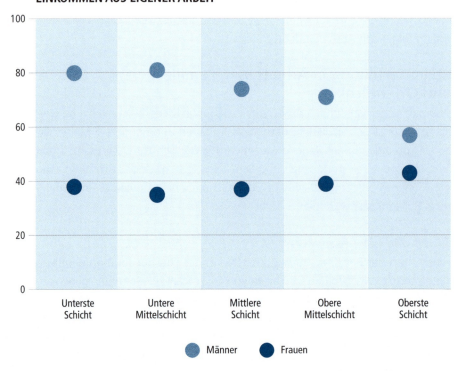

FRAGEN 59, 60
Hast du selbst Geld zur Verfügung (Arbeitseinkommen, Zuwendungen deiner Familie oder aus anderen Quellen)?; Aus welchen Quellen beziehst du Einnahmen?

HINWEISE Angaben in Prozent der Befragten, die ein eigenes Budget haben: „Berufstätigkeit"

Auch eher konservativ-religiös orientierte Interviewpartnerinnen kritisieren die ungleiche Bezahlung von Frauen auf dem Arbeitsmarkt. So kommentiert Marwa, 23 Jahre alt und Studentin in Tripolis (Libyen):

> *Es gibt zwei Arten von Unterschieden: den rechtlichen Unterschied, wie etwa beim Erbe, und dagegen haben wir natürlich nichts einzuwenden, weil es Gottes Gesetz ist. Aber es gibt auch andere Unterschiede, wie zum Beispiel die unterschiedlichen Löhne. Es kommt vor, dass Frauen die gleiche Arbeit machen wie Männer, aber dafür weniger Geld bekommen, und das halte ich nicht für gerecht. Was die Löhne angeht, so sehe ich, dass es ungerecht ist und es in unserer Religion keine Rechtfertigung dafür gibt. Wenn eine Frau die gleiche Arbeit wie ein Mann mit der gleichen Anzahl von Stunden und der gleichen Effizienz leistet, ist es überhaupt nicht gerecht, dass es einen Unterschied zwischen ihnen gibt.*

Doch trotz der häufig berichteten Ungleichbehandlung auf dem Arbeitsmarkt räumen Frauen dem Beruf in ihren Zukunftsplänen zunehmend Priorität ein, wie im Folgenden zu sehen sein wird.

Familien- und Berufsorientierung
Auf die Frage, was am wichtigsten für die persönliche Zukunft sei – ein guter Job, eine gute Ehe, gute Freundinnen und Freunde oder gute Familienbeziehungen –, geben 33 Prozent der Frauen „eine gute Ehe" an, wohingegen eine relative Mehrheit von 42 Prozent „einen guten Job" als das Wichtigste für die eigene Zukunft sieht. Diese Priorisierung kann als eine entscheidende Neuerung gegenüber 2016 gelesen werden, als die Reihenfolge noch genau andersherum war: Damals war den weiblichen Befragten mit 41 Prozent eine gute Ehe am wichtigsten für die persönliche Zukunft, der Fokus auf einen guten Job belegte mit 33 Prozent lediglich den zweiten Platz. Dieses Muster bleibt gleich, wenn nur diejenigen Länder betrachtet werden, die in beiden Erhebungswellen befragt wurden. Differenziert man diese Entwicklung nach dem Schichtenindex, so zeigt sich die Tendenz, dass einem guten Job umso mehr Wichtigkeit beigemessen wird, je wohlhabender die Befragte ist (siehe Abb. 10.13). Diese klare Schichtabhängigkeit zeigte sich auch schon bei der Befragung 2016 und die Priorisierung des Berufs hat sich bei Frauen in der obersten Schicht seitdem um sechs Prozentpunkte verstärkt (von 44 % im Jahr 2016 auf 50 % im Jahr 2021). Allerdings erfolgen die dynamischsten Veränderungen gerade nicht in der obersten Schicht – vielmehr finden sich die höchsten Zuwächse hinsichtlich der Priorisierung eines guten Jobs im Vergleich mit den Daten von 2016 in der untersten Schicht (von 22 auf 31 %), der Mittelschicht (von 34 auf 43 %) und der oberen Mittelschicht (von 39 auf 49 %) (für die Daten von 2016 vgl. Braune 2017: 133).

Bei den Männern hingegen ist in dieser Frage wenig Veränderung festzustellen: Hier liegt der Fokus auf einen guten Job nicht nur über alle Schichten hinweg bei circa 61 Prozent – dieser Wert hat sich auch im Vergleich mit der Erhebung von 2016 kaum verändert. Eine gute Ehe hat hingegen für 19 Prozent der Männer Priorität, mit kaum nennenswerten Abweichungen entsprechend der Schichtzugehörigkeit (21 % in der untersten Schicht, 17 % in der Mittelschicht).

Es stellt sich allerdings die Frage, auf welche Räume und welche soziale Unterstützung die jungen Frauen bei ihrer neuen Berufsorientierung zurückgreifen können. Zusätzlich zur oben skizzierten direkten Diskriminierung von Frauen im Beruf gibt es je nach Kontext viele vorgelagerte Hürden. Die 23-jährige Studentin Rawiah aus Kassala (Sudan) zeichnet nach, wie Strukturen der patriarchalen Kontrolle und Diskriminierung in Familie, Nachbarschaft und Gesellschaft den Zugang zum Arbeitsmarkt behindern:

Abb. 10.13
ZUKUNFTSORIENTIERUNG DER FRAUEN

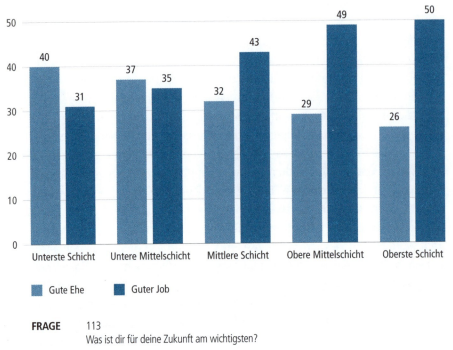

FRAGE 113
Was ist dir für deine Zukunft am wichtigsten?

HINWEISE Angaben in Prozent der Frauen

Die Ungleichheit zwischen den Geschlechtern zeigt sich besonders in der Arbeitswelt. Es herrscht eine patriarchale Kultur, vor allem auf dem Land. Die Mädchen werden kontrolliert, es kann sein, dass ihnen die Bildung vorenthalten wird, dass Minderjährige gezwungen werden, früh zu heiraten, dass ihnen sogar eine medizinische Behandlung vorenthalten wird, weil der Arzt männlich ist, und dass ihnen verboten wird zu arbeiten, damit sie nicht mit Männern zusammenkommen.

Obwohl viele Männer in den qualitativen Interviews eine derartige Ungleichbehandlung von Frauen problematisieren, gibt es manche, die das Gefühl haben, zunehmend ins Hintertreffen zu geraten – sie machen die Frauen für die eigenen mangelnden Perspektiven auf dem Arbeitsmarkt verantwortlich. So führt etwa Rachid, ein 20-jähriger Student aus Blida (Algerien), aus:

Der Unterschied in der Arbeitswelt ist sehr deutlich. Die Ungleichheit in Bezug auf das Geschlecht, zwischen Mann und Frau hat ein Höchstmaß erreicht. Frauen haben mehr Beschäftigungsmöglichkeiten als Männer, ich schätze zwei oder drei Mal mehr Chancen in allen Arbeitsbereichen. Die meisten Stellenanzeigen, die man sieht, suchen eher nach weiblichen als nach männlichen Arbeitskräften.

Im allgemeinen Gefüge der Enteignung der jungen Generation (Kap. 3) scheinen manche Männer ihre Arbeitslosigkeit beziehungsweise die allgemeine Prekarisierung der Arbeitswelt als eine Folge des Verlusts männlicher Privilegien wahrzunehmen. Das folgende Zitat aus dem Interview mit Mohamed aus Skhirat (Marokko) illustriert, dass dieser Prozess mitunter als erzwungene Entmännlichung beziehungsweise Feminisierung gedeutet wird:

Was die Gleichstellung der Geschlechter angeht, so sehe ich, dass heute viele junge Männer für sich die Gleichstellung mit den Frauen einfordern. Schaut man sich den Arbeitsmarkt an, stellt man fest, dass die Lage katastrophal ist, weil keiner mehr junge Männer einstellen will. Man könnte sarkastisch sagen, dass wir Frauenkleider tragen müssen, wenn wir einen Job bekommen wollen, weil die Unternehmen inzwischen mehr daran interessiert sind, junge Frauen einzustellen, als junge Männer.

Es bleibt abzuwarten, inwieweit derartige Sichtweisen von Männern angesichts der zunehmenden Berufsorientierung von Frauen zu Konflikten zwischen den Geschlechtern in der Partnerschaft und auch in der Gesellschaft allgemein führen werden. In jedem Fall spielen sie jenen geschlechtsspezifischen Enteignungsdynamiken in die Hände, die junge Frauen in besonderem Maße benachteiligen. Wie im folgenden Abschnitt deutlich wird, werden junge Frauen beispielsweise zunehmend um ihre Teilhabe und ihre Sicherheit im öffentlichen Raum gebracht.

Sexuelle Belästigung

Die Frage, ob sie verbale oder physische sexuelle Belästigung erfahren haben, bejahen sechs Prozent der befragten Männer. Bei den Frauen ist der Anteil mit 18 Prozent dreimal so hoch. Besorgniserregend ist, dass diese Zahlen seit 2016 fast in allen Befragungsländern gestiegen sind. Bei den Frauen zeigt sich dabei ein deutlicher Zusammenhang mit der Schichtzugehörigkeit: Frauen aus der Oberschicht und oberen Mittelschicht berichten mit 29 Prozent beziehungsweise 21 Prozent sehr viel häufiger von sexueller Belästigung als Frauen aus der untersten Schicht (16 %) oder unteren Mittelschicht (12 %). Ein noch wichtigerer Faktor ist das Wohnumfeld, dessen Einfluss sich auf die Formel bringen lässt: Je urbaner, desto eher wird von sexualisierter Gewalt berichtet. In ländlichen Gemeinden vermelden nur sechs Prozent der Frauen sexuelle Übergriffe, in Großstädten hingegen mehr als viermal so viele (26 %) (siehe Abb. 10.14). Flüchtlingslager liegen mit 15 Prozent im Mittelfeld.

Abb. 10.14
ERFAHRUNGEN SEXUELLER BELÄSTIGUNG

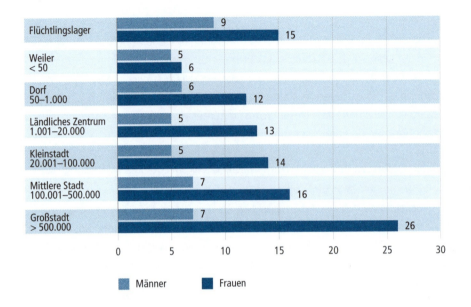

FRAGE 159
Hast/bist du jemals …?

HINWEISE Angaben in Prozent „Ja" bei Aussage „Sexuelle Belästigung erlebt (verbal, körperlich)"

Dabei stellt sich die Frage, ob diese Ergebnisse tatsächlich Ausdruck einer objektiv bedrohlicheren Lage in der Stadt oder in den gut situierten Gesellschaftsschichten sind oder ob Frauen mit besserem Zugang zu Bildung und anderen Ressourcen sich eher im Klaren über ihre Rechte sind und sie zudem bessere Rahmenbedingungen haben, entsprechende Erfahrungen auch als sexualisierte Gewalt einzuordnen, zu reflektieren und zu artikulieren. Bei den befragten Männern hingegen finden sich diesbezüglich kaum Unterschiede – in allen Schichten und allen Wohnmilieus berichten annähernd sechs Prozent von Erfahrungen sexueller Gewalt. Eine Ausnahme stellen lediglich die Flüchtlingslager dar, wo die Zahl mit neun Prozent etwas höher ist.

Den weiblichen Opfern sexueller Übergriffe droht eine sekundäre Viktimisierung, wenn ihnen von ihrem sozialen Umfeld oder etwa von Polizei oder Justiz eine Mitschuld am Geschehen gegeben wird. Die 22-jährige Naima, die ihre Berufsausbildung in Casablanca (Marokko) macht, kommentiert dazu:

Ich glaube, dass die Ungleichheit zwischen Männern und Frauen in unserer Gesellschaft am weitesten verbreitet ist [verglichen mit anderen Formen der

Ungleichheit]. Nach meiner persönlichen Erfahrung hat ein Mann das Recht, zu tun, was er will, ohne dafür zur Rechenschaft gezogen zu werden. Im Gegensatz dazu wird die Frau immer beschuldigt. Selbst wenn sie das Opfer ist, wird sie als diejenige wahrgenommen, die Grenzen überschritten hat. Da die Frau mehr als eine Rolle hat – Mutter, Ehefrau, Tochter –, wird von ihr immer erwartet, dass sie die höchsten Standards einhält.

Im regionalen Durchschnitt ist fast die Hälfte der Befragten (48 %) „einverstanden" bis „sehr einverstanden" mit der Aussage „Wenn Frauen sich unangemessen kleiden, dürfen sie sich nicht über sexuelle Belästigung beklagen". Diese Einstellung wird von Männern und Frauen geteilt – es zeigen sich diesbezüglich kaum Unterschiede zwischen den Geschlechtern, weder im Gesamtdurchschnitt noch hinsichtlich Schichtzugehörigkeit oder Wohnumfeld. Die größte Ablehnung findet man bei Frauen der oberen Schicht, die der Aussage weniger häufig zustimmen. Das bestätigt die eben geäußerte Vermutung, dass Frauen der Oberschicht ein größeres Bewusstsein für die Unrechtmäßigkeit sexueller Übergriffe haben.

Darüber hinaus sind deutliche Unterschiede zwischen den Ländern festzustellen. Die niedrigsten Zustimmungswerte finden sich mit 25 Prozent in Algerien, mit 32 Prozent in Marokko (sieben Prozentpunkte weniger als 2016) und mit 39 Prozent im Irak. Die deutlichste Zustimmung zeigt sich in Libyen (67 %), im Jemen (63 %) und in Ägypten (60 %). Im Vergleich mit den Daten von 2016 ist die Entwicklung insbesondere in Ägypten und unter syrischen Geflüchteten auffällig; hier stimmten bei der letzten Erhebung (2016) 20 Prozent beziehungsweise elf Prozent weniger der Aussage zu, eine nicht angemessen gekleidete Frau solle sich nicht über sexuelle Belästigung beschweren. In diesem Zusammenhang wäre gesondert zu untersuchen, inwieweit der allgemeine autoritäre *backlash* in den Ländern der Region – der insbesondere junge Menschen an politischer Teilhabe hindert und sie ihrer Bürgerrechte beraubt – mit einer zunehmenden (Re-)Patriarchalisierung des öffentlichen Raums und der Zurückdrängung von Frauen aus diesem Raum einhergeht.

Fazit

Die empirischen Befunde der zweiten Erhebung der FES MENA-Jugendstudie zeigen, dass Gender und Familie keine festgefügten natürlichen Kategorien sind, sondern dass die damit verbundenen gesellschaftlichen Rollenzuweisungen und tatsächlich praktizierten Rollenausgestaltungen ein breites Spektrum umfassen und sich beispielsweise je nach Schichtzugehörigkeit und Wohnumfeld sehr unterscheiden, was als Intersektionalität bezeichnet wird. Dies gilt für berichtete Alltagspraxen, jedoch auch für Wertehaltungen und Zukunftserwartungen (vgl. Kap. 11 und 16).

Allgemein wird deutlich, dass die Geschlechter- und Familienverhältnisse in vielen Kontexten der MENA-Region in einem dynamischen Wandel begriffen sind. Trotz der festgestellten Unterschiede etwa entlang der Variablen Schicht und Wohnumfeld lässt sich konstatieren, dass die Herkunftsfamilie für beide Geschlechter nach wie vor die wichtigste Institution und der zentrale Orientierungspunkt bleibt, auch was die eigene Familiengründung und die Aneignung der Geschlechterrollen und Arrangements in der Care-Arbeit angeht. Angesichts anhaltender Jugendarbeitslosigkeit, grassierender Prekarität und politischer Instabilität beziehungsweise zunehmenden Autoritarismus wird sich für die jungen Menschen dieser „enteigneten Generation" daran vermutlich wenig ändern. Allerdings stellt sich die Frage, inwieweit die Familie ihre Funktion als Stabilitätsgarant noch erfüllen kann oder inwieweit die jungen Menschen gezwungen sind, sich neu zu orientieren. Denn die Verantwortung für die Realisierung der eigenen Lebensentwürfe scheint immer mehr individualisiert zu werden, während die Menschen in einer Zeit multipler Krisen und steigender Repression zunehmend essenzieller Ressourcen beraubt werden. Der Qualitätsverlust öffentlicher Bildung und der Trend unter den Wohlhabenden, ihre Kinder auf Privatschulen zu schicken, sind hier ein wichtiges Beispiel, das absehbar zu einer weiteren Verstärkung von Schichtunterschieden führen wird.

All dies hat zweifellos Auswirkungen auf die Geschlechterverhältnisse: Die Emanzipationsbestrebungen der Frauen treffen immer häufiger auf Tendenzen der (Re-)Patriarchalisierung, die den allgemeinen Prozess der politischen und sozioökonomischen Enteignung junger Menschen geschlechtsspezifisch verstärken. Nichtsdestotrotz sind es besonders die jungen Frauen, die in dieser Situation neue Wertehaltungen ausbilden und mehr Handlungsfähigkeit anstreben: Eines der wichtigsten Ergebnisse im Vergleich zu 2016 ist, dass sie immer weniger auf den (prospektiven) Ehemann als „Ernährer" vertrauen oder bereit wären, sich auf die Rolle der Hausfrau und Mutter zu beschränken, sondern in ihren Zukunftsorientierungen erstmals mehrheitlich einen guten Beruf priorisieren. Es bleibt abzuwarten, welche Konflikte, jedoch auch Chancen für die weitere Entwicklung der Region sich daraus ergeben.

Beim Verfassen dieser abschließenden Zeilen findet die Fußballweltmeisterschaft der Frauen 2023 in Australien statt. Die Tatsache, dass Marokkos Spielerinnen sich als erstes Team aus der MENA-Region überhaupt qualifiziert hatten und sogar das Viertelfinale erreicht haben, mag einen noch größeren Einfluss zu Hause haben als die eingangs erwähnten Erfolge ihrer Kollegen bei der Fußballweltmeisterschaft der Männer in Katar. Ihr Erfolg ist auch das Resultat eines langen und hartnäckigen Engagements früherer Aktivistinnen für den Frauenfußball in Marokko (El Kerf 2023). Die heutigen Spielerinnen mussten sich durchaus gegen gesellschaftliche Klischees und sexistische Ressentiments behaupten. Doch die enorme Unterstützung, die sie auch nach ihrem Ausscheiden in der gesamten Region erfahren, illustriert, wie rasch sich vorherrschende geschlechtsspezifische Rollenvorstellungen in Nordafrika und dem Nahen Osten verändern können.

KAPITEL 11

WERTE UND GRUPPENBILDUNG

David Kreuer · Jörg Gertel

Wie beständig sind Werte? Für wen gelten sie und unter welchen Bedingungen? Mit diesen Fragen sind zwei gesellschaftliche Aspekte angesprochen, die für die vorliegende Studie über junge Menschen in Nordafrika und im Nahen Osten besonders relevant sind. Zum einen werden die Stabilität und Brüchigkeit von Überzeugungen und moralischen Leitlinien im Verlauf der Zeit thematisiert. Dazu gehört auch, über ihre Krisenanfälligkeit nachzudenken, beispielsweise darüber, ob und wie sich persönliche Grundeinstellungen durch körperlich wirksame Gewalterfahrungen wie im Krieg oder durch Hunger verändern. Zum anderen betrifft die Wertefrage Interaktionen von Personen und Gruppen, sei es in räumlicher Präsenz oder digital vermittelt. Damit geht die Frage einher, inwieweit (junge) Menschen, die die gleichen Grundüberzeugungen teilen, sich de facto als Gruppen formieren, in denen Begegnung und Austausch stattfinden, oder ob sie – trotz vergleichbarer Ansichten – isoliert voneinander in anderen Gefügen leben. Von ihren Handlungen, so unsere Überzeugung, werden gesellschaftliche Dynamik und Entwicklung mitgeprägt.

Werte sind soziale Konstruktionen. Sie kommen nicht aus dem Nirgendwo, sondern haben eine Geschichte, die der Sozialisation, Selbstkonstruktion und Persönlichkeitsbildung, insbesondere während der Jugendzeit. Ausgehend von der Überlegung, dass sich aus dem Zusammenwirken von Erfahrungen und kognitiven Prozessen Werte formieren und diese wiederum Normen, Glaubenssätze, Denk- und Handlungsmuster beeinflussen, spannt sich das Spektrum zwischen persönlichen und kulturellen Werten auf. Persönliche Werte können dabei definiert werden als „allgemeine wünschenswerte Ziele, die die Handlungen von Menschen motivieren und als Leitprinzipien in ihrem Leben dienen" (Sagiv/Schwartz 2022: 518). Die in einer Gesellschaft vorherrschenden Wertemuster sind zugleich Merkmale der jeweiligen Kultur; kulturelle Werte sind Ausdruck gemeinsamer Vorstellungen davon, was gut und wünschenswert ist, sie „prägen und rechtfertigen individuelle und gruppenbezogene Überzeugungen, Handlungen, Normen und Ziele sowie die Politik von Institutionen" (Sagiv/Schwartz 2022: 519). In diesem Gefüge können Krisensituationen durchaus Änderungen beschleunigen, da sie bestehende Spannungen aufdecken, als Ausrede für bis dato inakzeptables Verhalten dienen und so Prozesse des Wertewandels legitimieren und vorantreiben (Solway 1994). Lassen sich angesichts der gegenwärtigen Krisen solche Veränderungen bei jungen Menschen in der MENA-Region erkennen?

In diesem Kapitel beleuchten wir anhand der vorliegenden Daten zunächst, an welchen Werten sich Jugendliche und junge Erwachsene regionsübergreifend orientieren und bei welchen Aspekten ihre Vorstellungen auseinandergehen. Dann vergleichen wir die Befunde mit denen der vorhergehenden FES MENA-Jugendstudie (Gertel/Kreuer 2017), um Veränderungen im Verlauf der letzten fünf Jahre aufzuzeigen und zu analysieren. Vor diesem Hintergrund bestimmen wir im darauffolgenden Abschnitt vier grundlegende Wertedimensionen (Offenheit für Wandel, Bewahrung des Bestehenden, Selbststärkung und Gemeinschaftsorientierung) und deren Bedeutung für verschiedene Lebenssituationen und Milieus. Schließlich führen wir diese Einblicke mit den aktuellen Befunden zu Lebensstilen (vgl. Kap. 9) zusammen. Ziel ist es, Typen mit hoher biografischer Offenheit zu identifizieren, um die These der Enteignung, die aus der Diskussion der Lebensstilgruppen resultiert, in ihrer Reichweite auszuloten. Wenn, so die Überlegung, eine Form der Enteignung darin besteht, dass nicht nur der Ressourcenzugang beschränkt wird, sondern auch die biografische Offenheit und die Partizipation an der Moderne eingeschränkt oder sogar partiell verhindert werden, dann sind die Teilhabe und Gestaltung einer pluralen, reflexiven Gesellschaft gefährdet, was sich in den Wertemustern abzeichnet und erkennen lässt.

Werteaspekte

Die Frage, die den Ausgangspunkt für die meisten der folgenden Analysen bildet, wurde den 12.000 Jugendlichen und jungen Erwachsenen nach etwa zwei Dritteln des Interviews gestellt. Sie lautet: „Als Individuen haben wir Vorstellungen und Entwürfe von unserem persönlichen Leben, unseren Gewohnheiten und unserem Verhalten. Wenn du über mögliche persönliche Errungenschaften nachdenkst, wie wichtig sind dir dann die folgenden Punkte – auf einer Skala von 1 (= absolut unwichtig) bis 10 (= absolut wichtig)?" Es folgen 28 Aspekte zur Bewertung. Ziel der Frage ist es, das Spektrum der persönlichen Werte auszuleuchten und Gruppen mit ähnlichen Wertemustern zu identifizieren, um ihr Vorkommen auf Länderebene zu vergleichen.

Folgende Befunde stechen hervor: Genau wie bei der Befragung fünf Jahre zuvor (Gertel/Kreuer 2017) erhält die Aussage „An Gott glauben" im Schnitt die höchste Zustimmung (9,1) und „Mich politisch engagieren" die niedrigste (3,7). Das Spektrum der Bewertung ist demnach recht groß, wobei allerdings die meisten Themen durchschnittlich im 8-Punkte-Bereich angesiedelt werden (Abb. 11.1). Äußerst wichtig ist den Befragten zudem weiterhin, wie vor der Coronapandemie, eine vertrauenswürdige Beziehung zu haben, größere Sicherheit anzustreben und ein gutes Familienleben zu führen. Gesundheitsbewusst zu leben hat hierzu nun aber aufgeschlossen.

Universelle Bedürfnisse wie Autonomie (selbstständige Partnersuche, finanzielle Unabhängigkeit), Selbstwert (hoher Lebensstandard, Fleiß und Ehrgeiz,

Abb. 11.1
BEDEUTUNG MÖGLICHER ERRUNGENSCHAFTEN IM LEBEN

Errungenschaft	Wert
An Gott glauben	9,1
Einen/eine Partner/-in haben, dem/der ich vertrauen kann	8,9
Nach mehr Sicherheit streben	8,8
Ein gutes Familienleben führen	8,8
Bewusst ein gesundes Leben führen	8,8
Fleißig sein, hart arbeiten, zielstrebig sein	8,7
Einen hohen Lebensstandard erreichen	8,6
Meinen/meine Partner/-in selbst wählen können	8,6
Das Leben genießen, so sehr es geht	8,5
Finanziell unabhängig von anderen sein	8,5
Die Regeln von Ehre und Schande achten	8,5
Recht und Ordnung respektieren	8,5
Auf die Geschichte meines Landes stolz sein	8,4
Gute Freunde haben, die mich schätzen und akzeptieren	8,4
Unter allen Umständen umweltbewusst handeln	8,3
Meine eigene Fantasie und Kreativität entwickeln	8,3
Mit anderen verbunden sein	8,1
Die Traditionen meines Heimatlands bewahren	8,0
Sozial ausgegrenzte Menschen unterstützen	7,9
Die Idee meines Glaubens verbreiten	7,7
Unabhängig von Ratschlägen anderer agieren	7,7
Meinungen tolerieren, die ich nicht teile	7,6
Verwestlichung vermeiden	7,0
Mich in meinen Entscheidungen von meinen Emotionen leiten lassen	6,2
Macht ausüben und Einfluss haben	5,7
Meine eigene Agenda verfolgen, auch gegen die Interessen anderer	5,5
Tun, was die anderen tun	5,3
Mich politisch engagieren	3,7

FRAGE 117
Als Individuen haben wir Vorstellungen und Entwürfe von unserem persönlichen Leben, unseren Gewohnheiten und unserem Verhalten. Wenn du über mögliche persönliche Errungenschaften nachdenkst, wie wichtig sind dir dann die folgenden Punkte – auf einer Skala von 1 (= absolut unwichtig) bis 10 (= absolut wichtig)?

HINWEISE Angegeben sind die Mittelwerte.

Gesundheitsbewusstsein) und Zugehörigkeit (gutes Familienleben, Verbundenheit mit anderen) werden zudem über verschiedene Gruppen und Länder hinweg konsistent hoch bewertet. Das Gleiche gilt für Toleranz gegenüber abweichenden Meinungen, Hilfe für gesellschaftlich Ausgegrenzte und die Achtung von Recht und Ordnung, die offenbar in keinem Widerspruch zueinander stehen. Über die

Mittelwerte hinaus ist es aufschlussreich, die Aspekte zu identifizieren, die die geringste Varianz in den Antworten aufweisen – das sind die Themen, so ist anzunehmen, bei denen die größte Einigkeit unter allen Befragten herrscht. An den ersten drei Stellen stehen hierbei wiederum das Streben nach Sicherheit, der Glaube an Gott und das gute Familienleben. Werte mit großer Varianz können hingegen als kontrovers gelten. Das sind im vorliegenden Fall vor allem die, die eher am unteren Ende des Spektrums liegen. Dazu zählen das Priorisieren der eigenen Agenda, das Tun dessen, was die anderen tun, sowie die Ausübung von Macht und Einfluss. Hier sind die Meinungen gespalten: Etliche Jugendliche sind sehr dagegen, andere aber auch entschieden dafür.

Die Aussagen zu einzelnen Werten unterscheiden sich zudem je nach Status oder Gruppenzugehörigkeit der Befragten. Während Alter, Geschlecht oder Tätigkeitsstatus (Ausbildung/Erwerbstätigkeit/Arbeitslosigkeit) über die Region hinweg keine Wertunterschiede erklären können, zeigen sich in den Daten durchaus Zusammenhänge zwischen bestimmten Wertemustern und der Größe des Wohnorts, Schichtzugehörigkeit, Elternschaft, Religiosität, dem Bildungsstand und dem gesellschaftlichen Engagement. Bei der Ortsgröße wird zum einen deutlich: Je größer der Wohnort, desto wichtiger werden das Verfolgen der eigenen Agenda, politisches Engagement und auch Konformismus (das tun, was die anderen tun) bewertet. Zum anderen betonen in ländlichen Kontexten und Flüchtlingslagern die jungen Menschen stärker das Streben nach Sicherheit, die Einhaltung moralischer Regeln von Ehre und Schande, den Glauben an Gott und den Stolz auf die Geschichte des eigenen Landes, aber auch die Bedeutung einer vertrauensvollen Paarbeziehung. Wer bereits eigene Kinder hat, findet die Wahrung von Traditionen und die Achtung der Regeln von Ehre und Schande wichtiger, während die Kinderlosen dem politischen Engagement größeres Gewicht geben. Auch stellt sich heraus, dass höher Gebildete politisches Engagement wichtiger finden, weniger formal Gebildete möchten sich hingegen in ihren Entscheidungen eher von ihren Emotionen leiten lassen. Weitere Wertemuster korrespondieren mit dem zivilgesellschaftlichen Engagement: Wer hier aktiv ist, betont eher den Wert von guten Freundschaften und umweltbewusstem Handeln, wohingegen die nicht engagierten Jugendlichen das Tun dessen, was die anderen tun, und die emotionsgeleitete Entscheidungsfindung stärker gewichten. Weiter zeigt sich: Je höher die Schicht ist (gemäß Schichtenindex), desto wichtiger erscheinen den jungen Erwachsenen die Entwicklung ihrer eigenen Fantasie und Kreativität sowie das größtmögliche Genießen des Lebens. Und bei der Religiosität gilt: Wer sich als wenig religiös einschätzt, findet auch die Regeln von Ehre und Schande, die Bewahrung der Traditionen des Heimatlands, das Vermeiden von Verwestlichung sowie naheliegenderweise den Glauben an Gott und die Verbreitung des eigenen Glaubens weniger wichtig als die besonders religiösen Jugendlichen.

Wie bei der vorhergehenden Studie herausgestellt, werden die grundlegenden Institutionen für die Weitergabe von Werten innerhalb der einzelnen Länder etabliert, etwa durch staatliche Bildungssysteme und Medien (Gertel/Kreuer 2017: 98). Auch bei der vorliegenden Befragung sind dementsprechend die Unterschiede zwischen einigen Ländern groß. Während fünf Länder (Tunesien, Libyen, Palästina, der Libanon und der Irak) bei keinem Werteaspekt große Abweichungen vom regionalen Durchschnitt zeigen, scheren einzelne Wertangaben in den übrigen Ländern um mehr als einen Punkt auf der Zehnerskala aus: In Marokko werden die Aspekte politisches Engagement, Konformismus und Emotionalität von den jungen Menschen höher bewertet als im Rest der Region. In Algerien hingegen messen junge Erwachsene den Moralvorstellungen von Ehre und Schande, der Traditionswahrung, dem Glauben an Gott, der Verbreitung des eigenen Glaubens sowie dem Vermeiden von Verwestlichung eine geringere Bedeutung bei als Gleichaltrige in den anderen Ländern. Die befragten Sudanesinnen und Sudanesen finden es besonders unwichtig, Macht und Einfluss auszuüben, das zu tun, was die anderen tun, sowie sich von Emotionen leiten zu lassen. Junge Menschen im Nachbarland Ägypten scheinen sich entgegengesetzt zu orientieren: Hier werden Macht und Einfluss, das Verfolgen der eigenen Agenda, Konformismus, antiwestliche Einstellungen und Emotionalität vergleichsweise hochgehalten. In Jordanien gilt es als besonders wichtig, die Botschaft des eigenen Glaubens zu verbreiten. Die syrischen Geflüchteten im Libanon finden es am wenigsten von allen befragten Gruppen bedeutsam, politisch aktiv zu sein. Die jungen Jemenitinnen und Jemeniten schließlich betonen besonders die Einhaltung der Regeln von Ehre und Schande sowie die Bewahrung ihrer Traditionen, finden es für sich hingegen verhältnismäßig unwichtig, unabhängig von den Ratschlägen anderer zu handeln.

Kontinuität und Wandel

In der Vorgängerstudie war deutlich geworden, dass jungen Menschen in der MENA-Region angesichts zunehmender Unsicherheit und Ungewissheit besonders ein Leben in Sicherheit und Gerechtigkeit, mit angemessenem Lebensstandard sowie vertrauensvollen Beziehungen wichtig war. In schwierigen Lebenssituationen und bei biografischen Brüchen gab das Vertrauen in Gott, eine fast durchgängig private Angelegenheit, dabei vielen von ihnen Zuversicht. Wie hat sich dies entwickelt?

Verglichen mit 2016 sind die meisten Werte, ungeachtet der zahlreichen Krisen, bemerkenswert stabil geblieben. Auch die vier neu hinzugekommenen Länder ändern wenig daran, sie werden hier jedoch aus Gründen der Eindeutigkeit zunächst bei der Analyse nicht berücksichtigt. Die größten Veränderungen gegenüber der Befragung von 2016 (Abb. 11.2) gab es bei der „Entwicklung der eigenen Fantasie und Kreativität", die um durchschnittlich 0,6 Punkte (auf

Abb. 11.2
GRÖSSTE VERÄNDERUNGEN DER EINZELNEN WERTE (2016 / 2021)

	MAR	TUN	EGY	PAL	JOR	LBN	SYR*	YEM
Einen/eine Partner/-in haben, dem/der ich vertrauen kann		↓						
Nach mehr Sicherheit streben		↓						
Ein gutes Familienleben führen		↓						
Bewusst ein gesundes Leben führen					↑			
Fleißig sein, hart arbeiten, zielstrebig sein					↑		↑	
Einen hohen Lebensstandard erreichen		↓						
Die Regeln von Ehre und Schande achten		↓						
Recht und Ordnung respektieren		↓						
Meine eigene Fantasie und Kreativität entwickeln							↑	↑
Die Traditionen meines Heimatlands bewahren			↑					↑
Verwestlichung vermeiden			↑			↓	↓	
Mich in meinen Entscheidungen von meinen Emotionen leiten lassen			↑			↓		
Macht ausüben und Einfluss haben			↑					
Meine eigene Agenda verfolgen, auch gegen die Interessen anderer			↑	↓				
Tun, was die anderen tun			↑			↓	↓	↓
Mich politisch engagieren			↓	↓	↓	↓		

FRAGE 117

HINWEISE Markiert sind alle Aspekte, deren Mittelwerte um mindestens einen Punkt auf der Zehnerskala gestiegen (↑) oder gesunken (↓) sind.

einer Zehnerskala) zunahm, und mit umgekehrtem Trend beim „politischen Engagement", dessen ohnehin niedrige Bewertung weiter sank, und zwar um ganze 1,3 Punkte. Auf Länderebene findet sich die größte Veränderung von Einzelwerten ebenfalls bei diesen beiden Aspekten: in positiver Richtung bei der Entwicklung der eigenen Fantasie und Kreativität unter jungen Menschen im Jemen (+1,6 Punkte) und in negativer Richtung beim politischen Engagement unter libanesischen Befragten (–2,2 Punkte).

Länderspezifisch sticht heraus, dass die Bewertungen der jungen Tunesierinnen und Tunesier insgesamt deutlich niedriger ausfallen als fünf Jahre zuvor (–0,6 Punkte im Schnitt). Dies könnte mit der verdüsterten Gesamtstimmung angesichts der politischen und wirtschaftlichen Lage im Land zu tun haben, die vieles weniger wichtig und wertvoll erscheinen lässt. Demgegenüber haben alle Werte in Ägypten durchschnittlich um 0,8 Punkte zugelegt und kein einziger Aspekt wird niedriger bewertet als 2016. Hier ist womöglich eine größere Werteorientierung der jungen Menschen zu beobachten als fünf Jahre zuvor – ohne dass sich eine einfache Erklärung dafür anböte.

Die qualitativen Interviews legen nahe, dass die jungen Erwachsenen länderübergreifend durchaus einen Wertewandel wahrnehmen, und zwar einerseits im Vergleich mit der Elterngeneration, von der festgestellt wird, sie habe in einer einfacheren Welt gelebt. Andererseits steht die Coronapandemie als Katalysator zur Aushandlung neuer Werte im Blick. Mahdi, der verheiratet ist und als Lehrer an einer öffentlichen marokkanischen Schule arbeitet, unterstreicht betreffs der eigenen Eltern:

Sie lebten kulturell homogen und mit einer einheitlichen Vision von Normen und Werten; sie lebten nicht mit den Überschneidungen und der Vielfalt an Werten, wie es heute der Fall ist. Das heißt, die jungen Männer von heute sind mit höheren Ansprüchen konfrontiert, da sie in Bezug auf Wohnen, Arbeit, finanzielle und emotionale Unabhängigkeit beträchtliche Probleme haben.

Der 23-jährige Ameen, der in Omdurman im Sudan studiert, betont die sich ändernden gesellschaftlichen Diskurse, mit denen die jetzige Generation aufwächst:

Junge Leute haben mehr Bewusstsein als früher und ihr Leben hat eine andere Dynamik als das der vorhergehenden Generationen. Wir sind im Zeitalter von Technologie und Medien geboren, auch das Bildungsniveau ist besser. Die früheren Generationen können gar nicht mit uns diskutieren, denn sie werden zu großen Teilen von einem populistischen Diskurs beherrscht. Unser Bewusstsein als Jugendliche entstand im Zeitalter der Medien, die uns zur Welt hin geöffnet und uns liberale Werte vermittelt haben. Wir haben gelernt, dass die Demokratie ein hohes Gut ist – anders als die Erwachsenen, die damals vom arabischen Nationalismus und dem arabischen Rückschlag[1] geprägt wurden.

Was für den Sudan gilt, bestätigt Zahra aus Bagdad, 19 Jahre alt, auch für den Irak:

Eltern verstehen ihre Kinder nicht, denn die Generation der Kinder ist ganz anders als die der Eltern. Kinder haben wunderbare Ideen, die ihre Eltern aber nicht akzeptieren, weil sie nicht dieses Niveau [des Bewusstseins] erreicht haben. Ich will ihren Wert gar nicht kleinreden, aber sie wurden eben mit bestimmten Konzepten erzogen und wir sind mit anderen Konzepten aufgewachsen. Die Welt entwickelt sich weiter und ist jetzt eine andere als die, die unsere Eltern erlebt haben.

---

1 Gemeint ist die arabische Niederlage im Sechstagekrieg gegen Israel 1967.

In Bezug auf die Covid-19-Pandemie argumentieren andere Befragte, dass diese einschneidende Erfahrung einen gesellschaftlichen Wertewandel bewirkt habe. Fatima, eine 23-jährige Frau aus Casablanca (Marokko), führt dazu aus:

Ich glaube, wir [...] haben in dieser Zeit den Wert von Solidarität und Einigkeit kennengelernt. In meinem Stadtteil habe ich zum Beispiel erlebt, wie Spenden gesammelt wurden für Menschen, die diese Unterstützung dringend brauchten.

Der 28-jährige Sami, der als Freiwilliger in einem Flüchtlingslager in Jordanien arbeitet, stellt komplementär dazu fest:

Manche Sitten und Normen haben sich sehr verändert, etwa die Bräuche bei Hochzeiten und Beerdigungen. Außerdem haben die Leute gelernt, sich weniger in das Leben anderer einzumischen.

Habiba, eine marokkanische Schülerin von 16 Jahren, erkennt eine Stärkung der familienbezogenen Werte:

Ich glaube, die Menschen haben gelernt, Arbeit, Gesundheit und Familie wertzuschätzen. Manche Familien waren das nicht gewohnt, aber dank der Pandemie haben sie angefangen, diese familiäre Geborgenheit zu spüren.

Dagegen meint Esraa, 22, aus Jordanien, sie glaube nicht, „dass die jordanische Gesellschaft aus Corona etwas gelernt" habe, und ruft dazu auf, sich auf die „eigenen Werte" zu besinnen und nicht länger dem Westen nachzueifern.

Geteilte Erfahrungen wie in der Pandemie und anekdotische Einschätzungen zur Elterngeneration geben zwar Einblicke in einen möglichen Wertewandel, lassen allerdings nicht auf Leitprinzipien schließen, an denen sich Handeln dauerhaft orientiert, oder kulturelle Werte, die von größeren Gruppen geteilt werden. Die quantitative Analyse zeigt, dass die einzelnen Aspekte von Werten erstaunlich stabil sind. Daher geht es im Folgenden darum, grundlegende Wertedimensionen zu bestimmen, um gemeinsame Vorstellungen zu erkennen, die als Referenz für Vergleiche festzulegen wären.

Wertedimensionen

Um bei den zahlreichen Kombinationsmöglichkeiten der 28 Werteaspekte empirische Grundstrukturen zu identifizieren, hatten wir in der Vorgängerstudie eine Hauptkomponentenanalyse durchgeführt, um Dimensionen zu reduzieren und inhaltliche Zusammenhänge aufzuspüren (Gertel/Kreuer 2017: 87–89). Das

Abb. 11.3
GEGENÜBERSTELLUNG DER VIER WERTEDIMENSIONEN UND IHRER KOMPONENTEN

Gertel/Kreuer (2017)	Schwartz (Übersetzung nach Döring/Cieciuch 2018)
Gemeinschaftsorientierung Beziehungen und Bewusstsein	Selbsttranszendenz Humanismus, Universalismus
Erfolgsorientierung Konformität und Macht	Selbststärkung Leistung, Macht
Freiheitsorientierung Kreativität und Unabhängigkeit	Offenheit für Wandel Selbstbestimmung, Stimulation, Hedonismus
Sittlichkeitsorientierung Sicherheit und Tradition	Bewahrung des Bestehenden Sicherheit, Konformität, Tradition

Resultat waren vier Wertedimensionen, die sich – wie sich zeigt, auch nachträglich – gut mit den in der Forschung etablierten grundlegenden menschlichen Werten nach Shalom H. Schwartz in Beziehung setzen lassen (Abb. 11.3). Schwartz' Überlegungen gehen davon aus, dass individuelle Werte nicht klar voneinander abgegrenzt sind, sondern ineinander übergehen und ein Kontinuum bilden. Dabei lassen sich vier übergeordnete Werte höherer Ordnung identifizieren (Sagiv/Schwartz 2022: 522). Diese Grundstruktur wurde über verschiedenste Gesellschaften und Kontexte hinweg bestätigt.

Ausgehend von diesen Überlegungen wurde das Verfahren der Hauptkomponentenanalyse für die jetzt vorliegenden Studiendaten erneut angewandt, diesmal auf zwölf Länder bezogen. Aufgrund zahlreicher fehlender Antworten wurden zwei der 28 Aspekte ausgeklammert: die Frage nach politischem Engagement, weil sie in Ägypten nicht gestellt wurde, sowie der Aspekt der selbstständigen Partnersuche, da er nur die alleinstehenden Jugendlichen betrifft. Wie zuvor ergibt das Verfahren vier Hauptkomponenten, die etwas mehr als die Hälfte der Varianz in der Stichprobe erklären können. Dabei haben in jeder Komponente fünf Aspekte den größten Erklärungsgehalt:

1. Bindung zu anderen, Freundschaft, Umweltbewusstsein, Toleranz sowie Gesundheitsbewusstsein – diese Aspekte passen genau zur Gemeinschaftsorientierung beziehungsweise zur „Selbsttranszendenz" in Schwartz' Terminologie (Abb. 11.3).
2. Die eigene Agenda verfolgen, Macht und Einfluss ausüben, so handeln wie die anderen, seinen Gefühlen folgen sowie unabhängig von Ratschlägen Dritter handeln – hier findet sich eine weitgehende Entsprechung mit dem

Konzept der Erfolgsorientierung (das bei uns auch den Konformismus als Strategie beinhaltet) beziehungsweise der „Selbststärkung".
3. Das Streben nach Sicherheit, Fleiß und Ehrgeiz, ein hoher Lebensstandard, Fantasie und Kreativität sowie das Leben genießen – dies entspricht in vielen Aspekten unserem Begriff der Freiheitsorientierung beziehungsweise der „Offenheit für Wandel".
4. Traditionsbewusstsein, Ehre und Schande beachten, Glaube, Nationalstolz sowie die Verbreitung religiöser Ideen – dies stimmt mit der Sittlichkeitsorientierung beziehungsweise der „Bewahrung des Bestehenden" nach Schwartz überein.

Somit ergibt das statistische Verfahren der Hauptkomponentenanalyse, unter bestimmten Annahmen und Parametern, beim aktuellen Datensatz sehr ähnliche Wertedimensionen und bestätigt die allgemeinen Positionen der theoretischen Überlegung. Im Folgenden behalten wir daher die etablierten Schwartz'schen Bezeichnungen für drei der vier Dimensionen bei, allerdings sprechen wir weiter von „Gemeinschaftsorientierung", anstatt den sperrigen Begriff der Selbsttranszendenz zu verwenden. Die anschließende Frage ist, wie diese vier Dimensionen bei verschiedenen Gruppen junger Menschen in den Untersuchungsländern ausgeprägt sind. Dazu wurden je Person vier Scores (je 1 bis 10 Punkte) berechnet, die für jede Wertedimension den Mittelwert über die fünf zugehörigen Aussagen (Items) darstellen. Wurden beispielsweise die Aspekte Bindung, Freundschaft und Umweltbewusstsein von einer befragten Person jeweils mit 8 Punkten bewertet, Toleranz mit 3 Punkten und Gesundheitsbewusstsein gar nicht, so beträgt ihr Score für Gemeinschaftsorientierung (8 + 8 + 8 + 3) : 4 = 6,75 Punkte.

Über alle 12.000 Personen hinweg ist der Score für „Offenheit für Wandel" im Schnitt am höchsten: Seine fünf Elemente werden mit 8,6 bewertet. Es folgen die „Bewahrung des Bestehenden" mit 8,3 und „Gemeinschaftsorientierung" mit 8,2 Punkten im Mittel. Am wenigsten wichtig ist den Befragten die „Selbststärkung" mit 6,1 Punkten. Die Bevorzugung von Gemeinschaftsorientierungswerten gegenüber solchen der Selbststärkung entspricht Beobachtungen aus verschiedensten anderen gesellschaftlichen Kontexten und wird einerseits mit der Bedeutung von Solidarität für ein reibungsloses Funktionieren von Gesellschaften sowie andererseits mit der Gefahr in Verbindung gebracht, dass durch egoistisches Verhalten soziale Beziehungen geschädigt werden (Sagiv/Schwartz 2022: 527).

Wird die Verteilung der vier Werte-Scores über die Länder hinweg betrachtet, so treten, wie auch bei den Einzelwerten, einige deutliche Unterschiede zutage, die etwas über die jeweilige Wertekultur aussagen (Abb. 11.4 gibt einen Überblick). Selbststärkung wird nirgendwo höher gewichtet als Gemeinschaftsorientierung, kommt aber stellenweise nahe heran. Bewahrung und Offenheit liegen grundsätzlich dichter beieinander, und in vier der zwölf Länder wird dabei das konservative Element etwas stärker betont: in Ägypten, Palästina, Jordanien und

Abb. 11.4
AUSPRÄGUNG DER WERTEDIMENSIONEN

	MAR	ALG	TUN	LBY	SDN	EGY	PAL	JOR	LBN	SYR*	IRQ	YEM
Offenheit für Wandel	8,2	8,7	8,0	8,6	8,7	8,3	8,4	8,9	9,1	9,1	8,2	8,9
Bewahrung des Bestehenden	8,0	7,0	7,9	8,4	8,0	8,5	8,7	9,1	8,3	8,9	8,0	9,3
Gemeinschaftsorientierung	8,1	8,0	7,8	8,2	8,3	8,3	8,0	8,6	8,5	8,5	7,8	8,4
Selbststärkung	7,2	5,8	6,4	5,6	4,9	7,6	6,2	5,9	5,9	6,0	6,0	5,4

HINWEISE Angegeben sind die Mittelwerte.

dem Jemen. Tunesien und Ägypten haben seit der letzten Studie (2016) die größten Werteverschiebungen erfahren. Tunesien nimmt bei der Wertedimension „Offenheit für Wandel" die letzte Position ein, was nach den häufigen politischen Umbrüchen und Regierungswechseln seit 2011 kaum verwundert. Gleichzeitig ist die „Bewahrung des Bestehenden" dort keineswegs in Stein gemeißelt und Tunesien nimmt hierbei nach Algerien die schwächste Position ein. Demgegenüber lässt sich die „Selbststärkung" herausstellen, die, wenn auch auf einem niedrigen Niveau, von den zwölf Ländern den dritthöchsten Rang einnimmt und auf eher egoistische Ziele verweist. Korrespondierend dazu ist die „Gemeinschaftsorientierung" eher schwach ausgebildet – zusammen mit dem Irak ist Tunesien hier an letzter Stelle zu finden. Die zuvor konstatierte Wertemüdigkeit wäre für sich allein genommen somit ein zu großer Allgemeinplatz, um Wandlungsprozesse zu erklären. Ägypten zeigt ebenfalls nur eine geringe Offenheit für Wandel, eine deutliche Position, das Bestehende zu bewahren, sowie den mit Abstand höchsten Wert der Selbststärkung und damit des ausgeprägten Konformismus sowie eine mittlere Position bei der Gemeinschaftsorientierung.

Bei der weiteren Analyse der Befragungsdaten ergibt sich, dass sich auch diese vier Scores nicht nennenswert zwischen Frauen und Männern unterscheiden. Weder die Altersgruppe noch der aktuelle Tätigkeitsstatus (Ausbildung/Erwerbstätigkeit/Arbeitslosigkeit) spielen eine differenzierende Rolle. Bei der Ortsgröße zeigt sich allerdings regionsübergreifend die Tendenz, dass die Bewahrung des Bestehenden auf dem Land wichtiger genommen wird, die Selbststärkung hingegen in den Städten. Mit ansteigendem Bildungsniveau gibt es zudem eine leichte Tendenz zu Offenheit statt Bewahrung sowie Gemeinschaftsorientierung statt Selbststärkung, aber die Unterschiede bewegen sich im Bereich von weniger als einem halben Punkt auf der Zehnerskala. Ähnlich gering, aber nachweisbar ist der Zusammenhang zwischen einer höheren Schichtzugehörigkeit (gemäß Schichtenindex) und einer stärkeren Ausprägung von Werten der Offenheit für Wandel und der Gemeinschaftsorientierung. Zudem lässt sich festhalten, dass Personen, die sich als besonders religiös wahrnehmen, alle Wertedimensionen wichtiger zu sein scheinen als den anderen (vgl. Kap. 12). Am deutlichsten wird dies beim Score zur Bewahrung des Bestehenden, der von 6,9 im am wenigsten religiösen Viertel der Jugendlichen bis auf 8,9 im am stärksten religiösen Viertel ansteigt; aber auch die übrigen drei Dimensionen folgen weitgehend diesem Muster.

Wie übersetzen sich diese allgemeinen Tendenzen in konkrete Lebenswelten? In den Interviews werden Aspekte der Selbststärkung häufig verurteilt. So beklagt sich die 25-jährige, verheiratete Tala aus Ramallah im Westjordanland (Palästina) über die Korruption und die Dominanz des Geldes in der Gesellschaft:

Eine meiner Freundinnen reichte beispielsweise eine Scheidungsklage bei einem palästinensischen Gericht ein. Aber sie bekam kein gerechtes Urteil, weil sie für ein gerechtes Urteil hätte zahlen müssen, denn wir leben nach dem Prinzip „Wer mehr zahlt, bekommt mehr Privilegien". Geld ist das Maß aller Dinge, nicht etwa Gerechtigkeit.

Insbesondere die anhaltende Wirtschaftskrise, etwa im Libanon, habe zu einer erhöhten „Selbststärkung" und damit einem Verlust von Moralität beigetragen, meint der verheiratete, 30 Jahre alte Fadi aus Syrien, der gegenwärtig in der Bekaa-Ebene als Buchhalter arbeitet:

Vor Ort hat die Wirtschaftskrise die Gier der Menschen verstärkt, denn wenn sich die Gesellschaft in einer Krise befindet und es keine Gesetze gibt, so wie es hier der Fall ist, verfällt die Moral des Einzelnen, vor allem wenn Nahrungsmittel knapp sind und die Gesellschaft nach dem Gesetz des Dschungels regiert wird.

Womöglich ist die „Offenheit für Wandel", die höchstbewertete Dimension, ohnehin ein typisches Attribut der Jugend. Unter den hier Befragten ist allerdings die „Bewahrung des Bestehenden", die ihr in Schwartz' Wertekreis diametral gegenübersteht, fast genauso stark ausgeprägt. In diesem konservativen Sinne wird etwa der durch den Gebrauch der Neuen Medien bedingte tiefgreifende Wertewandel mehrfach als Werteverfall thematisiert. Rayan, 28, momentan ohne Arbeit, aus Salé (Marokko) kommentiert:

Man sieht in den Medien, dass jeder anfängt, Videos zu unpassenden Zeiten zu machen, die die Privatsphäre der Gesellschaft verletzen. Zum Beispiel filmen sich Frauen in der Küche oder im Schlafzimmer ... Waren diese Verhaltensweisen [früher] akzeptabel? Hätte es dieses Verhalten früher gegeben, dann wäre das ein großes Problem gewesen, denn es hätte möglicherweise zu Straftaten und Festnahmen geführt und Familien zerstört.

Und die verheiratete 25-jährige Rania aus dem Gazastreifen (Palästina) sekundiert:

Digitale Medien und das Internet sind schlecht für Kinder, vor allem mit den ganzen Angeboten wie TikTok, die viele Nachteile haben, oder irgendwelchen Pornoseiten, die die Moral der jungen Leute verderben und mit denen sie ihre Zeit verschwenden, anstatt nützliche Dinge zu tun.

Demgegenüber gibt es allerdings auch zahlreiche Stimmen, die die Vorzüge der neuen Technik herausstellen oder ausgewogener urteilen (vgl. Kap. 13). Festzuhalten bleibt: Die grundlegenden Wertedimensionen können als Referenz dienen, um Vergleiche zwischen Individuen, Gruppen und auch zwischen verschiedenen Zeitpunkten anzustellen und so in eine Diskussion über Wertestabilität und -wandel einzutreten. Die Gleichzeitigkeit von bewahrenden und veränderungsbereiten Einstellungen fällt dabei auf. Sie deutet darauf hin, dass die jungen Menschen der Region in einem Spannungsfeld zwischen zwei widersprüchlichen Anforderungen ihre Position finden müssen: Ältere Generationen, gesellschaftliche Strukturen und Institutionen in den Ländern pochen oft auf die Bewahrung des Bestehenden, während eine extrem dynamische und vernetzte digitale Moderne ständige Lernbereitschaft und Offenheit für Wandel verlangt.

Lebensstile und Typenbildung

Diese Einblicke kombinieren wir nun mit den aktuellen Befunden zu Lebensstilen (vgl. Kap. 9). Methodisch entscheidend ist dabei, dass es sich um zwei voneinander unabhängige Fragekomplexe (Lebensstil- und Wertefragen) handelt; die Aussagen sind demnach trennscharf. Ziel ist es, Gruppen mit einer hohen biografischen Offenheit zu identifizieren, um die These vom Ausmaß der Enteignung auszuloten (vgl. Kap. 3), die aus der Diskussion der Lebensstilgruppen resultiert. Wenn, so unsere Überlegung, eine Form der Enteignung darin besteht, biografische Offenheit und die Partizipation an der Moderne zu beschränken, dann sind die Teilhabe und Gestaltung einer pluralen, reflexiven Gesellschaft gefährdet, was sich in den Wertemustern niederschlägt und zu erkennen sein müsste.

An Abbildung 11.5 wird zunächst deutlich, dass die biografische Offenheit der Lebensstile (wiedergegeben von links nach rechts) leicht positiv mit der „Offenheit für Wandel" der Wertedimensionen und deutlich negativ mit der „Bewahrung des Bestehenden" korrespondiert. Werte der „Selbststärkung" sind, was die biografische Offenheit der Lebensstile angeht, in der Mitte höher als an

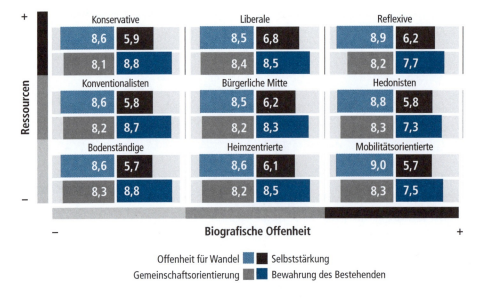

Abb. 11.5
LEBENSSTILE UND WERTEDIMENSIONEN

HINWEISE   Angegeben sind die Mittelwerte.

den Rändern und die „Gemeinschaftsorientierung" ist sehr gleichmäßig verteilt. Darüber hinaus steht das Ausstattungsniveau nur zu einer Wertedimension in erkennbarer Beziehung, nämlich zur „Selbststärkung", die mit vorhandenen Ressourcen (in Abb. 11.5 wiedergegeben von unten nach oben) leicht ansteigt. Insgesamt sind die Differenzen allerdings nicht groß und es ist davon auszugehen, dass die Wertedimensionen offenbar eine andere Ebene beschreiben als die Lebensstiltypen. Darum werden wir beide Fragekomplexe im nun folgenden letzten Schritt nochmals neu verschränken.

Durch die Ausprägung der vier Wertedimensionen lässt sich die Position jeder befragten Person in einem vierdimensionalen Werteraum darstellen, allerdings ist zur Gruppenbildung ein weiterer rechnerischer Schritt vonnöten: eine Clusteranalyse, bei der einander in ihren Wertemustern sehr ähnliche Personen sukzessive zusammengefasst werden. Im vorliegenden Fall führte das zur Bildung von acht Gruppen (Abb. 11.6). Bei einer weiteren Reduzierung der Gruppenzahl hätte eine Gruppe 50 Prozent aller Befragten umfasst und wäre damit sehr groß geworden. Zu beachten ist: Diese acht Gruppen kommen nicht als reale Gruppen vor, sie werden nur numerisch aufgrund von Ähnlichkeiten zusammengefasst – es sind Quasigruppen. Dies ist eine Möglichkeit, die unendlich komplexe und vielfältige Realität zu vereinfachen, um so verborgene Strukturen, die nicht direkt beobachtbar sind, zu erkennen. Inwieweit dies sinnvoll ist, kann nur an der

Abb. 11.6
TYPEN UND WERTEDIMENSIONEN

Typ	Anteil der Befragten	Offenheit für Wandel	Bewahrung des Bestehenden	Selbststärkung	Gemeinschaftsorientierung
Typ 1	10 %	8,9	9,0	6,1	7,1
Typ 2	29 %	8,9	9,4	5,4	8,8
Typ 3	**10 %**	**9,0**	**6,3**	**6,0**	**7,8**
Typ 4	20 %	9,1	8,1	5,2	8,7
Typ 5	**5 %**	**8,1**	**6,5**	**7,6**	**8,3**
Typ 6	7 %	8,0	7,9	7,7	6,7
Typ 7	9 %	6,9	8,5	6,4	8,0
Typ 8	7 %	8,0	8,3	8,4	8,3

HINWEISE Angegeben sind die Mittelwerte.

Plausibilität der Ergebnisse gemessen werden. Kurz: Wir identifizieren keinesfalls existierende Gruppen im Sinne gesellschaftlicher Formationen, sondern fassen ortsübergreifend Individuen mit ähnlichen Wertemustern zusammen. Die acht Quasigruppen, die wir, um Verwechslungen mit realen Gruppen zu vermeiden, als Typen bezeichnen, unterscheiden sich deutlich im Hinblick auf die Ausprägung der Wertedimensionen, obwohl es in etlichen Bereichen auch Überlappungen gibt.

Anstatt alle acht Typen umfassend zu beschreiben, belassen wir es bei Stichworten (Abb. 11.7) und richten den Fokus auf die beiden Typen 3 und 5, die durch niedrige Werte bei der Bewahrung des Bestehenden und hohe beziehungsweise sehr hohe Werte bei der Offenheit für Wandel charakterisiert sind. Auf den ersten Blick korrespondieren diese Gruppen mit den *Young Leaders* aus dem gleichnamigen Programm der Friedrich-Ebert-Stiftung, deren Lebensstile sich durch hohe Ausstattungswerte und große biografische Offenheit auszeichnen (Gertel/Kreuer 2021). Anzumerken ist zuvor aber, dass die meisten jungen Menschen die Spannung zwischen gegensätzlichen Anforderungen der Bewahrung und der Offenheit auszuhalten versuchen, indem sie beides hoch bewerten: Die Typen 1, 2 und 6, denen diese beiden Dimensionen am wichtigsten sind, umfassen zusammen fast die Hälfte der Stichprobe.

Die Beschreibungen der beiden Typen 3 und 5 passen in die Charakteristika der *Young Leaders*; sie unterscheiden sich – neben ihrer Selbststärkung und der (partiellen) Offenheit für Wandel – voneinander vor allem hinsichtlich der Ausstattungsmerkmale und des präferierten Regierungssystems. Während Typ 3 sich

Abb. 11.7
MERKMALE DER ACHT TYPEN

Typ ...		ist überdurchschnittlich ...
1	10 % Bewahrung + Gemeinschaft –	Weiblich, verheiratet, ländlich, religiös, unzufrieden mit dem eigenen Leben
2	29 % Bewahrung + Gemeinschaft +	Verheiratet, ländlich, religiös, engagiert, brauchen Familie zum Glücklichsein, Freizeit: Verwandte besuchen
3	10 % Offenheit + Bewahrung –	Ledig, städtisch, obere Schichten, bei den Eltern lebend, politisch interessiert und engagiert, wenig religiös, mit eigenem Budget, sehen sich als obere Mittelschicht. Vater und Mutter sind häufig Angestellte. Sie unterstützen ein demokratisches System als Regierungsform, sind Teil einer gemischtgeschlechtlichen Clique, auswanderungswillig, als Lebensziel ist ein guter Job am wichtigsten, Glücklichsein ohne Kinder ist möglich, Freizeitaktivitäten: Netflix, musizieren oder schauspielen.
4	20 % Offenheit und Gemeinschaft + Selbststärkung –	Hoch gebildet, obere Schichten, viele Studierende, Freizeit: Internetsurfen
5	5 % Selbststärkung und Gemeinschaft + Bewahrung –	Städtisch, wenig religiös, schuldenfrei, sehen sich als wohlhabend an. Vater und Mutter sind häufiger Arzt, Anwältin etc. Sie unterstützen als Regierungssystem eine starke Frau/sozialistisches System/sonstige Regierungsform, sind Teil einer gemischtgeschlechtlichen Clique, eher flexibel, pessimistisch, gute Freundschaften sind ihnen als Lebensziel vergleichsweise wichtig, sie würden die eigenen Kinder anders erziehen und sind überzeugt, auch ohne Familie glücklich sein zu können.
6	7 % Selbststärkung + Gemeinschaft –	Wenig gebildet, kein eigenes Budget, nicht auswanderungswillig, Freizeit: fernsehen
7	9 % Offenheit –	Männlich, verheiratet, niedrig gebildet, untere Schichten, Vater häufiger arbeitslos, nicht auswanderungswillig, Freizeit: Verwandte besuchen
8	7 % Selbststärkung +	Ledig, nicht engagiert, unpolitisch, schuldenfrei, zufrieden mit dem eigenen Leben, unterstützen einen starken Mann als Regierungsform

oft zur oberen Mittelschicht zählt, die Eltern der jungen Menschen dieses Typs häufig Angestellte sind und die Jugendlichen, die meist noch bei den Eltern leben, eine demokratische Regierungsform präferieren und politisch interessiert sind, ordnet sich Typ 5 eher den Wohlhabenden zu, die Eltern sind öfter Selbstständige mit Hochschulabschluss und die jungen Erwachsenen unterstützen eine starke Frau an der Staatsspitze beziehungsweise ein sozialistisches System und sonstige Regierungsformen; unter allen acht Typen sind ihnen Freundschaften am wichtigsten.

Die Typen 3 und 5 zeigen zudem eindeutige Zusammenhänge mit den Lebensstilgruppen (Abb. 11.8). Sie erzielen beide niedrige Prozentwerte bei den biografisch eher geschlossenen Gruppen (Traditionelle, Konventionalisten, Kon-

Abb. 11.8
LEBENSSTILE NACH TYPEN

	TYP 1	TYP 2	TYP 3	TYP 4	TYP 5	TYP 6	TYP 7	TYP 8
Traditionelle	17	17	6	11	4	13	16	8
Konventionalisten	7	8	4	6	4	5	6	2
Konservative	2	1	0	1	1	1	1	0
Heimzentrierte	25	26	20	23	23	25	24	25
Bürgerliche Mitte	29	30	29	32	32	31	32	37
Liberale	10	8	8	9	13	15	14	20
Mobilitätsorientierte	3	3	11	7	7	3	2	2
Hedonisten	5	4	16	9	11	4	4	3
Reflexive	2	2	6	3	4	2	1	2

HINWEISE Angaben in Prozent je Typ

servative) und vergleichsweise hohe Prozentwerte bei den biografisch offenen und an Modernität orientierten Lebensstilen (Mobilitätsorientierte, Hedonisten und Reflexive). Der Unterschied zwischen ihnen wird im mittleren Segment der Lebensstilgruppen deutlich: Typ 3 hat weniger Anteile an den Heimzentrierten, der bürgerlichen Mitte und den Liberalen – in allen drei Lebensstilgruppen bildet er das Schlusslicht.

Das Vorkommen der beiden Cluster mit der Größenordnung von insgesamt zehn und fünf Prozent in den zwölf Ländern (Abb. 11.9) ist ein möglicher Indikator der biografischen Offenheit und der Orientierung an der Moderne. Der Spitzenreiter ist hierbei eindeutig Algerien, wo beide Gruppen zusammen 41 Prozent der befragten jungen Erwachsenen ausmachen; es folgen mit deutlichem Abstand Marokko (22 %) und der Libanon (20 %) sowie Ägypten (19 %), der Sudan (17 %) und der Irak (17 %). Unter dem Durchschnitt des Samples liegen Tunesien, Libyen, die syrischen Geflüchteten, Palästina, Jordanien und der Jemen. Exemplarisch bedeutet dies, dass man davon ausgehen kann, in den drei Ländern Algerien, Marokko und Libanon mehr Personen als etwa in Palästina, Jordanien und dem Jemen zu finden, die imstande sind, an der globalen Moderne zu partizipieren. Ihre persönlichen Leitlinien, Überzeugungen und Handlungen lassen ihnen Raum für freiere Imaginationen, offenere Weltbindungen und größere Resonanzerfahrungen (vgl. Kap. 3). Um globale Problemlagen zu bewältigen, die sich wie Klimawandel und wirtschaftliche Ausbeutung räumlich niederschlagen, scheint dies eine unabdingbare Voraussetzung zu sein.

Abb. 11.9
VERTEILUNG DER TYPEN NACH LÄNDERN

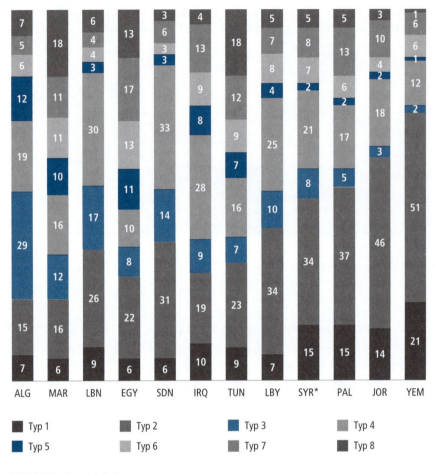

HINWEISE Angaben in Prozent

Fazit

Große Einigkeit besteht bei Jugendlichen und jungen Erwachsenen in der MENA-Region über Werte wie den Glauben an Gott, die Bedeutung von Sicherheit und die wichtige Rolle des Familienlebens. Sehr umstritten sind dagegen Werte wie Egoismus, Konformismus und Machtstreben. Werte zeigen sich dabei über mittlere Zeiträume hinweg als sehr stabil, wenn auch mit nationalen und gruppenbezogenen Besonderheiten. Vier Wertedimensionen, die wir 2016 für die MENA-Region herausarbeiten konnten, lassen sich fünf Jahre später in den vorliegenden Daten wiederfinden. Sie stimmen darüber hinaus – obwohl völlig unabhängig berechnet – sehr gut mit den Wertekategorien nach Schwartz überein, was eine vergleichende Betrachtung, potenziell auch über die Region hinaus, erlaubt. Welche Unterschiede bestehen dennoch? Im Vergleich zu 2016/17 wird 2021/22 vor allem die Entwicklung der eigenen Fantasie und Kreativität höher bewertet; am stärksten gesunken ist die Wertschätzung politischen Engagements. Die „enteignete Generation" scheint also durchaus an sich selbst zu arbeiten und dem Leben neue Möglichkeiten abgewinnen zu wollen, zieht sich jedoch aus dem engen politischen Feld noch weiter zurück. Die These der Enteignung im Kontext der Lebensführung findet sich dahin gehend bestätigt, dass der Großteil der jungen Menschen in der Region sich zugleich mit konservativen gesellschaftlichen Institutionen und mit einer sich schnell ändernden globalen Technologie-, Wirtschafts- und Wertelandschaft arrangieren muss, was innere Widersprüche erzeugt; nur etwa ein Sechstel der jungen Erwachsenen scheint derzeit in der Lage zu sein, innovativ mit diesen vielfältigen Herausforderungen der Spätmoderne umzugehen. Diese Personen sind ungleich über die Länder verteilt und bilden in der Regel keine real existierenden Gruppen. Offene Fragen für weitere Forschungen wie auch die politische Arbeit sind, inwieweit zwischen diesen Personen und anderen Teilen der Gesellschaft Formierungsprozesse stattfinden können, auch digital vermittelte, und was das für die jeweiligen nationalen Gesellschaften bedeuten würde. Auch wäre die Klärung der Frage, inwieweit konservative Positionen geeignet wären, die Zukunft zu gestalten (oder eben auch nicht), etwa, da sie auf Vertrautes und Bewährtes zurückgreifen, von grundlegender Bedeutung – würde sie doch die Erklärungsreichweite der vorliegenden Argumentation weiter schärfen.

KAPITEL 12

RELIGION

Lisa Maria Franke

In diesem Kapitel wird die Bedeutung von Religion und individuellen Religiositäten für die Identitätskonstruktion von Jugendlichen und jungen Erwachsenen in der MENA-Region untersucht. „Islam" haben die meisten Befragten als ihre Religion angegeben. Die Bezeichnungen „muslimische Jugendliche" oder „junge Musliminnen" und „junge Muslime" können viele Bedeutungen haben. Als Labels können sie junge Menschen bezeichnen (beziehungsweise als Selbstbezeichnungen dienen), die sich mit dem Islam identifizieren, ohne im Alltag religiös praktizierend zu sein. „Muslimisch-Sein" ist dann eine Facette von vielen in den Prozessen von Identitätskonstruktion und Individualisierung, durch die das jeweilige alltägliche Leben nur implizit beeinflusst wird (vgl. Kap. 11; Herrera/Bayat 2010). Andere Versionen der Zugehörigkeit zum Islam betonen unterschiedliche Formen von Religiosität, bei denen normative Quellen als Richtlinien und Inspiration für das tägliche Leben und moralisches Verhalten dienen. In den unterschiedlichen Intensitäten muslimischer Identität drückt sich nicht nur die Beziehung der Einzelnen zum Islam per se aus, sondern auch die individuelle Beziehung zu Gott und ein Gefühl der Zugehörigkeit zu einer größeren Gemeinschaft – mag sie pluralistisch oder fragil sein (Loimeier 2020; Franke 2022). Der Islam beziehungsweise die jeweilige Religion spielt nicht nur in normativer Hinsicht eine Rolle für die Identitätsaushandlung, sondern insbesondere für die Frage, inwiefern junge Menschen Glaubenspraktiken in ihren Alltag integrieren und inwiefern sie alternative religiöse Praktiken ausüben.[1] Der gesellschaftliche Wandel in der MENA-Region ist somit explizit auch im Bereich der „Religionen" ersichtlich.

Die MENA-Region war im 20. Jahrhundert aufgrund postkolonialer Dynamiken und der Bildung moderner Nationalstaaten von starken Umbrüchen geprägt, die bis ins 21. Jahrhundert fortwirken, da die jeweiligen Staaten von diesen Entwicklungen strukturell abhängen (Owen 2013; Cleveland 2018). Mit dem 11. September 2001 als einschneidendem Ereignis erfuhr die Region grundlegende Veränderungen, die sich auch auf die internationalen Beziehungen mit globaler Tragweite auswirkten. In der folgenden Dekade kam es in vielen Ländern

---

1   In der vorliegenden Studie ist die Mehrheit der befragten Jugendlichen muslimisch. Da allerdings auch Gläubige anderer Religionen und Personen ohne dezidierte Religionszugehörigkeit befragt wurden, kann es sich sowohl beim Glauben als auch bei den Glaubenspraktiken um andere Religions- beziehungsweise Glaubensformen handeln (zum Beispiel christlich, jüdisch, Bahai).

zu Revolutionen oder Aufständen unterschiedlicher Ausprägung, die meist unter dem Terminus des „Arabischen Frühlings" zusammengefasst werden. Sie waren Ausdruck von gesellschaftlicher Ungleichheit und Ungerechtigkeit, was unter anderem in öffentlichen Demonstrationen sichtbar wurde und teilweise zu politischen Veränderungen führte (Gertel/Hexel 2017). Diese soziopolitischen Umbrüche wirkten sich auch auf den Bereich der Religion aus (Franke 2021). Islamistische Bewegungen prägten den öffentlichen Diskurs schon im ausgehenden 20. Jahrhundert und erfuhren Uminterpretationen im Anschluss an die politischen Rekonfigurationen nach 2011. Diese waren häufig geprägt von autoritären Gegenbewegungen, oft einhergehend mit wirtschaftlichem Abschwung auf nationaler Ebene (Bayat/Herrera 2021). Hinzu kommen in jüngerer Zeit die Sorgen und Auswirkungen multipler Krisen, wie zum Beispiel des voranschreitenden Klimawandels, der Covid-19-Pandemie und des Kriegs in der Ukraine.

In diesem Zusammenhang müssen individuelle Religiositäten auch im Kontext von Enteignungsvorgängen betrachtet werden. Die jeweilige Religion kann nicht nur für die Zugehörigkeit zu einer bestimmten Gruppe und für die Bildung einer spezifischen Identität entscheidend sein, sondern auch als Ressource in verschiedenen Prozessen gesellschaftlicher Teilhabe und Formen von Soziabilität eine Rolle spielen (vgl. Kap. 3). Asef Bayat und Linda Herrera halten beispielsweise in Bezug auf Jugendlichkeit als soziale Kategorie fest: „Jugendliche (vor allem weibliche) in armen Ländern, dem ‚Globalen Süden', haben kaum Gelegenheit, ‚Jugendlichkeit' zu erleben. Denn sie müssen schnell vom Status der Kindheit in die Welt der Arbeit, der Verantwortung und der Elternschaft übergehen – alles Merkmale des Erwachsenseins. Einige Jugendliche sind daher von der Phase der Jugend ausgeschlossen, weil sie nicht an Bildung, Freizeitaktivitäten, Medien und Märkten teilnehmen oder keinen Zugang dazu haben – wichtige Achsen, um die herum sich Jugendkulturen und -politiken herausbilden und Formen des Jugendbewusstseins entstehen" (Herrera/Bayat 2010: 7). Wenn junge Menschen in der MENA-Region kaum politische oder wirtschaftliche Teilhabe in ihren jeweiligen Gesellschaften erfahren, sind dies Aspekte der Enteignung. Das kann sich mit Enttäuschungen, Hoffnungslosigkeit und geringen Aussichten auf sozialen Aufstieg kombinieren, kurz: sie ihrer Zukunft berauben. Hierfür steht auch der Begriff des *disenchantment* (Entzauberung) – er schließt an die Debatte über Enteignungen an (Herrera/Bayat 2010; Hammack 2010; Barone 2019; siehe auch Kap. 3).

Wie ist dies zu verstehen? Eine spezifische religiöse Identität kann in entsprechenden sozialen Milieus vorteilhaft sein. Religiosität würde in diesem Fall den jungen Männern und Frauen Teilhabe ermöglichen, die sie, ohne religiös zu sein oder sich so zu geben, nicht erreichen könnten. In Kontexten, in denen „die" Religion oder eine bestimmte religiöse Identität weniger relevant sind, kann das Gegenteil der Fall sein. Hier wäre eine spezifische Religiosität nicht vorteilhaft und würde keine Teilhabe ermöglichen, die Jugendlichen wären weiterhin ausgeschlossen.

Infolge der oben beschriebenen soziopolitischen Entwicklungen hat „der" Islam in vielen Gesellschaften der Region zu Ambivalenzen geführt (Mahmood 2012) und „zum Teil stark an gesellschaftlichem (wenn auch nicht immer an politischem) Einfluss verloren. Beträchtliche Bevölkerungsgruppen verstehen sich heute als religionsmüde, als indifferent, was das Religiöse angeht, oder sogar als religionslos" (Loimeier 2022; siehe auch Franke et al. 2022). Einzelne Bevölkerungsgruppen müssen differenziert betrachtet werden, da sie sich unter anderem nach Generationen, sozialen Milieus, urbanen oder ruralen Strukturen und Geschlecht ausdifferenzieren.

In der FES MENA-Jugendstudie aus dem Jahr 2016 wurde festgehalten, dass es in den fünf Jahren zuvor – also seit dem Jahr des „Arabischen Frühlings" – einen geringen Anstieg der Religiosität gegeben habe (Ouaissa 2017). Die Befragten aus Tunesien und Bahrain waren in dieser Studie diejenigen, die sich jeweils als am wenigsten religiös beziehungsweise als am stärksten religiös einschätzten. Die Rolle der Religion wurde als Ersatz für fehlende Handlungsoptionen gewertet (Ouaissa 2017: 105). Da sozialer Aufstieg meist mit wirtschaftlichem Erfolg gekoppelt ist, der zunehmend ausblieb, wandelten sich die Topoi für die nachfolgende Generation in dystopische Betrachtungen der Zukunft. Sinnstiftende Elemente, um positiv in die Zukunft zu blicken, fehlten zunehmend: Der Nationalstaat und wirtschaftliches Wachstum konnten kaum noch überzeugen.

In den fünf Jahren zwischen der ersten Erhebung von 2016/17 und der aktuellen Umfrage von 2021/22 haben sich zwar keine grundlegenden Änderungen ergeben, aber aus den empirischen Befunden lassen sich verschiedene Erkenntnisse über Religiosität, Digitalisierung, Werte, Lebenssituation und gesellschaftliche Schichten ableiten, die im Folgenden erläutert werden. Religion beziehungsweise Religiös-Sein kann jungen Menschen sowohl Halt als auch Zuversicht geben, nicht nur durch den Ausblick auf ein Leben im Jenseits, sondern durch Strukturen im Alltag, die von religiösen Praktiken und Zeitvorgaben gestaltet sein können, was wiederum zu verschiedenen Formen von Soziabilität und damit einhergehend emotionalen Zuständen und Hoffnung führen kann. In Anlehnung an die Begriffsprägung des sozialen Kapitals von Bourdieu lässt sich argumentieren, dass „die" Religion beziehungsweise Religiosität in vielen sozialen Milieus eine wichtige Rolle spielt für gesellschaftliche, politische und wirtschaftliche Partizipationsmöglichkeiten. In diesem Sinn eröffnen sich durch den Grad der Religiosität (sehr religiös bis wenig und überhaupt nicht religiös) verschiedene Handlungsoptionen in denjenigen sozialen Milieus, in denen Religion und individuelle Religiosität für wichtig erachtet werden.

Religiositäten: Land, Alter, Geschlecht

Die Religionszugehörigkeit der jungen Menschen in den zehn Ländern, in denen sie erfragt wurde (ohne Ägypten und den Jemen), kann in sechs Kategorien unterteilt werden. Davon sind vier „religiös" und zwei „nicht religiös": Islam (94 %), Christentum (nicht spezifiziert, 2 %), Judentum (eine Person lebt in Marokko und zwei in Tunesien), andere Religionen (1 %), konfessionslos/keine Religion (zum Beispiel Atheismus, 1 %), keine Angabe (2 %). Da die Studie überwiegend in Ländern muslimischer Mehrheitsgesellschaften durchgeführt wurde, war erwartbar, dass die meisten Befragten muslimisch sind. Während christliche Glaubensformen in einigen der Länder eine wichtige Rolle spielen (zum Beispiel im Libanon), gibt es nur in wenigen Ländern der Studie vereinzelte jüdische Gemeinden. Auch andere Religionszugehörigkeiten (zum Beispiel Bahai) sind kaum vertreten. Aus meist religionspolitischen Gründen sind Ungläubigkeit beziehungsweise der Abfall vom (islamischen) Glauben (*ridda*) in vielen Ländern muslimischer Mehrheitsgesellschaften verboten. Dies erklärt den geringen Anteil an Nichtgläubigen in der Datenerhebung. Einige derjenigen, die „keine Angabe" gemacht haben, könnten folglich sehr wohl gläubig sein – andere wiederum könnte man vermutlich der Kategorie „keine Religion/konfessionslos" zuordnen. Die meisten Personen, die „keine Religion/konfessionslos" genannt haben, kommen aus Algerien. Welche (säkularen) Strukturen hierfür ursächlich sind, bleibt offen.

Die Befunde zur selbst eingeschätzten Religiosität der 16- bis 30-jährigen Befragten geben Aufschluss darüber, welche Rolle die Religion in ihrem Leben spielt und welche Wechselwirkung ihre Religiositäten mit anderen Lebensbereichen haben. Eingangs wird für einen Überblick nach Herkunftsland, Altersgruppe und Geschlecht differenziert. Die Selbsteinschätzung konnte auf einer Skala von 1 („nicht religiös") bis 10 („sehr religiös") angegeben werden. In den Ländern bewegten sich die Angaben zwischen 6 und knapp unter 8 Punkten. Die Religiosität bildet sich also maßgeblich im dritten Quadranten ab.

Tunesien und der Libanon sind diejenigen Länder, die im unteren Bereich des Spektrums stehen. Libyen ist das Land, in dem sich die befragten Jugendlichen als am religiösesten einschätzen (Abb. 12.1). Diese Ergebnisse mögen wenig überraschen, wenn man die historischen Entwicklungen in diesen Ländern bedenkt und sie zusammen mit den vorherrschenden politischen Systemen betrachtet. Tunesien galt insbesondere seit der Revolution, die dort Ende 2010 begann, und den politischen Veränderungen lange als demokratisches Vorzeigeland der MENA-Region.[2] Auch der Libanon als parlamentarische Demokratie (beziehungsweise Konkordanzdemokratie aufgrund des Konfessionalismus und des damit verbundenen religiösen Proporzes) wurde im Globalen Süden und Globalen Norden bis zu den massiven Krisen, deren Marker die verheerende Explosion

---

2 Loimeier (2020) hat den religiösen Wandel in Tunesien ausführlich analysiert.

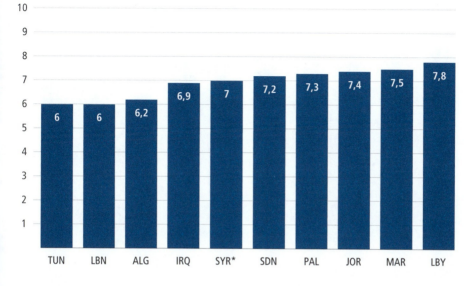

Abb. 12.1 RELIGIOSITÄT

TUN	LBN	ALG	IRQ	SYR*	SDN	PAL	JOR	MAR	LBY
6	6	6,2	6,9	7	7,2	7,3	7,4	7,5	7,8

FRAGE 109
Wie religiös bist du, auf einer Skala von 1 (= überhaupt nicht religiös) bis 10 (= sehr religiös)?

HINWEISE Angegeben sind die Mittelwerte.

im Beiruter Hafen 2020 darstellte, als beispielhaft für politische und religiöse Pluralität wahrgenommen. Alle folgenden Länder (Algerien, Irak, Syrien [syrische Geflüchtete im Libanon], Sudan, Palästina, Jordanien, Marokko) sind gekennzeichnet durch verschiedene politische Systeme (konstitutionelle Monarchien, [semipräsidentielle] Republiken), in denen religiöse Pluralität oft formal möglich, de facto für viele dortige Minderheiten jedoch nicht umsetzbar ist, sodass ihre gesellschaftliche Teilhabe begrenzt bleibt (Owen 2013; Cleveland 2018).

In diesem Abschnitt wird die zeitliche Entwicklung der Religiosität der befragten Jugendlichen in den Blick genommen, und zwar konkret der Vergleich mit den Daten der Jugendstudie von 2016 (Gertel/Hexel 2017). Sowohl in der Studie von 2016 als auch in der vorliegenden Studie wurde retrospektiv nach der eigenen Religiosität vor jeweils fünf Jahren gefragt. Allerdings wurde hier nicht unterschieden zwischen Personen muslimischen und solchen christlichen Glaubens (dies betrifft insbesondere den Libanon). Die sechs vergleichbaren Länder, die in beiden Studien berücksichtigt wurden und in denen Jugendliche befragt wurden, sind Marokko, Tunesien, Jordanien, Palästina, der Libanon und syrische Geflüchtete im Libanon (Abb. 12.2).

Insgesamt lässt sich anhand der empirischen Befunde feststellen, dass die Jugendlichen, die an den Studien teilgenommen haben, das Gefühl haben, jetzt

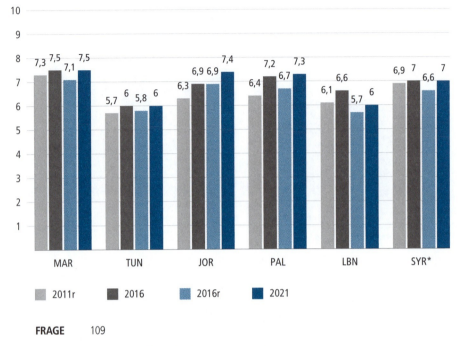

**Abb. 12.2
ENTWICKLUNG VON RELIGIOSITÄT**

FRAGE 109
HINWEISE Angegeben sind die Mittelwerte; r = retrospektiv.

(das heißt zum Zeitpunkt der jeweiligen Befragung) religiöser zu sein als fünf Jahre zuvor (Abb. 12.3). Zudem steigt die empfundene Religiosität mit zunehmendem Alter leicht an. Grundsätzlich unterscheiden sich die Daten allerdings kaum, weder was die eingeschätzte aktuelle Religiosität betrifft noch die nachträglich eingeschätzte Religiosität von vor fünf Jahren; es lassen sich nur leichte Trends einer gestiegenen Religiosität für Jordanien und einer gesunkenen Religiosität für den Libanon ableiten.

Die religiösen Überzeugungen und Praktiken von Jugendlichen können von verschiedenen Faktoren beeinflusst werden, darunter kulturelle, soziale, wirtschaftliche und historische Zusammenhänge. Wie individuelle Erfahrungen und Perspektiven variieren, zeigt sich bei der Betrachtung der Religiosität von Jugendlichen im Libanon im Vergleich zu Jordanien. Die Gesellschaftsstrukturen im Libanon sind aus religiöser Perspektive mit Blick auf historische Dynamiken vielschichtig: Hier lebt ein bedeutender Bevölkerungsanteil von Christinnen und Christen neben verschiedenen muslimischen Konfessionen. Diese Vielfalt hat dazu beigetragen, dass im Libanon eine pluralistischere und tolerantere Haltung gegenüber unterschiedlichen Religionen vorherrschen kann. Die komplexe politische und soziale Landschaft erlebt Spaltungen entlang religiöser Linien, was

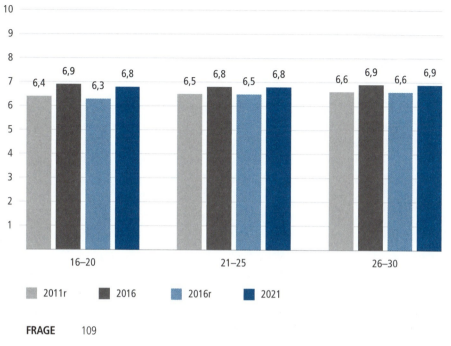

Abb. 12.3
RELIGIOSITÄT NACH ALTERSGRUPPE

FRAGE 109

HINWEISE Angegeben sind die Mittelwerte; r = retrospektiv.

dazu führt, dass einige libanesische Jugendliche den Einfluss religiöser Institutionen hinterfragen und nach alternativen Möglichkeiten für die Konstruktion ihrer (religiösen) Identitäten suchen, um ihrem Selbst Ausdruck zu verleihen. Zudem haben libanesische Jugendliche mehr Zugang zu säkularer Bildung und werden mit unterschiedlichen religiösen Ideologien konfrontiert. Dies kann zu einem breiteren Angebot religiöser Einstellungen und Praktiken führen. Darüber hinaus können wirtschaftliche Bedingungen religiöse Überzeugungen und Praktiken beeinflussen. Der Libanon hat gegenwärtig mit enormen wirtschaftlichen Herausforderungen zu kämpfen, einschließlich hoher Arbeitslosigkeit und politischer Instabilität, was dazu führen könnte, dass einige Jugendliche traditionelle religiöse Institutionen infrage stellen und sich stärker auf alltagsweltliche Anliegen konzentrieren.

Im Gegensatz dazu hat Jordanien eine homogenere Bevölkerung mit einer muslimischen Mehrheit, dadurch kann es zu einem größeren Einfluss religiöser Praktiken und Traditionen kommen. Außerdem kann Jordanien ein stabileres politisches System vorweisen, was wiederum zu einer strengeren Einhaltung religiöser Normen und Praktiken führen kann. Da der Zugang zu unterschiedlichen Bildungsmöglichkeiten und die Exposition gegenüber verschiedenen (Zukunfts-)

Perspektiven religiöse Überzeugungen und Praktiken beeinflussen können, sind viele junge Menschen aus Jordanien, wo religiöse Bildung relativ verbreitet ist, verstärkt religiösen Einflüssen ausgesetzt. Das Bildungssystem Jordaniens weist einen stärkeren Schwerpunkt auf religiöser Lehre und Praxis auf als das des Libanon. Jordanien bietet zurzeit eine höhere Stabilität und bessere wirtschaftliche Möglichkeiten und erzielt dadurch vermutlich eine stabilere Basis für religiöse Bindungen.

Religiöse Überzeugungen, also etwa der Glaube an Gott, und rituelle Praktiken, die im Alltag gelebt werden, unterscheiden sich. Doch gläubig zu sein heißt nicht notwendigerweise, den Glauben auch praktizieren zu müssen. Religiositäten sind oft zutiefst persönliche Angelegenheiten und können von einer Vielzahl individueller Erfahrungen, familiärer Erziehung und persönlichen Überzeugungen geprägt werden. Auch Geschlecht spielt eine Rolle und die vermeintlich homogenen und essenzialisierenden Kategorien „Mann" und „Frau" sind als Konstruktionen zu verstehen (vgl. Kap. 10), die ebenso identitätsprägend sein können wie die (individuelle) Religiosität.

Betrachtet man die Religiositäten der befragten Jugendlichen der aktuellen Studie aus einer Genderperspektive, so fällt auf, dass sich die weiblichen Jugendlichen als etwas religiöser einstufen als die männlichen: Der Durchschnitt der weiblichen Jugendlichen liegt bei 7,2 Punkten, der der männlichen Jugendlichen bei 6,7. Auch wenn der Unterschied mit durchschnittlich 0,5 Punkten gering ausfällt, muss die Frage gestellt werden, warum es diesen Unterschied gibt. Auf der einen Seite lässt sich argumentieren, dass „die" Religion als persönliches Refugium eine zentrale Rolle spielt angesichts geringerer Handlungsoptionen von Frauen in Bezug auf gesellschaftliche Aufstiegschancen in überwiegend patriarchalen Gesellschaften. Die Selbsteinschätzung der Religiosität kann daher ein Spiegel vorherrschender sozialer Normen sowie gesellschaftlicher, politischer und insbesondere wirtschaftlicher Dynamiken sein. Auf der anderen Seite sind es oft die weiblichen Mitglieder einer Familie, die sich um eine religiöse Atmosphäre und Lebensweise innerhalb ihrer Familien bemühen. Gerade junge Frauen werden häufig daran erinnert, in der Öffentlichkeit die Pflicht zu haben, den Ruf ihrer Familie nicht zu gefährden und auch den Grad ihrer Religiosität aufrechtzuerhalten. Folglich werden Frauen häufiger als Männer als Gradmesser von Religiosität wahrgenommen beziehungsweise in die Pflicht genommen (Franke et al. 2022).

In den qualitativen Interviews wird soziale Ungleichheit im Zusammenhang mit Religion thematisiert. Najah, eine verwitwete 21-jährige Jemenitin und Mutter von zwei Kindern, erklärt zum Beispiel die Grenzen, die insbesondere für Frauen innerhalb ihrer Familie gelten, folgendermaßen:

Wir leben in einer streng religiösen Familie, und wenn einer aus meiner Familie wüsste, dass ich jetzt ein Interview mit Ihnen führe, könnte mir der Tod drohen, und Sie könnten verhaftet, eingesperrt oder angegriffen werden. Unsere Familie hat ihre eigenen Bräuche und Traditionen. Die Grenzen des Mädchens sind die Küche oder die Ehe und andere Dinge. Wir könnten getötet werden.

Was hierbei religiöser Kanon und was lokale Tradition ist, mag auch für die Betroffenen selbst unklar sein. Tami, eine 17 Jahre alte Schülerin aus Ramallah (Palästina), sieht ebenfalls deutliche Unterschiede zwischen Männern und Frauen in ihrer Gesellschaft:

Wenn wir den religiösen Aspekt betrachten, erlauben religiöse Familien den Frauen [zwar], zu lernen, aber mit Einschränkungen und Gesetzen, die ihnen auferlegt werden.

Die Hauptfrage, in der Religion beziehungsweise das Religiös-Sein eine Rolle spielte, war die Frage nach sozialer Gleichberechtigung mit Gender- und Generationsdifferenzierung als Unterfrage. Der 19-jährige Hachim, der sich auf sein Studium in Rabat (Marokko) vorbereitet, erklärt beispielsweise, dass aus seiner Sicht generationelle Unterschiede den Einfluss der Religion verdeutlichen:

Ich denke, dass die Ungleichheit zwischen den Geschlechtern das Ergebnis der alten gesellschaftlichen Vorstellung ist, dass ein Junge von Geburt an besser ist als ein Mädchen. Meiner Meinung nach ist diese Vorstellung unsinnig, denn beide sind in der Lage, gute und schlechte Dinge zu tun. Es ist die Wahrnehmung der Gesellschaft, die dabei eine große Rolle spielt; sie beeinflusst alles. Ich habe Freundinnen, die denken, dass ein Junge besser ist als ein Mädchen, und ich habe andere Freundinnen, die nicht daran glauben. Der Grund für diesen Unterschied ist ihr wirtschaftliches Niveau: Die erste Kategorie ist arm, die zweite reich. Was den Generationsunterschied angeht, so war die alte Generation meiner Meinung nach ganz anders als wir. Als sie in unserem Alter waren, konnten sie eine Reihe von Dingen erreichen, die wir als junge Erwachsene kaum noch erreichen können. Die alte Generation hat Erfahrungen gemacht, die wir nicht gemacht haben. In den 1980er- und 1990er-Jahren war das Leben anders, und der Einfluss der Religion war so groß, dass es möglich und üblich war, einen jungen Mann zu töten, der sich vor Extremisten zum Atheismus bekennt. Heute ist dieses Problem zwar nicht völlig verschwunden, aber es hat sich deutlich verringert.

Zusammenfassend zeigt die Betrachtung der Religiosität von Jugendlichen und jungen Erwachsenen, wie vielfältig und komplex die Einflüsse auf religiöse Überzeugungen und Praktiken sein können, angefangen von der kulturellen und religiösen Diversität über politische Stabilität bis hin zu ökonomischen Bedingungen und Geschlechterrollen. Diese Erkenntnisse betonen die Notwendigkeit, religiöse Phänomene im Zusammenhang mit individuellen Erfahrungen und den gesellschaftlichen Kontexten zu untersuchen, um ein umfassendes Verständnis der vielschichtigen religiösen Identitäten und der Kontexte ihrer Konstruktionen zu erlangen.

Krisen und Digitalisierung

In Zeiten von Krisen und gesellschaftlichen Herausforderungen werden Religion, Glaube und Religiosität im Sinne des Praktizierens oft als hoffnungsvoller Rückhalt wahrgenommen. Sie bieten Menschen Trost, Sinnstiftung und Orientierung in schwierigen Zeiten. Religiöse Rituale und Gemeinschaften können eine Quelle der Unterstützung und des Zusammenhalts sein, indem sie einen Raum für den Austausch von Erfahrungen, das Teilen von Sorgen und die Suche nach spiritueller Stärkung bieten. Darüber hinaus können religiöse Überzeugungen und Werte dazu beitragen, Menschen einen moralischen Kompass zu geben und sie bei der Bewältigung von Herausforderungen zu unterstützen. Digitale Räume können inzwischen häufig ebenfalls ähnliche Emotionen, Hoffnung und Zuversicht auslösen und Möglichkeiten der Soziabilität bieten. Im Folgenden werden daher die Rolle der digitalen Evolution und der Einfluss der Covid-19-Pandemie auf die Religiositäten der befragten Jugendlichen beleuchtet.

Die Covid-19-Pandemie hatte und hat Auswirkungen auf viele Lebensbereiche insbesondere von jungen Menschen (Kap. 4). In den Ländern der Studie wurden unterschiedliche Maßnahmen ergriffen, um die Pandemie einzudämmen (Hanieh/Ziadah 2022). So waren zwar viele junge Menschen von der Pandemie durch Krankheit, Todesfälle oder eingeschränkte Bewegungsfreiheit betroffen. Auffällig ist jedoch in den hier beispielhaft aufgeführten Fällen, dass die Begriffe von Resilienz und Religiosität im Kontext der Pandemie häufig gemeinsam genannt werden, um Strategien der Adaption hervorzuheben. Einen Zusammenhang zwischen der Pandemie und der Religion nennt auch Samir, 29 Jahre alt, der an einer öffentlichen Schule in Marokko unterrichtet. Er hebt dabei ebenfalls den Aspekt der Resilienz hervor, der bei religiösen Menschen stärker ausgeprägt sei als bei nicht religiösen Menschen:

> *Wir sind eine vierköpfige Familie: Vater, Mutter, mein Bruder und ich. Diejenige, die am meisten von der Pandemie betroffen war, war meine Mutter, vor allem psychisch, sie konnte die Situation zunächst nicht ertragen. Und warum? Weil meine Mutter sehr gesellig ist und gern ausgeht und ihre Freunde und Nachbarn trifft und weil sie es nicht erträgt, längere Zeit in einem geschlossenen Raum zu bleiben. Da der Mensch die Fähigkeit hat, sich an neue Situationen anzupassen, begann meine Mutter sich allmählich einzustellen, und*

dank unserer Verbundenheit, unserer Hilfe und unserer Gespräche mit ihr war sie in der Lage, das Problem zu überwinden und sich anzupassen, bis der Lockdown vorbei war und wir schließlich erleichtert aufatmeten. Was meinen Vater und meinen Bruder betrifft, so waren sie nicht sehr betroffen. Sie akzeptierten die Situation mit offenen Armen. Meiner Meinung nach hat das mehr mit ihrer spirituellen Seite zu tun, die bei ihnen stärker ist als bei mir und meiner Mutter. Mein Vater und mein Bruder sind religiös engagiert. Wie wir wissen, neigen religiös engagierte Menschen dazu, ruhig zu sein, sich schnell anzupassen und neue Situationen zu akzeptieren. Für sie war der Lockdown eine Gelegenheit, sich mit religiösen Themen zu beschäftigen, Bücher zu lesen und zu beten. Man kann sagen, dass sie sich in einem Zustand der religiösen Abgeschiedenheit befanden.

Die Ausführungen von Lina, einer 30-jährigen Angestellten aus Beirut (Libanon), beziehen sich auf die Frage, ob soziale Ungleichheit in ihrem Land zugenommen oder abgenommen habe und ob die libanesische Gesellschaft aus der Covid-19-Pandemie etwas gelernt habe:

Die Ungleichheit im Bereich der Arbeit hat abgenommen, da Frauen in allen Bereichen arbeiten können. Was die Religion betrifft, so hat sie nicht abgenommen, was Heirat und Scheidung, die Verteilung des Erbes und alles, was von der Religion kontrolliert wird, angeht. [...] Ich glaube, niemand hat etwas gelernt. Das libanesische Volk ist ein „hirnloses" Volk. Normalerweise lernt der Einzelne aus seinen Fehlern, aber das libanesische Volk hat aus seinen politischen Erfahrungen, der Religion und der Revolution, die stattgefunden hat, nichts gelernt, und nichts hat sich geändert! Es ist ein Volk, das sich an die Situation anpasst, aber nicht lernt.

Religion und Pandemie wurden in den Interviews meist im familiären Bereich verortet, wie oben bereits erwähnt. Auch die 16-jährige Zayneb, die in Mohammadia (Algerien) ein Gymnasium besucht, wurde gebeten zu beschreiben, inwiefern sie persönlich und ihre Familie durch die Pandemie betroffen waren. Sie antwortete:

Meiner Familie ist es heilig, sich zu religiösen Festen bei meinen Großeltern zu versammeln. Während eines der Feste war mein Onkel krank, hatte Symptome, aber niemand kannte sie damals, und niemand hat an Covid gedacht. Er hat uns alle angesteckt, und diejenigen, die zuvor meinen Onkel angesteckt hatten, sind [sogar] gestorben. Ich kann nicht beschreiben, wie viel Angst und Schrecken wir in dieser Zeit der Krankheit erlebt haben.

Es lässt sich aufgrund der Aussagen also schlussfolgern, dass Religion und Religiosität meist in privateren Räumen, wie zum Beispiel der Familie, eine wichtige Rolle spielen. Insbesondere im Zusammenhang mit der Pandemie waren vor allem die Familie und familiäre Strukturen von Isolation betroffen und emotionalen Belastungen ausgesetzt.

Schon vor der Covid-19-Pandemie waren digitale Interaktionen eine Alltagspraxis junger Menschen in der Region (vgl. Kap. 13). Mit Beginn und im Verlauf der Pandemie, als private Räume als physische Orte wichtiger wurden, erlangten digitale Medien und Geräte eine neue Relevanz, nicht nur für den Zeitvertreib, sondern auch für die Kommunikation; sie machten die Grenzen der privaten Räume durchlässig und ermöglichten den Kontakt zu Personen außerhalb der Familie. Gleichzeitig ist dennoch nicht alles möglich. Lina, die oben aussagte, dass sich infolge der Pandemie wenig im Libanon geändert habe, äußert sich zum alltäglichen Gebrauch digitaler Geräte und Medien kritisch:

Soziale Netzwerke können wegen der Äußerung religiöser und politischer Ansichten zu Problemen zwischen den Menschen führen.

Lina sieht die Probleme darin, dass man Schwierigkeiten bekommen könnte, sobald man offen seine Meinung zu religiösen Themen äußere. Allerdings habe die digitale Entwicklung seit der Coronakrise auch positive Effekte gehabt, konstatiert sie: So könnten nun mehr Menschen von zu Hause aus arbeiten. Insgesamt zeichnet sich ab, dass es religiösen Menschen in Krisensituationen leichter fallen kann, diese zu bewältigen, religiöse Praktiken können Wirkung als Strategien der Resilienz entfalten.

Werte und Lebensgenuss

Werte und Lebensgenuss sind zwei wichtige Aspekte, die eng mit Religion und Religiosität verbunden sind (vgl. Kap. 11). Religionen und religiöse Überzeugungen spielen eine bedeutende Rolle bei der Gestaltung von Werten und ethischen Prinzipien, die das Verhalten und die Lebensweise von Gläubigen beeinflussen können. Gleichzeitig bieten Religion und Religiosität einen Rahmen für den Lebensgenuss, indem sie einen Sinn für Spiritualität, Transzendenz und tiefe Erfahrungen ermöglichen. In diesem Abschnitt wird die Verbindung zwischen Werten, Lebensgenuss und religiöser Praxis anhand der erhobenen Daten illustriert. Dazu werden die Befragten anhand der selbst eingeschätzten Religiosität in vier Gruppen eingeteilt, von „wenig religiös" (1 bis 4 Punkte auf der Zehnerskala, dies betrifft 12 % der Befragten in den zehn Ländern) über „etwas religiös" (5 bis 6 Punkte, 25 %) und „stärker religiös" (7 bis 8 Punkte, 34 %) bis hin zu „sehr religiös" (9 bis 10 Punkte, 27 %).

Wird die Religiosität der Jugendlichen kombiniert mit der Aussage „Ich genieße das Leben so gut wie möglich", fällt auf, dass es zwischen den Antworten und der selbst wahrgenommenen Religiosität keinen Zusammenhang gibt. So stimmen insgesamt 47 Prozent der Befragten „voll und ganz" zu, dass sie ihr Leben so gut wie möglich genießen wollen: Unter den wenig religiösen Jugendlichen sind es 51 Prozent, unter den etwas religiösen 42 Prozent, 46 Prozent unter den stärker religiösen und 52 Prozent unter den sehr religiösen. Die Religiosität spielt folglich für die Frage, ob die befragten Jugendlichen das Leben genießen, eine nachgeordnete Rolle.

Wird nach den Werten gefragt (Abb. 12.4, siehe auch Kap. 11) und werden diese mit den Religiositäten beziehungsweise Nicht-Religiositäten der Jugendlichen in Beziehung gesetzt, ergeben sich folgende Einblicke: Zunächst gibt es vier Aspekte, die bei allen Befragten, egal wie religiös oder nicht religiös sie sind, schwach ausfallen: Dies ist erstens „Macht haben und Einfluss ausüben wollen". Die durchschnittlichen Werte bei den Antworten bewegen sich zwischen 5,2 und 5,7 Punkten auf der Zehnerskala. Zweitens ist es der Aspekt, „die eigene Agenda auch gegen die Interessen anderer verfolgen zu wollen". Hier bewegen sich die Antworten zwischen 5,2 und 5,4 Punkten. Drittens ist es die „politische Aktivität" der jungen Menschen. Hier geben die meisten an, nicht politisch aktiv zu sein, egal wie religiös oder nicht religiös sie sind: Die Werte liegen zwischen 3,6 und 3,8 Punkten. Auch den Aspekt, „das zu tun, was die anderen tun", versehen die Jugendlichen mit niedrigen Punktwerten. Die Antworten rangieren zwischen 4,4 und 5,4 Punkten.

Bei der Frage, ob man die Inhalte seines Glaubens verbreiten möchte, gehen die Antworten der Jugendlichen je nach ihrem religiösen Status demgegenüber auseinander. Es überrascht nicht, dass diejenigen, die sich als „sehr religiös" einschätzen, im Durchschnitt einen Punktwert von 8,6 vergeben. Diejenigen, die sich als „wenig religiös" betrachten, geben hier im Schnitt 5,7 Punkte an. Das Mittelfeld bewegt sich zwischen 7,0 und 7,8 Punkten. Die Diskrepanz der Antworten ist zudem bei der Frage, „ob man die Traditionen des Heimatlands achtet", bemerkenswert groß. So geben diejenigen, die sich als „sehr religiös" einschätzen, an, diese Traditionen sehr zu achten (8,6 Punkte), wohingegen diejenigen, die sich als „wenig religiös" bezeichnen, herausstellen, diese Traditionen nicht zwangsläufig zu achten (6,7 Punkte).

Grundsätzlich fällt auf, dass viele Werte den religiöseren Jugendlichen wichtiger sind als den weniger oder nicht religiösen. Hierbei könnten sowohl psychologische Faktoren eine Rolle spielen als auch unterschiedliche Persönlichkeitstypen mit einem Hang zum Optimismus beziehungsweise der Tendenz zur höchsten Punktvergabe (immer 10 von 10). Eine weitere Erklärung kann darin bestehen, dass Werte in den meisten Religionen und so auch im Islam zentral und in der normativen Vermittlung der Religion relevant sind. Aber auch in individuellen

Abb. 12.4
WERTE NACH RELIGIOSITÄT

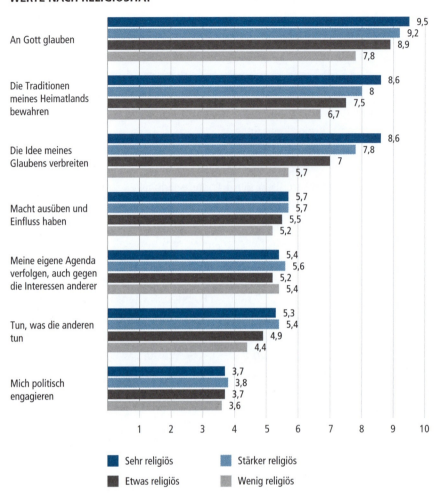

FRAGE 117

HINWEISE Angegeben sind die Mittelwerte.

Formen des „gelebten Islam" sind Werte von großer Wichtigkeit. Somit wurden die religiöseren Jugendlichen in der Erziehung und Auseinandersetzung mit ihrer Religion schon im Kindesalter an die Bedeutung von Werten im Sinne einer „Wertevermittlung" herangeführt – ein Aspekt, der auch für die Entwicklung und Konstruktion ihrer Identitäten von Relevanz ist.

Religion als Privatsache und die Raumfrage

Im Zusammenhang mit Religion und Religiosität spielt die Betrachtung von Räumen, sowohl privaten als auch öffentlichen (die hier aus pragmatischen Gründen nicht weiter ausdifferenziert werden), eine bedeutende Rolle. Religiöse Praktiken und Rituale finden nicht nur in spezifischen religiösen Stätten statt, sondern auch in den privaten Räumen der Gläubigen. Diese privaten Räume können Orte des persönlichen Gebets, der Meditation oder des gemeinsamen Glaubensausdrucks sein. Gleichzeitig interagiert die Religiosität mit öffentlichen Räumen, wie Tempeln, Kirchen, Moscheen oder anderen religiösen Einrichtungen, die als Versammlungsorte für religiöse Gemeinschaften dienen. Die Untersuchung dieser verschiedenen Räume im Zusammenhang mit Religion und Religiosität ermöglicht ein tieferes Verständnis der Vielfalt und Komplexität der Religionsausübung der befragten jungen Erwachsenen und ihrer Bedeutung für das individuelle und kollektive Leben. Insofern wird im Folgenden zunächst auf die Frage, ob Religion Privatsache sei, Bezug genommen.

Ähnliche Ergebnisse wie im vorangegangenen Abschnitt zu den Werten lassen sich ableiten aus den Antworten auf die Frage: „Religion ist eine Privatangelegenheit, in die sich niemand einmischen sollte. Stimmst du dem zu?" Für die Antwort konnte gewählt werden zwischen „Ja" (81 %), „Nein" (14 %) und „Ist mir egal" (4 %). Mit „Ja" antworteten 79 Prozent der „wenig religiösen", 82 Prozent der „etwas religiösen", 81 Prozent der „stärker religiösen" und 82 Prozent der „sehr religiösen" jungen Erwachsenen. Die deutlich überwiegende Mehrheit der befragten Jugendlichen ist also der Meinung, dass Religion eine Privatsache sei und niemand sich darin einmischen dürfe, und zwar unabhängig davon, wie stark religiös sie sich selbst einschätzen.

Gleichzeitig geben 70 Prozent der befragten Jugendlichen (nur muslimischen Glaubens) an, dass „der" Islam eine größere Rolle im öffentlichen Leben spielen solle. Unter den „wenig religiösen" Befragten sprechen sich 54 Prozent für mehr Präsenz des Islam in der Öffentlichkeit aus, unter den „etwas religiösen" 67 Prozent, unter den „stärker religiösen" 71 Prozent und unter den „sehr religiösen" 76 Prozent. Diese Befunde scheinen zu den Antworten auf die vorhergehende Frage im Widerspruch zu stehen – zumindest auf den ersten Blick. Ein Widerspruch muss allerdings nicht zwangsläufig vorliegen, da Religion auf der einen Seite als Privatsache gelten und gleichzeitig auf der anderen Seite eine größere Rolle im öffentlichen Leben spielen kann. Dies kann bedeuten, dass die Religion im öffentlichen Raum sichtbarer sein soll, sowohl aus gesellschaftlicher als auch aus politischer Perspektive. Dabei soll dieser öffentliche Raum allerdings nicht in die private Religiosität eingreifen. Religion wird hier als mäandernd zwischen privaten und öffentlichen Räumen charakterisiert, die dadurch notwendigerweise hybrid sind.

Lebenssituation, Bildung, Klassenfrage

In diesem Abschnitt werden die Religiositäten der befragten jungen Menschen im Zusammenhang mit ihrer jeweiligen Lebenssituation, ihrem höchsten erreichten Bildungsabschluss und ihrer jeweiligen selbst eingeschätzten Klassenzugehörigkeit erläutert. Die Ergebnisse illustrieren vor allem, dass die Familie beziehungsweise familiäre Strukturen einen nicht zu unterschätzenden Einfluss auf das Leben der jungen Menschen haben. Dabei ist insbesondere die Wohnsituation aufschlussgebend. Die meisten der befragten Personen leben in einem familiären Kontext. Im Gegensatz dazu spielt der Grad der Bildung keine übergeordnete Rolle für die Religiosität. Dies trifft auch für die Schichtzugehörigkeit zu, es gibt nur kleinere Abweichungen in Bezug auf die Klassenfrage, wie weiter unten ausgeführt wird.

Um diese Daten zum Zusammenhang zwischen den Religiositäten der befragten Personen und ihren jeweiligen Lebenssituationen zu erklären, ist es wichtig, familiäre Lebensmodelle in den untersuchten Ländern zu verstehen. Die generationenübergreifende Bedeutung familiärer Strukturen wurde bereits in der MENA-Studie von 2016 festgehalten (Gertel/Hexel 2017). Dort wurde auch auf den Einfluss der Herkunftsfamilie verwiesen und darauf, welche Rolle die Bildung einer eigenen Kernfamilie spielt (Schwarz 2017). In der Studie wurde das Thema der Familie unter Berücksichtigung verschiedener Faktoren, wie der wirtschaftlichen Situation und Erziehungsstile, weiter differenziert. Auch in der vorliegenden Studie, die Daten aus den Jahren 2021 und 2022 auswertet, wird familiären Beziehungssystemen eine nach wie vor wichtige und entscheidende Bedeutung beigemessen (vgl. Kap. 10). So ist es auch heute in den Ländern der MENA-Region meist üblich, dass Jugendliche mit ihrer Herkunftsfamilie zusammenleben. Dass junge Menschen allein leben, kommt selten vor.

Betrachtet man die Religiosität der jungen Erwachsenen im Zusammenhang mit ihrer jeweiligen Lebenssituation (Abb. 12.5), fällt auf, dass Personen, die in einer Wohngemeinschaft mit Freunden leben, ihre eigene Religiosität am geringsten einschätzen (5,5 Punkte). Allerdings ist die Gruppe der Befragten, die in einer solchen Situation leben, sehr klein (1 % der Stichprobe). Darauf folgen diejenigen, die allein leben, mit 6,1 Punkten (2 %). Junge Menschen in anderen Lebenssituationen, die nicht weiter spezifiziert wurden, vergeben im Schnitt 6,3 Punkte (1 %). Darunter fallen zum Beispiel diejenigen, die bei Verwandten, wie Großeltern, Tanten oder Onkeln, leben. Die Werte derjenigen, die mit ihren Eltern im selben Haushalt leben, betragen durchschnittlich 6,9 Punkte (74 %). Sie schätzen sich als minimal weniger religiös ein als diejenigen, die mit den eigenen Eltern in einem Haus leben, aber ihren eigenen Haushalt führen (7,0 Punkte, 4 %). Mit 7,4 Punkten liegt jedoch die Gruppe derjenigen, die bereits ihre eigene Kernfamilie gebildet haben und mit ihrem Partner oder ihrer Partnerin und möglicherweise eigenen Kindern jeweils ohne die eigenen Eltern in einem

Abb. 12.5
RELIGIOSITÄT NACH LEBENSSITUATION

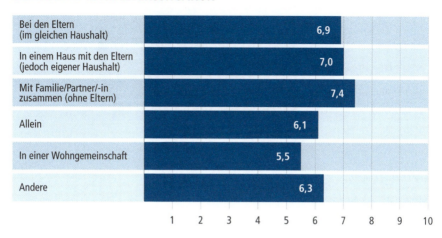

Lebenssituation	Mittelwert
Bei den Eltern (im gleichen Haushalt)	6,9
In einem Haus mit den Eltern (jedoch eigener Haushalt)	7,0
Mit Familie/Partner/-in zusammen (ohne Eltern)	7,4
Allein	6,1
In einer Wohngemeinschaft	5,5
Andere	6,3

FRAGEN 14, 109

HINWEISE Angegeben sind die Mittelwerte.

Haushalt leben (18 %), als am stärksten religiös an der Spitze. Die vorliegenden Daten deuten also darauf hin, dass die religiöseste Gruppe in neu gegründeten Haushalten lebt. In Anbetracht der ökonomischen Unsicherheiten, denen diese Gruppe in hohem Maße ausgesetzt ist (vgl. Kap. 5), ließe sich die erhöhte Religiosität auf diesen Umstand der familiären Lebenssituation zurückführen. Dieser Aspekt, die Lebenssituation in Verbindung mit ökonomischen Unsicherheiten, stellt einen zentralen Ansatzpunkt dar, um einen Zusammenhang zwischen Religiosität und dem Raub von Lebenschancen herzustellen.

Dieser Zusammenhang kann mehrere Ursachen haben. So bieten religiöse Gemeinschaften oft soziale Unterstützung und Zusammenhalt, insbesondere in Zeiten wirtschaftlicher Unsicherheit. Menschen können Trost, Hoffnung und Gemeinschaft in ihren religiösen Überzeugungen und Praktiken finden, was in schwierigen Lebenssituationen besonders wichtig sein kann. Religion kann Gläubigen einen Sinn und Zweck im Leben vermitteln, insbesondere wenn sie mit Herausforderungen wie Arbeitslosigkeit, Armut oder fehlenden Lebenschancen konfrontiert sind. Der Glaube kann helfen, schwierige Situationen zu akzeptieren und mit ihnen umzugehen. Neben „der" Religion kann eine spezifische individuelle Religiosität als Bewältigungsmechanismus dienen, um Stress und Belastungen zu reduzieren. In Zeiten des Verlusts können religiöse Praktiken und Rituale wie Gebete dazu beitragen, emotionale Belastungen zu verringern und psychische Resilienz zu stärken. Religiöse Glaubenssysteme beinhalten meist moralische und ethische Werte, die Orientierung und Halt geben können. In einer

Abb. 12.6
RELIGIOSITÄT NACH KLASSENEINSCHÄTZUNG

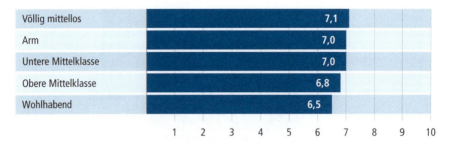

FRAGEN 44, 109

HINWEISE Angegeben sind die Mittelwerte.

Gesellschaft, die mit Ungerechtigkeiten und Enteignungsdynamiken konfrontiert ist, können religiöse Werte eine Rolle dabei spielen, wie Menschen ihre Lebenschancen wahrnehmen und darauf reagieren. Individuelles Religiös-Sein kann die Hoffnung auf eine bessere Zukunft aufrechterhalten, selbst unter schwierigen Lebensumständen. Die Aussicht auf spirituelles Wachstum, Belohnung im Jenseits oder göttliche Intervention kann Menschen dazu ermutigen, trotz widriger Umstände an ihrer Religiosität festzuhalten und darauf zu vertrauen, dass sich ihre Lebenssituation verbessern wird. Doch dieser Zusammenhang ist komplex und wird von verschiedenen individuellen, sozialen und kulturellen Faktoren beeinflusst. Nicht jeder Mensch mit begrenzten Lebenschancen wird zwangsläufig religiöser sein, und die individuellen Beweggründe für Religiosität sind vielfältig.

Die Frage nach der Religiosität im Zusammenhang mit der sozialen Klasse (Winegar 2016; Lentz 2015) bezieht sich auf die Selbsteinschätzung der Befragten, da auch die Frage nach der Klasse folgendermaßen lautete: „Wie würdest du deine Familie einordnen?" Als Antwort konnte zwischen „wohlhabend", „oberer Mittelklasse", „unterer Mittelklasse", „arm" und „völlig mittellos" gewählt werden. Mit 53 Prozent ordnen sich die meisten der unteren Mittelklasse zu. Als wohlhabend schätzt nur ein Prozent der jungen Menschen seine Familie ein. Diese bilden gleichzeitig mit 6,5 Punkten den unteren Bereich des Spektrums der Religiosität ab, wohingegen diejenigen, die ihre Familien als mittellos bezeichnen (4 %), sich mit 7,1 Punkten als am religiösesten einschätzen. Die am stärksten vertretene Gruppe der unteren Mittelklasse schätzt sich mit 7,0 Punkten ebenso wie die Armen als religiöser ein als die anderen Gruppen. Anhand der Zahlen lässt sich also kein expliziter Zusammenhang zwischen der Klasse und der Religiosität feststellen: Die Religiosität bleibt über die selbst eingeschätzte Klassenzugehörigkeit weitestgehend gleich.

Abb. 12.7
RELIGIOSITÄT NACH SCHICHTENINDEX

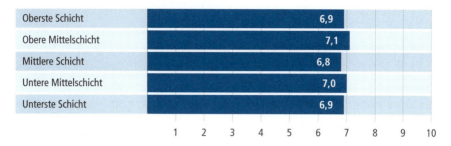

Schicht	Wert
Oberste Schicht	6,9
Obere Mittelschicht	7,1
Mittlere Schicht	6,8
Untere Mittelschicht	7,0
Unterste Schicht	6,9

FRAGE 109, Schichtenindex

HINWEISE Angegeben sind die Mittelwerte.

Ähnlich wie bei der Frage, ob Religion Privatsache sei, gibt es wenig Unterschiede in Bezug auf die Religiosität der Jugendlichen im Zusammenhang mit der jeweiligen Schichtzugehörigkeit (Abb. 12.7). In diesem Fall wird die Schichtzugehörigkeit „von außen", das heißt von den an der Studie beteiligten Forscherinnen und Forschern, beschrieben. Auffällig ist, dass nur ein geringer Unterschied zwischen den fünf Schichten besteht: unterste Schicht (mit 18 % der Befragten), untere Mittelschicht (20 %), Mittelschicht (25 %), obere Mittelschicht (23 %) und oberste Schicht (14 %).

Die Religiosität rangiert dabei zwischen 6,8 Punkten bei der Mittelschicht (unterster Bereich des Spektrums) und 7,1 Punkten bei der oberen Mittelschicht (oberster Bereich des Spektrums). Ebenso wie bei der Selbsteinschätzung lässt sich auch aus diesen Daten kein direkter Zusammenhang zwischen Schichtzugehörigkeit und Religiosität ablesen.

Fazit

Die zugrunde liegende Frage in diesem Kapitel zur Identitätskonstruktion junger Menschen, die sich in einem Zustand der „Enteignung" angesichts kontinuierlich abnehmender Zukunftsperspektiven in sozialen, politischen und wirtschaftlichen Bereichen befinden, wurde im Zusammenhang mit der Rolle von Religion beziehungsweise Religiosität analysiert. Entgegen ersten Annahmen sind die selbst eingeschätzten Religiositäten der jungen Erwachsenen nicht geringer als vor fünf Jahren. Im Gegenteil, die Religiosität hat stellenweise sogar etwas zugenommen. Ursächlich für die leicht gestiegene Religiosität der Jugendlichen können der zeitliche Abstand zu den Aufständen in den einzelnen Ländern und die damit verbundenen Unsicherheiten in Bezug auf islamistische Parteien und über die wahrgenommene Religiosität sein. Der Abstand ist inzwischen groß genug, um wieder selbstbewusst religiös sein zu können und zu wollen und somit eine spezifische individuelle religiöse Identität auszubilden.

Religiosität kann in diesem Zusammenhang als eine Form privat gelebter Ermächtigung, insbesondere für junge Familien, fungieren, um mit den wachsenden Unsicherheiten umzugehen. Die spezifischen Lebenssituationen neu gegründeter Kernfamilien sind ein Umfeld, in dem Religiös-Sein wichtiger ist als in sozialen Konstellationen mit mehreren Generationen unter einem Dach. Dies kann zum einen daran liegen, dass junge Familien eher Kritik von anderen Familienmitgliedern und Nachbarschaften ausgesetzt sind. Zum anderen bringt die neue Lebenssituation Herausforderungen mit sich, die für die Identität der jungen Familie (und ihrer einzelnen Mitglieder) entscheidend sein können. Gläubig zu sein und den eigenen Glauben zu praktizieren, kann in Lebensphasen, die von Umbrüchen geprägt sind, Orientierung geben. Religiöse Werte können hier als sinnstiftende Elemente in individuellen Lebenssituationen interpretiert werden. Es muss jedoch darauf hingewiesen werden, dass die Fragen der Studie zu jungen Familien hauptsächlich von Frauen beantwortet wurden, da Frauen gemäß den vorliegenden Daten der Studie früher heiraten als Männer. Zudem sind sie tendenziell religiöser als Männer. Daher ist es wichtig, zwischen Männern und Frauen hinsichtlich ihrer Lebenssituation und Religiosität zu unterscheiden. Frauen in dieser Gruppe erzielen einen durchschnittlichen Religiositätswert von 7,6, während Männer einen Wert von 6,7 erreichen. Diese Differenz verdeutlicht, dass Religiosität in dieser spezifischen Gruppe von Frauen eine wichtigere Rolle bei der Bewältigung der wachsenden Unsicherheiten spielt. Religiosität kann somit als persönliche Ressource in Zeiten von Enteignungserfahrungen interpretiert werden. Im Vergleich mit der Studie von 2016 lässt sich aus den vorliegenden Befunden abschließend entnehmen, dass religiöse Identitäten, Glaubensvorstellungen und religiöse Praktiken nicht fixiert, sondern – vor dem Hintergrund sich wandelnder Biografien – veränderlich sind. Über sämtliche sozialen Milieus und Schichtzugehörigkeiten hinweg bleibt die Religiosität der Befragten dennoch konstant.

IV

Gesellschaftliches Handeln

KAPITEL 13

KOMMUNIKATION

Carola Richter

„Ohne Internet kann ich kaum leben", sagen zwei Drittel aller befragten Jugendlichen in der MENA-Region. Warum, das fasst Mina, eine 22-jährige Studentin aus Gaza (Palästina), so zusammen:

> *Die Vorteile des Internets sind vielfältig, denn man kann Informationen nachschlagen, Kurse belegen [...] oder ganz allgemein profitieren. Man kann an Bildungsveranstaltungen teilnehmen [...] und das Internet auch zum Online-Einkauf nutzen, denn das spart Zeit, Mühe und Geld.*

Ganze 86 Prozent nutzen das Internet und 89 Prozent der Befragten haben Zugang zu einem Smartphone in ihrem Haushalt. Klingt dies nach einer „enteigneten Jugend"?

Auf den ersten Blick nicht, deuten diese Zahlen doch darauf hin, dass die technische Ausstattung gut ist und die Jugendlichen der MENA-Region kommunikativ anschlussfähig sind an Jugendliche anderer Weltregionen wie Europa oder Nordamerika. Dies korrespondiert auch mit einer breiten Euphorie über die Möglichkeiten der Digitalisierung, die in den Interviews zum Ausdruck kommt, wie es der 30-jährige Kadhim, der als Regierungsangestellter in der irakischen Hauptstadt Bagdad arbeitet, äußert:

> *Ich bin für die digitale Entwicklung. Wir müssen die konventionellen, mittelalterlichen Methoden aufgeben; wir müssen Kultur und Tradition beiseitelassen und den Weg des digitalen Fortschritts gehen. Unsere Traditionen und unsere Kultur haben uns dahin geführt, wo wir jetzt sind. [...] Die Lösung besteht darin, mit der Welt Schritt zu halten und die elektronischen und digitalen Mittel und Technologien zu nutzen.*

Die meisten MENA-Staaten haben in der Tat in den letzten Jahren massiv in digitale Infrastruktur investiert. Trotz ihrer unterschiedlichen finanziellen Möglichkeiten gilt dies auch für ärmere Länder der Region. Sie erzeugen damit ein Fortschrittsversprechen, dessen Einlösung jedoch fraglich bleibt – gerade angesichts massiver Klassenunterschiede oder sich verschärfender politischer Restriktionen. Wie integrieren die Jugendlichen in der MENA-Region die digitale Modernisierung vor dem Hintergrund spezifischer Strukturbedingungen also in ihren

Alltag? Welche Medienrepertoires nutzen sie für welche Formen von Kommunikation? Wie navigieren sie zwischen technischer Ermöglichung und politischen Einschränkungen?

Im Folgenden werde ich zunächst die Verfügbarkeit von Medien für die befragten Jugendlichen erläutern und dies in den Kontext staatlicher Infrastrukturpolitiken der MENA-Länder einbetten. Dann werde ich auf die Funktionen eingehen, die Medien – und insbesondere soziale Medien – für die Jugendlichen erfüllen, und die Medienrepertoires mit tatsächlichen Nutzungsmustern in Verbindung bringen. Dabei zeigt sich, dass Medien vor allem zu Unterhaltungs- und Netzwerkzwecken genutzt werden und nur in geringem Maße für politische Information oder gar Mobilisierung. Auch die häufig in den qualitativen Interviews beschworene Funktion des Internets, Bildung und Arbeit zu revolutionieren, lässt sich in den statistischen Daten nur bedingt nachweisen. Schließlich diskutiere ich länder- und klassenspezifische Unterschiede, um deutlich zu machen, wo die digitale Kluft liegt.

Die Verfügbarkeit von Medien im Zusammenhang mit staatlicher Infrastrukturpolitik

In den letzten zwei Jahrzehnten haben viele Staaten der MENA-Region massiv in den Ausbau der Telekommunikationsinfrastruktur investiert. Die Golfstaaten sind dabei mit ihren häufig in „Visionen" niedergelegten Programmen Vorreiter, andere – wie Ägypten und Tunesien – hatten zwar bereits in den 2000er-Jahren das Potenzial des Ausbaus der Digitalisierung erkannt, aber nicht die immensen finanziellen Mittel wie die Golfstaaten zur Verfügung. Wieder andere Länder, wie Libyen, der Jemen oder Sudan, haben erst in den letzten Jahren einen Boost an Investitionen erfahren, wie Kamel, 27 Jahre alt, aus dem Sudan beobachtet:

> *Im Sudan [...] waren wir weit entfernt vom technischen Bereich, aber [...] jetzt, im Jahr 2022, ist der Staat an der Technologie interessiert, was er E-Governance und E-Government nennt.*

Hinter diesen Maßnahmen steckt keine Philanthropie, sondern vor allem politische und wirtschaftliche Interessen: Es geht Staaten zum einen um die Möglichkeit, politisch unliebsame Inhalte einzuhegen durch den gezielten staatlichen Besitz von Unternehmen der Kommunikationsbranche beziehungsweise durch die Kontrolle der Infrastruktur. Zum anderen geht es auch darum, das Potenzial der Digitalisierung ökonomisch zu nutzen. Letzteres kann ganz unmittelbare Effekte für den Staatshaushalt beinhalten. Hodali (2019) zeigt beispielsweise für den Libanon, dass die Telekommunikationsbranche für die Regierung eine der wichtigsten Einkommensquellen ist und genutzt wird, um einen Teil der Staatsschulden zu begleichen. Für Palästina gibt Tawil-Souri (2015) an, dass 30 Prozent des dortigen Steueraufkommens aus Internet- und Mobilfunknutzung generiert werden. Neben diesen unmittelbaren ökonomischen Effekten geht es jedoch vor allem um eine Kontrolle der kritischen Infrastruktur.

Auch im digitalen Raum gibt es eine Art staatlich gesteuerte Oligarchisierung, das heißt, die Lizenzvergabe für Internetservice- und Telekommunikationsanbieter ist derart orchestriert, dass vor allem Investitionen von halbstaatlichen Fonds und bestimmten, oft regimenahen Privatinvestoren zugelassen werden. Diese Politik lässt sich auch im transnationalen Raum beobachten: Gerade in den Golfstaaten haben sich mächtige Konzerne herausgebildet, die als Anbieter in politisch „befreundeten" Staaten in der MENA-Region bevorzugt investieren können. Der katarische Ooredoo-Konzern operiert so beispielsweise im Irak, in Palästina, Algerien und Tunesien, während die emiratische Etisalat-Gesellschaft in Marokko und Ägypten aktiv ist (Richter 2023). Gerade die sichtbaren Erfolge der Infrastrukturpolitik in den Golfstaaten werden auch als Narrativ exportiert, das gesellschaftlichen und ökonomischen Fortschritt mit staatlich gesteuerter Digitalisierung verbindet und bei vielen Befragten verfängt, so auch bei Kadhim aus dem Irak:

Wenn wir uns die Verbesserungen in den Industrieländern und in der Golfregion ansehen, stellen wir fest, dass wir noch nicht so weit sind.

Dieser Kontext sollte nicht vergessen werden, wenn über Medienzugang und -ausstattung der Jugendlichen gesprochen wird: Eine gute Medienausstattung ist zunächst der Effekt einer interessegeleiteten Politik und führt nicht zwingend zu Selbstermächtigung und Teilhabe, wie viele hoffen.

Über alle Länder hinweg haben 65 Prozent aller Befragten einen Internetzugang in ihrem Haushalt (Abb. 13.1). Der Wert schwankt zwischen 46 Prozent im Sudan und Marokko und 94 Prozent in Libyen und spiegelt weitgehend die Daten der International Telecommunication Union (ITU) wider, die den Stand des Ausbaus der Telekommunikationsinfrastruktur in einzelnen Ländern misst. Gerade bei den Befragten im Jemen (+48 Prozentpunkte) und den syrischen Geflüchteten im Libanon (+41) sind die Werte im Vergleich zur Befragung vor fünf Jahren massiv gestiegen. Auch in Palästina (+17) und Marokko (+25) sind die aktuellen Werte deutlich höher, was sicherlich auf die oben beschriebenen Infrastrukturpolitiken zurückzuführen ist.

Festnetztelefone haben in der MENA-Region schon immer eine sehr geringe Rolle gespielt – dieser „Entwicklungsschritt" wurde aufgrund mangelnder technischer Kapazitäten und fehlender Investitionen in den 1970er- bis 1990er-Jahren einfach übersprungen. Gerade einmal 28 Prozent haben ein Festnetztelefon zur Verfügung, die höchste Rate ist dabei mit 65 Prozent in Algerien zu verzeichnen (Abb. 13.2).

Abb. 13.1
VERFÜGBARKEIT VON SMARTPHONES UND INTERNET

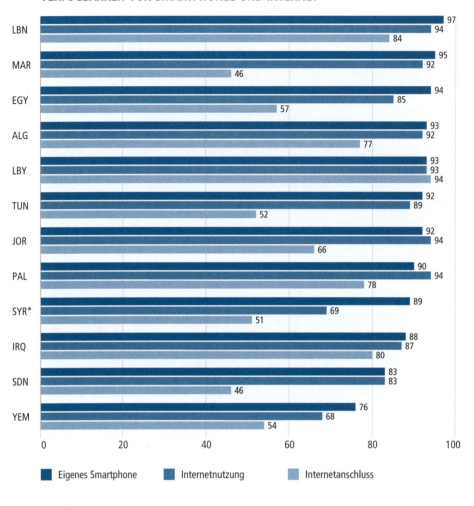

FRAGEN 132, 135, 49

HINWEISE Angaben in Prozent „Ja"

Stattdessen spielt das Smartphone eine weitaus größere Rolle: In der Regel haben über 90 Prozent der Befragten ein eigenes Smartphone, nur im Jemen (76 %), Sudan (83 %), Irak (88 %) und bei den syrischen Geflüchteten im Libanon (89 %) fallen die Werte etwas geringer aus, was sich durch die unterdurchschnittliche Kaufkraft in den Ländern beziehungsweise der Gruppe erklären lässt.

Größere Geräte wie Computer, Laptops oder Tablets sind für die befragten Jugendlichen weniger verfügbar. Im Durchschnitt sind aber immer noch 41 Prozent damit ausgestattet (Abb. 13.2). Besonders gering ist die Verfügbarkeit bei

Abb. 13.2
VERFÜGBARKEIT VON MEDIENGERÄTEN IM HAUSHALT

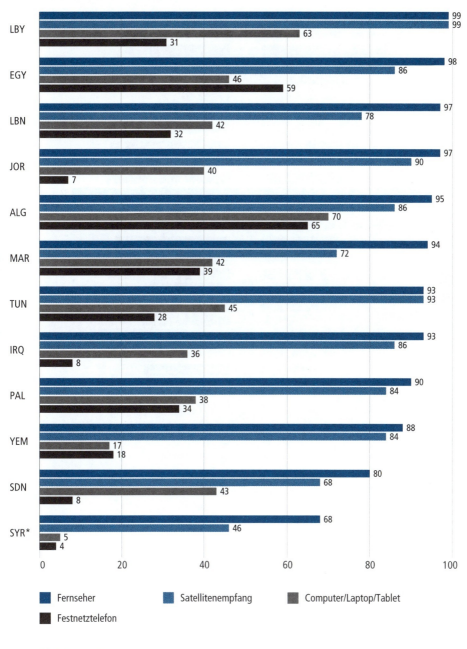

FRAGE 49
Welche der im Folgenden genannten Dinge stehen in deinem Haushalt zur Verfügung?

HINWEISE Angaben in Prozent

Abb. 13.3
RANGLISTE DER WICHTIGSTEN AUSGABEN

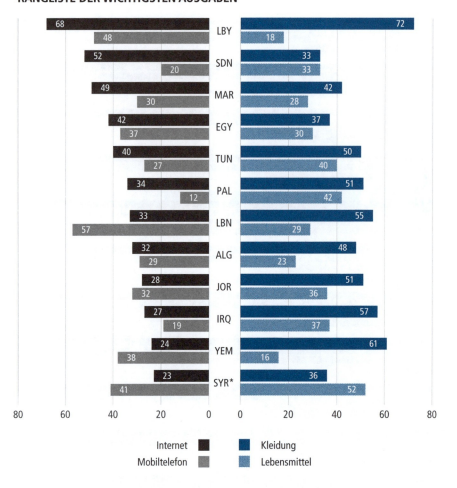

FRAGE 89
Bitte nenne die vier Dinge, für die du am meisten Geld ausgibst.

HINWEISE Angaben in Prozent

den syrischen Geflüchteten (5 %) und im Jemen (17 %). Im Vergleich zu Smartphones spielen sie also eine untergeordnete Rolle. Smartphones sind nach wie vor das Must-have für Jugendliche in der MENA-Region – das galt auch schon vor fünf Jahren und dockt an globale Trends bei Jugendlichen an. Relativ erschwinglich und im Hosentaschenformat stets zur Hand erzeugt das Smartphone über den Zugang zum Internet das Gefühl der permanenten Erreichbarkeit und Teilhabe, es ermöglicht Konnektivität und die unmittelbare Wahrnehmung von Informationsflüssen. Immerhin 46 Prozent nutzen es zuweilen auch als Bezahl-

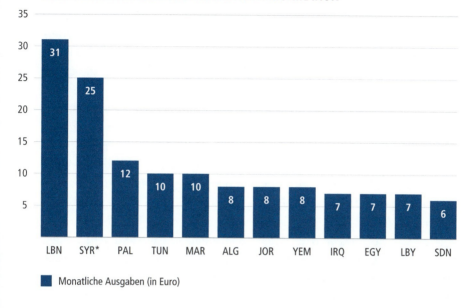

Abb. 13.4
MONATLICHE AUSGABEN FÜR MOBILE KOMMUNIKATION

LBN 31, SYR* 25, PAL 12, TUN 10, MAR 10, ALG 8, JOR 8, YEM 8, IRQ 7, EGY 7, LBY 7, SDN 6

■ Monatliche Ausgaben (in Euro)

FRAGE 134
Wie viel gibst du pro Monat für mobile Kommunikation aus?

HINWEISE Durchschnittswerte, nach offiziellen Kursen umgerechnet und auf ganze Euro gerundet

mittel, die höchsten Werte sind dabei in Tunesien und im Irak zu verzeichnen. E-Commerce scheint gerade im Irak sehr beliebt zu sein, wo das Bezahlen mittels Smartphone den fehlenden Zugang zu Kreditkarten ersetzt, wie Fatima, eine 23-jährige Lehrerin aus Bagdad (Irak), erzählt:

> Ich bestelle es einfach online und es kommt bei mir zu Hause an, egal ob es sich um Kleidung, Lebensmittel oder irgendetwas anderes handelt, was ich gerne mag.

Ein Fernseher ist zwar immer noch in fast allen Haushalten vorhanden (91 %), aber seine Verfügbarkeit und insbesondere seine Bedeutung im Vergleich zum Smartphone lassen nach (Abb. 13.2). Weniger verbreitet ist der TV-Besitz unter den syrischen Geflüchteten (68 %) und im Sudan (80 %). Die Zahlen der TV-Geräte korrelieren auch mit der Verfügbarkeit von Satelliten-TV (in 81 % aller Haushalte). Die besondere Relevanz des Fernsehens in der MENA-Region rührt daher, dass mittels Satelliten-TV eine Vielzahl an (arabischsprachigen) Fernsehsendern auch aus anderen Ländern verfügbar ist und man so Zugang zu einer weltweit einzigartigen Palette an Unterhaltungs- und Informationsangeboten hat.

Die Bedeutung, die die Jugendlichen der Verfügbarkeit des Internets und des Mobiltelefons beimessen, zeigt sich auch bei den Ausgaben, die sie dafür tätigen. Als sie vier Dinge benennen sollen, für die sie im Monat das meiste Geld ausgeben, landen das Internet (von 38 % benannt) und die Mobiltelefonie (32 %) auf dem zweiten und dritten Platz nach Aufwendungen für Kleidung und sind ähnlich wichtig wie Ausgaben für Essen (Abb. 13.3). Im Vergleich zur Befragung 2016 sind diese Angaben tendenziell gestiegen – was entweder dafür spricht, dass ihnen eine höhere Bedeutung zugewiesen wird, oder bedeuten kann, dass schlicht die Preise gestiegen sind. Im innerarabischen Vergleich wenden die Jugendlichen umgerechnet sechs bis zwölf Euro pro Monat für ihr Mobiltelefon auf, allein die libanesischen Befragten und die syrischen Geflüchteten im Libanon geben an, 31 Euro beziehungsweise 25 Euro auszugeben, was an den vergleichsweise hohen Preisen für Handys und Verträge im Libanon liegen dürfte (Abb. 13.4).

Dass sich trotz des als digitale Teilhabe gerahmten Fortschrittsversprechens die Ausgaben für Telekommunikation aber nicht unendlich in die Höhe treiben lassen, zeigte sich im Oktober 2019 im Libanon. Der Ministerrat wollte eine „WhatsApp-Steuer" einführen und die Nutzung der Messenger-Plattform mit einer monatlichen Gebühr von sechs US-Dollar belegen. Dies war einer der Auslöser für die massiven landesweiten Proteste – insbesondere der Jugendlichen –, die zu einer neuerlichen Regierungskrise führten (El-Richani 2021: 15). Die Idee der „Steuer" wurde fallen gelassen und kann als Warnung für andere Staaten dienen, die Preise für als lebensnotwendig empfundene digitale Ausstattung nicht übergebührlich zu erhöhen.

Die meisten befragten Jugendlichen mit Mobiltelefon nutzen dafür eine Prepaid-Option (71 %), die Tendenz geht aber im Vergleich zu 2016 (81 %) deutlich zu Vertragsabschlüssen. Hier ist zu vermuten, dass es neuerdings bessere Konditionen und Modelle für Vertragsabschlüsse gibt.

Medienrepertoires und Nutzungsmuster: Kontaktpflege und Unterhaltung

Unabhängig von der Verfügbarkeit des Internets im eigenen Haushalt ist dessen Nutzung, auch mittels mobiler Daten, enorm hoch. 86 Prozent aller befragten Jugendlichen nutzen es (Abb. 13.1). Nur im Jemen nutzen aufgrund der kriegsbedingten Schädigung der Infrastruktur nur 68 Prozent der Befragten das Internet und von den ökonomisch häufig schlechtergestellten syrischen Geflüchteten sind es auch nur 69 Prozent. Durchschnittlich sind die Jugendlichen knapp sechs Stunden pro Tag im Netz.

Die Jugendlichen bilden dabei Medienrepertoires und Nutzungsmuster aus, die einerseits regionale Gemeinsamkeiten zeigen, andererseits aber durch lokale Spezifika gekennzeichnet sind.

Tab 13.5
NUTZUNG VON SOCIAL-MEDIA-PLATTFORMEN

	MAR	ALG	TUN	LBY	SDN	EGY	PAL	JOR	LBN	SYR*	IRQ	YEM
Kontakt- und Entertainment-Plattformen												
Facebook	98	92	97	98	94	98	91	88	88	69	81	52
Instagram	74	79	58	47	53	47	65	61	72	35	66	23
TikTok	50	46	39	37	44	51	45	48	48	46	49	30
Twitter	17	24	7	32	39	26	12	18	16	9	20	15
Instant-Messaging-Dienste												
WhatsApp	95	62	35	63	94	91	86	89	99	97	86	99
Telegram	15	14	3	21	52	37	24	23	29	17	66	33
Viber	6	55	6	48	4	16	10	5	9	11	36	4
Videokonferenzsysteme												
Zoom / WebEx / MS Teams	10	19	5	8	9	5	15	21	37	8	8	4

FRAGE 138

HINWEISE Angaben in Prozent „Ja"

Die Nutzung sozialer Medien steht dabei im Vordergrund. Die in der Befragung identifizierten Medienrepertoires beziehen sich auf drei Plattformlogiken, die dann wiederum zu bestimmten Nutzungsmustern führen. Es gibt 1) Kontakt- und Entertainment-Plattformen wie Facebook und Twitter, 2) Instant-Messaging-Dienste wie WhatsApp und Telegram und 3) Videokonferenzsysteme wie Zoom.

Unter den Kontakt- und Entertainment-Plattformen ist Facebook bei den Jugendlichen in der MENA-Region nach wie vor der Spitzenreiter (Abb. 13.5). Ganze 88 Prozent nutzen diese Plattform regelmäßig. Nur im Jemen liegt der Anteil mit 52 Prozent weit unter dem Durchschnitt. Die immer noch hohe Reichweite im Vergleich zu Europa oder Nordamerika, wo Facebook als Medium der 40+-Generation gilt, ist erstaunlich und vermutlich mit der langjährigen Tradition in der MENA-Region zu erklären: Viele Medien, Fußballvereine, Institutionen, Intellektuelle oder Künstlerinnen und Künstler sind auf Facebook präsent und werden über diese Plattform wahrgenommen – hier zeichnet sich also eine regionale Besonderheit ab.

Massiv zugenommen hat aber die Nutzung von Instagram, das mit seinem Design und Fokus auf visuelle Inhalte auch weltweit das Medium der (reiferen) Jugend geworden ist. 58 Prozent der MENA-Jugendlichen nutzen Instagram (mit regionalen Ausschlägen bis zu 79 Prozent in Algerien). Rasant eingestiegen in den Entertainment-Markt in der MENA-Region ist auch der chinesische Anbieter TikTok, den 45 Prozent aller Jugendlichen nutzen. Teenager und jüngere Kinder auf der ganzen Welt werden mit TikTok sozialisiert, ein Trend, der auch in der MENA-Region zu beobachten ist. Twitter (heute X), das in einigen westlichen Ländern, aber auch in Saudi-Arabien besonders gern genutzt wird, ist für die befragten Jugendlichen mit 20 Prozent nicht so relevant, wenngleich im Sudan immerhin 39 Prozent Twitter nutzen.

Generell spielen Messenger-Dienste eine sehr wichtige Rolle bei der Internetnutzung (Abb. 13.5). WhatsApp ist dabei in allen Ländern die meistverbreitete App mit 82 Prozent, gefolgt von Telegram (27 %) und Viber (18 %). Vergleichbare Formate unterschiedlicher Anbieter wie Skype (7 %), Facetime (4 %) und Signal (2 %) werden von den Jugendlichen nicht so häufig frequentiert. Auffällig ist lediglich, dass es einige lokale Besonderheiten gibt: So ist Viber in Algerien, Libyen und im Irak vergleichsweise stark präsent, in Tunesien bevorzugen die Jugendlichen möglicherweise andere Dienste, nach denen nicht konkret gefragt wurde. Telegram wird besonders häufig im Irak genutzt.

Videokonferenzsysteme wie Zoom, WebEx oder MS Teams haben besonders im Zusammenhang mit mobilem Arbeiten oder Homeschooling und Distanzstudium während der Pandemie weltweit einen Nutzungszuwachs erfahren. Zusammengenommen haben aber in der MENA-Region nur 13 Prozent diese Anbieter genutzt, was vergleichsweise wenige sind für die befragte Zielgruppe (Abb. 13.5). Eine vergleichende Studie über Distanzstudium während der Pandemie in sechs MENA-Ländern hat herausgearbeitet, dass viele Bildungseinrichtungen zwar notgedrungen auf Online-Unterricht setzen mussten. Aufgrund fehlender Erfahrung und auch fehlender Mittel für die abseits eines rudimentären Grundangebots kostenpflichtigen Videokonferenzsysteme wichen sie zumeist aber auf altbekannte und kostenfreie Plattformen wie Facebook, WhatsApp oder YouTube aus, obwohl diese per se nicht für Studienzwecke erstellt sind (Abou Youssef/Richter 2022). In den qualitativen Interviews beziehen sich daher sehr viele Befragte auf YouTube als eine wichtige Plattform und Quelle für das Lernen während der Pandemie. Mariem, eine 22-jährige Studentin aus Tripolis (Libyen), erzählt:

Zeitweise wurde YouTube abgeschaltet, was das Leben der Studenten in Libyen enorm erschwert hätte, weil wir so sehr von YouTube abhängig sind.

Und Mehdi, 16 Jahre, der in Nabeul (Tunesien) in die Schule geht, berichtet:

Wenn ich mir eine bestimmte Fähigkeit aneignen muss, lerne ich sie auf YouTube, und die Plattform hilft mir auch bei meinen Hausaufgaben.

Generell berichten viele in den Interviews nahezu euphorisch über die Möglichkeiten, mittels des Internets zu lernen und Zugang zu vorher unzugänglichem Wissen zu bekommen, so auch Ameen, 23 Jahre alt, der an der Universität in Omdurman (Sudan) studiert:

> Heute kann ich Kurse in Yale, Stanford und Harvard belegen. Und ich kann auf Kursinhalte an großen Universitäten zugreifen statt nur auf die örtliche Bibliothek, ich habe Zugang zu allem.

Andere, wie Amani, eine 27-jährige Apothekerin aus Bagdad (Irak), erzählen, dass man einfach ein Business im Internet starten und damit auch kulturelle Restriktionen aushebeln könne:

> Es gibt Frauen, die nicht aus dem Haus gehen dürfen. Sie starteten ihre eigenen Projekte im Internet und konnten einen finanziellen Gewinn erzielen, der ihnen ein wirtschaftlich gutes Leben ermöglichte.

Wieder andere geben an, sich Inspiration für die eigene Weiterentwicklung zu holen, wie die 18-jährige Studentin Anissa aus Casablanca (Marokko):

> Das Smartphone lässt mich an den Erfolgen und Erfahrungen anderer Menschen bei der Gründung von Genossenschaften oder privaten Unternehmen teilhaben.

Generell lässt sich aus den Interviews ein starker Tenor heraushören, dass das Fortschrittsversprechen der Digitalisierung nur dann eingelöst werden könne, wenn sie „richtig" oder „korrekt" genutzt würde. Mohammad, ein 22-jähriger Student aus Amman (Jordanien), erklärt:

> Das Internet hat eine positive Wirkung, aber nur, wenn es richtig genutzt wird.

Ihm sekundiert die 19-jährige Zahraa, Studentin aus Bagdad:

> Meiner Meinung nach ist die Technologie eine positive Sache für diejenigen, die sie richtig nutzen und ihre Zeit nicht nur mit Konsum verbringen oder verschwenden [...]. Heute kann ein Mädchen, das keine Möglichkeit zu arbeiten hat, über das Internet zum Beispiel kochen lernen, einen Online-Shop eröffnen und seine Gerichte darüber verkaufen.

Wenngleich die Plattformen in der Pandemie auch neue Zwecke zu erfüllen schienen und individuelle Entwicklungsmöglichkeiten in vielen Lebensbereichen

Abb. 13.6
ART DER NUTZUNG SOZIALER MEDIEN

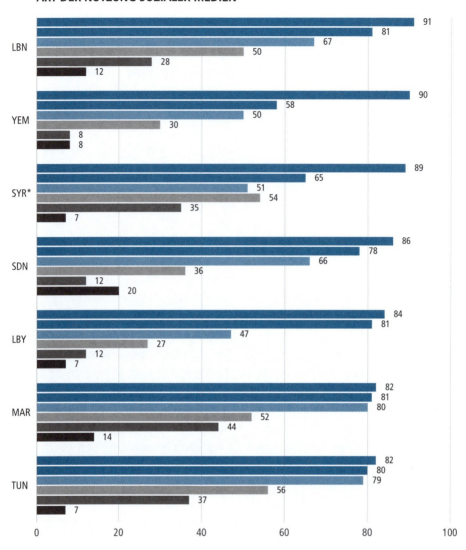

wie Bildung und Arbeitsleben suggerierten, so deutet die starke Präsenz von Entertainment-Plattformen und Instant-Messaging-Diensten in den Medienrepertoires der Jugendlichen bereits darauf hin, welche Nutzungsmotive und -muster eigentlich vorherrschen – was die statistischen Daten bestätigen.

Die allermeisten Jugendlichen nutzen soziale Medien (Abb. 13.6), um Kontakt mit Freundinnen, Freunden und Familie zu halten (84 %) oder Treffen mit Freundinnen und Freunden zu arrangieren (57 %). Aber auch sich unterhalten zu lassen (77 %) und Videos, Musik und Bilder anzusehen und zu teilen (64 %) steht ganz hoch im Kurs. Die Länderunterschiede sind dabei gering, es deutet

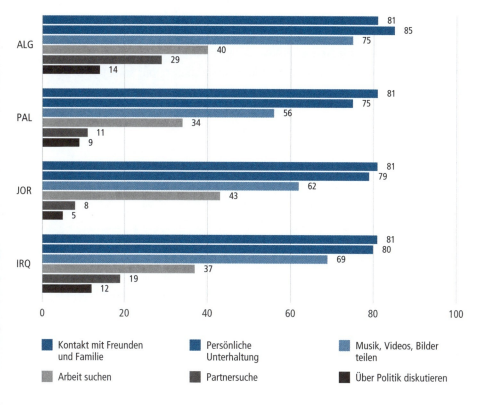

FRAGE 139
Wozu nutzt du soziale Netze wie Facebook, Blogs oder WhatsApp?

HINWEISE Angaben in Prozent „Immer" und „Häufig"

sich nur an, dass im Jemen und unter den syrischen Geflüchteten im Libanon die Unterhaltungsfunktionen weniger wahrgenommen werden als vom Rest der Befragten, was der sozioökonomischen Situation dieser Befragten geschuldet sein könnte. Erwartbar zeichnet sich eine leichte Tendenz dahin gehend ab, dass jüngere Befragte, die noch in der Schule oder im Studium sind und also nicht arbeiten müssen und die über ein höheres Haushaltseinkommen verfügen, die Unterhaltungsfunktion sozialer Medien stärker nutzen.

Eine Geschlechterdifferenz lässt sich in den Daten nicht erkennen. Aber gerade unter den befragten jemenitischen Frauen, wie zum Beispiel im Fall der 19-jährigen Fatima, wird deutlich, dass die digitale Mediennutzung noch einem gewissen Stigma unterliegt und insbesondere die Unterhaltungsfunktion moralische Bedenken weckt:

Ich habe nicht einmal ein Telefon, denn ich bin eine geschiedene Frau, und in meiner Familie herrschen Bräuche und Traditionen. Wer ein Handy besitzt, obwohl er geschieden oder unverheiratet ist, gilt als Schande.

Generell zeigt sich aber in den Interviews, dass moralische Bedenken gegen die Nutzung des Internets eine untergeordnete Rolle spielen, nur an einigen Stellen gibt es mit Hinweis auf „Kinder" Rufe nach Zensur und Kontrolle. Viele ärgern sich eher über die Änderung sozialer Verhaltensweisen, wie die 22-jährige Naima, die ihre Berufsausbildung in Casablanca (Marokko) macht:

Die Leute sind zu Sklaven der Technik geworden und sehr abhängig, obwohl die Technik uns eigentlich helfen sollte. Die Leute können einfache Dinge wie Essen oder Trinken nicht mehr tun, ohne ihr Smartphone dabeizuhaben.

Die 20-jährige Kindergärtnerin Rim aus der Stadt Kef (Tunesien) weist auf das Suchtpotenzial hin:

Die Sucht! Heutzutage können die Leute ihr Handy kaum noch aus der Hand legen, sie schauen mindestens acht Mal auf Facebook und wenn sie es nicht tun, haben sie das Gefühl, etwas verpasst zu haben.

Die 18-jährige Amira, Schülerin aus Bengasi (Libyen), problematisiert die nicht „korrekte" Nutzung des Internets:

Es gibt viele Leute, die daran zugrunde gegangen sind, vor allem Jugendliche zwischen 13 und 19 [...], weil sie ohne Ziel elektronische Spiele spielen. Wir wissen, dass die Sucht nach elektronischen Geräten viele Schäden an den Gehirnzellen und andere Dinge verursacht, wie zum Beispiel, dass man sein Studium vernachlässigt oder unnötige Beziehungen eingeht. Selbst ältere Menschen wurden von Facebook beeinflusst. Alles hat seinen Sinn verloren, da wir feststellen, dass jeder nur noch Dinge tut, um Fotos zu machen und sie anderen zu zeigen. Ich glaube nicht, dass wir die guten Seiten der Technologie, wie zum Beispiel die Bildung, erreicht haben.

Interessanterweise werden negative und als Zeitverschwendung gekennzeichnete Verhaltensweisen immer bei anderen gesehen, nicht bei sich selbst, obwohl die statistischen Daten hier eine klare Sprache sprechen: Fast alle nutzen soziale Medien vornehmlich zur Unterhaltung und Kontaktpflege.

„Korrektere" Nutzungsmuster der digitalen Medien zeigen sich aber auch in den Daten: Immerhin 23 Prozent der Befragten helfen soziale Medien bei der Partnersuche – wobei dies besonders in Marokko (44 %), Tunesien (37 %) und unter den syrischen Geflüchteten (35 %) relevant ist. 42 Prozent nutzen soziale Medien auch, um nach Arbeit zu suchen, wobei die gleichen Länder/Gruppen wie bei der Partnersuche mit besonders hohen Werten herausstechen (vgl. Abb. 13.6). Generell lässt sich vermuten, dass bei diesen Befragten aus Mangel an Alternativen die Nutzung sozialer Medien besonders allumfassend ist. Möglicherweise sind hier traditionelle Netzwerke der Partner- und Jobsuche weggebrochen oder haben sich ins Netz verlagert – was durchaus positiv gewertet wird, wie Salma, eine 27-jährige feministische Aktivistin, die nach ihrer Flucht aus Syrien in Beirut (Libanon) lebt, sagt:

> *Ich kann für eine Organisation in den USA arbeiten und bekomme die Bezahlung, die mir zusteht. Daher glaube ich, dass die digitale Technologie zu mehr Gleichberechtigung beigetragen hat.*

Die 30-jährige Lila, Englischlehrerin aus Sidi Yahia (Algerien), ergänzt:

> *Aus persönlicher Erfahrung kann ich sagen, dass ich dadurch meinen Job während der Pandemie nicht verloren habe.*

Die soziodemografischen Daten zeigen auch, dass ärmere Befragte eher dazu tendieren, die sozialen Medien für Job- und Partnersuche zu nutzen, was dafürspricht, dass ihnen andere Formen von Netzwerken fehlen und sie speziell das Internet als Möglichkeitsstruktur wahrnehmen.

Letztlich finden laut den Befragungsdaten allerdings nur neun Prozent ihren Job via Internet, was suggeriert, dass die Hoffnung auf die Entwicklungsmöglichkeiten durch das Internet größer ist als die Wirklichkeit. Diejenigen, die Lohnarbeit haben, sagen zu 46 Prozent, dass sie ein Smartphone oder einen Computer für ihren Job brauchen, allerdings geht es dabei in der Regel um allgemeine Erreichbarkeit und nur bedingt um konkrete technologiebezogene Arbeitsaufgaben wie Programmieren oder Webdesign. Selbst Zustellungen oder Transporte werden im Arbeitsleben der Befragten nur selten über das Smartphone koordiniert. Das Smartphone ist also vor allem ein Mittel, um Zugang zum Arbeitsmarkt zu bekommen, jedoch für die Befragten bisher kaum relevant für konkrete Tätigkeiten in der Arbeitswelt.

Das Internet und soziale Medien spielen, wie gesagt, vielmehr eine wesentliche Rolle für Unterhaltung und Zeitvertreib. Dies wird noch einmal deutlich, wenn man die Jugendlichen nach ihren drei häufigsten Aktivitäten in der Freizeit befragt (Abb. 13.7). Durchs Internet zu surfen (58 %) hat Fernsehen (52 %) als beliebteste Freizeitaktivität im Vergleich zu 2016 überholt. Generell fällt alles andere – selbst Freundinnen und Freunde zu besuchen oder etwas mit der Familie zu unternehmen – weit hinter diese beiden Aktivitäten zurück. Das Inter-

Abb. 13.7
FREIZEITAKTIVITÄTEN

	MAR	ALG	TUN	LBY	SDN	EGY	PAL	JOR	LBN	SYR*	IRQ	YEM
Im Internet surfen	53	42	58	77	59	58	75	66	60	39	64	49
TV	62	38	42	76	37	76	43	41	43	52	57	57
Musik hören	24	23	15	76	26	17	9	18	28	28	10	14
Etwas mit der Familie unternehmen	23	15	20	24	16	21	28	35	16	28	20	27
Nachbarn oder Verwandte besuchen	12	10	5	18	21	31	33	25	21	32	21	38
Sport treiben	20	23	16	17	19	7	12	16	26	13	16	12
Nichts tun, entspannen, abhängen	12	18	14	4	13	8	11	10	16	28	4	9
Ins Café gehen	22	15	30	5	8	11	7	4	11	4	17	2
Shopping	15	9	9	9	6	9	14	8	8	7	22	7
Bücher oder Zeitschriften lesen	9	11	5	7	19	1	11	11	12	7	8	16

FRAGE 149
Was sind deine Hauptfreizeitbeschäftigungen? Bitte nenne maximal drei Aktivitäten, für die du dir in der Woche die meiste Zeit nimmst.

HINWEISE Angaben in Prozent

netsurfen ist in Palästina (75 %) und Libyen (77 %) am stärksten ausgeprägt, unter den syrischen Geflüchteten mit 39 Prozent am geringsten. In Libyen und auch in Ägypten (beide 76 %) wird aber noch immer häufig ferngesehen. Generell sehen etwas mehr Frauen fern als Männer, beim Internetsurfen gibt es aber keine geschlechtsbezogenen Unterschiede. Diejenigen, die noch als Schülerinnen, Schüler oder Studierende bei ihren Eltern leben und keinen eigenen Haushalt führen müssen, tendieren häufiger zum Internetsurfen.

Andere vergleichsweise beliebte medienbezogene Freizeitaktivitäten sind Musikhören (19 %) sowie DVDs zu schauen und Streaming (zusammen 12 %). Lesen (10 %) ist ähnlich untergeordnet wie der Cafébesuch (11 %), und auch Computerspiele (2 %) oder Kino (1 %) werden selten als eine der drei wichtigsten Freizeitaktivitäten genannt.

Medien spielen also in allen Ländern des Samples für die soziale Teilhabe der Jugendlichen und ihre Verbindung zu Freundinnen, Freunden und Familie eine

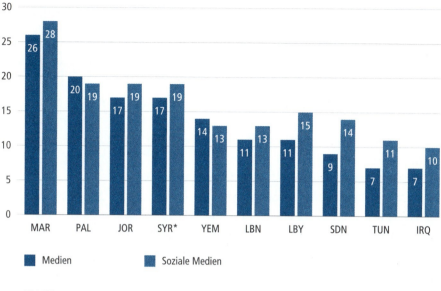

**Abb. 13.8
VERTRAUEN IN MEDIEN**

FRAGE 101
Hast du Vertrauen in folgende Institutionen?

HINWEISE Angaben in Prozent „Vertrauen"

wesentliche Rolle, und sie dienen vor allem der Entspannung und Freizeitbeschäftigung – obwohl in Gesprächen immer wieder auf die für den Fortschritt so wichtige Bildungsfunktion und die Relevanz für den Arbeitsmarkt hingewiesen wird. Betrachtet man diese Daten im Lichte der oben stehenden Ausführungen zu staatlichen Infrastrukturpolitiken, ließe sich auch interpretieren, dass sich autoritäre Regime durch den Ausbau des Internets quasi „Ruhe" erkaufen. Das Internet als allgegenwärtiger Entertainment-Raum lullt die Jugendlichen ein und vermittelt ihnen das Gefühl, dabei zu sein und teilhaben zu können – aber eben in bestimmten Grenzen.

Jugendliche Mediennutzung und Politik: das Ende eines Mythos

Die während des sogenannten Arabischen Frühlings aufgekommene Ansicht, (soziale) Medien würden gerade von der Jugend in der MENA-Region wesentlich für politische Informationssuche und zur politischen Mobilisierung genutzt (Howard/Hussain 2013), wurde bereits in der Befragung 2016 konterkariert. Eher ermöglichen Medien und eben auch soziale Medien eine Art Ausbruch aus dem Alltag beziehungsweise werden in ihrer Servicefunktion genutzt. Die in westlicher

Forschung mit journalistischen Medien verbundene Informations- und Orientierungsfunktion nehmen die befragten Jugendlichen kaum wahr.

Gerade was politische Fragen angeht, herrscht nämlich ein sehr geringes Vertrauen sowohl in traditionelle Massenmedien (14 %) als auch soziale Medien (16 %). Sie rangieren damit sogar noch hinter den Regierungen, denen im Durchschnitt zu 18 Prozent vertraut wird (Abb. 13.8). Jüngere Befragte und diejenigen mit höheren Einkommen vertrauen Medien tendenziell etwas mehr. In Marokko ist das Vertrauen in Medien (26 %) noch am stärksten ausgeprägt, was verwundert angesichts der massiven Restriktionen gegen unabhängige Medien sowie Journalistinnen und Journalisten in den letzten Jahren (Reporters Without Borders 2022).

Für viele sind Medien generell ein Transportmittel schlechter Nachrichten. 78 Prozent stimmen der Aussage „Angesichts all der Gewalt, über die die Medien berichten, werde ich traurig und deprimiert" zu. Deshalb ist es wenig verwunderlich, wenn in den Medien vor allem Unterhaltung gesucht wird.

Im Durchschnitt suchen daher nur 16 Prozent der Jugendlichen aktiv nach politischen Informationen (Abb. 13.9). Wenn sie das tun, holen sie sich ihre Informationen zu 69 Prozent aus den sozialen Medien beziehungsweise von Websites (52 %). Nur noch 63 Prozent nutzen das Fernsehen als Hauptinformationsquelle und es hat im Vergleich zur Befragung von 2016 bei fast allen Gruppen an Informationsrelevanz eingebüßt. Nur im Jemen und in Libyen (jeweils 70 %) sind die Werte für die Informationsgewinnung aus dem Fernsehen noch erstaunlich hoch. Das überrascht auch vor dem Hintergrund, dass die Fernsehlandschaften im Jemen und in Libyen extrem polarisiert sind zwischen den verfeindeten Kriegsparteien und dort vor allem sehr parteiische Informationen zu erwarten sind (Wollenberg/Richter 2020). Radio und vor allem Zeitungen spielen nur noch in Marokko und Algerien überhaupt eine erwähnenswerte Rolle, ansonsten zählen sie nicht mehr zu den Informationsrepertoires der Jugendlichen in der MENA-Region.

Bei den Aussagen zu den spezifischen Mediengenres verschwimmen möglicherweise aber auch die Unterschiede: Viele Zeitungen, Websites und Fernsehkanäle haben Social-Media-Auftritte, viele Informationen, die über soziale Medien geteilt werden, stammen ursprünglich aus den klassischen journalistischen Massenmedien, werden aber als Informationen „aus den sozialen Medien" wahrgenommen. Interessant ist, dass das noch 2016 starke Korrektiv von „Face-to-Face-Informationen" bei der vorliegenden Befragung keine so große Rolle spielt – Medien sind deutlich wichtiger für die Informationsgewinnung als persönliche Gespräche, obwohl ihnen nur selten vertraut wird.

Abb. 13.9
AKTIVES INFORMIEREN NACH MEDIENTYP

	SDN	YEM	ALG	LBY	PAL	TUN	LBN	IRQ	JOR	MAR	SYR*
Aktives Informieren											
Ja	23	21	20	18	18	16	16	16	12	8	8
Informationsquellen und Medien											
Soziale Medien	81	63	75	53	72	61	73	72	67	66	35
Internetseiten	64	44	69	54	61	28	46	46	49	35	41
TV	63	70	48	70	22	50	53	58	38	63	53
Persönliche Gespräche	53	35	70	20	14	32	27	36	17	41	23
Radio	16	18	30	8	6	18	6	6	3	28	9
Zeitung	17	6	35	0	1	6	9	5	4	24	3

FRAGEN 141, 142
Informierst du dich aktiv über Politik?
Welche Informationsquellen und Medien nutzt du?

HINWEISE Angaben in Prozent. Frage 142 wurde nur gestellt, wenn Frage 141 bejaht wurde, daher beziehen sich die Prozentangaben auf diese Untergruppe.

Politische Mobilisierung

Abseits der Informationsgewinnung werden die Möglichkeiten, die gerade soziale Medien für Vernetzung und politische Mobilisierung bieten, kaum noch ausgeschöpft.

Diskutieren über politische Fragen (12 %), aktiv mobilisieren (11 %) oder gar aktiv oppositionelle Haltungen einnehmen (10 %) gehört nur in geringem Maße zu den Aktivitäten in den sozialen Medien (Abb. 13.6). Diejenigen, die studieren und noch zu Hause wohnen, also eine Art sichere Basis haben, tendieren zu einem höheren *political action index*. Online gibt es aber vermutlich dennoch mehr politische Meinungsäußerungen als außerhalb der digitalen Sphäre. Lamees, eine 29-jährige Libyerin aus Tripolis, äußert (ähnlich wie einige andere Befragte):

> Wenn es Kampagnen auf Facebook oder anderen Social-Media-Plattformen gibt, dann beteilige ich mich daran, aber ich habe noch keine Proteste zu diesem Thema im Freien erlebt, und selbst wenn, glaube ich nicht, dass ich mich ihnen anschließen würde. An digitalen Kampagnen habe ich mehr als einmal teilgenommen.

Abb. 13.10
ENGAGEMENT FÜR POLITISCHEN EINFLUSS

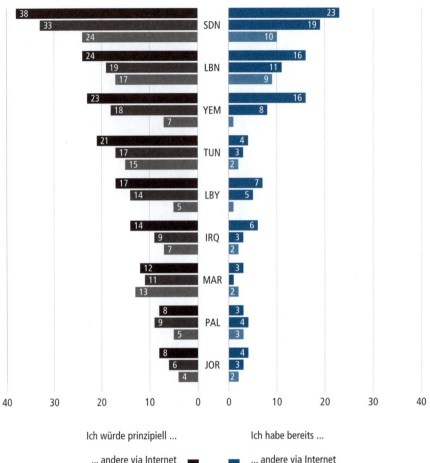

	Ich würde prinzipiell ...	Ich habe bereits ...
	... andere via Internet zum Handeln aufrufen.	... andere via Internet zum Handeln aufgerufen.
	... mich via Internet oder Twitter über die Mitgliedschaft in einer bestehenden Gruppe informieren.	... mich via Internet oder Twitter über die Mitgliedschaft in einer bestehenden Gruppe informiert.
	... eine Online-Petition unterzeichnen.	... eine Online-Petition unterzeichnet.

FRAGEN 144, 145
Wenn dir etwas wichtig ist und du gehört werden oder politischen Einfluss nehmen möchtest: Welche der folgenden Möglichkeiten käme für dich infrage/nicht infrage? Würdest du ...? Welche dieser Optionen hast du bereits genutzt oder woran hast du dich beteiligt?

HINWEISE Angaben in Prozent

Dieses als *clicktivism* bekannte Phänomen wird von Lubna, 22 Jahre alt, Studentin aus Casablanca (Marokko), heftig beklagt. Sie argumentiert, das Internet führe zu einer Verlagerung des Kampfes von draußen in die virtuelle Welt, sodass jeder auf Facebook poste und niemand auf die Straße gehe, um zu kämpfen:

> *Das bedeutet, dass es [das Internet] eine militante Struktur geschaffen hat, die Worte produziert und nicht in der Lage ist zu handeln, oder besser gesagt, es schafft eine isolierende Struktur, die vor Protest schützt.*

Das Problem des *clicktivism* und fehlender Handlungsmacht zeigt sich auch bei einer konkreten Nachfrage, ob man sich für eine bestimmte Sache engagieren würde in Form eines Beitritts zu einer entsprechenden Online-Protestgruppe (15 %), selbst online mobilisieren (18 %) oder eine Online-Petition unterzeichnen würde (11 %) (Abb. 13.10). Die Zahlen derjenigen, die sich dies prinzipiell vorstellen können, sind schon niedrig und nur deshalb im zweistelligen Bereich, weil Befragte im Libanon, Sudan, Jemen und in Tunesien häufig zugestimmt haben – Länder, in denen Protest zum Zeitpunkt der Befragung eine wichtige und politisch geduldete Ausdrucksform war. Als dieselben Personen aber gefragt wurden, ob sie diese Dinge überhaupt schon einmal selbst getan hätten, sanken die Werte noch einmal (Beitritt zu Online-Gruppe 7 %, Online-Mobilisierung 9 % und Online-Petition 4 %).

Explizite politische Informationsgewinnung oder gar Mobilisierung mittels sozialer Medien oder Websites ist also kein Nutzungsmuster, das sich in der MENA-Region noch bei vielen Jugendlichen beobachten ließe. Die Entpolitisierung der Internetnutzung ist also einer der wesentlichen Enteignungseffekte der Infrastrukturpolitik autoritärer Staaten der Region.

Die digitale Kluft wird kleiner, besteht aber fort

Wie die vorangegangenen Daten zeigen, sind die Unterschiede der Medienverfügbarkeit und -nutzung zwischen den einzelnen Ländern relativ gering – zumindest geringer als erwartet. Die digitale Kluft zwischen den einzelnen MENA-Staaten scheint also nicht mehr so groß zu sein wie noch vor fünf Jahren (Richter 2017). Gleichwohl muss man konstatieren, dass die reichen Golfstaaten im hier vorliegenden Sample als Vergleichsgröße fehlen und dass die Befragten eher den urbanen Mittelschichten angehören und nicht zwingend die Breite der Einkommensspektren in den jeweiligen Ländern repräsentieren. Für die Golfstaaten zeigt sich in Daten der ITU und Befragungen (ITU o. D.; Dennis et al. 2019) zumeist, dass die Internetabdeckung bei nahezu 100 Prozent liegt und statistisch gesehen viele Personen gar über zwei Smartphones verfügen (ITU o. D.). Im vorliegenden Sample werden diese Spitzenwerte nicht erreicht. Die Verfügbarkeit von Medien – und insbesondere des Smartphones – ist aber auch in dieser Studie als sehr hoch zu bewerten.

Länderunterschiede

Nichtsdestotrotz sorgen die vorhandene technische Infrastruktur und die verfügbaren finanziellen Mittel für nationale Unterschiede. Die insgesamt von zwei Dritteln bejahte Aussage „Ohne Internet kann ich kaum leben" bestätigen im Jemen nur 32 Prozent, im Sudan immerhin 52 Prozent. In beiden Ländern fällt der Ausbau der digitalen Infrastruktur hinter den in anderen MENA-Ländern zurück oder wird – insbesondere im Jemen – durch (militante) Konflikte beeinträchtigt. Hafiz, ein 24-jähriger Sudanese, sagt:

> *Technologie ist ein Mittel für den Fortschritt von Völkern und Nationen, aber mein Land nutzt diese Technologie nicht produktiv.*

Und Jameel, 23 Jahre und ebenfalls aus dem Sudan, ergänzt:

> *Wir sind nur Konsumenten von Technologie, keine Produzenten.*

Dabei werden sowohl die staatliche Infrastrukturpolitik als auch die unproduktive Nutzung durch die eigene Bevölkerung verantwortlich gemacht für die digitale Rückständigkeit im Vergleich zu den Golfstaaten, aber auch China oder dem Westen, die die Befragten empfinden. Abderrazaq, ein 30-jähriger Jemenit, bedauert:

> *Wir sprechen von einem schwachen Netz und wir sprechen von digitalem Analphabetismus. Wir sind noch nicht so weit, dass wir in diesem Bereich mit der Welt mithalten können.*

Im Jemen werden zusätzlich die durch den Krieg und die Misswirtschaft vorherrschenden Probleme thematisiert. So sagt die 26-jährige Hanan:

> *Wir leben in einem Land, in dem es die meiste Zeit keinen Strom gibt und das Internet nicht durchgängig zur Verfügung steht, zusätzlich zum Mobiltelefonnetz, das manchmal mehr als zwei Wochen unterbrochen ist.*

Klassenunterschiede

Abgesehen davon besteht die digitale Kluft aber auch innerhalb der Länder entlang von Klassen – und das in der gesamten Region. Dies wird vor allem am Beispiel des Homeschoolings festgemacht und es wird darauf verwiesen, dass bestimmte soziale Schichten während der Coronapandemie keinen oder nur beschränkten Zugang zu Medien oder digitaler Infrastruktur hatten. So sagt Amina, eine 24-jährige Marokkanerin aus Casablanca:

> *Wir haben ein WLAN und wir hatten Zugang zu Online-Diensten, aber es gibt Menschen, die nicht einmal einen Computer haben.*

Der 26-jährige Jassem, arbeitslos, aus Bagdad (Irak) unterstreicht:

> *Nicht alle Familien waren in der Lage, sich ein Internetabonnement zu leisten, was zu einer Bildungslücke führte.*

Und Nisreen, eine syrische Geflüchtete, die in Tripoli (Libanon) studiert:

> *Viele Menschen waren nicht in der Lage, davon zu profitieren, da ihre schwierige wirtschaftliche Situation sie daran hinderte, elektronische Geräte zu kaufen oder auch nur eine 24/7-Internetverbindung zu haben.*

Zukunftsängste

Die Befürchtung, durch eine mangelnde Medienausstattung beim Erwerb digitaler Fertigkeiten zurückstehen zu müssen und deshalb nicht zukunftsfähig zu sein, ist allgegenwärtig – allerdings wird sie selten auf die eigene Person bezogen, so wie es die 17-jährige Jemenitin Hoda tut:

> *Mein Vater hat mich gezwungen, die Schule zu verlassen. [...] Ich habe nicht einmal ein Mobiltelefon. Wie soll ich digitale Themen verstehen?*

Oder wie Khadidja, 23 Jahre, Studentin aus Maalma (Algerien), es erlebt hat:

> *Ich habe Erfahrung mit Online-Studium, [...] das sind die Zeiten, in denen es Online-Prüfungen gab, und ich war auf dem Weg nach Hause, und es gab kein Netz, und ich konnte die Prüfung nicht ablegen.*

Die meisten der befragten Personen sehen sich selbst eher in einer ganz guten Position und auf der Gewinnerseite der digitalen Kluft. Dies ist auch eine Art Selbstvergewisserung, denn die berufliche Zukunft wird in Jobs gesehen, die auf die Digitalisierung angewiesen sind und auf die man sich entsprechend vorbereiten müsse:

> *Der Bedarf an Arbeitskräften ist gesunken. Infolgedessen sind die Menschen ärmer geworden. Menschen, die früher in einfachen Berufen arbeiteten, waren aufgrund der Nutzung von Internet, Handy oder Computer nicht mehr gefragt.*

Dies sagt Maysoon, eine 30-jährige Regierungsangestellte aus Bagdad (Irak). Und Fadi, ein 30-jähriger syrischer Geflüchteter, der als Buchhalter in der Bekaa-Region im Libanon arbeitet, hat eine noch dystopischere Zukunftsvorstellung:

> *Diese digitale Entwicklung führt zu einem Anstieg der Arbeitslosigkeit. In einer Studie habe ich gelesen, dass in den kommenden Jahren 85 Millionen Menschen ihren Arbeitsplatz verlieren werden, weil Anwendungen und Programme entwickelt werden, die Menschen am Arbeitsplatz ersetzen.*

Die digitale Kluft existiert also weiterhin sowohl zwischen den Ländern der MENA-Region als auch vor allem zwischen den Klassen innerhalb eines Landes und ist für die Befragten offensichtlich. Sie wird, so zeigen die Ergebnisse, zugleich als Ursache für Einkommensunterschiede und unterschiedliche Zukunftsaussichten im Berufsleben gesehen. Das Paradigma, mit der Digitalisierung Schritt zu halten, lässt sich deshalb auch als immenser Druck interpretieren, der auf der Jugend lastet.

Fazit

In den Interviews beschreiben die Jugendlichen die Digitalisierung sehr häufig als „zweischneidiges Schwert" oder „Fluch und Segen". Sie sagen, dass sie eine „korrekte" Nutzung des Internets für Bildungszwecke und für ökonomischen Fortschritt wollen, und liegen damit ganz auf der Linie des Modernisierungsparadigmas ihrer Staatslenker. Das Fortschrittsparadigma wird inkorporiert und damit der Zugang zu digitalen Messenger-Diensten, sozialen Medien und Online-Informationen von den meisten mittlerweile als so wichtig wie Essen bewertet.

Die eigentlichen Nutzungsmuster werden aber von den Unterhaltungs- und Servicefunktionen der sozialen Medien dominiert, was zur Ausbildung neuer sozialer Verhaltensweisen und Kommunikationsmodi führt, die viele als Zeitverschwendung und unsozial kritisieren, aber trotzdem genauso ausüben, denn – so sagen ja zwei Drittel – „ohne das Internet kann ich kaum leben". Die tatsächliche Nutzung der digitalen Medien für Bildungszwecke oder auf dem Arbeitsmarkt steht hinter einer unterhaltungs- und konsumorientierten Nutzung deutlich zurück.

Zugleich verlieren Medien und insbesondere digitale Medien als alternative Denk- und Visionsräume ihre Bedeutung. Eine explizit politische Nutzung der sozialen Medien ist für viele Jugendliche – ob bewusst oder unbewusst – nicht (mehr) Teil ihres kommunikativen Handelns. Die Möglichkeiten politischer Mobilisierung mittels sozialer Medien werden von den Jugendlichen größtenteils ignoriert. Die mit den staatlichen Infrastrukturpolitiken einhergehenden Restriktionen, die vor allem dazu dienen, politisch unliebsame Inhalte zu kontrollieren, sind dabei sicherlich ein wesentlicher Faktor, der aber überhaupt nur einmal in einem Interview thematisiert wird, als Oula, eine 29-jährige syrische Geflüchtete, die als Grafikdesignerin in Beirut (Libanon) arbeitet, anmerkt:

> *Die Digitalisierung hat auch eine enorme negative Auswirkung, die mit den Geheimdiensten zusammenhängt, die Schritt für Schritt [...] uns für alle sichtbar machen, ohne jegliche Privatsphäre. Der digitale Fortschritt sollte ein Sicherheitsfaktor sein. In unseren Ländern, in denen die Freiheiten eingeschränkt sind, ist er jedoch ein Bedrohungsfaktor.*

Implizit wird die politische Dimension der Digitalisierung nur dann von den Jugendlichen bemerkt, wenn es um die Auswirkungen einer wachsenden digitalen Kluft auf die sozialen und ökonomischen Verhältnisse geht und man befürchtet, ohne Internet und Smartphone den gesellschaftlichen Anschluss zu verlieren. Die eigentliche Enteignung der MENA-Jugend, nämlich der schleichende Abbau kollektiver Handlungsmöglichkeiten mit Medien und die zunehmende Kontrolle alternativer Kommunikationsräume, wird weitgehend hingenommen. Das Erreichen persönlicher Ziele und Konsumbefriedigung mittels Medien sind stärker in den Fokus gerückt, was somit auch den Erfolg der autoritär-neoliberalen Infrastrukturpolitiken der MENA-Staaten widerspiegelt.

KAPITEL 14

POLITIK UND MOBILISIERUNG

Mathias Albert · Nadine Sika

Die Ereignisse von 2010/11 wirken in der MENA-Region noch immer tiefgreifend und folgenreich nach, doch ein Jahrzehnt später sind sie für die Mehrheit der jungen Generation schon nicht mehr Teil der eigenen Lebensgeschichte. Bezogen auf ihr (politisches) Leben ist die Zeit von 2010/11 für Jugendliche und junge Erwachsene Anfang 20 nur noch in Form von Erzählungen und eingebettet in Narrative erfahrbar. Für junge Menschen derselben Altersgruppe, die 2016/17 für die Vorgängerstudie befragt wurden, waren die Jahre 2010/11 hingegen noch „gelebte Erfahrung" und hatten zumindest teilweise prägenden Einfluss auf ihr Politikinteresse, ihre politischen Einstellungen, ihr Vertrauen in den Staat und andere Institutionen sowie auf ihre Bereitschaft, sich politisch zu engagieren oder in großem Umfang politisch aktiv zu werden. Angesichts der Folgen der Coronapandemie und des Krieges in der Ukraine und vor allem der damit verbundenen Zuspitzung der sozioökonomischen Probleme kann man heute zu Recht davon ausgehen, dass die Geschehnisse von 2010/11 unter allen genannten Aspekten deutlich an Bedeutung verloren haben und dass dafür neue Problematiken und Dynamiken aufgetreten sind. Ob und inwieweit die Proteste und Aufstände, zu denen es seit 2018/19 in vielen Ländern der Region kommt – und die mitunter als „Arabischer Frühling 2.0" bezeichnet werden –, die Beziehungen zwischen Staat und Gesellschaft in der Region beeinflussen werden, ist derzeit noch nicht absehbar. Allerdings lässt sich mit einiger Sicherheit sagen, dass sie in der heutigen jungen Generation ihre Spuren hinterlassen haben, was deren Interesse für Politik, ihre politischen Einstellungen, ihre Mobilisierungsbereitschaft und ähnliche Bereiche betrifft.

In diesem Kapitel gehen wir der Frage nach, wie stark die sozioökonomischen und politischen Dynamiken des letzten Jahrzehnts und insbesondere die Folgen des „Arabischen Frühlings 2.0" die politischen Einstellungen und das Handeln junger Menschen beeinflussen. Dabei geht es vor allem um ihre politischen Überzeugungen und Mobilisierungsstrategien. Mit anderen Worten: Das vorliegende Kapitel will verstehen, in welchem Maße sich die heutige junge Generation in der MENA-Region politisch entwickelt und verändert hat.

Grundsätzlich gilt: Nicht nur die regionalen Entwicklungen, die zusammenfassend als „Arabischer Frühling 2.0" bezeichnet werden, sondern vor allem auch globale Ereignisse haben das Leben junger Menschen in der Zeit zwischen der vorangegangenen und der jetzt vorliegenden Studie stark beeinflusst. Während die katastrophalen wirtschaftlichen Entwicklungen in vielen Ländern der Region auf interne Dynamiken zurückzuführen sind, haben externe Faktoren diese Problemlage noch verschärft. Die internen Dynamiken reichen von der Erfahrung des Staatsversagens, versinnbildlicht und zugespitzt in den Explosionen im Hafen von Beirut im August 2020, über die Erfahrung der nicht endenden Kriegshandlungen im Jemen, in Syrien, Libyen und im Sudan bis hin zum aktuellen israelisch-palästinensischen Konflikt. Unter diesen Umständen wäre zu erwarten, dass die junge Generation in dieser Region in hohem Maße politikverdrossen und sehr wenig bereit ist, sich für politische Ziele oder Ideale zu engagieren. So meint zum Beispiel die 20-jährige Afaf, die in Bagdad (Irak) studiert: „Offen gesagt, wird gar nicht versucht, etwas zu verändern."

Natürlich müssen solche Beobachtungen in ihren Kontext eingebettet werden, und dabei sind die spezifischen Bedeutungen zu berücksichtigen, die sich in der jeweiligen Region mit Politik verbinden. Wie schon aus der letzten Studie hervorgeht, richtet sich die beobachtete Desillusionierung häufig gegen die „große" Politik, gegen Politikerinnen und Politiker, die als unzuverlässig und korrupt gelten, oder gegen dysfunktionale staatliche Institutionen. Mohamed, der als Fahrer in Skhirat (Marokko) arbeitet, bringt dies so auf den Punkt:

Aus eigener Erfahrung kann ich zwei entscheidende Faktoren nennen: fehlendes Vertrauen und die Ungleichheit innerhalb der Parteien, vor allem der ungleiche Zugang zu bestimmten politischen Posten. [...] Außer einer Handvoll Personen kenne ich niemanden, der es ohne Vetternwirtschaft nur aufgrund seiner eigenen Kompetenz in eine verantwortungsvolle Position geschafft hat. Es ist also die fehlende Chancengleichheit in der Politik, welche die jungen Menschen verärgert und auf Distanz hält.

Die allgemeine Politikverdrossenheit kann sich auch in einem desillusionierten Verhältnis zu bestimmten Regierungsformen ausdrücken. Die vorliegende Studie zeigt allerdings, dass dies nicht zu einer völligen Abkehr von der Politik führt: Die junge Generation stellt durchaus Forderungen an den Staat (weniger an Politikerinnen und Politiker), auch wenn diese bis auf Weiteres wie Wunschdenken erscheinen mögen.

Im Folgenden wollen wir die politischen Einstellungen und Verhaltensweisen junger Menschen in der MENA-Region, ihr politisches Interesse, ihr Vertrauen in den Staat und seine Institutionen sowie ihre Bereitschaft zu zivilgesellschaftlichem und politischem Engagement in einem differenzierten Gesamtbild erfassen. Dabei zeigt sich ein beträchtliches Maß an Ernüchterung und Machtlosigkeitsgefühlen, das die unterschiedlichsten Reaktionen auslösen könnte – von völliger Resignation und Passivität bis hin zu einer Mobilisierung, die zu grundlegenden Veränderungen führen kann.

Politisches Interesse

Jugendliche und junge Erwachsene in der Region sind allgemein nach wie vor wenig an Politik interessiert. In den meisten Ländern interessieren sich mehr als zwei Drittel überhaupt nicht dafür. Werden junge Menschen gefragt, was sie mit dem (arabischen) Begriff „Politik" (*siyasa*) assoziieren, nennen sie vor allem „Korruption" (32 %) und „Parteipolitik"(23 %). Daher sollte ihr Interesse für Politik im Licht dieser Begriffe betrachtet werden. „Politikinteresse" bezieht sich entsprechend in erster Linie auf die „offizielle" Parteipolitik und sagt wenig über das Interesse aus, sich gesellschaftlich zu engagieren. Das so verstandene Politikinteresse ist am stärksten im Sudan, im Jemen und in Algerien, wo jeweils nur 53 Prozent, 54 Prozent und 58 Prozent der Befragten angeben, sich nicht für Politik zu interessieren (Abb. 14.1). Das relativ große Politikinteresse in diesen Ländern ist vermutlich darauf zurückzuführen, dass es hier in den vergangenen Jahren zu tiefgreifenden politischen Veränderungen gekommen ist. Im Jemen haben sich andere Länder, vor allem der Iran, Saudi-Arabien und die Emirate, in die inneren Angelegenheiten des Landes eingemischt. Die Folge ist ein Bürgerkrieg zwischen verschiedenen Gruppierungen, vor allem der Huthi-Bewegung im Norden und der von Saudi-Arabien und den Emiraten unterstützten Regierung im Süden. In Algerien kam es zu einer massiven Mobilisierung und Demonstrationen gegen den damaligen Präsidenten Abd al-Aziz Bouteflika, ausgelöst durch die Ankündigung der vom Militär unterstützten Regierung, Bouteflika werde trotz seines hohen Alters und seiner gesundheitlichen Probleme zur Wiederwahl antreten. Der Sudan hat einen Militärputsch erlebt und ist anschließend in einen Bürgerkrieg abgeglitten. Dies erklärt möglicherweise, warum junge Menschen in diesen Ländern ein etwas größeres Interesse an Politik zeigen als in anderen Ländern. Das politische Desinteresse ist in Jordanien und bei syrischen Geflüchteten am größten. Von ihnen geben 74 beziehungsweise 85 Prozent an, dass sie sich nicht für Politik interessieren. Diese Einstellung spiegelt sich auch in der Frage wider, welche Lebensbereiche junge Menschen für sich selbst wichtig finden (vgl. Kap. 11). Zum Vergleich: Von den 28 Werteaspekten, die junge Menschen als für sie wichtig auswählen können, rangiert „politisch aktiv sein" an letzter Stelle. Verglichen mit der vorangegangenen Studie hat die relative Bedeutung von „politisch aktiv sein" im Verhältnis zu anderen Bereichen sogar noch weiter abgenommen (nur in Tunesien ist ein minimaler Anstieg zu verzeichnen). Politik ist im Leben der jungen Generation scheinbar sehr „out" – sowohl in Bezug auf politisches Engagement als auch auf das „bloße" Interesse am „offiziellen" Politikbetrieb.

An dieser Stelle sei noch einmal darauf hingewiesen, dass nicht immer leicht einzuschätzen ist, was der abgefragte Grad an politischem Interesse tatsächlich bedeutet. Da keine längeren Zeitreihen vorliegen, muss jede Prozentzahl, die das Politikinteresse abbildet, im Zusammenhang mit anderen Indikatoren betrachtet werden, um ein Gesamtbild zu erstellen, das länderübergreifend oder auch

Abb. 14.1
POLITISCHES INTERESSE NACH LAND

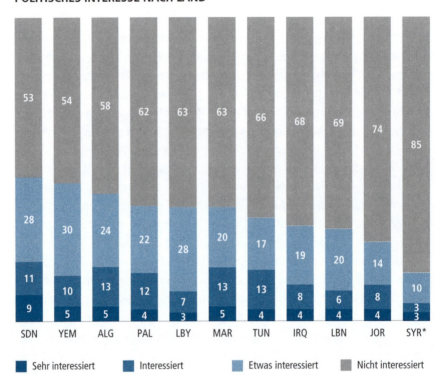

| | Sehr interessiert | Interessiert | Etwas interessiert | Nicht interessiert |

FRAGE 140
Interessierst du dich für Politik?

HINWEISE Angaben in Prozent

länderspezifisch das Politikinteresse nach sozialen Schichten, Geschlecht, Wohnort und weiteren Parametern aufschlüsselt. In diesem Sinne gibt die vorliegende Studie Aufschluss über das Politikinteresse der jungen Generation in der MENA-Region. Dabei zeigt sich, dass die Situation heute – zumindest auf den ersten Blick – kaum anders ist als vor fünf Jahren. Auch damals schon haben junge Menschen sich offenbar wenig für Politik interessiert. Diejenigen, die sich als „sehr interessiert" oder „interessiert" bezeichnen, machen zusammen gerade einmal 20 Prozent aus. Diese Zahl ist allerdings in Relation zu sehen und sollte nicht mit absolutem Desinteresse gleichgesetzt werden. In der vorliegenden Studie gibt es zusätzlich die Kategorie „etwas interessiert", die genau dies ausdrückt: wenig Interesse, aber keineswegs „kein Interesse". Addiert man die Zahlen derjenigen, die „sehr interessiert", „interessiert" und „etwas interessiert" sind, ergeben sich Interessenwerte zwischen 26 Prozent in Jordanien und 48 Prozent im Sudan (wobei die syrischen Geflüchteten mit 16 Prozent stark abweichen;

Abb. 14.2
POLITISCHES INTERESSE NACH SOZIALER SCHICHT

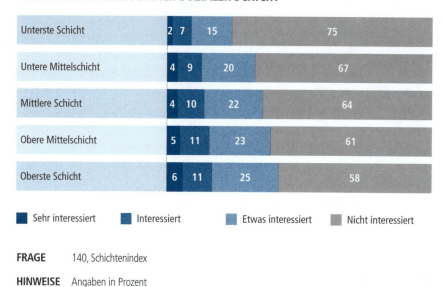

FRAGE 140, Schichtenindex

HINWEISE Angaben in Prozent

vgl. Abb. 14.1). Diese Größenordnungen sind nicht sehr viel anders als zum Beispiel in vielen westlichen Ländern, und die relativ hohe Anzahl junger Menschen, die sich zumindest „etwas" für Politik interessieren, lässt auf ein erhebliches politisches Mobilisierungspotenzial schließen, das bislang noch nicht zum Tragen kommt.

In der gesamten Region unterscheidet sich das politische Interesse junger Menschen erheblich je nach Geschlecht, Bildungshintergrund und sozialem Status. Während etwas mehr als 40 Prozent der jungen Männer in der Region zumindest ein geringes Interesse für Politik aufbringen, liegt die Zahl der jungen Frauen bei knapp unter 30 Prozent. Sehr deutlich und linear ist der Zusammenhang zwischen Politikinteresse, Bildungshintergrund und sozialem Status: Je höher das Bildungsniveau und der soziale Status, umso höher ist die Zahl junger Menschen, die sich nach eigener Aussage für Politik interessieren. Zieht man den sozialen Status (gemäß Schichtenindex) heran, so fällt auf, dass das politische Interesse zwischen den oberen vier Fünfteln und dem unteren Fünftel am stärksten abnimmt (vgl. Abb. 14.2). Demnach verlaufen die Haupttrennlinien nicht etwa durch die „Mitte" und auch nicht zwischen einer Oberschicht, aus der sich die politische Elite überwiegend rekrutiert, und dem „Rest". Der deutlichste Bruch zeigt sich vielmehr zwischen der untersten Schicht, die auch wirtschaftlich sehr stark entrechtet ist, und allen anderen Schichten.

Dies könnte – zusammen mit etlichen anderen Indikatoren – zum einen ein Indiz dafür sein, dass in der jungen Generation die größten gesellschaftlichen

Bruchlinien knapp über dem oberen Rand der untersten Schicht verlaufen – und nicht etwa zwischen einer „Oberschicht" und allen anderen jungen Menschen. Zum anderen würde dieser Befund – und dies sollte mitbedacht werden – in vielen westlichen Gesellschaften durchaus ähnlich ausfallen. Wenn man für die hier untersuchten Länder allein den sozialen Status heranzieht, wird nur ein – wenn auch wichtiger – Teil des Gesamtbilds erfasst. Aufschlussreich ist es, das Politikinteresse zu den verschiedenen genannten Lebensstilen ins Verhältnis zu setzen (vgl. Kap. 9). Abbildung 14.3 illustriert alle Abstufungen des Politikinteresses („sehr interessiert", „interessiert" und „etwas interessiert"). Sie zeigt auf der einen Seite, dass der Grad des politischen Interesses in etwa mit den vorhandenen Ressourcen (gemeint sind hier sowohl materielle als auch kulturell-symbolische Ressourcen) und damit zumindest annähernd mit der sozialen Schicht korrespondiert. Auf der anderen Seite zeigen sich jedoch wichtige Unterschiede in der Frage, wie diese Ressourcen in Abhängigkeit vom Grad der biografischen Offenheit genutzt werden. Interessant sind hier jedoch weniger die Unterschiede zwischen den verschiedenen gehobenen Lebensstilen, sondern vielmehr die Prozentzahlen für die beiden vorherrschenden Lebensstile, also dem der aufstiegsorientierten bürgerlichen Mitte und dem der abgehängten Heimzentrierten (vgl. Kap. 9): Bei Personen mit diesen Lebensstilen ist das Politikinteresse im Vergleich zu Personen mit anderen Lebensstilen des jeweiligen Ressourcenniveaus am schwächsten ausgeprägt. Insbesondere bei den aufstiegsorientierten Lebensstilgruppen signalisiert und bestätigt dies zumindest teilweise so etwas wie eine aktive Entkopplung zwischen statusorientiertem Verhalten und politischem Interesse. Etwas zugespitzt formuliert: Aufwärtsmobilität lässt sich nicht dadurch am besten erreichen, dass man sich in der Politik engagiert, sondern dadurch, dass man dies weitgehend vermeidet.

Im Vergleich zur Vorgängerstudie scheinen sich für die Gesamtregion weder der Grad des politischen Interesses noch seine Differenzierung in Abhängigkeit von Geschlecht und Bildungshintergrund wesentlich verändert zu haben. Der allgemeine Rückgang des politischen Interesses in den schon in der vorherigen Studie berücksichtigten Ländern ist fast ausschließlich darauf zurückzuführen, dass das Politikinteresse unter jungen Menschen im Jemen (–16 Prozentpunkte) und in Marokko (–18) abgenommen hat. Auch wenn das politische Interesse bei Jugendlichen und jungen Erwachsenen grundsätzlich konstant geblieben ist, bedeutet dies nicht, dass sich nichts verändert hat. Im Gegenteil: Der Grad des politischen Interesses allein sagt wenig über die politischen Einstellungen aus, die diesem zugrunde liegen und sich erheblich verändert haben können. Um herauszufinden, ob sich hinter einer scheinbaren Kontinuität möglicherweise doch Veränderungen verbergen, die sich auf das Verhältnis der Jugendlichen und jungen Erwachsenen zur Politik auswirken, sollte deren Einstellung zum Staat und seinen Institutionen in den Fokus gerückt werden. Dies ist gewissermaßen der Schlüssel,

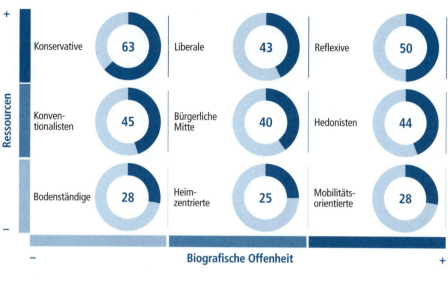

Abb. 14.3
POLITISCHES INTERESSE NACH LEBENSSTIL

○ Interessiert

FRAGE 140, Lebensstiltypen

HINWEISE Angaben in Prozent „Sehr interessiert", „Interessiert", „Etwas interessiert"

der uns Aufschluss darüber gibt, ob und inwieweit die Proteste und Entwicklungen im Zusammenhang mit dem „Arabischen Frühling 2.0" die politischen Einstellungen junger Menschen in den vergangenen Jahren beeinflusst haben.

Einstellung zum politischen System – Vertrauen in den Staat und die Institutionen

Die Proteste, zu denen es in vielen Ländern der Region in den letzten Jahren kam, wurden vielfach interpretiert als Ausdruck einer anhaltenden oder auch zunehmenden Unzufriedenheit mit dem Staat und seinen Institutionen, mit der politischen Führung wie überhaupt mit dem politischen System und der Staatsform. In ihnen manifestierte sich der Wunsch der Bevölkerung und insbesondere der jungen Generation nach mehr Demokratie (siehe zum Beispiel Challand 2023; Allinson 2022).

Vor diesem Hintergrund mag es zunächst müßig erscheinen, überhaupt die generellen Präferenzen der jungen Generation für ein bestimmtes politisches System in den Blick zu nehmen. Jedoch haben sich mit einer Ausnahme (Marokko) in allen Ländern, in denen in der Vorgängerstudie die gleiche Frage gestellt wurde, deutlich weniger junge Menschen für ein demokratisches System

Abb. 14.4
BEVORZUGTES POLITISCHES SYSTEM

	MAR	ALG	TUN	LBY	SDN	PAL	JOR	LBN	SYR*	IRQ	YEM
Einen starken Mann an der Spitze des Staates	28	16	41	52	19	15	14	18	18	53	26
Ein demokratisches System	24	33	23	13	28	14	10	38	23	20	17
Ein demokratisch-islamisches System	14	13	6	7	16	21	30	8	10	4	22
Einen religiösen Staat auf der Grundlage der Scharia	9	5	3	7	13	33	28	6	10	3	23
Eine starke Frau an der Spitze des Staates	5	4	4	2	2	2	3	8	4	8	2
Ein sozialistisch-islamisches System	6	4	2	3	4	2	3	2	2	1	2
Ein sozialistisches System	2	4	2	1	3	1	1	2	3	3	1
Andere	2	3	3	1	1	2	2	5	3	3	1
Weiß nicht	11	18	17	13	13	11	8	13	28	6	6

FRAGE 100
Wenn du dich in der Welt umschaust: Welches politische System wünschst du dir?

HINWEISE Angaben in Prozent

ausgesprochen (Abb. 14.4 und 14.5). Diese Beobachtung gilt es jedoch gleich auch wieder zu relativieren. Einerseits ist in den meisten Ländern der MENA-Region die Präferenz für „einen starken Mann, der das Land regiert", gestiegen, und in sechs Ländern ziehen die Befragten eine solche Staatsform einem demokratischen System vor. In Tunesien beispielsweise sind 41 Prozent für den „starken Mann" und 23 Prozent für „demokratische Wertvorstellungen"; im Irak beträgt das entsprechende Verhältnis 53 zu 20 Prozent und in Libyen 52 zu 13 Prozent. Andererseits ist in zwei Ländern die favorisierte Option weder der „starke Mann" noch die „Demokratie": In Jordanien befürworten 30 Prozent der Befragten ein demokratisch-islamisches System und 28 Prozent einen religiösen Staat auf der Grundlage der Scharia, wohingegen nur 14 Prozent einem „starken Mann" und zehn Prozent einem demokratischen System den Vorzug geben. In Palästina bevorzugen 33 Prozent ein islamisches System auf der Grundlage der Scharia und 21 Prozent ein demokratisch-islamisches System, während

Abb. 14.5
BEVORZUGTES POLITISCHES SYSTEM (2016/2021)

		MAR	TUN	JOR	PAL	LBN	YEM	SYR*
Einen starken Mann an der Spitze des Staates	2016	27	23	32	13	14	21	17
	2021	28	41	14	15	18	26	18
Ein demokratisches System	2016	23	52	21	23	69	24	52
	2021	24	23	10	14	38	17	23
Ein demokratisch-islamisches System	2016	15	7	22	16	4	18	8
	2021	14	6	30	21	8	22	10
Einen religiösen Staat auf der Grundlage der Scharia	2016	9	4	18	33	3	17	8
	2021	9	3	28	33	7	23	10
Weiß nicht	2016	16	7	3	6	3	14	11
	2021	11	17	8	11	13	6	28

■ Zunahme um mindestens fünf Prozentpunkte
■ Abnahme um mindestens fünf Prozentpunkte

FRAGE 100 (2016: 113)

HINWEISE Angaben in Prozent

15 Prozent für einen „starken Mann" und 14 Prozent für ein demokratisches System sind.[1]

Natürlich ist große Vorsicht geboten, wenn aus dieser Beobachtung Rückschlüsse auf einzelne Länder gezogen werden sollen. Denn in einigen Fällen hängen die grundsätzlichen Präferenzen für ein bestimmtes politisches System scheinbar eindeutig mit den spezifischen Entwicklungen in dem jeweiligen Land zusammen. So ist der stärkste Rückgang der Präferenzen für ein demokratisches System beispielsweise im Libanon zu verzeichnen, wobei dies nicht mit einem

---

[1] Von denjenigen, die das Land von einem starken Mann regiert sehen wollen, sind bemerkenswerterweise 57 Prozent Männer und 43 Prozent Frauen. Im Gegensatz dazu sind diejenigen, die einer starken Frau an der Spitze des Landes den Vorzug geben, zu 22 Prozent männlich und zu 78 Prozent weiblich.

signifikanten Anstieg der Präferenzen für ein anderes politisches System einhergeht. Hier herrscht nach dem Kollaps der Wirtschaft und auch der staatlichen Institutionen – sinnbildlich hierfür steht die verheerende Explosion im Hafen von Beirut – offensichtlich ein allgemeines Gefühl der Machtlosigkeit und Desillusionierung vor. Junge Menschen in Algerien wiederum haben nach eigenen Angaben kein Interesse, sich in politischen Parteien oder formellen Institutionen zu engagieren. Der 25-jährige Karim, der in der Hauptstadt Algier als Sicherheitsbeamter im öffentlichen Dienst tätig ist, begründet dies so:

In staatlichen Institutionen grassiert die Korruption. Aber selbst wenn man in den Institutionen korrupte Personen loswerden will, schafft man es einfach nicht.

In Tunesien dagegen geht die deutlich abnehmende Präferenz für ein demokratisches System mit einer signifikant zunehmenden Bevorzugung eines „starken Mannes" einher. Hierin spiegelt sich die Unterstützung der Bevölkerung für Präsident Kais Saied zumindest unmittelbar nach seinem Amtsantritt wider. Weitere Beispiele sind Libyen und der Irak: Beide Länder sind politisch sehr instabil. In Libyen kam noch der Bürgerkrieg hinzu, auf den zwei Regierungen folgten (eine in Tripolis, eine in Tobruk), die beide den Anspruch erhoben, die „rechtmäßige" Regierung zu sein. Im Irak herrschte lange Zeit politischer Stillstand. Wahlen und Neuwahlen wurden von schweren Auseinandersetzungen zwischen dem vom Iran unterstützten schiitischen Establishment und der Al-Sadr-Bewegung überschattet. Libyen und der Irak sind die einzigen Länder in der Region, in denen ein politisches System mit einem „starken Mann" von mehr als 50 Prozent der Befragten bevorzugt wird. In dieser Präferenz artikuliert sich wahrscheinlich in erster Linie der Wunsch nach Stabilität in einer als chaotisch erlebten Situation. Dass die zentralen politischen Institutionen diese Sehnsucht nach Stabilität nicht unbedingt erfüllen, zeigt sich bei der Frage, wie groß das Vertrauen in verschiedene Institutionen ist. Wenig überraschend und in Übereinstimmung mit den Ergebnissen der letzten Studie ist die mit Abstand vertrauenswürdigste Institution nach wie vor die Familie, die als Stabilitätsanker fungiert (Abb. 14.6).

In fast allen Ländern, in denen nach dem Vertrauen in die Institutionen gefragt wurde, steht das Militär an zweiter Stelle (manchmal dicht gefolgt von der Stammesgruppe, im Sinne einer realen oder fiktiven Abstammungslinie mit konsanguinalen Elementen – im Folgenden kurz „Stamm" genannt). Von allen 18 abgefragten Institutionen genießen die politischen Parteien das geringste Vertrauen, und auch das Vertrauen in die Parlamente ist nach wie vor relativ gering.

Unter einem bestimmten Gesichtspunkt gibt es eine gewisse strukturelle Ähnlichkeit mit dem Vertrauen in die Institutionen in vielen westlichen Ländern.

Abb. 14.6
VERTRAUEN IN INSTITUTIONEN

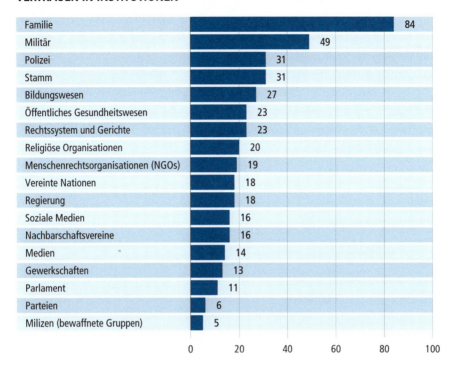

FRAGE 101
Hast du Vertrauen in folgende Institutionen?

HINWEISE Angaben in Prozent „Vertrauen"

Dort ist im Allgemeinen das Vertrauen in Institutionen, denen eine geringere Anfälligkeit für vermutete politische Partikularinteressen nachgesagt wird (wie zum Beispiel dem Militär), höher als in jene, die eng mit solchen Interessen in Verbindung gebracht werden (vor allem die politischen Parteien). Bemerkenswert ist in diesem Zusammenhang, dass in den westlichen Demokratien das Vertrauen in die Rechtsordnung und die Gerichte höher ist als in den meisten Ländern der MENA-Region (siehe etwa Albert et al. 2019: 92–94). Darin kommt höchstwahrscheinlich ein in den meisten korrupten und autoritären Regimen ausgeprägtes Misstrauen gegen die Neutralität und Funktionsfähigkeit der Rechtsordnung zum Ausdruck. Ein markanter und sehr wichtiger Unterschied zu den westlichen Demokratien liegt in der Tatsache, dass nach der Familie und dem Militär in den meisten Fällen der Stamm die drittvertrauenswürdigste Institution darstellt. In Jordanien bringen zum Beispiel 55 Prozent der jungen Menschen dem Stammessystem Vertrauen entgegen. Dies überrascht nicht angesichts der dortigen Bedeutung des Stammeswesens, insbesondere im östlichen Teil des Landes, wo die Stämme eine wichtige Rolle in der Politik spielen. Der Libanon und Tunesien hingegen, in denen es kein tribales System gibt, weichen deutlich hiervon ab: Dort vertraut weniger als ein Fünftel der Befragten den Stämmen (im Libanon 18 %, in Tunesien 9 %). In allen anderen Ländern sind es zwischen 22 und 39 Prozent, die Vertrauen in den Stamm bekunden.

Dieser Aspekt kann nicht oft genug hervorgehoben werden, ist er doch ein Indiz dafür, dass es eine kollektive Institution gibt, der die Menschen großes Vertrauen entgegenbringen und die sich im Fall politischer Unruhen womöglich behaupten könnte, auch wenn das Vertrauen in den Staat oder staatsnahe Institutionen rasch schwindet. In Ländern wie Libyen und dem Jemen – zwei Bürgerkriegsländern mit ausgeprägten Stammessystemen – sowie im Sudan ist das Vertrauen in die Stammesordnung vielen Menschen eine wesentliche Stütze, wenn es zu Unruhen kommt und Regime zusammenbrechen. Der Stamm kann hier als eine der wenigen funktionierenden Institutionen gelten, an denen viele Jugendliche und junge Erwachsene festhalten können, um gerade unter unsicheren und prekären Bedingungen wie in Bürgerkriegen Fürsorge und Schutz zu erfahren. Dies wird übrigens auch in Aussagen von Befragten deutlich, die keinem Stamm angehören und dies als ein deutliches Manko empfinden, wie die 30-jährige Friseurin Elham aus Irbid (Jordanien):

> *Die Regierung hat in diesen Krisen keine gute Arbeit geleistet, und wir sind Einzelpersonen ohne Stammeszugehörigkeit. Ich bin palästinensischer Herkunft und habe in meinem sozialen Leben keinen Stammesbezug, weil mein Volk weit verstreut ist.*

Politische Machtlosigkeit: eine stärkere Rolle des Staates in einer sich verschlechternden Situation

An die Menschen denken Politiker zuletzt.

(Lubna, 22, Marokko)

Das allgemeine Empfinden eines politischen Defizits zeigt sich wohl am deutlichsten darin, dass einerseits eine erstaunlich große Mehrheit der jungen Menschen in der MENA-Region meint, der Staat solle im Alltag eine größere Rolle spielen, und andererseits in den meisten Ländern die Befragten mehrheitlich der Ansicht sind, dass sich die politische Lage in ihrem Land in den vergangenen fünf Jahren verschlechtert habe. Interessanterweise sind die einzigen Länder, in denen deutlich weniger als die Hälfte der Befragten angeben, die politische Situation habe sich erheblich oder etwas verschlechtert, der Irak (40 %) und Libyen (38 %). Hier liegt die Vermutung nahe, dass die ohnehin schon schlimme Lage das Gefühl

Abb. 14.7
EINSCHÄTZUNG DER POLITISCHEN LAGE NACH SCHICHTENINDEX

	Unterste Schicht	Untere Mittelschicht	Mittlere Schicht	Obere Mittelschicht	Oberste Schicht
Erheblich verbessert	3	3	4	5	5
Etwas verbessert	8	10	11	17	17
Nicht verändert	12	15	16	17	17
Etwas verschlechtert	21	21	22	19	20
Erheblich verschlechtert	46	42	41	35	32
Weiß nicht	10	9	6	7	8

FRAGE 106
Lass uns nun die allgemeine politische Lage in deinem Land betrachten. Glaubst du, die Situation hat sich in den letzten fünf Jahren …?

HINWEISE Angaben in Prozent

kaum noch zulässt, die Lage könne sich noch verschlechtern. Demgegenüber befürworten die meisten jungen Menschen eine stärkere Rolle des Staates in ihrem alltäglichen Leben. Der Anteil liegt hier zwischen 50 Prozent in Algerien und 88 Prozent im Libanon. Das Beispiel Libanon ist in dieser Hinsicht besonders interessant. Die meisten jungen Libanesinnen und Libanesen wünschen sich, prozentual gesehen, mehr staatliche Präsenz in ihrem Alltagsleben. Im Libanon ist allerdings auch die Meinung, die politische Lage habe sich erheblich verschlechtert, mit 79 Prozent am weitesten verbreitet. Zusammen mit den Ergebnissen zum Vertrauen in die Institutionen ist dies wohl als klares Indiz dafür zu werten, dass sich in der Forderung nach einer stärkeren Rolle des Staates keineswegs die Zufriedenheit mit der tatsächlichen Arbeit der staatlichen Institutionen ausdrückt, sondern vielmehr eine Wunschvorstellung, wie diese Institutionen effektiver und effizienter agieren sollten.

Eines gilt es in diesem Kontext besonders hervorzuheben: In der gesamten Region gibt es einen markanten Zusammenhang zwischen dem sozialen Status und der Bewertung der politischen Situation, aber in allen sozialen Schichten ist eine klare Mehrheit der Ansicht, die politische Lage habe sich leicht oder erheblich verschlechtert (Abb. 14.7). Selbst diejenigen, die in relativem Wohlstand leben, können sich offenbar nicht des allgemeinen Gefühls einer Verschärfung der politischen Lage erwehren.

Das Empfinden, dass die politische Lage sich verschlechtert, der Wunsch nach einem funktionierenden Staat, die erlebte wirtschaftliche Not und die Perspektivlosigkeit – in all diesen Faktoren, die in anderen Kapiteln dieser Studie thematisiert werden, kommt eine Grundstimmung zum Ausdruck, in der Proteste sich nicht mehr nur auf eine Reihe von Einzelthemen beziehen. Nach ihrer Einordnung der jüngsten Ereignisse gefragt, beschreiben viele junge Menschen sie als Geschehnisse, die einen vielschichtigen Umbruch bedeuten, wobei in diesem Zusammenhang der Begriff „Revolution" nach wie vor am häufigsten verwendet wird. Hier zeigt sich eine Kontinuität zu den Ereignissen von 2010/11, die in der Vorgängerstudie ebenfalls am häufigsten als „Revolution" bezeichnet wurden. Bei genauerer Betrachtung fällt jedoch auf: Deutlich weniger junge Menschen als vor einigen Jahren gehen davon aus, dass die Ereignisse, die erstmals während des Arabischen Frühlings angestoßen wurden, sich fortsetzen (obwohl in den meisten Ländern immer noch etwa die Hälfte der Befragten oder mehr dieser Meinung sind).[2] Dies könnte als Indiz dafür gewertet werden, dass das Gefühl der Machtlosigkeit zunimmt und dass mehr und mehr ein lange andauernder Stillstand erwartet wird. Es handelt sich um eine Enteignung der Möglichkeiten zur politischen Partizipation. Der 25-jährige Ali aus Jordanien bringt dieses Gefühl zum Ausdruck, wenn er beschreibt, warum er sich nicht mehr politisch engagiert:

> *Ich glaube, dass junge Leute sich nicht an der Politik beteiligen, weil es kein attraktives und sicheres Umfeld gibt, in dem das Recht auf Mitbestimmung garantiert ist. Ich selbst war an vielen politischen Aktivitäten beteiligt und habe mich engagiert und bin zu dem Schluss gekommen, dass die politischen Parteien nicht wirklich gewillt sind, junge Leute einzubeziehen und ihre Programme zu reformieren – erst recht, seit in Jordanien das Parteiengesetz geändert wurde. Für die Parteien ist ein junger Mensch nur eine Nummer und keiner, der aktiv mitwirkt. Mir ist klar geworden, dass unsere Ansichten überhaupt nicht gefragt sind und unsere Vorschläge sowieso nie beachtet werden. So sieht das Grundverständnis der politischen Klasse in Jordanien aus.*

Desillusionierung kann zu einem Gefühl der Hilflosigkeit und zum völligen inneren Rückzug führen, aber das muss nicht zwangsläufig der Fall sein. Der eben zitierte junge Mann zum Beispiel hat sich auf verschiedene Weise sozial engagiert, um anderen Menschen während der Pandemie zu helfen. Aber auch politisch scheinbar „neutrale" Möglichkeiten sozialen Engagements werden oft als eingeengt oder entmutigend erlebt, sobald sie in die Nähe der Politik geraten. Sami, ein Angestellter der Privatwirtschaft aus Marokko, schildert seine einschlägigen Erfahrungen:

---

2 Im Vergleich zu unserer vorhergehenden Studie umfasst die vorliegende Studie jetzt allerdings auch Algerien, den Sudan, den Irak und Libyen – also Länder mit einer spezifischen und oft jüngeren Protestgeschichte.

Unsere Form von Aktivismus, über die ich gern reden möchte, besteht darin, dass wir von Zeit zu Zeit ehrenamtliche Saubermachaktionen veranstalten, bei denen einige verantwortungsbewusste junge Leute aus dem Dorf mitmachen. Wir sind jedoch auf Schwierigkeiten gestoßen, als zum Beispiel einige Nachbarn diese Aktion mit politischen Zugehörigkeiten in Verbindung gebracht haben und meinten, sie würden für das Wahlprogramm einer bestimmten Partei eingespannt.

Prioritäten

Politik und die politischen Einstellungen junger Menschen zu analysieren, hat nur dann Sinn, wenn sie in den Kontext ihrer allgemeinen Lebenssituation und ihrer Lebensprioritäten gestellt werden. Welchen Platz nimmt die Politik unter den sonstigen Prioritäten in ihrem Leben ein? Was der jungen Generation wichtig ist, scheint sich zwischen 2016 und 2021 nicht wesentlich verändert zu haben. Oberstes Ziel für ihre persönliche Zukunftsplanung ist ein guter Job. Interessanterweise ist für junge Frauen inzwischen ein guter Job wichtiger (42 %) als eine gute Ehe (33 %). Tunesien gehört zu den Ländern mit dem höchsten Prozentsatz junger Menschen, für die ein guter Arbeitsplatz Priorität besitzt (67 %), während nur für 15 Prozent eine gute Ehe vorrangig ist. Darüber hinaus ist die Relevanz einer guten Arbeitsstelle zwischen 2016 und 2021 um neun Prozentpunkte gestiegen und die Priorität einer guten Ehe im gleichen Zeitraum um sechs Prozentpunkte gesunken. Syrische Geflüchtete hingegen messen einer guten Ehe (36 %) etwas mehr Bedeutung bei als dem Bemühen um einen guten Job (31 %). Hier zeigt sich, dass junge Menschen mit unterschiedlichen Lebenserfahrungen verschiedene Prioritäten setzen. Für syrische Geflüchtete, die den Bürgerkrieg erlebt haben und oft ihr Hab und Gut zurücklassen mussten, scheinen gute familiäre Beziehungen und eine intakte Familie wichtiger zu sein als ein guter Arbeitsplatz. Im Irak haben junge Menschen den Eindruck, Frauen seien heute stärker in der Arbeitswelt vertreten als in früheren Jahrzehnten. Die 23-jährige Fatma, Lehrerin in der irakischen Hauptstadt Bagdad, meint dazu:

Früher durften Frauen nicht ausgehen oder arbeiten gehen, aber heute können sie arbeiten und werden sogar in Bereichen beschäftigt, die früher den Männern vorbehalten waren. Frauen können heutzutage sogar deren Chefinnen sein … So gesehen, hat sich inzwischen also schon etwas verbessert.

Seit zwei Jahrzehnten ziehen sich die meisten Staaten in der Region aus der sozialen Verantwortung und der Bereitstellung von Wohlfahrtsleistungen wie etwa eines zuverlässigen Gesundheits- und Bildungswesens zurück und überlassen diese Aufgaben zunehmend der Privatwirtschaft. Diese wird jedoch nicht gesetzlich verpflichtet, die Daseinsvorsorge oder den Zugang zur Sozial- und

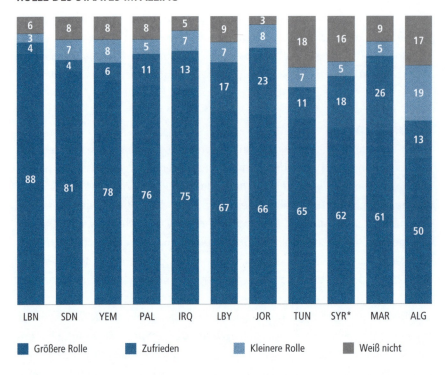

Abb. 14.8
ROLLE DES STAATES IM ALLTAG

■ Größere Rolle ■ Zufrieden ■ Kleinere Rolle ■ Weiß nicht

FRAGE 102
Sollte der Staat eine größere oder kleinere Rolle im Alltag spielen oder bist du mit dem Status quo zufrieden?

HINWEISE Angaben in Prozent

Krankenversicherung zu gewährleisten. Frühere Studien haben ergeben, dass die Beschäftigungsbedingungen für junge Menschen in der MENA-Region meist prekär sind. Nur 18 Prozent der erwerbstätigen Jugendlichen haben Zugang zu einer Krankenversicherung (vgl. Abb. 5.6; Sika 2023). Angesichts der fortschreitenden Neoliberalisierung, der eher düsteren Wirtschaftsaussichten und der während der Covid-19-Pandemie erlebten Vulnerabilität (vgl. Kap. 4) will die junge Generation ganz offensichtlich den Staat „wieder in die Pflicht nehmen". Deshalb überrascht nicht, dass – wie in den vorangegangenen Abschnitten erörtert – 70 Prozent aller Befragten sich wünschen, der Staat solle für ihr tägliches Leben eine stärkere Rolle spielen (Abb. 14.8). Am stärksten ausgeprägt ist dieser Wunsch in den Ländern, die unter Bürgerkrieg, Unruhen oder politischen Umwälzungen zu leiden haben, wie im Sudan (81 %), Irak (75 %), Jemen (78 %), in Palästina (76 %) und im Libanon (88 %).

Bürgerkriege, regionale Machtkämpfe, die Coronapandemie und die durch den Ukrainekrieg ausgelöste globale Krise machen den Menschen in der MENA-Region zu schaffen. Vor allem in der jungen Generation führen sie zu Verunsicherung und Prekarität (vgl. Kap. 5). Als Neulinge auf dem Arbeitsmarkt sind Jugendliche und junge Erwachsene von den sozioökonomischen Problemen, die voraussichtlich noch längere Zeit fortbestehen werden, am stärksten betroffen. In vielen Teilen der Welt befinden junge Menschen sich tendenziell in einer prekäreren Position als die Generation ihrer Eltern in deren Jugend, aber in einer Region, die mit anhaltenden Bürgerkriegen, regionalen Konflikten und wirtschaftlicher Instabilität zu kämpfen hat, sind Prekarität und die damit verbundene Verunsicherung besonders ausgeprägt. Eine wichtige Komponente dieses Problems ist die Ernährungsunsicherheit (vgl. Kap. 6). Viele junge Menschen sind der Meinung, die Ernährungsunsicherheit habe sich in ihrer Altersgruppe durch die Coronapandemie und die Ukrainekrise verschärft. Der 30-jährige Mustafa, der bei einer Nichtregierungsorganisation in Adschlun (Jordanien) arbeitet, hat dazu folgende Meinung:

Die steigenden Lebensmittelkosten können wir verkraften, aber wenn das so weitergeht, gehe ich davon aus, dass wir mit Grundgütern des täglichen Bedarfs sparsamer umgehen und auf einige davon vielleicht sogar ganz verzichten werden.

Dies spiegelt sich bis zu einem gewissen Grad auch darin wider, dass die Mehrheit der jungen Menschen sehr verunsichert ist und besonders stark das Bedürfnis hat, sich „zu Hause" – also in der eigenen Familie und auch im eigenen Land – sicher fühlen zu können. Laut dem Unsicherheitsindex dieser Studie fühlen sich 51 Prozent der jungen Menschen unsicher oder eher unsicher. Frauen, Alleinstehende und junge Menschen, die noch bei ihren Eltern wohnen, erleben diese Unsicherheit stärker als andere. Wichtiger noch: Bei der Frage nach den verschiedenen Einstellungen, Verhaltensweisen und persönlichen Lebenserfahrungen misst die klare Mehrheit der Befragten dem „Streben nach mehr Sicherheit" mit 8,8 auf einer Skala von 1 („absolut unwichtig") bis 10 („absolut wichtig") einen hohen Stellenwert bei. In allen Ländern, die in der Studie 2016 berücksichtigt wurden, ist dieser Zahlenwert gestiegen. Die einzige Ausnahme bildet Tunesien, was auf die jüngsten Ereignisse und die seit Kais Saieds Machtübernahme zunehmende Autokratie im Land zurückzuführen sein dürfte.

Das allgemeine Sicherheitsempfinden in den verschiedenen Lebensbereichen liegt bei einem Durchschnittswert von 5,8 auf der Skala von 1 bis 10 (vgl. Abb. 14.9). Das Sicherheitsgefühl ist bei den jungen Ägypterinnen und Ägyptern mit 7,6 am stärksten ausgeprägt und um 0,9 Punkte höher als bei der Befragung

Abb. 14.9
ALLGEMEINES GEFÜHL DER SICHERHEIT

FRAGE 9
Unter Berücksichtigung deiner aktuellen persönlichen Situation in allen Aspekten (Schule/Arbeit, Familie, wirtschaftliche Lage, politischer Wandel, zukünftige Entwicklung etc.): Fühlst du dich eher sicher oder eher unsicher? Bitte bewerte deine Situation auf einer Skala von 1 (= überhaupt nicht sicher) bis 10 (= völlig sicher).

HINWEISE Angegeben sind die Mittelwerte.

von 2016. Dafür sind wohl vor allem zwei Faktoren verantwortlich: Erstens lässt in den vergangenen Jahren die massive Propaganda nach, mit der das Regime die Muslimbruderschaft zur politischen Bedrohung der Stabilität Ägyptens aufgebauscht hatte. Zweitens ist es verboten, über den Antiterrorkrieg gegen islamistische Bewegungen auf dem Sinai zu berichten, sodass die Öffentlichkeit nicht weiß, wie sehr fundamentalistische Gruppen präsent sind und welche Bedrohung sie tatsächlich darstellen. Von allen Befragten in der Region am unsichersten fühlen sich die jungen syrischen Geflüchteten (3,7). Auf diese folgen junge Libanesinnen und Libanesen; sie liegen auf der Skala bei 4,1 und damit 1,5 Punkte niedriger als 2016. In Bezug auf Gesundheit (7,6) und Ernährung (7,4) scheinen junge Menschen sich sicher zu fühlen (Abb. 14.10). Schlechter stellt sich die wirtschaftliche Lage mit einem Durchschnittswert von 5,5 dar. Im Libanon erreicht die wirtschaftliche Unsicherheit mit 3,8 ein extrem hohes Niveau – eine Verschlechterung um 1,5 Punkte gegenüber der vorhergehenden Umfrage. In Algerien sinkt sie auf 5,8, im Sudan auf 5,1. Das Gefühl, vor bewaffneten Konflik-

Abb. 14.10
BEREICHE DER UNSICHERHEIT

	MAR	ALG	TUN	LBY	SDN	EGY	PAL	JOR	LBN	SYR*	IRQ	YEM
Wirtschaftliche Lage	7,0	5,8	5,3	6,6	5,1	7,7	5,3	5,1	3,8	2,9	6,0	4,9
Gesundheit	7,6	8,1	7,1	8,1	7,6	7,9	8,2	8,7	7,2	5,9	7,4	7,6
Gefühle	7,3	6,8	6,3	7,3	6,0	7,6	6,8	7,3	5,3	4,6	6,2	6,8
Gefährdung durch Gewalt	7,2	6,3	6,1	7,2	6,1	6,9	6,1	7,5	6,6	6,8	5,2	7,2
Zugang zu Nahrungsmitteln	7,7	8,3	7,1	8,2	7,3	7,9	7,7	8,7	6,9	4,5	7,5	6,2
Zukunft meiner Familie	7,5	7,2	6,7	7,9	6,7	7,8	6,9	7,7	5,1	3,5	6,8	5,8
Wahrscheinlichkeit eines bewaffneten Konflikts	7,1	6,4	5,9	5,8	5,1		4,4	7,2	4,5	4,0	5,6	4,5
Berufliche Karriere	7,2	6,1	5,8	7,0	5,9	7,6	5,5	5,9	4,3	3,1	6,5	4,7

FRAGE 10
Bitte spezifiziere die einzelnen Bereiche: Ich fühle mich sicher/unsicher in folgenden Bereichen: Bitte bewerte deine Lage auf einer Skala von 1 (= überhaupt nicht sicher) bis 10 (= völlig sicher).

HINWEISE Angegeben sind die Mittelwerte.

ten geschützt zu sein, ist ebenfalls sehr schwach ausgeprägt: Im Libanon liegt es bei 4,5, in Palästina bei 4,4, im Sudan bei 5,1 und im Jemen bei 4,5.

Mobilisierung

Die MENA-Region erlebt seit den arabischen Aufständen von 2011 verschiedene Mobilisierungswellen und Protestaktionen wie Demonstrationen, Streiks und Sitzblockaden. In Ländern wie Ägypten und Bahrain, in denen sich autoritäre Umbrüche vollzogen haben, sind Mobilisierung und Protestaktionen rückläufig. In Ländern wie dem Sudan, Algerien und dem Libanon hingegen, in denen es 2011 noch keine nennenswerten Auseinandersetzungen gab, haben Proteste und Mobilisierung zugenommen. Diese Entwicklung wird inzwischen als „Arabischer Frühling 2.0" bezeichnet (siehe Weipert-Fenner 2021). Die Motive für Mobilisierung und Aktivismus reichen dabei von sozioökonomischen bis zu politischen Missständen. Im Sudan gingen Demonstrierende 2018 auf die Straße, um gegen die steigenden Brot- und Benzinpreise zu protestieren, was schließlich zum Sturz Umar al-Baschirs führte. In Algerien formierte sich 2019 unter dem Namen *hirak* eine große Protestbewegung gegen eine fünfte Amtszeit von Präsident Bouteflika. Im Irak kam es im selben Jahr zu einer breiten Mobilisierung gegen das konfessionelle System, das nach der US-Invasion 2003 etabliert worden war. Auch im Libanon fanden im selben Jahr Demonstrationen statt, nachdem die Regierung angekündigt hatte, Steuern auf die Nutzung von WhatsApp zu erheben (vgl. Kap. 13). Die Demonstrierenden forderten die Abschaffung des gesamten konfessionellen Systems und beschränkten sich nicht auf Demonstrationen gegen bestimmte Einzelthemen. Im Iran lösten im September 2022 die Folterung und der anschließende Tod der 22-jährigen Mahsa Amini, die sich nicht an die islamische Kleiderordnung gehalten hatte, ebenfalls massive Proteste aus. Diese Beispiele verdeutlichen, wie leicht sozioökonomische Forderungen zu politischen Forderungen werden können, wenn sich politisch die Gelegenheit bietet. Dies hängt auch eng damit zusammen, dass der Großteil der jungen Bevölkerung in der Region mit dem Handeln ihrer Regierungen unzufrieden ist (Larramendi 2000).

Der Index der politischen Aktivität errechnet sich aus dem Mittelwert der Antworten, die Jugendliche und junge Erwachsene auf die Frage gegeben haben, zu welchen Aktionen sie bereit wären (zum Beispiel Teilnahme an Demonstrationen und Streiks). Nach diesem Index waren 37 Prozent der Befragten politisch aktiv, 34 Prozent politisch wenig aktiv und 26 Prozent überhaupt nicht politisch aktiv (Abb. 14.11). Wenn man nur die Demonstrationen – die wichtigste Aktionsform in der Region – betrachtet, so zeigt sich, dass 16 Prozent der arbeitslosen Jugendlichen „sicher" oder „wahrscheinlich" an Demonstrationen teilnehmen würden; bei den Erwerbstätigen sind es 22 Prozent. Unter den Studierenden würden sich 28 Prozent wahrscheinlich an Demonstrationen beteiligen.

2021 gaben junge Menschen vor allem im Libanon, im Irak und im Sudan bei der Frage, welche politischen Aktivitäten sie sich vorstellen könnten, als wahrscheinlichste Möglichkeit die Teilnahme an Demonstrationen an, wobei der Sudan mit 52 Prozent an der Spitze lag, gefolgt vom Libanon mit 37 Prozent und dem Irak mit 24 Prozent. Vor allem im Libanon und im Sudan beteiligen sich junge Menschen eher an Demonstrationen als an anderen Formen politischen Engagements. Die junge Libanesin Farah zum Beispiel berichtet von politischen Protesten der jungen Generation, wobei das Themenspektrum vom Umweltschutz – zum Beispiel machen junge Menschen gegen die Verschmutzung der Strände mobil und organisieren Saubermachaktionen – bis zur sozialen Gerechtigkeit reicht.

Vor fünf Jahren habe ich an Demonstrationen für Gerechtigkeit für Märtyrer und Inhaftierte teilgenommen ... Unser Staat unternimmt nicht viel, um in unserer Gesellschaft soziale Gerechtigkeit zu schaffen.

Ali, 33 Jahre, aus dem Libanon erklärt:

Abb. 14.11
INDEX DER POLITISCHEN AKTIVITÄT NACH BESCHÄFTIGUNGSSTATUS

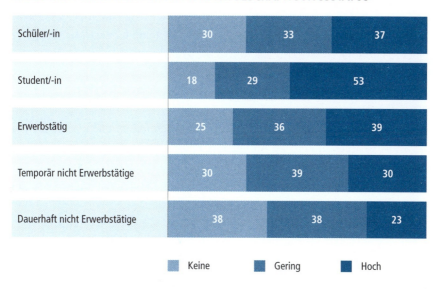

FRAGE 144
Wenn dir etwas wichtig ist und du gehört werden oder politischen Einfluss nehmen möchtest: Welche der folgenden Möglichkeiten käme für dich infrage/nicht infrage? Würdest du ...?

HINWEISE Angaben in Prozent. Die Kategorien beruhen auf den durchschnittlichen Antworten zu elf Aspekten auf einer fünfstufigen Skala. „Keine" heißt dabei, die oder der Befragte hat alle genannten Optionen ausgeschlossen (Mittelwert = 1), „Gering" bedeutet, dass die durchschnittliche Antwort zu allen Aspekten höchstens „Eher nicht" lautete (Mittelwert ≤ 2), und „Hoch" bezeichnet alles, was darüberliegt („Vielleicht", „Wahrscheinlich", „Sicher"; Mittelwert > 2).

[Ich bekunde meine Meinung] durch die Teilnahme an den jüngsten Volksbewegungen und Protesten sowie an Straßenblockaden, als die Preissteigerungen begannen, aber genützt hat es nichts. Sie gingen mit Gewalt gegen uns vor, sodass die Menschen sich in ihre Häuser zurückzogen, weil sie Angst hatten, dass ihnen etwas zustößt, dass sie auf der Straße gedemütigt und verprügelt werden.

Wenn es um konkrete Partizipation geht, ist die wichtigste Form der politischen Mitwirkung die Teilnahme an Wahlen (außer im Sudan und im Libanon, wo die Beteiligung an Demonstrationen einen höheren Stellenwert hat). Hervorzuheben ist: Junge Menschen können sich eine nicht institutionalisierte politische Mitwirkung – zum Beispiel in verschiedenen Formen von unabhängigem Aktivismus – eher vorstellen als eine institutionalisierte Mitwirkung in Form einer Parteimitgliedschaft oder der Mitarbeit in Vereinen. In der gesamten Region geben nur sieben Prozent der Befragten an, dass eine Mitgliedschaft in einer politischen

Partei für sie infrage komme, während 19 Prozent sich eine Mitgliedschaft in einem Verein vorstellen können. Die entsprechenden Zahlen für die Beteiligung an Demonstrationen liegen bei 20 Prozent, für Streiks ebenfalls bei 20 Prozent, für die Mobilisierung über das Internet bei 18 Prozent und für die Unterzeichnung einer Petition bei elf Prozent (vgl. Kap. 8 und 15).

Informations- und Kommunikationstechnologien (IKT) und Partizipation

Wissenschaftler und Wissenschaftlerinnen, die sich mit sozialen Bewegungen befassen, vertreten häufig die Auffassung, Informations- und Kommunikationstechnologien seien ein Schlüssel zur gesellschaftspolitischen Mobilisierung in autoritären Regimen. Die Aufstände von 2010/11 in der arabischen Welt wurden weitgehend auf die Mobilisierung über soziale Netzwerke – insbesondere Facebook und Twitter – zurückgeführt. Einige Wissenschaftlerinnen und Wissenschaftler bezeichnen die Aufstände gar als „Facebook-Revolution" (Herrera 2014). Zum Beispiel wurde der Kampf dafür, dass Frauen Auto fahren dürfen, in Saudi-Arabien im Jahr 2014 hauptsächlich über Twitter geführt, und zwar mit der Kampagne #Women2Drive. Auch im Kontext der aktuellen Proteste im Iran spielen soziale Medien eine wichtige Rolle für die Mobilisierung. Auf der anderen Seite sehen arabische autoritäre Regime soziale Netzwerke als potenzielle Bedrohung der eigenen Stabilität an und sind deshalb dazu übergegangen, den Zugang zum Internet zu beschränken oder es ganz abzuschalten – insbesondere dann, wenn sich öffentliche Unruhen abzeichnen wie in Ägypten am 28. Januar 2011, dem „Freitag des Zorns". Heute erleben Internet-Trolling und Spionage in autoritären Regimen gerade in der MENA-Region einen beispiellosen Aufschwung. Wie in Kapitel 13 näher erörtert wird, macht die vorliegende Umfrage allerdings deutlich, dass die meisten jungen Menschen in dieser Region ebenso wie Jugendliche und junge Erwachsene in anderen Teilen der Welt soziale Medien in erster Linie zur Kontaktpflege (84 %), zur persönlichen Unterhaltung (77 %), zum Teilen von Musik (64 %) oder zur Organisation von Treffen mit Freundinnen und Freunden (57 %) nutzen.

Wenn wir den Bereich der Politik näher in den Blick nehmen, zeigt sich: Nur elf Prozent der Befragten geben an, „häufig" oder „immer" soziale Medien zu nutzen, um Freunde und andere Personen für politische Ziele zu mobilisieren.[3] Zwölf Prozent verwenden die sozialen Medien für politische Diskussionen und zehn Prozent nutzen sie, um aktiv gegen bestimmte politische Positionen zu opponieren (Abb. 14.12). Am stärksten ist die Nutzung der sozialen Medien zu politischen Zwecken in Jordanien zurückgegangen, wo nur fünf Prozent angeben, dass sie soziale Medien nutzen, um über Politik zu diskutieren – das sind elf Pro-

---

3 Diese Frage wurde in Ägypten nicht gestellt.

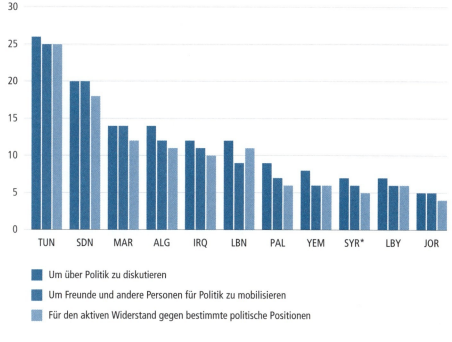

Abb. 14.12
NUTZUNG SOZIALER MEDIEN FÜR POLITIK

- Um über Politik zu diskutieren
- Um Freunde und andere Personen für Politik zu mobilisieren
- Für den aktiven Widerstand gegen bestimmte politische Positionen

FRAGE 139
Wozu nutzt du soziale Netzwerke wie Facebook, Blogs oder WhatsApp?

HINWEISE Angaben in Prozent „Häufig" und „Regelmäßig"

zentpunkte weniger als in der Erhebung von 2016. Der Anteil derer, die mithilfe der sozialen Medien Freunde und andere Personen politisch mobilisieren, liegt hier bei fünf Prozent – ein Rückgang von zwölf Prozentpunkten gegenüber der letzten Umfrage. Der höchste Anstieg der Nutzung von IKT ist in Tunesien zu verzeichnen: Dort nutzen nach eigenen Angaben 25 Prozent der Befragten soziale Netzwerke, um andere zu mobilisieren, und 20 Prozent nutzen sie für Diskussionen über ihre politischen Einstellungen.

Diese Ergebnisse sind insofern von Bedeutung, als die meisten Studien zum „Arabischen Frühling 2.0" davon ausgehen, dass für die Mobilisierung der Bevölkerung in Algerien und im Sudan der Einsatz sozialer Medien eine entscheidende Rolle gespielt habe. Falls dem so sein sollte, dann jedenfalls nicht auf einer Massenbasis. Als Reaktion auf die Proteste haben die Regime in beiden Ländern allerdings den Internetzugang eingeschränkt. Hervorgehoben werden sollte zudem, dass soziale Netzwerke häufiger religiösen als politischen Zwecken dienen. 16 Prozent der Jugendlichen geben an, soziale Netzwerke für religiöse Zwecke zu nutzen; zwölf Prozent bedienen sich dieser Medien auch, um bestimmten religiösen Positionen entgegenzutreten. 16 Prozent greifen auf soziale Netzwerke zu, um andere für religiöse Anliegen zu mobilisieren.

Fazit

Dieses Kapitel bietet einen Überblick über politische Einstellungen und Verhaltensweisen der jungen Generation in der MENA-Region. Es gibt Aufschluss über ihr politisches Interesse, ihr Vertrauen in staatliche Institutionen, ihre Bereitschaft, sich zivilgesellschaftlich und politisch zu engagieren, sowie über ihr politisches Mobilisierungspotenzial. Anhand der Befunde von 2021 lassen sich viele Ähnlichkeiten und Unterschiede zwischen den politischen Haltungen und dem Handeln junger Menschen heute und im Jahr 2016 ausmachen. Desillusionierung und Politikverdrossenheit sind weit verbreitet. Die große Mehrheit der Befragten ist der Meinung, dass sich die politische Situation in ihrem Land in den vergangenen Jahren verschlechtert habe. Viele Jugendliche und junge Erwachsene sind auch weiterhin nicht an Politik interessiert; bei den politisch Interessierten handelt es sich eher um gebildete junge Männer mit mittlerem Einkommensniveau.

Das geringe Politikinteresse schließt jedoch nicht aus, dass junge Menschen in der Lage und bereit sind, sich gegen ihre Regime zu mobilisieren, wenn sich gesellschaftspolitische Probleme abzeichnen und sich politisch die Gelegenheit zum Protest und Widerstand bietet. Dies ließ sich in Algerien, im Libanon und im Sudan beobachten. Alle drei Länder haben seit 2019 große Mobilisierungswellen erlebt. Dennoch interessiert sich die junge Generation in diesen drei Ländern nicht für Politik, obwohl ihre Enttäuschung über das politische System in ihrem Land und darüber, dass das Regime unfähig war, ihre sozioökonomischen Probleme zu lösen, der Anlass für die Proteste war.

Dass die Jugend von der Politik desillusioniert und von den wirtschaftlichen Problemen in den meisten arabischen Regimen nach den Aufständen von 2011 frustriert ist, zeigt sich darin, welchem politischen System sie den Vorzug gibt. Im Vergleich zur Vorgängerbefragung ziehen mehr junge Menschen ein politisches System mit einem „starken Mann" als Regierungschef vor; in fünf Ländern steht diese Option sogar an erster Stelle. In der Region insgesamt bilden diejenigen, die einem „starken Mann" den Vorzug geben, inzwischen die größte Gruppe. Sie haben damit diejenigen abgelöst, die ein demokratisches System bevorzugen und in der Umfrage von 2016 noch den größten Anteil ausmachten.

Das Vertrauen in politische und rechtliche Institutionen hat sich seit der letzten Studie nicht wesentlich verändert und ist bei Jugendlichen und jungen Erwachsenen weiterhin gering. Das Militär als Institution genießt in der jungen Generation abgesehen von der Familie nach wie vor das größte Vertrauen. In Ländern, in denen das Stammeswesen eine wichtige Rolle spielt, tendieren junge Menschen dazu, den Stämmen mehr zu vertrauen als ihren Regierungen. Besonders interessant sind in dieser Hinsicht Libyen und der Jemen: Da in beiden

Ländern Bürgerkriege und Unruhen herrschen, haben junge Menschen zu den Stämmen mehr Vertrauen als zu ihren in sich gespaltenen Regierungen.

Das Gefühl von Sicherheit ist in den meisten Lebensbereichen eher gering; nur in Ägypten fühlen sich junge Menschen sicherer als im Jahr 2016. Ein mangelndes Sicherheitsgefühl wird am stärksten im Libanon hervorgehoben, dessen Wirtschafts- und Bankensystem seit 2019 immer weiter kollabiert. Die Beteiligung an zivilgesellschaftlichen und politischen Aktivitäten hat sich seit der letzten Auswertung der Umfrage nur in einigen wenigen ausgewählten Ländern signifikant verändert. Junge Menschen sind tendenziell mehr daran interessiert, sich an zivilgesellschaftlichen Aktivitäten wie Wohltätigkeitsarbeit und Hilfe für ältere Menschen zu beteiligen (vgl. Kap. 15), als an politischen Formen des Engagements wie beispielsweise der Mitgliedschaft in einer Partei. Sie engagieren sich politisch am ehesten in Form von Demonstrationen. Die Teilnahme an Demonstrationen und Protestaktionen ist jedoch nicht institutionalisiert, sondern oft unabhängig von der politischen Zugehörigkeit oder von der Mitgliedschaft in einer Organisation oder Bewegung. Diese Tendenzen sind offenbar auch seit der Umfrageanalyse von 2016 konstant geblieben. Soziale Netzwerke und Apps für Unterhaltungszwecke zu nutzen, spielt nach wie vor eine wichtigere Rolle als deren Nutzung für die politische und/oder religiöse Mobilisierung.

Diese differenzierten Beobachtungen lassen sich nur schwer zu einem einfachen Gesamtbild und erst recht nicht zu einem übergeordneten Trend zusammenfassen. Ein Aspekt scheint sich jedoch wie ein roter Faden durch alle bisherigen Beobachtungen zu ziehen. In der MENA-Region gibt es eine Generation junger Menschen, die politisch entmündigt und in diesem Sinne enteignet sind. Sie sind nach wie vor wenig an Politik interessiert und vertrauen den meisten staatlichen Institutionen kaum. Daraus sollte allerdings nicht der Schluss gezogen werden, die wachsende Präferenz für ein politisches System, das sich auf einen „starken Mann" stützt, befördere tatsächlich den Autoritarismus. Diese Präferenz ist vielmehr Ausdruck der Erwartung, dass der Staat grundlegende soziale und wirtschaftliche Unterstützung leistet – und zwar an den Stellen, an denen er dies derzeit nicht tut. Wenn der Staat dies jedoch weiterhin nicht leistet, scheint das derzeit noch ungenutzte Protest- und Mobilisierungspotenzial unter jungen Menschen groß genug, um gegebenenfalls weitreichende Veränderungen anzustoßen.

KAPITEL 15

SOZIALES ENGAGEMENT

Friederike Stolleis

Ich liebe ehrenamtliche soziale Arbeit, und junge Menschen sollten den Anreiz haben, sie zu machen. Wenn die jungen Menschen diese Aufgabe nicht übernehmen, wer dann? Sicherlich nicht alte Frauen oder Männer, sondern wir jungen Menschen sind es, die es gemeinsam, Hand in Hand, tun müssen, weil es nützlich ist und uns hilft zu wachsen. Gesellschaftliches Engagement ist eine schöne Sache, die einem Erfahrungen und Erlebnisse einbringt – und es macht Spaß.

(Ahmad, 27, Jordanien)

Soziale Projekte und soziales Engagement geben mir positive Energie, das Gefühl, zur Gesellschaft und zur Menschheit dazuzugehören, weil ich Hilfe nicht nur als ein Geschenk für andere betrachte, sondern mehr Positives zurückbekomme, als die Person bekommt, der ich helfe. Dadurch fühle ich mich menschlich und lebendig und atme frische Luft.

(Amani, 27, Irak)

Wer ehrenamtliche Arbeit einmal ausprobiert und die Freude daran erlebt hat, wird nicht mehr damit aufhören. Ich war einer der Ersten, die sich vor und nach dem Krieg für eine ehrenamtliche Tätigkeit gemeldet haben, weil gesellschaftliches Engagement eine schöne Sache ist [...]. Wir können so den Menschen, der Erde und dem Land, in dem wir leben, etwas zurückgeben.

(Salem, 25, Jemen)

Wenn junge Menschen derart enthusiastisch von ihren Erfahrungen mit sozialem Engagement berichten, stehen sie in einer langen Tradition der Gesellschaften im Nahen Osten und Nordafrika. Wohltätigkeit ist ein zentraler Wert des islamischen Glaubens und die freiwillige Gabe von Almosen an Arme und Bedürftige ist religiös verdienstvoll. Finanziert durch freiwillige Spenden (*sadaqa*) und religiös begründete Steuerabgaben (*zakat*) engagieren sich seit Jahrhunderten Menschen im Nahen Osten und Nordafrika in karitativen Einrichtungen sowie in Berufsverbänden, Schulen oder Universitäten für die Belange anderer (Ali 2016; Mittermaier 2019). Säkulare Organisationsformen wie Gewerkschaften, Vereine, Jugend- und Studentenorganisationen wurden in der ersten Hälfte des 20. Jahrhunderts nach europäischen Vorbildern gegründet und in den zurückliegenden

Dekaden durch vielfältige Formen von Initiativen und sozialen Bewegungen ergänzt.

Dieser Bereich der Gesellschaft, der zwischen dem öffentlichen und dem privaten Sektor angesiedelt ist, wird als „Zivilgesellschaft" bezeichnet. Eine Zivilgesellschaft umfasst die Gesamtheit des bürgerlichen Engagements, dazu gehören alle Aktivitäten, die nicht profitorientiert und nicht abhängig von parteipolitischen Interessen sind. Die Entwicklung und der Handlungsradius der Zivilgesellschaften wurden in den Ländern der MENA-Region durch den jeweiligen sozialen und politischen Kontext geprägt (Durac/Cavatorta 2015: 164 ff.; Pierobon 2019). Seit den späten 1980er-Jahren entstanden in den meisten MENA-Ländern infolge von Wirtschaftsreformen und externem Druck zahlreiche zivilgesellschaftliche Organisationen, die Lücken in der öffentlichen Infrastruktur schlossen. Die zunehmende Unfähigkeit vieler Staaten der Region, die Grundversorgung ihrer wachsenden Bevölkerung zu sichern, ließ ihre Zahl rasch ansteigen. Mit dem „Arabischen Frühling" 2010/11 hat gesellschaftliches Engagement in der MENA-Region weiter zugenommen. Selbst in Ländern, in denen es nicht zu Massenprotesten und Revolutionen kam, lockerte die politische Führung zumindest vorübergehend bestehende Restriktionen, um die aufgebrachte Bevölkerung zu befrieden. Zehn Jahre später finden sich zivilgesellschaftliche Organisationen in den meisten Ländern durch neue NGO-Gesetze und die damit einhergehende Einschränkung ihres Handlungsspielraums eher geschwächt wieder (Yom 2015).

Trotzdem bieten sie heute, zusammen mit zahlreichen informellen Initiativen, eine große Bandbreite von Diensten an und stellen damit einen stabilisierenden Faktor für Gesellschaft und Staat dar. Das Verhältnis staatlicher Stellen zu zivilgesellschaftlichen Organisationen ist oft ambivalent, und die Regierungen der MENA-Region nutzen eine Vielzahl von Mitteln, um Nichtregierungsorganisationen (NGOs) zu kontrollieren, zu kooptieren oder zu diskreditieren. Entsprechend schwach und fragil sind viele zivilgesellschaftliche Organisationen der Region. Häufig sind sie finanziell abhängig und müssen sich daher in ihren Entscheidungen über Programme und Projekte an den Prioritäten der Geldgeber orientieren (Halaseh 2012). Schwache interne Steuerungsstrukturen bedeuten zudem oft auch mangelnde Transparenz und damit einen Verlust an Glaubwürdigkeit, den die junge Generation kritisch wahrnimmt. Wie überall auf der Welt organisieren sich auch junge Menschen im Nahen Osten und Nordafrika daher zunehmend in informellen Gruppen oder über spontane Zusammenschlüsse und wehren sich gegen die Vereinnahmung durch etablierte Organisationsstrukturen. Dabei spielen die Nutzung des Internets und die Vernetzung über soziale Medien eine wichtige Rolle.

Die stabilisierende Rolle zivilgesellschaftlichen Engagements wurde besonders während der Covid-19-Pandemie deutlich, die die Grenzen der Gesundheits- und Sozialsysteme der MENA-Region aufzeigte, die bereits von den aufeinanderfolgenden politischen und wirtschaftlichen Krisen der letzten Jahre stark betroffen waren (vgl. Kap. 4). Hier engagierten sich insbesondere viele junge Menschen, individuell und in informellen Initiativen. In den meisten Ländern der Region waren die Covid-19-Pandemie und ihre Folgen jedoch nur eine Krise von vielen, die den Alltag der Menschen prägten: Nationale Wirtschaftskrisen und Versorgungsengpässe, Umweltprobleme und Wassermangel, Missmanagement öffentlicher Einrichtungen, Unsicherheit sowie die Einschränkungen der Menschenrechte, bewaffnete Konflikte, Hunger und Gewalt erzeugten in den vergangenen Jahren sich überlappende Notsituationen, die den Alltag der Menschen prägten und häufig ihre Existenzsicherung erschwerten.

Vor diesem Hintergrund werde ich im Folgenden zum einen die Thematiken und Motivationen des Engagements junger Menschen untersuchen, zum anderen die institutionelle Anbindung und – in einem zunehmend restriktiven politischen Kontext – die Abgrenzung des gesellschaftlichen vom politischen Engagement beleuchten. Ein besonderes Augenmerk liegt auf der Frage, was sich im Vergleich zu den Befunden der FES MENA-Jugendstudie von 2016, also insbesondere mit der Covid-19-Pandemie, geändert hat und inwieweit diese Veränderungen von Dauer sind.

Wer engagiert sich?

Soziales Engagement ist jungen Menschen in der MENA-Region generell wichtig. Die Mehrheit der Befragten (78 %) gibt an, dass sie sich häufig (56 %) oder gelegentlich (22 %) für soziale oder politische Ziele beziehungsweise für andere Menschen einsetzt. Nur 22 Prozent der Befragten erklären, sich aktuell gesellschaftlich nicht zu engagieren.

Dies ist über die Länder allerdings sehr ungleich verteilt (Abb. 15.1). Am höchsten ist das Engagement im Sudan, wo die politische Mobilisierung des „Arabischen Frühlings 2.0" (vgl. Kap. 14) mit den Demonstrationen von 2018, die schließlich zum Sturz des Präsidenten Umar al-Baschir führten, noch nicht lange zurückliegt. Im Libanon, wo 2019 Demonstrierende die Abschaffung des gesamten konfessionellen Systems forderten, ist das gesellschaftliche Engagement ebenfalls hoch. Gemeinsam ist beiden Ländern, wie auch dem Jemen nach Jahren des Bürgerkriegs, dass infolge der politischen Krisen dysfunktionale staatliche Strukturen oft durch zivilgesellschaftliches Engagement ersetzt wurden. Am geringsten ist die Bereitschaft junger Menschen, sich gesellschaftlich zu engagieren, in Tunesien, wo viele junge Menschen zehn Jahre nach der zunächst erfolgreichen Revolution des „Arabischen Frühlings" nach vielen Regierungswechseln und wirtschaftlichen Einbrüchen von einem Gefühl der Resignation erfasst worden sind.

Analysiert man die Antworten aus allen zwölf Ländern dieser Studie anhand des Schichtenindex (siehe Anhang), so ergeben sich nur geringe Unterschiede.

Abb. 15.1
GESELLSCHAFTLICHES ENGAGEMENT

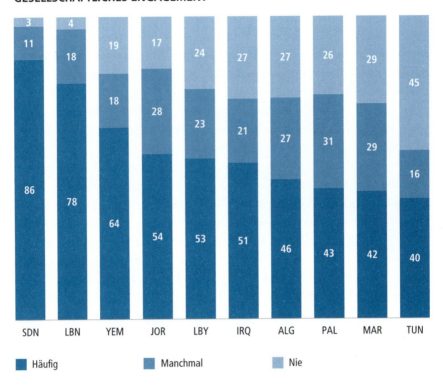

FRAGE	146
	Setzt du dich für soziale oder politische Ziele ein oder engagierst du dich für andere Menschen zu folgenden Themen?
HINWEISE	Angaben in Prozent. Die Kategorie „Häufig" umfasst alle Befragten, die bei mindestens einem der 15 vorgelegten Themen angaben, sich häufig zu engagieren. Unter „Manchmal" fallen diejenigen, die sich nicht häufig, aber für mindestens ein Thema gelegentlich engagieren.

In allen gesellschaftlichen Schichten engagieren sich ähnlich viele junge Menschen häufig; allenfalls ist mit höherer Schicht eine leichte Zunahme des gelegentlichen Engagements festzustellen. Ähnliches gilt für eine Analyse anhand der Lebensstilgruppen (vgl. Kap. 9). Auch hier variieren die Angaben für häufiges und gelegentliches Engagement nur geringfügig. Ebenso unterscheidet sich das Engagement von Männern und Frauen kaum.

Ein anderer Zusammenhang ist eindeutig, aber auch nicht überraschend: Je politisch aktiver ein junger Mensch ist, desto eher engagiert er sich für die Belange anderer (Abb. 15.3). Politisches Engagement ist oft durch eine kritische, teils auch pessimistische Sicht auf gesellschaftliche Entwicklungen motiviert. Dementsprechend scheinen – trotz der eingangs zitierten optimistischen Aus-

Abb. 15.2
GESELLSCHAFTLICHES ENGAGEMENT NACH SCHICHT

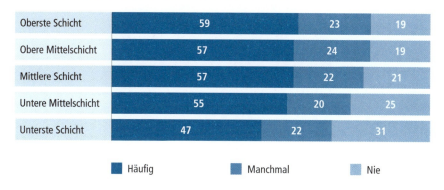

FRAGE 146, Schichtenindex

HINWEISE Angaben in Prozent

Abb. 15.3
GESELLSCHAFTLICHES UND POLITISCHES ENGAGEMENT

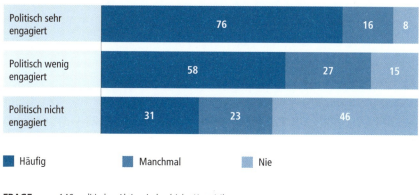

FRAGE 146, politischer Aktionsindex (siehe Kap. 14)

HINWEISE Angaben in Prozent

sagen – die Jugendlichen mit eher pessimistischen Zukunftserwartungen besonders engagiert zu sein (Abb. 15. 4), außerdem eher diejenigen, die sich unsicher fühlen.

Wenn es um gesellschaftliches Engagement geht, werden in den qualitativen Interviews häufig religiöse Bezüge hergestellt, so beispielsweise von Sami aus Skhirat (Marokko):

Abb. 15.4
GESELLSCHAFTLICHES ENGAGEMENT UND ZUKUNFTSERWARTUNGEN

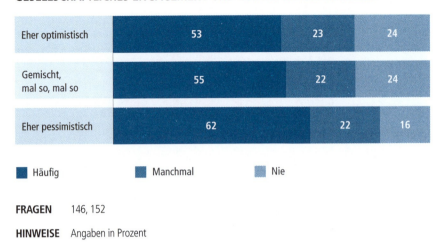

FRAGEN 146, 152

HINWEISE Angaben in Prozent

Ich tue diese Dinge [bedürftige Familien in der Nachbarschaft zu unterstützen] spontan und aus menschlichen Gründen – aus Liebe zu Gott –, das hat nichts mit irgendeinem Verein zu tun.

Oft stehen die erwähnten Tätigkeiten in einem religiösen Kontext, wenn es beispielsweise um die Verteilung von Nahrungsmitteln, Kleidung und Geld an bedürftige Familien im Ramadan oder die Gabe von Schafen anlässlich des Opferfests geht. Einige der Befragten erklären auch, sie sprächen aus religiösen Gründen nicht gern über ihr soziales Engagement, weil man nicht damit prahlen solle, so Mohamed, ebenfalls aus Marokko:

Ehrlich gesagt, wenn es diese Studie nicht gäbe, würde ich nicht darüber sprechen, denn in unserer Religion sagen wir solche Dinge nicht.

Trotzdem sind die Unterschiede, auch unter Berücksichtigung der Religiosität der Befragten, nicht groß (Abb. 15.5). Die Zahlen zeigen eindeutig, dass soziales Engagement nicht auf die religiöseren jungen Menschen beschränkt ist, im Gegenteil: Am höchsten ist das Engagement in der Gruppe, die sich selbst als am wenigsten religiös bezeichnet.

Fügt man diese drei Ergebnisse zusammen, zeichnet sich ein Profil junger engagierter Menschen ab, die tendenziell pessimistischer auf die Welt blicken, die Unsicherheiten stärker wahrnehmen und die weniger religiös sind als der Durchschnitt.

Abb. 15.5
GESELLSCHAFTLICHES ENGAGEMENT UND RELIGIOSITÄT

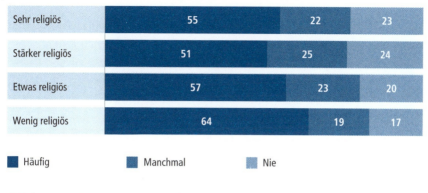

	Häufig	Manchmal	Nie
Sehr religiös	55	22	23
Stärker religiös	51	25	24
Etwas religiös	57	23	20
Wenig religiös	64	19	17

FRAGE 146, Religiositätsindex (siehe Kap. 12)

HINWEISE Angaben in Prozent

Gründe, sich nicht zu engagieren

Wie eingangs erwähnt, erklären nur 22 Prozent der Befragten, dass sie sich aktuell nicht für soziale Ziele einsetzen oder anderen helfen. Die Gründe dafür, sich nicht gesellschaftlich zu engagieren, sind vielfältig und reichen von familiären oder gesellschaftlichen Gründen über das fehlende Angebot und die fehlende Zeit aufgrund wirtschaftlicher Not bis zu mangelnder Motivation, Kritik und der grundsätzlichen Infragestellung gesellschaftlichen Engagements (Abb. 15.6).

In den qualitativen Interviews betonen die Befragten vor allem ihre mangelnden Kapazitäten infolge sozialer und wirtschaftlicher Notsituationen: „Wie kann man sich in solchen Initiativen engagieren, wenn man in dieser Wirtschaftskrise jeden Moment arbeiten muss, um die Familie zu unterstützen […]?" (Ramzi, 25, Libanon). Die Dringlichkeit allgemeiner Belange tritt bei vielen vor der konkreten Sorge um die eigene Zukunft in den Hintergrund: „Ich bin arbeitslos, ich habe nur eine Sorge, nämlich einen Job zu bekommen! Der Rest der Themen ist weit weg von mir […]!" (Ines, 28, Tunesien). Andere berichten von schlechten Erfahrungen, die zu einer grundsätzlichen Skepsis gegenüber gesellschaftlichem Engagement geführt hätten. Oft geht es dabei um einen intransparenten Umgang mit Geld, so wie bei dem 30-jährigen Fabrikarbeiter Slim aus Nabeul (Tunesien):

> Ich habe Erfahrungen bei den tunesischen Pfadfindern gesammelt, und mir gefielen die Grundsätze der nachhaltigen Entwicklung, insbesondere diejenigen im Zusammenhang mit der Umwelt. Aber die Realität stand im Gegensatz zu diesen Prinzipien, weil sie diese Prinzipien ausnutzen, um Geld von Geschäftsleuten zu sammeln, und dieses Geld dann auf intransparente Weise

und für persönliche Interessen ausgeben. In Tunesien vertraue ich den Organisationen und Verbänden nicht, es gibt viel Korruption und Betrug.

Einige Befragte sind dermaßen von den aktuellen Entwicklungen ihrer Länder enttäuscht, dass die Hoffnung auf Veränderung durch Gleichgültigkeit abgelöst wurde sowie durch den Wunsch, das Land zu verlassen. Yassine, ein 26-jähriger Student aus Sfax (Tunesien), fasst seinen Groll so zusammen:

Ehrlich gesagt ist mir das alles egal und ich glaube nicht an soziales Engagement, ich arbeite in meiner Freizeit an meiner persönlichen Entwicklung. Ich glaube nicht an politisches und soziales Engagement, ich glaube an mich selbst, das reicht mir. [...] Der Staat ist unfähig, die immer schlechter werdenden Verhältnisse zu ändern, und die korrupten Politiker haben das tunesische Volk ärmer gemacht und bestohlen. Ich sehe keine Lösungen mehr, daher möchte ich das Land verlassen. [...] Ich habe an der tunesischen Revolution teilgenommen und war beeindruckt und berührt von dem, was wir damals erlebt haben. Danach war ich aufgrund der politischen Korruption und der wirtschaftlichen Lage frustriert. Ich glaube nicht mehr an politische Arbeit, denn meine Bemühungen waren vergeblich.

Themen und Institutionen des gesellschaftlichen Engagements

Der von den sozial engagierten jungen Menschen am häufigsten genannte Bereich ihres Engagements ist die Hilfe für Arme und Schwache sowie für hilfsbedürftige ältere Menschen (Abb. 15.7). Ebenso wichtig scheint der Einsatz für eine bessere und sauberere Umwelt zu sein, ein Thema, das aktuell junge Menschen weltweit zum Handeln motiviert. Angeführt werden weiterhin verschiedene Aktivitäten in Bereichen, die man im weitesten Sinn als karitativ und auf den ersten Blick eher als unpolitisch beschreiben kann. Der Einsatz für sozialen und politischen Wandel steht fast an letzter Stelle des gesellschaftlichen Engagements. Weniger häufig genannt werden nur die bessere Versorgung und Integration von Migranten sowie Geflüchteten.

Abgesehen von dem Engagement für den Schutz der Umwelt (vgl. Kap. 8) scheint sich gesellschaftliches Engagement junger Menschen in der MENA-Region vor allem auf Bereiche zu richten, in denen der Staat nicht in der Lage ist, Fairness und Inklusion zu verwirklichen. So sind junge Menschen vor allem in bestimmten Bereichen tätig, wie zum Beispiel der Unterstützung benachteiligter Schülerinnen und Schüler, wie Wafa, 30 Jahre, aus dem palästinensischen Westjordanland herausstellt:

Abb. 15.6
GRÜNDE FÜR DEN VERZICHT AUF GESELLSCHAFTLICHES ENGAGEMENT

Grund	%
Meine Familie will das nicht.	45
Keine Unterstützung durch die Regierung	45
Das nützt nur wenigen.	45
Nur wer stark ist, hat etwas zu sagen.	44
Keine oder nur wenige Initiativen in meiner Gegend	43
Es ist nicht klar, wo das Geld bleibt.	43
Ich komme so schon kaum über die Runden.	42
Das hat keine Perspektiven.	42
Fehlendes professionelles Management	41
Da verdient man nichts.	41
Ehrenamtliche Arbeit lohnt sich nie.	39

FRAGE 148
Aus welchen praktischen Gründen engagierst du dich nicht in einem sozialen Projekt?

HINWEISE Angaben in Prozent „Stimme zu" und „Stimme sehr zu" derjenigen Befragten, die sich nie engagieren (Mehrfachantworten möglich)

Ich bin ehrenamtliche Helferin in einer Frauengruppe in der Stadt Hizma, die sich für Schulabbrecher einsetzt und Mädchen, die die Schule geschmissen haben, durch Projekte bei der Integration in die Gesellschaft unterstützt. […] Außerdem gebe ich Nachhilfestunden für Schulabbrecher und bringe ihnen Lesen und Schreiben bei.

Andere engagieren sich für ausgegrenzte Gemeinschaften, wie der 28-jährige Zaid, der mit Binnengeflüchteten im Jemen arbeitet:

Ich beteilige mich aktiv an Bürgerinitiativen, und was ich am meisten tue, ist, Geflüchteten zu helfen, indem ich sie sensibilisiere, mit ihnen kommuniziere und ihnen Hilfe zukommen lasse, aber auch den Bedürftigen, meinen Freunden und Nachbarn helfe ich. […] Die Vertriebenen sind die am stärksten vom Krieg betroffenen Menschen, und sie leiden auch am meisten unter den hohen Lebenshaltungskosten. Wir müssen weitermachen, und jeder, der kann, sollte dies tun, um den Geflüchteten ein menschenwürdiges Leben zu ermöglichen und ihnen zu helfen. Die aufnehmende Gemeinde muss dafür sensibi-

Abb. 15.7
THEMEN GESELLSCHAFTLICHEN ENGAGEMENTS

Thema	Häufig	Manchmal	Nie
Für die Hilfe für Arme und Schwache	33	37	30
Für eine bessere und sauberere Umwelt	27	36	37
Für hilfsbedürftige ältere Menschen	27	36	38
Für ein besseres Zusammenleben in meinem Wohnumfeld	27	32	41
Für Sicherheit und Ordnung in meinem Wohngebiet	27	29	44
Für die Interessen junger Menschen	26	33	42
Für die Verbesserung der Lage Behinderter	25	33	41
Für meine religiöse Überzeugung	25	30	45
Für die Kultur und Traditionen meines Landes	23	33	44
Für die Gleichberechtigung von Frauen und Männern	23	29	48
Für die Organisation sinnvoller Freizeitaktivitäten für Jugendliche	22	30	48
Für diejenigen, die aus Regionen mit bewaffneten Konflikten kommen	17	26	57
Für den gesellschaftlichen und politischen Wandel in meinem Land	17	24	61
Für andere Ziele oder Gruppen	15	25	60
Für die bessere Versorgung und Integration von Migranten und Geflüchteten	15	24	61

FRAGE 146

HINWEISE Angaben in Prozent

lisiert werden, dass es sich um jemenitische Binnenvertriebene handelt, die die gleichen Rechte haben und unterstützt werden müssen, damit sie gemeinsam mit uns in einer sicheren und friedlichen Gesellschaft leben können.

Abb. 15.8
ORTE UND INSTITUTIONEN GESELLSCHAFTLICHEN ENGAGEMENTS

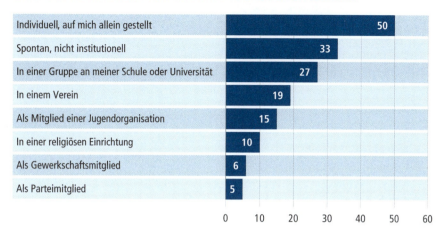

Individuell, auf mich allein gestellt	50
Spontan, nicht institutionell	33
In einer Gruppe an meiner Schule oder Universität	27
In einem Verein	19
Als Mitglied einer Jugendorganisation	15
In einer religiösen Einrichtung	10
Als Gewerkschaftsmitglied	6
Als Parteimitglied	5

FRAGE 147
Wo und wie engagierst du dich?

HINWEISE Angaben in Prozent „Ja" der Befragten, die sich mindestens für ein Thema gelegentlich engagieren (Mehrfachnennungen möglich)

Da die engagierten Jugendlichen in Bereichen tätig werden, in denen der Staat nicht präsent ist, zielen sie auch darauf ab, die Erwartungen und das Bewusstsein für die Rechte ihrer Zielgruppen zu verändern. Zwei weitere Beispiele aus dem Jemen:

Wir haben an einem Programm zur Förderung der Rolle der Jugend bei der politischen Teilhabe und der digitalen Interessenvertretung teilgenommen. Eines der Ergebnisse dieses Programms war die Sada Youth Platform for Peace. Diese Plattform führte eine Kampagne durch [...], die darauf abzielte, die öffentlichen Stimmen von Mädchen und Frauen zu stärken. Es ist wichtig, dass Frauen das Recht haben, Führungspositionen einzunehmen.

(Naji, 22)

Ich möchte über eine meiner Nachkriegsinitiativen zu Antiwaffenkampagnen im Bezirk Aden sprechen. Es handelte sich um eine Workshopgruppe, die sich an Schüler und Studenten richtete, und viele von ihnen baten darum, an dieser Initiative mitzuwirken. Ehrlich gesagt, hatten wir damals Angst, dass die Leute unkooperativ und nicht proaktiv bei solchen Dingen sein würden. Aber der Keim der Initiative und der Keim der Zusammenarbeit sind in jedem Menschen angelegt.

(Salem, 25)

Auffällig ist die Diskrepanz zwischen dem relativ hohen Maß an Engagement für unterschiedliche Themen und der recht geringen Zahl aktiver Mitglieder in zivilgesellschaftlichen Organisationen.

Die Hälfte der jungen Frauen und Männer, die sich regelmäßig oder gelegentlich sozial engagieren, tun dies nach eigenem Bekunden als Einzelpersonen (Abb. 15.8). So erklärt Issam, 29 Jahre alt und Lehrer an einer Privatschule in Marokko:

> *Bei all den solidarischen Aktionen, die ich für Familienangehörige, Menschen in der Stadt oder Bürger im Allgemeinen mache, handelt es sich immer um spontane, unorganisierte soziale Arbeit. Was den organisierten Rahmen anbelangt, so beteilige ich mich nicht an sozialer Arbeit, die finanziell aufwendig ist, sondern ich suche nach Bereichen, die finanziell günstig sind und einen symbolischen und moralischen Wert haben, wie zum Beispiel die Leitung von Theaterworkshops [...] für sozial Schwache.*

Ein weiteres Drittel gibt an, sich spontan zu engagieren, ohne in eine Institution eingebunden zu sein. Während engagierte junge Menschen häufig Mitglied einer Schüler- oder Studierendengruppe sind (27 %) oder einem Verein angehören (19 %) beziehungsweise Mitglied einer Jugendorganisation sind (15 %), haben die wenigsten von ihnen sich dazu entschieden, einer Gewerkschaft (6 %) oder Partei (5 %) beizutreten. Dies entspricht dem geringen Vertrauen, das junge Menschen in diese Institutionen haben, auch hier schneiden Parteien und Gewerkschaften besonders schlecht ab (vgl. Kap. 14, Abb. 14.6).

Gesellschaftliches versus politisches Engagement

Ähnlich wie bei der Frage nach den Inhalten ihres Engagements, bei denen gesellschaftliche und politische Veränderungen weit hinten rangieren, wird auch bei der Frage nach der Wichtigkeit verschiedener Aspekte die Hilfe für Ausgegrenzte deutlich höher bewertet als politisches Engagement (Abb. 15.9).

Es scheint vor allem die „Politik" zu sein, die junge Menschen abschreckt. Nach ihren Assoziationen mit dem Begriff „Politik" gefragt, nennen junge Menschen in der MENA-Region häufig institutionelle und formale Instanzen wie Regierung (45 %) und Parteipolitik (23 %), aber sie verbinden damit auch deutlich negativere Konnotationen wie Korruption (32 %) und Probleme (19 %).

Nur sieben Prozent der Befragten in der MENA-Region assoziieren „Politik" mit gesellschaftlichem Engagement. Betrachtet man die einzelnen Länder, sind die Werte in vier von ihnen, im Sudan (15 %), Algerien (14 %), im Jemen (13 %) und in Marokko (11 %), etwa dreimal so hoch wie in den anderen Ländern (Abb. 15.10). Dies kann entweder mit der zweiten Welle der Aufstände 2019/20 im Sudan und in Algerien zusammenhängen (vgl. Kap. 14) oder auch mit den

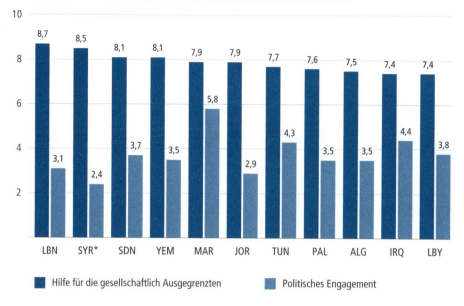

Abb. 15.9
HILFE FÜR AUSGEGRENZTE UND POLITISCHES ENGAGEMENT

- Hilfe für die gesellschaftlich Ausgegrenzten
- Politisches Engagement

FRAGE 117
Als Individuen haben wir Vorstellungen und Entwürfe von unserem persönlichen Leben, unseren Gewohnheiten und unserem Verhalten. Wenn du über mögliche persönliche Errungenschaften nachdenkst, wie wichtig sind dir dann die folgenden Punkte – auf einer Skala von 1 (= absolut unwichtig) bis 10 (= absolut wichtig)?

HINWEISE Angegeben sind die Mittelwerte.

Einschränkungen zivilgesellschaftlicher Aktivitäten in allen vier Ländern, die selbst der auf den ersten Blick „unpolitischen" Arbeit durch den impliziten Verweis auf das (vermeintliche) Staatsversagen eine politische Dimension verleihen.

Politik ist nach dem Verständnis junger Menschen auch ein System, das politische Eliten unterstützen und aufrechterhalten, um davon zu profitieren. Dies steht oft im Gegensatz zum Verständnis ihrer eigenen Arbeit. Junge Erwachsene verstehen ihre vielfältigen Formen des gesellschaftlichen Engagements als Gegenentwurf zur Politik, sowohl wegen der Art und Weise des Handelns als auch aufgrund der Ziele und Absichten (vgl. Rennick 2022a). Der 25-jährige Abbas aus der irakischen Hauptstadt Bagdad erklärt:

> Während der Pandemie waren meine Freunde und ich nicht an Politik interessiert, also engagierten wir uns in sozialen Projekten wie Kampagnen zur Aufklärung über die Pandemie, die Wichtigkeit der Verwendung von Desinfektionsmitteln und das Tragen von Masken.

Abb. 15.10
GESELLSCHAFTLICHES ENGAGEMENT UND „POLITIK"

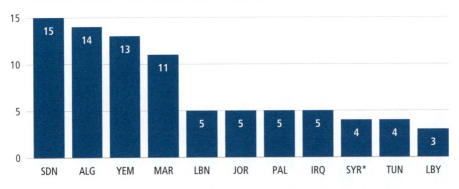

FRAGE 143
Was assoziierst du mit dem Wort „Politik"?

HINWEISE Angaben in Prozent „Gesellschaftliches Engagement" (Mehrfachantworten möglich)

Viele der jungen Menschen verorten ihr Engagement bewusst außerhalb formaler und institutioneller Bereiche und bekunden ihren Wunsch, Formen des Engagements zu entwickeln, die sich von traditionellen Modellen der Parteien abheben:

> *Gründe für die Zurückhaltung bei der politischen Beteiligung sind die Angst, dort eingebunden zu werden, sowie das Misstrauen gegen die Eliten der Parteien. Deshalb wenden sich junge Menschen der ehrenamtlichen Arbeit zu, weil sie die Fähigkeiten des Einzelnen fördert und ihre Persönlichkeit weiterentwickelt.*
>
> (Mohammad, 22, Jordanien)

> *Nach dem Krieg oder in der Zeit von Covid-19 und anderen Pandemien haben wir in der Nachbarschaft eine Hygienekampagne durchgeführt, an der viele junge Menschen teilgenommen haben, ehrenamtlich und unentgeltlich. Die Menschen haben Angst, wenn politische Parteien involviert sind oder wenn diese Aktionen einer bestimmten Partei dienen. Die Menschen haben Angst davor, sich ehrenamtlich zu engagieren, weil es andere gibt, die davon profitieren, und ein solcher Einsatz wird ausgenutzt.*
>
> (Salem, 25, Jemen)

Wenig überraschend ist es daher, dass die Bereitschaft, sich in einem Verein zu engagieren, zwar gering, aber in den meisten Ländern immer noch deutlich höher ist, als einer Partei beizutreten (Abb. 15.11).

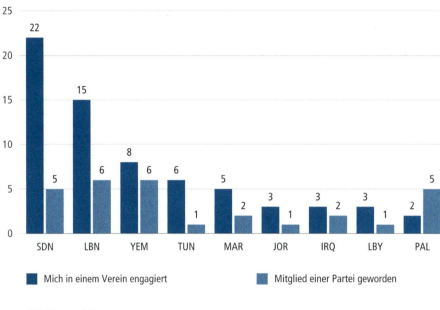

Abb. 15.11
FORMEN DES POLITISCHEN ENGAGEMENTS

■ Mich in einem Verein engagiert   ■ Mitglied einer Partei geworden

FRAGE 145
Welche dieser Optionen hast du bereits genutzt oder woran hast du dich beteiligt?

HINWEISE Angaben in Prozent „Ja"

Aber auch Vereine und NGOs sind von der Kritik nicht ausgenommen, da diese laut der Befragten ebenfalls anfällig dafür sind, der „Politik" zum Opfer zu fallen. So sieht es auch Insaf, 22 Jahre alt, Studentin aus Grombalia (Tunesien):

Alles ist politisch, vielleicht nur in kleinen Strukturen ist die Politik nicht präsent! Ich denke zum Beispiel darüber nach, einem Tierschutzverein beizutreten, aber ich mag keine großen Vereine, die von politischen Parteien ins Visier genommen werden könnten, kleinere Gruppierungen sind mir lieber.

Ein entscheidendes Merkmal des Verständnisses junger Menschen von gesellschaftlichem Engagement ist der Versuch, ihre Aktivitäten in Bereichen anzusiedeln, die sich von denen unterscheiden, die entweder im politischen Sektor oder im zivilgesellschaftlichen Raum institutionalisiert sind. Die Entscheidung, sich aus der Politik herauszuhalten, spiegelt die Überzeugung wider, dass gesellschaftliches Engagement nicht „politisch" sei, an anderer Stelle der Gesellschaft angesiedelt sei und andere Ziele habe. So erklärt der 26-jährige Eyad aus Zarqa (Jordanien):

> *Politische Aktivitäten sind mit vielen Einschränkungen verbunden, aber soziale Aktivitäten sind ehrenamtlich und geschehen im Interesse anderer. Der Verweis auf eine politische Betätigung bringt rechtliche Probleme mit sich, die sich negativ auf diejenigen auswirken können, die sich am politischen Leben beteiligen, sowie auf ihre künftigen Beschäftigungsmöglichkeiten.*

Vielleicht ebenso wichtig ist, dass sie in ihrem gesellschaftlichen Engagement kein politisches Ziel sehen, gerade weil sie mit dem Status quo brechen wollen (vgl. Rennick 2022a). Während direkter politischer Protest einen Regime- oder Systemwandel anstrebt, zielt ihr gesellschaftliches Engagement darauf, die bestehenden Verteilungssysteme zu verändern sowie die sozialen Unterschiede und Barrieren zu beseitigen. So erklärt der 29-jährige Issam aus Aïn el Aouda (Marokko):

> *Ich stamme aus einfachen Verhältnissen, und ich muss immer bestrebt sein, den Menschen der unteren Schicht zu helfen. Mein Ziel ist es, die sozialen Ungleichheiten zu verringern und den benachteiligten Gruppen zu ihrem Recht auf Entwicklung zu verhelfen. Dies ist ein persönliches Anliegen des Kampfes, das ich immer haben werde.*

Soziales Engagement während der Pandemie

Die Covid-19-Pandemie hatte tiefgreifende Auswirkungen auf die Gesellschaften im Nahen Osten und Nordafrika. Wie überall ergriffen Regierungen in der gesamten Region zu Beginn der Pandemie Maßnahmen, um die Bewegungsfreiheit einzuschränken und so die Ausbreitung des Virus zu verlangsamen (vgl. Kap. 4). Jenseits der Krisenbewältigung durch die Regierungen hat die Coronapandemie unter anderem auch die Bedeutung des organisierten Handelns der Zivilgesellschaft verstärkt.

In diesem Abschnitt möchte ich der Frage nachgehen, ob das Engagement junger Menschen über die subjektiven Eindrücke hinaus während der Pandemie zugenommen hat und für welche Formen der Unterstützung sich die Engagierten der MENA-Region entschieden haben. Entscheidend ist dabei die Frage, wie die jungen Menschen die Solidarität in dieser Zeit einschätzen und ob sie glauben, dass diese Formen des Engagements auch über die Pandemie hinaus Bestand haben werden.

Insgesamt scheint die Bereitschaft zu gesellschaftlichem Engagement unter jungen Menschen in der MENA-Region 2021 höher zu sein als fünf Jahre zuvor. Da diese Frage aber nur in sechs Ländern Teil beider Umfragen war, lassen sich auch nur die Antworten dieser Länder vergleichen (Abb. 15.12).

Insbesondere im Libanon und im Jemen hat die Zahl derer, die sich häufig engagieren, deutlich zugenommen, was angesichts der dramatischen Entwicklungen beider Länder in den letzten fünf Jahren nicht erstaunlich ist. Aber auch

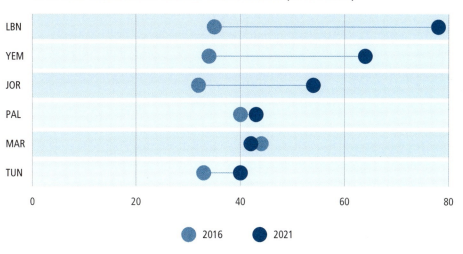

Abb. 15.12
HÄUFIGES GESELLSCHAFTLICHES ENGAGEMENT (2016 / 2021)

FRAGE 146
HINWEISE Angaben in Prozent „Häufig" für mindestens ein Anliegen

in Jordanien, Tunesien und Palästina lässt sich ein Anstieg feststellen. Allein in Marokko sind die Zahlen leicht zurückgegangen. Insgesamt ist der Anteil derjenigen, die angeben, sich häufig zu engagieren, von 36 Prozent im Jahr 2016 auf 54 Prozent im Jahr 2021 gestiegen. In den sechs vergleichbaren Ländern engagierten sich also mehr als die Hälfte der befragten jungen Menschen. Inwieweit diese Veränderungen auf die Pandemie zurückzuführen sind, lässt sich nur vermuten, sicher ist aber, dass sie ein entscheidendes Element in den sich überlappenden Notsituationen in vielen der Länder war (vgl. Kap. 4).

Eine weitere Veränderung, die sich an den Daten ablesen lässt, liegt in den sozialen Hintergründen derer, die sich engagieren. Die Ergebnisse von 2016 zeigen eine klare Verbindung zwischen sozialem Engagement und gesellschaftlicher Stellung: Je höher die soziale Schicht, desto eher setzten junge Menschen sich für gesellschaftliche Anliegen ein (Stolleis 2017: 340). Wie bereits erwähnt, sind diese Unterschiede in den Antworten von 2021 nivelliert – die Bereitschaft, sich zu engagieren, zieht sich fast gleichmäßig durch alle gesellschaftlichen Schichten (siehe Abb. 15.2). Eine Erklärung für diese Veränderung könnte in den Auswirkungen der Covid-19-Pandemie liegen, als die Frage der gegenseitigen Unterstützung alle sozialen Schichten betraf.

Mit Ausbruch der Pandemie mobilisierten nationale und lokale zivilgesellschaftliche Organisationen aller Art, auch solche mit wenig oder gar keiner Erfahrung im Bereich der öffentlichen Gesundheit, Mitglieder und Ressourcen zur

Bekämpfung des Coronavirus. Einige Gruppen veranstalteten Kampagnen, um das Bewusstsein für den Umgang mit der Pandemie zu schärfen:

> *Wir gingen in die Haushalte, sensibilisierten sie und gaben ihnen Hinweise, wie sie sich vor der Pandemie schützen können. Wir sagten ihnen, wie wichtig es ist, eine Maske zu tragen oder daheim zu bleiben und nur in äußersten Notfällen aus dem Haus zu gehen.*
>
> (Bushra, 26, Jemen)

Andere zivilgesellschaftliche Akteure stellten Schutzausrüstung her und verteilten sie, unterstützten die Gesundheitsversorgung, erbrachten Dienstleistungen aller Art und leisteten andere, traditionellere Formen der Wohltätigkeitsarbeit:

> *Wir haben [...] ein Komitee gegründet, das wöchentlich Lebensmittelpakete an ältere Menschen verteilte und ihnen beim Putzen half. Außerdem kontrollierten viele junge Leute die Situation in der Stadt, um sicherzustellen, dass alle Menschen die Sicherheitsvorschriften einhielten.*
>
> (Wafa, 30, Palästina)

> *Wir haben öffentliche Plätze desinfiziert. Außerdem haben wir dazu beigetragen, die Abstandsregeln in Banken, öffentlichen Einrichtungen und Geschäftsräumen einzuhalten, Lebensmittel zu sammeln und an Bedürftige zu verteilen.*
>
> (Slim, 30, Tunesien)

Darüber hinaus übernahmen junge Menschen die Aufgabe, den Zugang zu öffentlichen und privaten Gebäuden zu überwachen, indem sie Warteschlangen beaufsichtigten oder Symbole auf den Boden zeichneten, um den empfohlenen Abstand zu markieren. Andere sammelten Spenden für Wohltätigkeitsorganisationen und soziale Dienste, die sich um bedürftige Familien kümmern.

Ebenso wie die 2020 befragten Teilnehmer und Teilnehmerinnen des *Young-Leaders*-Programms der Friedrich-Ebert-Stiftung[1] erklärt auch die Mehrheit der 2021 für die vorliegende Studie Befragten, ihr Vertrauen in die gesellschaftlichen Auswirkungen und die Notwendigkeit sozialen Engagements sei durch die Pandemie gewachsen (80 %) und gesellschaftliches Engagement werde von der Öffentlichkeit sehr geschätzt (68 %).

---

[1] Um den Bezug zum ersten Jahr der Pandemie, der Hochphase der Verbreitung von Covid-19, sowie den damit einhergehenden Lockdowns herzustellen, wird in diesem Abschnitt auf die Ergebnisse einer früheren Umfrage aus der Vorbereitungsphase dieser Studie verwiesen (Gertel/Kreuer 2021). Die Befunde dieser während der Pandemie durchgeführten Umfrage werden hier punktuell herangezogen.

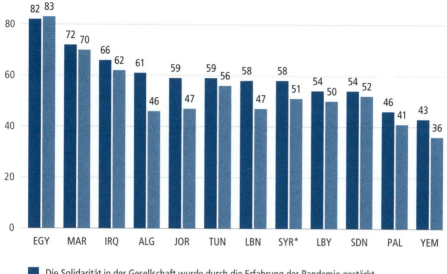

Abb. 15.13
GESELLSCHAFTLICHE AUSWIRKUNGEN VON COVID-19

■ Die Solidarität in der Gesellschaft wurde durch die Erfahrung der Pandemie gestärkt.

■ Die Covid-19-Krise bietet eine hervorragende Gelegenheit, unsere Gesellschaft zum Besseren zu verändern.

FRAGE 155
Stimmst du den folgenden Aussagen eher zu oder nicht zu?

HINWEISE Angaben in Prozent „Stimme eher zu" und „Stimme völlig zu"

Darüber hinaus hatten drei Viertel der *Young Leaders* die Gründung neuer zivilgesellschaftlicher Initiativen in ihren jeweiligen Wohngebieten infolge der Coronakrise beobachtet (Gertel/Kreuer 2021: 14). Diese positive Bewertung des Engagements während der Pandemie wird von den Befragten der vorliegenden Studie geteilt. Die 24-jährige Ines, Forscherin bei einer internationalen NGO in Tripolis (Libyen), beschreibt ihre Eindrücke zu Beginn der Pandemie so:

Ich war sehr stolz auf die Zivilgesellschaft in Libyen, denn viele Menschen haben zahlreiche Initiativen gestartet. […] Die Projekte unterschieden sich in der Art und Weise, wie Jugendliche und Organisationen helfen konnten, aber ich war sehr beeindruckt davon, wie die Jugend und die Zivilgesellschaft in der Lage waren, sich an die Situation anzupassen, und ich hatte nicht das Gefühl, dass sie nicht wussten, was sie tun sollten, da sie alle so kreativ waren.

Die Mehrheit der befragten jungen Männer und Frauen stimmt auch in der vorliegenden Studie der Aussage zu, die Solidarität innerhalb der Gesellschaft habe aufgrund der Pandemieerfahrung zugenommen. Etwas weniger, aber auch in den meisten Ländern mehrheitlich, wird die Aussage bejaht, die Coronakrise biete eine gute Gelegenheit, die Gesellschaft positiv zu verändern (Abb. 15.13).

Mit den zunehmenden Bewegungseinschränkungen, die die meisten Staaten aufgrund der Pandemie verhängten, waren die Aktivistinnen und Aktivisten gezwungen, neue Formen des Engagements zu finden, wobei den diversen sozialen Netzwerken eine wichtige Rolle zukam. So unterstrichen die im Oktober 2020 befragten *Young Leaders* mehrheitlich (88 %), dass die meisten zivilgesellschaftlichen Aktivitäten sich von der persönlichen Begegnung auf Online-Formen des Engagements verlagert hätten (Gertel/Kreuer 2021: 14). Die für die vorliegende Studie Befragten bestätigen dies. Viele berichten von Facebook- und WhatsApp-Gruppen zur Vermittlung von Sauerstoff- und Plasmaspenden (Maysoon, 20, Irak), Besorgungsgängen für Menschen, die das Haus nicht verlassen konnten (Fatima, 23, Marokko), Kampagnen zur Aufklärung über den Umgang mit der Pandemie (Sami, 26, und Oula, 29, beide syrische Geflüchtete im Libanon) sowie psychologischen und sozialen Selbsthilfegruppen (Nahla, 26, Marokko, und Ines, 24, Libyen).

Insbesondere Angehörige marginalisierter Gruppen, wie Nisreen und Ali, beide aus Syrien geflüchtet, betonen die Bedeutung dieser gesamtgesellschaftlichen Krisensituation für die gelebte Solidarität:

> *Wir sind durch die Straßen gezogen und haben über Lautsprecher erklärt, wie wichtig es ist, Schutzmaßnahmen zu beachten und solidarisch zu sein. Wir haben auch die Armen unterstützt und sie mit Mahlzeiten versorgt, die wir von wohlhabenden Familien bekamen. [...] Es war eine einzigartige Erfahrung, und die Reaktion der Menschen war so nett und inspirierend, denn Libanesen und Syrer arbeiteten als Kollegen zusammen.*
>
> (Nisreen, 30)

> *Damals brauchten die Menschen einander, ohne eine Gegenleistung zu erwarten.*
>
> (Ali, 30)

Einig sind sich die Befragten auch in der Einschätzung, dass das soziale Engagement über die Coronakrise hinaus Bestand haben wird, denn „die Pandemie hat gezeigt, dass viele Menschen Hilfe brauchen" (Wafa, 30, Palästina). Zum Teil wandelten sich die Ziele des Engagements nach dem Ende der Krise. Die Motivation scheinen die jungen Engagierten jedoch beibehalten zu haben, wie der

Erfahrungsbericht der 26-jährigen Souad zeigt, die als Hausfrau in Tixeraïne (Algerien) lebt:

> *Während der Coronakrise gab es Jugendliche, die Masken und Desinfektionsgel verteilten, aber nicht nur das, sie erledigten auch die Einkäufe für ältere Menschen, die nicht aus dem Haus gehen konnten. [...] Diese Jugendlichen sind immer noch in Vereinen aktiv, für andere Aktionen, andere Zwecke, aber ich glaube, dass es Aktionen, die mit der Pandemie zu tun haben, nicht mehr gibt. Sie kaufen neue Kleidung für Kinder aus bedürftigen Familien oder auch Schafe für diejenigen, die es sich [für das Opferfest] nicht leisten können, Schulsachen für den Schulanfang, Heizgeräte und warme Kleidung im Winter, passen sich also an die Situation an.*

Die im Libanon lebenden Syrer Ali und Sami beschreiben ein ähnliches Phänomen:

> *Die soziale Beteiligung setzte sich [nach der Pandemie] fort, insbesondere bei der Explosion im Beiruter Hafen. Ich habe weiterhin über mein soziales Netzwerk geholfen und an verschiedenen zivilgesellschaftlichen Aktionen teilgenommen, um den Betroffenen der Hafenexplosion zu helfen. Und mein soziales Engagement wird weitergehen.*
>
> (Ali, 30)

> *[Die Aufklärungskampagne] wurde [nach der Pandemie] fortgesetzt, aber behandelt keine Gesundheitsthemen mehr. Ich habe geholfen, syrische Flüchtlinge in rechtlichen Fragen aufzuklären und Eheschließungen, Scheidungen und Geburten amtlich zu registrieren.*
>
> (Sami, 26)

Wie überall auf der Welt stieg auch das Engagement junger Menschen in der MENA-Region aufgrund der Pandemie zeitweise stark an. In manchen Ländern ermöglichte dieses Engagement, die Jugend in einem Moment der politischen Stagnation gesellschaftlich zu mobilisieren, und schuf so die Grundlagen für eine soziale Dynamik über die Pandemie hinaus (Kharrat 2021 für Tunesien; Boussaid et al. 2022 für Algerien). Wie lange dieser Mobilisierungsschub letztlich anhalten wird, werden zukünftige Untersuchungen zeigen.

Fazit

Die Ergebnisse der vorliegenden Studie verweisen auf eine allgemeine Offenheit junger Menschen für soziales Engagement. Über drei Viertel (78 %) der Befragten geben an, ehrenamtlich tätig zu sein.

Die beliebtesten Bereiche für das eigene Engagement sind wie bereits fünf Jahre zuvor die Hilfe für Arme und Schwache sowie der Umweltschutz. Es folgt eine Vielzahl anderer freiwilliger Tätigkeiten in karitativen und eher unpolitischen Bereichen. Der Einsatz für gesellschaftliche und politische Veränderung steht – angesichts der schwierigen Bedingungen für ein politisch motiviertes Bürgerengagement in den meisten der hier betrachteten Länder – an letzter Stelle des jugendlichen Aktivismus. Auch hieran hat sich seit 2016 nichts geändert. Wo der Staat gesellschaftliches Engagement kontrolliert, wird der Einsatz für ein bestimmtes Thema nach wie vor oft zu einem politischen Akt.

Obwohl junge Menschen generell bereit sind, sich für bestimmte Ziele einzusetzen, zögern sie, dies innerhalb eines institutionalisierten Rahmens zu tun. Wie bereits 2016 sind auch 2021 weniger als ein Drittel der Engagierten Mitglied einer zivilgesellschaftlichen Organisation. Während für frühere Generationen gesellschaftliches Engagement in Gewerkschaften und Parteien Teil des antikolonialen Kampfes und des Aufbaus eines modernen Staates war, sind diese Institutionen für die heutige Generation nicht mehr positiv besetzt.

Die „Enteignung" besteht hier in der Tatsache, dass junge Menschen – oftmals im Gegensatz zu ihren Eltern oder Großeltern – aktuell kaum noch über institutionalisierte politische Handlungsräume verfügen. Oder aber sie lehnen sie ab, da sie angesichts der zunehmenden Einschränkungen, denen zivilgesellschaftliche Organisationen unter den autoritären Regimen der MENA-Region ausgesetzt sind, nicht mehr attraktiv sind.

Ganz offensichtlich ist gesellschaftliches Engagement mehr als die Summe der zivilgesellschaftlichen Organisationen. Junge Menschen in autoritären, abgeschotteten Systemen finden eigene Wege der Mobilisierung und des Engagements für soziale und politische Themen. Im Gegensatz zur direkten Forderung nach politischen Veränderungen verstehen sie ihr Engagement oftmals so, dass sie nicht mit staatlichen Vertreterinnen und Vertretern, sondern um sie herum arbeiten.

Die vorliegende Studie zeichnet ein Bild von einer „enteigneten Generation", die sich der wirtschaftlichen und politischen Ungewissheiten der MENA-Region bewusst ist und wenig Hoffnung auf staatliche Unterstützung hat. Dennoch investiert ein Großteil von ihnen Zeit und Energie in ehrenamtliche Tätigkeiten mit dem Ziel, das menschliche Miteinander und den Umgang mit unserer Umwelt zu verbessern. Trotz ihres kritischen Blicks auf Staat und Gesellschaft tun sie dies mit der Überzeugung, wenigstens in ihrem eigenen Umfeld die Welt positiv beeinflussen zu können. Das sichtbare Engagement junger Menschen in allen Ländern der MENA-Region gibt Anlass zur Hoffnung, dass das Potenzial und die Zuversicht der Jugend die Region auf lange Sicht nachhaltig verändern werden.

KAPITEL 16

HOFFNUNGEN UND ERWARTUNGEN

David Kreuer

Viele der Hoffnungen, die mit den Revolutionen und Aufständen des „Arabischen Frühlings" verbunden waren, sind mittlerweile enttäuscht worden. Obwohl Jugendliche und junge Erwachsene wichtige Akteure der Proteste waren, wurden sie beim anschließenden Ringen um die Neuverteilung von Macht in der Regel nicht berücksichtigt, sondern die alten Eliten organisierten sich lediglich um. Die daraus folgenden „Effekte der Entzauberung" (Melliti 2023: 6) liegen auf der Hand. So gesteht Rim, eine 20-jährige Erzieherin aus Kef (Tunesien):

> *Vor der Revolution wurden wir von einem Regime ausgebeutet. Wir hatten gehofft, dass es einen Wandel gibt, aber nichts ist passiert, nichts hat sich geändert. Jedes Mal sagt man uns, dass der Wandel jetzt kommen wird, aber nichts passiert. Darum ist es mir inzwischen völlig egal, wer auch immer Präsident ist, wer geht und wer kommt, welche Partei abgewählt wird und welche an der Macht ist.*

In diesem abschließenden Kapitel soll dem düsteren Porträt einer enteigneten Generation junger Menschen, die eine Krise nach der anderen erleiden, aber ein hoffnungsvolleres Bild zur Seite gestellt werden. Das gebietet zum einen die Tatsache, dass es nicht an Visionen, Träumen und Hoffnungen in der MENA-Region mangelt, gerade bei den jungen Menschen, die befragt wurden. Zum anderen scheint ein Mindestmaß an Zuversicht für die Suche nach konstruktiven Auswegen in eine gerechtere Zukunft unabdingbar: „Hoffnung ist von instrumentellem Wert, weil sie Dinge möglich macht" (Bovens 1999: 670). Ausgehend von den Daten der vorliegenden Studie untersuche ich zuerst die Ausprägung von Optimismus und Pessimismus unter den Befragten, differenziere sie nach verschiedenen Gruppen und betrachte die jüngere Entwicklung dieser Werte. Im zweiten Schritt stelle ich Forderungen der jungen Generation an ihre Gesellschaften und politischen Systeme zusammen, und im dritten Teil lote ich aus, wie die Verbindung von Hoffnungen und Erwartungen zu einer Wiederaneignung von Lebenschancen beitragen könnte, um der Enteignungsspirale zu entkommen.

Stirbt die Hoffnung zuletzt?

Die FES MENA-Jugendstudie von 2016 (*Zwischen Ungewissheit und Zuversicht*) hatte als einen der Hauptbefunde ergeben, dass Jugendliche in der Region größtenteils optimistisch in die Zukunft blicken. Während die politische und wirtschaftliche Situation in den meisten Ländern wenig Anlass zur Zuversicht gab, zeichneten diese Ergebnisse ein Bild von jungen Menschen, die besser ausgebildet waren als je zuvor, mit starken emotionalen Bindungen an ihre Heimat und einer positiven Lebenseinstellung versehen, bereit zur Übernahme von Verantwortung und zum aktiven Engagement, um gesellschaftliche Herausforderungen anzugehen (Gertel/Hexel 2017).

Gut fünf Jahre später, Ende 2021, ist die Gesamtsituation auf den ersten Blick nicht besser geworden: Zu den ungelösten bewaffneten Konflikten in mehreren Ländern kam eine Pandemie hinzu, und die wirtschaftlichen Aussichten für junge Menschen sind schlechter geworden. Und dennoch ist der Zukunftsoptimismus immer noch groß, wenngleich differenzierter. Im Libanon und unter syrischen Geflüchteten im Libanon ist er gering (nur ungefähr ein Drittel der Befragten gibt sich noch optimistisch, was die eigenen Zukunftsaussichten angeht), in Algerien durchwachsen (etwa die Hälfte ist optimistisch) und in den neun anderen Ländern unverändert hoch (etwa zwei Drittel). Etwa jeder vierte junge Mensch ist offenbar ein zwiegespaltener „Peptimist", um den Begriff von Emil Habibi aufzugreifen (Habibi 1995); und zwischen sechs und 27 Prozent, je nach Land, bezeichnen sich unumwunden als pessimistisch. Diese anfänglichen Befunde decken sich auch mit der Jugendforschung aus anderen krisenhaften Kontexten, wo gerade „junge Erwachsene selbst angesichts großer Ungewissheit dazu neigen, in Bezug auf ihre Zukunftsaussichten optimistisch zu bleiben" (Keating/Melis 2022: 2).

Um zunächst die nationale Ebene zu untersuchen, werden die Daten beider Studien (2016/17 und 2021/22) vergleichend nebeneinandergestellt. Ein direkter Vergleich ist bei acht Ländern möglich (Abb. 16.1). Hier zeigt sich: Der Anteil der explizit pessimistisch eingestellten jungen Menschen hat sich im Verlauf von fünf Jahren kaum verändert, unter den syrischen Geflüchteten hat er sogar spürbar abgenommen. Deutliche Verluste verzeichnet jedoch das optimistische Lager, vor allem zugunsten der ambivalent Eingestellten – am auffälligsten im Libanon und in Jordanien, unter den syrischen Geflüchteten sowie im Jemen. Der Anteil der Unentschlossenen stieg in den acht Ländern insgesamt von 18 auf 28 Prozent und nahm dabei fast überall zu.

Die Jugendlichen in den neu hinzugekommenen Befragungsländern Libyen, Sudan und teils auch Irak erscheinen derzeit optimistischer als der Durchschnitt der Region; die jungen Menschen in Algerien neigen eher zur pessimistischen Seite. Dabei ist zu beachten, dass die Befragten in allen Ländern ihre persönlichen Aussichten besser einschätzen (58 % eher optimistisch, 15 % eher pessimistisch) als die Zukunft der jeweiligen Gesellschaft als Ganzes (45 % eher optimistisch, 24 % eher pessimistisch). Nur bei sehr benachteiligten Gruppen kehrt sich dieses Verhältnis um.

Abb. 16.1
BLICK AUF DIE PERSÖNLICHE ZUKUNFT

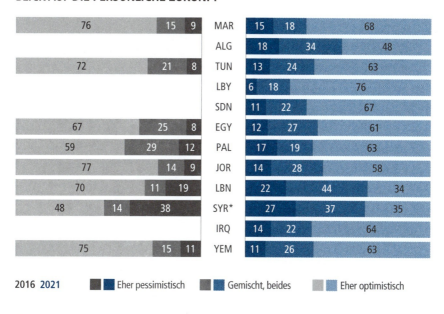

FRAGE 151 (2016: 165)
Wie siehst du deine Zukunft und dein persönliches Leben?

HINWEISE Angaben in Prozent

Ungeachtet der anhaltenden Krisen schätzt immerhin die Hälfte der Jugendlichen die persönlichen Aussichten auf ein erfülltes Leben als „eher stabil" (23 %) oder „stabil" (27 %) ein. Am höchsten ist der Anteil in Jordanien (kombiniert 68 %), Marokko (66 %) und Libyen (53 %). Stabile Aussichten vermelden zudem länderübergreifend eher die sehr religiösen jungen Menschen (56 %); und wenig überraschend sind es vor allem Angehörige der höheren Schichten, die diese Zuversicht hegen (Abb. 16.2). Etwa die Hälfte der jungen Menschen in den unteren Schichten sieht hingegen die Möglichkeit eines erfüllten Lebens für sich in Gefahr, was den ausgeführten Enteignungsdynamiken entspricht (vgl. Kap. 3). Im Verlauf von fünf Jahren lässt sich hier – für die acht vergleichbaren Gruppen – nur eine leichte Verschiebung weg von der Ambivalenzposition (minus sieben Prozentpunkte) hin sowohl zur Instabilität (plus drei) als auch zur Stabilität (plus zwei) und dem Nichtwissen (plus zwei) feststellen.

Andere Fragen geben detailliertere Auskunft darüber, wie es um die Hoffnungen der enteigneten Generation in Nordafrika und Nahost bestellt ist. So zeigen sich knapp zwei Drittel der Jugendlichen „völlig" oder „eher" zuversichtlich, was die Erfüllung ihrer beruflichen Wünsche und Ambitionen angeht, wobei es im Verlauf wiederum kaum Veränderungen gibt. Passend dazu hat sich tat-

Abb. 16.2
AUSSICHT AUF EIN ERFÜLLTES LEBEN NACH SCHICHT

	Unterste Schicht	Untere Mittelschicht	Mittlere Schicht	Obere Mittelschicht	Oberste Schicht
(Eher) stabil	36	43	51	55	58
Gemischt	23	22	21	21	20
(Eher) instabil	32	27	23	17	16
Weiß nicht	9	8	5	6	6

FRAGE 158, Schichtenindex
Manche Dinge im Leben ändern sich kontinuierlich. Andere bleiben gleich. Wie viel Stabilität gibt es für dich in verschiedenen Lebensbereichen? [...] Aussicht auf ein erfülltes Leben

HINWEISE Angaben in Prozent

sächlich auch der formale Bildungsstand im Vergleich zur vorigen Befragung verbessert. Während der Anteil derjenigen, die höchstens die Primarstufe abgeschlossen und ihren Bildungsweg zum größten Teil beendet haben, konstant bleibt, verfügt nun ein höherer Anteil über eine Zugangsberechtigung oder bereits den Abschluss einer Hochschule (Abb. 16.3). Frauen liegen bei den hohen Abschlüssen leicht vorn (vgl. Kap. 10) – wobei hiermit nichts über die Qualität der Bildung ausgesagt wird und ein Bildungsabschluss per se selbstverständlich keine Anstellung garantiert, wie es vor den neoliberalen Reformen seit den 1980er-Jahren einmal der Fall gewesen sein mag (vgl. Kap. 5). Junge Betroffene wie die *diplômés chômeurs* in Marokko fordern seit mehreren Generationen entschiedeneres staatliches Handeln, ohne dass sich viel ändert (Badimon Emperador 2007). Die unerfüllten Erwartungen fasst Rayan aus Salé, selbst arbeitsloser Akademiker, zusammen:

> *Die Forderungen der Jugend gehen im Moment dahin, durch ein angemessenes Auskommen ihre Würde zu bewahren. Der Staat ist verpflichtet, das den jungen Leuten zu gewährleisten, vor allem denen mit hohen Abschlüssen. Leider merke ich in meinem Alltag nichts davon, ich erfahre keine wirkliche Unterstützung.*

Obwohl davon ausgegangen werden kann, dass die jungen Menschen heute auch höhere digitale Kompetenzen haben als jede vorherige Generation, da moderne

Abb. 16.3
HÖCHSTER ERREICHTER BILDUNGSABSCHLUSS

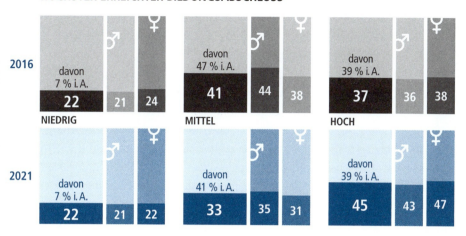

FRAGE 26
Höchster erreichter Abschluss

HINWEISE Angaben in Prozent für die acht vergleichbaren Länder/Gruppen. „Niedrig" reicht bis zur Primarstufe, „Mittel" bis zur Sekundarstufe und „Hoch" umfasst alle Abschlüsse oberhalb davon. Zu beachten ist, dass jeweils etwa ein Drittel der Jugendlichen zum Befragungszeitpunkt in Ausbildung (i. A.) war und höhere Abschlüsse anstrebte.

Kommunikationstechnologien selbstverständlicher Teil des Alltags sind (vgl. Kap. 13), spielen die sozialen Medien nicht nur die Rolle eines Hoffnungsträgers. In der Pandemie etwa verstärkten sie oftmals negative Gefühle und Hoffnungslosigkeit, wie Fatima, eine 23-jährige Lehrerin aus Bagdad (Irak), berichtet:

> Wenn wir wollen, dass etwas wichtiger oder unwichtiger wird oder ein breites positives oder negatives Echo hat, dann sind die sozialen Medien die Waffe – doch sie sind ein zweischneidiges Schwert. In der Coronakrise verbreiteten die Medien nur negative Meinungen. Jeden Tag wurde von so vielen Fällen berichtet, dass wir die Hoffnung verloren. Auch ich dachte beim Lesen, das sind definitiv meine letzten Tage, so heftig war die negative Berichterstattung.

Die politische Sphäre ist allgemein durch die weitgehende Abwesenheit jeglicher Zuversicht gekennzeichnet: Gerade einmal vier Prozent der Befragten assoziieren das Wort „Politik" mit „Hoffnung". Am höchsten, obgleich immer noch einstellig, ist dieser Wert ausgerechnet im kriegsgeschüttelten Jemen (9 %) und in Algerien (8 %) sowie bei den „offenheitsaffinen" Wertetypen 3 (5 %) und 5 (7 %) (vgl. Kap. 11). Ein Hoffnungsschimmer ist womöglich, dass immerhin etwa jeder und jede sechste (17 %) der Befragten meint, die politische Lage im eigenen

Land habe sich in den letzten Jahren (eher) verbessert. Dieser Anteil ist am höchsten in Libyen (39 %), Marokko (36 %) und dem Irak (25 %) und tendenziell in den höheren Schichten sowie den Großstädten. Welche Erwartungen die Jugendlichen und jungen Erwachsenen an Politik und Gesellschaft formulieren, wird im folgenden Abschnitt aufgegriffen.

Erwartungen an Politik und Gesellschaft

Der Wunsch nach einer aktiveren Unterstützung durch den Staat, besonders für gut ausgebildete junge Menschen, hat sich durch die gegenwärtige Wirtschaftskrise noch verstärkt. Die Frustration der zahlreichen Absolventinnen und Absolventen, die trotz zäher Bemühungen keine angemessene Arbeit finden, erklärt Mustafa, der in Adschlun (Jordanien) für eine Nichtregierungsorganisation tätig ist:

> *Firmeninhaber stellen lieber Leute ein, die mindestens fünf Jahre Erfahrung haben und älter sind [...], sie bevorzugen ausgebildete und erfahrene Leute, damit sie sich nicht um das nötige Training kümmern müssen, keine Ressourcen investieren und kein Geld ausgeben müssen. Das gilt für junge Leute allgemein. Sie verbringen viel Zeit damit, irgendeine Weiterbildung oder irgendeine Gelegenheit zu suchen. Während dieser langen Suchphase sind sie frustriert, deprimiert und verlieren jegliche Hoffnung. Sie haben das Gefühl, versagt zu haben, fühlen sich hilflos und sind nicht in der Lage, irgendetwas in ihrem Umfeld zu unternehmen.*

In der gesamtwirtschaftlichen Krisensituation scheint keine Zukunftsplanung möglich. Der 22-jährige Hani aus dem Südlibanon, der verlobt ist und in Nabatiyeh ein Fitnessstudio betreibt, sieht nicht den geringsten Anlass zu Optimismus:

> *Ich habe die Hoffnung verloren, meine Träume zu verwirklichen, als ich noch sehr jung war. [...] Ich kann kein Geld sparen und keine Familie gründen, sondern lebe von einem Tag zum nächsten. Die Preise sind so sehr gestiegen und das Einkommen ist so niedrig, dass ich nicht einmal davon träumen kann, ein Haus zu bauen.*

Die Pandemie verschlimmerte diese Situation und forderte auch emotionalen Tribut von den Jugendlichen (vgl. Kap. 4). Die erzwungene Passivierung durch Ausgangssperren, verbunden mit der übergroßen Ungewissheit über die weiteren Entwicklungen, beschreibt der arbeitslose Bassam, 29, aus Beirut (Libanon) so:

> *Man weiß nicht mehr, was einen erwartet, und man hat die Entscheidung über den Lauf des eigenen Lebens nicht mehr in der Hand.*

Dies führt zur Kritik daran, dass die Politik nichts unternimmt, und deutet an, welche Erwartungen die „enteignete Generation" hegt. Zohra, eine 22-jährige Studentin aus Bouzareah (Algerien), betont:

> Meiner Meinung nach haben die jungen Leute sehr viel Hoffnung verloren. In einer Krisensituation muss man sich [natürlich auch] mit dem beschäftigen, was die jungen Menschen mögen, was sie ablenkt, wie zum Beispiel Fußball – aber man hätte auch eine Lösung für das Problem der Arbeitslosigkeit finden müssen.

Passend zu solchen Äußerungen wünschen sich gut zwei Drittel (70 %) aller Befragten eine „größere Rolle des Staates" im Alltag und nur wenige (7 %) eine kleinere. Im Vergleich mit der Studie von 2016 ist dieser Ruf nach dem Staat um wenige Prozentpunkte zurückgegangen. Am höchsten ist er nun im Libanon (88 %), wo die Dysfunktion des Staates wohl besonders schmerzlich empfunden wird, und am niedrigsten in Algerien (50 %). Der Pessimismus, der in beiden Ländern hoch ist, zielt also in unterschiedliche Richtungen – zu wenig Staat auf der einen und zu viel auf der anderen Seite. Die dritte Antwortmöglichkeit (Angemessenheit des Status quo) stößt auf die größte Zustimmung in den Monarchien Marokko (26 %) und Jordanien (23 %); die größte Unsicherheit („Weiß nicht") über die Frage nach der Präsenz des Staates schließlich herrscht in Tunesien (18 %) und wiederum Algerien (17 %). Über die Ländergrenzen hinweg zeigt sich ein geografisches Muster: In Kleinstädten (73 %) und auf dem Land (75 %) ist der Wunsch nach einem sichtbareren oder wirksameren Staat deutlicher ausgeprägt als in den Großstädten (67 %). Die Vernachlässigung ländlicher Räume in Bezug auf Infrastruktur und öffentliche Dienstleistungen, ein mehr oder weniger globales Phänomen, findet hier für die MENA-Region einen Ausdruck. Außerdem geht der Wunsch nach einer wichtigeren Rolle des Staates mit der eigenen gefühlten Unsicherheit einher: Je unsicherer die befragten jungen Menschen sich fühlen (nach dem Sicherheitsindex), desto größer ist dieser Wunsch. Manche glauben trotz der prekären Lage nicht an eine konkrete Unterstützung durch den Staat, wie der 28-jährige Ismail aus Aïn el Aouda (Marokko), der eher die Zivilgesellschaft in der Verantwortung zu sehen scheint:

> Natürlich reicht mein Einkommen nicht, um mit den Preissteigerungen mitzuhalten, und ich weiß nicht, ob es an uns oder an denen liegt. Aber im Endeffekt muss ich mit der Situation umgehen. [...] Die Lage in unserem Land ist schwierig und die Leute haben kein Bewusstsein dafür, wie wichtig Aktivismus ist. Ich persönlich erwarte vom Staat gar nichts, mache mir aber Sorgen um die kommenden Generationen.

Abgesehen vom Staat sollte für zwei Drittel der jungen Musliminnen und Muslime, die befragt wurden (nicht muslimischen Teilnehmenden wurde diese Frage nicht gestellt), auch der Islam eine größere Rolle im öffentlichen Leben spielen. In den sechs Ländern, in denen diese Frage sowohl 2016 als auch 2021 gestellt wurde, hat dieser Wunsch um zehn Prozentpunkte zugenommen; im Gegensatz zum Staat gewinnt also der Islam als gestaltendes Element der Öffentlichkeit an Attraktivität. Dieser Wunsch nach einer größeren Rolle der Religion ist am ausgeprägtesten unter jungen Musliminnen und Muslimen in Palästina (90 %) und Jordanien (84 %), in deren Gesellschaften auch islamistische Gruppierungen mit ihren alternativen Gesellschaftsvorstellungen einen vergleichsweise regen Zulauf unter den jungen Menschen zu haben scheinen (vgl. Kap. 12). Zudem ist der Ruf nach einer stärkeren Orientierung an der Religion lauter bei denjenigen Befragten, die nie im Ausland gelebt haben (69 %), als bei Jugendlichen mit Auslandserfahrung (55 %). Folgt man dem länderübergreifenden Schichtenindex, so ist der Wunsch nach mehr Sichtbarkeit des Islam in der Mittelschicht (70 %) stärker ausgeprägt als in den niedrigsten und höchsten Schichten (jeweils 62 %). Und er wächst – wie zu erwarten – mit dem Grad der Religiosität: von 49 Prozent im am wenigsten religiösen Viertel der Befragten bis hin zu 73 Prozent in dem Viertel, das sich selbst als sehr religiös wahrnimmt.

Abseits von Regierung und Religion ist auch eine Forderungshaltung der jungen gegenüber älteren Generationen festzustellen, obgleich es allein aufgrund der wirtschaftlichen Abhängigkeiten oft unmöglich ist, sich von den eigenen Eltern abzugrenzen. Auf die Frage nach der Verteilung des Wohlstands zwischen den Generationen befinden 31 Prozent, er sei gerecht verteilt. Ein Sechstel der Befragten (17 %) meint, die jüngere Generation solle ihre Ansprüche zurückschrauben; ein Drittel (32 %) betont im Gegenteil, die ältere Generation solle sich zugunsten der jüngeren in Verzicht üben.

Bei dieser Einschätzung gibt es wiederum klare Unterschiede zwischen den Befragungsländern (Abb. 16.4). Am deutlichsten wird die ältere Generation in zwei Ländern mit nicht weit zurückliegenden Protestbewegungen aufgefordert, zugunsten der jungen Menschen Abstriche zu machen: Sudan und Algerien. Nur sehr verhalten ausgesprochen wird diese Forderung dagegen in zwei Ländern, die in den letzten Jahren politisch stabil wirkten, wenn auch auf unterschiedliche Art: Marokko (mit einem Fokus auf „Modernisierung", siehe Mathez/Loftus 2023) und Ägypten (mit einem repressiven Regime, siehe Jumet 2022). Überall ist allerdings der Anteil derjenigen groß (im Schnitt ein Fünftel), die die Frage nicht beantworten können oder wollen. Je weniger religiös die Selbstwahrnehmung, desto verbreiteter ist die skeptische Einstellung gegenüber den Älteren: Von 29 Prozent bei den sehr religiösen steigt sie auf 39 Prozent bei den wenig religiösen jungen Menschen. Soziodemografisch betrachtet steigt sie von 29 Prozent in den unteren Schichten über 33 Prozent in der Mitte auf 35 beziehungs-

Abb. 16.4
ANSPRÜCHE AN DIE ÄLTERE GENERATION

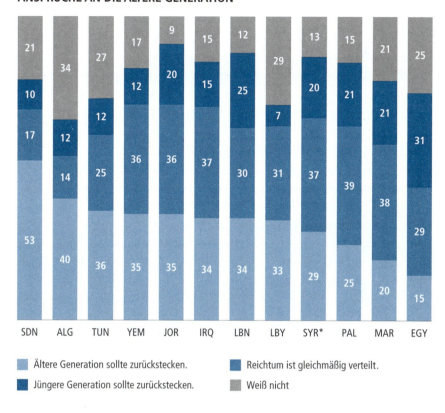

- Ältere Generation sollte zurückstecken.
- Jüngere Generation sollte zurückstecken.
- Reichtum ist gleichmäßig verteilt.
- Weiß nicht

FRAGE 129
Zur Vermögensverteilung zwischen den Generationen: Welcher der folgenden Aussagen stimmst du am ehesten zu?

HINWEISE Angaben in Prozent

weise 36 Prozent in den beiden oberen Schichten an. Zudem ist sie beim kleinen politisch interessierten Teil der Jugend ausgeprägter (40 %) als beim großen desinteressierten (32 %). Den größten Unmut im Zusammenhang mit der Frage der Generationengerechtigkeit äußern also politisch aktive, wenig religiöse junge Menschen der oberen Gesellschaftsschichten.

Stellenweise werden durchaus soziale Fortschritte konstatiert. Samir, ein 29-jähriger Lehrer aus Marokko, betont, man könne nun immerhin demonstrieren und seine Rechte einfordern:

Verglichen mit der Situation früher fällt schon auf, dass wir heute Möglichkeiten haben, uns einzubringen, die die vorherigen Generationen nicht hatten.

Wir können zu mehr sozialen und Menschenrechtsfragen Forderungen erheben.

Die Vielfalt an sozialen Bewegungen und das große Engagement, das die MENA-Region erlebt (vgl. Kap. 15), bestätigen dieses positive Bild von jungen Menschen, die nach Möglichkeiten suchen, aktiv und hoffnungsvoll an der Verwirklichung ihrer Forderungen und Visionen zu arbeiten. Auf diese Tendenzen geht der folgende Abschnitt ein.

Wege aus der Enteignungsdynamik

Die enttäuschten Hoffnungen und die daraus resultierende Ratlosigkeit der „enteigneten Generation" könnten im besten Fall neue Möglichkeiten eröffnen, etwa zur Stärkung von lokalem Handeln, Solidarität und Nachhaltigkeit unter jungen Erwachsenen. Anzeichen dafür finden sich in den vorliegenden Befunden – die entscheidende, offene Frage ist allerdings, unter welchen Umständen solche Initiativen erfolgreich sein und zu einem tiefer greifenden Wandel beitragen können. Wie an anderer Stelle gezeigt, ist etwa das Umweltbewusstsein der jungen Menschen gestiegen (vgl. Kap. 8), und auch im Umgang zwischen den Geschlechtern kann man Schritte auf dem Weg zu mehr Gleichberechtigung wahrnehmen (vgl. Kap. 10). Diese können das Ergebnis gesetzgeberischer Entscheidungen sein, wie Mohamed, verheiratet und Kraftfahrer aus Skhirat (Marokko), erklärt:

Gott sei Dank haben wir jetzt eine Frauenquote. Darum bin ich optimistisch und denke, dass Marokko auf dem Weg zur Gleichberechtigung Fortschritte gemacht hat. Im Bildungswesen beispielsweise haben die Frauen sehr gute Ergebnisse erzielt und letztes Jahr die Spitzenplätze eingenommen.

Insbesondere die völlig neue Erfahrung der Coronapandemie hat offenbar einige gesellschaftliche Änderungen beschleunigt, die Hoffnung machen können. So stimmt gut die Hälfte der Befragten (53 %) der Aussage (eher) zu, diese Krise könne als Chance begriffen werden; 38 Prozent stimmen (eher) nicht zu. Länderbezogen ist diese Hoffnung in Ägypten (83 %) und Marokko (70 %) am verbreitetsten, wogegen der Jemen (36 %) und Palästina (41 %) die niedrigsten Zustimmungswerte aufweisen.

Berücksichtigt man die Lebensstiltypologie (Kap. 9), zeigt sich, dass diese hoffnungsvolle Lesart der Pandemie mit zunehmender Ressourcenausstattung der jungen Leute systematisch ansteigt, auf die biografische Offenheit bezogen aber bei den mittleren Gruppen am höchsten ist (Abb. 16.5). Hier scheinen sich die „bürgerliche Mitte" und die „liberalen" jungen Erwachsenen als die Gruppen abzuzeichnen, die den Wandel besonders positiv vorantreiben können.

Abb. 16.5
EINSCHÄTZUNG DER PANDEMIE ALS CHANCE, NACH LEBENSSTILTYPEN

○ Die Covid-19-Krise bietet eine hervorragende Gelegenheit, unsere Gesellschaft zum Besseren zu verändern.

FRAGE 155
Stimmst du den folgenden Aussagen eher zu oder nicht zu?

HINWEISE Angaben in Prozent „Stimme völlig zu" und „Stimme eher zu"

Eine ähnlich hohe Zustimmung erhält die Frage, ob die Solidarität in der Gesellschaft aufgrund der Pandemie zugenommen habe. Das sehen 59 Prozent der Befragten so, vor allem wiederum in Ägypten (83 %) und Marokko (72 %). Auch hier bilden der Jemen (43 %) und Palästina (46 %) die Schlusslichter. Bezieht man die Lebensstile regionsübergreifend mit ein, wiederholt sich das eben beschriebene Muster (Abb. 16.6). Die zahlenmäßig starken Gruppen der mittleren Lebensstiltypen sind gut positioniert, um beim Umbau sozialer, politischer und ökonomischer Strukturen sowohl die konservativeren Milieus mitzunehmen als auch die Fähigkeit zur Reflexivität der „offeneren" Gruppen nutzbar zu machen. Statt gesellschaftlicher Spaltungen lässt sich dann ein komplementäres, solidarisches Miteinander anstreben.

Zahlreiche konkrete Beispiele für die Solidarität, die sich in der Notlage entfaltete, nennen die jungen Menschen in den qualitativen Interviews. Aus Tripoli im Libanon berichtet die 30-jährige Studentin Nisreen, die aus Syrien geflüchtet ist, von ihrem Engagement für Schutzmaßnahmen und ihrer Unterstützung von armen Personen durch Lebensmittellieferungen:

> *Es war eine einzigartige Erfahrung, und die Reaktion der Menschen war so nett und inspirierend, denn Libanesen und Syrer arbeiteten als Kollegen zusammen.*

Ganz ähnliche Aktionen fanden in Casablanca (Marokko) statt, wie die 23-jährige Fatima erzählt:

> *Ich kenne eine Facebook-Gruppe, die soziale Arbeit leistet. Die sammeln gebrauchte Kleidung und verteilen sie an bedürftige Menschen, das haben sie schon vor der Pandemie gemacht. Und sie organisieren einmal im Jahr eine Blutspendeaktion. [...] Außerdem haben viele junge Leute ihre Telefonnummern geteilt, um Menschen zu helfen, die nicht aus dem Haus gehen konnten, um Besorgungen zu machen.*

Der starke Wunsch nach Engagement war auch ein Ergebnis der *Young-Leaders*-Studie während der Pandemie, in deren Fazit ein „hohes Maß an Reflexion, Einfallsreichtum und beharrlichem Optimismus" festgestellt wurde (Gertel/Kreuer 2021: 20). Aber auch aus Deutschland berichtet eine aktuelle Studie der Friedrich-Ebert-Stiftung von jungen Menschen zwischen 16 und 30, die „eine überraschende Reife ausstrahlen und angesichts der aktuellen Lage zwar alarmiert, aber noch lange nicht resigniert" seien (Döbele et al. 2023: 4). Trotz der geografischen und vermeintlich kulturellen Entfernung sind das ganz ähnliche Befunde. In mehreren Interviews wird dementsprechend die Hoffnung als Privileg und zugleich Pflicht der Jugend dargestellt. Amer, ein 22-jähriger Syrer, der in Beirut (Libanon) als Medienassistent arbeitet, sagt:

> *Ich glaube, in solchen Fällen braucht man Hoffnung. Und die jungen Leute müssen stark sein, weil sie in der Gesellschaft die Gruppe mit der größten Lebenskraft sind.*

Ähnlich argumentiert Maissah, eine Studentin aus Mohammadia (Algerien):

> *Covid hat eine Art Individualismus geschaffen, denn alle haben sich ums eigene Überleben gekümmert. Es war gar nicht möglich, nur die Jugend zu berücksichtigen. Ich denke, es sollte ohnehin umgekehrt sein: Die Jugendlichen nähren Hoffnung für den Rest der Gesellschaft. Bei Covid hatte man das Gefühl, es sei das Ende der Welt, für alle. Da sollten die Jugendlichen sich mehr als alle anderen ans Leben klammern.*

Auch nach dem Abklingen der Pandemie stellt sich die große gesamtgesellschaftliche Herausforderung, die Verbindung aus Erwartungen und Hoffnungen der

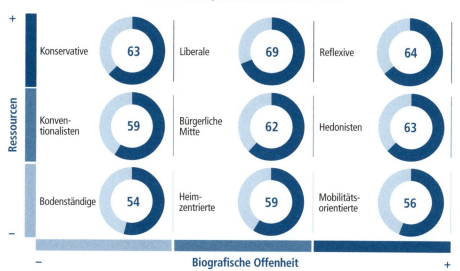

Abb. 16.6
EINSCHÄTZUNG DER SOLIDARITÄT, NACH LEBENSSTILTYPEN

○ Die Solidarität in der Gesellschaft wurde durch die Erfahrung der Pandemie gestärkt.

FRAGE 155

HINWEISE Angaben in Prozent „Stimme völlig zu" und „Stimme eher zu"

jungen Menschen nicht in Sackgassen enden zu lassen, sondern Wege aus der Enteignung zu finden. Das betrifft selbstredend nicht nur Situationen vor Ort und die Maßnahmen nationaler Regierungen, sondern auch globale strukturelle Abhängigkeiten und Ungerechtigkeiten, die dringend angegangen werden müssen. Hoffnung alleine reicht nicht aus, sondern die politisch-ökonomischen Rahmenbedingungen, die oft weit jenseits individueller Alltagserfahrungen junger Menschen an entfernten Orten bestimmt werden, müssen den realistischen Erwartungshorizont der Jugendlichen in Nahost und Nordafrika künftig erweitern und verlässlicher machen, statt ihn immer weiter einzuengen und ungewisser werden zu lassen. Die junge Generation selbst ist jedenfalls bereit, ihren Anteil beizutragen, glaubt man den Worten des 30-jährigen Taha aus dem Jemen:

> Ich glaube, dass das gesellschaftliche Engagement [nach der Pandemie] weitergehen wird, weil es junge Menschen gibt, die aktiv und verantwortungsbewusst sind, die diese Arbeit lieben. Sie gründen Initiativen und arbeiten für gemeinnützige und wohltätige Zwecke, und das meistens ehrenamtlich. In diesen jungen Menschen steckt Hoffnung.

V

Anhang

METHODIK DER STUDIE

Thorsten Spengler · Friederike Stolleis · David Kreuer · Jörg Gertel

Ziel der Umfrage

Die enteignete Generation. Jugend im Nahen Osten und in Nordafrika setzt ein Gemeinschaftsprojekt fort, das vor fünf Jahren seinen Anfang nahm (vgl. Gertel/Hexel 2017). Ziel der vorliegenden Studie ist es, in Anbetracht der drängenden Problemlagen und gesellschaftlichen Herausforderungen die Situation junger Menschen im Alter von 16 bis 30 Jahren in zwölf Ländern der MENA-Region besser zu verstehen und sie miteinander zu vergleichen. Um eine Studie dieser Größenordnung und Komplexität zu ermöglichen, hat sich die Friedrich-Ebert-Stiftung (FES) erneut mit der Universität Leipzig, Wissenschaftlerinnen und Wissenschaftlern in zahlreichen Ländern, dem Forschungsinstitut Kantar Public und mehreren Meinungsforschungsinstituten in der MENA-Region zusammengetan. Drei Monate lang führten im Herbst 2021 Hunderte von geschulten Personen einstündige Interviews mit über 12.000 Befragten durch. Im Sommer 2022 folgten die semistrukturierten qualitativen Interviews.

Die Forschungsmethodik stützte sich maßgeblich auf unsere Erfahrungen mit der vorherigen Erhebung. 2016 bildeten neun Länder von Nordafrika bis in den Nahen Osten die Grundlage der Untersuchung: Marokko, Tunesien, Ägypten, Palästina, Jordanien, der Libanon, Bahrain und der Jemen. In die Befragung mit einbezogen wurden darüber hinaus im Libanon lebende syrische Geflüchtete. Trotz der teils schwierigen politischen Umstände ist es 2021 glücklicherweise gelungen, erneut in diesen Ländern Interviews zu führen sowie die Bandbreite der Studie zu erweitern und vier neue Länder – Algerien, Libyen, den Irak und den Sudan – einzubeziehen. In diese Untersuchungsrunde wurde Bahrain nicht mit aufgenommen.

Auch sollte hervorgehoben werden, dass die Erhebungen 2021 im zweiten Jahr der Coronapandemie stattfanden, was sowohl die Befragungssituation (beispielsweise im Hinblick auf Schutzmaßnahmen) als auch die empirischen Erkenntnisse über die Auswirkungen der Pandemie entscheidend mitbestimmte. Dank der digitalen Zugangsmöglichkeiten der Befragungsinstitutionen konnten wir auch diesmal an der Schulung der Interviewerinnen und Interviewer mitwirken und offene Fragen somit unmittelbar klären.

Der Fragebogen umfasst 13 Themen: (1) soziales Profil der Jugendlichen einschließlich Angaben zu Geschlecht, Familienstand, Bildung, Eltern; (2) Wirtschaft mit Aspekten zu Einkommen, Berufsstatus, Arbeitssituation, finanzielle Beziehungen zu den Eltern, Schulden, Ersparnisse; (3) Lebensmittelkonsum und Hunger; (4) Identität und Werte, Beziehung zu Freunden, Familie, persönliche Ziele,

Freizeit und Ängste; (5) Kommunikation, inklusive der Nutzung von Internet, sozialen Medien und Mobiltelefonen; (6) die Rolle des Staates; (7) Religion; (8) Partizipation einschließlich des politischen Interesses, sozialen Engagements und Aktivismus; (9) Gewalt; (10) Mobilität und Migration; (11) Lebensstil und Präferenzen; (12) Umwelt; (13) die Coronapandemie. Die Mehrzahl der Fragen ist für einen Längsschnittvergleich aus der vorherigen Erhebung übernommen worden, andere wurden gestrichen, angepasst oder neu entwickelt und aufgenommen.

In der Allgemeinbevölkerung der zwölf Länder/Untersuchungsgruppen zielte die Untersuchung auf alle 16- bis 30-Jährigen ab, die in privaten Haushalten leben. Mit Ausnahme der syrischen Geflüchteten im Libanon wurden ausschließlich Staatsangehörige der jeweiligen Länder befragt.

Für die Erhebung kam vorzugsweise die Interviewmethode der computergestützten persönlichen Befragung zum Einsatz (Computer-Assisted Personal Interview, CAPI). Nicht alle teilnehmenden Institute konnten die technischen Voraussetzungen für ein CAPI erfüllen. Die Face-to-Face-Befragungen wurden dann papierbasiert durchgeführt (Paper and Pencil Interview, PAPI) oder fanden in Form computergestützter Telefoninterviews statt (Computer-Assisted Telephone Interview, CATI). Von den zwölf Befragungsgruppen betraf dies allerdings nur den Jemen, der aufgrund bewaffneter Konflikte schwer zugänglich ist (36 Prozent CAPI, 49 Prozent PAPI, 15 Prozent CATI).

Für jedes Land beziehungsweise jede Erhebungsgruppe waren insgesamt 1.000 Interviews vorgesehen. Diese Stichprobengröße wird für ausreichend erachtet, um sowohl die Zielgruppe als auch soziodemografische Untergruppen (beispielsweise nach Alter, Geschlecht, Bildungsniveau) angemessen zu repräsentieren.

Die Stichprobe

Wichtige Qualitätsfaktoren sind bei Erhebungen das Stichprobenverfahren und die Repräsentativität der Stichprobe (Sample). Die Qualität bemisst sich danach, wie repräsentativ die Stichprobe für die Grundgesamtheit ist oder – anders ausgedrückt – inwieweit das Sample und die zu untersuchende Grundgesamtheit in allen relevanten Aspekten vergleichbar sind. Die Studie in der MENA-Region zielte in erster Linie darauf ab, die Vergleichbarkeit der verschiedenen nationalen Samples zu gewährleisten und dafür zu sorgen, dass jedes Sample die jeweiligen Länderspezifika in Bezug auf die Grundgesamtheit der Studie möglichst präzise wiedergibt.

Aus Praktikabilitätsgründen wurde eine landesweite Quotenstichprobe gewählt. Eine adressengeleitete Zufallsstichprobe war aus praktischen, rechtlichen und budgetären Erwägungen nicht umsetzbar. In Ländern wie dem Jemen oder Marokko sind zum Beispiel die Gesamtbevölkerung, ihre Verteilung und ihre

Adressen nicht bekannt. Detaillierte Kenntnisse über die Grundgesamtheit, die eine Voraussetzung für randomisiertes Sampling sind, liegen daher nicht vor. Hinzu kommen zwei weitere Gründe: Erstens müssen in den meisten Ländern für Interviews in Privatwohnungen Sondergenehmigungen der jeweiligen Regierungen eingeholt werden. Diese Genehmigungen zeitgleich in zwölf Ländern einzuholen, ist kaum umsetzbar, besonders nicht angesichts der politischen und pandemischen Lage in einigen Staaten. Zweitens hätte der finanzielle und logistische Aufwand für die Kontaktaufnahme mit vorab ausgewählten, über zwölf Länder verteilten Stichprobenadressaten und für wiederholte Besuche bei Abwesenheit der Personen den Rahmen der Möglichkeiten gesprengt. Die Forschungsinstitute vor Ort, die die Feldforschungen durchführten, verfügen jedoch über langjährig erprobte Methoden, um Stichprobenpunkte (Sampling Points) auszuwählen und die für die Erhebung infrage kommenden Haushalte zu identifizieren, wobei es das Ziel ist, den jeweiligen Auswahlprozess zu randomisieren.

Jedes lokale Institut war für seine nationale Stichprobe verantwortlich und sollte folgende Informationen liefern: die Datenquelle, die zur Stichprobenbildung genutzt wurde (zum Beispiel nationale Volkszählungen), die Festlegung der Sampling-Ebenen (zum Beispiel Region, Alter, Geschlecht) und die Anzahl der Interviews für jede einzelne Zielregion. Die Institute mussten eine geografische Streuung der Befragten erreichen, die möglichst genau der Verteilung der Grundgesamtheit in jedem teilnehmenden Land entsprach (mit Ausnahme der syrischen Geflüchteten im Libanon). Einige dünn besiedelte und entlegene Gebiete wie die Wüstenregionen Marokkos, Algeriens und Ägyptens oder Konfliktregionen wie Teile des Sudan oder des Jemen wurden allerdings von den Samples ausgeschlossen. Für jedes geografische Gebiet übermittelten die Institute eine Liste von Stichprobenpunkten mit genauen Angaben. Die erfassten Regionen und die Anzahl der Stichprobenpunkte pro Land sind in Abbildung A.1 aufgeführt.

Weiterentwicklung des Fragebogens

Der Fragebogen von 2016 bildet die Grundlage für das Erhebungsprogramm von 2021 – mit einigen Modifikationen wie beispielsweise neu hinzugekommenen Fragen zur Coronapandemie, zur Umwelt und zu Lebensstilen. Die Aktualisierungen waren das Ergebnis einer intensiven Diskussion innerhalb des zentralen Projektteams (Friedrich-Ebert-Stiftung, Universität Leipzig und Kantar Public).

Im späten Frühjahr 2021 wurde eine englischsprachige Masterversion erstellt. Dieser Fragebogen umfasste insgesamt rund 200 geschlossene Fragen (siehe Anhang: Fragebogen), darunter zahlreiche Fragen mit detaillierten Item- oder Statement-Batterien. Er enthielt keine offenen Fragen. Die durchschnittliche Interviewdauer des Fragebogens wurde für alle Länder mit 60 bis 70 Minuten veranschlagt. Der englischsprachige Masterfragebogen diente als Grundlage für die arabischsprachigen Versionen, die sich in den Formulierungen nur wenig und inhaltlich noch weniger voneinander unterschieden. Lediglich beim Fragebogen für syrische Geflüchtete wurden bestimmte Fragen weggelassen und andere hinzugefügt.

Um die länderübergreifende Vergleichbarkeit der Erhebungsergebnisse zu gewährleisten, kommt es entscheidend darauf an, von einer Masterversion standardisierte länderspezifische Fragebogenversionen abzuleiten. Andernfalls können unterschiedliche Ergebnisse durch ungenaue oder falsche Übersetzungen zustande kommen, sodass Teile der Erhebung dann nicht mehr vergleichbar sind. Die Studie basiert auf folgendem Übersetzungsprozess: Der Masterfragebogen (einschließlich der Programmierung und der Befragungsanleitung) wurde auf Grundlage der Fragebogenfassung aus der ersten Studie von 2016 auf Englisch ausgearbeitet. Nach mehreren Qualitätskontrollen durch Mitglieder des zentralen Projektteams wurde die endgültige englische Masterversion ins Hocharabische übersetzt. Im nächsten Schritt hat die Universität Leipzig die Änderungsvorschläge der lokalen Institute für den Fragebogen gesammelt, geprüft und ins Englische rückübersetzt. Schließlich wurden die Modifikationen diskutiert und vom zentralen Projektteam entweder angenommen oder abgelehnt. Anschließend gingen die endgültigen Masterfragebögen und länderspezifischen Fragebögen an die Consultingfirma Integrate Consulting (Marokko), eine Tochtergesellschaft von Kantar Public, zur Programmierung.

Integrate Consulting und ihr Subunternehmer übernahmen die Programmierung des arabischsprachigen Fragebogens. Kantar Public und die Universität Leipzig überprüften das englische CAPI-Masterskript, das – nachdem die Änderungen eingearbeitet worden waren – die FES-Projektleiterin und ihr Team, die Universität Leipzig und Kantar Public verifizierten. Nach Freigabe des Masterskripts haben die Universität Leipzig und das FES-Projektteam die arabischsprachige Version des Fragebogens getestet und gegengeprüft. Anschließend wurde die CAPI-Version den lokalen Instituten übermittelt und von deren Forschungsteams ebenfalls getestet.

Schulung und Feldforschung

Die Befragungen führte in jedem Land ein geschultes Team von etwa 50 Interviewerinnen und Interviewern durch, die von den jeweiligen Forschungsinstituten des Landes rekrutiert wurden. Um in allen Ländern eine vergleichbare Datengenerierung zu gewährleisten, war es wichtig, dass die Interviewerinnen und Interviewer in allen teilnehmenden Ländern gut vorbereitet waren und dasselbe Schulungsprogramm und -material erhielten. Einen Interviewleitfaden (schriftliches Briefing) hat die Universität Leipzig in Zusammenarbeit mit Kantar Public entwickelt und den nationalen Instituten zur Verfügung gestellt.

Abb. A.1
REGIONEN UND SAMPLING POINTS

Land/ Erhebungsgruppe	Für Stichprobe und Gewichtung berücksichtigte Zonen und Regionen	Zahl der Sampling Points
Ägypten	Ad-Daqahliyya, Alexandria, Al-Gharbiyya, Al-Minya, Al-Qalyubiyya, Asyut, Gizeh, Kairo, Sohag	29
Algerien	Norden/Zentrum (Ain Defla, Algier, Blida, Boumerdès, Tipasa, Tizi Ouzou), Osten (Annaba, Béjaïa, Biskra, Constantine, Skikda, Tébessa), Süden (Adrar, El Djelfa, Ghardaïa, Ouargla), Westen (Oran, Sidi bel Abbès, Tlemcen)	70
Irak	Al-Anbar, Al-Qadisiyya, Babil, Bagdad, Basra, Dhi Qar, Diyala, Duhok, Erbil, Kerbela, Kirkuk, Maysan, Nadschaf, Ninawa, Salah Al-Din, Sulaimaniyya, Wasit	180
Jemen	Abyan, Ad-Dali, Aden, Al-Baida, Al-Hudaida, Al-Mahwit, Amanat Al-Asima, Dhamar, Hadramaut, Hadscha, Ibb, Lahidsch, Ma'rib, Raima, Schabwa, Ta'izz (ausgenommen aufgrund der Sicherheitslage/geringen Bevölkerungszahl: Al-Dschauf, Al-Mahra, Amran, Sanaa, Sa'da)	98
Jordanien	Adschlun, Al-Balqa, Al-Karak, Al-Mafraq, Amman, Aqaba, At-Tafila, Dscharasch, Irbid, Ma'an, Madaba, Zarqa	130
Libanon	Akkar, Baalbek-Hermel, Beirut, Bekaa, Libanongebirge, Nabatiyeh, Norden, Süden	194
Libyen	Al-Butnan, Al-Dschabal al-Achdar, Al-Dschabal al-Gharbi, Al-Dschifara, Al-Dschufra, Al-Kufra, Al-Mardsch, Al-Wahat, An-Nuqat al-Chams, Az-Zawiya, Bengasi, Darna, Marqab, Misrata, Murzuq, Nalut, Sabha, Surt, Tripolis, Wadi al-Haya, Wadi asch-Schati'	103
Marokko	Béni Mellal-Khénifra, Casablanca-Settat, Drâa-Tafilalet, Fès-Meknès, Marrakesch-Safi, Oriental, Rabat-Salé-Kénitra, Souss-Massa, Tanger-Tétouan-Al Hoceïma	66
Palästina	Bethlehem, Chan Yunis, Dair al-Balah, Dschenin, Gaza, Hebron, Jericho, Jerusalem, Nablus, Nordgaza, Qalqiliya, Rafah, Ramallah und Al-Bireh, Salfit, Tubas, Tulkarm	112
Sudan	Al-Qadarif, Blauer Nil, Gezira, Khartum, Nil-Fluss, Norddarfur, Norden, Nordkordofan, Ostdarfur, Rotes Meer, Sennar, Süddarfur, Südkordofan, Weißer Nil, Westdarfur, Westkordofan, Zentraldarfur	143
Syrische Geflüchtete im Libanon	Akkar, Baalbek-Hermel, Beirut, Bekaa, Libanongebirge, Nabatiyeh, Norden, Süden	152
Tunesien	Ariana, Béja, Ben Arous, Bizerte, Gabès, Gafsa, Jendouba, Kairouan, Kasserine, Kebili, Kef, Mahdia, Manouba, Medenine, Monastir, Nabeul, Sfax, Sidi Bouzid, Siliana, Sousse, Tataouine, Tozeur, Tunis, Zaghouan	100

Darüber hinaus erhielten alle nationalen Institute eine eintägige Online-Schulung, die Integrate Consulting (Marokko) durchführte. Die Schulung diente in erster Linie dazu, die lokalen Leiter und Supervisoren der Erhebung zu informieren, damit sie anschließend die lokalen Interviewerinnen und Interviewer anleiten und unterstützen konnten. Dabei wurde auf folgende Aspekte eingegangen: Hintergrund und Hauptziele der Studie; Inhalt des Fragebogens und konkrete Fragetechniken; Zeitplan der Erhebung und Vorgaben für die Durchführung der Interviews – zum Beispiel die Frage, wie man Zielpersonen auswählt, sie anspricht und bittet, an der Studie teilzunehmen.

Zudem führte jedes nationale Institut mindestens 20 Pilotinterviews durch, um das Forschungsinstrumentarium (Erhebungsmethode und Fragebogen) auszutesten. In den Pretest-Interviews sollten vor allem die Verständlichkeit des Fragebogens im Hinblick auf Sprache, Übersetzungen und Interviewanweisungen überprüft und getestet werden. Außerdem wurde getestet, ob die Antwortkategorien für jede Frage vollständig waren und die Filter sich als funktional erwiesen. Darüber hinaus diente der Pilottest dazu, die Interviewerinnen und Interviewer zu schulen und auf mögliche Probleme hinzuweisen (beispielsweise unzureichende Antworten auf bestimmte Fragen). Alle Pilotbefragungen wurden im Rahmen der Schulung der Interviewerinnen und Interviewer im Juli/August 2021 durchgeführt.

In den darauffolgenden Wochen wurden die Ergebnisse der Pilotphase ausgewertet und der Fragebogen entsprechend angepasst. Erfahrungen und Verbesserungsvorschläge wurden in einer standardisierten Vorlage zusammengetragen und dem zentralen Projektteam übermittelt. Das zentrale Projektteam wertete alle Kommentare und Empfehlungen der verschiedenen Institute aus und diskutierte sie. Einige am Fragebogen vorgenommene Änderungen resultierten aus diesem Pretest. Die geänderten Formulierungen und Begrifflichkeiten wurden noch einmal übersetzt, von der Universität Leipzig gegengeprüft und anschließend vom zentralen Projektteam freigegeben.

Die Feldforschung wurde in der Hauptphase der Erhebung zwischen September und November 2021 durchgeführt (wobei ein Prozent der Interviews Ende August oder Anfang Dezember stattfand). Alle Interviews wurden in lokalen arabischen Dialekten geführt – entweder bei den Befragten zu Hause oder an öffentlichen Orten wie Cafés, Gemeindezentren und ähnlichen Einrichtungen. Besonders wichtig war es, dass sich die Befragten wohlfühlten; nach diesem Kriterium wurde der Ort der Befragung ausgewählt. Abbildung A.2 gibt die Zahl der geführten Interviews an.

Insgesamt liegen für die Haupterhebungsgruppen die Daten von 12.306 Interviews vor (Bruttozahl). 15 Interviews wurden wegen Inkohärenzen oder fehlender Daten gestrichen. Die Nettozahl der Interviews beläuft sich damit auf 12.291. Somit konnte die Zielvorgabe von 1.000 Interviews netto in den meisten Ländern/Befragungsgruppen erreicht werden. Für Libyen wurde die geplante Zahl um fünf und im Jemen um zehn Interviews verfehlt.

Abb. A.2
VERTEILUNG DER INTERVIEWS

Land/Erhebungsgruppe	Zahl der Interviews (brutto)	Zahl der Interviews (netto)
ALG	1.046	1.046
EGY	1.137	1.137
IRQ	1.000	1.000
JOR	1.047	1.047
LBN	1.007	1.007
LBY	1.000	995
MAR	1.000	1.000
PAL	1.029	1.029
SDN	1.007	1.007
SYR*	1.031	1.031
TUN	1.002	1.002
YEM	1.000	990
Gesamt	12.306	12.291

Datenerhebung, Prüfung und Gewichtung

Die in den einzelnen Ländern erhobenen Daten wurden zusammengetragen und zentral in der CAPI-Datenbank der Consultingfirma Integrate Consulting (Marokko) und ihres Subunternehmers gespeichert. Die mit PAPI- oder CATI-Verfahren erhobenen Befragungsdaten mussten die lokalen Institute manuell in das CAPI-System einpflegen.

Die CAPI-Methode bietet die Möglichkeit, eine automatisierte Plausibilitätsprüfung durchzuführen, sofern dies sinnvoll ist. Diese Möglichkeit kann eine gründliche Datenprüfung und -bereinigung im Anschluss an die Erhebung jedoch nicht ersetzen. Das liegt zum einen daran, dass nicht alle theoretisch möglichen Konsistenz- und Plausibilitätsprüfungen mit dem CAPI-Instrumentarium implementiert werden können, weil das Interview sonst überfrachtet würde. Zum anderen steigt mit zunehmender Komplexität des Fragebogens auch das Fehlerrisiko des CAPI-Systems. Da nicht in allen Ländern ausschließlich die CAPI-Methode zum Einsatz kam, sondern im Jemen auch mit PAPI und CATI gearbeitet wurde, war eine nachträgliche gründliche Datenkontrolle umso wichtiger.

Während der Umfrage führte Kantar Public per Excel und SPSS-Syntax einen Datencheck mit vorläufigen Datensätzen durch. Die finale Datenprüfung übernahmen ebenfalls Kantar Public und parallel dazu die Universität Leipzig.

Datenanpassungen nahm Kantar Public vor. Da der endgültige Datensatz alle Länder umfasste, wurde die Prüfsyntax für alle Länder in derselben Weise implementiert. Für jede Variable wurde ein Satz oder ein Bereich akzeptabler Werte festgelegt und jeder erfasste Wert – isoliert von den übrigen Daten – auf seine Validität geprüft. Auch die fehlenden Werte wurden gecheckt. Darüber hinaus wurden die Filter kontrolliert, das heißt, es wurde geprüft, ob eine bestimmte Frage dem Aufbau des Fragebogens entsprechend beantwortet werden musste oder nicht.

Strukturelle Abweichungen innerhalb der Ergebnisse sind bei Zufallsstichproben durchaus üblich. Um sicherzustellen, dass die endgültige Struktur des Samples mit der Struktur der Grundgesamtheit übereinstimmt, wurden Differenzen durch faktorielle Gewichtung ausgeglichen. Damit solche Unterschiede korrigiert werden können, müssen die Gewichtungsfaktoren auf der Basis von Strukturvergleichen zwischen Sample und Grundgesamtheit festgelegt werden.

Auf Grundlage der verfügbaren Statistiken wurden die Erhebungsdaten für alle Zielgruppen nach den folgenden Strukturvariablen gewichtet: Alter (drei Gruppen: 16 bis 20, 21 bis 25 und 26 bis 30), Geschlecht und Region. Das Gewichtungsverfahren wurde iterativ durch Vergleich der Istverteilung mit der Sollstruktur entwickelt. Dieser iterative Prozess wurde so lange fortgesetzt, bis eine annähernde Idealverteilung für die drei Strukturvariablen erreicht war und keine weiteren Verbesserungen mehr erzielt werden konnten. Das iterative Verfahren stellt sicher, dass Abweichungen, die in einem vorangegangenen Schritt entstehen, in den nachfolgenden Schritten korrigiert werden. Dieser iterative Prozess liefert Gewichtungsfaktoren für jede einzelne befragte Person.

Die Gewichtung erfolgte länderweise. In einem ersten Schritt wurde für jedes Land die Istverteilung in Bezug auf Region, Alter (drei Gruppen) und Geschlecht (zwei Gruppen) mit der Sollverteilung dieser Gruppen verglichen. In Abbildung A.3 wird dieses Verfahren am Beispiel Ägypten (mit insgesamt neun Regionen) für die Region Kairo dargestellt.

Folglich wurden die Befragten der Gruppe 1 mit 0,78 gewichtet, um die Zielverteilung der Gruppe 1 zu erreichen. Die Befragten der Gruppe 2 wurden mit 0,74 gewichtet und so weiter. Die Fallgewichtung für die einzelnen Länder liegt zwischen 0,144 und 2,500 und ist in Abbildung A.4 aufgeführt.

Da sich die Anzahl der Interviews unterscheidet, wurden die nationalen Samples in einem zweiten Gewichtungsschritt proportional auf Nettosamples mit 1.000 Interviews angepasst (unabhängig von der Bevölkerungsgröße des Landes). Ägypten zum Beispiel erhielt mit einer Netto-Interviewzahl von 1.137 eine Nachgewichtung von 0,88, sodass sich die endgültige Netto-Interviewzahl auf 1.000 beläuft.

Abb. A.3
BEISPIEL FÜR DIE GEWICHTUNG

EGY: Kairo	Tatsächliche Verteilung	Zielverteilung	Gewichtung
Gruppe 1: 16–20/Männer	4,1 %	3,2 %	0,78
Gruppe 2: 16–20/Frauen	3,9 %	2,9 %	0,74
Gruppe 3: 21–25/Männer	2,6 %	2,9 %	1,12
Gruppe 4: 21–25/Frauen	3,5 %	2,7 %	0,77
Gruppe 5: 26–30/Männer	2,6 %	2,7 %	1,04
Gruppe 6: 26–30/Frauen	2,3 %	2,8 %	1,23

Abb. A.4
ZIELGRUPPEN UND FALLGEWICHTUNG

Land/ Erhebungsgruppe	Fallgewichtung (min. bis max.)
ALG	0,682–1,405
EGY	0,480–1,994
IRQ	0,857–1,204
JOR	0,469–2,481
LBN	0,557–1,786
LBY	0,671–1,603
MAR	0,144–2,500
PAL	0,808–1,158
SDN	0,334–2,500
SYR*	0,547–1,865
TUN	0,507–2,334
YEM	0,632–2,019

Qualitative Interviews

Neben der quantitativen Erhebung enthielt die Studie auch eine wichtige qualitative Komponente. Wie in der vorigen Studie ging es auch hier darum, die Befunde zu vertiefen, zu kontextualisieren und Einblicke zu erhalten, was die Zahlen mit Blick auf einzelne Jugendliche und junge Erwachsene bedeuten. Außerdem sollten ausgewählte Fragestellungen eingehender untersucht werden. Die folgenden Themen bildeten die Grundlage für den Leitfaden, der für die semistrukturierten Interviews verwendet wurde (siehe Anhang):

- Soziale Gerechtigkeit und Ungleichheit
- Klimawandel und Umweltfragen
- Ernährungsunsicherheit
- Coronapandemie und ihre Folgen
- Digitalisierung
- Gesellschaftliches Engagement

Für jedes Land beziehungsweise jede Erhebungsgruppe wurden 20 qualitative Interviews geführt: zehn mit jungen Frauen und zehn mit jungen Männern im Altersspektrum von 16 bis 30 Jahren.[1] Die Interviews fanden zwischen Juni und August 2022 statt und konnten damit die Entwicklungen nach dem russischen Angriff auf die Ukraine mit einbeziehen. Für jedes Land wurden die Interviewerinnen und Interviewer von akademischen Partnern der jeweiligen Länderbüros der FES rekrutiert. Alle Interviews wurden als Audiodateien mit vollständiger arabischer Transkription und englischer oder französischer Übersetzung den Autorinnen und Autoren der vorliegenden Publikation zur Verfügung gestellt.

Quellen

Im Folgenden sind die für die Gewichtung der Faktoren Geschlecht, Alter und Region verwendeten Datenquellen aufgeführt:

---

[1] In Ägypten wurden keine qualitativen Interviews durchgeführt.

Abb. A.5
DATENQUELLEN

Land/Erhebungsgruppe	Für die Gewichtung verwendete Datenquellen
ALG	Algerian National Statistics Office (ONS), 2018
EGY	Egypt National Statistics Authority – results of 2017 population census
IRQ	Alter und Geschlecht: https://population.un.org/wpp/DataQuery/ 2020 Regionalverteilung auf Grundlage der Gesamtbevölkerung: The Humanitarian Data Exchange 2020 https://data.humdata.org/dataset
JOR	Department of Statistics, Jordan 2018
LBN	Central Administration of Statistics (CAS), Lebanon 2018/19
LBY	Alter und Geschlecht: https://population.un.org/wpp/DataQuery/ 2020 Regionalverteilung auf Grundlage der Gesamtbevölkerung: The Humanitarian Data Exchange 2020 https://data.humdata.org/dataset
MAR	Alter und Geschlecht: https://population.un.org/wpp/DataQuery/ 2020 Regionalverteilung: National Census, 2014
PAL	Alter und Geschlecht: https://population.un.org/wpp/DataQuery/ 2020 Regionalverteilung: The Palestinian Central Bureau of Statistics, 2017
SDN	Alter und Geschlecht: https://population.un.org/wpp/DataQuery/ 2020 Regionalverteilung auf Grundlage der Gesamtbevölkerung: The Humanitarian Data Exchange 2020 https://data.humdata.org/dataset
SYR*	Official figures of the VASyR, 2020
TUN	Alter und Geschlecht: https://population.un.org/wpp/DataQuery/ 2020 Regionalverteilung: RGPH 2014
YEM	Alter und Geschlecht: https://population.un.org/wpp/DataQuery/ 2020 Regionalverteilung auf Grundlage der Gesamtbevölkerung: The Humanitarian Data Exchange 2020 https://data.humdata.org/dataset

FRAGEBOGEN

Vorbemerkung

Der vorliegende Fragebogen baut auf den für die Vorgängerstudie 2016 verwendeten Fragen auf. Drei Viertel der Fragen sind unverändert und erlauben Vergleiche, ein Viertel der Fragen ist 2021 neu dazugekommen. Auf die Wiedergabe von Filtern und Sprüngen sowie die Kennzeichnung von Mehrfachantworten wurde verzichtet.

Aufgrund der internationalen Zusammensetzung des Projektteams wurde der Fragebogen zunächst in englischer Sprache entwickelt. Die englische Fassung wurde dann auf Hocharabisch übersetzt. Die nationalen Institute, die die Befragungen in den Ländern durchführten, wurden angewiesen, dafür die jeweilige dialektale Ausprägung des Arabischen oder die in der Region übliche Sprache zu verwenden. Die hier vorliegende deutsche Version – eine Übersetzung der englischen Fassung – wurde folglich ebenso wie die englische Version nicht für die Umfrage genutzt. Diese Versionen dienen allein der besseren Orientierung der Leserinnen und Leser.

Zu beachten ist zudem, dass die Autoren und Autorinnen an einigen wenigen Stellen andere Übersetzungen in ihren Beiträgen verwenden, etwa wenn sie näher am arabischen Original sind als in der vorliegenden deutschen Version des Fragebogens.

Abb. A.7
FRAGEBOGEN DER FES MENA-JUGENDSTUDIE 2021

Q1 Land der Feldforschung

☐	Marokko	☐	Palästina	☐	Irak
☐	Tunesien	☐	Libanon	☐	Libyen
☐	Ägypten	☐	Jemen	☐	Sudan
☐	Jordanien	☐	Algerien	☐	Syrische Geflüchtete (im Libanon)

Q2 Staatsangehörigkeit

☐	Marokkanisch	☐	Palästinensisch	☐	Irakisch	☐	Staatenlos
☐	Tunesisch	☐	Libanesisch	☐	Libysch	☐	Andere
☐	Ägyptisch	☐	Jemenitisch	☐	Sudanesisch		
☐	Jordanisch	☐	Algerisch	☐	Syrisch		

Q3 Geschlecht

☐	Männlich	☐	Weiblich

Q4 Geburtsjahr

Q5 Einordnung des Wohnumfelds/Milieus

☐	Flüchtlingslager	☐	Kleinstadt 20.001–100.000 Einw.
☐	Kleines Dorf < 50 Einw.	☐	Mittelstadt 100.001–500.000 Einw.
☐	Dorf 50–1.000 Einw.	☐	Großstadt > 500.000 Einw.
☐	Ländliches Zentrum 1.001–20.000 Einw.		

Q6 Regierungsbezirk/Region

Q7 Raum der Feldforschung

☐	Städtisch	☐	Ländlich

Q8 Sampling Point

PERSÖNLICHE SITUATION

Q9 Unter Berücksichtigung deiner aktuellen persönlichen Situation in allen Aspekten (Schule/Arbeit, Familie, wirtschaftliche Lage, politischer Wandel, zukünftige Entwicklung etc.): Fühlst du dich eher sicher oder eher unsicher?

Bitte bewerte deine Situation auf einer Skala von 1 (= überhaupt nicht sicher) bis 10 (= völlig sicher).

	1	2	3	4	5	6	7	8	9	10
Persönliche Lage	☐	☐	☐	☐	☐	☐	☐	☐	☐	☐

Q10 Bitte spezifiziere die einzelnen Bereiche: Ich fühle mich sicher/unsicher in folgenden Bereichen: Bitte bewerte deine Lage auf einer Skala von 1 (= überhaupt nicht sicher) bis 10 (= völlig sicher).

	1	2	3	4	5	6	7	8	9	10	Weiß nicht
Wirtschaftliche Lage	☐	☐	☐	☐	☐	☐	☐	☐	☐	☐	☐
Gesundheit	☐	☐	☐	☐	☐	☐	☐	☐	☐	☐	☐
Gefühle	☐	☐	☐	☐	☐	☐	☐	☐	☐	☐	☐
Gefährdung durch Gewalt	☐	☐	☐	☐	☐	☐	☐	☐	☐	☐	☐
Zugang zu Nahrungsmitteln	☐	☐	☐	☐	☐	☐	☐	☐	☐	☐	☐
Zukunft meiner Familie	☐	☐	☐	☐	☐	☐	☐	☐	☐	☐	☐
Wahrscheinlichkeit eines bewaffneten Konflikts	☐	☐	☐	☐	☐	☐	☐	☐	☐	☐	☐
Berufliche Karriere	☐	☐	☐	☐	☐	☐	☐	☐	☐	☐	☐

Q11 Verstehst du dich als Jugendlicher oder ordnest du dich den Erwachsenen zu?

☐ Jugendlicher ☐ Erwachsener ☐ Weiß nicht

Q12 Geschwisterfolge

☐ Einzelkind ☐ Ältestes Kind ☐ Mittleres Kind ☐ Jüngstes Kind

Q13 Familienstand

☐ Ledig	☐ Geschieden
☐ Verlobt	☐ Verwitwet
☐ Verheiratet	

Q14	Wie ist deine aktuelle Wohnsituation?		
	☐ Ich lebe bei meinen Eltern (im gleichen Haushalt).	☐	Ich lebe allein.
	☐ Ich lebe in einem Haus mit meinen Eltern (habe jedoch meinen eigenen Haushalt).	☐	Ich lebe in einer Wohngemeinschaft.
	☐ Ich lebe mit meiner Familie/meinem Partner zusammen (ohne Eltern).	☐	Andere

Q15	Hast du Kinder?		
	☐ Ja	☐	Nein

Q16	Wenn ja, wie viele?
	Mädchen: ___
	Jungen: ___

Q17	Wie viele Personen leben in deinem Haushalt (einschließlich deiner selbst)?
	___

Q18	Wie viele der Personen (einschließlich deiner selbst), die in deinem Haushalt leben, sind zwischen 16 und 65 Jahre alt?
	___

Q19	Wer von den Personen, mit denen du zusammenlebst, ist der Haushaltsvorstand?		
	☐ Ich selbst	☐	Meine Mutter
	☐ Mein Mann/meine Frau	☐	Niemand
	☐ Mein Vater	☐	Eine andere Person

Q20 — Wie würdest du die folgenden Aussagen bewerten?

	Völlig einverstanden	Eher einverstanden	Eher nicht einverstanden	Überhaupt nicht einverstanden	Weiß nicht
Du hältst an den alten Traditionen deiner Familie fest.	☐	☐	☐	☐	☐
Du genießt das Leben in vollen Zügen.	☐	☐	☐	☐	☐
Ohne Internetzugang kannst du kaum existieren.	☐	☐	☐	☐	☐
Dein Leben gefällt dir dann besonders gut, wenn ständig etwas los ist.	☐	☐	☐	☐	☐
Du lebst nach religiösen Prinzipien.	☐	☐	☐	☐	☐
Du lebst und repräsentierst einen gehobenen Lebensstandard.	☐	☐	☐	☐	☐
Eine unverzichtbare tägliche Routine ist es, dich über die wichtigsten politischen und wirtschaftlichen Ereignisse der Welt zu informieren.	☐	☐	☐	☐	☐
Modische Kleidung ist für dich wichtiger als drei Mahlzeiten am Tag – dafür gibst du viel Geld aus.	☐	☐	☐	☐	☐
	Häufig	Gelegentlich	Selten	Nie	Weiß nicht
Wenn möglich, besuchst du Kunstausstellungen und Galerien.	☐	☐	☐	☐	☐
Du liest Bücher.	☐	☐	☐	☐	☐

Q21 — Wie bewertest du die aktuelle wirtschaftliche Lage deiner Familie?

☐ Sehr gut ☐ Eher gut ☐ Eher schlecht ☐ Sehr schlecht

Q22 — Wie bewertest du rückblickend die wirtschaftliche Lage deiner Familie vor fünf Jahren?

☐ Sehr gut ☐ Eher gut ☐ Eher schlecht ☐ Sehr schlecht
☐ Weiß nicht

Q23 — Studierst du?

☐ Ja ☐ Nein

Q24 — Gehst du zur …?

☐ Schule ☐ Universität ☐ Berufsausbildung ☐ Ausbildung unterbrochen (Geflüchtete etc.)

Q25	Wie viele Jahre bist du zur Schule gegangen (ohne Vorschule, Berufsschule und Universität)?
	___

Q26	Höchster erreichter Abschluss		
	☐ Analphabet/-in	☐	Abitur
	☐ Kann lesen und schreiben, ohne formelle Bildung	☐	Berufsausbildung/Community College
	☐ Grundschule	☐	Universitätsabschluss, akademischer Grad (M.A., B.A.)
	☐ Weiterführende Schule/Realschule	☐	Promotion

VATER

Q27	Bitte erzähle mir etwas über deinen Vater. Lebt dein Vater noch?				
	☐ Ja	☐	Nein	☐	Weiß nicht

Q28	Wie alt ist dein Vater? (Jahre)
	Alter: _____
	☐ Weiß nicht

Q29	Was ist/war das Bildungsniveau deines Vaters (höchster Abschluss)?		
	☐ Analphabet	☐	Berufsausbildung
	☐ Kann lesen und schreiben, ohne formelle Bildung	☐	Universitätsabschluss, akademischer Grad (M.A., B.A.)
	☐ Grundschule	☐	Promotion
	☐ Weiterführende Schule/Realschule	☐	Weiß nicht
	☐ Abitur		

Q30	Beschäftigung des Vaters: Was war/ist seine Hauptbeschäftigung (längstes Arbeitsverhältnis)?
☐	Beamter/Angestellter im Staatsdienst
☐	Versicherungspflichtig Angestellter
☐	Arbeitnehmer (unversichert, aber fest angestellt/dauerhaft beschäftigt)
☐	Gehaltsempfänger in einem Familienunternehmen
☐	Selbstständig mit höherem Bildungsabschluss (Arzt, Rechtsanwalt etc.)
☐	Selbstständig ohne höheren Bildungsabschluss, mit beruflicher Qualifikation (Handel, Wirtschaft, Industrie etc.)
☐	Selbstständig in der Landwirtschaft
☐	Selbstständig im Dienstleistungssektor (dauerhaft berufstätig ohne regelmäßiges Einkommen)
☐	Tagelöhner (nicht regelmäßig beschäftigt, ohne regelmäßiges Einkommen)
☐	Keine Arbeit
☐	Unbezahlte Arbeit (z. B. Informationsbeschaffung oder Landwirtschaft, Fürsorgetätigkeiten)
☐	Rentner
☐	Andere
☐	Weiß nicht

Q31	Gehaltszahlung im Hauptberuf: Erhält dein Vater ein ...?						
☐	Tagesgehalt	☐	14-tägiges Gehalt	☐	Saisongehalt	☐	Weiß nicht
☐	Wochengehalt	☐	Monatsgehalt	☐	Bezahlung pro Auftrag	☐	Kein Gehalt

Q32	Bitte schätze sein durchschnittliches Monatseinkommen.		
	_____ pro Monat		
☐	Weiß nicht/keine Antwort		

Q33	Bezieht dein Vater eine Gehaltsfortzahlung im Krankheitsfall?				
☐	Ja	☐	Nein	☐	Weiß nicht

Q34	Hat dein Vater Anspruch auf eine Altersrente?				
☐	Ja	☐	Nein	☐	Weiß nicht

MUTTER

Q35 Bitte erzähle mir etwas über deine Mutter. Lebt deine Mutter noch?

☐ Ja ☐ Nein ☐ Weiß nicht

Q36 Wie alt ist deine Mutter?

Alter: _____

☐ Weiß nicht

Q37 Was ist/war das Bildungsniveau deiner Mutter (höchster Abschluss)?

☐	Analphabetin	☐	Berufsausbildung
☐	Kann lesen und schreiben, ohne formelle Bildung	☐	Universitätsabschluss, akademischer Grad (B.A., M.A.)
☐	Grundschule	☐	Promotion
☐	Weiterführende Bildung/Realschule	☐	Weiß nicht
☐	Abitur		

Q38 Was war/ist ihre Hauptbeschäftigung (längstes Arbeitsverhältnis)?

☐ Beamtin/Angestellte im Staatsdienst
☐ Versicherungspflichtig Angestellte
☐ Arbeitnehmerin (unversichert, aber fest angestellt/dauerhaft beschäftigt)
☐ Gehaltsempfängerin in einem Familienunternehmen
☐ Selbstständig mit höherem Bildungsabschluss (Ärztin, Rechtsanwältin etc.)
☐ Selbstständig ohne höheren Bildungsabschluss, mit beruflicher Qualifikation (Handel, Wirtschaft, Industrie etc.)
☐ Selbstständig in der Landwirtschaft
☐ Selbstständig im Dienstleistungssektor (dauerhaft berufstätig ohne regelmäßiges Einkommen)
☐ Tagelöhnerin (nicht regelmäßig beschäftigt, ohne regelmäßiges Einkommen)
☐ Keine Arbeit
☐ Unbezahlte Arbeit (z. B. Hausfrau)
☐ Rentnerin
☐ Andere

Q39 Gehaltszahlung im Hauptberuf: Erhält deine Mutter ein ...?

☐	Tagesgehalt	☐	14-tägiges Gehalt	☐	Saisongehalt	☐	Weiß nicht
☐	Wochengehalt	☐	Monatsgehalt	☐	Bezahlung pro Auftrag	☐	Kein Gehalt

Q40	Bitte schätze ihr durchschnittliches Monatseinkommen.		
	_____ pro Monat		
	☐ Weiß nicht/keine Antwort		

Q41	Bezieht deine Mutter eine Gehaltsfortzahlung im Krankheitsfall?				
	☐ Ja	☐	Nein	☐	Weiß nicht

Q42	Hat deine Mutter Anspruch auf eine Altersrente?				
	☐ Ja	☐	Nein	☐	Weiß nicht

Q43	Siehst du dich als der Arbeiterklasse zugehörig?						
	☐ Ja	☐	Nein	☐	Nicht zutreffend	☐	Weiß nicht

Q44	Klasseneinordnung deiner Familie: Wie würdest du deine Familie einordnen?
	☐ Wohlhabend
	☐ Obere Mittelklasse
	☐ Untere Mittelklasse
	☐ Arm
	☐ Völlig mittellos
	☐ Weiß nicht

WOHNSITUATION

Q45	In welchem Wohnumfeld lebst du?							
	☐ Sozialwohnung	☐	Informelle Siedlung	☐	Privater Wohnbau	☐	Flüchtlingslager

Q46	In welchem Gebäudetyp lebst du?		
	☐ Villa	☐	Informelle/provisorische Unterkunft
	☐ Einfamilienhaus	☐	Zelt
	☐ Reihenhaus/Stadthaus	☐	Zimmer
	☐ Wohnung	☐	Andere

Q47	Bist du/ist dein Haushaltsvorstand …?
	☐ Mieter/-in
	☐ Eigentümer/-in deiner Unterkunft
	☐ Mietfrei in einer von einem Unternehmen, einer Institution oder einer anderen Person gestellten Unterkunft lebend
	☐ Andere

Q48	Hast du ein eigenes Zimmer?					
	☐	Ja	☐	Nein	☐	Keine Angabe

Q49	Welche der im Folgenden genannten Dinge stehen in deinem Haushalt zur Verfügung?					
	☐	Fließendes Wasser	☐	TV	☐	Internetzugang
	☐	Strom	☐	Satellitenempfang	☐	Klimaanlage
	☐	Festnetztelefon	☐	Kühlschrank	☐	Moped, Motorrad
	☐	Handy	☐	Computer/Laptop/Tablet	☐	Pkw/Kleintransporter/Lkw/Traktor

Q50	Stell dir folgende Situation vor: Deine Waschmaschine – oder ein anderes wichtiges Haushaltsgerät – geht plötzlich kaputt. Wärst du in der Lage, sie sofort durch ein anderes Gerät zu ersetzen?					
	☐	Ja	☐	Nein	☐	Weiß nicht

Q51	Besitzt dein Haushalt Nutztiere?			
	☐	Ja	☐	Nein

Q52	Besitzt deine Familie landwirtschaftliche Nutzflächen?			
	☐	Ja	☐	Nein

Q53	Produziert deine Familie aktuell Lebensmittel für den eigenen Verzehr?			
	☐	Ja	☐	Nein

ÖKONOMIE

Q54	Wie bewertest du deine persönliche wirtschaftliche Lage heute?							
	☐	Sehr gut	☐	Eher gut	☐	Eher schlecht	☐	Sehr schlecht

Q55	Hast du ein privates Bank- oder Postbankkonto?			
	☐	Ja	☐	Nein

Q56	Besitzt du eine private Kreditkarte?			
	☐	Ja	☐	Nein

Q57	Wie häufig nutzt du Bezahlsysteme über das Mobiltelefon?					
	☐	Täglich	☐	Einmal pro Woche	☐	Gelegentlich
	☐	Mehrmals pro Woche	☐	Monatlich	☐	Nie

Q58	Welche der folgenden Optionen beschreibt deine derzeitige Situation am besten?
☐	Schüler/-in (einschließlich Berufsschule)
☐	Student/-in an der Universität
☐	Erwerbstätig
☐	Temporär nicht erwerbstätig
☐	Dauerhaft nicht erwerbstätig

Q59	Hast du selbst Geld zur Verfügung (Arbeitseinkommen, Zuwendungen deiner Familie oder aus anderen Quellen)?		
☐	Ja	☐	Nein

Q60	Aus welchen Quellen beziehst du Einnahmen?						
☐	Familie	☐	Berufstätigkeit	☐	Stipendium	☐	Andere

Q61	Wenn du ausschließlich von deiner Familie oder aus anderen Quellen finanziert wirst (außer eigenem Arbeitseinkommen): Erhältst du die Zahlungen …?		
☐	Regelmäßig	☐	Unregelmäßig

Q62	Schätze den Betrag, den du durchschnittlich von deiner Familie oder aus anderen Quellen (außer eigenem Arbeitseinkommen) erhältst:
	(Individuelles Budget vor Haushalts- und Fixkostenbeiträgen)
	_____(Landeswährung)

Q63	Wenn du erwerbstätig bist: Wie viele Beschäftigungsverhältnisse/Jobs hast du aktuell?
	_____

Q64	Was ist deine Haupttätigkeit (für den Einkommenserwerb)?
☐	Beamter/Angestellter im Staatsdienst
☐	Versicherungspflichtig Angestellter
☐	Arbeitnehmer (unversichert, aber fest angestellt/dauerhaft beschäftigt)
☐	Gehaltsempfänger in einem Familienunternehmen
☐	Selbstständig mit höherer Bildung (Arzt, Rechtsanwalt etc.)
☐	Selbstständig ohne höhere Bildung (Handel, Wirtschaft, Industrie etc.)
☐	Selbstständig in der Landwirtschaft
☐	Selbstständig im Dienstleistungssektor (dauerhaft berufstätig ohne regelmäßiges Einkommen)
☐	Tagelöhner (nicht regelmäßig beschäftigt, ohne regelmäßiges Einkommen)
☐	Rentner
☐	Andere

Q65	Die folgenden Fragen betreffen deine Haupttätigkeit. Bitte gib an:	
	Arbeitsstunden pro Tag	_____
	Arbeitstage pro Woche	_____
	Arbeitswochen pro Monat	_____
	Arbeitsmonate pro Jahr	_____
	Keine Antwort	☐

Q66	Wie viel verdienst du mit dieser Tätigkeit?			
	Tag	_____	Monat	_____
	Woche	_____	Auftrag	_____
	Pro 14 Tage	_____	☐	Keine Angabe

Q67	Besitzt du einen schriftlichen Arbeitsvertrag?				
	☐	Ja	☐ Nein	☐	Keine Angabe

Q68	Beziehst du eine Gehaltsfortzahlung im Krankheitsfall?			
	☐	Ja	☐	Nein

Q69	Wie hast du deine Hauptbeschäftigung gefunden?			
	☐	Information durch Freunde	☐	Durch einen privaten Arbeitsvermittler
	☐	Via Internet	☐	Information durch öffentliche Stelle (Arbeitsamt)
	☐	Information durch ein Familienmitglied	☐	Eigene Initiative
	☐	Stellenanzeige	☐	Andere

Q70	Warum hast du diese Arbeit angenommen?				
		Stimmt	Stimmt teilweise	Stimmt nicht	Keine Angabe
	Ich hatte keine Wahl.	☐	☐	☐	☐
	Es ist die einzige Arbeit, die ich kann.	☐	☐	☐	☐
	Es ist eine sichere Stelle.	☐	☐	☐	☐
	Das Unternehmen gehört meiner Familie.	☐	☐	☐	☐
	Mein Chef kommt aus der gleichen Gegend wie ich.	☐	☐	☐	☐
	Die Bezahlung ist gut.	☐	☐	☐	☐
	Die Arbeit genießt gesellschaftliches Ansehen.	☐	☐	☐	☐
	Ich kann mit Freunden und Kollegen zusammen sein.	☐	☐	☐	☐

Ich kann viel lernen.	☐	☐	☐	☐
Ich kann Karriere machen.	☐	☐	☐	☐

Q71 Gefällt dir deine Arbeit?

- ☐ Überhaupt nicht
- ☐ Etwas
- ☐ Teils, teils
- ☐ Sehr
- ☐ Absolut

Q72 Wirst du Anspruch auf eine Altersrente haben?

☐ Ja ☐ Nein ☐ Weiß nicht

Q73 Benötigst du einen Computer oder ein Smartphone für deine Arbeit?

☐ Ja ☐ Nein

Q74 Bekommst du Arbeitsaufträge über Internetplattformen oder Apps?

- ☐ Ja
- ☐ Nein, aber ich kenne Leute, auf die das zutrifft.
- ☐ Nein, trifft auch auf niemanden aus meiner Familie oder aus meinem Freundeskreis zu.
- ☐ Keine Angabe

Q75 Wenn ja, betrifft das …?

- ☐ Lieferdienste (z. B. für Lebensmittel)
- ☐ Personentransport
- ☐ Programmierung oder Webdesign
- ☐ Sonstige Dienstleistungsaufgaben

Q76 Unterstützt du deine Eltern finanziell? Falls ja, regelmäßig oder unregelmäßig?

- ☐ Ich unterstütze meine Eltern nicht finanziell.
- ☐ Ich unterstütze meine Eltern unregelmäßig.
- ☐ Ich unterstütze meine Eltern regelmäßig.
- ☐ Keine Angabe

Q77 Wie viel Geld gibst du deinen Eltern monatlich (Landeswährung)?

_____

- ☐ Keine Angabe

Q78	Wie sähe eine befriedigende Arbeitssituation/Tätigkeit für dich aus? Wie wichtig ist dir ...?						
		1 Überhaupt nicht wichtig	2 Eher unwichtig	3 Weder noch	4 Eher wichtig	5 Sehr wichtig	Weiß nicht/keine Angabe
	Gutes Einkommen	☐	☐	☐	☐	☐	☐
	Karrierechancen	☐	☐	☐	☐	☐	☐
	Sicherer Arbeitsplatz	☐	☐	☐	☐	☐	☐
	Kontakte zu vielen Menschen	☐	☐	☐	☐	☐	☐
	Das Gefühl, etwas zu erreichen	☐	☐	☐	☐	☐	☐
	Das Gefühl, akzeptiert zu werden	☐	☐	☐	☐	☐	☐
	Die Möglichkeit, anderen zu helfen	☐	☐	☐	☐	☐	☐
	Die Möglichkeit, eigene Ideen zu realisieren	☐	☐	☐	☐	☐	☐
	Etwas Nützliches für die Gesellschaft tun	☐	☐	☐	☐	☐	☐
	Etwas Sinnvolles tun	☐	☐	☐	☐	☐	☐
	Ein Job, der mir genug Freizeit lässt	☐	☐	☐	☐	☐	☐

Q79	Wie zuversichtlich bist du, dass deine Wünsche hinsichtlich deiner Arbeit in Erfüllung gehen?	
	☐	Sehr pessimistisch
	☐	Eher skeptisch
	☐	Eher zuversichtlich
	☐	Absolut sicher
	☐	Nicht zutreffend

Q80	Bist du in deinem Studium, bei deiner Arbeit oder in deinem Alltag bereits an der Grenze deiner Leistungsfähigkeit angelangt? Was beschreibt deine Situation am besten?	
	☐	Ich nutze dauerhaft mein volles Potenzial nicht aus und fühle mich krank.
	☐	Ich nutze dauerhaft mein volles Potenzial nicht aus.
	☐	Ich nutze mein volles Potenzial nicht aus.
	☐	Ich lebe eine gute Balance zwischen Arbeit und Freizeit.
	☐	Ich bin gestresst.
	☐	Ich bin dauerhaft gestresst.
	☐	Ich bin dauerhaft gestresst und fühle mich krank.
	☐	Keine Angabe

Q81	Bist du in der Lage, zu sparen?				
	☐	Ja		☐	Nein

Q82	Wie viel sparst du durchschnittlich pro Monat (Landeswährung)?	
	_____	
	☐	Keine Angabe

Q83	Warum/wofür sparst du (Hauptgrund)?			
	☐	Aus Sicherheitsgründen, für den Notfall	☐	Für meine Rente
	☐	Für meine Hochzeit	☐	Um auszuwandern
	☐	Um ein Haus zu bauen oder zu kaufen	☐	Mobilität (Auto, Motorrad etc.)
	☐	Für meine Kinder	☐	Andere

Q84	Hast du Schulden entweder bei Institutionen (z. B. Banken) oder privat?					
	☐	Ja	☐	Nein	☐	Keine Angabe

Q85	Wie hoch ist deine Verschuldung?
	☐ Gering (weniger als ein Monatsetat)
	☐ Mittel (zwischen einem und sechs Monatsetats)
	☐ Hoch (mehr als sechs Monatsetats)

Q86	Hast du jemals einen Mikrokredit aufgenommen?				
	☐	Ja		☐	Nein

Q87	Bist du krankenversichert (staatlich und/oder privat)?					
	☐	Ja	☐	Nein	☐	Weiß nicht/keine Angabe

Q88A	Ist diese Versicherung …?					
	☐	Privat	☐	Staatlich	☐	Weiß nicht

Q88B	Hast du Zugang zu kostenloser Gesundheitsversorgung?					
	☐	Ja	☐	Nein	☐	Weiß nicht

Q89	Bitte nenne die vier Dinge, für die du am meisten Geld ausgibst.							
	☐	Weizen und Brot	☐	Internet	☐	Musik	☐	Studium
	☐	Lebensmittel (Öl, Zucker etc.)	☐	Video- und Online-Spiele	☐	Mit Freunden ausgehen	☐	Kosmetik
	☐	Snacks	☐	Schuldendienst/ Raten	☐	Wasser/Strom	☐	Andere
	☐	McDonald's, Pizza Hut, KFC	☐	Transport/Reisen	☐	Miete		
	☐	Kleidung	☐	Zigaretten	☐	Gasflaschen (Kochen)		
	☐	Mobiltelefon	☐	Medikamente	☐	Versicherung		

Q90	Wie viel Geld gibst du pro Monat für Kleidung aus (Landeswährung)?
	_____
	☐ Weiß nicht/keine Angabe

Q91A	Wie wichtig ist dir und deiner Familie billiges Brot?					
	☐	Sehr wichtig	☐	Wichtig	☐	Unwichtig

Q91B	Wie viel gibt dein Haushalt pro Tag für Brot aus (Landeswährung)?
	_____
	☐ Weiß nicht

Q92	Besitzt du eine Karte (Bezugsschein, Gutschein etc.), um Lebensmittel zu kaufen oder zu erhalten?			
	☐	Ja	☐	Nein

Q93	Wie wichtig ist die Lebensmittelkarte für dich und deine Familie?					
	☐	Sehr wichtig	☐	Wichtig	☐	Nicht wichtig

Q94	Wie oft kaufst du Lebensmittel in den folgenden Geschäften?						
		Täglich	Jeden zweiten Tag	Zweimal wöchentlich	Wöchentlich	Monatlich	Seltener als einmal im Monat	Nie
	Wochenmarkt	☐	☐	☐	☐	☐	☐	☐
	Straßenhändler (stationär)	☐	☐	☐	☐	☐	☐	☐
	Mobiler Händler (mit Wagen)	☐	☐	☐	☐	☐	☐	☐
	Marktstand	☐	☐	☐	☐	☐	☐	☐
	Lebensmittelhändler	☐	☐	☐	☐	☐	☐	☐
	Metzgerei	☐	☐	☐	☐	☐	☐	☐

Bäckerei	☐	☐	☐	☐	☐	☐	☐
Supermarkt (SB)	☐	☐	☐	☐	☐	☐	☐
Verbrauchermarkt	☐	☐	☐	☐	☐	☐	☐
Großhändler	☐	☐	☐	☐	☐	☐	☐
Mall	☐	☐	☐	☐	☐	☐	☐
Lieferdienste	☐	☐	☐	☐	☐	☐	☐

Q95 Viele Lebensmittel werden außerhalb der arabischen Welt produziert. Wie wichtig ist dir, dass alle Produkte halal sind?

☐	Sehr wichtig	☐	Wichtig	☐	Nicht wichtig

Q96 Hast du jemals bewusst ein als halal gekennzeichnetes Produkt (Lebensmittel, Kosmetika) gekauft? Was war das für ein Produkt?

☐	Kosmetikum	☐	Fleisch	☐	Keins
☐	Fertiggericht	☐	Andere	☐	Weiß nicht

Q97 Wie würdest du die Lebenszufriedenheit der Menschen in deinem Land einschätzen – auf einer Skala von 1 (= geringste Zufriedenheit) bis 10 (= höchste Zufriedenheit)?

1 Überhaupt nicht zufrieden	2	3	4	5	6	7	8	9	10 Absolut zufrieden	Keine Angabe
☐	☐	☐	☐	☐	☐	☐	☐	☐	☐	☐

Q98 Und wie würdest du gegenwärtig deine eigene Lebenszufriedenheit einschätzen – auf einer Skala von 1 (= geringste Zufriedenheit) bis 10 (= höchste Zufriedenheit)?

1 Überhaupt nicht zufrieden	2	3	4	5	6	7	8	9	10 Absolut zufrieden	Keine Angabe
☐	☐	☐	☐	☐	☐	☐	☐	☐	☐	☐

Q99 Wie empfindest du diesen Unterschied (für den Fall, dass die Bewertungen von Q97 und Q98 nicht gleich sind)?

☐	Ich fühle mich benachteiligt/enteignet.
☐	Ich habe Pech.
☐	Ich habe Glück.
☐	Ich fühle mich privilegiert.
☐	Ist mir egal.

ÖFFENTLICHER RAUM

Q100 Wenn du dich in der Welt umschaust: Welches politische System wünschst du dir?

- ☐ Einen starken Mann an der Spitze des Staates
- ☐ Ein demokratisches System
- ☐ Eine starke Frau an der Spitze des Staates
- ☐ Ein demokratisch-islamisches System
- ☐ Einen religiösen Staat auf der Grundlage der Scharia
- ☐ Ein sozialistisches System
- ☐ Andere
- ☐ Ein sozialistisch-islamisches System
- ☐ Weiß nicht

Q101 Hast du Vertrauen in folgende Institutionen?

	Kein Vertrauen	Begrenztes Vertrauen	Vertrauen	Weiß nicht/ keine Angabe
Öffentliches Gesundheitswesen	☐	☐	☐	☐
Bildungswesen	☐	☐	☐	☐
Medien	☐	☐	☐	☐
Soziale Medien	☐	☐	☐	☐
Familie	☐	☐	☐	☐
Vereinte Nationen	☐	☐	☐	☐
Polizei	☐	☐	☐	☐
Regierung	☐	☐	☐	☐
Gewerkschaften	☐	☐	☐	☐
Parlament	☐	☐	☐	☐
Menschenrechtsorganisationen (NGOs)	☐	☐	☐	☐
Nachbarschaftsvereine	☐	☐	☐	☐
Stamm	☐	☐	☐	☐
Parteien	☐	☐	☐	☐
Religiöse Organisationen	☐	☐	☐	☐
Rechtssystem und Gerichte	☐	☐	☐	☐
Militär	☐	☐	☐	☐
Milizen (bewaffnete Gruppen)	☐	☐	☐	☐

Q102 Sollte der Staat eine größere oder kleinere Rolle im Alltag spielen oder bist du mit dem Status quo zufrieden?

☐ Größere Rolle ☐ Zufrieden ☐ Kleinere Rolle ☐ Weiß nicht

Q103	Mit welchem Begriff beschreibst du die Ereignisse in der MENA-Region seit Ende 2010 / Anfang 2011?					
	☐	Bewegung	☐	Erhebung	☐	Volksbewegung
	☐	Revolution	☐	Bürgerkrieg	☐	Andere
	☐	Aufstand	☐	Ausländische Intervention	☐	Keine Angabe
	☐	Unruhen	☐	Putsch		
	☐	Rebellion	☐	Anarchie		

Q104	Gibt es in deinem Land aktuell Ereignisse oder Bewegungen, die denen von 2010/11 ähnlich sind?					
	☐	Ja	☐	Nein	☐	Weiß nicht/keine Angabe

Q105	Wenn ja, mit welchem Begriff beschreibst du die jüngsten Ereignisse in deinem Land?					
	☐	Bewegung	☐	Erhebung	☐	Volksbewegung
	☐	Revolution	☐	Bürgerkrieg	☐	Andere
	☐	Aufstand	☐	Ausländische Intervention	☐	Keine Angabe
	☐	Unruhen	☐	Putsch		
	☐	Rebellion	☐	Anarchie		

Q106	Lass uns nun die allgemeine politische Lage in deinem Land betrachten. Glaubst du, die Situation hat sich in den letzten fünf Jahren …?	
	☐	Erheblich verbessert
	☐	Etwas verbessert
	☐	Nicht verändert
	☐	Etwas verschlechtert
	☐	Erheblich verschlechtert
	☐	Weiß nicht

Q107	Wie bewertest du die folgenden Aussagen mit Blick auf diese Ereignisse?				
		Stimme nicht zu	Stimme teilweise zu	Stimme zu	Weiß nicht/ keine Angabe
	Die Ereignisse haben nichts geändert.	☐	☐	☐	☐
	Die Ereignisse dauern an.	☐	☐	☐	☐
	Die Jugend setzte die Ereignisse in Gang. Dann übernahmen andere das Kommando.	☐	☐	☐	☐
	Die Ereignisse waren sehr wichtig für mich.	☐	☐	☐	☐
	Die Ereignisse veränderten mein Leben.	☐	☐	☐	☐
	Dank der Ereignisse geht es uns heute besser.	☐	☐	☐	☐
	Die Ereignisse führten zu massiver Gewalt.	☐	☐	☐	☐
	Internationale Akteure unterstützten die arabischen Regime viel zu lange.	☐	☐	☐	☐
	Externe Akteure lösten die Ereignisse aus.	☐	☐	☐	☐

Q108	Stimmst du den folgenden Aussagen (eher/nicht) zu?											
		1 Stimme überhaupt nicht zu	2	3	4	5	6	7	8	9	10 Stimme ganz und gar zu	Weiß nicht/ keine Angabe
	Ich sehe mich als Bürger, der die gleichen Rechte hat wie andere Bürger.	☐	☐	☐	☐	☐	☐	☐	☐	☐	☐	☐
	In dieser Gesellschaft haben nicht alle die gleichen Rechte.	☐	☐	☐	☐	☐	☐	☐	☐	☐	☐	☐
	Ich fühle mich von der Gesellschaft ausgegrenzt.	☐	☐	☐	☐	☐	☐	☐	☐	☐	☐	☐
	Ich gehöre einer Minderheit an.	☐	☐	☐	☐	☐	☐	☐	☐	☐	☐	☐

GESELLSCHAFT UND IDENTITÄT

Q109 Wie religiös bist du, auf einer Skala von 1 (= überhaupt nicht religiös) bis 10 (= sehr religiös)?

	1	2	3	4	5	6	7	8	9	10	Keine Angabe
Heute	☐	☐	☐	☐	☐	☐	☐	☐	☐	☐	☐
Vor fünf Jahren	☐	☐	☐	☐	☐	☐	☐	☐	☐	☐	☐

Q110 Verrätst du mir deine Konfession?

☐	Muslimisch	☐	Jüdisch	☐	Keine
☐	Christlich	☐	Andere	☐	Keine Angabe

Q111 „Religion ist eine Privatangelegenheit, in die sich niemand einmischen sollte." Stimmst du dem zu?

☐	Ja	☐	Nein	☐	Ist mir egal

Q112 Sollte der Islam im öffentlichen Leben eine größere oder kleinere Rolle spielen, oder bist du mit dem Status quo zufrieden?

☐	Größere Rolle
☐	Ausreichend, wie es ist
☐	Kleinere Rolle
☐	Keine Angabe
☐	Nicht zutreffend

Q113 Was ist dir für deine Zukunft am wichtigsten?

☐	Gute Ehe	☐	Guter Job	☐	Gute Freunde	☐	Gute familiäre Beziehungen	☐	Keine Angabe

Q114 Gehörst du einem festen Freundeskreis – einer Clique – an, die sich regelmäßig trifft und deren Mitglieder sich gut kennen?

☐	Ja	☐	Nein

Q115 Gehören zu dieser Gruppe von Freunden sowohl Frauen als auch Männer?

☐	Ja, beide Geschlechter sind vertreten.	☐	Nein, nur ein Geschlecht ist vertreten.

Q116	Wie zufrieden bist du mit deinem Freundeskreis?
☐	Sehr zufrieden
☐	Zufrieden
☐	Teils, teils
☐	Unzufrieden
☐	Sehr unzufrieden

Q117 Als Individuen haben wir Vorstellungen und Entwürfe von unserem persönlichen Leben, unseren Gewohnheiten und unserem Verhalten. Wenn du über mögliche persönliche Errungenschaften nachdenkst, wie wichtig sind dir dann die folgenden Punkte – auf einer Skala von 1 (= absolut unwichtig) bis 10 (= absolut wichtig)?

	1	2	3	4	5	6	7	8	9	10	Keine Angabe
Recht und Ordnung respektieren	☐	☐	☐	☐	☐	☐	☐	☐	☐	☐	☐
Einen hohen Lebensstandard erreichen	☐	☐	☐	☐	☐	☐	☐	☐	☐	☐	☐
Die Regeln von Ehre und Schande achten	☐	☐	☐	☐	☐	☐	☐	☐	☐	☐	☐
Macht ausüben und Einfluss haben	☐	☐	☐	☐	☐	☐	☐	☐	☐	☐	☐
Meine eigene Fantasie und Kreativität entwickeln	☐	☐	☐	☐	☐	☐	☐	☐	☐	☐	☐
Nach mehr Sicherheit streben	☐	☐	☐	☐	☐	☐	☐	☐	☐	☐	☐
Unabhängig von Ratschlägen anderer agieren	☐	☐	☐	☐	☐	☐	☐	☐	☐	☐	☐
Sozial ausgegrenzte Menschen unterstützen	☐	☐	☐	☐	☐	☐	☐	☐	☐	☐	☐
Meine eigene Agenda verfolgen, auch gegen die Interessen anderer	☐	☐	☐	☐	☐	☐	☐	☐	☐	☐	☐
Fleißig sein, hart arbeiten, zielstrebig sein	☐	☐	☐	☐	☐	☐	☐	☐	☐	☐	☐
Meinungen tolerieren, die ich nicht teile	☐	☐	☐	☐	☐	☐	☐	☐	☐	☐	☐
Mich politisch engagieren	☐	☐	☐	☐	☐	☐	☐	☐	☐	☐	☐
Meinen/meine Partner/-in selbst wählen können	☐	☐	☐	☐	☐	☐	☐	☐	☐	☐	☐
Das Leben genießen, so sehr es geht	☐	☐	☐	☐	☐	☐	☐	☐	☐	☐	☐
Tun, was die anderen tun	☐	☐	☐	☐	☐	☐	☐	☐	☐	☐	☐
Die Traditionen meines Heimatlands bewahren	☐	☐	☐	☐	☐	☐	☐	☐	☐	☐	☐

Ein gutes Familienleben führen	☐	☐	☐	☐	☐	☐	☐	☐	☐	☐	☐
Auf die Geschichte meines Landes stolz sein	☐	☐	☐	☐	☐	☐	☐	☐	☐	☐	☐
Verwestlichung vermeiden	☐	☐	☐	☐	☐	☐	☐	☐	☐	☐	☐
Einen/eine Partner/-in haben, dem/der ich vertrauen kann	☐	☐	☐	☐	☐	☐	☐	☐	☐	☐	☐
Gute Freunde haben, die mich schätzen und akzeptieren	☐	☐	☐	☐	☐	☐	☐	☐	☐	☐	☐
Mit anderen verbunden sein	☐	☐	☐	☐	☐	☐	☐	☐	☐	☐	☐
Bewusst ein gesundes Leben führen	☐	☐	☐	☐	☐	☐	☐	☐	☐	☐	☐
Mich in meinen Entscheidungen von meinen Emotionen leiten lassen	☐	☐	☐	☐	☐	☐	☐	☐	☐	☐	☐
Finanziell unabhängig von anderen sein	☐	☐	☐	☐	☐	☐	☐	☐	☐	☐	☐
Unter allen Umständen umweltbewusst handeln	☐	☐	☐	☐	☐	☐	☐	☐	☐	☐	☐
An Gott glauben	☐	☐	☐	☐	☐	☐	☐	☐	☐	☐	☐
Die Idee meines Glaubens verbreiten	☐	☐	☐	☐	☐	☐	☐	☐	☐	☐	☐

Q118 Kann man nur in einer Familie ein glückliches Leben führen? Oder ist man ebenso glücklich oder sogar glücklicher allein?

☐ Man braucht eine Familie. ☐ Man kann allein glücklich sein. ☐ Allein ist man auf jeden Fall glücklicher. ☐ Ich bin mir nicht sicher.

Q119 Wie beschreibst du die Beziehung zwischen Mann und Frau …?

	Harmonisch	Angespannt	Weiß nicht
In deinem Land	☐	☐	☐
In deinem Wohnumfeld	☐	☐	☐
In deiner Familie	☐	☐	☐

Q120 Ist es in den letzten Jahren schwieriger geworden, einen/eine Partner/-in zu finden?

☐ Ja ☐ Nein ☐ Weiß nicht

Q121	Warum ist es in den letzten Jahren schwieriger geworden, eine Partnerin zu finden? (Männer)
☐	Die Frauen erwarten mehr finanzielle Sicherheit.
☐	Die Frauen akzeptieren die traditionellen Regeln nicht mehr.
☐	Die Frauen wollen neue Formen von Partnerschaft.
☐	Die Frauen sind zu anspruchsvoll geworden.
☐	Mangelndes Vertrauen
☐	Andere

Q122	Warum ist es in den letzten Jahren schwieriger geworden, einen Partner zu finden? (Frauen)
☐	Die Männer sind zunehmend arm und können keine Familie ernähren.
☐	Die Männer akzeptieren keine gebildeten Frauen.
☐	Der moralische Standard der Männer sinkt.
☐	Die Männer sind zu anspruchsvoll geworden.
☐	Mangelndes Vertrauen
☐	Andere

Q123	Kann man nur mit Kindern ein glückliches Leben führen? Oder ist man ebenso glücklich oder sogar glücklicher ohne Kinder?							
☐	Man braucht eigene Kinder.	☐	Man kann ohne Kinder glücklich sein.	☐	Man ist ohne Kinder eindeutig glücklicher.	☐	Ich bin mir nicht sicher.

Q124	Würdest du deine Kinder so erziehen beziehungsweise erziehst du deine Kinder so, wie deine Eltern dich erzogen haben?									
☐	Ganz genauso wie meine Eltern	☐	Ungefähr so wie meine Eltern	☐	Anders als meine Eltern	☐	Ganz anders als meine Eltern	☐	Weiß nicht

Q125	Sprechen wir über deine Zukunftsängste. Was macht dir Angst?					
	Große Angst	Ziemliche Angst	Etwas Angst	Überhaupt keine Angst	Das kann nicht passieren	Keine Angabe
Meinen Arbeitsplatz zu verlieren	☐	☐	☐	☐	☐	☐
Zu verarmen	☐	☐	☐	☐	☐	☐
Schwer zu erkranken	☐	☐	☐	☐	☐	☐
Keine Freunde zu haben	☐	☐	☐	☐	☐	☐
Aus politischen Gründen auswandern zu müssen	☐	☐	☐	☐	☐	☐
Ledig zu bleiben	☐	☐	☐	☐	☐	☐

	Sehr unwichtig	Unwichtig	Teils, teils	Wichtig	Sehr wichtig	Nicht zutreffend/ weiß nicht
Mich mit den Eltern dauerhaft zu überwerfen	☐	☐	☐	☐	☐	☐
Nicht so erfolgreich im Leben zu sein wie gewünscht	☐	☐	☐	☐	☐	☐
Einem Terroranschlag zum Opfer zu fallen	☐	☐	☐	☐	☐	☐
Drogenabhängig zu werden	☐	☐	☐	☐	☐	☐
Aus wirtschaftlichen Gründen auswandern zu müssen	☐	☐	☐	☐	☐	☐
Zunehmende Unsicherheit	☐	☐	☐	☐	☐	☐
Bewaffnete Konflikte, die meine Familie bedrohen	☐	☐	☐	☐	☐	☐

Q126 Welche Veränderungen gab es in den letzten fünf Jahren in deinem Leben? Wie wichtig waren diese Veränderungen?

	Sehr unwichtig	Unwichtig	Teils, teils	Wichtig	Sehr wichtig	Nicht zutreffend/ weiß nicht
Veränderungen in der Familie	☐	☐	☐	☐	☐	☐
Bedrohungen durch die Covid-19-Pandemie	☐	☐	☐	☐	☐	☐
Soziale Instabilität	☐	☐	☐	☐	☐	☐
Arbeitsplatzverlust	☐	☐	☐	☐	☐	☐
Lebensmittelknappheit	☐	☐	☐	☐	☐	☐
Sektiererische Spaltung	☐	☐	☐	☐	☐	☐
Zunehmende Isolation von der Außenwelt	☐	☐	☐	☐	☐	☐
Zunehmende Gewalt	☐	☐	☐	☐	☐	☐
Klimawandel	☐	☐	☐	☐	☐	☐

Q127 Wie beschreibst du die Beziehung zwischen der älteren und jüngeren Generation …?

	Harmonisch	Angespannt	Weiß nicht
In deinem Land	☐	☐	☐
In deinem Wohnumfeld	☐	☐	☐
In deiner Familie	☐	☐	☐

Q128	Wie wird sich das Verhältnis zwischen den Generationen in Zukunft entwickeln …?				
		Verbesserung	Keine Veränderung	Verschlechterung	Weiß nicht
	In deinem Land	☐	☐	☐	☐
	In deinem Wohnumfeld	☐	☐	☐	☐
	In deiner Familie	☐	☐	☐	☐

Q129	Zur Vermögensverteilung zwischen den Generationen: Welcher der folgenden Aussagen stimmst du am ehesten zu?	
	☐	Der Reichtum ist gleichmäßig zwischen Alten und Jungen verteilt.
	☐	Die jüngere Generation sollte ihre Ansprüche zugunsten der älteren zurückschrauben.
	☐	Die ältere Generation sollte ihre Ansprüche zugunsten der jüngeren zurückschrauben.
	☐	Weiß nicht

Q130	Bist du mit den folgenden Aussagen eher einverstanden oder eher nicht einverstanden?					
		Stimme überhaupt nicht zu	Stimme eher nicht zu	Stimme eher zu	Stimme völlig zu	Weiß nicht
	Das Bewusstsein für Umweltthemen ist in unserer Gesellschaft in den letzten Jahren gestiegen.	☐	☐	☐	☐	☐
	Ich mache mir Sorgen um die Umwelt.	☐	☐	☐	☐	☐
	Ich habe persönlich Auswirkungen des Klimawandels in meinem Land erlebt.	☐	☐	☐	☐	☐
	Ich kann mir vorstellen, mich an Klimaprotesten (wie etwa „Fridays for Future") vor Ort zu beteiligen.	☐	☐	☐	☐	☐
	Als Einzelne haben wir keine Macht, gegen den Klimawandel irgendetwas zu tun.	☐	☐	☐	☐	☐

KOMMUNIKATION

Q131	In welchem Jahr bekamst du dein erstes Mobiltelefon/Smartphone?

Q132	Wie viele Mobiltelefone/Smartphones besitzt du aktuell?			
	Mobiltelefon	_	Smartphone	_

Q133	Hast du aktuell einen Mobilfunkvertrag oder nutzt du Prepaidkarten?				
	☐ Vertrag		☐ Prepaid		☐ Beides

Q134	Wie viel gibst du pro Monat für mobile Kommunikation aus?
	_____ ☐ Weiß nicht

Q135	Nutzt du das Internet?	
	☐ Ja	☐ Nein

Q136	In welchem Jahr hast du begonnen, das Internet zu nutzen?
	_____ ☐ Erinnere mich nicht

Q137	Wie viele Stunden täglich bist du online?
	_____

Q138	Nutzt du …?							
	☐	Facebook	☐	WhatsApp	☐	Facetime	☐	WebEx
	☐	Skype	☐	Viber	☐	Telegram	☐	MS Teams
	☐	Blogs	☐	Instagram	☐	TikTok	☐	Keines
	☐	Twitter	☐	Zoom	☐	Signal		

Q139	Wozu nutzt du soziale Netzwerke wie Facebook, Blogs oder WhatsApp?				
		Nie	Selten	Häufig	Regelmäßig
	Für die persönliche Unterhaltung	☐	☐	☐	☐
	Um Musik, Videos oder Bilder zu teilen	☐	☐	☐	☐
	Um Arbeit zu suchen	☐	☐	☐	☐
	Um Treffen mit meinen Freunden zu organisieren	☐	☐	☐	☐
	Um mit Freunden und Familie in Kontakt zu bleiben	☐	☐	☐	☐
	Für die Partnersuche	☐	☐	☐	☐
	Um über Politik zu diskutieren	☐	☐	☐	☐
	Um Freunde und andere Personen für Politik zu mobilisieren	☐	☐	☐	☐
	Für den aktiven Widerstand gegen bestimmte politische Positionen	☐	☐	☐	☐
	Um religiöse Angelegenheiten zu diskutieren				
	Um Freunde und andere für religiöse Angelegenheiten zu gewinnen	☐	☐	☐	☐
	Für den aktiven Widerstand gegen bestimmte religiöse Positionen	☐	☐	☐	☐

PARTIZIPATION

Q140	Interessierst du dich für Politik?							
	☐	Sehr interessiert	☐	Interessiert	☐	Etwas interessiert	☐	Nicht interessiert

Q141	Informierst du dich aktiv über Politik?			
	☐	Ja	☐	Nein

Q142	Welche Informationsquellen und Medien nutzt du?							
	☐	Persönliches Gespräch	☐	Zeitung	☐	Soziale Medien	☐	Andere
	☐	TV	☐	Radio	☐	Webseiten		

Q143	Was assoziierst du mit dem Wort „Politik"?							
	☐	Parteipolitik	☐	Korruption	☐	Hoffnung	☐	Weiß nicht
	☐	Regierung	☐	Befähigung	☐	Macht		
	☐	Gesellschaftliches Engagement	☐	Probleme	☐	Sonstiges		

Q144	Wenn dir etwas wichtig ist und du gehört werden oder politischen Einfluss nehmen möchtest: Welche der folgenden Möglichkeiten käme für dich infrage/nicht infrage? Würdest du ...?						
		Keinesfalls	Eher nicht	Vielleicht	Wahrscheinlich	Sicher	Keine Angabe
	An einer Demonstration teilnehmen	☐	☐	☐	☐	☐	☐
	Dich an einem Streik beteiligen	☐	☐	☐	☐	☐	☐
	Mitglied einer Partei werden	☐	☐	☐	☐	☐	☐
	Wählen gehen	☐	☐	☐	☐	☐	☐
	Dich via Internet oder Twitter über die Mitgliedschaft in einer bestehenden Gruppe informieren	☐	☐	☐	☐	☐	☐
	Andere via Internet zum Handeln aufrufen	☐	☐	☐	☐	☐	☐
	Den Kauf bestimmter Waren boykottieren	☐	☐	☐	☐	☐	☐
	Flugblätter verteilen	☐	☐	☐	☐	☐	☐
	Eine Online-Petition unterzeichnen	☐	☐	☐	☐	☐	☐
	Dich in einem Verein engagieren	☐	☐	☐	☐	☐	☐
	Als Sprayer aktiv werden	☐	☐	☐	☐	☐	☐

Q145	Welche dieser Optionen hast du bereits genutzt oder woran hast du dich beteiligt?			
	☐	An einer Demonstration teilgenommen	☐	Flugblätter verteilt
	☐	Mich an einem Streik beteiligt	☐	Eine Online-Petition unterzeichnet
	☐	Mitglied einer Partei geworden	☐	Mich in einem Verein engagiert
	☐	Wählen gegangen	☐	Als Sprayer aktiv geworden
	☐	Mich via Internet oder Twitter über die Mitgliedschaft in einer bestehenden Gruppe informiert	☐	Nichts davon
	☐	Andere via Internet zum Handeln aufgerufen	☐	Keine Angabe
	☐	Bestimmte Waren boykottiert		

Q146	Setzt du dich für soziale oder politische Ziele ein oder engagierst du dich für andere Menschen zu folgenden Themen?			
		Häufig	Manchmal	Nie
	Für die Interessen junger Menschen	☐	☐	☐
	Für ein besseres Zusammenleben in meinem Wohnumfeld	☐	☐	☐
	Für die Organisation sinnvoller Freizeitaktivitäten für Jugendliche	☐	☐	☐
	Für eine bessere und sauberere Umwelt	☐	☐	☐
	Für die Verbesserung der Lage Behinderter	☐	☐	☐
	Für die bessere Versorgung und Integration von Migranten und Geflüchteten	☐	☐	☐
	Für Sicherheit und Ordnung in meinem Wohngebiet	☐	☐	☐
	Für die Hilfe für Arme und Schwache	☐	☐	☐
	Für den gesellschaftlichen und politischen Wandel in meinem Land	☐	☐	☐
	Für hilfsbedürftige ältere Menschen	☐	☐	☐
	Für diejenigen, die aus Regionen mit bewaffneten Konflikten kommen	☐	☐	☐
	Für die Kultur und Traditionen meines Landes	☐	☐	☐
	Für meine religiöse Überzeugung	☐	☐	☐
	Für die Gleichberechtigung von Frauen und Männern	☐	☐	☐
	Für andere Ziele oder Gruppen	☐	☐	☐

Q147	Wo und wie engagierst du dich?		
		Ja	Nein
	In einer Gruppe an meiner Schule oder Universität	☐	☐
	In einem Verein	☐	☐
	In einer religiösen Einrichtung	☐	☐
	Als Parteimitglied	☐	☐
	Als Gewerkschaftsmitglied	☐	☐
	Als Mitglied einer Jugendorganisation	☐	☐
	Spontan, nicht institutionell	☐	☐
	Individuell, auf mich allein gestellt	☐	☐

Q148	Aus welchen praktischen Gründen engagierst du dich nicht in einem sozialen Projekt?						
		Stimme überhaupt nicht zu	Stimme nicht zu	Stimme teilweise zu	Stimme zu	Stimme sehr zu	Weiß nicht
	Es gibt keine oder nur sehr wenige Initiativen in meiner Gegend.	☐	☐	☐	☐	☐	☐

Fehlendes professionelles Management der Gruppe(n)	☐	☐	☐	☐	☐	☐
Es ist nicht klar, wo das Geld bleibt.	☐	☐	☐	☐	☐	☐
Das nützt nur wenigen.	☐	☐	☐	☐	☐	☐
Nur wer stark ist, hat etwas zu sagen.	☐	☐	☐	☐	☐	☐
Ehrenamtliche Arbeit lohnt sich nie.	☐	☐	☐	☐	☐	☐
Keine Unterstützung durch die Regierung	☐	☐	☐	☐	☐	☐
Da verdient man nichts.	☐	☐	☐	☐	☐	☐
Das hat keine Perspektiven.	☐	☐	☐	☐	☐	☐
Meine Familie will das nicht.	☐	☐	☐	☐	☐	☐
Ich komme so schon kaum über die Runden.	☐	☐	☐	☐	☐	☐

Q149 Was sind deine Hauptfreizeitbeschäftigungen? Bitte nenne maximal drei Aktivitäten, für die du dir in der Woche die meiste Zeit nimmst.

☐	TV	☐	Einen Jugendclub besuchen
☐	Musik hören	☐	Sport treiben
☐	Videos/DVDs schauen	☐	Nachbarn oder Verwandte besuchen
☐	Netflix oder andere Streaming-Dienste ansehen	☐	Leute treffen
☐	Im Internet surfen	☐	Mitarbeit in einem Projekt
☐	Nichts tun, entspannen, abhängen	☐	Etwas mit der Familie unternehmen
☐	Bücher oder Zeitschriften lesen	☐	Shopping
☐	Ins Café gehen	☐	Musik machen oder schauspielen
☐	Kino oder Theater	☐	Gebete und Rezitationen hören
☐	Tanzen, Partys	☐	Andere
☐	Computerspiele		

Q150	Um mögliche Veränderungen in deinem Leben durch die Pandemie zu verstehen, rekonstruiere bitte dein Zeitbudget für einen durchschnittlichen Werktag.		
		Heute	Vor Corona (Anfang 2020)
	Schlafen		
	Arbeiten von zu Hause aus		
	Arbeiten außerhalb deines Zuhauses		
	Schule/Studium zu Hause		
	Schule/Studium außerhalb deines Zuhauses		
	Andere Aktivitäten zu Hause (z. B. kochen, Filme ansehen)		
	Andere Aktivitäten außerhalb deines Zuhauses (z. B. Sport, Einkäufe)		
	Stunden insgesamt	24	24

Q151	Wie siehst du deine Zukunft und dein persönliches Leben?				
	☐ Eher pessimistisch		☐ Eher optimistisch		☐ Gemischt, beides

Q152	Und wie siehst du die Zukunft unserer Gesellschaft?				
	☐ Eher pessimistisch		☐ Eher optimistisch		☐ Gemischt, beides

Q153	Lass uns nun über die Covid-19-Pandemie sprechen. Hast du oder hat jemand in deinem Umfeld eine Covid-19-Infektion durchgemacht?					
		Mit mildem Verlauf	Mit schwerem Verlauf	Mit tödlichem Verlauf	Nein	Weiß nicht
	Familie	☐	☐	☐	☐	☐
	Freunde	☐	☐	☐	☐	☐
	Du selbst	☐	☐		☐	☐

Q154	Viele junge Menschen nennen die folgenden Emotionen im Zusammenhang mit der Pandemie. Wie oft hast du dich in den letzten Monaten so gefühlt?							
		Nie	Selten	Manchmal	Oft	Meistens	Ständig	Weiß nicht
	Gestresst/angespannt/unter Druck	☐	☐	☐	☐	☐	☐	☐
	Einsam	☐	☐	☐	☐	☐	☐	☐
	Angstzustände/Panikattacken	☐	☐	☐	☐	☐	☐	☐
	Unproduktiv	☐	☐	☐	☐	☐	☐	☐
	Unkonzentriert	☐	☐	☐	☐	☐	☐	☐
	Gelangweilt	☐	☐	☐	☐	☐	☐	☐
	Deprimiert	☐	☐	☐	☐	☐	☐	☐
	Frustriert	☐	☐	☐	☐	☐	☐	☐
	Aggressiv	☐	☐	☐	☐	☐	☐	☐

Hilflos	☐	☐	☐	☐	☐	☐	☐
Müde	☐	☐	☐	☐	☐	☐	☐

Q155 Stimmst du den folgenden Aussagen eher zu oder nicht zu?

	Stimme überhaupt nicht zu	Stimme eher nicht zu	Stimme eher zu	Stimme völlig zu	Weiß nicht
Durch die Pandemie haben sich meine beruflichen Aussichten deutlich verschlechtert.	☐	☐	☐	☐	☐
Die Pandemie hat mich gezwungen, mein Konsumverhalten grundlegend zu ändern.	☐	☐	☐	☐	☐
Durch die Pandemie sind meine Schulden gewachsen.	☐	☐	☐	☐	☐
Durch die Pandemie hat die Intensität meiner Freundschaften deutlich abgenommen.	☐	☐	☐	☐	☐
Meine Familie ist durch die Pandemie enger zusammengerückt.	☐	☐	☐	☐	☐
Die Belange der jungen Leute wurden während der Pandemie angemessen berücksichtigt.	☐	☐	☐	☐	☐
Die öffentliche Gesundheitsversorgung in unserem Land ist nutzlos.	☐	☐	☐	☐	☐
Ich verbinde sehr positive Gefühle mit der Impfung gegen Covid-19.	☐	☐	☐	☐	☐
Die Solidarität in der Gesellschaft wurde durch die Erfahrung der Pandemie gestärkt.	☐	☐	☐	☐	☐
Die Covid-19-Krise bietet eine hervorragende Gelegenheit, unsere Gesellschaft zum Besseren zu verändern.	☐	☐	☐	☐	☐

Q156 Verglichen mit anderen Ländern, wie gut ist dein Land deiner Meinung nach mit der Coronakrise umgegangen?

☐	Sehr gut
☐	Ziemlich gut
☐	Teils, teils
☐	Nicht so gut
☐	Überhaupt nicht gut
☐	Weiß nicht

Q157 Wie wichtig sind die folgenden Probleme/Krisen in deinem Alltag? Bitte gib an, wie du deine eigene Betroffenheit bei diesen Themen einschätzt.

	Überhaupt nicht wichtig	Eher nicht wichtig	Teils, teils	Eher wichtig	Sehr wichtig	Weiß nicht
Nationale Wirtschaftskrise	☐	☐	☐	☐	☐	☐
Versorgungsengpässe, Unsicherheit, Hunger	☐	☐	☐	☐	☐	☐
Beschränkungen der Menschenrechte	☐	☐	☐	☐	☐	☐
Covid-19-Pandemie und ihre Folgen	☐	☐	☐	☐	☐	☐
Bewaffnete Auseinandersetzungen	☐	☐	☐	☐	☐	☐
Misswirtschaft in öffentlichen Einrichtungen	☐	☐	☐	☐	☐	☐
Umweltkrise	☐	☐	☐	☐	☐	☐
Andere Themen	☐	☐	☐	☐	☐	☐

STABILITÄT UND MOBILITÄT

Q158 Manche Dinge im Leben ändern sich kontinuierlich. Andere bleiben gleich. Wie viel Stabilität gibt es für dich in verschiedenen Lebensbereichen?

	Instabil	Eher instabil	Teils, teils	Eher stabil	Stabil	Nicht zutreffend/ weiß nicht
Meine wirtschaftliche Lage	☐	☐	☐	☐	☐	☐
Vertrauen zu meinen Freunden	☐	☐	☐	☐	☐	☐
Persönliche Überzeugung von meinen Fähigkeiten	☐	☐	☐	☐	☐	☐
Beziehung zu meiner Familie	☐	☐	☐	☐	☐	☐
Mein Glaube, meine religiöse Überzeugung	☐	☐	☐	☐	☐	☐
Politische Lage	☐	☐	☐	☐	☐	☐
Aussicht auf ein erfülltes Leben	☐	☐	☐	☐	☐	☐
Beziehung zu meinem Partner/meiner Partnerin	☐	☐	☐	☐	☐	☐

Q159	Hast/bist du jemals …?			
		Ja	Nein	Keine Angabe/ weiß nicht
	Gewalt erlebt (als Zeuge)	☐	☐	☐
	Erlebt, dass dein Haus oder deine Produktionsmittel absichtlich zerstört wurden	☐	☐	☐
	Einen Arzt aufsuchen müssen, nachdem man dich verprügelt hat	☐	☐	☐
	Im Gefängnis gesessen	☐	☐	☐
	Hunger gelitten	☐	☐	☐
	Folter erlitten	☐	☐	☐
	Eine Verletzung in einem bewaffneten Konflikt erlitten	☐	☐	☐
	Häusliche Gewalt erfahren	☐	☐	☐
	Vertreibung oder Ausweisung erfahren	☐	☐	☐
	Psychische Gewalt erfahren	☐	☐	☐
	Mehrfach zusammengeschlagen worden	☐	☐	☐
	Sexuelle Belästigung erlebt (verbal, körperlich)	☐	☐	☐
	Dich einer Demonstration angeschlossen, die in Gewalt mündete	☐	☐	☐
	Selbst irgendeine Form von Gewalt erlebt	☐	☐	☐

Q160	Stimmst du den folgenden Aussagen (eher/nicht) zu?						
		Stimme keinesfalls zu	Stimme nicht zu	Stimme teilweise zu	Stimme zu	Stimme sehr zu	Weiß nicht/ nicht zutreffend
	Angesichts all der Gewalt, über die die Medien berichten, werde ich traurig und deprimiert.	☐	☐	☐	☐	☐	☐
	Die Lage im öffentlichen Raum wird zunehmend angespannt.	☐	☐	☐	☐	☐	☐
	Ich trainiere (Karate o. Ä.), um mich selbst zu verteidigen.	☐	☐	☐	☐	☐	☐
	Ich werde ständig von anderen bedroht.	☐	☐	☐	☐	☐	☐
	Ich habe Angst, dass die bewaffneten Konflikte zu einer Bedrohung für mich und meine Familie werden.	☐	☐	☐	☐	☐	☐
	Ich glaube, dass der Rückgriff auf Gewalt weitere Gewalt schürt.	☐	☐	☐	☐	☐	☐
	Ich hasse Gewalt. Ich ertrage nicht, wenn Menschen unter Gewalt leiden.	☐	☐	☐	☐	☐	☐
	Der Einsatz von Gewalt zur Selbstverteidigung oder zur Verteidigung meiner Familie ist legitim.	☐	☐	☐	☐	☐	☐
	Bei schweren Konflikten gibt es keine andere Lösung: Wir müssen Stärke zeigen, auch mit Gewalt.	☐	☐	☐	☐	☐	☐
	Wenn Frauen sich unangemessen kleiden, dürfen sie sich nicht über sexuelle Belästigung beklagen.	☐	☐	☐	☐	☐	☐

Q161	Hast du je im Ausland gelebt?			
	☐ Ja		☐ Nein	

Q162	Wo hast du gelebt?						
	☐ Golfstaaten	☐ Europa		☐ Australien/ Ozeanien		☐ Lateinamerika	
	☐ Anderes arabisches Land	☐ USA/Kanada		☐ Asien		☐ Subsahara-Afrika	

Q163	Ist jemand aus deiner Familie ausgewandert?					
	☐ Ja		☐ Nein		☐ Weiß nicht	

Q164	Wohin?					
	☐	Golfstaaten	☐	USA/Kanada	☐	Lateinamerika
	☐	Anderes arabisches Land	☐	Australien/Ozeanien	☐	Subsahara-Afrika
	☐	Europa	☐	Asien	☐	Weiß nicht

Q165	Ist diese Emigration für dich von Bedeutung?			
	☐	Ja	☐	Nein

Q166	Welche der folgenden Aussagen über die Auswanderung eines Familienangehörigen gibt am ehesten deine Meinung wieder?	
	☐	Es ist für mich ein persönlicher Verlust.
	☐	Ich profitiere vom Geld, das er/sie uns schickt.
	☐	Ich habe aus seinen/ihren Auslandserfahrungen gelernt und beschlossen, dass Emigration nichts für mich ist.
	☐	Mich fasziniert das Leben im Ausland. Mein Wunsch nach Auswanderung ist stärker geworden.
	☐	Ich bin verwirrt und weiß nicht mehr genau, was ich denken soll.

Q167	Was beschreibt am ehesten deine Situation?					
	☐	Ich werde definitiv nicht auswandern.	☐	Ich würde gern auswandern.	☐	Keine Angabe
	☐	Ich spiele manchmal mit dem Gedanken, auszuwandern.	☐	Ich bin sicher, dass ich auswandern werde.		

Q168	Wenn du auswandern würdest, was wäre deine bevorzugte Region?					
	☐	Golfstaaten	☐	USA/Kanada	☐	Lateinamerika
	☐	Anderes arabisches Land	☐	Australien/Ozeanien	☐	Subsahara-Afrika
	☐	Europa	☐	Asien	☐	Weiß nicht

Q169	Um deine aktuelle Lage zu ändern, wärst du bereit …?						
		Stimme nicht zu	Stimme eher nicht zu	Unsicher	Stimme eher zu	Stimme zu	Nicht zutreffend/ weiß nicht
	Deine Familie zu verlassen, um dich adäquat beruflich zu qualifizieren	☐	☐	☐	☐	☐	☐
	Deine Familie zu verlassen, selbst wenn du dein Leben riskierst	☐	☐	☐	☐	☐	☐
	Arbeit zu akzeptieren, für die du weit überqualifiziert bist	☐	☐	☐	☐	☐	☐
	Jemanden aus einer deutlich höheren Schicht zu heiraten	☐	☐	☐	☐	☐	☐
	Jemanden aus einer deutlich niedrigeren Schicht zu heiraten	☐	☐	☐	☐	☐	☐
	Arbeit in deinem Land auf dem Land zu akzeptieren	☐	☐	☐	☐	☐	☐
	Arbeit in einem arabischen Land auf dem Land zu akzeptieren	☐	☐	☐	☐	☐	☐
	Arbeit in Europa auf dem Land zu akzeptieren	☐	☐	☐	☐	☐	☐
	Jemanden mit einer anderen Religion zu heiraten	☐	☐	☐	☐	☐	☐
	Jemand bedeutend Älteren zu heiraten	☐	☐	☐	☐	☐	☐

FRAGEN AN SYRISCHE GEFLÜCHTETE IM LIBANON

Q173	Wann hast du Syrien verlassen (letzte Ausreise)?		
	Monat ____	Jahr _____	

Q174	In welchem Gebiet (Regierungsbezirk) in Syrien warst du zu Hause?							
	☐	Dar'a	☐	Al-Hasaka	☐	Latakia	☐	Damaskus
	☐	Deir ez-Zor	☐	Homs	☐	Al-Raqqah	☐	Tartus
	☐	Aleppo	☐	Idlib	☐	Rif Dimaschq		
	☐	Hama	☐	Quneitra	☐	As-Suwaida		

Q175	Hast du das Land für immer verlassen oder reist du manchmal zurück?				
	☐ Bin dauerhaft hier		☐ Reise manchmal zurück		☐ Reise häufig zurück

Q176	Haben Familienmitglieder dich begleitet?						
	☐	Allein	☐	Vater	☐	Bruder	☐ Kinder
	☐	Ehemann/Ehefrau	☐	Mutter	☐	Schwester	☐ Andere

Q177	Wie viele Mitglieder deines Haushalts sind bisher geflohen?
	_____

KANNST DU UNS ETWAS ÜBER DIE EINZELNEN PHASEN DEINER AUSREISE/FLUCHT BERICHTEN?

Q178	Bitte gib an, was deine Situation am besten beschreibt.
	☐ Die ganze Familie hat das Land gleichzeitig verlassen.
	☐ Alle Familienmitglieder haben das Land verlassen, allerdings zu unterschiedlichen Zeiten.
	☐ Einige Familienmitglieder blieben zurück.

Q179	Wie ist deine Situation heute?
	☐ Die ganze Familie ist zusammen, in einem Land, an einem Ort.
	☐ Die ganze Familie ist zusammen, in einem Land, an verschiedenen Orten.
	☐ Die Familie lebt in verschiedenen Ländern.

Q180	Bitte nenne die Länder.
	Land 1 _____
	Land 2 _____
	Land 3 _____

Q181	Was waren letztlich die Gründe für dich, deine Heimat zu verlassen?						
		Stimme sehr zu	Stimme zu	Stimme teilweise zu	Stimme nicht zu	Stimme überhaupt nicht zu	Nicht zutreffend
	Ich musste mit meiner Familie gehen.	☐	☐	☐	☐	☐	☐
	Unmittelbar lebensbedrohliche Lage	☐	☐	☐	☐	☐	☐
	Haus/Wohnung wurde zerstört.	☐	☐	☐	☐	☐	☐
	Kein Einkommen möglich, keine Ressourcen mehr verfügbar	☐	☐	☐	☐	☐	☐
	Nichts mehr zu essen. Wir litten Hunger.	☐	☐	☐	☐	☐	☐
	Angst, gekidnappt zu werden	☐	☐	☐	☐	☐	☐
	Familienzusammenführung	☐	☐	☐	☐	☐	☐
	Vermeidung von Zwangsrekrutierung	☐	☐	☐	☐	☐	☐
	Keine Perspektive mehr	☐	☐	☐	☐	☐	☐
	Medizinischer Notfall	☐	☐	☐	☐	☐	☐

Q182	Konntest du dich auf die Ausreise/Flucht vorbereiten oder war es eine spontane Entscheidung?			
	☐	Vorbereitet	☐	Unvorbereitet

Q183	Hat deine Familie Eigentum verloren?					
	☐	Ja	☐	Nein	☐	Weiß nicht

Q184	Was hat sie verloren?					
	☐	Haus	☐	Auto	☐	Tiere
	☐	Maschinen	☐	Land	☐	Wertsachen

Q185	Haben Mitglieder auf der Flucht ihr Leben verloren?			
	☐	Ja	☐	Nein

Q186	Wie viele?
	_____

Q187	Wer von deinen Familienmitgliedern starb auf der Flucht?							
	☐	Ehemann	☐	Kinder	☐	Mutter	☐	Schwester
	☐	Ehefrau	☐	Vater	☐	Bruder	☐	Andere

Q188	Was waren die Hauptgründe?			
	☐	Gewaltsame Angriffe und Kämpfe	☐	Stress in unsicheren Situationen
	☐	Unzureichende medizinische Versorgung	☐	Altersbedingter Tod
	☐	Ansteckende Krankheit	☐	Andere
	☐	Hunger	☐	Weiß nicht
	☐	Ertrinken		

Q189	Würdest du dich selbst als Geflüchtete/-n bezeichnen?			
	☐	Ja	☐	Nein

Q190	Was ist dein aktueller Rechtsstatus?			
	☐	Visum	☐	Beim UNHCR registriert
	☐	Nicht gemeldet (Besuch etc.)	☐	Beim UNRWA registriert
	☐	Im Aufnahmeland gemeldet		

Q191	Hast du eine Arbeitserlaubnis?	
	☐	Weder Erlaubnis noch Duldung
	☐	Keine Erlaubnis, aber Duldung
	☐	Erlaubnis
	☐	Weiß nicht

Q192	Wenn du nicht arbeiten darfst, welche Möglichkeiten hast du, um dich und deine Familie zu versorgen?					
	☐	Verwendung eigener Reserven	☐	Überweisungen der Regierung	☐	Andere aus meiner Familie arbeiten.
	☐	Überweisungen von Verwandten	☐	Überweisungen von internationalen Hilfsorganisationen	☐	Ich selbst arbeite noch.
	☐	Überweisungen von Freunden	☐	Überweisungen der Zivilgesellschaft (NGOs, einschließlich Kirchen und Moscheen)	☐	Weiß nicht

Q193	Wenn du auf Hilfe von internationalen Organisationen wie WFP oder UNHCR angewiesen bist: Ist diese Hilfe ausreichend?			
	☐	Ja	☐	Nein

Q194	Wer sollte deiner Meinung nach unabhängig von deiner aktuellen Versorgungssituation für die Grundversorgung der Geflüchteten im Libanon zuständig sein?						
		Nicht verantwortlich	Eher nicht verantwortlich	Teils, teils	Eher verantwortlich	Verantwortlich	Weiß nicht
	Libanesischer Staat	☐	☐	☐	☐	☐	☐
	Syrien	☐	☐	☐	☐	☐	☐
	Internationale Gemeinschaft	☐	☐	☐	☐	☐	☐
	Internationale Hilfsorganisationen	☐	☐	☐	☐	☐	☐
	Lokale Zivilgesellschaft (NGOs, einschließlich Kirchen und Moscheen)	☐	☐	☐	☐	☐	☐
	Meine eigene Familie	☐	☐	☐	☐	☐	☐
	Ich selbst	☐	☐	☐	☐	☐	☐

Q195	Welche Bedingungen müssten gegeben sein, damit du zurückkehrst?						
		Sehr unwichtig	Eher unwichtig	Stimme teilweise zu	Eher wichtig	Sehr wichtig	Nicht zutreffend
	Waffenruhe an meinem Herkunftsort	☐	☐	☐	☐	☐	☐
	Umfassender Frieden	☐	☐	☐	☐	☐	☐
	Entwaffnung der Kriegsparteien	☐	☐	☐	☐	☐	☐
	Stabile Regierung	☐	☐	☐	☐	☐	☐
	Anderes politisches System	☐	☐	☐	☐	☐	☐
	Wiederherstellung der Infrastruktur	☐	☐	☐	☐	☐	☐
	Wirtschaftliche Erholung in meinem Heimatland	☐	☐	☐	☐	☐	☐
	Einrichtung einer Wahrheits- und Versöhnungskommission	☐	☐	☐	☐	☐	☐
	Entschädigung für verlorenes Eigentum	☐	☐	☐	☐	☐	☐
	Amnestie für Kriegsverbrechen	☐	☐	☐	☐	☐	☐

Q196	Bitte schätze deine Chancen für die nächsten fünf Jahre in zwei Szenarien ein:					
	A: DU BLEIBST, WO DU AKTUELL BIST. WIE WAHRSCHEINLICH IST ES, DASS DU …?					
		Sehr wahrscheinlich	Wahrscheinlich	Unwahrscheinlich	Unmöglich	Nicht zutreffend
	Nach deinen Wünschen heiratest	☐	☐	☐	☐	☐
	Eine gute Arbeit findest	☐	☐	☐	☐	☐
	Dein Studium beendest	☐	☐	☐	☐	☐
	Notwendige Fähigkeiten erwirbst	☐	☐	☐	☐	☐

Eine eigene Wohnung besitzt	☐	☐	☐	☐	☐
Mit deiner Familie zusammenlebst	☐	☐	☐	☐	☐

B: DU GEHST NACH EUROPA. WIE WAHRSCHEINLICH IST ES, DASS DU …?

	Sehr wahrscheinlich	Wahrscheinlich	Unwahrscheinlich	Unmöglich	Nicht zutreffend
Nach deinen Wünschen heiratest	☐	☐	☐	☐	☐
Eine gute Arbeit findest	☐	☐	☐	☐	☐
Dein Studium beendest	☐	☐	☐	☐	☐
Notwendige Fähigkeiten erwirbst	☐	☐	☐	☐	☐
Eine eigene Wohnung besitzt	☐	☐	☐	☐	☐
Mit deiner Familie zusammenlebst	☐	☐	☐	☐	☐

Q197 In Europa werden Geflüchtete von manchen begrüßt, von anderen mit Besorgnis betrachtet. Inwieweit stimmst du den folgenden Aussagen zu?

	Stimme sehr zu	Stimme zu	Stimme teilweise zu	Stimme nicht zu	Stimme überhaupt nicht zu	Keine Angabe
Die Menschen dort verstehen uns und werden uns helfen.	☐	☐	☐	☐	☐	☐
Integration ist möglich, auch wenn sie Zeit braucht.	☐	☐	☐	☐	☐	☐
Wir werden immer Fremde bleiben. Erst die nächste Generation wird integriert sein.	☐	☐	☐	☐	☐	☐
Wenn du einen Partner/eine Partnerin in Europa findest und ihn/sie heiratest, bist du zu Hause.	☐	☐	☐	☐	☐	☐
Wenn du erst mal den richtigen Pass hast, ist alles andere egal.	☐	☐	☐	☐	☐	☐
Wenn du Arbeit hast, kommst du zurecht.	☐	☐	☐	☐	☐	☐
Du musst die Sprache sprechen, um Arbeit zu finden.	☐	☐	☐	☐	☐	☐
Es wird Jahre dauern, bis du die Sprache sprichst.	☐	☐	☐	☐	☐	☐

Q198 Bewerte die Energie, die du für die Bewältigung deiner Aufgaben in den nächsten drei Monaten aufbringen musst. Wie würdest du deine Situation beschreiben?

☐	Ich bin müde.	☐	Ich bin bereit, eine neue Sprache zu lernen.
☐	Ich muss mich erholen.	☐	Ich bin bereit, mich an ein neues kulturelles Umfeld anzupassen.
☐	Ich hoffe nur auf eine sichere Lage.	☐	Keine Angabe
☐	Ich bin bereit, noch härter zu arbeiten.		

LEITFADEN FÜR DIE QUALITATIVEN INTERVIEWS

Ungleichheiten

Reichtum ist oft ungleich zwischen Menschen, Regionen und Generationen verteilt. Bitte teile deine Gedanken und persönlichen Erfahrungen mit Ungleichheit heute mit uns.

- In deiner lokalen Gemeinschaft: Gibt es soziale Unterschiede und wirtschaftliche Ungleichheiten? Wie kommen sie zustande? Welche Rolle spielen dabei Geschlechter- und Generationenunterschiede?
- Die Verantwortung für soziale Gerechtigkeit wird oft mit staatlichem Handeln und staatlicher Politik in Verbindung gebracht. Hast du persönliche Erfahrungen mit sozialer Gerechtigkeit, gesellschaftlichem Engagement oder staatlichem Handeln gemacht?
- Glaubst du, dass die Ungleichheiten zwischen jungen Menschen zunehmen? Oder gibt es Themen, bei denen es zu mehr Gleichberechtigung gekommen ist?
- Was denkst du über die Mittelschicht – wie ist ihre Situation und welche Rolle hat sie? Ist sie in deinem Land in den letzten zwei Jahren eher gewachsen oder geschrumpft – und inwieweit fühlst du dich ihr zugehörig?

Klimawandel

Umweltzerstörung und Klimawandel werden vor allem junge Menschen und kommende Generationen betreffen. Bitte teile deine Gedanken mit uns und berichte uns von deinen Erfahrungen.

- Hast du persönlich konkrete Auswirkungen des Klimawandels und von Umweltzerstörung erlebt? Inwieweit sind diese Themen für dich von Belang?
- Wer ist deiner Meinung nach dafür verantwortlich, und welche Maßnahmen sind erforderlich?
- Warum oder warum nicht würdet du und deine Freunde euch an Protestbewegungen beteiligen? Kennst du lokale Bewegungen, und was würde es bedeuten, sich mit ihnen zu engagieren?
- Was sollten/können wir als Einzelne tun, um Umweltbedrohungen und dem Klimawandel zu begegnen?

Ernährungsunsicherheit

Durch den Krieg in der Ukraine haben sich die Verfügbarkeit und die Preise von Lebensmitteln in vielen Ländern in letzter Zeit verschlechtert. Bitte schildere deine eigenen Erfahrungen und die deiner Familie in Bezug auf den Zugang zu Lebensmitteln und deine Konsumgewohnheiten.

- Inwieweit haben sich dein Zugang zu Brot und die Preise für Mehl und Brot in den letzten drei Monaten verändert?
- Gibt es bestimmte Lebensmittel, die für dich und deine Familie teurer geworden oder nicht mehr verfügbar sind? Was hast du diesbezüglich unternommen?
- Sind dein Einkommen und das deiner Familie ausreichend, um mit den veränderten Lebensmittelausgaben zurechtzukommen? Welche Anpassungsstrategien sind sinnvoll?
- Gibt es deiner Meinung nach Gewinner oder Verlierer dieser Situation?

Covid-19-Pandemie

Viele Menschen, wenn nicht sogar wir alle, sind von der Pandemie betroffen. Bitte gehe auf deine eigenen Erfahrungen und die deiner Familie während der Covid-19-Krise ein.

- Wie hat sich die Pandemie auf deine persönlichen Lebensumstände ausgewirkt?
- Inwieweit sind/waren die Mitglieder deiner Familie unterschiedlich betroffen?
- Was sind deiner Meinung nach die Gründe für diese Unterschiede?
- Was könnte getan werden, um negative Emotionen bei jungen Menschen in solchen Situationen zu verringern?
- Glaubst du, dass die Gesellschaft aus dieser Erfahrung gelernt hat, und wenn ja, auf welche Weise?

Digitale Entwicklung

Bildung, Arbeit und das Leben im Allgemeinen stützen sich zunehmend auf Online-Tools und digitale Fähigkeiten.

- Ist das für dich persönlich eher gut oder schlecht?

Soziales Engagement

Viele junge Menschen interessieren sich nicht für Politik, sondern engagieren sich für soziale Ziele und Projekte.

- Was sind deine Erfahrungen und Möglichkeiten in dieser Hinsicht?
- Hast du oder junge Menschen aus deinem Umfeld sich während der Pandemie sozial engagiert? Was hast du/habt ihr getan?
- Wird dieses Engagement über die Pandemie hinaus bestehen bleiben?

BERECHNUNG DES SCHICHTENINDEX

Abb. A.6
SCHICHTENINDEX: VARIABLEN, PUNKTWERTE UND PROZENTANTEILE

	PUNKTWERT	PROZENTANTEIL
Höchster Schulabschluss des Vaters		
Universität	6	16
Zwischen Grundschule und Studium	4	39
Bis zur Grundschule	2	40
Unbekannt	2	5
Einschätzung der finanziellen Situation der Familie 2021		
Sehr gut	3	10
Eher gut	2	55
Eher schlecht	1	24
Sehr schlecht	0	11
Wohnsituation		
Eigentum	2	68
Miete	1	24
Sonstige	1	8
Wohlstandsindikatoren (höchster zählt)		
Eigenes Fahrzeug	3	41
Klimaanlage	2	43
Internetanschluss	1	65
Keiner der genannten	0	25

FRAGEN 21, 29, 47, 49

HINWEISE Die Berechnung des Schichtenindex basiert auf vier Aspekten: Bildung des Vaters, finanzielle Situation der Familie, Wohneigentum, Wohlstandsindikatoren (vgl. Gertel/Hexel 2017: 423). Über die vier Indikatoren hinweg kann jede befragte Person eine Summe von mindestens 3 und höchstens 14 Punkten erreichen. Die Einteilung, die sich aus den 12.000 Einzelsummen ergibt, erfolgt in Quintile, fünf möglichst gleich große Gruppen. Diese haben folgende Werte: Die unterste Schicht erzielt 5 und weniger Punkte, die untere Mittelschicht 6 bis 7 Punkte, die mittlere Schicht 8 bis 9 Punkte, die obere Mittelschicht 10 bis 11 Punkte, die oberste Schicht 12 und mehr Punkte. Die Prozentanteile zeigen die Verteilung für die gesamte Stichprobe auf.

LITERATURVERZEICHNIS

Abou Youssef, Inas/Richter, Carola (2022): Distance teaching in media departments in times of the COVID-19 pandemic. Experiences from six Arab countries, in: Journal of Applied Learning & Teaching, 5 (2), S. 20–30, doi.org/10.37074/jalt.2022.5.2.5.

Abu-Lughod, Lila (2013): Do Muslim Women Need Saving?, Cambridge: Harvard University Press.

Abu-Lughod, Lila (Hg.) (1998): Remaking Women. Feminism and Modernity in the Middle East, Princeton: Princeton University Press.

Aburumman, Mohammad/Alkhatib, Walid (2023): Youth in Jordan. FES MENA Youth Study: Results Analysis, Amman: Friedrich-Ebert-Stiftung, https://library.fes.de/pdf-files/bueros/amman/20346.pdf.

Aghacy, Samira (2004): What About Masculinity?, in: Al-Raida Journal, 104–105, S. 11, DOI: 10.32380/alrj.v0i0.370.

AHDR [Arab Human Development Report] (2022): Expanding Opportunities for an Inclusive and Resilient Recovery in the Post-Covid Era, New York: UNDP.

Aït Mous, Fadma (2023): Les jeunes au Maroc. Étude sur la Jeunesse au Moyen-Orient et en Afrique du Nord: Analyse des résultats, Rabat: Friedrich-Ebert-Stiftung, http://library.fes.de/pdf-files/bueros/maroc/20880.pdf.

Aït Mous, Fadma/Kadiri, Zakaria (Hg.) (2021): Les jeunes au Maroc. Comprendre les dynamiques pour un nouveau contrat social, Rabat: Economia HEM Research Center.

Al Jazeera (2023): Lebanon devalues official exchange rate by 90 percent, 01.02.2023, https://www.aljazeera.com/economy/2023/2/1/lebanon-devalues-official-exchange-rate-by-90-percent.

Al Omari, Omar/Al Sabei, Sulaiman/Al Rawajfah, Omar/Abu Sharour, Loai/Aljohani, Khalid/Alomari, Khaled/Shkman, Lina/Al Dameery, Khloud/Saifan, Ahmed/Al Zubidi, Bushara/Anwar, Samh/Alhalaiqa, Fadwa (2020): Prevalence and Predictors of Depression, Anxiety, and Stress among Youth at the Time of COVID-19. An Online Cross-Sectional Multicountry Study, in: Depression Research and Treatment, 2020, doi.org/10.1155/2020/8887727.

Al Qasimi Foundation (2021): Non-state education in Arab states, Background Papers, Global Education Monitoring (GEM) Report, Paris: UNESCO.

Albert, Mathias/Gertel, Jörg (2017): Die FES-MENA-Studie und die deutsche Shell-Jugendstudie, in: Gertel, Jörg/Hexel, Ralf (Hg.), Zwischen Ungewissheit und Zuversicht: Jugend im Nahen Osten und in Nordafrika, Bonn: Verlag J.H.W. Dietz, S. 357–375.

Albert, Mathias/Hurrelmann, Klaus/Quenzel, Gudrun/Kantar Public (Hg.) (2019): Jugend 2019. Eine Generation meldet sich zu Wort. 18. Shell Jugendstudie, Weinheim: Beltz.

Ali, Jan A. (2016): Zakat and Poverty in Islam, in: Clarke, Matthew/Tittensor, David (Hg.), Islam and Development. Exploring the Invisible Aid Economy, New York: Routledge, S. 15–32.

Al-Khateb, Khaled (2021): Expensive private schools become many Syrian students' only option, Al-Monitor, 15.11.2021, https://www.al-monitor.com/originals/2021/11/expensive-private-schools-become-many-syrian-students-only-option#ixzz8BalCn4Qx.

Allinson, Jamie (2022): The Age of Counter-Revolution: States and Revolutions in the Middle East, New York: Cambridge University Press.

Altgeld, Thomas/Bittlingmayer, Uwe (2017): Verwirklichungschancen/Capabilities, in: Bundeszentrale für gesundheitliche Aufklärung (BZgA) (Hg.), Leitbegriffe der Gesundheitsförderung und Prävention. Glossar zu Konzepten, Strategien und Methoden, doi.org/10.17623/BZGA:Q4-i126-1.0.

Alvaredo, Facundo/Assouad, Lydia/Piketty, Thomas (2018): Measuring Inequality in the Middle East 1990–2016: The World's Most Unequal Region?, in: Review of Income and Wealth, 65 (4), S. 1–27.

Amar, Paul (2011): Middle East Masculinity Studies, in: Journal of Middle East Women's Studies, 7 (3), S. 36–70, DOI: 10.2979/jmiddeastwomstud.7.3.36.

Appadurai, Arjun (1996): Modernity at Large: Cultural Dimensions of Globalization, Minneapolis: University of Minnesota Press.

Arsan, Andrew (2014): Interlopers of Empire: The Lebanese Diaspora in Colonial French West Africa, New York: Oxford University Press.

Augustin, Anne-Linda Amira (2021): South Yemen's Independence Struggle. Generations of Resistance, Kairo: AUC Press.
Badimon Emperador, Montserrat (2007): Diplômés chômeurs au Maroc. Dynamiques de pérennisation d'une action collective plurielle, in: L'Année du Maghreb, 3, S. 297–311, doi.org/10.4000/anneemaghreb.376.
Barone, Stefano (2019): Feeling so Hood. Rap, Lifestyles and the Neighbourhood Imaginary in Tunisia, in: British Journal of Middle Eastern Studies, 46 (1), S. 88–103.
Barsoum, Ghada (2019): Women, Work and Family: Educated Women's Employment Decisions and Social Policies in Egypt, in: Gender Work Organ, 26 (7), S. 895–914, DOI: 10.1111/gwao.12285.
Barth, Bertram/Flaig, Berthold B./Schäuble, Norbert/Tautscher, Manfred (Hg.) (2018): Praxis der Sinus Milieus. Gegenwart und Zukunft eines modernen Gesellschafts- und Zielgruppenmodells, Wiesbaden: Springer VS.
Bauman, Zygmunt/Mauro, Ezio (2016): Babel, Cambridge: Polity Press.
Bayat, Asef/Herrera, Linda (Hg.) (2021): Global Middle East: Into the Twenty-First Century, Oakland: University of California Press.
Ben Brik, Anis (2022): The COVID-19 Pandemic in the Middle East and North Africa. Public Policy Responses, London: Routledge.
Berriane, Yasmine (2015): The Micropolitics of Reform: Gender Quota, Grassroots Associations and the Renewal of Local Elites in Morocco, in: The Journal of North African Studies, 20 (3), S. 432–449, DOI: 10.1080/13629387.2015.1017815.
Boltanski, Luc/Thevenot, Laurent (1991 [2007]): Über die Rechtfertigung. Eine Soziologie der kritischen Urteilskraft, Hamburg: Hamburger Edition.
Bonnefoy, Laurent/Catusse, Myriam (Hg.) (2013): Jeunesses arabes. Du Maroc au Yémen: loisirs, cultures et politiques, Paris: La découverte.
Bourdieu, Pierre (1987): Die feinen Unterschiede. Kritik der gesellschaftlichen Urteilskraft, Frankfurt am Main: Suhrkamp.
Bourdieu, Pierre (1983): Ökonomisches Kapital, kulturelles Kapital, soziales Kapital, in: Kreckel, Reinhard (Hg.), Soziale Ungleichheiten (Soziale Welt, Sonderband 2), Göttingen: Otto Schwartz & Co., S. 183–198.
Bourdieu, Pierre (1982): Sozialer Raum und „Klassen", in: Leçon sur la leçon, Frankfurt am Main: Suhrkamp.
Boussaïd, Khadidja (2023): Les jeunes en Algérie. Étude sur la Jeunesse au Moyen-Orient et en Afrique du Nord: Analyse des résultats, Algier: Friedrich-Ebert-Stiftung, https://library.fes.de/pdf-files/bueros/algerien/20236.pdf.
Boussaïd, Khadidja/Kharrat, Selim/Machat, Saida (2022): Engagement des jeunes Algérien.nes. Entre solidarité et résilience face à la pandémie de la Covid-19, Algier: Friedrich-Ebert-Stiftung, https://library.fes.de/pdf-files/bueros/algerien/19215.pdf.
Bovens, Luc (1999): The Value of Hope, in: Philosophy and Phenomenological Research, 59 (3), S. 667–681, doi.org/10.2307/2653787.
Braune, Ines (2017): Gender, in: Gertel, Jörg/Hexel, Ralf (Hg.), Zwischen Ungewissheit und Zuversicht: Jugend im Nahen Osten und in Nordafrika, Bonn: Verlag J.H.W. Dietz, S. 121–140.
Braune, Ines (2008): Aneignung des Globalen. Internet-Alltag in der arabischen Welt. Eine Fallstudie in Marokko, Bielefeld: transcript.
Cabot, Heath/Ramsay, Georgina (2021): Deexceptionalizing Displacement: An Introduction, in: Humanity, 12 (3), S. 286–299.
Challand, Benoît (2023): Violence and Representation in the Arab Uprisings, Cambridge: Cambridge University Press.
Cleveland, William L. (2018): A History of the Modern Middle East, London: Routledge.
Crawley, Heaven/Düvell, Franck/Jones, Katharine/McMahon, Simon/Sigona, Nando (2017): Unravelling Europe's 'Migration Crisis'. Journeys Over Land and Sea, Bristol: Bristol University Press.
Crisp, Jeff (2021): The Syrian Emergency: A Catalyst for Change in the International Refugee Regime, in: Journal of Refugee Studies, 34 (2), S. 1441–1453.
Crush, Jonathan (Hg.) (1995): Power of Development, London/New York: Routledge.
Das, Raju J. (2017): David Harvey's Theory of Accumulation by Dispossession: A Marxist Critique, in: World Review of Political Economy, 8 (4), S. 590–616.

Dennerlein, Bettina (2022): Family and the State, in: Joseph, Suad/Zaatari, Zeina (Hg.), Routledge Handbook on Women in the Middle East, Abingdon/New York: Routledge, S. 149–159.

Dennerlein, Bettina (2021): Shifting Family Patterns, in: Salvatore, Armando/Hanafi, Sari/Obuse, Kieko (Hg.), The Oxford Handbook of the Sociology of the Middle East, Oxford: Oxford University Press, S. 547–564.

Dennerlein, Bettina/Kreil, Aymon (2018): Family Affairs. The Doing and Undoing of Family in Modern and Contemporary Egypt, in: Malinar, Angelika/Müller, Simone (Hg.), Asia and Europe – interconnected. Agents, concepts, and things, 1. Auflage, Wiesbaden: Harrassowitz Verlag, S. 279–294.

Dennis, Everette E./Martin, Justin D./Hassan, Fouad (2019): Media use in the Middle East, 2019: A seven-nation survey, Doha: Northwestern University in Qatar, www.mideastmedia.org/survey/2019.

Diab, Jasmin Lilian (2022): Syrian Refugee Youth in Lebanon. FES MENA Youth Study: Results Analysis, Beirut: Friedrich-Ebert-Stiftung, http://library.fes.de/pdf-files/international/19847-20230223.pdf.

Dicken, Peter/Kelly, Philip K./Olds, Kris/Yeung, Henry Wai-chung (2001): Chains and Networks, Territories and Scales: Towards a Relational Framework for Analysing the Global Economy, in: Global Networks, 1 (2), S. 89–112.

Döbele, Christoph/Engels, Jan N./Heinrich, Roberto/Loew, Nicole/Schläger, Catrina/Simon, Anja M./Vitt, Anne-Kathrin (2023): Krisenerwachsen. Wie blicken junge Wähler:innen auf Politik, Parteien und Gesellschaft? (FES diskurs), Bonn: Friedrich-Ebert-Stiftung, https://www.fes.de/studie-jungwaehler-und-ihr-blick-auf-politik.

Döring, Anna K./Cieciuch, Jan (2018): Die Theorie menschlicher Werte nach Shalom H. Schwartz und ihre Relevanz für die Erforschung der Werteentwicklung im Kindes- und Jugendalter, in: Döring, Anna K./Cieciuch, Jan (Hg.), Werteentwicklung im Kindes- und Jugendalter, Warschau: Liberi Libri, S. 21–27.

Doueihy, Michel (2022): Youth in Lebanon. FES MENA Youth Study: Results Analysis, Beirut: Friedrich-Ebert-Stiftung, http://library.fes.de/pdf-files/bueros/beirut/19890-20230223.pdf.

Doumani, Beshara (Hg.) (2003): Family History in the Middle East. Household, Property, and Gender (SUNY Series in the Social and Economic History of the Middle East), Albany: State University of New York Press.

Durac, Vincent/Cavatorta, Francesco (2015): Politics and Governance in the Middle East, London: Palgrave Macmillan.

Dwairy, Marwan/Achoui, Mustafa/Abouserie, Reda/Farah, Adnan (2006): Adolescent-Family Connectedness among Arabs, in: Journal of Cross-Cultural Psychology, 37 (3), S. 248–261, DOI: 10.1177/0022022106286923.

El Kerf, Nassim (2023): Rêve, courage et émancipation par le sport... quel impact social aura l'exploit des Lionnes?, Le Desk, 05.08.2023, https://ledesk.ma/enclair/reve-courage-et-emancipation-par-le-sport-quel-impact-social-aura-lexploit-des-lionnes/.

El-Battahani, Atta (2022): Youth in Sudan. FES MENA Youth Study: Results Analysis, Khartoum: Friedrich-Ebert-Stiftung, https://library.fes.de/pdf-files/bueros/sudan/20120.pdf.

El-Gawhary, Karim (2020): Repression und Rebellion: Arabische Revolution – was nun?, Wien: Kremayr & Scheriau.

El-Harras, Mokhtar (2007): Students, Family and the Individuation Process. The Case of Morocco, in: Hegasy, Sonja/Kaschl, Elke (Hg.), Changing Values among Youth. Examples from the Arab World and Germany (Studien Zentrum Moderner Orient, Geisteswissenschaftliche Zentren Berlin e. V, 22), Berlin: Schwarz, S. 143–152.

El-Richani, Sarah (2021): Lebanon: A Faltering Mesh of Political and Commercial Interests, in: Richter, Carola/Kozman, Claudia (Hg.), Arab Media Systems, Cambridge: Open Book Publishers, S. 1–18, DOI: 10.11647/OBP.0238.

ESCWA [United Nations Economic and Social Commission for Western Asia] (2020): Arab Sustainable Development Report 2020, New York: United Nations.

Esteva, Gustavo/Escobar, Arturo (2017): Post-Development @ 25: On ‹Being Stuck' and Moving Forward, Sideways, Backward and Otherwise, in: Third World Quarterly, 38 (12), S. 2559–2572, DOI: 10.1080/01436597.2017.1334545.

Fahmy, Khaled/Boutaleb, Assia/El Chazli, Youssef (2019): From the Archive to the Revolution and Back: Another History of the Egyptian State, in: Critique Internationale, 3, S. 127–144.

Farhat, Janaan/Mansur, Natasha (2023): Inclusion and Equity: Mapping the Legislative Landscape of Non-State Education in the MENA Region, Ra's al-Chaima (Vereinigte Arabische Emirate): Al Qasimi Foundation for Policy Research, Strategic Report No. 7.

France 24 (2022): Israel deports Palestinian activist Salah Hammouri to France, 18.12.2022, https://www.france24.com/en/middle-east/20221218-israel-deports-palestinian-activist-salah-hammouri-to-france.

Franke, Lisa Maria (2022): Egypt: And Again the Veil – The Emotional Entanglement of Fashion, Beauty and the Self, in: Föllmer, Katja/Franke, Lisa Maria/Kühn, Johanna/Loimeier, Roman/Sieveking, Nadine (Hg.), Religiöser Wandel in muslimischen Gesellschaften. Individualisierung, Geschlecht und soziale Milieus (Göttingen Series in Social and Cultural Anthropology, 25), Göttingen: Universitätsverlag, S. 117–172.

Franke, Lisa Maria (2021): Muslimness on Demand: Critical Voices of Islam in Egypt, in: Religions, 12, S. 152, doi.org/10.3390/rel12030152.

Franke, Lisa Maria (2020): Individuality Beyond the Official Track: Self-Pietization and Qur'ān Circles in Contemporary Alexandria, in: Loimeier, Roman (Hg.), Negotiating the Religious in Everyday Life in Muslim Contexts, Göttingen: Universitätsverlag, S. 39–68.

Fritze, Jessica G./Blashki, Grant A./Burke, Susie/Wiseman, John (2008): Hope, despair and transformation. Climate change and the promotion of mental health and wellbeing, in: International Journal of Mental Health Systems, 2 (13), doi.org/10.1186/1752-4458-2-13.

Galtung, Johan (1971): Gewalt, Frieden und Friedensforschung, in: Senghass, Dieter (Hg.), Kritische Friedensforschung, Frankfurt am Main: Suhrkamp, S. 55–104.

Garelli, Glenda/Sciurba, Alessandra/Tazzioli, Martina (2018): Introduction: Mediterranean Movements and the Reconfiguration of the Military-Humanitarian Border in 2015, in: Antipode, 50 (3), S. 662–672.

Gertel, Jörg (Hg.) (2023): Globale Getreidemärkte. Technoliberalismus und gefährdete Existenzsicherung in Nordafrika, Bielefeld: transcript (open access). https://www.transcript-verlag.de/media/pdf/d6/96/71/oa9783839464182.pdf.

Gertel, Jörg (2021): Protest gegen Enteignung. Zehn Jahre „Arabischer Frühling", in: Aus Politik und Zeitgeschehen (APuZ), 38/39, S. 41–46, https://www.bpb.de/shop/zeitschriften/apuz/jugend-und-protest-2021/340354/protest-gegen-enteignung/.

Gertel, Jörg (2019): Spatialities of Precarity: Young People in the Southern Mediterranean, in: Schmalz, Stefan/Sommer, Brandon (Hg.), Confronting Crisis and Precariousness, London/New York: Rowman & Littlefield Publishers, S. 129–150.

Gertel, Jörg (2017a): Wirtschaft und Beschäftigung, in: Gertel, Jörg/Hexel, Ralf (Hg.), Zwischen Ungewissheit und Zuversicht: Jugend im Nahen Osten und in Nordafrika, Bonn: Verlag J.H.W. Dietz, S. 168–193.

Gertel, Jörg (2017b): Arab Youth – A Contained Youth?, in: Middle East Topics and Arguments, 9, S. 25–33.

Gertel, Jörg (2017c): Ungewissheit, in: Gertel, Jörg/Hexel, Ralf (Hg.), Zwischen Ungewissheit und Zuversicht: Jugend im Nahen Osten und in Nordafrika, Bonn: Verlag J.H.W. Dietz, S. 39–72.

Gertel, Jörg (2017d): Jugend in der MENA-Region 2016/17, in: Gertel, Jörg/Hexel, Ralf (Hg.), Zwischen Ungewissheit und Zuversicht: Jugend im Nahen Osten und in Nordafrika, Bonn: Verlag J.H.W. Dietz, S. 15–38.

Gertel, Jörg (2014): Krise und Widerstand, in: Gertel, Jörg/Ouaissa, Rachid (Hg.), Jugendbewegungen. Städtischer Widerstand und Umbrüche in der Arabischen Welt, Bielefeld: transcript, S. 32–75.

Gertel, Jörg/Grüneisl, Katharina (2024): Inequalities and Mobilities: An Introduction, in: Gertel, Jörg/Grüneisl, Katharina (Hg.), Inequality and Mobility. Eroding Capabilities and Aspirations in Post-Revolutionary Tunisia, Bielefeld: transcript.

Gertel, Jörg/Herzog, Lisa (2023): Epilog. Lisa Herzog zur Zukunft von Märkten. In: Gertel, Jörg (Hg.), Globale Getreidemärkte, Bielefeld: transcript (open access), https://www.transcript-verlag.de/media/pdf/d6/96/71/oa9783839464182.pdf.

Gertel, Jörg/Hexel, Ralf (2018): Coping with Uncertainty: Youth in the Middle East and North Africa, London: Saqi Books.

Gertel, Jörg/Hexel, Ralf (2017): Zwischen Ungewissheit und Zuversicht: Jugend im Nahen Osten und in Nordafrika, Bonn: Verlag J.H.W. Dietz.

Gertel, Jörg/Kreuer, David (2021): The impact of the pandemic on young people. A survey among 'Young Leaders' in the Middle East and North Africa, La Marsa: Friedrich-Ebert-Stiftung, https://library.fes.de/pdf-files/bueros/tunesien/18326.pdf.

Gertel, Jörg/Kreuer, David (2017): Werte, in: Gertel, Jörg/Hexel, Ralf (Hg.), Zwischen Ungewissheit und Zuversicht: Jugend im Nahen Osten und in Nordafrika, Bonn: Verlag J.H.W. Dietz, S. 75–99.

Gertel Jörg/Ouaissa, Rachid (2017): Die arabische Mittelschicht: Prekarität und Mobilisierung, in: Gertel, Jörg/Hexel, Ralf (Hg.), Zwischen Ungewissheit und Zuversicht: Jugend im Nahen Osten und in Nordafrika, Bonn: Verlag J.H.W. Dietz, S. 195–214.

Gertel, Jörg/Ouaissa, Rachid (Hg.) (2014): Jugendbewegungen – Städtischer Widerstand und Umbrüche in der arabischen Welt, Bielefeld: transcript.

Gertel, Jörg/Sippel, Sarah Ruth (Hg.) (2017): Seasonal Workers in Mediterranean Agriculture. The Social Costs of Eating Fresh, London: Routledge (Paperback).

Gertel, Jörg/Sippel, Sarah Ruth (2016): The Financialization of Agriculture and Food, in: Brown, David L./Shucksmith, Mark (Hg.), Routledge International Handbook of Rural Studies, London: Routledge, S. 215–226.

Gertel, Jörg/Wagner, Ann-Christin (2017): Mobilität, Migration und Flucht, in: Gertel, Jörg/Hexel, Ralf (Hg.), Zwischen Ungewissheit und Zuversicht: Jugend im Nahen Osten und in Nordafrika, Bonn: Verlag J.H.W. Dietz, S. 237–262.

Gertel, Jörg/Wyrtki, Tamara (2017): Hunger und Gewalt: Räume der Unsicherheit, in: Gertel, Jörg/Hexel, Ralf (Hg.), Zwischen Ungewissheit und Zuversicht: Jugend im Nahen Osten und in Nordafrika, Bonn: Verlag J.H.W. Dietz, S. 215–235.

Ghannam, Farha (2022): Masculinity in the Middle East. A Growing Field, in: Joseph, Suad/Zaatari, Zeina (Hg.), Routledge Handbook on Women in the Middle East, Abingdon/New York: Routledge, S. 569–581.

Giddens, Anthony (1984 [1992]): Die Konstitution der Gesellschaft. Grundzüge einer Theorie der Strukturierung, Frankfurt am Main: Campus.

Gray, Leslie C./Moseley, William G. (2005): A geographical perspective on poverty – environment interactions, in: The Geographical Journal, 171, S. 9–23, doi.org/10.1111/j.1475-4959.2005.00146.x.

Gregg, Gary S. (2005): The Middle East: A Cultural Psychology, Oxford: Oxford University Press.

Haas, Hein de (2021): A Theory of Migration. The Aspirations-Capability Framework, in: Comparative Migration Studies, 9, S. 1–35, doi.org/10.1186/s40878-020-00210-4.

Habibi, Emil (1995): Der Peptimist oder von den seltsamen Vorfällen um das Verschwinden Saids des Glücklosen. Roman aus Palästina (Arabische Literatur im Lenos-Verlag, 30), Basel: Lenos-Verlag.

Halaseh, Rama (2012): Civil Society, Youth and the Arab Spring, in: Calleya, Stephen/Wohlfeld, Monika (Hg.), Change and Opportunities in the Emerging Mediterranean, Malta: Mediterranean Academy of Diplomatic Studies, University of Malta, S. 254–273.

Hall, Stuart (1992): The Question of Cultural Identity, in: Hall, Stuart/Held, David/McGrew, Anthony G. (Hg.), Modernity and its Futures, London: The Open University Press, S. 273–326.

Hamadeh, Shereen (2019): A critical analysis of the Syrian refugee education policies in Lebanon using a policy analysis framework, in: Journal of Education Policy, 34 (3), S. 374–393, DOI: 10.1080/02680939.2018.1516800.

Hammack, Phillip L. (2010): The Cultural Psychology of Palestinian Youth: A Narrative Approach, in: Culture & Psychology, 16 (4), S. 507–537.

Hanieh, Adam/Ziadah, Rafeef (2022): Pandemic Effects: Covid-19 and the Crisis of Development in the Middle East, in: Development and Change, 35 (6), S. 1308–1334.

Harvey, David (2003): Accumulation by Dispossession, in: The New Imperialism, Oxford: OUP, doi.org/10.1093/oso/9780199264315.003.0007.

Hasso, Frances (2010): Consuming Desires. Family Crisis and the State in the Middle East, Stanford: Stanford University Press.

Hecker, Pierre (2012): Turkish Metal. Music, Meaning, and Money in a Muslim Society, Farnham: Ashgate.

Hecking, Britta Elena (2021): Jugend und Widerstand in Algier. Alltagsräume im Kontext urbaner Transformation, Bielefeld: transcript.

Hegasy, Sonja/Kaschl, Elke (2007): Changing Values Among Youth. Examples from the Arab World and Germany, Berlin: Klaus Schwarz Verlag

Hendrixson, Anne (2004): Angry Young Men, Veiled Young Women. Constructing a New Population Threat, in: The Corner House Briefing, 34, http://www.thecornerhouse.org.uk/sites/thecornerhouse.org.uk/files/34veiled.pdf.

Herrera, Linda (2014): Revolution in the Age of Social Media: The Egyptian Popular Insurrection and the Internet, London: Verso.

Herrera, Linda/Bayat, Asef (Hg.) (2010): Being Young and Muslim: New Cultural Politics in the Global South and North, Oxford: Oxford University Press.

Hertzberger, Rosanne (2022): Stop met het verheerlijken van moeders, NRC, 24.12.2022, https://www.nrc.nl/nieuws/2022/12/24/stop-met-het-verheerlijken-van-moeders-a4152496.

Hlasny, Vladimir/Al Azzawi, Shireen (2022): Last in After COVID-19. Employment Prospects of Youths During a Pandemic Recovery, in: Forum for Social Economics, 51 (2), S. 235–244, doi.org/10.1080/07360932.2022.2052738.

Hobaika, Zeina/Möller, Lena-Maria/Völkel, Jan Claudius (Hg.) (2022): The MENA Region and COVID-19: Impact, Implications and Prospects, London: Routledge.

Hodali, Diana (2019): Lebanon – Telecommunication in Government Hands, Deutsche Welle, 07.05.2019,
https://www.dw.com/en/lebanon-telecommunication-in-government-hands/a-48634796-0.

Höffe, Otfried (2023): Eine Theorie der Gerechtigkeit (1971/1975), in: Frühbauer, Johannes J./Reder, Michael/Roseneck, Michael/Schmidt, Thomas M. (Hg.), Rawls-Handbuch. Leben – Werk – Wirkung, Stuttgart: J.B. Metzler, S. 21–34.

Honwana, Alcinda (2013): Youth and Revolution in Tunisia, London/New York: Zed Books.

Hopkins, Nicholas S. (Hg.) (2003): The New Arab Family. 24 Bände (Cairo Papers in Social Sciences), Kairo: American University in Cairo Press.

Howard, Philip N./Hussain, Muzammil M. (2013): Democracy's Fourth Wave? Digital Media and the Arab Spring, Oxford: Oxford University Press.

Inhorn, Marcia C./Isidoros, Konstantina (Hg.) (2022): Arab masculinities. Anthropological reconceptions in precarious times (Public Cultures of the Middle East), Bloomington: Indiana University Press.

Inter-Agency Coordination Lebanon/UNHCR/WFP/UNICEF (2021): 2021 Vulnerability Assessment for Syrian Refugees in Lebanon (VASyR), Genf: UNHCR, https://data.unhcr.org/en/documents/details/90589.

Islam, Asif M./Moosa, Dalal/Saliola, Federica (2022): Jobs Undone. Reshaping the Role of Governments towards Markets and Workers in the Middle East and North Africa, Washington, D. C.: World Bank Group.

ITU [International Telecommunication Union] (o. D.): Internet Usage Statistics. Mobile-cellular subscriptions, https://www.itu.int/en/ITU-D/Statistics/Pages/stat/default.aspx.

Janmyr, Maja/Mourad, Lama (2018): Modes of Ordering: Labelling, Classification and Categorization in Lebanon's Refugee Response, in: Journal of Refugee Studies, 31 (4), S. 544–565.

Joseph, Suad (Hg.) (2018a): Arab Family Studies. Critical Reviews (Gender, Culture, and Politics in the Middle East), 1. Auflage, Syracuse: Syracuse University Press.

Joseph, Suad (2018b): Family in the Arab Region: State of Scholarship, in: Joseph, Suad (Hg.), Arab Family Studies. Critical Reviews (Gender, Culture, and Politics in the Middle East), 1. Auflage, Syracuse: Syracuse University Press, S. 1–14.

Joseph, Suad (2008): Familism and Critical Arab Family Studies, in: Yount, Kathryn M./Rashad, Hoda (Hg.), Family in the Middle East. Ideational Change in Egypt, Iran, and Tunisia (Routledge Advances in Middle East and Islamic Studies, 15), London/New York: Taylor & Francis Group, S. 25–39.

Joseph, Suad (1999): Intimate Selving in Arab Families: Gender, Self, and Identity, Syracuse: Syracuse University Press.

Joseph, Suad (1996): Patriarchy and Development in the Arab World, in: Gender/Development, 4 (2), S. 14–19.

Joseph, Suad (1994): Problematizing Gender and Relational Rights: Experiences from Lebanon, in: Social Politics, 1 (3), S. 271–285.

Joseph, Suad/Slyomovics, Susan (2001): Women and Power in the Middle East, Philadelphia: University of Pennsylvania Press.

Jumet, Kira D. (2022): Authoritarian Repression Under Sisi. New Tactics or New Tools?, in: Topak, Özgün E./Mekouar, Merouan/Cavatorta, Francesco (Hg.), New Authoritarian Practices in the Middle East and North Africa, Edinburgh: Edinburgh University Press, S. 73–91.

Kabbani, Nader (2019): Youth Employment in the Middle East and North Africa: Revisiting and Reframing the Challenge, Doha: Brookings Foundation, https://www.brookings.edu/research/youth-employment-in-the-middle-east-and-north-africa-revisiting-and-reframing-the-challenge/.

Kandiyoti, Deniz (Hg.) (1991): Women, Islam and the State (Women in the Political Economy), 1. Auflage, Philadelphia: Temple University Press.

Keating, Avril/Melis, Gabriella (2022): Youth Attitudes Towards Their Future. The Role of Resources, Agency and Individualism in the UK, in: Journal of Applied Youth Studies, 5 (1), S. 1–18, doi.org/10.1007/s43151-021-00061-5.

Kelley, Colin P./Mohtadi, Shahrzad/Cane, Mark A./Seager, Richard/Kushnir, Yochanan (2015): Climate change in the Fertile Crescent and implications of the recent Syrian drought, in: Proceedings of the National Academy of Sciences of the United States of America, 112 (11), S. 3241–3246, doi.org/10.1073/pnas.1421533112.

Khalifa, Asma (2022): Youth in Libya. FES MENA Youth Study: Results Analysis, La Marsa: Friedrich-Ebert-Stiftung, http://library.fes.de/pdf-files/bueros/libyen/20080.pdf.

Khalil, Andrea Flores (Hg.) (2015): Gender, Women and the Arab Spring, London: Routledge.

Khalil, Joe F. (2017): Lebanon's waste crisis. An exercise of participation rights, in: New Media & Society, 19, S. 701–712, doi.org/10.1177/1461444816686321.

Kharrat, Selim (2021): Comportement des jeunes Tunisiens en période de crise. Entre solidarité et résilience face à la pandémie de Covid-19, La Marsa: Friedrich-Ebert-Stiftung, https://library.fes.de/pdf-files/bueros/tunesien/17669.pdf.

Khatib, Ghassan (2023): Youth in Palestine. FES MENA Youth Study: Results Analysis, Jerusalem: Friedrich-Ebert-Stiftung, https://library.fes.de/pdf-files/bueros/fespal/20170.pdf.

King, Vera (2013): Die Entstehung des Neuen in der Adoleszenz. Individuation, Generativität und Geschlecht in modernisierten Gesellschaften (Adoleszenzforschung, 1), 2. Auflage, Wiesbaden: Springer VS.

King, Vera/Flaake, Karin (2005): Sozialisations- und Bildungsprozesse in der männlichen Adoleszenz, in: King, Vera/Flaake, Karin (Hg.), Männliche Adoleszenz. Sozialisation und Bildungsprozesse zwischen Kindheit und Erwachsensein, Frankfurt am Main: Campus, S. 9–16.

Krippner, Greta R. (2012): Capitalizing on Crisis. The Political Origins of the rise of Finance. Harvard: Havard University Press.

Kumpikaitė-Valiūnienė, Vilmantė/Liubinienė, Vilmantė/Žičkutė, Ineta/Duobienė, Jurga/Mockaitis, Audra I./Mihi-Ramirez, Antonio (2021): Migration Culture. A Comparative Perspective, Cham: Springer.

Lachenal, Perrine (2021): Fake Martyrs and True Heroes. Competitive Narratives and Hierarchized Masculinities in Post-Revolutionary Tunisia, in: Men and Masculinities, 24 (1), S. 144–162, DOI: 10.1177/1097184X19874093.

Larramendi, Miguel Hernando de (2000): A Decade of Demonstrations and Protest Movements in the Arab World, in: IEMed_Mediterranean Yearbook 2000, https://www.iemed.org/wp-content/uploads/2021/01/A-Decade-of-Demonstrations-and-Protest-Movements-in-the-Arab-World.pdf.

Latour, Bruno (2021): Où suis-je? Leçons du confinement à l'usage des terrestres (Les empêcheurs de penser en rond), Paris: La Découverte.

Lentz, Carola (2015): Elites or Middle Classes? Lessons from Transnational Research for the Study of Social Stratification in Africa, in: Working Papers of the Department of Anthropology and African Studies of the Johannes Gutenberg University Mainz, 161, http://www.ifeas.uni-mainz.de/Dateien/AP_161.pdf.

Loimeier, Roman (2022): „Individual Pieties" und „Non-Pieties" (Göttingen Series in Social and Cultural Anthropology, 24), Göttingen: Universitätsverlag.

Loimeier, Roman (2020): Tunesien: Die Entwicklung einer arabischen Zivilgesellschaft (Göttingen Series in Social and Cultural Anthropology, 23), Göttingen: Universitätsverlag.

Lubkemann, Stephen (2008): Involuntary Immobility: On a Theoretical Invisibility in Forced Migration Studies, in: Journal of Refugee Studies, 21 (4), S. 454–475.

Mahmood, Saba (2012): Politics of Piety. The Islamic Revival and the Feminist Subject, Princeton: PUP.

Mansour, Ahmad (2022a): Bei aller Liebe zu den Müttern […], 14.12.2022, Twitter, https://web.archive.org/web/20221215104931/https://twitter.com/AhmadMansour__/status/1603011735618740224.

Mansour, Ahmad (2022b): Würde eine traditionelle Mutter […], 15.12.2022, Twitter, https://twitter.com/AhmadMansour__/status/1603365260848668672.

Massad, Joseph A. (2008): Desiring Arabs, Chicago: University of Chicago Press.

Mathez, Andrea/Loftus, Alex (2023): Endless modernisation. Power and knowledge in the Green Morocco Plan, in: Environment and Planning E: Nature and Space, 6 (1), S. 87–112, doi.org/10.1177/25148486221101541.

Meften, Ahmed Qasim (2022): Youth in Iraq. FES MENA Youth Study: Results Analysis, Amman: Friedrich-Ebert-Stiftung, https://library.fes.de/pdf-files/bueros/amman/20070-20230223.pdf.

Melliti, Imed (2023): Les jeunes en Tunisie. Étude sur la jeunesse au Moyen-Orient et en Afrique du Nord: Analyse des résultats, La Marsa: Friedrich-Ebert-Stiftung, http://library.fes.de/pdf-files/bueros/tunesien/20505.pdf.

Melliti, Imed/Moussa, Hayet (Hg.) (2018): Quand les jeunes parlent d'injustice. Expériences, registres et mots en Tunisie, Paris: L'Harmattan.

Milanovič, Branko (2016): Global Inequality. A New Approach for the Age of Globalization, London: HUP.

Mirshak, Nadim N. (2021): The Politics of Education, in: Salvatore, Armando/Hanafi, Sari/Obuse, Kieko (Hg.), The Oxford Handbook of the Sociology of the Middle East, Oxford: Oxford University Press, S. 261–280.

Mittermaier, Amira (2019): Giving to God: Islamic Charity in Revolutionary Times, Berkeley: University of California Press.

Munajed, Dima Al (2020): An Intersectional Analysis of Syrian Women's Participation in Civil Society in the Post-2011 Context, in: META – Middle East Topics and Arguments, 14 (July), S. 103–116, DOI: 10.17192/META.2020.14.8252.

Nikro, Norman Saadi/Hegasy, Sonja (Hg.) (2018): The Social Life of Memory. Violence, Trauma, and Testimony in Lebanon and Morocco, Cham: Palgrave Macmillan, DOI: 10.1007/978-3-319-66622-8.

Nuseibeh, Rawan Asali (2022): Urban Youth Unemployment, Marginalization and Politics in MENA, London: Palgrave Macmillan.

Nussbaum, Martha/Sen, Amartya (1993): The Quality of Life (UNO Wider Studies in Development Economics), Oxford: Clarendon Press.

Olmsted, Jennifer C. (2022): Gendered Socioeconomic Consequences of Armed Conflict in the Middle East, in: Joseph, Suad/Zaatari, Zeina (Hg.), Routledge Handbook on Women in the Middle East, Abingdon/New York: Routledge, S. 684–694.

Onodera, Henri/Lefort, Bruno/Maiche, Karim/Laine, Sofia (2020): Dynamics of engagement among youth in Arab Mediterranean countries, in: The Journal of North African Studies, 25 (2), S. 280–303, doi.org/10.1080/13629387.2018.1547197.

Otte, Gunnar (2019): Weiterentwicklung der Lebensführungstypologie, Version 2019, Johannes-Gutenberg-Universität Mainz, https://sozialstruktur.soziologie.uni-mainz.de/files/2019/12/Otte2019-Weiterentwicklung-der-Lebensführungstypologie-Version-2019.pdf.

Otte, Gunnar (2005): Entwicklung und Test einer integrativen Typologie der Lebensführung für die Bundesrepublik Deutschland, in: Zeitschrift für Soziologie, 34 (6), S. 442–467.

Ouaissa, Rachid (2017): Jugend und Religion, in: Gertel, Jörg/Hexel, Ralf (Hg.), Zwischen Ungewissheit und Zuversicht: Jugend im Nahen Osten und in Nordafrika, Bonn: Verlag J.H.W. Dietz, S. 101–120.

Owen, Roger (2013): State, Power and Politics in the Making of the Modern Middle East, London: Routledge.

Pahwa, Sonali/Winegar, Jessica (2012): Culture, State and Revolution, in: Middle East Report, 42, S. 263.

Pallister-Wilkins, Polly (2022): Humanitarian Borders. Unequal Mobility and Saving Lives, London: Verso.

Pierobon, Chiara (2019): Introducing civil society, in: Pierobon, Chiara/Natil, Ibrahim/Tauber, Lilian (Hg.), The Power of Civil Society in the Middle East and North Africa: Peace-building, Change, and Development, New York: Routledge, S. 13–23.

Pieterse, Jan Nederveen (2010): Development Theory: Deconstructions/reconstructions, Second Edition, London: SAGE Publications Ltd.

Ramsay, Georgina (2021): Displacement and the Capitalist Order of Things, in: Humanity, 12 (3), S. 368–379.

Rennick, Sarah Anne (2022a): Introduction: Understanding the Political in Arab Youth Civic Engagement, in: Rennick, Sarah Anne (Hg.), Reassessing Activism and Engagement Among Arab Youth, London: Transnational Press, S. 11–34.

Rennick, Sarah Anne (2022b): Reassessing Activism and Engagement Among Arab Youth, London: Transnational Press.

Reporters Without Borders (2022): Morocco/Western Sahara. Country Report, https://rsf.org/en/country/morocco-western-sahara.

Richter, Carola (2023): Digital MENA: An overview of digital infrastructure, policies, and media practices in the Middle East and North Africa, in: Khalil, Joe F./Khiabany, Gholam/Guaaybess, Tourya/Yesil, Bilge (Hg.), The Handbook of Media and Culture in the Middle East, Hoboken, NJ: Wiley-Blackwell, S. 134–145.

Richter, Carola (2018): Kommunikation, in: Gertel, Jörg/Hexel, Ralf (Hg.), Zwischen Ungewissheit und Zuversicht: Jugend im Nahen Osten und in Nordafrika, Bonn: Verlag J.H.W. Dietz, S. 265–286.

Richter, Carola/Kozman, Claudia (Hg) (2021): Arab Media Systems, Cambridge: Open Book Publishers, DOI: 10.11647/OBP.0238.

Rosa, Hartmut (2017): Resonanz. Eine Soziologie der Weltbeziehung, Frankfurt am Main: Suhrkamp.

Sachs, Wolfgang (1992): The Development Dictionary. A Guide to Knowledge as Power, London/New York: Zed Books.

Sadiki, Larbi/Saleh, Layla (Hg.) (2022): COVID-19 and Risk Society across the MENA Region: Assessing Governance, Democracy, and Inequality, London: I.B. Tauris.

Sagiv, Lilach/Schwartz, Shalom H. (2022): Personal Values Across Cultures, in: Annual Review of Psychology, 73, S. 517–546, doi.org/10.1146/annurev-psych-020821-125100.

Salem, Paul (2023): A turbulent year for MENA in 2023: Economic stresses, political instability, and the need for decisive leadership, Middle East Institute, 30.01.2023, https://www.mei.edu/publications/turbulent-year-mena-2023-economic-stresses-political-instability-and-need-decisive.

Sánchez-Montijano, Elena/Sánchez García, José (2019): Youth at the Margins: Perspectives on Arab Mediterranean Youth, London: Routledge.

Schaar, Johan (2019): A Confluence of Crises. On Water, Climate and Security in the Middle East and North Africa, in: SIPRI Insights on Peace and Security, 4, https://www.sipri.org/publications/2019/sipri-insights-peace-and-security/confluence-crises-water-climate-and-security-middle-east-and-north-africa.

Schielke, Samuli (2015): Egypt in the Future Tense: Hope, Frustration, and Ambivalence Before and After 2011, Bloomington: Indiana University Press.

Schmalz, Stefan/Sommer, Brandon (Hg.) (2019): Confronting Crisis and Precariousness. Organized Labour and Social Unrest in the European Union, London/New York: Rowman & Littlefield Publishers.

Schwarz, Christoph H. (2017): Familie und Zukunft, in: Gertel, Jörg/Hexel, Ralf (Hg.), Zwischen Ungewissheit und Zuversicht: Jugend im Nahen Osten und in Nordafrika, Bonn: Verlag J.H.W. Dietz, S. 141–159.

Sen, Amartya (2004): UN Human Development Report 2004: Chapter 1: Cultural Liberty and Human Development. UN Human Development Reports, New York: UNDP.

Sen, Amartya (1993): Capability and Well-Being, in: Nussbaum, Martha/Sen, Amartya (Hg.), The Quality of Life, Oxford: Oxford University Press, S. 30–53.

Sen, Amartya (1981): Poverty and Famines. An Essay on Entitlements and Deprivation, Oxford: Clarendon Press.

Sika, Nadine (2023): Youth in Egypt: Identity, Participation and Opportunity, New York: New York University Press.

Sika, Nadine (2017): Youth Activism and Contentious Politics in Egypt. Dynamics of Continuity and Change, New York: Cambridge University Press.
Simon, David (Hg.) (2006): Fifty Key Thinkers on Development, London/New York: Routledge.
Singerman, Diane (2007): The Economic Imperatives of Marriage. Emerging Practices and Identities among Youth in the Middle East, Dubai School of Government, Middle East Youth Initiative Working Paper, 6, https://dx.doi.org/10.2139/ssrn.1087433.
Singerman, Diane/Hoodfar, Homa (Hg.) (1996): Development, Change, and Gender in Cairo. A View from the Household (Indiana Series in Arab and Islamic Studies), Bloomington: Indiana University Press.
Sinjab, Lina (2022): Lebanon boat disaster smugglers 'threatened to shoot children', BBC News, 17.11.2022, https://www.bbc.com/news/world-middle-east-63553893.
Solway, Jacqueline S. (1994): Drought as a Revelatory Crisis. An Exploration of Shifting Entitlements and Hierarchies in the Kalahari, Botswana, in: Development and Change, 25 (3), S. 471–495, doi.org/10.1111/j.1467-7660.1994.tb00523.x.
Sowers, Jeannie (2018): Environmental Activism in the Middle East and North Africa, in: Verhoeven, Harry (Hg.), Environmental Politics in the Middle East. Local Struggles, Global Connections, London: Hurst & Company, S. 27–52.
Spittler, Gerd (1982): Kleidung statt Essen. Der Übergang von der Subsistenz- zur Marktproduktion bei den Hausa (Niger), in: Elwert, Georg/Fett, Roland (Hg.), Afrika zwischen Subsistenzökonomie und Imperialismus, Frankfurt am Main: Campus, S. 93–105.
Stephan, Rita (Hg.) (2023): COVID and Gender in the Middle East, Austin: University of Texas Press.
Stolleis, Friederike (2017): Gesellschaftliches Engagement, in: Gertel, Jörg/Hexel, Ralf (Hg.), Zwischen Ungewissheit und Zuversicht: Jugend im Nahen Osten und in Nordafrika, Bonn: Verlag J.H.W. Dietz, S. 333–353.
Strava, Christiana (2023): Precarious Modernities: Assembling State, Space and Society on the Urban Margins in Morocco, London: Bloomsbury Publishing.
Suerbaum, Magdalena (2021): Masculinities and Displacement in the Middle East. Syrian Refugees in Egypt, London: I.B. Tauris.
Swedenburg, Ted (2015): Beur/Maghribi Musical Interventions in France: Rai and Rap, in: The Journal of North African Studies, 20 (1), S. 109–126.
Tamim, Kamal Naif (2022): Youth in Yemen. FES MENA Youth Study: Results Analysis, Sanaa: Friedrich-Ebert-Stiftung, http://library.fes.de/pdf-files/bueros/jemen/20093.pdf.
Tawil-Souri, Helga (2015): Occupation Apps, Jacobin, 19.03.2015, https://www.jacobinmag.com/2015/03/occupation-apps-souri-palestine/.
UNDP [United Nations Development Programme] (2022): Arab Human Development Report 2022. Expanding Opportunities for an Inclusive and Resilient Recovery in the Post-COVID Era, New York, https://www.un-ilibrary.org/content/books/9789210019293.
UNHCR [United Nations High Commissioner for Refugees] (2022): UN: Worsening conditions for vulnerable families in Lebanon amid deepening economic crisis, Genf, 16.12.2022, https://www.unhcr.org/lb/16363-un-worsening-conditions-for-vulnerable-families-in-lebanon-amid-deepening-economic-crisis.html.
UNHCR [United Nations High Commissioner for Refugees] (2021): Syria Refugee Crisis – Globally, in Europe and in Cyprus, Genf, 18.03.2021, https://www.unhcr.org/cy/2021/03/18/syria-refugee-crisis-globally-in-europe-and-in-cyprus-meet-some-syrian-refugees-in-cyprus/.
United Nations (2015): Transforming our World. The 2030 Agenda for Sustainable Development. A/RES/70/1, New York, https://sdgs.un.org/sites/default/files/publications/21252030 %20Agenda %20for %20Sustainable %20Development %20web.pdf.
Urry, John (2000): Sociology Beyond Societies: Mobilities for the Twenty-First Century, London: Routledge.
Vásquez, Manuel (2008): Studying Religion in Motion: A Networks Approach, in: Method & Theory in the Study of Religion, 20 (2), S. 151–184.
Verhoeven, Harry (2018): Introduction. The Middle East in Global Environmental Politics, in: Verhoeven, Harry (Hg.), Environmental Politics in the Middle East. Local Struggles, Global Connections, London: Hurst & Company, S. 1–25.
Vignal, Leila (Hg.) (2018): The Transnational Middle East. People, Places, Borders, London: Routledge.

Weipert-Fenner, Irene (2021): Go Local, Go Global: Studying Popular Protests in the MENA post 2011, in: Mediterranean Politics, 26, S. 563–585.
WFP [World Food Programme] (2024): State of Palestine Emergency, https://www.wfp.org/emergencies/palestine-emergency.
WFP [World Food Programme] (2023): Sudan: Drastischer Anstieg der Hungerzahlen bei anhaltenden Kämpfen erwartet, https://de.wfp.org/pressemitteilungen/sudan-drastischer-anstieg-der-hungerzahlen-bei-anhaltenden-kaempfen-erwartet.
WFP [World Food Programme] (2022a): Libya. Annual Country Report, https://www.wfp.org/operations/annual-country-report?operation_id=LY01&year=2022#/24751.
WFP [World Food Programme] (2022b): Lebanon. Country Brief, https://docs.wfp.org/api/documents/WFP-0000145889/download/?_ga=2.232805593.673065637.1692605517-98398827.1691848162.
WHO [World Health Organization] ([1946] 2010): Constitution of the World Health Organization, Genf, http://apps.who.int/gb/bd/PDF/bd47/EN/constitution-en.pdf?ua=1.
Winegar, Jessica (2016): A Civilized Revolution: Aesthetics and Political Action in Egypt, in: American Ethnologist, 43 (4), S. 609–622.
Woertz, Eckart (2020): Covid-19 in the Middle East and North Africa: Reactions, Vulnerabilities, Prospects, in: GIGA Focus Middle East, 2, https://www.giga-hamburg.de/en/publications/giga-focus/covid-19-middle-east-north-africa-reactions-vulnerabilities-prospects.
Wollenberg, Anja/Richter, Carola (2020): Political Parallelism in Transitional Media Systems: The Case of Libya, in: International Journal of Communication, 14, S. 1173–1193, https://ijoc.org/index.php/ijoc/article/view/12698/2983.
World Bank (2022): Urban Population (% of total population), New York, https://data.worldbank.org/indicator/SP.URB.TOTL.IN.ZS.
World Bank (2018): Gender Data Portal, Sudan, New York, https://genderdata.worldbank.org/countries/sudan/.
World Population Review (2023): Literacy Rate by Country 2023, https://worldpopulationreview.com/country-rankings/literacy-rate-by-country.
World Values Survey (o. D.): World Values Survey, https://www.worldvaluessurvey.org/wvs.jsp.
Yom, Sean (2015): Arab Civil Society after the Arab Spring: Weaker but Deeper, Middle East Institute, 22.10.2015, https://www.mei.edu/publications/arab-civil-society-after-arab-spring-weaker-deeper.
Yount, Kathryn M./Rashad, Hoda (Hg.) (2008): Family in the Middle East. Ideational Change in Egypt, Iran, and Tunisia (Routledge Advances in Middle East and Islamic Studies, 15), London/New York: Taylor & Francis Group.
Zengin, Aslı (2022): Gender Nonconformity and Transness in the Middle East, in: Joseph, Suad/Zaatari, Zeina (Hg.), Routledge Handbook on Women in the Middle East, Abingdon/New York: Routledge, S. 636–649.
Ziai, Aram (2017): Post-Development 25 Years After the Development Dictionary, in: Third World Quarterly, 38 (12), S. 2547–2558, DOI: 10.1080/01436597.2017.1383853.
Zittis, George/Almazroui, Mansour/Alpert, Pinhas/Ciais, Philippe/Cramer, Wolfgang/Dahdal, Yara/Fnais, Mohamed/Francis, Diana/Hadjinicolaou, Panos/Howari, Fares/Jrrar, Amna/Kaskaoutis, Dimitris/Kulmala, Markku/Lazoglou, Georgia/Mihalopoulos, Nikolaos/Lin, Xin/Rudich, Yinon/Sciare, Jean/Stenchikov, Georgiy/Xoplaki, Elena/Lelievelds, Johannes (2022): Climate Change and Weather Extremes in the Eastern Mediterranean and Middle East, in: Reviews of Geophysics, 60 (3), doi.org/10.1029/2021RG000762.
Zumbrägel, Tobias (2020): The Looming Climate Peril. Sustainable Strategies and Environmental Activism in the Middle East and North Africa, CARPO Sustainability Study 01, https://carpo-bonn.org/en/09-the-looming-climate-peril-sustainable-strategies-and-environmental-activism-in-the-middle-east-and-north-africa/.
Zuntz, Ann-Christin/Klema, Mackenzie/Abdullateef, Shaher/Mazeri, Stella/Alnabolsi, Salim Faisal/Alfadel, Abdulellah/Abi-habib, Joy/Azar, Maria/Calia, Clara/Burke, Joseph/Grant, Liz/Boden, Lisa (2022): Syrian refugee labour and food insecurity in Middle Eastern agriculture during the early Covid-19 pandemic, in: International Labour Review, 161 (2), S. 245–266.

ZU DEN AUTORINNEN UND AUTOREN

Mathias Albert, geb. 1967, Dr. phil., ist Professor für Politikwissenschaft an der Fakultät für Soziologie der Universität Bielefeld und einer der Leiter der Shell Jugendstudien. Neben der Jugendforschung gelten seine Forschungsinteressen vor allem der Soziologie und Geschichte der Weltpolitik sowie der sozialwissenschaftlichen Arktisforschung.

Lisa Maria Franke, geb. 1982, Dr. phil., ist Professorin für Arabistik und Islamwissenschaft an der Universität Gent (Belgien). Sie lehrt und forscht zur sozialen und intellektuellen Geschichte des Islam und zu Muslimisch-Sein in der MENA-Region. Ihre Forschungsinteressen beinhalten Alltagsgeschichte, Eschatologie, Glaube und Identität, religiöse Dynamiken und gesellschaftliche Transformationsprozesse.

Jörg Gertel, geb. 1961, Dr. rer. nat., ist Professor für Arabistik und Wirtschaftsgeografie an der Universität Leipzig. Er arbeitete und forschte an den Universitäten von Freiburg, Damaskus, Kairo, Khartum, Tunis, Seattle und Auckland. Sein Forschungsinteresse gilt den Themen Unsicherheit und Ungewissheit. Er koordinierte die akademische Debatte für die vorliegende FES MENA-Jugendstudie.

Katharina Grüneisl, geb. 1988, Dr. phil., ist Postdoktorandin in Sozialanthropologie an der University of Nottingham und an der École des Hautes Études en Sciences Sociales (EHESS) in Paris. Sie ist ebenfalls assoziierte Forscherin am Institut de Recherche sur le Maghreb Contemporain (IRMC) in Tunis und hat in Humangeografie an der Universität Durham promoviert. Ihre Forschungsschwerpunkte sind städtische Veränderungsprozesse in Nordafrika, die Evolution von Arbeitswelten und die Altkleider- und Textilwirtschaft in Tunesien und Jordanien.

David Kreuer, geb. 1982, Dr. phil., ist Sozialwissenschaftler am Institut für Geographie der Universität Leipzig und hat zur Bedeutung von Dürre in Ostmarokko promoviert. Zu seinen Forschungsschwerpunkten zählen Umweltpolitik, Pastoralismus, Jugend und der soziale Wandel im ländlichen Raum. Er war, wie bereits bei der vorhergehenden Jugendstudie, eng in die wissenschaftliche Konzeption, Datenprüfung und Analyse eingebunden.

Carola Richter, geb. 1977, Dr. phil., ist Professorin für Internationale Kommunikation an der Freien Universität Berlin. Sie lehrt und forscht zu Mediensystemen und Kommunikationskulturen, insbesondere im arabischen Raum, sowie zu Medien und Migration, Auslandsberichterstattung und Media Literacy. Sie ist eine der Gründerinnen von AREACORE – The Arab-European Association for Media and Communication Researchers.

Christoph H. Schwarz, geb. 1977, Dr. phil., ist Soziologe am Centrum für Nah- und Mittelost-Studien der Universität Marburg. Als wissenschaftlicher Mitarbeiter des Forschungsnetzwerks „Re-Konfigurationen. Geschichte, Erinnerung und Transformationsprozesse im Mittleren Osten und Nordafrika" der Hochschule arbeitet er aktuell zum Thema „Intergenerationale Beziehungen in den sozialen Bewegungen Marokkos und Spaniens". Im Rahmen seiner wissenschaftlichen Schwerpunktarbeit betrachtet er Fragen der Jugend und des sozialen Wandels, Migration, Gender, Bildung und Methodik.

Nadine Sika, geb. 1975, Dr. phil., ist Professorin (Associate Professor) für Komparative Politik an der American University in Kairo. Sie war Gaststipendiatin der Humboldt-Stiftung bei der Stiftung Wissenschaft und Politik in Berlin und am Institut für Politikwissenschaft der Universität Tübingen tätig sowie in Forschungskooperation mit der Universität Leipzig. Zuletzt publizierte sie *Youth in Egypt: Identity, Participation and Opportunity* (2023).

Thorsten Spengler, geb. 1966, ist Senior Consultant bei Kantar Public (ehemals TNS Infratest Politikforschung) in Berlin. Er zeichnet mitverantwortlich für die Entwicklung des Fragebogens sowie die Konsolidierung, Prüfung und Evaluierung der Daten für die vorliegende FES MENA-Jugendstudie. Spengler hat ein Diplom in Sozialgeografie der TU München und einen MBA in European Management der London South Bank University.

Friederike Stolleis, geb. 1971, Dr. phil., ist Leiterin des Büros der Friedrich-Ebert-Stiftung in Algerien und koordiniert das regionale Projekt „Politische Teilhabe" mit Sitz in Tunesien, in dessen Rahmen die FES MENA-Jugendstudie durchgeführt wurde. Sie promovierte an der Universität Bamberg in Islamwissenschaft und hat einen M. A. in Ethnologie der Universität zu Köln. Ihr Forschungsinteresse gilt den Themen Öffentlichkeit, Zivilgesellschaft und Konfessionalismus im Nahen Osten und Nordafrika.

Ann-Christin Zuntz, geb. 1986, Dr. phil., ist zurzeit British Academy Postdoctoral Fellow an der Universität Edinburgh und wird dort ab 2026 als Lecturer in Anthropology of Development beschäftigt sein. Sie forscht zu Schnittstellen zwischen Vertreibung, Arbeitsmigration und globalen Lieferketten im Nahen Osten und Nordafrika. Im interdisziplinären One Health FIELD Network betreibt sie zusammen mit syrischen Forschern Feldforschung mit syrischen Bauern in der Türkei; gemeinsam haben sie 2023 den Dokumentarfilm *With the Sickle and Songs* produziert.